RUSSIA'S EMPIRES

러시아 제국 연구
초기 루스에서 푸틴까지 제국의 눈으로 본 러시아 역사

2026년 3월 11일 제1판 1쇄 인쇄
2026년 3월 27일 제1판 1쇄 발행

지은이   로널드 수니, 발레리 키벨슨
옮긴이   조호연
펴낸이   이재민, 김상미

편집   정진라, 이지완
디자인   김다다, 정희정

펴낸곳   (주)너머_너머북스
주소   서울시 서대문구 증가로20길 3-12
전화   02) 335-3366, 336-5131 팩스 02) 335-5848
등록번호 제313-2007-232호

ISBN 979-11-24105-05-4 93920

너머북스 | 현재를 보는 역사, 너머학교 | 책으로 만드는 학교
https://blog.naver.com/nermerschool
페이스북 @nermerschool 인스타그램 @nermerschool

너 머 의
글 로 벌
히스토리
13

러시아 제국 연구

초기 루스에서 푸틴까지
제국의 눈으로 본 러시아 역사

로널드 수니, 발레리 키벨슨 지음 | **조호연** 옮김

너머북스

우리에게 영감을 주고,

또 우리의 젊음을 유지시켜 주는 우리의 딸들인

세반, 아누시, 레베카, 라일라,

그리고 타마르에게

『러시아 제국 연구Russia's Empires』는 근대/전근대의 구분을 넘나들며, 역사 해석에 대한 26년에 걸친 대화와 논쟁의 산물이다. 러시아에 대한 우리의 공통된 애정, 그리고 때로는 암울하지만 끝없이 매혹적인 그 역사에 대한 관심은 이론적으로 거대한 질문들에 대한 지속적인 토론의 중심축을 형성하였다. 우리가 함께 마주한 중심적인 문제는 비민주적인 정치체제에서 정치적 동원과 참여의 의미를 어떻게 이해할 것인가 하는 것이다. 우리의 연구의 중심에는 '민족nation'이라는 개념이 놓여 있다. 20세기 말에, 로널드 수니Ronald Suny를 포함한 민족 이론가들은 동질적이고 평등하며 주권적인 집단으로 상상되는 '민족'이라는 개념이 근대적이고 서구적인 산물임을 입증하였다. 정치적 주권의 보유자로서 민족 개념은 영원하고 유기적인 사실이라기보다는, 특정한 역사적 순간에 나타난 징후였다. 민족 개념이 발전한 18세기 말에서 19세기 초 이전에는 어떤 정치적 연대가 있었다고 하더라도, 그것은 근대적 의미의 민족과는 동일하지 않았다. 근대 초 연구자인 발레리 키벨슨Valerie Kivelson은 민족 개념 이전에 무엇이 있었는지, 혹은 이러한 근대적 민족 개념에 앞서 존재했거나, 그것과 경쟁 혹은 공존했을 수 있는 많은 대안적인 정치적 소속 및 동원의 형태를 어떻게 정확하게 파악할 수 있을 것인가에 관심을 가져왔다. 때로는 근대 이전의 대안들이 근대 민족의 해결책과 매우 유사하게 보이기도 하며, 이로 인해 명확한 범주화를 어렵게 만들기도 한다. 이러한 지점에서 우리 두 사람은 자주 해석상의 의견 차이를 보였고, 아주 활발한 토론이 이어졌다. 우리는 민족을 근대의 산물로 간주한 여러 이론가들이 그 과정에서 종종 원치 않는 것을 버리려다가 소중한 의미를 간과했다는 점을 이해하게 되었다. 그들은 프랑스혁명 이후 혹은 낭만주의 열기가 한창이던 시기 이후에야 '민족' 구성이 가능하다고 단정 지으면서, 그 이전 시기에 존재했던 '민족적' 형태나 민족적·종교적 집단의 정체성을 인지하는 데 실패했다.

비록 우리 양측의 논쟁은 즐거운 것이었으나, 우리는 이 질문들에는 보다 엄밀한 탐구가 요구된다는 사실을 깨달았다. 이러한 쟁점들을 심화·고찰하려는 노력의 일환으로, 우리는 수년간 여러 차례 공동 강의를 진행하였다. 물론 상반된 견해로 인해 학생들은 틀림없이 혼란을 느꼈을 테지만, 우리는 학생들로부터 많은 것을 배웠으며, 이 책은 학생들이 통찰한 내용 중 많은 것에 기반을 두고 있다. 그들뿐 아니라 우리 자신도 여전히 다소 혼란스러울 수는 있겠으나, 이제 훨씬 더 높은 수준의 혼란을 느끼고 있다고 확신한다.

강의실에서 벌어진 토론을 통하여, 우리는 '민족'이라는 개념 틀이 비록 출발점이기는 하지만, 우리가 러시아 역사에서 큰 관심을 두는 여러 측면을 포괄하기에는 불충분하다는 사실을 깨닫게 되었다. 그 대신, '제국 empire'은 러시아의 장구한 역사를 조명하는 데 훨씬 더 유용하였다. 제국이라는 개념 틀을 통해, 우리는 러시아인이 스스로를 어떤 민족의 일부로 인식하게 되었는가, 그렇다면 그 시점은 언제인가라는 무한 반복적인 논쟁에서 벗어날 수 있었다. 또한 제국이라는 개념을 사용함으로써 우리는 아주 흥미로운 쟁점들을 정확하게 연구할 수 있었다. 그 쟁점이란 일반 사람들이—모스크바국의 차르 체제이든지 소련이든지 간에—비민주적인 정치체제 속에서 자신들의 위치를 어떻게 상상하였는지, 그리고 통치자들이 자신들의 권위를 확립하고 계속 통치하기 위하여 어떤 양보를 해야 했는지, 혹은 양보하는 척했는지에 관한 내용이다.

러시아 역사 연구에 제국이라는 개념을 적용한 것이 우리가 처음은 아니지만, 우리의 서술은 독창성을 가지고 있다고 믿고 있다. 첫째로, 이 책은 이 지역의 가장 희미한 기원에서부터 지극히 최근의 과거에 이르기까지 장구한 역사의 흐름을 다루며, 수 세기에 걸쳐서 전개된 제국적 열망의 분출과 융합, 좌절 등 제국의 흥망을 따라간다. 우리는 제국이라는 범주를 강요하지 않으며, 오히려 그것을 시간의 흐름 속에서 발전하는 역사를 추적하는 생산적인 렌즈로 활용하고자 한다. 둘째로, 제국이라는 틀은 다양한 형태의 비민주적 통치가 어떻게 성공적으로 작동하고 살아남았는지, 혹은 반대로 어떠한 요인으로 인해 붕괴하고 소멸하였는지를 분석하는 데 유효한 도구가 된다. 러시아의 긴 역사를 '제국'이라는 외피를 통해 탐구함으로써, 우리는 러시아에 대해 흔히 강제와 억압의 암울한 기록으로만 이해되는 통념을 넘어서서, 포섭의 형태, 상호성의 연출, 그리고 이념의 표출 등 간과하기 쉬운 요소들에까지 주목할 수 있게 된다.

사람들은 우리에게 이 책의 공동 집필 과정을 어떻게 조율하였는지 종종 물었다. 모두들 전반부는 발레리 키벨슨이, 후반부는 로널드 수니가 집필하였다고 자연스럽게 생각할 것이다. 그러한 추정은 사실과 다르다. 실제로는 수니가 우리 사이의 대화와 강의 노트를 바탕으로 전체 초고를 집필하였다. (수니에게 감사를 표한다!) 그 초고를 바탕으로, 키벨슨은 비판적인 시각으로 질문을 제기하였고, 새로운 단락을 삽입하거나 기존 내용을 삭제하는 등 재검토와 수정 작업을 담당하였다. (키벨슨에게 감사를 표한다!) 우리는 함께 논지를 다시 생각하고, 거의 모든 문장을 다시 써 내려갔다. 수없이 많은 의견을 주고받는 과정에서, 우리는 어느 부분을 누가 썼는지조차 완전히 잊어버릴 정도가 되었고, 이 책의 모든 장을 완전하게 공동 저술하였다고 자신 있게 말할 수 있다.

우리는 이 책을 함께 집필하는 과정을 매우 즐겼으며, 독자 여러분 또한 그 즐거움에 동참하기를 바란다. 이 책은 소위 '비非교과서'로서, 중요 인물과 사건 들을 망라한 포괄적인 개론서라기보다는 해석적 에세이이자 분석적 개관이다. 우리는 독자들의 사전 지식 정도와 무관하게 이 책의 논지가 흥미를 유발하는 동시에, 이해하기 쉬운 문장과 핵심 용어에 대한 명확한 정의를 통해 이 분야를 처음 접하는 사람들에게 장애물이 없기를 바란다. 우리는 전 범위를 아우르는 서술보다는 지적 일관성을 목표로 삼았으며, 제국, 다양성, 상호성, 연대에 대한 질문을 항상 염두에 두고 있었다.

이 책을 집필하는 여정 속에서, 우리의 학생들과 동료들은 영감을 주고, 우리를 가르쳐 주었다. 그들은 우리가 새로운 관점을 탐구하고, 더 폭넓은 독서를 하며, 대안적인 가능성을 고려하도록 자극하였다. 개별적으로 모두에게 감사를 표하고 싶으나, 이 책이 26년에 걸친 긴 구상 기간을 가졌던 만큼, 우리의 감사 인사를 간략한 서문 속에 모두 담아내기에는 지면이 부족하다. 이 책은 많은 면에서 집단성에 대한 고찰이기도 하기 때문에, 이 점에 착안하여 우리가 담당한 공동 강의에 참여했던 학생들에게 집단으로 감사를 표하고자 한다. 그러한 강의로는 「절대주의와 독재」, 「역사 속의 제국들」, 「러시아의 제국들」, 「차르 치하의 러시아」 등이 있다. 또한 우리가 여러 차례 공동 강의를 진행할 수 있도록 허락해 준 미시간대학교 역사학과의 아량을 인정하지 않을 수 없다. 아울러 수많은 미시간대학교 동료들에게도 그들의 조언과 아이디어에 감사드리는 바이며, 그중에는 빅터 리버만Victor Lieberman, 올가 마요로바Olga Maiorova, 더글라스 노스롭Douglas Northrop, 제프리 바이들링거Jeffrey Veidlinger, 제프 엘리Geoff Eley, 수전 저스터Susan Juster가 있다. 또한 미시간대학교 외부에서는 루이스 지겔바움Lewis Siegelbaum, 제인 버뱅크Jane Burbank, 프레더릭 쿠퍼Frederick Cooper, 알렉산드르 세묘노프Aleksandr Semyonov, 도널드 오스트롭스키Donald Ostrowski, 낸시 실즈 콜먼Nancy Shields Kollmann, 폴 부시코비치Paul Bushkovitch, 어니스트 지처Ernest Zitser, 루이즈 맥레놀즈Louise McReynolds, 세르히 플로히Serhii Plokhy 등에게도 감사를 표하고자 한다.

옥스퍼드대학교 출판부의 찰스 카발리에르Charles Cavaliere는 이 책의 출판 마무리 작업을 담당하면서, 놀라울 정도의 열정과 격려, 그리고 관대한 마음을 보여 주었다. 유능하고도 인상적인 출판팀과 함께 일할 수 있었던 것은 큰 기쁨이었다. 사라 버밍햄Sara Birmingham, 프랑셀 카라페티안Francelle Carapetyan, 록산느 클라스Roxanne Klaas는 이 출판 기획에 귀중한 시간을 기꺼이 할애해 주었으며, 그들의 노력 덕분에 책이 더 명료해지고, 삽화가 확보될 수 있었다. 카발리에르는 처음에는 제안자로서, 그다음에는 최종 원고의 독자로서, 방대한 논평자들을 조직하였다. 『러시아 제국 연구』에 대해 논평해 준 다음의 모든 논평자들에게 진심 어린 감사를 표하고자 한다.

제인 버뱅크Jane Burbank(뉴욕대학교)

앤드루 젱크스Andrew Jenks(캘리포니아주립대학교 롱비치)

오스틴 저실드Austin Jersild(올드 도미니언대학교)

쇼샤나 켈러Shoshana Keller(해밀턴칼리지)

마이클 호다르콥스키Michael Khodarkovsky(로욜라대학교)

찰스 킹Charles King(조지타운대학교)

에드워드 J. 라제리니Edward J. Lazzerini(인디애나대학교)

에릭 로어Eric Lohr(아메리칸대학교)

일레인 매키넌Elaine MacKinnon(웨스트 조지아대학교)

알렉산더 스티븐 모리슨Alexander Stephen Morrison(나자르바예프대학교)

스티븐 노리스Stephen Norris(마이애미대학교)

매튜 페인Matthew Payne(에모리대학교)

데이비드 G. 롤리David G. Rowley(위스콘신대학교 플래트빌)

윌러드 선덜랜드Willard Sunderland(신시내티대학교)

글레니스 영Glennys Young(워싱턴대학교)

우리는 최종 단계에서 빈틈없고, 세세하며, 식견 있는 읽기를 하면서,

유용한 제안을 해 준 논평자들에게 특히 고마운 마음을 가지고 있다. 쇼샤나 켈러Shoshana Keller, 에릭 로어Eric Lohr, 알렉산더 모리슨Alexander Morrison, 윌러드 선덜랜드Willard Sunderland에게 감사드린다. 그들이 할애한 시간뿐만 아니라, 전문 지식과 아이디어를 베풀어 준 그들의 아량 덕분에, 이 책은 더 나은 모습을 가질 수 있게 되었다.

또한 우리는 루복lubki에 관한 매우 귀중한 지식을 통해, 찾기 어려웠던 몇몇 사진을 추적하는 데 귀중한 도움을 준 스티븐 노리스Stephen Norris에게 각별한 감사를 드린다. 우리는 원고 전체에 대한 예리하고 통찰력 있는 읽기를 담당해 주신 알렉시 에를리히Alexi Ehrlich에게도 감사의 뜻을 전하는 바이다. 물론, 남아 있는 오류와 해석에 대한 고집스런 집착은 우리들의 책임이다.

이 책을 집필하기 위해 우리가 가졌던 집요한 몰두의 시간을 인내해 준 가족과 친구들에게도 감사를 표하고자 한다. 이러한 몰두의 느낌은 가까운 미래에 금방 사라질 것 같지 않다. 그리고 이 책을 함께 집필하고 모든 아이디어와 문장, 심지어 구두점 하나하나까지 치열하게 토론하였음에도 불구하고, 공동 저자인 우리는 여전히 최고의 친구 사이로 남아 있음을 우리 독자들에게 분명히 밝혀 두고자 한다.

차례

지도 ——————————————————————————————

철자와 날짜 표기

- 우리는 러시아어 및 다른 언어에 대해 미국의회도서관(Library of Congress)의 음역 표기 시스템을 일부 수정하여 사용하였다. 트로츠키(Trotsky)나 도스토옙스키(Dostoevsky)와 같은 익숙한 이름은 일상적인 영어 형태로 남겨 두었지만, 가령 미하일롭스키(Mikhailovskii)처럼 대부분의 러시아 인명은 러시아어 형태로 표기되었다. 다른 언어의 인명은 가능한 한 원래의 발음에 가깝게 표기되었다. 러시아어의 연음 부호(보통 ʼ로 표시됨)는 루스(Rus)와 같은 단어에서는 생략되었지만, 각주나 인용문에서는 나타날 수 있다.

- 제정러시아와 소비에트러시아 초기에는 1918년 2월까지는 율리우스력이 사용되었다. 이 율리우스력은 20세기에는 서양의 그레고리력보다 13일 늦었고, 19세기에는 12일 늦었다. 우리는 러시아 날짜 체계(율리우스력)를 사용했지만, 1918년 이전에 서양 날짜 체계(그레고리력)가 사용된 경우에는 별도 표시를 해 두었다.

- 본문 아래의 각주는 옮긴이의 주며, 미주는 원서의 주다.

|연표|

1581~1582	예르마크가 시비리칸국을 패배시키다
1598	표도르의 사망과 함께 류리크가문 단절되다
1598~1605	보리스 고두노프가 비(非)류리크가문 출신의 차르로 임명되다
1598~1613	동란의 시대

1600

1605~1606	첫 번째 가짜 드미트리의 통치기
1613	미하일 로마노프가 젬스키 소보르에 의하여 새로운 차르로 선출되다
1648	모스크바 및 다른 여러 도시에서의 봉기
1654	우크라이나('소러시아')의 합병, 구교파 분리의 시작
1655	빌뉴스('벨라루스')의 합병
1667	니콘 총대주교 폐위
1670~1671	라진의난
1682	소피아를 섭정으로 하여 표트르가 제위에 오르다, 제1차 스트렐치반란
1685	슬라브어-그리스어-라틴어 아카데미의 설립
1689	중국과 네르친스크조약
1696	아조프에서 패배
1697	아틀라소프가 캄차카를 탐험하다
1697~1698	표트르의 서구 방문, 스트렐치의 반란이 분쇄되다

1700

1703	상트페테르부르크 건설
1707~1708	불라빈반란
1700–1721	대북방전쟁, 스웨덴의 패배
1721	표트르가 황제 칭호를 얻다
1722	관등표가 도입되다
1725	표트르 대제의 사망
1725~1727	예카테리나 1세의 통치기
1727~1730	표트르 2세의 통치기
1730	헌정 위기, 승계 조건을 둘러싼 투쟁
1730–1740	안나 이바노브나의 통치기
1740	승계를 둘러싼 투쟁, 쿠데타로 엘리자베타 페트로브나가 제위에 오르다

1740~1761	엘리자베타 페트로브나의 통치기
1762	표트르 3세의 통치기, 쿠데타로 예카테리나 2세가 제위에 오르다
1762~1796	예카테리나 2세(대제)의 통치기
1764~1767	볼가강 하류를 따라 독일인 식민지의 건설
1767	농민들이 지주에게 불만 사항 제출을 금지당하다
1769−1794	예카테리나가 풍자 잡지를 출판하다
1772	제1차 폴란드 분할
1773~1775	푸가초프반란
1774	큐추크−카이나르자조약
1785	예카테리나가 〈귀족 헌장〉과 〈도시 헌장〉을 공포하다
1791	정착 구역이 설치되다
1793	제2차 폴란드 분할
1795	제3차 폴란드 분할
1796	파벨 1세가 제위를 승계하다

1800

1801	파벨의 살해, 알렉산드르 1세의 승계, 조지아 동부가 제국에 흡수되다
1801~1825	알렉산드르 1세의 통치기
1803	「자유농업전문인법」으로 농노에게 자신의 자유를 살 수 있는 권리가 부여되다
1806	다게스탄과 바쿠 정복
1807	러시아와 나폴레옹 사이에 틸지트조약 체결
1808	핀란드 침공
1809	핀란드 합병
1812	나폴레옹이 러시아를 침공하다
1813~1814	알렉산드르 1세가 나폴레옹을 추격하다
1815	폴란드가 러시아에 완전히 흡수되다
1816	제1차 군사 식민지가 설치되다
1825	데카브리스트의난
1825~1855	니콜라이 1세의 통치기
1828	구(舊) 예레반 칸국이 제국에 통합되다
1830~1831	폴란드반란
1832	기본법 편찬, 폴란드가 군사 통치로 들어가다
1835	유대인들이 이노로드치로 지정되다

1853~1856	크림전쟁
1855~1881	알렉산드르 2세의 통치기
1857	농민 문제에 관한 비밀위원회의 설치
1859	샤밀의 항복, 캅카스 정복이 완료되다
1860	블라디보스토크의 건설
1861	차르가 「농노해방령」을 공포하다
1861~1874	대개혁
1863	폴란드반란
1864	배심원 제도가 도입되다
1864~1885	중앙아시아 정복
1867	알래스카가 미국에 팔리다
1870	'일민스키 체제'로 선교 학교 네트워크가 수립되다
1874	징병 개혁으로 거의 모든 젊은 남성들이 징집될 수 있게 되다
1877	베를린회의가 시작되다
1877~1878	러시아-튀르키예 전쟁, 산 스테파노조약으로 오스만제국에 가혹한 조건이 부과되다
1881-1894	알렉산드르 2세의 통치기
1881	광범위한 반(反)유대인 포그롬
1894~1917	니콜라이 2세의 통치기
1897	제1차 인구조사

1900

1904~1905	러일전쟁
1905	제국 전역에서 혁명과 봉기, '피의 일요일' 학살, 10월 선언, 두마 설치
1907	니콜라이 2세가 두마에 대한 통제권을 다시 주장하기 위해 선거법을 바꾸다
1914~1918	제1차 세계대전
1914	상트페테르부르크에서의 총파업
1917년	2월~3월: 니콜라이 2세 퇴위, 임시정부 수립
	10월~11월: 레닌 지도하에 볼셰비키가 권력을 장악하다
1918	브레스트-리톱스크조약
1918~1921	러시아내전
1921~1928	신경제정책
1922	소비에트사회주의공화국연방(USSR) 수립
1923	볼셰비키가 모든 다른 정당 활동을 금지시키다

1924	레닌 사망
1928~1932	제1차 5개년계획
1928	스탈린의 권력 강화, 급속한 산업화 진행
1929	농업집단화 시작
1932~1933	우크라이나에서 대규모 기근
1933~1937	제2차 5개년계획
1936~1938	스탈린의 대숙청, '인민의 적'에 대한 공포정치 실시
1939년 8월	스탈린과 히틀러가 불가침조약을 체결하다
1939년 9월	히틀러가 폴란드를 침공하여 제2차 세계대전이 발발하다
1941년 7월	독일의 소련 침공, 1941년 9월-1944년 1월 레닌그라드 봉쇄
1942년 8월~1943년 2월	스탈린그라드전투
1943년 7월	쿠르스크전투
1945년 2월	'3거두'인 처칠, 루즈벨트, 스탈린이 얄타에서 만나다
1945년 5월	베를린 함락, 독일에 대한 승리
1946	냉전의 시작
1946년 2월	스탈린이 최고 소비에트 선거 연설을 하다
1946~1947	농업의 재집단화로 광범위한 기근이 발생하다
1948	체코슬로바키아에서 공산당의 '쿠데타'
1953년 3월	스탈린 사망
1953년 9월	니키타 흐루쇼프가 소련공산당 제1서기가 되다
1954	처녀지 개간 캠페인이 진행되다
1956	흐루쇼프가 제20차 당대회에서 '비밀연설'을 하여, '개인숭배'를 비판하고 탈스탈린주의화를 시작하다
1956년 11월	헝가리 봉기가 적군(赤軍)에 의해 분쇄되다
1957년 6월	흐루쇼프가 '반당그룹'이 시도한 쿠데타를 제압하다
1957년 10월	스푸트니크호의 발사
1961년 4월	유리 가가린이 최초의 우주인이 되다
1961년 8월	베를린장벽 건설
1962년 10월	쿠바 미사일 위기
1964년 10월	흐루쇼프가 평화롭게 실각하고, 레오니드 브레즈네프가 등극
1968년 8월	소련군의 침공으로, 체코슬로바키아에서 일어난 개혁적인 '프라하의 봄'이 종식되다
1975	소유즈–아폴로 우주 비행, 데탕트가 절정에 이르다
1979	소련의 아프가니스탄 침공
1980년 여름	미국이 모스크바 하계올림픽을 보이콧하다
1982년 11월	브레즈네프 사망

1985	미하일 고르바초프가 소련 지도자가 되다
1986년 2~3월	고르바초프가 27차 당대회에서 페레스트로이카를 도입하다
1986년 4월	체르노빌 원자력발전소 사건
1989년 2월	소련군이 아프가니스탄에서 완전히 철수하다
1989년 3~4월	새롭게 설치된 인민대표자대회를 위하여 1917년 이후로 최초로 민주주의적인 선거가 실시되다
1989	베를린장벽 붕괴
1990	리투아니아가 소련공화국 중 최초로 모스크바로부터의 독립을 선언하다
1991년 6월	보리스 옐친이 러시아소비에트연방사회주의공화국 대통령으로 선출되다
1991년 7월	전략무기감축협정(START 1)이 조인되다
1991년 8월	공산당 강경파에 의해 시도된 반(反)고르바초프 쿠데타가 실패하다
1991년 12월	소련 해체, 고르바초프 사임
1992	경제의 충격요법과 사유화 시작
1993년 10월	옐친이 러시아최고소비에트를 해산함으로써 격렬한 충돌이 발생되다
1994년 12월~1996년 8월	제1차 체첸전쟁
1999년 8월~2009년 4월	제2차 체첸전쟁
1999년 8월	블라디미르 푸틴이 총리로 지명되다
1999년 12월	옐친이 사임하고 푸틴이 대통령이 되다

2000

2000년 3월	푸틴이 대통령 선거에서 승리하다
2003	에너지 올리가르흐인 미하일 호도로콥스키가 사기 혐의로 체포되다
2004년 9월	체첸 테러리스트들이 베슬란 학교를 장악하여, 300명 이상을 살해하다
2006년 10월	반정부 성향의 기자 안나 폴리콥스카야가 살해되다
2008년 3월	드미트리 메드베데프가 4년 임기의 대통령으로 선출되다
2008년 8월	러시아—조지아전쟁
2010년 4월	러시아와 미국 사이에 새로운 스타트(전략무기제한회담) 핵무기감축협정이 조인되다
2012년 3월	블라디미르 푸틴이 6년 임기의 대통령에 당선되다
2014년 2월	러시아가 소치에서 2014년 동계올림픽을 개최하다
2014년 2~5월	러시아가 우크라이나의 크림반도를 점령하여 합병하다, 우크라이나 동부에서는 친러시아 분리주의자들을 러시아군이 지원하다
2015년 9월	러시아가 시리아내전에 개입하기 시작하다

제국에 대해 생각하기

수세기 동안 서구 사람들은 러시아가 예속 상태에 있는 신민들이 강력하고도 전제적인 군주에 의해 통치되는 강력한 제국이라고 상상했다. 우리가 이 책을 마무리하기 얼마 전에 러시아에 관한 어떤 유명한 저술가는 "푸틴 대통령은 … 자신이 차르들로부터 오늘날에 이르기까지 러시아의 개인적인 리더십과 제국적인 국가라는 항구적인 전통을 이어받고 있다고 본다."라고 썼다. 역사가들만이 아니라, 언론인과 정치인 들도 우리가 살고 있는 시대와 가까운 미래에 대해 무언가를 말해 주는 지속적인 유형을 찾고자 과거를 살펴보려는 강한 충동에 종종 이끌린다. 역사가들은 시간을 거슬러 올라가기도 하고 앞서기도 하면서 특정한 정치 형태를 읽으면서, 후대의 정치 형태가 이전 시대의 선구적인 형태에 그 뿌리를 가지고 있음을 발견한다. 현재의 모습은 언제나, 그리고 이미 과거 속에서 찾아볼 수 있는데, 과거는 현실 속으로 들어오고자 조급한 태도로 기다리고 있는 것이다. 일부 이야기는 익숙할지 모르지만, 우리는 이 책에서 약간 다른 시도를 하고자 한다. 우리가 믿기로는, 과거는 아무런 매개 수단이 없이 직접 현재에 말을 걸지는 않는다. 러시아 역사를 폭넓게 생각하면서, 우리는 과거가 지닌 타자성otherness[1]을 인식하고, 또 오래전에 사라진 세계의 증거가 제시하는 새로운 이해를 추구하는 데 관심을 두고 있다.

이 책은 두 친구 사이의 대화에서 시작되었고, 함께 세 강좌를 담당하면서 진전되었으며, 공동 집필 과정을 거치면서 끊임없이 변화하고 진화했다. 우리는 『러시아 제국 연구』라는 제목을 지닌 이 책에서 우리의 연구를 끌고 가기 위하여 "제국"이라는 분석 틀을 채택했다. "제국"은 러시아에 대한 고정관념 및 생각과 관련해서 핵심적인 위치를 차지한다. 우리의 목표는 제국의 지배 관행을 당연시하는 것이 아니라, 다양한 시기에 걸쳐 러시아의 정치체제를 구성하는 이 지역의 기나긴 역사에다가 제국이라는 개념을 적용할 수 있는지 시험해 보는 것이다. 우리는 이 발견교수법heuristic(학습 장치나 방법을 의미하는 멋진 용어)이 러시아를 새로운 방식으로 이해하는 데 얼마나 도움이 되는지 살펴보고자 한다. 다른 한편으로, 이 지역의 복잡한 역사에 대한 새로운 통찰력을 가지게 되면, "제국"이라는 개념 자체를 돌아보게 되고, 그 개념을 정의 내릴 때 신중한 태도를 가질 수밖에 없게 된다. 이런 작업을 하게 되면, 가령 이반 뇌제의 파괴적인 통치나 볼셰비키 집권 초기의 국가 형성을 향한 열정과 같은 특이한 역사 현상을 의미 있고 비교사적인 맥락에서 파악하는 데 도움이 된다.

이 책에서 우리는 제국적이든지 아니든지, 이해하기 어렵고 복잡다단

---

1 타자성: 타자(他者)는 존재, 실체, 주체, 그리고 동일자에 대립하거나 소외되는 어떤 것을 지칭할 때 사용되는 서양 철학의 중요한 개념이다. 타자는 동일자의 논리 혹은 전체성의 논리와는 다른 의미의 논리성으로 자신을 드러낸다. 에마뉘엘 레비나스를 이것을 타자성(他者性)이라고 부른다. 『시간과 타자』, 『전체성과 무한』 등의 저술을 통하여, 타자는 단지 공존해야 할 "다른 자아"가 아니라, 주체를 구성하고 변화시킬 수 있는 무한자라고 주장했다. 그의 타자철학은 포스트모더니즘에도 큰 영향을 미쳤다.

한 과거를 범주화하려고 의도하지 않는다. 오히려 이 책은 여러 시기에 다양한 정치 형태가 불쑥 등장했음을 보여 주고 있다. 우리는 이런 정치 형태가 지닌 의미를 맥락 속에서 살펴봄으로써, 그것들을 다가올 어떤 것들의 선구적인 형태나 미완성의 초안으로 보기보다, 그 시대의 고유한 현상으로 이해하고자 한다. 우리가 연구 대상으로 삼고 있는 러시아라는 애매한 실체도 한순간에 등장하지는 않았다. 제국이라는 개념은 다양한 시기에 러시아라는 국가에 종속되었거나, 그 국가로부터 독립되어 있었거나, 혹은 그 이전부터 존재했던 수많은 지역과 민족에 대하여 단일한 "러시아" 역사를 설정하는 것이 과연 유용한지 질문하게 만든다. 우리는 역사적 시기를 관통하는 연속성이 있음을 인정하는 한편, 어떤 제도, 어떤 담론(사고 방식과 말하는 방식), 그리고 어떤 관행이 살아남지 못했는지에 대해서도 주의를 기울인다. 제국이라는 틀은, 엄격한 기준으로 보았을 때 국가로도, 심지어 제국으로도 보기 어려운, 분산된 정치 조직의 양상과 분열, 증식하는 권력의 형태에 주목하게 해준다.

제국들

러시아 역사에 대해 생각할 때 '제국'이라는 범주를 피할 수는 없다. 그렇지만, 이 개념은 종종 그 의미가 지닌 폭넓은 가능성에 대해 깊이 있게 고민하지 않은 채 사용되어 왔다. 그렇다면 우리는 제국을 어떻게 이해해야 할까? 제국주의와 제국 통치의 본질은 무엇인가? 제국은 놀라울 정도로 오랫동안 지속된 통치 형태로서, 고대 중동과 지중해 세계, 고대 중국과 아시아 및 유라시아의 다른 국가 형태로까지 거슬러 올라갈 수 있다. 이 책에서 우리는 역사가 앤서니 파그덴Anthony Pagden의 정의를 따르고자 한다. 그는 유럽에 대한 강의에서 제국에 부여된 다양한 의미를 추적했다. 임페리움imperium은 고전기에 로마 집정관의 집행 권한을 의미했고, 궁극적으로 "누구에게도 종속되지 않은 권력"을 가리키게 되었다. 16세기에 이르러 제국은 여러 집단을 하나의 확장된 체계 안에서 연결하는 정치 관계라는 국가로서의 의미를 지니게 되었지만, 광대한 지리적 범위에서 "확장된 영토적 통치권"을 행사하는 국가라는 제국의 근대적 의미들 중의 하나를 로마 시대로부터 이미 보유했다. 아우구스투스 시대로부터 "임페라토르imperator를 자처하는 것은 평범한 왕들에게는 허락되지 않는 일정한 수준의 권력, 결국에는 하나의 독자적인 권력 형태를 주장하는 것이었다." 절대적 혹은 전제적 통치는 제국과 동일시되었으며, 제국이라는 개념에는 "단일한 권위 아래에서 다양한 영토들이 통합되어 있는 상태"라는 생각이 그와 함께 수반되었다. 이 세 가지 의미 —통치자의 최고 권력, 광대한 영토, 그리고 다양한 영토와 민족들의 존재— 는 제국이라는 개념과 굳게 결합되어 있었으며, 근대에 이르기까지도 그 의미를 유지했다. 우리는 파그덴의 이 세 가지 정의에다가 두 가지를 추가하고자 한다. 첫째는 서로 구별되거나 독립적으로 구성된(혹은 그렇게 상상된) 영토와 민족에 대한 지배이며, 둘째는 중심부(또는 본국)와 주변부(또는 식민지) 간의 권력의 불균등한 분배이다.

황제皇帝2)는 단순한 왕 그 이상이었다. 왕이 하나의 영토나 민족을 통치하는 존재였다면(비록 인구는 다양할 수 있지만), 황제는 많은 민족과 영토를 다스리는 존재였고, 종종 많은 공公들, 심지어 왕들 위에 군림했으며, 그 권력은 대부분의 경우 신神에게만 종속되는 것으로 여겨질 만큼 최고의 위치에 있었다.[2] 왕과 그의 백성 사이에는 어느 정도의 공통점이 존재했다. 예컨대, 잉글랜드의 왕들은 비록 그들이 덴마크인이나 게르만인의 후손일지라도, '잉글랜드인'(후에는 '브리튼인')의 왕이었는데, 왕의 백성은 결국 단일한 실체로 상상된 집단이었다. 이런 나라는 빅터 리버만이 말한 바 있는 "정치적 민족political ethnicity"으로 이루어졌으며, 이 민족은 공동체 의식, 종교, 혹은 왕조나 국가에 대한 어떤 공유된 연대감을 가진 사람들이었다.[3] 그러나 제국은 그것보다 훨씬 복잡하다. 제국은 여러 다양한 민족들, 어쩌면 여러 공국, 왕국, 토후국(에미레이트), 대공국 등이 함께 존재하는 광대한 영역이다. 이처럼 나라와 민족, 정치 체계가 뒤섞인 모자이크와도 같은 국가 구성에서는 정체성을 공유하는 문제를 해결하는 것이 아주 어려운 일이었다.

고대부터 오늘날에 이르기까지 유럽의 많은 사상가의 마음속에 자리한 제국의 모델은 로마제국이었지만, 중세 러시아인들에게 가장 가까운 제국 모델은 동로마(비잔티움)제국과 칭기즈칸이 처음 건립한 몽골제국이었다. 결국 러시아는 중국, 오스만, 오스트리아-헝가리제국처럼 영토가 광대하고 연속된 대륙 제국이 되었는데, 이것은 영국, 네덜란드, 에스파

---

2 황제(皇帝): emperor는 한자권에서는 황제로 번역되고 있지만, 이 두 단어의 어원은 다르다. 본문에 나오듯이, emperor는 imperium에서 유래되었지만, 황제라는 용어의 기원은 중국 고대 전설에 나오는 삼황(三皇)과 오제(五帝)에 있다.

냐, 프랑스, 포르투갈과 같은 해양 제국들과는 다른 형태였다. "이상형^{ideal} type"$^{3)}$, 즉 추상적인 개념 모델로서 제국은 하나의 국가 형태로 볼 수도 있고, 혹은 지배나 통제의 특정한 방식으로 이해할 수도 있다. 이곳에서 통치는 불균등하게 이루어지며, 제국을 구성하는 여러 종속 지역 각각에서 서로 다른 지배 방식과 권력관계가 작동한다. 제국은 통합된 인구에 대한 동질적인 통치를 지향하지 않고, 오히려 차등과 구분을 의도적으로 만들어 내고 유지함으로써 통치하는 것을 추구한다.

이상형은 발견교수법적인 목적을 위해서는 유용하지만, 자연이나 역사 속에서 순수한 형태로 존재하지는 않는다는 점을 염두에 둘 때, 제국이라는 이상형은 서로 다른 국가 형태와 통치 방식을 구분하는 데 유용한 틀이 된다. 제국은 궁극적으로 국민국가의 이상형으로 등장하게 된 것과는 본질적으로 다르다. 제국은 다른 무언가에 대한 불평등한 지배를 의미하는 반면에, 국민국가는 비록 실제로는 그렇지 않더라도 적어도 이론적으로는 모든 국가 구성원에게 동일한 통치를 전제로 한다. 제국에서는, 국민국가와는 달리, 통치자들의 거리와 차이는 종종 지배 기구의 우월성을 정당화하는 이념적 근거의 일부이기도 했다. 제국에서 통치 권리는 피지배자들의 동의가 아니라, 통치자들이나 제도에 존재한다. 차르 체제하의 러시아나 소련은 지배자의 위치에 있는 러시아 민족과 완전히 일

---

3   "이상형(ideal type)": 막스 베버는 학문 연구의 방법론으로 '이상형'을 제시했다. 이상형은 현실에 존재하지 않는 이상적인 유형이라는 뜻으로서, 사유적 제고에 의해 만들어진 전형적인 모델이다. 이 주장은 자연과학적 인식론 및 방법론에 입각한 '자연주의'와 개별 학문의 특수성을 강조한 '역사주의'를 종합한 것이다.

치하는 본국을 가진 민족적 의미의 "러시아 제국"은 아니었다. 오히려 통치 기구—차르 러시아에서는 차르와 귀족 계층, 소련에서는 공산당 엘리트—는 주로 러시아인이긴 했지만 다민족으로 구성되어 있었으며, 러시아인과 비非러시아인 모두를 대상으로 제국적 지배력을 행사했다.

제국은 그 정의상 다양한 인구를 통치해야 하는 문제에 직면하며, 이질적인 지역과 민족들로부터 묵인은 아닐지라도 어느 정도의 수동적 태도를 확보하기 위해 효과적인 통치 기법을 찾아야만 한다. 이를 위해 제국들은 다양한 방식을 사용해 왔다. 때때로 그들은 동화assimilation와 문화변용acculturation[4]을 목표로 삼기도 했다. 근대 초에 이러한 노력은 주로 개종改宗의 형태로 나타났다. 그 이후에, 제국들은 식민지 주민을 시민으로 평등하게 포용하겠다는 종종 거짓된 약속을 내세우기도 했으며, 이것은 프레더릭 쿠퍼Frederick Cooper와 앤 스톨러Ann Stoler[5]가 말한 "제국의 긴장the tensions of empire"이라는 상황을 초래했다. 좀 더 흔하게는, 제국들은 차등을 통한 통치(서로 다른 지역과 민족을 각기 다른 방식으로 중심 권력과 대충 짜 맞추는 방식), 혹은 위임통치(지역 권력자들을 통한 간접 통치)를 활용했다. 제국들은 극단적인 경우에는 (제노사이드나 강제이주를 통하여) 박멸을 명령하기도 했다. 러시아를 포함한 대부분의 제국은 이러한 여러 통치 기법을 다양한 방식

---

4 문화변용 : 어떤 지역의 문화가 다른 지역으로 전파되면서 기존의 문화를 변형시키거나 새로운 문화를 만들어내는 현상을 일컫는다.

5 프레더릭 쿠퍼(Frederick Cooper)와 앤 스톨러(Ann Stoler)는 자신들이 편집한 책에서 제국의 핵심적인 긴장, 즉 식민 통치자들이 성(sexuality)과 생물학적 재생산을 규제하고, 인종·계급·성별(gender)의 범주를 각인시킴으로써 유럽의 도덕적 우월성을 규정하고 문화적 경계를 유지하여 "차등의 문법"을 지속적으로 갱신했다고 주장했다. 다음 책을 참고하시오. Frederick Cooper, Ann Laura Stoler, eds. *Tensions of Empire: Colonial Cultures in a Bourgeois World* (London: University of California, 1997).

으로 조합하여 사용해 왔지만, 러시아 제국의 역사 전반에 걸쳐 가장 지배적인 방식은 바로 '차등화'였다.

다양성을 용인하고 차등을 만들어 내는 방식으로 제국을 유지하려는 문제는, 차등화를 추구하는 것과 모순되게 보이는 정책 및 관행들과 함께 나타났다. 즉, 제국을 구성하는 이질적인 요소들을 하나로 묶기 위해 문화적 동질성을 만들어 내려는 시도들이 병행되었다. 문화적 동질성은 군주나 국가에 대한 충성, 애국심이나 국토 사랑, 특정한 풍경이나 언어, 혹은 그 지역의 풍습에 대한 애정 등으로 표현될 수 있었다. 자기 주변의 사람들 및 익숙한 관습에 대한 애정은, 자치나 국가 수립 같은 정치적 자결권을 지향하는 문화적-정치적 공동체로서의 민족에 대한 완전한 헌신과는 동일하지 않다. 여제가 농민 복장을 본뜬 정교한 의상을 입었다고 한다면, 그것은 평민들과의 연대를 상징할 수는 있지만 그들에게 자치를 허용하겠다는 의미는 아니었다.

요약하자면, 우리의 관점에서 제국이란 다음의 네 가지 특성 중 일부 또는 전부를 나타내는 통치 구조이다. 첫째, 제국은 절대 주권을 주장하는 통치자가 다스리는 정치체polity로서, 지상의 어떤 권력에도 책임지지 않는 전제군주가 지배한다. 제국의 군주는 흔히 다른 통치자나 왕들 위에 군림하는 존재, 곧 '왕들 중의 왕'이다. 둘째, 제국은 대체로 정복을 통해 지배하게 된 여러 이질적인 지역과 민족들로 구성된 광대한 영역을 다스리는 정치체이다. 셋째, 제국은 본국과 주변부 사이의 불평등하고 위계적인 권력관계를 기반으로 한다. 본국은 특권을 가지며, 주변부는 종속되고 불리한 위치에 놓여 있다. 이로부터 도출되는 네 번째이자 가장 근본적인 특성은, 제국의 통치 방식은 통합이나 동화가 아니라 차등을 통한 지배라는 점이다. 제국은 정복에 기반한 정치체로서, 통치 기관과 피지배자 사이의 차등, 그리고 제국 중심부에 대한 주변부의 예속관계를 통해 유지되었다. 제국의 중심부는 정복과 무력을 통해 피지배 민족이나 정치체의 자치권 및 주권을 빼앗았고, 우위에 선 자들이 열등하다고 규정된 자들을 지배하는 불평등한 관계가 확립되었다.

러시아에서 권력은 중세 시대의 여러 공국公國에서 처음 윤곽을 드러낸 이후부터 소련의 붕괴에 이르기까지 다양한 형태로 존재해 왔으며, 언제나 부족이나 언어, 종교나 지역, 신분, 계급, 성별, 혹은 왕조와 같은 차등 관계 위에 구축되었다. 러시아 역사 대부분에 걸쳐, 통치자들과 피통치자들은 정치체에 속한다는 것을 특별한 방식으로 이해했다. 정치체는 다양한 방식으로 나타났으며, 차등의 위계에 따라 서로 다른 권리 주장과 의무가 허용되었다. 구체제의 마지막 수십 년과 소비에트 시대에 이르러서야, 제국 통치의 또 다른, 거의 모순적인 측면인 주권을 가진 통치자의 최고, 단일, 중앙의 지배권은 차등을 통한 통치 방식과 우위를 다투게 되었다. 이 시대에 중앙집권국가는 보다 통일된 통치 형태와 보다 동질적인 인구학적 비전을 향해 나아가기 시작했다. 그러나 의식적이지만 일관성이 없는 러시아화Russification 시기에서조차 중앙집권적 권력에 대한 주장이 차등화라는 기본 가정과 전략을 압도한 적은 없었다. 러시아 역사를 통해 우리는 서로 매우 다른 제국 통치 방식이 서로 얽히고설키며 끊임없이 움직였고, 때로는 한 가지 방식이 전면에 부상하고 때로는 다른 방식이 부상하는 것을 볼 수 있다. 전쟁과 폭력으로 만들어졌던 러시아 제국이 1917년에 종말을 맞이했을 때, 그것은 제국적 특성과 국민국가적 특성을 모두 갖춘 새로운 국가 형태인 소련으로 대체되었는데, 소련 자체가 경제 및 군사적 붕괴와 혁명적 폭력의 산물이었다. 면적과 존속 기간을 고려할 때, 러시아 제국은 역사상 가장 큰 영토 제국이자 아주 오래 존속된 제국이었다.

오늘날 국민국가 이외의 다른 합법적인 정치체제는 상상하기 어렵다. 종교에 기반을 둔 "칼리프 국가"로서 초국가적 지위를 주장하는 이라크 및 시리아의 이슬람국가IS, 혹은 국제적인 카르텔과 다국적 기업 등 국가 기반이 없는 조직은 현대의 정치적 상상력 속에서 합법적인 지위를 차지하지 못한다. 유럽연합과 같은 다국적 조직은 여전히 많은 지지를 받고 있기는 하지만, 그것을 구성하는 국민국가들의 자율성에 대한 도전이라는 이유로 저항과 반감을 불러일으키고 있다. 오늘날 "제국"을 지향한다면, 그것은 정당성을 완전히 상실한 행위이자, 시대착오적이며 과거로의 회귀처럼 보일 것이다. 하지만 과거에는 베네딕트 앤더슨Benedict Anderson이 말했듯이, 왕국과 제국은 "대부분의 사람들에게 유일하게 상상 가능한 '정치적' 체제로" 보였다. 구체제 국가들은 왕실 혹은 제국의 "높은 곳의 중심"과 "군데군데 뚫려 있는" 국경이라는 특징을 가지고 있으며, "주권의 영역은 모르는 사이에 서로 겹쳐 들어갔다."[6] 역사가들은 종종 서둘러 제국을 역사의 쓰레기통에 버리곤 했지만, 20세기까지 대부분의 국가는 국민국가의 속성과 태도를 채택하면서도 왕국으로 남아 있었다. 실제 시민의 삶

---

6 "주권의…들어갔다.": 근대 국가처럼 명확한 영토 주권(sovereignty over a bounded territory)이 존재하기 이전, 왕국이나 제국들의 경계와 통치 권한이 불분명하고 유동적이었다는 뜻이다. 베네딕트 앤더슨, 『상상된 공동체: 민족주의의 기원과 보급에 대한 고찰』, 서지원 역(길, 2018), 44쪽.

에서는 여전히 수많은 차등과 등급이 존재했음에도 불구하고, 법으로 제도화된 위계질서와 구분이 법적으로 신성시된 평등과 동질성의 가설로 서서히 대체되기까지는 우리가 흔히 생각하는 것보다 훨씬 오랜 시간이 걸렸다.

이 책은 제국을 필연적으로 붕괴할 운명에 처해 있으며 결국에는 국민국가로 대체될 수밖에 없는 존재로 보는 관점 — 학계와 대중 문헌에서 너무나 익숙한 경로 — 이나, 러시아라는 국가의 기원을 찾으려는 시도를 하는 대신에, 근대화 중인 세계에서 새로운 도전에 직면하며 제국이 보여 준 긴 수명, 지속성, 그리고 유연성을 존중하고자 한다. 또한 우리는 제국을 단순히 서술적인 용어로 보지 않고, 특정 정치체의 기본적인 역동성을 드러내는 개념으로 다루고자 한다. 제국은 제국이기 때문에, 즉 다른 국가를 동화시키지 않고 통합하는 상대적으로 엄격하지 않은 국경을 가진 불평등한 국가이기 때문에 어떤 일을 할 수 있지만, 다양한 인구를 동질화하고 평등화하는 것과 같은 다른 일을 쉽게 할 수 없는 제약을 가지고 있다. 왜냐하면 통치자가 피치자를 다스리는 권리를 정당화하고 합법화하는 것은 정확하게 통치자와 피통치자의 차등, 즉, 통치자가 우월하며 피치자가 열등하다는 점 때문이다.

우리는 책 전반에 걸쳐 제국이라는 개념의 유용성을 검토하면서, 제국이 어떻게 유지되고, 어떻게 생존해 왔는지도 함께 탐구한다. 이렇게 방대한 국가들이 어떻게 하나로 묶여 있었을까? 그리고 무엇보다 중요한 것은 그 지배자들이 어떻게 필수적인 수준의 결속력을 유지할 수 있었느냐는 점이다. 이 질문에 대한 답을 찾기 위해, 우리는 제국의 제도나 관행뿐만 아니라, 피지배자들과 지배자들, 그리고 서로 간의 유대를 형성한 정서적 연결과 상호성의 요구도 살펴본다. 제국은 대부분 전쟁과 폭력, 그리고 정복을 통해 성립되지만, 역사상 어떤 국가도 순수한 강제력으로만 오랫동안 지배할 수는 없었다. 제국을 유지하고 통치하는 데는 막무가내식 무력만으로는 충분하지 않았다. 강압적 권력 외에도, 담론적 권력, 즉 다수에 대한 소수의 지배를 대변하고 정당화하는 상징체계와 연극적 요소가 필요했다. 시간이 지남에 따라, 정부는 피지배자들로 하여금 지배자가 정당한 통치권을 지니고 있으며, 제국 군주와의 관계 속에서 자신들 또한 어떤 이득을 얻고 있다고 믿도록 설득하려고 했다. 피지배자들 역시 이 불평등하고 때때로 억압적인 제국 질서로부터 자신들이 일정 부분 혜택을 받고 있으며, 그 억압적인 질서가 정당하고 자연스러운 것이라고 느껴야 했다. 우리는 권위에 대한 복종과 온정주의적 통치 사이의 이러한 쌍방향적인 관계를, 권력자들과 피지배자들 간의 주고받는 관계, 즉 "상호성reciprocity"이라고 부른다.

엘리트뿐만 아니라 일반 사람들조차도, 비록 매우 어려웠지만, 반란을 일으키거나 이주함으로써 이 체제에서 이탈할 가능성은 있었다. 그러나 식민화된 민족들이 종종 가혹하게 지배당했음에도 불구하고, 제국의 많은 피지배자는 착취당하는 것보다 얻는 이익이 더 크다고 생각하면서 자신들이 제국과 맺은 관계를 암묵적으로 수용하곤 했다. 불평등한 대우에 대한 인식, 그리고 종종 그에 대한 수용은 제국과의 관계에서 중요한 부분이다. 역사 전반에 걸쳐, 구분과 위계질서, 그리고 종속은 평등이나 대중이 권한을 보유한 것보다 훨씬 더 보편적인 현상이었으며, 이러한 지위와 특권의 단계적인 차별은 당시 사람들에게 자연스럽고, 불가피하며, 심지어 정당한 것으로 여겨지기도 했다. 식민지가 된 것은 외부로부터 강제되는 것이지만, 그것은 종종 우월감과 열등감을 내면화함으로써 유지되었다. 이러한 종류의 믿음과 감정은 역사 기록 속에 구체적인 흔적을 거의 남기지 않지만, 제국의 존속 여부를 좌우할 수 있다. 그렇기 때문에 우리는 사료 속에 남겨진 그 희미한 흔적들을 주의 깊게 살펴보고자 한다.

러시아의 제국 형성

이 책에서 우리는 제국이라는 렌즈를 통하여 러시아의 역사를 조망하려고 한다. 그러나 어떤 국가 역사의 모든 측면과 사건을 가능한 한 많이 다루고자 하는 기존의 교과서와는 달리, 이 책은 제국이 어떻게 성립되고, 민족들을 통치하고, 그 생존을 위협하는 위험 속에서 어떻게 살아남는지에 대한 특별한 이야기를 들려주려는 시도이자 확장된 역사 에세이다. 우리는 일반적으로 키예프 루스Kievan Rus 시대로 알려진 중세 시대, 즉 국가, 민족, 혹은 제국이라는 일반적인 범주로는 사람들의 소속이나 권력관계의 느슨함이나 복잡성을 포착할 수 없는 흐릿한 역사의 시기로부터 시작한다. 게다가 이 시기를 러시아의 역사 서사에 포함하는 것 자체가 애매한데, 왜냐하면 중세 루스의 정치적 중심이었던 키예프Kiev[7]는 현재 비러시아적이고 결단력 있는 독립국가인 우크라이나의 수도이기 때문이다. 당시에는 '러시아'라는 단어나 '러시아인'이라는 개념도 존재하지 않았다.

루스 지역의 역사는 우리가 이 책에서 다루게 될 후대의 러시아인과 러시아 국가의 역사와 직접적인 연관성이 희박하다. 러시아인들이 고대 루스를 자신들의 역사적 기원으로 삼는다는 주장 자체가, 우크라이나, 벨라루스, 리투아니아처럼 각기 독립된 역사와, 1991년 이후에는 독립국가로 존재해 온 타 민족과 국가에 대한 일종의 제국적 주장이 될 수 있다. 따라서 "러시아 역사"를 중세 루스의 역사에서 시작하는 것 자체가 매우 민감한 행위이다. 우리는 이 결정을 내리는 데 있어서, 루스의 역사를 오늘날 여러 국가들이 각기 정당하게 공유하고 있다는 점과, 그 과거를 뒤늦게 러시아 역사로 연결 짓는 것이 초래할 수 있는 역사 왜곡의 위험성을 충분히 인식하고 있다. 그럼에도 불구하고, 바로 이 중세 시기에는 몇몇 핵심적인 패턴들이 형성되었고, 이런 패턴들은 이후의 수 세기에 걸쳐 창의적으로 수정되었으며, 루스는 이후 러시아 역사 신화와 기억 속에서 중요한 역할을 하게 되었다. 지배 가문의 혈통, 종교적 소속, 법제, 건축 양식, 스텝 지대의 유목민들과의 상호작용, 그리고 이 책의 핵심 주제인 집단적 구분, 명시적 위계질서, 상호성을 통해 협의되고 정의된 권력관계 등의 중요한 요소들이 모두 중세 루스 시대에 기원을 두고 있다.

키예프 루스 시대는 1237–1240년 사이에 벌어진 몽골–타타르[8]의 침입으로 갑작스럽게 막을 내렸다. 루스는 칭기즈칸 가문의 거대한 대륙 제국

---

7   키예프: 우크라이나어 발음으로는 키이우이다. 중세 때는 러시아 역사와 우크라이나 역사가 명확히 구분되기 어려웠기 때문에, 기존에 익숙한 키예프라는 표기를 사용하고자 한다. '키이우 루스'가 아니라 '키예프 루스'라고 하는 것도 같은 이유이다. 그러나 소련 해체 이후의 내용에서는 키이우라고 표기했다.
8   타타르: 원래 처음에는 북동몽골 등에 있던 몽골 계통의 유목민 북방집단의 명칭이었으나, 나중에는 몽골고원으로 들어간 튀르키예계 민족들까지 포함한 유목기마민족을 총칭하게 되었다.

의 가장자리, 즉 변방의 전초기지로서 제국 통치의 실행 방식을 알고 이해하게 되었다.[5] 루스의 소규모 공국들의 공公들은 스텝 지대의 지배자들과 각각 별도로 협상을 했고, 정교회 수장들 역시 법적 면책, 재정적 특권, 세금 징수권, 군사 지원 등 다양한 이익을 확보했다. 루스의 지도자들은 타타르 황제들, 즉 "칸Khan"이라 불리는 이들을 "차르Tsar"라고 칭하며 그들의 종주권을 인정했고, 이를 통해 제국적 통치 구조에 순응했다. 타타르의 이러한 지배는 200년 이상 지속되었으며, 15세기에 들어 스텝 지대의 대제국들이 붕괴하면서 그 시대는 끝났다. 제국의 패권자가 사라지자, 모스크바 대공들이 북동 루스 지역의 실질적인 지배자로 부상했다. 이 새로운 지배자들이 택한 기본적인 통치 방식은 오랜 기간 익숙해져 있던 패턴과 구조에 기반한 것이었다. 그들은 차등화되고 위계적으로 불평등한 집단들을 통해 통치하는 제국적 방식의 통치 모델을 그대로 계승했다.

모스크바국—15세기 후반부터 점차 형성되기 시작한 러시아 국가—에서는 대공들, 그리고 나중에는 차르들이 의식적으로 제국의 망토를 걸쳤다. 이들은 자신들의 절대적이고 점점 더 신성시되는 지위를 강조함과 동시에, 질서와 정의를 바라는 일반대중의 욕구에 부응하는, 엄격하면서도 자비로운 아버지 같은 통치자로서의 모습을 내세우기도 했다. 불평등한 자들 간의 상호성은 신이 부여한 주권적 권위라는 익숙한 개념과 나란히 정치 이데올로기 속에서 중요한 요소로 등장했다. 17세기와 로마노프 지배 가문으로 이어진 혼란의 시기인 '동란의 시대'Time of Troubles에 이르러, 이 상호성의 언어는 제국 통치의 집단적 불평등에 맞서는 방식으로 차르의 신민들에 의해 채택되었다. 새롭게 힘을 얻게 된 상호성 개념에 영향을 받은 인민 운동은 특정 집단의 구성원을 기반으로 한 주장을 발전시켰다. 인민 운동은 계층화되고 분화된 사회의 구성원들로서, 각자의 특수한 신분 집단에 따라 부여되어야 할 보호와 권리를 요구했다. 이러한 개별성particularism과 계층화stratification를 정치 공동체의 구성 원리로 여기는 뿌리 깊은 인식은 본질적으로 제국적 통치 형태와 부합되며 조화를 이루었다. 러시아의 통치는 역사 대부분(그리고 오늘날까지도)에 걸쳐 "피지배자가 동의하는 권위주의authoritarianism with the consent of the governed" 또는 "반응하는 권위주의responsive authoritarianism"[6]라는 놀랍고도 직관에 반하는 표현으로 설명될 수 있다. 물론 여기서 말하는 동의는 자유선거를 통하여 주어지는 것이 아니라, 권력에 대한 협조 혹은 그 지배에 대한 묵시적 수용을 통해 드러났다.

모스크바국은 일단 러시아의 여러 공국 중 가장 강력한 세력으로 부상하자마자, 이웃 공국들을 긴장시키며 위협적인 존재로 인식되었다. 그러나 역설적이게도, 그처럼 영토가 넓은 국가는 동아시아와 중앙아시아, 크림 지역의 유목민들로부터, 그리고 서쪽의 야심 찬 경쟁 세력들로부터 매우 취약하기도 했다. 모스크바국이 영토를 확대하던 초기에는 리투아니아가 특별한 도전 세력이었으며, 이후 수 세기에 걸쳐 폴란드, 스웨덴, 타타르족, 오스만제국, 합스부르크제국 등 강력한 군사력을 갖춘 국가들이 지속적으로 위협을 가했다. 러시아는 항상 공격적이거나 팽창주의적이었던 것도 아니고, 반대로 호전적인 이웃 국가들의 공격을 효과적으로 격퇴하는 데 능숙했던 것도 아니다. 게다가, 러시아의 광활한 영토는 통치와 소통, 그리고 공동의 역사와 운명 의식을 형성하는 데 있어 엄청난 어려움을 안겨 주었다. 러시아—그리고 심지어 소련—는 대부분의 정치적 생존 기간에 "안보에 강한 국가security state"라기보다는, 외부의 침입과 내부의 불안정, 다방면에서의 위협에 대응해야 했던 "안보가 취약한 국가insecurity state"로 이해될 수 있다.

표트르 대제 치하에서 제정러시아는 발트해에 도달하고, 핀란드만에 새로운 수도 상트페테르부르크를 건설하며, 유럽 외교에서 중요한 강대국으로 부상하게 되었다. 그러나 18세기의 첫 4반세기 동안, 표트르가 위로부터 강력히 추진한 급진 개혁으로 인해, 영토 내에서의 동의와 상호성의 관행은 일시적으로 사라졌다. 표트르는 러시아의 정치적·문화적 지형을 완전히 재편하려고 추진하는 과정에서, 어떠한 반대도 용납하지 않았고, 승인을 전혀 구하지 않았다. 그는 "피지배자들의 동의"를 전혀 추구하지 않았다. 하지만 1725년에 표트르가 사망한 이후에 18세기 내내, 17세기의 모스크바국 사람들이 상상하던 '상호성'이라는 개념이 다시 부상하기 시작했다. 이때 이것은 궁정 엘리트들 사이에서 보다 감상적인 형태로 나타났다. 차등과 불평등한 권리, 특권, 의무가 자연스러운 조건이라는 생각은 여전히 지배적인 자리를 차지했다. 그러나 18세기 후반에 접어들면서, 하나의 중요하면서도 궁극적으로 위험한 지적 전환이 일어났다. 엘리트들이 "사랑스런 어머니"로 여긴 통치자 예카테리나 대제와 연결된 상호성의 정서적 감각은 아래쪽을 향해서도 확대되어, 결국 엘리트와 농노들을 묶어 준 사랑과 의무의 감미로운 비전을 낳게 되었다.

이러한 움직임은 19세기의 제국 체제에 위험한 결과를 낳았다. 서구의 민족 개념이 유입됨에 따라, 주인과 농노, 러시아 지배층과 식민지 피지배민들 간의 감상적이고 애정 어린 유대 관계는 단순한 자비로운 시혜가 아니라 해방을 요구할 수도 있는 '상호성의 새로운 의무'로 변모되었다. 오랜 세월 지속된 '천부적인 위계질서를 통한 통치'에 대한 인식은 평등과 동질성을 향한 새로운 감각에 의해 도전받았다. 그리고 '국민주권'이라는 새로운 개념에 기반한 권리 주장 방식이 등장하면서, 상호성에 대한 새로운 이해가 더욱 강화되었다. 그에 따라, "국민"이란 인민들의 주권으로 정당성을 획득하는 실체라는 사상이 유통되기 시작했는데, 이것은 이전의 지배 가문의 혈통이나 제국의 힘에 기반한 통치 정당성과 대조되는 것이었다. 러시아인과 비러시아인 모두는 러시아가 어떤 종류의 국가인지, 러시아가 서구의 국민국가들과 어떤 점에서 유사하거나 다른지, 그리고 제국이라는 형태가 국민국가라는 형태와 어떻게 조화를 이룰 수 있을지를 두고 치열하게 논쟁을 벌였다. 지식인 엘리트들은 인민에게 어떻게 다가갈 것인가, 그들을 어떻게 가르치며, 혹은 그들로부터 어떻게 배울 것인가에 대해 토론했다.

　사회세력을 동원하는 이러한 사상들은 1905년과 1917년 혁명을 촉발시켰는데, 이 혁명들은 적어도 명목상으로는 보편적 평등과 인민의 참여라는 이념에 기반을 두고 있었다. 사회와 국가는 힘을 합하여 해방된 새로운 인민이 번영하도록 하고 그들에게 권한을 부여해 주어야 했다. 그러나 차등의 개념—누가 사회주의 공동체에 포함되어야 하며, 누가 배제되어야 하는가—은 혁명 직후에 다시 등장했고, 소련 시대 전체에 걸쳐 지속적으로 파괴적인 영향을 미쳤다. 소련에서는 국가에 의하여 부여되고 지정된 계급적 지위와 민족 정체성이 사람들의 가능성을 결정지었으며, 자비로운 개입을 바라며 권력에 청원하는 익숙한 관행도 계속되었다. 외부에서 보기에는 믿기 어렵게 느껴질 수 있으나, 스탈린과 그의 지배 아래 있는 인민들조차도 상호성 관계, 즉 국가와 인민 간에 사회계약과 비슷한 것을 맺고 있다고 생각했다. 충성, 복종, 근면은 호의와 특권, 기대치에 부합되는 물질적 풍요와 안전으로 보상받을 것으로 기대되었고, 언제 어느 때나 조작을 통해 만들어질 수 있는 불충성 분자나 반체제운동가는 잔인한 처벌을 받았다.

스탈린 시대와 그 이후에도 여전히 차등적 권리와 상호성 의례의 패턴을 추적할 수 있지만, 우리는 동시에 제국에 대한 첫 번째 정의, 즉 중앙집권적 주권으로의 경향이 점점 더 강해지는 모습도 포착할 수 있다. 자발적이든 강제적이든 인구 이동이 이루어지면서 사람들 간의 혼합이 일어났고, 민족별로 지정된 지역들조차 점점 다른 지역들과 매우 동일한 방식으로 국가 및 당 기구와 상호작용하고, 말하고, 보게 되었다. 러시아어는 공공 생활의 표준어가 되었고, 크렘린의 명령과 당의 지시는 일부가 아닌 모든 소련인에게 적용되었다. 물론 중심부와 주변부[9] 간의 불평등은 여전히 존재했으며, 공화국과 지역들은 민족국가적 문화권의 지위를 유지하고 있었으나, 차등화와 중앙의 특권은 새로운 양상을 띠게 되었다. 이 시기에

---

9 중심부와 주변부: 이매뉴얼 월러스틴은 안드레 프랑크, 사미르 아민 등의 종속이론의 영향을 받아 『근대세계체제』에서 사회 연구의 분석 단위가 "개별 국가와 사회"가 아니라, 전체로서의 "세계체제"가 되어야 한다는 세계체제론을 주장했다. 이 이론에 따르면, 세계는 중심부와 주변부로 나누어지며, 전자는 발전, 후자는 저발전이 구조적으로 고착화되어 있다. 계급, 성, 인종 차별주의와 같은 차이와 억압적 이데올로기로 노동력을 계층화하는 한, 중심부와 주변부 사이의 차이는 더욱 심화된다고 본다. 이 이론은 2차 대전 후에 등장한 근대화론에 대한 반(反)명제이다.

소련의 "제국적" 통치자들은 자신들의 영토와 민족들, 그리고 공동의 소비에트 인민sovetskii narod에게 소속되었다는 정체성을 가진 세대에 대한 절대적인 주권을 가졌음을 점점 더 강조했고, 모두를 통제할 수 있는 능력을 가지고 있거나 적어도 그런 권한을 가졌다고 주장할 수 있었다. 계급 구분은 더 이상 중요하지 않은 것으로 선언되었고, 결국 모든 소련 시민이 지녀야 했던 국내 여권에서 계급 항목이 제거되었다. 그러나 우리는 여기에서 제국의 복잡한 구성 요소들이 우위를 놓고 경쟁할 뿐만 아니라, 서로 모순되는 양상을 볼 수 있다. 개인들은 한편으로는 여전히 여권에 적혀 있는 민족 정체성에 의해, 그리고 다른 한편으로는 포괄적인 '소련인sovetskii chelovek'으로 통합시키려는 정책 사이에 끼어 있는 셈이 되었다.

'고압적' 통치의 특성 — 여기서 '고압적'이라는 말은 "횡포, 독재, 위압적"이라고 정의된다 — 은 많은 면에서 수평적인 구분을 통한 통치와 차등화의 특성을 압도했다. 주요 권력과 특권의 차등화는 '노멘클라투라'[10](고위 당 간부)와 평당원, 그리고 나머지 대중 사이의 수직적인 것이었다. 스탈린 시대와 소비에트 후기 정권하에서 민족문화적 근거에 따른 공화국의 공식적인 행정적 차등화는 유지되었지만, 통치 방식에서는 차이가 거의 없었다. 소비에트 초기에 구상한 평등주의적 다민족국가는 "유사 연방제pseudo-federalism"라고 정의되는 좀 더 중앙집권적인 제국 형태로 급속히

---

10 '노멘클라투라': 일반적으로 '어휘집'이나 '용어집'이라는 의미이지만, 소련공산당 각 기관이 보유한 인사 명단을 말하는 동시에, 그러한 임명직에 있는 간부나 특권계급을 지칭하기도 했다. 1930년대에 엘리트가 특권화되었으나, 정부, 당, 관리직을 장악한 노멘클라투라에게는 브레즈네프 시기가 황금시대였다.

소련 시기 우크라이나의 니콜라예프에 거주하는 48세 여인인 베라 예레멘코에게 1954년 발행된 여권이다. 양식의 3번 문항에 대한 답변에서 그녀의 민족 항목에는 "우크라이나인"이라고 기재되어 있다. 여권의 5번 항목에서 그녀의 사회계급은 "집단농장 노동자"라고 적시되어 있다.

변모되었다. 소련은 통치 문제에 대한 이러한 해결책을 통하여, 의심의 여지가 없고 견제 받지 않는 권력을 본국에 집중한다는 제국적 성향을 유지했다. 겉으로는 구분에 의한 통치를 보류했지만, 권위주의적인 중앙집권화와 획일적인 권력 행사 방식은 계속 선호되었다. 연방제가 가짜일수록 국가는 더 제국적으로 보이고, 법적으로 보호되고 동등한 연방 단위 간에 권력이 공유될수록 국가는 더 국민국가처럼 보이는 법이다. 여기서 우리는 제국이라는 렌즈를 통해 통치 형태와 국민을 대하는 방식에서 특정한 변화를 좀 더 선명하게 조명하고 해석할 수 있다.

소련이 해체되자, 공식적으로 선포된 공동선, 사회적 평등, 공동의 의무라는 개념에 기반한 체제는 처음에는 개인 기업과 차등화된 보상 체계를 가진 자본주의사회로 대체되었다. 소련이 불완전하게나마 구축한 사회안전망은 허물어졌고, 자유방임 경제로 인해 국민들은 정부의 비호를 받는 졸부인 올리가르히의 모습과는 극명한 대조를 보이면서 전반적인 빈곤 상태로 빠져들게 되었다. 그러나 대중의 태도와 국가정책에서도, 국가와 국민의 상호 의무에 대한 생각은 여전히 남아 있었다. 사회는 국가의 지원을 기대했고, 결국 국가는 러시아의 과거 정치 관행에 내재해 있던 일부 보호 장치를 복원시켰다.

21세기에 접어들면서, 이제 막 독립한 다른 구소련 국가들만이 아니라, 러시아는 역사상 그 어느 때보다 훨씬 더 국민국가인 것처럼 보였다. 정치 형태로서의 제국은 역사적으로 수명을 다한 것처럼 보였다. 그러나 강대국velikaia derzhava이라는 말로 표현되고 있는 제국으로서의 러시아 이미지는 러시아 정치인들 및 옆에 있는 괴물을 경계하는 이웃 국가의 많은 사람들 둘 다의 머릿속에 유령처럼 남아 있었다. 오늘날 러시아연방은 권위주의적 다민족국가이지만, 제국적 특성을 지닌 국가이며, 세계의 다른 많은 국가와 마찬가지로 특정 범주 안에 쉽게 넣을 수 없는 국가이다.

모스크바국 시절부터 러시아는 "민족" 공동체가 지닌 일부 특징들을 보여 주었지만, 그것은 18세기 후반 이후 근대적인 민족 개념에 담기게 되는 의미들과는 거리가 있는 것이었다. 그것은 그 안에 사는 사람들의 역할과 정체성, 그리고 정치체제와 영토에 대하여 인민과 엘리트들이 어느 정도 생각을 공유했으나 응집력이 약한 나라와 백성이라는 의미에서의 "민족"이라고 말한 것이다. 이 책에서는 러시아 사람들이 표현한 다양한 의미의 집단적 정체성에 대해 자세히 살펴볼 것이다. 동시에 러시아는 제국적 통치 패러다임 안에서 운영되었다. 거기에서는 통치권을 가진 군주와 일군의 사람들(지배 가문, 귀족)이 지배했는데, 그러한 지배는 상호 의무, 봉사, 신, 자연, 그리고 물리력에 의하여 가능했다. 소비에트러시아는 이러한 정당한 권력 통합의 패러다임을 영속화했다. 선봉에 선 공산주의자들은 단일한 형태의 정치 지식을 습득하도록 요구받았다. 우리가 이 책에서 조명하고자 하는 것은 바로 이러한 제국적 경향으로 인해 좀 더 민주적인 통치 형태로의 용이한 전환이 방해받았다는 사실이다.

국민국가와 제국은 종종 반대되는 정치적 형태로 정의되는데, 로널드 수니Ronald Suny를 비롯한 여러 학자들은 이 둘 사이의 긴장 관계, 그리고 각각이 어떻게 상대방의 완전한 구현을 방해하고 약화시켰는지를 탐구해 왔다. 이러한 구분은 이상형에 국한해서 살펴볼 때는 명확하지만, 정치학적 명칭 따위는 아랑곳하지 않는 역사적 현실 속에서는 매우 모호하다. 역사적 경험을 살펴보면, 우리가 보통 국민국가로 분류하는 정치체에서도 제국의 방식이 작동하고, 겉보기엔 제국처럼 보이는 국가들 속에서도 국민이 형성되는 모습이 나타난다. 예를 들어, 러시아화Russification처럼 제국에서 동질화가 일어날 수 있는 것처럼, 국민국가 안에서도 때때로 차등화가 진행될 수 있다. 소수민족을 지배 민족에 강제로 동화시키는 것을 국민국가 형성 과정의 실행으로 봐야 할까? 아니면 동질화 과정에서 강제력, 심지어 폭력이 동원된다는 점에서, 자발성이 배제된 이러한 동화는 제국적 방식으로 보아야 할까? 여기서 우리는 제국 개념을 다층적으로 정의함으로써, 역사적 복잡성을 지나치게 깔끔한 틀에 억지로 끼워 넣지 않으면서도, 제국이라는 틀 안에서 이러한 미묘함과 복잡성을 이해할 수 있다. 차등화의 실천과 강압적 동화는 모두 제국적인 함의를 지니며, 둘 다 예상치 못하게 민족적 불만과 동족에 대한 강한 정체성을 만들어 내는 결과를 낳았다. 다른 다민족 제국들과 마찬가지로 러시아에서는, 보다 동질적으로 통합된 유럽의 국민국가나 대양 너머에 있는 제국들보다, 국민국가/제국이라는 이분법을 유지하기가 훨씬 더 어렵다.

더 나아가 우리는 제국적 관행들이 러시아 통치의 핵심적인 방식이었다고 주장하고자 한다. 이 점은 일반적으로 러시아의 "민족적" 중심부로 이해되는 내부뿐만 아니라, 민족적·종교적으로 이질적 주변부에 위치한 보다 전통적 의미의 "식민지" 영토 모두에 해당된다. 위계적 예속, 분할, 그리고 차등 범주를 통한 통치는 예외 없이 모든 러시아 신민들의 경험을 규정했다. 러시아 제국의 비러시아 지역, 즉 "식민지화된" 지역들을 대상으로 한 지금까지 진행된 연구는 특정 지역을 따로 떼어 내어 다루는 경향이 있었다. 이것은 이안 캠벨Ian Campbell이 말하는 "러시아 역사에 대한 지배 서사(master narrative of Russian history)"[7]로부터 분리된 것과도 같았다. 교과서와 강의계획서는 주제의 이러한 분리를 그대로 재생산하며, 제국 러시아사의 극적인 스토리를 모스크바와 상트페테르부르크를 중심으로 전개되는 흥망성쇠의 이야기로 서술한다. 여기에 러시아 지방의 삶이나 우크라이나 이야기가 약간 섞이기도 하지만, 제국의 나머지 지역들은 대개 별도의 장章에서 다루어지는데 거기에서는 제국의 확대나 식민지 통치가 설명된다. 이 책에서 우리는 몇몇 중요한 학자들의 흐름을 따라, 이러한 분리된 방식에서 벗어나 러시아의 중심부 역사와 주변부의 역사를 진정으로 통합하려는 도전에 나서면서, 이들 역사가 근본적인 측면에서 분리될 수 없는 것임을 주장하고자 한다.

제국이라는 개념적 틀을 통해 러시아의 역사를 살펴보는 과정에서, 우리는 자주 다른 학자들의 개념, 즉 이 분야의 사학사와 마주하게 된다. 역사학도들에게 과거를 탐구하는 즐거움의 많은 부분은 바로 이러한 개념들의 상호작용, 그리고 역사 기록을 새롭고도 다양한 방식으로 재해석할 수 있게 해 주는 창의적인 사고에서 비롯된다. 역사는 자명한 방식으로 우리에게 말을 걸어오지 않는다. 역사의 교훈은 언제나 모호하며, 독자가 과거를 어떻게 인식하고 재구성하느냐에 따라 달라진다. 이 책의 다음 장들에서 우리는 다른 학자들과의 대화를 의도적으로 명확히 드러내고자 했다. 이와 같은 종합 작업에서 우리는 필연적으로 동료 학자들의 연구에 의존하고 있다. 동시에 우리는 러시아의 제국적인 발전 과정에 대한 우리 자신의 주장을 전개하며, 다른 학자들의 견해를 참조하는 지점뿐만 아니라 그들과 의견이 다를 때, 반박하거나, 보완하거나, 수정하면서 그 차이를 분명히 밝히고자 한다.

러시아 제국에 대한 역사학계의 연구 지형에서 중심적인 위치를 차지하는 것은 안드레아스 카펠러Andreas Kappeler, 제프리 호스킹Geoffrey Hosking, 알렉산드르 옛킨트Alexander Etkind의 종합적 분석들과, 제인 버뱅크Jane Burbank와 프레더릭 쿠퍼Frederick Cooper의 제국에 대한 포괄적인 연구이다.[8] 독일어로 저술되었지만 『러시아 제국: 다민족의 역사』라는 제목으로 영어로 번역된 저서에서, 카펠러는 러시아가 제국 체제 안으로 엘리트들을 포섭하면서 그들의 특권적 지위를 보존하는 방식을 중요한 통치 전략으로 사용했음을 강조한다. 우리는 이 전략의 중요성을 전적으로 인정한다. 그것은 이 책에서 다루는 제국 통치 방식들과도 충분히 조화된다고 보이지만, 다양한 러시아 정권들이 사용했던 여러 제국 통치 방식 가운데 하나일 뿐이라고 생각된다. 『러시아: 인민과 제국, 1552~1917』에서 호스킹은 전혀 다른 논지를 펼친다. 그는 다른 전제에서 출발하여, 특히 제국과 국민 간의 긴장, 다시 말해 위로부터의 전제적 통치와 국민(공통된 집단적 소속감으로 통합된 집단)에 기반을 두고 좀 더 집단적인 통치 형태 사이의 긴장에 각별한 관심을 가지고 있다. 호스킹은 어떠한 형태의 자발적인 집단행동이나 조직화, 혹은 아래로부터의 요구에 대해 러시아 정권이 일관되게 적대적인 태도를 보였다는 점을 강조한다. 그는 제국 정권이 민족적 연대감이나 시민적 참여의 표현을 조직적으로 억압했고, 인민을 주권의 기반으로 보지 않고 필요한 만큼 착취하고 소모할 수 있는 자원으로 보았다고 지적한다. 우리는 그의 분석이 매우 설득력 있다고 보며, 우리의 연구도 그의 많은 결론들을 뒷받침하고 있다. 하지만 우리의 주장은 몇 가지 면에서 호스킹의 견해와 다르다. 우리는 전체 인민이 호스킹이 인정하는 것보다 언제나 훨씬 더 중요한 역할을 해 왔다고 주장하며, 많은 상황에서 정권 역시 그러한 역할을 암묵적 혹은 명시적으로 승인했다고 본다. 보다 구체적으로, 우리는 지배자와 피지배자 사이의 상호성이 지닌 중요성을 강조한다. 이 상호성은 제국 통치에 정당성의 외피를 더했을 뿐 아니라, 피지배자와 지배자를 의미 있게 연결하는 역할을 했다. 나아가 우리는, 호스킹과 다른 많은 학자들이 묘사한 것처럼 국민국가와 제국 사이에 극명한 대립 구조가 존재했다고 보기보다는, 이 둘이 아주 유연하게 얽혀 있었다고 본다. 제국 중심부는 인민들 사이에서 나타나는 민족적 충동을 때로는 조장하고, 때로는 억압하며, 때로는 무시했다. 인민들 또한 제국의 장엄함과 민족적 개별성 사이에 있는 생산적인 틈새 공간 속에서 자신을 드러내고, 정체성을 형성하고, 소속감을 찾아 나갔다. 마지막으로 우리는 카펠러가 중점적으로 다룬 제국 주변부와, 호스킹이 분석한 중심부 권력의 이야기를 계속해서 하나로 엮어 내려 했다는 점에서 이 두 중요한 선행 연구들과 차이를 가지고 있다. 우리는 이 둘이 별개의 이야기로 나뉘어서는 안 되며, 하나의 다면적인 서사를 이루고 있다고 강력하게 주장하고 있다.

문화사 연구자이자 지성사 연구자 알렉산드르 옛킨트는 최근 러시아의 제국적 통치 방식을 "내부적 식민지화internal colonization"[9]의 한 형태로 규정했다. 그는 제국적 국가에 의한 러시아의, 그리고 문해력을 지닌 엘리트들에 의한 러시아 농민들의 "내부적 식민지화"와 비러시아 지역에 대한 "외부적 식민지화" 사이의 유사성을 강조한다. 우리는 그의 이러한 개념이 매우 시사하는 바가 많다고 생각하지만, 우리의 입장은 약간 다르다. 우리는 이처럼 두 개의 제국적 영역 간의 유사성이나 동시성을 강조하기보다는, 제국적 통치 방식 자체가 지닌 기본적인 조직 역할에 주목하고 있다. 러시아는 대부분의 역사 기간에, 제국적 구조를 가지고 통치해 왔다. 권리를 차등적으로 부여하는 체계로서, 이 "민족적" 제국의 관행은 광범위한 제국이라는 공간에서 확대 적용되었고, 그 외의 다른 통치 방식은 존재하지 않았다.

마지막으로, 버뱅크와 쿠퍼는 제국에 대한 방대한 통사적 연구를 통해, 차등과 다양성, 그리고 그것이 역사 속에서 어떻게 다양한 방식으로 관리되어 왔는지를 강조한다. 그들은 제국에 대해 폭넓고 유용한 정의를 다음과 같이 제시한다. "제국이란 팽창주의적이거나 한때 공간을 가로질러 팽창했던 기억을 간직한 커다란 정치 단위, 새로운 사람들을 통합하면서 구별과 위계를 유지하는 정치체다." "제국국가empire-state는 다양한 주민 집단들의 비동등성non-equivalence을 선언한다."[11][10] 이 책은 의도적으로 인습적인 통념을 깨뜨리려 하며, 제국이 쇠퇴한 이후에 국민국가가 부상했다는 익숙한 방향의 서사를 처음부터 배제하고자 한다. 다양한 제국들의 역사적 궤적을 다루는 과정에서, 이 책은 제국의 담당자들이 일부 역사학자들이 필연적이라고 보는 국민국가 형태의 승리, 즉 고전적 제국 형태를 대체하는 국가 모델의 압도적 우세에 굴복하지 않았음을 보여 준다. 심지어 1940~1950년대에도, 영국과 프랑스 제국은 새로운 압력에 유연하게 대응하며, 연방, 연합, 심지어 시민권에 대한 보다 포괄적이고도 새로운 구상을 하고 있었다. 이들 20세기 제국이 식민지를 처분하게 된 것은, 근대적인 국민적 시민권을 확장하는 데 따르는 값비싼 대가, 특히 자국민들에 대한 복지 제공이라는 의무를 인식하게 되었기 때문이었다. 이러한 변화는 대체로 마지못한 결정이었고 저항도 있었지만, 반식민지 운동과 시민권이라는 새로운 책무 앞에서 식민지를 유지하는 비용은 감당하기 어려운 수준에 이르렀다. 그렇게 해서 제국의 시대는 끝났거나, 끝난 것처럼 보였다.

버뱅크와 쿠퍼는 "차등의 정치politics of difference"라는 맥락 속에서 "통치 레퍼토리"를 탐구하면서 제국의 다양성을 풍부하게 조명했지만, 차등의 관리를 넘어서는 설명적 이론을 제시하는 것은 명백하게 포기하고 있다.

---

11 이 부분은 다음 역서의 번역을 따랐다. 제인 버뱅크·프레더릭 쿠퍼, 『세계제국사』, 이재만 역 (책과함께, 2016), 24쪽.

우리는 제국에서 차등이 중심적 위치를 차지한다는 버뱅크와 쿠퍼의 견해에 동의하지만, 그들의 서술에 더해 제국의 역동성에 대한 설명을 추가하고자 한다. 우리는 제국이라는 구조와 담론이 무엇을 가능하게 하고, 무엇을 가능하도록 유도하는지, 그리고 제국이기 때문에 오히려 할 수 없거나 제약받는 것은 무엇인지를 탐구할 것이다.

프랑스나 영국과 같은 해외 식민지를 가진 제국의 본국과 마찬가지로 러시아에서도 그랬듯이, 제국 통치에 대한 사상과 관행이 민족 정체성에 대한 의식과 일치하거나, 이를 강화하는 경우가 많았다. 16세기 또는 17세기부터 러시아, 영국, 프랑스는 "제국적 국민국가imperial nations"라고 불릴 수 있을 만큼, 그 나라들의 정치체제는 지배자와 피지배자 모두의 집단적 정체성이 제국적 목표와 야망으로 채워져 있었다. 그 이후 수 세기 동안, 비록 국민국가와 제국이 서로 다른 방향, 즉 전자는 동질화, 후자는 차등화로 나아갔지만, 역설적으로도 이 두 과정—국민국가 형성과 제국 건설—은 종종 동시에 진행되었고, 이로 인하여 긴장, 모순, 그리고 통치의 어려움이 발생했다.[11] 러시아 역사 대부분에서 러시아의 정치적 자기 정체성은 광범위하고, 다양하며, 차등화된 구성을 지닌 제국과 밀접하게 연결되어 있었으며, 무엇보다 위로부터의 강력하고 권위 있는 통치의 필요성이 강조되었다. 하지만 권력을 가진 이들 중 다수는 더 동질화된 인구, 즉 보다 '국민화'된 영토를 구성함으로써, 서유럽 국가들처럼 전쟁 시에 더 쉽게 동원될 수 있는 국가를 만드는 것이 유리하다고 진지하게 고민하기도 했다. 서유럽에서 등장한 국민국가들의 역동성에 의하여 도전받자, 오스만제국과 러시아 제국을 포함한 동방의 제국들은 자신들의 제국을 국민화를 통해 "근대화"하려는 시도를 했다. 이들 제국은 '시대착오적인 존재'라는 민족주의자들의 평가를 수용하기는커녕, 근대 세계에서 살아남고 번영하기 위해 창의적이고 끈질긴 태도로 자기들을 재구성하려고 했다. 이러한 "근대화 중인 제국들"에서, 비판받기 쉽고 불안정한 차르들과 공산주의자들은 자신들의 신민들을 가지고, 다양성을 지니더라도 단일한 영감을 따라 움직일 수 있는 독특하고도 잠재적인 일원적 공동체를 만들고자 구상했다. 블라디미르 푸틴은 이러한 유산 중 많은 것에 응답하며 그것을 계승하고 있으며, 배타적인 러시아 민족주의와 선택적이고 편의적인 역사 이야기를 뒤섞어 가며 러시아를 강대국으로 홍보하고 있다.

제국은 다양한 형태로 나타날 수 있지만, 모든 정치체제에 두루 적용될 수 있는 모호하고 느슨한 용어는 아니다. 우리는 제국 체제를 정의하는 얽히고설킨 여러 실타래, 즉, 통치자의 절대 권력, 종속적인 하위 지배자들에 대한 주권, 다양한 땅과 민족을 포괄하는 광대한 영토, 중심부와 주변부 사이의 불균등한 권력 분배, 그리고 차등을 통한 통치라는 실타래를 진지하게 다룬다. 이 책의 다음 장들에서는 이러한 실의 가닥을 따라가며, 특정 시기마다 어떤 요소가 두드러졌고, 그것이 제국이라는 특정 직물에 어떤 색감과 질감을 부여했는지를 조명한다. 실 하나하나를 개별적으로 당겨보면서, 우리는 러시아 제국 체제의 탄력성뿐만 아니라, 제국이라는 섬유가 결코 다다를 수 없는 한계 또한 드러내고자 한다. 러시아의 제국적 통치는 항상 동일한 옷을 입은 것이 아니며, 때로는 차등화와 구분, 또 다른 때에는 고압적인 중앙집권과 획일성을 드러냈음을 잊어서는 안 된다. 하지만 어떤 복장을 하고 있든 간에, 러시아의 통치는 언제나 제국이라는 망토 아래에서 제국적 통치의 다른 요소들도 부분적으로 보여 주었다. 우리는 이러한 엄밀하고도 다층적인 정의를 끝까지 유지하면서, 이 연구가 길고도 복잡한 러시아 역사를 이해하는 새로운 방법을 제시했다고 믿고 있다.

제1장

제국 이전

: 초기 루스의 다양한 땅과 민족들에 대한 여러 시각

동슬라브 지역의 초기 정치체는 지도자, 전사, 농민, 상인, 노예들로 이루어진 느슨한 네트워크였으며, 독일 사회학자 막스 베버가 정의한 고전적 의미의 국가, 즉 특정 영토 내에서 합법적인 폭력을 독점할 수 있는 제도[1]라는 개념으로 말할 수 있게 된 것은 훨씬 후대인 모스크바국 시대에 이르러서였다. 이 지역의 가장 초기 역사는 공公 가문의 창건에 대한 전설과 지배자인 공들의 업적을 다룬 이야기들이다. 루스Rus라는 집합적 명칭으로 알려진 공 가문과 지배 엘리트는 점차 이 지역 전체와 동일시되었고, 영토에 자기들의 이름을 부여했다. 초기의 루스는 통일된 정치체가 아니었으며, 상인과 전사들로 이루어진 일종의 마피아 같은 네트워크였다. 그들의 주된 활동은 이 지역의 이교도들을 사로잡아 바그다드와 콘스탄티노폴리스의 노예 시장에 팔아넘기는 것이었으며, 숲에서 얻을 수 있는 꿀, 밀랍, 목재, 그리고 무엇보다도 모피 등 다른 자원들을 통해 이익을 취했다. 그들의 활동 영역은 발트해에서 흑해에 이르렀고, 서쪽의 폴란드 및 게르만계 민족이 거주하던 지역에서부터 동쪽의 우랄산맥에 이르기까지 광범위하게 펼쳐져 있었다.

비잔틴제국의 정치권력과 종교적 위상이 규정한 세계의 먼 가장자리를 차지하고 있었던 루스는, 그 찬란한 중심에 맞서 경쟁하거나 스스로 제국의 지위를 주장할 생각을 가지고 있지 않았다. 그 대신, 그들은 훗날 제국의 기본 구성 요소가 될 전제를 바탕으로 하여 미약하나마 점차 정치체제를 구축해 나갔다. 그 전제란 서로 다른 땅에 거주하는 다양한 집단들 사이에는 근본적이고도 당연한 차등이 존재하며, 이러한 차등은 결코 지워질 수도, 지워져서도 안 된다는 것이었다.

국 가 성 립 이 전 : 루 스 의 민 족 들

고고학자들은 중세 연대기에 기록된 이 시기의 묘사, 즉 루스 전역에 흩어져 살던 이질적인 인구 구성에 대한 설명이 사실임을 확인해 주었다. 이 지역에는 발트족과 핀-우그리아계 민족들, 튀르키예계 민족들, 슬라브족 계통의 다양한 부족들이 거주하고 있었다. 스칸디나비아인들은 북서쪽에서 진입하여, 처음에는 바그다드, 그리고 그 후에는 콘스탄티노폴리스와 같은 국제적 중심지에서 나오는 은화銀貨를 찾아서 주요 하상河上 교역로[1]를 따라 이동했다. 루스와 관련하여 '바랑기아인Varangian'이라고 불리는 이 스칸디나비아의 바이킹 중 일부는 루스 북부에 정착했다. 이 사실

---

1 하상(河上) 교역로: 이 당시에 "바랑기아인들로부터 그리스인들에게로 가는 길"이라고 불리던 통상로가 아주 중요했다. 이것은 발트해-네바강-라도가호-볼호프강-일멘호 - 로바티강, 그다음에는 육로를 거쳐 드네프르강을 경유하여 흑해로 나와서 콘스탄티노폴리스까지 이어진 통상로였다.

은 그들이 남긴 천둥번개 신의 부적과 노르만식 무덤 유적을 통해 확인할 수 있다. 루스의 역사와 선사先史를 기록한 중세 연대기는 이들이 루스에 질서를 수립하고자 862년에 통치자로 초청되었다고 주장하고 있다. 추드 족, 슬라브족, 크리비치족, 베스족 등 화합하지 못하던 부족들이 모여 "'우 리를 다스리고 법에 따라 우리를 재판해 줄 수 있는 군주를 찾자.'라고 말 했다. 따라서 그들은 바다를 건너 바랑기아 루스인들에게 가서 위대한 바 랑기아인 군주인 류리크Riurik에게 호소하기를, '우리의 땅은 넓고 풍요하 지만, 이곳엔 질서가 없습니다. 오셔서 우리를 다스리고 통치해 주십시 오.'라고 말했다."[2]

이 이야기에 나오는 사건은 실제로는 결코 일어나지 않았을 것이다. 따 라서 이 이야기의 중요성은 역사적 정확성에 있는 것이 아니라, 연대기 저 자들이 세계 질서를 어떻게 인식했는지를 명확하게 보여 준다는 점에 있 다. 특정 바랑기아인 집단(바랑기아인들은 당시 루스인으로 알려져 있었다. 어떤 사 람들은 스웨덴인으로 불리고, 어떤 사람들은 노르만인으로, 앵글인으로, 고틀란드인으 로 이름지어져 불렸다.[3])이 추드족, 슬라브족, 크리비치족, 베스족[2] 등으로 명 명된 다른 집단들의 공동 결정에 의해 초청되었다는 이 이야기는, 연대기 저자들이 세계를 구분 가능한 민족들(러시아어로는 이아지치iazytsi인데, 문자 그 대로는 '혀' 또는 '언어')로 구성된 집합으로 인식했음을 보여 준다. 실제로 현 존하는 주요 연대기인『지나간 시절의 이야기』[3] 혹은『원초 연대기』는 이러

---

2 추드족, 슬라브족, 크리비치족, 베스족 : 여기 나오는 부족들의 명칭은『지나간 시절의 이야기』에 나온
   다. 조주관 편역,『러시아 고대문학 선집 1』(열린책들, 1995), 42-43쪽.
3 『지나간 시절의 이야기(Povesi' vremennykh let)』:『원초 연대기』혹은 키예프 동굴 수도원의 수도사인 네

한 세계관이 연대기 저자들의 정신세계에서 얼마나 중심적인 것이었는지를 시작 글에서부터 우리에게 귀띔해 주고 있다. "홍수 이후, 노아의 아들들은 땅을 나누어 가졌다. 동방은 셈의 몫으로 떨어졌다.…"[4] 그 뒤의 페이지들은 땅 위에 존재하는 민족들과 그들의 거주지를 하나하나 열거한다. 세계는 각각 고유한 영토를 가지고 자연스럽게 구분된 인간 공동체들의 집합으로 인식된다. "어떤 슬라브인들은 드네프르 강변에 정착했으며, '폴랴네인들(들판 사람들)'이라고도 불렸다. 또 다른 이들은 숲에 살았기 때문에 데레블랴네인들(숲 사람들)이라고 불렸다."[5] 이처럼 세계를 각각 고유한 성격과 습관, 그리고 자신만의 땅을 가진 별개의 인간 집단들로 나누는 관점은 연대기 저자들, 그리고 어쩌면 그 독자들의 세계 인식에서 기본적인 요소였다. 그러나 이 민족들이 스스로를 하나의 정치 단위로 인식했거나, 더 넓은 나라와 특별한 연관성을 느꼈다는 증거는 거의 남아 있지 않다.[6]

연대기에서 류리크에 대해 주장하고는 있지만, 실제로 862년에 어떤 건국의 순간이 있었던 것도 아니며, 어떠한 루스 국가—확실히 어떤 '러시아' 국가—가 그해에 세워진 것도 아니었다. 이 이야기는 스칸디나비아인들의 존재를 강조하기 위해 그들의 개별 인명을 거론하며 부각하고 있다. 하지만 그들은 이미 한 세기 이상 볼가강 상류 지역으로 들어오고 있었으며, 그곳에서 슬라브족과 발트족 사이에 섞여 살았다. 그들 중 일부는 그

스토르가 편찬했다는 일부 기록에 따라 『네스토르 연대기』라고도 불린다. 키예프 루스 초기의 핵심적인 사료로서 12세기 초에 편찬되었다. 라브렌티 사본, 이파티 사본, 흘렙니코프 사본 등 여러 사본이 있다. 이 연대기의 서지 사항에 대해서는 다음 논문을 참고하시오. 한정숙, 『『지나간 시절의 이야기』의 서지 사항 논의: 편찬 시기, 저자, 제목, 사본에 대한 연구사 검토』, 『러시아연구』 제31권 제2호(2021): 305~353.

곳을 거쳐 바그다드로 향했고, 다른 이들은 그곳에서 정착하여 가정을 이루고, 바이킹 방식에 따라 배 안에서 시신을 화장했으며, 그들이 남긴 토르Thor[4]의 망치 모양 부적 등이 고고학자들에 의해 발굴되었다. 하지만 그들은 국가를 세우지 않았다. 국가가 성립되고 '러시아'라는 명칭의 실체가 등장하기까지는 수 세기가 더 걸렸다. 연대기 자체도 "루스 땅이 생겨나게 된(otkudu rus'kaia zemlia stala est')"[7] 과정을 설명하고 있다. 공들과 부족들은 서로, 그리고 주변 이웃들과 싸움을 벌였다. 그들은 어떤 사람들을 죽이고, 다른 사람들을 약탈했으며, 더 많은 전리품을 찾아 이동하기도 했다. 그들은 생산물의 교역로를 발전시켰고, 때때로 현지 사냥꾼들이나 농부들과 거래를 하기도 했으며, 혹은 그들의 물자를 빼앗고 그것을 운반하여 판매하기도 했다.

10세기 비잔틴제국의 황제 콘스탄티누스 포르피로게니투스[5]는 "슬라브 속민들"이라고 칭하던 "슬라브 지역" 내에 살고 있던 부족 집단 사람들과의 관계에 대해 남긴 기록에서, 이들과 맺은 무역 관계를 평화로운 시각에서 묘사하고 있다. 그가 말하기를, 겨울 내내 "우두머리들은 모든 루스인과 함께 '폴류디에poliudie'에 나선다. 이것은 '순행巡行'을 뜻하며, 루스에 조공을 바치는 슬라브인들에게 가는 것을 말한다." 이 순행에는 조공민들로부터 모피나 기타 삼림 자원을 거두어 먼 시장에 팔거나 교환하는 활동

---

4   토르(Thor): 북유럽 신화에서 천둥, 전쟁, 농업을 주관하는 신이다. 영어의 목요일인 Thursday는 "토르의 날"이라는 뜻이다. 묠니르라는 강력한 망치를 주무기로 사용했다.

5   콘스탄티누스 포르피로게니투스(Constantine Porphyrogenitus, 905~959): 콘스탄티누스 7세 포르피로게니투스는 913년부터 959년까지 비잔틴제국의 황제였다. 레온 6세와 그의 네 번째 황후인 조이 카르보놉시나의 아들로서 삼촌인 알렉산드로스 황제의 뒤를 이어 비잔틴제국의 황제가 되었다.

이 포함되었다. 루스인들이 이 삼림 주민들로부터 물자를 어떤 방식—무력인지, 협박인지, 또는 거래인지—으로 얻었는지는 정확히 언급되어 있지 않지만, 포르피로게니투스는 이 조공민들이 겨울 동안 자기들의 주인들을 부양했다고 우리에게 전해 주고 있다. 이 자료는 루스인들이 조공민들과 함께 겨울을 날 정도로 그들 사이의 관계가 우호적이었음을 시사하고 있다. 또한 어떤 형태로든 판매나 교환이 있었음을 뒷받침하는 증거로서, 황제는 또 다른 슬라브 부족들이 숲의 거대한 나무줄기를 깎아 하나의 선체를 가진 배를 만들고, 그 배를 강을 따라 키예프로 떠내려 보낸 뒤 루스인들에게 판매했다고 기록하고 있다.[8] 하지만 루스의 무장 전사들에게 모피나 산림 생산물을 양도하는 데 있어 무력이 일정 부분 작용했음도 분명하다. 연대기에는 이 지역 부족들에게 모피 조공이 강제로 부과되었다는 기록이 있다.

포르피로게니투스의 서술에서 알 수 있듯이, 이 시기에는 기반 시설도, 영토에 대한 명확한 주장도 존재하지 않았다. 통치자들은 개인적인 카리스마, 무력, 그리고 전리품의 관대한 분배를 통해 확보된 수행원 집단(드루지나)의 충성심에 기반하여 권위를 세웠다. 이러한 전리품은 수행원들과 함께 감행한 습격을 통해 얻은 것이었다. 그러나 개별 집단과 부족들 사이에서 몇몇 소규모 부와 권력 중심지들이 등장했는데, 이런 곳은 약탈 원정으로써만이 아니라 교역과 공물로부터 이익을 얻을 수 있는 하상 교역로에 위치했다. 그런 장소 중에서 북서쪽 볼호프 강변에 위치한 노브고로드는 가장 이른 시기에 형성된 도시 중 하나였으며, 매우 부유한 도시였다. 그보다 약간 뒤에 남쪽 드네프르강 연안에 키예프가 건설되었다. 이 두 도시는 루스 지역의 강들을 따라 형성된 일련의 요새화된 거점의 일부를 이루었으며, 지배 가문의 느슨한 연합으로 연결되었다. 이 연합은 키예프를 명목상의 중심지로 삼았고, 키예프의 공公을 동등자들 중 첫째라는 의미에서 "대공grand prince"이라고 불렀다. 키예프는 동쪽으로는 무슬림들과, 남쪽으로는 기독교 세력인 비잔티움과, 서쪽으로는 폴란드인들 및 헝가리인들과, 그리고 노브고로드를 통하여 발트해와 중부 유럽 지역과 교역을 할 수 있는 유리한 위치에 있었다. 이 덕분에 키예프와 루스의 다른 도시들은 9세기, 10세기, 11세기에 걸쳐 번영을 누렸다. 훗날 이 시기는 동슬라브인의 역사에서 키예프 루스 시대라는 이름을 얻게 되었다.

988년경 키예프의 대공 블라디미르가 정교회(동방 기독교)로 개종하자, 곧 종교 관념은 정통성을 가진 권위 개념 전반에 깊숙이 스며들었다. 연대기에 따르면, 새로이 기독교 신자가 된 블라디미르는 자신과 자신의 주님 사이에서 권위가 어떻게 나누어져야 하느냐에 대해 무거운 질문을 던지며 고심했다. 그는 모든 것을 어떻게 처리하여야 할지 혼란스러워하며, 악인을 처벌하는 일에도 망설였는데, 그들이 죽은 후 신의 심판을 받을 것이라고 믿었기 때문이다. 결국 그의 현명한 조언자들이 지상의 질서를 유지하는 것이 그의 의무라고 설득하자, 그는 이 책임을 받아들였다. 연대기는 또한 블라디미르가 가난하고 약한 자들을 먹이고 돌보아야 한다는 기독교적 의무를 진지하게 생각했으며, 영적인 문제에 있어서 교회의 자율성을 존중했다고 전하고 있다. 그는 비잔틴제국 황실과 혼인할 특권을 얻었는데, 이것은 새로 개종한 이교도에게는 매우 드문 일이었으며 어쩌면 전례가 없었다. 그는 기독교를 통해 자신의 대공 권위를 더욱 공고히 했다. 그

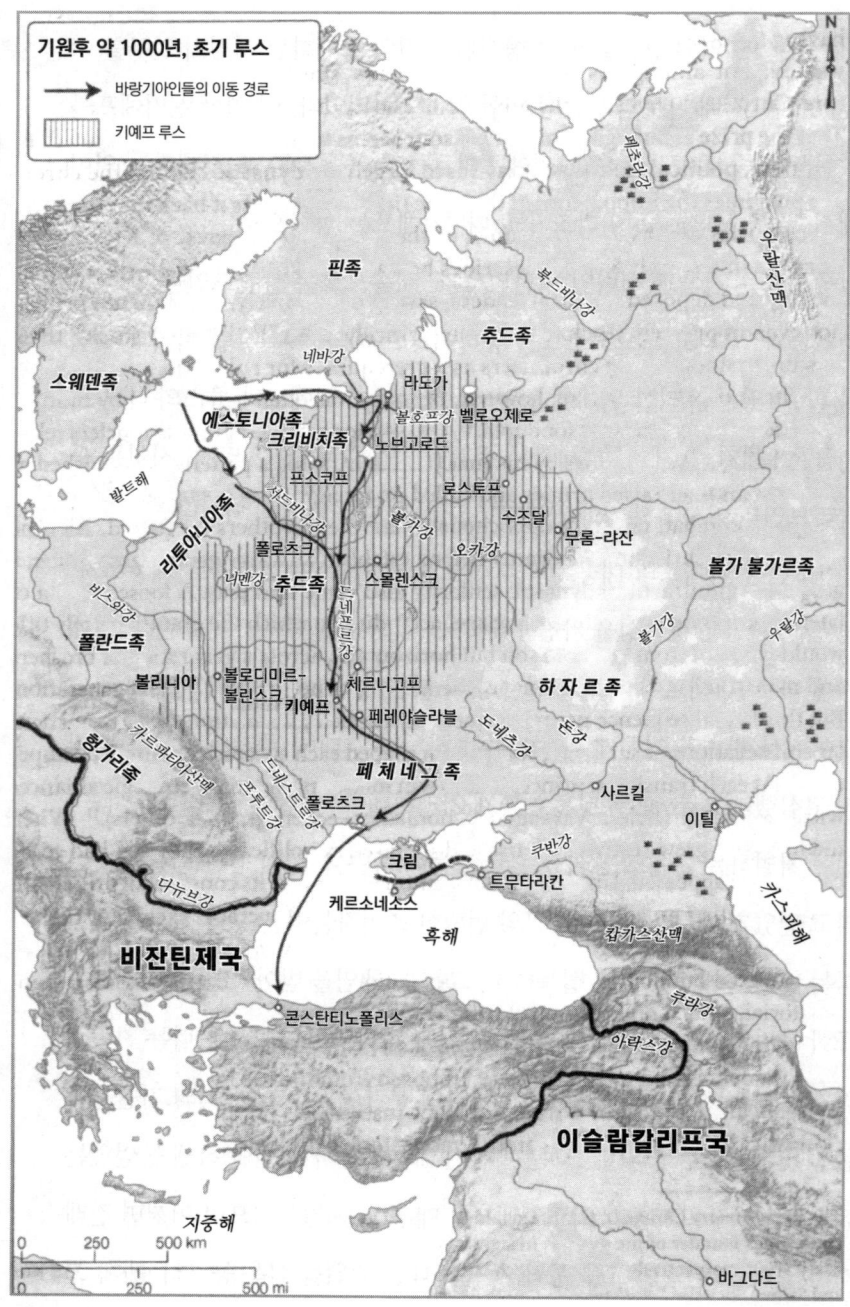

기원후 약 1000년, 초기 루스

→ 바랑기아인들의 이동 경로

▨ 키예프 루스

N

핀족

추드족

벨로자르강

우랄산맥

네바강

스웨덴족

에스토니아족
크리비치족

라도가

볼호프강 벨로오제로

프스코프

노브고로드

서드비나강

로스토프

크리비치족

발트해

리투아니아족

폴로츠크

볼가강

수즈달

무롬-랴잔

불가 불가르족

니멘강

추드족

스몰렌스크

오카강

비스와강

드네프르강

볼가강

우랄강

폴란드족

볼리니아

볼로디미르-
볼린스크

체르니고프

키예프

페레야슬라블

하 자 르 족

돈강

돈네츠강

항가리족

카르파티아산맥

프루트강

페 체 네 그 족

드네스트르강

올로츠크

사르킬

이틸

카스피해

다뉴브강

크림

케르소네소스

트무타라칸

쿠반강

비잔틴제국

흑해

칸가스산맥

콘스탄티노폴리스

아락스강

쿠라강

이슬람칼리프국

지중해

0   250   500 km

0   250   500 mi

바그다드

지도 1.1. 초기 루스

러나 블라디미르는 비잔티움 황제와 자신을 동일시할 만큼 오만하지는 않았으며, 여전히 '벨리키 크냐지(Velikii kniaz, 대공)'로 남았다. 그 자신도, 그의 후계자들도 "종교적인 즉위 의식으로 통치자에게 부여되는 주권의 신성한 도구라는 의미에서 자신의 지위를 결정적이고도 돌이킬 수 없게 변화시키는 왕위의 상징물regalia"[9]을 받아들이지 않았다. 공公으로 통치했던 그들의 지배는 자기들의 전사 수행원들, 다른 동료 공들, 그리고 도시 중심지의 주민들에 의해 인정받았으며, 무력으로 뒷받침되었다.

1015년에 블라디미르가 사망했을 때, 그의 뒤를 이을 사람을 정하는 명확한 관습이나 제도가 전혀 없었다. 루스에서는 장남이 아버지의 뒤를 잇는 장자상속제의 전통이 존재하지 않았고, 어쨌든 그의 많은 아들들 사이에는 뚜렷한 연령별 서열도 없었다. 블라디미르는 기독교로 개종하기 이전에, 많은 아내와 동시에 혼인 관계를 맺으며 많은 아들을 낳았다. 명확한 승계 기준이 없는 상황에서, 그의 아들들은 제위를 차지하기 위해 서로 싸웠다. 제위라는 상賞이 블라디미르의 아들 중 한 명에게 돌아가야 한다는 점에 대해서는 별다른 이견이 없었던 것으로 보인다. 이 시점에서 정치적 정당성은 주로 지배 가문의 혈통에 기반을 두고 있었다. 연대기는 공들 간의 혈연관계를 매우 중요하게 여기며, 이러한 관점을 루스 초기까지 소급했다. 예를 들어, 880년대 초에 루스 전사들이 키예프를 정복한 전설적인 이야기를 다루는 대목에서, 연대기는 류리크의 친척인 올레그가 키예프에 도착해서 지방 지도자들을 몰아내며 다음과 같이 도도하게 말했다고 전하고 있다. "너희는 공도 아니고, 공의 혈통조차 아니다. 그러나 나는 공 가문 출신이다."[10] 이처럼 "공의 혈통princely stock"은 연대기 저자들에게 통치자의 자격을 갖추는 데 필수적인 요소로 여겨졌다.

하지만 공 가문 내에서의 우위는 종종 살인, 형제 살해, 그리고 전사 수행원들의 지지(혹은 이중적 태도)에 의해 결정되었다. 연대기에는 블라디미르가 여러 아내에게서 낳은 열두 아들이 전형적인 유혈 사태를 시작했다고 기록되어 있다. 이들은 차례로 군대를 일으키고, 자기들 사이의 전투에 외부의 동맹국들을 끌어들이거나, 아주 표리부동하게 형제를 살해하기도 했다. 시간이 흐르면서 기독교적 일부일처제가 도입되어 좀 더 명확한 가계 질서를 형성하는 데 도움이 되었고, 공 가문 내에서 연장자 우선 원칙에 대한 일반적인 합의가 점차 자리 잡기 시작했다. 방계 승통lateral succession이라는 느슨한 방식이 점차 자리 잡기 시작했는데, 이에 따르면 대공의 칭호는 아버지에서 아들로 이어지는 것이 아니라, 한 세대 내의 형제들과 사촌들 사이를 수평적으로 이동한 뒤, 다음 세대의 장자나 조카에게 넘어가는 방식이었다. 하지만 이 방계 승통 순서는 명확히 규정된 적이 없었고, 매번 생존한 경쟁자들의 구성에 따라 그때그때 경쟁의 양상이 결정되었다. 권력이 이양될 때마다 공들은 지지자들을 확보하고 외세(폴란드인, 바랑기아인, 유목민인 페체네그족 등)와 전략적 동맹을 맺어야 했다.[11] 도시 주민들이 불만을 품고 정치적으로 목소리를 내기 시작했을 때는 그들 또한 달래고 회유해야 했다. 12세기 이전까지 키예프와 그에 속한 공국들은 교회의 위계를 발전시키기 위한 것 이외에는 행정 조직(관료제)도 가지지 않았고, 합법적인 물리력에 대한 독점권도 기대할 수 없었다. 확정된 영토 경계도 없었고, 응집력 있는 "민족적" 신화도 존재하지 않았다.[12] 초기 루스는 영토적 기반이 아니라, 증여, 약탈, 그리고 어느 정도로 지배 가문의 카리스마에 바탕을 둔 조공 수취와 끊임없는 전쟁을 특징으로 하는 매우 유동적인 체제를 가지고 있었다.

블라디미르에 의해 위에서부터 강제로 시작된 기독교로의 개종은, 그의 아들 야로슬라프에 의해 강력하게 촉진되면서 제도들이 형성되기 시작했다. 교회 위계와 조직, 수도원, 숲속에 세워진 무장 수도원 전초기지, 그리고 소수 엘리트 사이에서의 문자 문화 등이 그러한 예이다. 일반 대중 사이의 기독교화 과정은 수 세기에 걸쳐 이루어졌지만, 제도화된 교회가 존재하는 곳에서 지역 공동체는 교회로부터 심대한 영향을 받았다. 예를 들어, 장례 절차와 같은 중요한 행사조차 교구 제도가 존재하느냐 하지 않느냐에 따라 달라졌다. 사이먼 프랭클린Simon Franklin과 조너선 셰퍼드Jonathan Shephard는 다음과 같이 썼다. "흥미롭게도, 10세기 말부터 11세기 말까지 조성된 묘지를 둘러보면 대체로 교회의 지형도를 확인할 수 있다. 주교가 있었던 곳에는 기독교 신자들이 있었고, 주교가 없던 땅에는 대부분 여전히 이교도들이 있었다."[13] 이것은 제도화된 교회의 인력이 부족했을 법한 소규모 전초기지조차도 짧은 시간 안에 관습과 신념에 지대한 변화를 일으킬 수 있었던 방식을 보여 주는 인상적인 사례이다. 물론 그에 못지않게 놀라운 예는 매우 지지부진했던 개종 속도에서 찾아볼 수 있다. 예컨대, 이교도식 매장 방식(봉분 무덤)은 루스의 일부 지역, 특히 교회의 눈이 미치지 않는 농촌 지역에서 계속되었고, 기독교식 매장 방식은 도시나 수도원 구역 바깥에서 더디게 정착되었다. 연대기에는 곰 숭배나 말고기와 곰고기 섭취 같은 이교도 관행들이 11세기 내내 계속해서 등장한다.[14] 기독교가 느리게 확산했음에도 불구하고, 키예프 루스는 종교 문화와 세속 문화를 풍성하게 창조해 냈다. 연대기 서술, 성인전hagiography, 건축, 매우 아름다운 도상학iconography[6] 등의 유산은 성공적인 약탈과 무역을 통해 축적된 부를 기반으로 했다. 또한 문해력은 놀랄만한 방식으로 비엘리트 평민 계층 사이에서도 퍼져 나갔고, 이것은 다양한 흔적을 남겼다. 예를 들어, 수공업자들은 자신들이 만든 항아리라든지, 석판으로 만든 방추형 물레바퀴에 자기들의 이름을 적었다. 또 도시 주민들은 서로에게 약식으로 쪽지를 휘갈겨 썼으며, 다양한 개인들은 교회의 석벽에 무언가로 긁어서 낙서 형태의 메시지를 적었다.[15] 후대에 키예프의 황금시대에 대한 향수 어린 이미지를 만들어 낸 것은 중세 유럽의 광범위한 지배 가문의 세계에서 키예프 루스의 탁월한 공들 및 여공女公들이 얻었던 명성과 함께, 이러한 폭넓은 문화적 업적 덕분이었다.

루스 지역 사람들 사이에서는 어떤 종류의 초기 정체성 또는 정체성들이 형성되었을까? 가장 초기의 기록들에서도 이 지역의 주민들은 문화적으로나 언어적으로 매우 다양했다.[16] 『지나간 시절의 이야기』에는 슬라브족, 발트족, 튀르키예계와 핀계 민족들이 이 지역에 거주했으며, 슬라브족 또한 여러 개의 뚜렷이 구분되는 집단으로 나뉘어 있었다고 기록되어 있다. 학자들은 일반적으로 988년의 동방정교회 수용(전통적으로 전해지는 연도)과 그 이후 몇 세기에 걸친 확산을 중요한 전환점으로 본다. 이 과정을

---

6 도상학(iconography): 조각이나 회화에 나타난 형상의 종교적 내용을 밝히는 학문이다. 러시아에서는 주로 이콘이 그 대상이다. 이콘은 원래 '초상', '닮은 모습', '마음에 그리는 상' 등을 의미하는 그리스어에서 유래했으며, 신앙의 중심이 되는 그리스도, 성모, 성인 등의 성화를 일컫는다. 러시아어로는 '이코나'라고 한다.

가브리엘 대천사 혹은 황금 머리털을 가진 천사. 노브고로드, 12세기.

네를 강가에 있는 중보기도 교회Church of the Intercession, 보골류보보, 12세기.

통해 토착 민족들과 루스의 지배자들은 점차 정교 신앙과 루스 정체성을 융합한 공동체를 이루게 되었다는 것이다. 이런 입장은 다양한 집단이 자신들을 하나의 통합된 전체로 인식했거나, 심지어 초기 몇 세기 동안 그런 인식에 크게 신경 썼다는 점을 과장하는 것으로 보인다. 그럼에도 불구하고 고고학적 증거에 따르면, 기독교적 장식물들이 이 지역 전역에 퍼졌으며, 십자가가 이교도 부적과 함께 발견되고 시간이 지나면서 발굴 현장에서 토르의 망치를 대체하게 되었다. 정교회와 류리크가문의 지배는 위기 시기에 동원될 수 있는 정체성과 소속감의 실마리를 제공했으며, 이것은 특히 루스의 변방 지역에서 뚜렷하게 나타났다. 예를 들어, 폴란드의 가톨릭 신자들, 리투아니아의 이교도들(후에 가톨릭으로 개종), 그리고 동쪽으로 시베리아와 중앙아시아로 뻗어 있는 광활한 스텝 지대의 비기독교 유목민 민족들 등 루스인들이 자신들과 구별된다고 여긴 이들과 접촉하거나 때로는 충돌했을 때 그러했다.[17]

자아가 '타자'와의 대비를 통해 뚜렷하게 인식될 수 있는 추정상의 경계 지대에서조차, 우리가 상상하는 것만큼 종종 구분이 그다지 명확하지 않았을 수도 있다. 루스의 지정학적이고 도덕적인 상상 속에서, 세계를 다양한 인간 집단들이 함께 존재하는 공간으로 이해하는 것은 매우 중요했다. 남부 루스의 연대기인 『이파티 사본Hypatian Codex』[7])에는 12세기 초에 루스

---

7 『이파티 사본(*Hypatian Codex*)』: 첫째 부분은 1117년까지의 『원초 연대기』, 두 번째 부분은 1118년부터 1199년까지의 키예프 루스 시대 기록, 그리고 세 번째 부분은 1292년까지 서남부 루스 지방의 갈리치야─볼리니아의 연대기로 구성되어 있다. 이파티예프 수도원에서 발견되었기 때문에 이러한 이름이 붙었다.

가 스텝 지대의 난폭한 유목 민족인 폴로베츠인들과 벌인 전투에 대한 멋진 묵상 내용이 담겨있다. 그것은 루스인들이 민족들의 구분이 정당하며, 또 신의 계획에 부합한다고 보았음을 보여 주고 있다. 이 연대기의 저자는 폴로베츠인들의 침입에 대해 묵상하며, 다음과 같이 설명했다. "구름에도, 안개에도, 눈에도, 우박에도, 서리 등 모든 피조물에는 천사가 배정되어 있다. 소리와 천둥에도 천사가 있고, 겨울에도 더위에도, 가을과 봄과 여름에도 천사가 있다. … 모든 피조물에는 천사가 배정되어 있다." 저자는 인간 세계로 눈을 돌리며, 다음과 같이 자신의 관점을 확대했다. "마찬가지로, 모든 땅에도 그 땅을 돌보는 천사가 배정되어 있다. 비록 그 땅이 이교도의 땅일지라도 그러하다." "땅"과 그 땅에 속한 '민족들'은 인간의 다양성을 보여 주는 자연스러운 구성 요소들이었을 뿐만 아니라, 각각은 그 땅에 대해 신으로부터 부여받은 권리를 가지고 있으며, 그 땅을 위하여 수호천사까지 배정받았다.

연대기 저자는 이 교훈을 기독교인 루스와 이교도 이웃들 간에 당시에 벌어지고 있던 분쟁 상황에 적용하며, 계속 다음과 같이 적었다. "신이 어떤 땅에 분노하실 경우, 그분은 그 땅의 천사에게 [범죄한] 그 땅에 대하여 전쟁을 벌이도록 명하신다. … 마찬가지로, 신은 우리의 죄 때문에 이교도 이방인들을 우리에게 보내셨고, 그들은 신의 명령으로 승리했다. 왜냐하면 그들은 신의 명령을 받은 천사에 의해 인도받고 있었기 때문이다."[18] 율리야 미하일로바Yulia Mikhailova의 분석에 따르면, 이 구절은 남부 루스 사람들이 자신들과 싸웠고, 또 자신들의 세계와 깊숙이 뒤얽혀 있던 이교도 침략자들에 대한 태도에 대해 많은 것을 우리에게 말해 주고 있다. 때로는 한쪽이 이기고, 때로는 다른 쪽이 이긴다. 이 모든 것은 신의 계획에 따라 이루어진다. 연대기 저자는 폴로베츠인들을 종교나 민족에 따라 악마화하지 않고, 기독교인과 이교도 모두를 신의 창조물의 일부로 인정하며, 각각에게 천사가 배정되고, 각자에게 땅에 대한 권리가 부여되었으며, 모두가 자신의 역할을 수행하고 있음을 인정한다.[19] 이 이야기는 인간의 다양성을 전제로 하고 있으며, 그 다양성을 넘어서려는 야망이 전혀 없는 세계관을 드러내 주고 있다.

인류 사이의 구분이 자연스러운 것이라는 인식이 있었다고 해서, 그 구분이 극복할 수 없는 장벽이라는 뜻은 아니었다. 동쪽을 바라보면, 루스 가문에 속한다는 소속감이 아무리 강했더라도, 그것이 가문 밖의 인물과의 결혼에 장애가 되지는 않았음을 알 수 있다. 예를 들어, 12세기 후반에, 블라디미르-수즈달 공으로 있다가 살해당한 안드레이 보골륩스키의 아들로서 불운한 망명자 신분이었던 유리 공은 강력한 권력을 가진 그루지야의 타마르 여왕과 결혼했다. 타마르는 정교회 군주였지만, 연대기에는 루스인들과 그들이 명분을 걸고 전투를 벌이던 이교도들이자 이슬람 유목민들 사이에 매우 밀접한 교류가 있었다는 점도 암시되어 있다. 루스의 여러 공들은 페체네그족(튀르키예계 유목민) 지도자 가문 사람들과 결혼했으며, 스텝 지대의 언어들을 완전히 습득한 신민들의 도움을 요청할 수도 있었다. 찰스 할퍼린Charles Halperin이 말하고 있듯이, 양측의 관계가 아주 깊어서 어떤 특정한 이야기에서는 "페체네그 방식에 익숙하다는 것이 당연하게 여겨진다."[20]고 할 정도였다. 서방에서는 종파적 분열이 점차 기독교 세계를 갈라놓으며, 동방정교회와 서방가톨릭 사이의 대분열Great

Schism[8]로 심화되었지만, 이러한 분열에 대한 인식만큼이나, 혹은 그보다 더한 무관심한 태도도 발견된다. 이런 맥락에서 역사가 크리스티안 라펜스페르거Christian Raffensperger는 최근에 루스 역사를 새롭게 상상해 볼 것을 학계에 요구하며, 루스가 중세 유럽의 전반적인 흐름에 최대한 참여했던 구성원이었음을 인식해야 한다고 주장했다. 12세기 내내 루스의 공들은 북유럽과 서유럽의 모든 집권 왕조들과 혼인 관계를 맺으며, 유럽의 왕조 질서의 일부분을 이루었다. 루스는 발트해 및 그보다 더 남쪽의 루트를 통한 교역으로 유럽과 연결되었으며, 한자동맹[9]이라는 공식적인 무역 연합에도 참여했다. 또한 루스는 제국의 위엄을 드러내는 살아 있는 전형으로 비잔틴제국을 평가했다는 점에서 다른 유럽의 엘리트들과 견해를 같이 했던 만큼, 결코 고립된 열외자가 아니었다. 하지만 종교적 분열이 아주 심각해지고, 비잔티움이 일시적으로 쇠퇴하며, 루스의 정체성이 지배 가문 자체를 넘어 보다 광범위한 인구층으로 확산되기 시작하면서, 루스는 유럽 네트워크로부터 후퇴했다. 유럽 왕가들과의 혼인은 과거사가 되었고, 18세기 초에 표트르 대제가 등장하여 상황을 뒤흔들 때까지 그러한 결혼은 다시 이루어지지 않았다.[21] 전반적으로 볼 때, 일반 평민들이 얼마나 추상적인 공동의 정체성을 인식했는지를 평가하는 것은 당시의 기초 자료 부족으로 인해 어렵지만, 정교회와 집권자인 공公들이야말로 그런 정체성

---

8   대분열 : 이 사건은 1054년에 발생되었다.

9   한자동맹: 서양 중세에 뤼베크, 함부르크, 단치히, 쾰른 등 북부 독일 도시 등 200여 개에 이르는 도시들로 결성되어 북해와 발트해 연안의 무역을 독점한 조직이다. 한자(Hansa)는 독일어로서 '조합'이라는 의미이다.

이 형성될 수 있었던 아주 유망한 두 중심축이었다고 말하는 것은 무리가 아닐 것이다.

키예프 루스를 이해하기 위한 새로운 모형들: 국가 없는 수장인가, 은하 정치체인가

20세기 중반, 학문은 강대국의 정치와 냉전으로 인한 세계 분열로부터 큰 영향을 받았으며, 루스의 전사 공公들의 국가 건설과 제국적 야망 둘 다에 대해 그 실체보다 종종 과장된 해석을 내놓았다. 예를 들어, 러시아 출신 망명 역사가 조지 베르낫스키George Vernadsky는 남아 있는 단편적인 사료들을 가지고 키예프 루스의 복잡한 정치제도와 실재를 자세히 (그리고 대부분 상상에 가까운 방식으로) 구성해 냈는데, 이것은 상당 부분 희망적 사고에 기반한 것이었다. 마찬가지로, 중세 키예프의 영광스러운 "제국 계획과 그 실패, 878 – 972"에 대해 그가 내린 평가는 흥미진진한 이야기이긴 하지만, 지나치게 과장되고 거창한 해석으로서, 혼란스러웠던 과거 속에서 현대의 정치적 야망을 읽으려는 사례라고 할 수 있다. 그는 다음과 같이 쓰고 있다.

키예프 루스의 정치사는 대담한 모험의 세기로 막을 연다. 이것은 키예프의 노르만 계통의 지배자들이 발트해에서 흑해, 그리고 카르파티아산맥에서 카스피해에 이르는 거대한 제국을 건설하려는 시도에서 비롯되었다. 바다와 육지를 통한 일련의 대담한 원정들이 수행되었고, 두 곳의 주요 목표는 콘스탄티노폴리스와 남캅카스 지역이었다. 한때는 볼가강과 다뉴브강 하구 양쪽 모두가 루스인들의 통제하에 놓이기도 했다.[22]

그 비전은 웅대하고 담대하지만, 야심 찬 장기 계획의 구상,(베르낫스키의 장 제목에서 인정하듯이 비록 실패할 운명이었지만) 안정된 제국에 대한 꿈, 명확히 구획된 영토 범위, 그리고 심지어 "통제"라는 오해를 불러일으키는 단어까지도 모두 역사적 증거의 반영이라기보다는 역사적 상상력의 산물이다.

베르낫스키가 묘사한 모험심에 가득 찬 바랑기아인 영웅들은 실제로 강력한 하자르족(볼가강 하구에 기반을 둔 유목 중심의 튀르키예계 민족으로, 그 지배층이 유대교로 개종한 것으로 유명하다)을 격파하고, 그들이 장악하고 있던 볼가강 교역로의 통제권을 무너뜨렸다. 그들은 또한 서쪽으로 다뉴브강까지 파죽지세로 진격하여 잠시 그곳에 머무르며 현지의 산물과 포도주를 즐기기도 했지만, 이 두 경우 모두에서 지속적인 영토 통치를 염두에 두고 있지는 않았다. 이들의 원정은 전리품을 갈망하던 전사들의 요구에 따라 이루어진 것이었는데, 이 전사들은 다른 전쟁 지도자들의 부하들이 전리품으로 화려한 옷을 입고 있는 반면에, 약탈할 새로운 땅을 찾지 않는다면 자신들은 헐벗은 모습으로 남게 될 것이라는 점을 지도자들에게 상기시켰다. 상호 의존과 상호 이익이라는 고유한 논리가 작동하여, 공公들은 자신들의 정치권력과 군사적 성공을 종사從士들의 충성과 봉사 위에 구축해야 했는데, 이러한 충성심은 결국 성공적인 약탈과 전리품의 분배에 달려 있었다. 만약 전사 공들이 약탈에 성공하지 못하거나, 대공大公의 칭호를 노리는 공들이 적절한 분량의 하사품을 배분하지 못한다면, 그들의 종사들이 흩어지고 한때의 지지자들이 충성 대상을 다른 경쟁자들에게로 바꾸는 순간에, 그들의 희망은 쉽게 좌절될 수 있었다. 이것은 제국 건설의 첫걸음이 아니라, 조르주 뒤비Georges Duby가 말한 중세의 "선물, 약탈, 하사품의 경제"[23]가 작동한 결과로서, 키예프의 전사 공들은 지지자들의 요구에 응하여 끊임없는 전쟁에 나서야 했다.

키예프 루스는 제국도 아니었고, 제대로 조직된 국가조차 아니었다. 루스 공국들이 전성기를 누리던 시기에도, 이들 사이에는 실질적인 정치 통합이 전혀 이루어지지 않았다. 이들은 단지 지배 가문의 연대라는 개념과, 키예프의 대공이 지니는 상징적인 연장자 지위에 의해 느슨하게 연결되어 있었을 뿐이다. 혈연, 지연, 종교 등으로 인한 다양한 연대 집단 내에서 정서적 유대감은 노래와 이야기 속에서 기념되었다. 보다 구조적이거나 제도적인 강화 수단이 부재한 상황에서, 부성애, 자식 사랑, 형제애, 기독교적 사랑의 언어는 사회적 접착제 역할을 대신했다. 이러한 상징적이고 서사적인 유대는 강제력의 행사를 통해, 그리고 아마도 더 효과적으로는 이미지, 성상화, 교회, 정교회의 가르침 등을 통해 나타나는 담론적·문화적 권력을 통해 때때로 강화되었다. 전사 엘리트나 도시 주민들에게는 특정 지배 가문의 공公에 대한 소속감이 중요했지만, 이것은 국가라는 추상적 개념에 대한 충성과 혼동되어서는 안 된다. 실제로 키예프의 대공들은 단일한 주권이 통치하고, 국민을 관리하며, 과세하고 통제하는 명확한 영토 단위로서의 국가 개념을 거의 혹은 전혀 갖고 있지 않았던 것으로 보인다.

따라서 "국가"라는 말보다는 "영역realm"이라는 표현이 더 적절할 수 있다. 키예프의 정치체제와 그 영토적 요소에 대한 그들의 인식은 뚜렷하지 않았고, 확고하지도 않았다.

단일한 키예프 루스 영토의 "대공"이라는 개념과 칭호는 비잔티움에서 유래된 것으로서 키예프의 어휘와 정치적 의식과 어휘에 서서히 들어왔으며, 한동안 다른 혼합된 정치 문화에서 유래한 다른 칭호들과 경쟁했다. 정치체 자체(만약 존재했다면)는 느슨하게 정의된 사람들(루스)을 중심으로 불명확하게 구성되었고, 상호 연결되었으나 경쟁적이고 갈등 관계에 있던 공 가문의 여러 분가에 의해 부분으로 나뉘어 지배되었다. 대공의 임종 유언은 공公에 의한 정치적 목표가 여전히 개인적이고 가문적인 성격을 지니고 있었다는 것을 보여 준다. 유언에는 통합된 주권이나 영토 지배와 같은 더 넓은 포부가 포함되지 않았다. 형제들 및 사촌들과 싸운 끝에 대공 자리를 차지했다가 이제 죽음을 앞둔 대공들은 어렵게 얻은 영토를 자기 아들들 사이에 분할하고, 토막 난 분령지(대체로 자치적인 영토)를 각 아들에게 증여했다. 대공들은 이러한 유산을 가지고 가문의 영토를 반복적으로 분할하게 되었고, 각 분령지 안에서 아들들은 다음 세대에 자기 아들들 사이에 땅을 더 세분할 수 있었다. 그들은 영토를 강화하는 데는 아무런 관심을 가지지 않았고, 오히려 그것을 분할했다.

키예프 루스는 빅터 리버만Victor Lieberman이 "태양 정치체solar polity"라고 부른 것과 비슷하다고 말할 수 있다. 이에 따르면, 광채를 내는 중심은 가운데로부터 힘의 장場을 확장하지만, 그 힘은 중심에서 멀어질수록 약해진다. 그러나 키예프 루스가 분할의 반복적인 주기를 거치는 경향을 가졌음을 고려한다면, 탐비아S. J. Tambiah가 제시한 "은하 정치체galactic polity"라는 개념이 더 부합할 수 있다. 이것은 중력을 가진 여러 중심이 존재하는 정치체를 제시하는데, 루스 역사에서 여러 시기 동안 키예프, 노브고로드, 볼리니아, 체르니고프, 그리고 트무타라칸[10] 등이 그러한 중심들이었다. 동남아시아의 학자들은 이 용어를 사용하여, 다수의 강력한 마디를 가진 느슨한 형태의 정치체를 비유로 제시한다. 각 마디는 동심원을 확장해 갈 때 점점 효력이 감소하여 힘을 잃어가지만, 새로운 별들이 응집하여 새로운 태양계를 형성할 가능성도 존재한다.[24]

은하 모델은 최근 "키예프 루스"라는 개념 자체에 의문을 제기하고, 그 대신 키예프가 중심적인 지위를 주장하기 이전에 존재했던 느슨하게 연합된 일련의 경쟁적이고 겹치는 중심들이 있었다는 주장을 담은 최근의 학문적 논의와 일치한다. 사이먼 프랭클린과 조너선 셰퍼드는 키예프가 루스의 역사 무대에 등장한 시기가 비교적 늦었다는 점과, 키예프와 경쟁하며 기독교 통치의 강력한 성채를 만들려 했던 다른 중심들―체르니고프, 트무타라칸, 노브고로드―의 노력을 증거로 제시하고 있다. 도널드 오스트롭스키는 종사從士들의 영향력 및 키예프 대공의 명목상의 지휘하에 공公들을 묶어 두었던 매우 느슨한 구조에 주목하면서, 우리가 통합된 키예프 국가라는 개념을 버리고 그 대신 데이비드 스니스David Sneath의 "수장

---

10 트무타라칸: 아조프해 남쪽의 타만반도에 있던 고대 루스 도시이다. 8~9세기에 이곳에는 하자르 칸국에 예속된 타마타르하 정주지가 있었다. 965년에 스뱌토슬라프에 의해 하자르 칸국이 몰락한 이후, 트무타라칸이 건설되어 트무타라칸 공국의 중심지가 되었다.

없는 국가headless state" 모델을 채택해야 한다고 제안한다. 이것은 "귀족제 신분 질서에서 볼 수 있는 분권화되고 분산된 권력"을 의미한다. 오스트롭스키는 다음과 같이 쓰고 있다. "보통 '키예프 루스'라고 불리는 국가는 귀족제 국가였으며, 권력관계는 수평적이었고 중앙에 대한 수직적 복종행태가 사실상 거의 없었다."[25] 그 정치체는 "수도Kiev를 가지고 있었고, 누군가가 수도의 대공 자리를 차지했을 때, 그 자리는 승계 라인에 있는 공들 및 그 라인에 속하지 않은 일부 공들의 집중적인 관심을 끌었고, 그 자리를 차지하기 위한 경쟁이 벌어졌다. 그러나 중앙정부는 없었다. 그 대신, 여러 지역 정부들이 체르니고프, 스몰렌스크, 무롬—랴잔, 노브고로드, 페레야슬라블, 폴로츠크, 로스토프—수즈달, 볼로디미르—볼린스크, 트무타라칸, 그리고 키예프 자체에 존재했다."[26] "공들은 지역을 지배했지만, 거기에는 중앙으로부터의, 혹은 통합을 위한 승인이나 제휴가 없었다. 그 대신, 공이 어떤 도시나 타운을 통치할 수 있다는 주장에 정당성을 부여한 것은 (1) 자격 — 그의 부친이 그곳을 지배했었는지의 여부, (2) 귀족제의 자체 규정 — 다른 공들이 그의 주장을 수용했는지의 여부, (3) 외부의 규정 — 도시 주민들이 그 공을 자기들의 공으로 받아들였는지의 여부였다."[27]

오스트롭스키와 스니스의 "수장 없는 국가" 모델을 가지고 이리저리 생각하면서, 우리는 그 표현을 반대 방향으로 바꿀 것을 제안하고자 한다. 대공은 그의 신성한 칭호와 상징적인 중심지에 자리를 차지하고 있었지만, 오히려 "국가 없는 수장stateless head"이었다. 키예프와 그곳의 대공은 수세기 동안 정치적 상상의 정점에 있었다. 블라디미르 시대부터 대공들은 실질적인 권력을 많이 가지지 않았지만, 자신들을 권위 있는 통치자로서의 이미지, 즉 "수장"으로서의 이미지를 널리 퍼뜨리기 위해 열정적으로 노력했다. 그들은 단순히 약탈하고 지배하는 것이 아니라, 장엄한 몸짓을 해가며 통치하려는 야망을 표현하기 시작했다. 그들의 포부는 현실로 바뀌었으나, 그 속도는 매우 느렸다. 동전이 주조되었지만 널리 유통되지 않았고, 아마도 교환 가능한 통화라기보다는 권력의 부적처럼 사용되었던 듯하다. 공들은 비잔티움 전통을 차용하여, 자신을 법 제정자로 내세우기 시작했지만, 그들의 법이 실제로 시행되었다는 증거는 거의 남아 있지 않다. 법 제정은 대부분 상징적인 행위에 불과했다. 11세기에 법전인 『루스카야 프라브다*Russkaia Pravda*』[11]가 작성되었지만, 여기에서도 국가기구와 같은 것에 대한 언급은 전혀 없다. 법전은 주로 공을 섬기는 사람들을 보호하거나, 두 당사자 간의 분쟁을 해결하는 방법을 기록했을 뿐이며, 눈에 띄는 당국의 개입에 관한 내용은 별로 없다. 법전에는 기록 관리에 관하여 전혀 언급되어 있지 않은데, 이것은 심지어 공이 권한을 가진 대리인을 파견하여 사건을 감독할 때조차도, 판결 결과를 보존하는 공식적인 장부가 전혀 없었거나 집행 내용을 등록하지 않았음을 시사한다.

존재하는 모습대로의 법과 조약은, 통합된 국가의 통제보다는 누적된 차등의 세계에 부합되도록 구분의 범주를 전제로 했고, 사람에 대한 가치와 형벌의 위계 구조를 통해 법적 구분을 유지했다. 공의 대리인에 대한

---

11 『루스카야 프라브다(*Russkaia Pravda*)』: 11~12세기에 키예프 루스에서 제정된 법령을 집대성한 문헌으로서 러시아에서 가장 오래된 법령집이다. 여기에는 오래된 '간소 편집본'(42개 조항), 그리고 이것을 수정하여 다른 조항들을 추가한 '확대 편집본'(121개 조항)이 있다.

폭행은 다른 사람에 대한 공격과는 다르게 취급되었으며, 살인이나 명예
훼손에 대한 배상금은 민족적 정체성(바랑기아인, 그리스인), 지역 출신지(노
브고로드인, 키예프인), 직업적 지위(상인, 보안관, 공의 대리인, 농민, 또는 노예), 종
교, 성별(여성을 살해한 데 대한 화폐 배상금은 같은 지위의 남성보다 절반이었다) 등
에 따라 차등을 두고 설정되었다. 심지어 부상이나 손상 시 지급될 배상금
은 신체 부위 별로 세밀하게 나열되어 있었다. 남성의 턱수염과 콧수염의
경우에는 12그리브나[12]라는 높은 배상금이 정해졌고, 손가락에는 겨우 3
그리브나만 책정되었다. 법적인 사고방식은 차별화된 유형과 집단, 권리,
배상금에 대한 목록으로 표현되었으며, 이것은 책임자 자리에 있던 대공
이 영향력을 행사한 결과였다.

대공들은 자신들을 엄숙하고 경건한 통치자로서의 이미지를 드러내기
위해 노력했지만, 동시에 실질 권력을 거의 가지고 있지 않았다. 그들은
중앙정부나 행정기관을 가지고 있지 못했고, 사실상 국가도 가지고 있지
않았다. 키예프 루스를 무정부 상태로 보는 견해를 강화하는 또 다른 창의
적인 러시아 역사가 고르스키A. A. Gorskii는 몽골 침략 이전에는 중앙집권
화나 국가 통합의 증거가 전혀 없다고 주장한다. 그는 독립적인 영토 체계
가 필연코 불안정할 것이라고 믿거나, 중앙집권적 국가권력의 등장이 필
연적이라고 믿고 있는 것이 우리 스스로 가지고 있는 뿌리 깊은 가정 때문
이라는 점을 지적한다.[28] 달리 말하여, 키예프 "국가"라는 개념 자체가 후
대에 부과된 개념이라는 것이다. 관료제, 행정 기구, 법의 강제력이 없었

---

12 그리브나: 키예프 루스와 동슬라브 국가에서 사용된 화폐 단위이자 중량 단위이다. 현재 우크라이나는
   흐리우냐라는 화폐 단위를 사용하고 있는데, 이 용어는 그리브나에서 유래되었다.

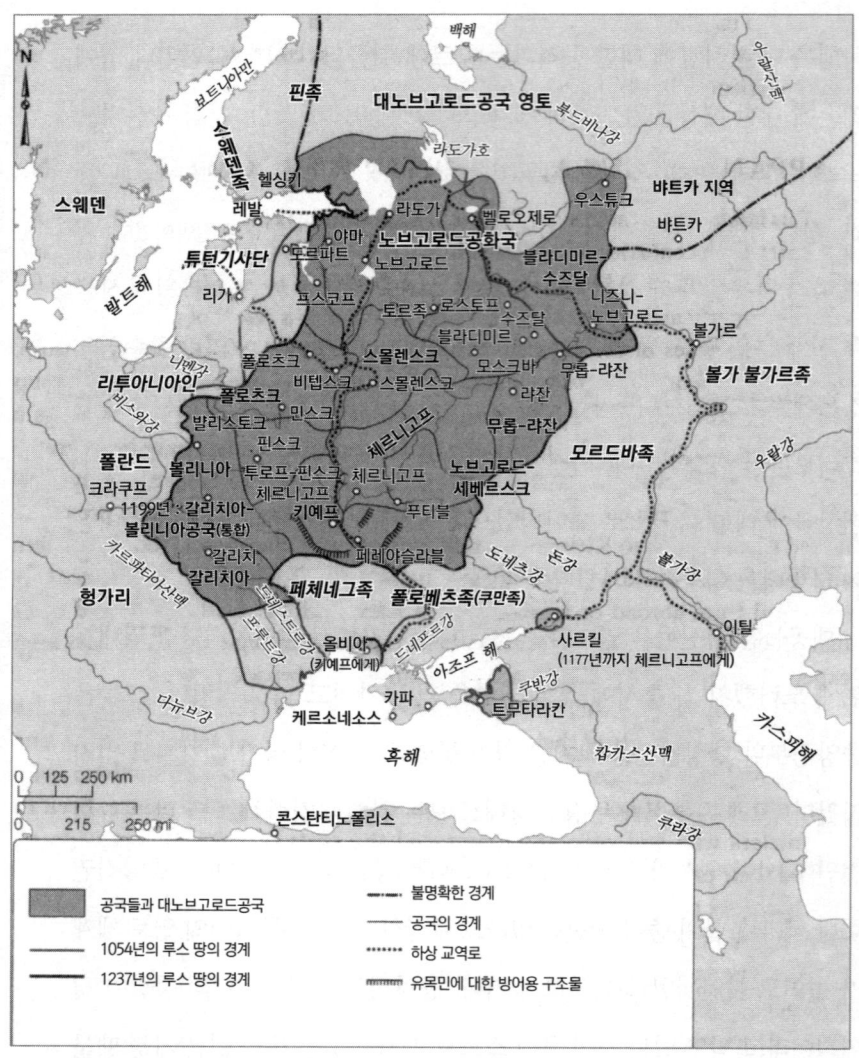

지도 1.2. 루스 공국들

다음은 지도에 표시된 지명들입니다:

백해 / 우랄산맥
핀족 / 대노브고로드공국 영토 / 뷰드비나강
보트니아만 / 라도가호 / 우스튜크 / 뱌트카 지역
스웨덴족 / 헬싱키 / 벨로오제로 / 뱌트카
스웨덴 / 레발 / 라도가 / 블라디미르-수즈달
튜턴기사단 / 야마 / 노브고로드공화국 / 니즈니-노브고로드
발트해 / 모르파트 / 노브고로드 / 볼가르
리가 / 프스쿠프 / 토르조 / 로스토프 / 무롬-랴잔
폴로츠크 / 블라디미르 / 볼가 불가르족
리투아니아인 / 스몰렌스크 / 수즈달 / 모르드바족
폴로츠크 / 비텝스크 / 스몰렌스크 / 모스크바 / 랴잔
발리스토크 / 민스크 / 체르니고프 / 무롬-랴잔 / 우랄강
폴란드 / 핀스크 / 노브고로드-세베르스크 / 볼가강
크라쿠프 / 투로프-핀스크 / 체르니고프
볼리니아 / 체르니고프 / 이틸
1199년: 갈리치아-볼리니아공국(통합) / 키예프 / 푸티블 / 사르킬(1177년까지 체르니고프에게)
카르파티아산맥 / 갈리치 / 페레야슬라블 / 도네츠강 / 돈강
갈리치아 / 페체네그족 / 폴로베츠족(쿠만족)
헝가리 / 올비아(키예프에게) / 드네프르강 / 아조프 해 / 쿠반강 / 투무타라칸 / 캅카스산맥
다뉴브강 / 케르소네소스 / 카파 / 흑해 / 카스피해
콘스탄티노폴리스 / 쿠라강

0 125 250 km
0 215 250 ml

범례:
- 공국들과 대노브고로드공국
- 1054년의 루스 땅의 경계
- 1237년의 루스 땅의 경계
- 불명확한 경계
- 공국의 경계
- 하상 교역로
- 유목민에 대한 방어용 구조물

던 상태에서, 통치되거나 다스려지는 국가가 전혀 존재하지 않았다. 크게 보자면, 이와 같이 근본적으로 수정된 주장들은 키예프의 황금기를 묘사한 신화를 뒤엎고, 변화무쌍하고 논란이 많으며 형태가 없는 키예프 루스

의 무수한 공국들을 재평가하고자 할 때 늦었지만 반가운 계기를 제공하고 있다.

〈지도 1.2〉의 경계선은 대략 여러 공국들이 위치한 곳을 가리키고 있다. 영토 구분은 근사치이자 변경 가능했으며, 경계선이 명확하지 않았다.

분 령 시 기 루 스 와 그 이 상 의 분 화

12세기와 13세기에 키예프 루스의 영토는 상상조차 어려울 정도로 더욱 분열되었다. 이미 분열생식 중이던 키예프 루스의 이러한 해체는 분할 상속(상속 자격을 갖춘 후계자들에게 재산을 나누는 관행)으로 인한 끝없는 세분화에 부분적인 원인이 있었다. 또한 이것은 공 가문들 간의 끊임없는 전쟁과 "약탈적 친족 관계" 관행의 결과이기도 했다. 말하자면, 경쟁적인 혈통들은 늘어나는 아들들을 부양하기 위해 때로는 더 먼 친족의 영토를 병합하는 방식으로 자신들의 자원의 기반을 확장하고자 했다.[29] 경제적으로는 이 분열 과정은 지역 경제의 놀라운 성공에 의해 촉진되었을 수 있다. 지역 경제는 11세기와 12세기에 급격히 발전했으며 이로 인해 이전에 비잔티움과 이슬람 세계에서 들여온 수입품으로 가득 찬 키예프와 그곳의 풍요로운 시장에 대한 매력이 많이 사라졌다. 불기를 통한 유리 제작glassblowing이나 벽돌 제조와 같이 이전에는 해외에서 수입되거나 키예프에서만 알려졌던 기술의 보급으로 인한 지방 시장의 발전은 더 넓은 구역에 걸친 중앙 집중식 또는 통합된 경제를 약화시키면서, 지역 경제를 강화했다.

이 시기에, 루스의 공들은 눈을 내부로 돌려 자신들 공국의 정치와 이익에 집중한 것으로 보인다. 그들은 이전에 키예프를 향하게 만들고, 비록 대공 개인은 아닐지라도 키예프 대공이 지닌 아우라aura에 명목으로나마 자기들을 복종시켰던 온갖 미약한 연결 끈마저 끊어버렸다. 공들 사이에 벌어진 형제 살해의 대가를 지속적으로 탄식하면서, 스텝 지대의 유목민들이 정교도 남녀들을 노예로 삼고 학살하는 것을 방치했다고 공公들을 비난하던 연대기 저자들조차도, 이제는 자기들 지방 후원자들의 업적과 그들의 특정 공 가문의 영광을 찬양하는 쪽으로 방향을 돌렸다. 루스 지역의 사람들은 통합된 정치체와 자신을 동일시하기보다는, 유리구슬과 팔찌처럼 루스 전역에서 여성들이 착용한 개인별 장식의 초기 공통점들을 통해 정체성을 공유하며 발전시켰던 것으로 보인다. 이것은 위로부터 정치인의 노력이나 이데올로기를 통해서라기보다는, 아래로부터 일반 사람들의 수공업 생산, 교환, 패션의 선택을 통해 이루어진 미약한 통합의 흥미로운 사례이다.

공들은 계속해서 키예프 대공의 칭호를 두고 싸웠지만, 점점 더 자신의 유산으로 물려받은 영토인 분령지를 기반으로 하여 활동하게 되었다. 유명한 이야기로서, 야망이 크고 권력욕이 강했던 안드레이 보골륩스키Andrei Bogoliubskii[13] 공은 키예프 대공의 자리를 두고 사촌들과 치열하게

---

13 안드레이 보골륩스키(Andrei Bogoliubskii) 공: 1111년 경 출생~1174년 사망. 1157년부터 1174년까지 블라디미르-수즈달 공으로 재위했다. 유리 돌고루키의 아들로서 보고류보보 마을에 거주했으므로 보골륩스키라는 명칭을 얻었다. 1169년에 키예프를 점령했으나 키예프에 거주하지는 않았고, 1174년에

랴잔(Riazan)에서 출토된 12-13세기의 유리 팔찌 조각들. 여기서는 흑백으로 보이지만, 실제 조각들은 선명한 색을 띠고 있다. 이와 유사한 팔찌들은 루스 땅 전역에서 발견된다.

_____

보야레에게 살해당했다.

싸운 후에, 대공의 칭호를 손에 넣자마자 키예프를 불태워 폐허로 만들고는 자신의 터전인 북동부의 거점으로 돌아가 버렸다. 보골륩스키의 시대 무렵이면, 지역주의의 원심력은 그 나름대로 존재하던 류리크가문의 통일이라는 미약한 구심력을 압도하고 있었다. 키예프 대공이라는 칭호는 더 이상 실질적인 지위와 단절되었다. 루스는 "은하 국가"로부터 이제 우리가 "우주적 혼돈cosmic confusion"이라고 부를 수 있는 상태로 전락했다. 이 분열의 시기는 '분령 시기Appanage Period'라고 알려져 있는데, 소련 역사서술에서는 "봉건적 분할기feudal fragmentation period"[14]라는 용어로 표현되었다. 처음부터 수장도, 국가도 없었던 루스는 잡동사니처럼 분할된 영토로서, 이제 제국적 통치자가 그것을 구성하는 조각들을 조립해야 했다.

이 해체의 시기 동안, 루스의 다양한 분파들은 문화적으로 유동적인 세계 속에서 방향을 달리하면서, 서로를 구분하게 되었다. 민족적·종교적·언어적 정체성은 끊임없이 변화하고 있었고, 이러한 변화는 그 이후로도 수 세기 동안 계속되었다. 이러한 혼란으로부터 약 500년이 지난 후, 자기들이 이웃과 얼마나 다른지를 강하게 주장하게 될 민족들이 서서히 등장하였다. 루스의 각 분파는 인접한 이웃으로부터 영향을 받거나 그들의 침입에 저항했으므로, 이러한 차등화 과정에는 지리적 위치의 역할이 컸다. 북쪽에서, 도시 상업의 중심축이었던 노브고로드는 발트해와 북해 지역

---

14 "봉건적 분할기" : 소련 사학계에서는 마르크스주의적인 사회구성체론에 따라 러시아사에서도 필연적으로 봉건제 시기가 있었다고 보았다. 이 주제에 대해서는 다음 졸고를 참고하시오. 조호연, 「러시아 사학사에서 키예프 루시의 사회경제적 성격을 둘러싸고 전개된 논쟁」, 『슬라브학보』 제17권 2호 (2002) : 347~370.

무역에 종사하는 상인들의 활기찬 중세 연합체인 한자동맹의 수지맞는 교역 네트워크에 가입함에 따라 정치와 문화를 독특하게 혼합한 체제를 발전시켰다. 노브고로드는 자기들이 통제하던 북동쪽의 광대한 영토에서 나온 생산물 교역을 통하여 막대한 부를 얻었는데, 그 지역에 아주 많이 살았던 모피 동물들로부터 얻은 두꺼운 가죽 제품은 유럽 시장에서 인기리에 판매되었다.

노브고로드는 한자동맹과의 긴밀한 교류를 통해 정치적·경제적 실험뿐만 아니라 문화적 실험도 활발하게 했다. 자기 도시를 "대노브고로드 공국Lord Novgorod the Great"[15]이라고 거리낌 없이 지칭한 이곳의 성직자들은 높은 수준의 세련미와 아름다움을 지닌 독창적인 예술, 건축, 문학 작품들을 다수 창작했다. 노브고로드는 키예프 루스의 궤도 안에 느슨하게 머물러 있었지만, 접근 방식과 지향점에서 독립적 태도를 유지함으로써 키예프 루스와는 줄곧 뚜렷이 구별되었다.

루스 땅에서는 수많은 중심지가 주도권을 놓고 경쟁했다. 남서부의 갈리치아Galicia 공국과 볼리니아Volynia 공국은 루스 전체를 아우르는 대공大公의 칭호를 얻고 유지하는 데 여러 차례 성공을 거두었지만, 12세기 중반에 이르러 갈리치아─볼리니아 연대기에서는 이들이 루스에 속하지 않은 이웃들인 폴란드인, 리투아니아인, 헝가리인 쪽으로 점차로 방향을 잡았

---

15 "대노브고로드 공국(Lord Novgorod the Great)": 연대기에서는 9세기 중반에 처음 등장하며, '바랑기아 인들로부터 그리스인들에게로 가는 길'에서 핵심적인 역할을 했다. 이곳은 광대한 속주 농촌을 배경으로 했고, 베체라 불린 민회에서 대주교, 시의 장관, 천인장 등을 선출했으므로 "노브고로드 공화국"이라고 불리기도 한다. 1478년에 이반 대제에 의하여 정복되어 모스크바국에 합병되었다.

음이 분명히 드러난다. 이 지역의 통치 공들은 인접 지배 가문들과 혼인 관계를 맺었으며, 이들 중 가장 성공적인 통치자 중의 한 사람이었던 다닐로 로마노비치Danylo Romanovych가 12세기 중반에 교황으로부터 왕관을 받기까지 했던 극적인 순간도 있었다. 그러나 그는 정교회에서 가톨릭으로 개종하지는 않았다. 도시 개발과 인구 정책에 있어서도 다닐로는 폴란드의 모델을 따랐다. 그는 특정한 행동 방식과 특성이 해당 민족 집단 전체에 적용될 수 있다는 중세식 사고방식에 따라, 아르메니아와 유대계 상인들, 그리고 독일계 수공업자들이 자국의 경제발전을 촉진시킬 수 있다고 확신하고서, 그들을 초대하여 자기 도시 중심지에 정착시켰다.

이 지역은 짧은 번영의 시기를 보낸 후, 14세기에 폴란드(갈리치아와 서부 볼리니아)와 리투아니아대공국(나머지 볼리니아)에 흡수되었다. 이 두 지역은 제국적 방식으로, 각각 고유성을 지닌 단위로 편입되었다. 갈리치아는 폴란드의 통치 아래에서도 독자적인 지위를 유지하며, 스스로를 '루스 왕국Kingdom of Rus'이라고 불렀다. 폴란드와 리투아니아에 대한 그 이상의 깊은 동화 과정은 매우 느린 속도로 진행되었다. 그러나 이들 남서부 지역이 폴란드와 리투아니아의 정치 공동체에 확고히 편입된 이후에, 광범위한 루스 지역과의 교류는 아주 미미한 수준으로 줄어들게 되었다.[30]

신흥 강국으로 등장한 리투아니아대공국은 키예프 자체를 포함하여 일부 루스 공국들을 그 세력권 안으로 끌어들였다. 발트족의 한 갈래인 리투아니아인들은 동유럽의 다른 지역들이 일찌감치 이런저런 형태의 기독교를 수용한 이후에도 오랫동안 이교도로 남아 있었다. 그러나 14세기에 이르러, 옛 루스 땅을 지배하던 리투아니아 귀족들은 그 지역 주민들을 따라 정교회로 개종했다. 대공국 내의 동슬라브계 정교회 신자들은 '루테니아인들Ruthenians'[16]로 알려지게 되었다. 이후 논란이 벌어진 국경 지대에 거주하던 루테니아인들의 존재는 향후 수 세기에 걸쳐 분쟁의 씨앗이 될 터였다.

1386년 리투아니아의 대공 야기엘로는 교묘한 전략을 통해 폴란드 왕의 딸과 결혼하기 위하여 가톨릭으로 개종하는 데 동의하고 폴란드왕국과 리투아니아대공국 사이에 개인 동맹을 체결했는데, 이것은 곧 항구적인 성격을 갖게 되었다. 이 다루기 힘든 거대한 국가의 각 측은 상당한 자율성을 유지했으며, 각각 고유한 정치적, 문화적, 언어적 정체성을 고수했다. 폴란드-리투아니아연합[17]은 양 지역의 구성 요소들을 짜 맞추듯 제국적인 방식으로 하나의 국가로 결합 되었다. 과거의 왕국과 대공국들, 그리고 도시 중심지들은 그 자체의 규칙과 권리를 가지고 있었고, 종교 공동체들은 그들 자체적인 법정과 관습을 인정받았다. 각 지역에는 세습적인 공을 임명하기는 했지만, 실질적인 통치는 주로 지역 엘리트들이 담당하는 경향이 있었다. 이 연합 왕국은 나중에 권력 통합을 모색하게 되는 북동부 루스의 야심 찬 공들에게 제국적 땅 모으기의 유력한 모형을 제공했다.

여러 경쟁하는 공국들 속에서 키예프 루스 가문의 또 다른 뿌리가 지방

---

16 '루테니아인들(Ruthenians)': 루테니아는 우크라이나의 서부와 폴란드 남동부에 걸친 지역의 역사적 명칭이다. 이곳에서는 12세기에 갈리치아 공국이 생겨났고, 13세기까지는 갈리치아-볼리니아 공국의 일부였다가, 1366년에 폴란드에 병합되었다.

17 폴란드-리투아니아연합: 크레보 연합에 따라 리투아니아의 야기엘로 대공은 1386년에 폴란드의 야드비가 여왕과 결혼했다. 이로써 양국은 왕조 연합국가가 되었고, 나아가 1569년에 체결된 루블린 동맹으로 폴란드-리투아니아연방이라는 단일국가가 성립되었다.

화된 통치 세력으로 정착된 곳은 북동부 지역에서였다. 결국 공국들은 처음에는 블라디미르 시市를, 최종적으로는 모스크바를 새로운 명분상의 중심지로 인정했다. 정교회는 이러한 분열된 영토들 사이에서 유일하게 통합된 의식을 제공했지만, 정교회 신자들이 그 지역의 다양한 정치체에 흩어져 있었기 때문에 교회 행정에 대한 통제권은 경쟁의 대상이 되었다. 키예프 및 전소 루스의 대주교는 1299년에 북동부의 블라디미르로 거처를 옮겼다가, 1325년에는 모스크바로 이전했다. 이 사건은 (적어도 이후 모스크바의 선전 담당자들의 시각에서는) 종교 권위의 이동과 함께 새로운 지역 권력의 부상을 알리는 신호였다.

키예프를 계승한 다른 공국의 통치자들과 마찬가지로, 북동부 루스의 공들 또한 다양한 언어와 문화를 가진 세계, 그리고 비잔티움, 리투아니아, 그리고 킵차크한국이라는 세 제국의 변방에 속했다. 북동부 루스는 리투아니아인들과는 때로 동맹을 맺고 때로 경쟁했으며, 노브고로드를 통해 부를 얻기도 하고 그 지역과 갈등을 겪기도 했으며, 민족적·종교적으로 다양한 자국 근처의 집단들과 마주하면서, 동서의 이웃들이 구현한 일부 모형을 받아들이기도 하고, 또 다른 일부를 거부하기도 했다. 1237년 이후, 몽골제국은 또 하나의 더욱 강압적인 제국적 영감을 제공했다. 루스의 공국들은 킵차크한국의 지배 아래에서 점차 안정을 이루었고, 우랄산맥 서쪽 지역에서 자신들만의 정치적·종교적 문화를 발전시켜 나갔다.

어떤 중요한 사상학파는 이 시기가 키예프 시대와 매우 급격히 단절된 시기였다고 보며, 러시아 북동부에서 수 세기 후에 등장하게 될 모스크바국과 키예프 루스 사이에 역사적 연결고리를 주장하는 것은 의미가 없다고 주장한다. 수많은 서로 다른 전통들이 루스의 유산으로부터 성장하고, 그것과 혼합되고 그것을 흡수했을 뿐만 아니라, 북동부의 공公 계승자들은 키예프의 유산을 보존하거나 계승하려는 일에 초연한 태도로 무관심했던 것으로 보인다. 13세기와 14세기의 연대기 기록과 기타 문헌 자료들에서는 초기 키예프 시기에 대한 명확한 언급이 거의 없다. 분령 시기의 작명 관행에서도 과거의 위대함에 대한 존경심이나 심지어 기억조차 거의 드러나지 않는다. 9세기부터 11세기까지 지배 가문 내에서 사용되던 이름들 — 류리크Riurik, 스뱌토슬라프Sviatoslav, 야로폴크Iaropolk, 프세슬라프Vseslav — 은 점차 사라졌고, 북동부의 공들은 자기 아들들을 안드레이Andrei, 바실리Vasilii, 다니일Daniil, 유리Iuri와 같은 전혀 새로운 이름들로 세례 주기 시작했다. 앞서 살펴본 바와 같이, 연대기는 오랜 역사적 혈통 이야기를 통해 정통성을 주장하기보다는, 통치자였던 부친이나 형으로부터의 직접 세습을 통해 공의 승계를 설명했다. 키예프가 역사적 기억과 자축自祝의 중심지, 그리고 국가 형성 신화의 신성한 장소로 간주되기 시작한 것은 오직 15세기에 모스크바가 부상하면서부터였다.[31] 키예프는 견고한 국가, 특히 중앙집권화된 국가를 수립한 적이 없었기 때문에, 역사를 조작한 사람들은 상당한 수준의 역사 수정 작업을 해야 했다. 모스크바의 집권 공들은 미술가들을 후원하여, 크렘린의 교회 벽과 아치에 그린 프레스코화에서 키예프 시대의 성자聖者 공들에 대한 화려한 이미지를 만들어 냈다. 새롭게 권력을 잡은 가문들은 자신들의 지위를 정당화하기 위해 류리크 지배 가문의 공들, 외국의 왕족, 혹은 공의 궁정의 옛 충신들로부터 내려오는 창의적인 계보를 만들어 냈다. 키예프의 연대기는 루스의 정교회 전통의 영광을 증명하는 자료로 복사되고 재복사되었으며, 고대 법전들 또한 복제되어 회람되었다.

이와 같은 상상력에 기반한 키예프의 복구 작업은 비록 대부분 사후적으로 이루어졌다고 할지라도, 몽골 이전과 이후의 루스의 정치 및 사회를 잇는 중요한 다리 역할을 한다. 중세의 경험이 "러시아 제국들"의 설명의 일부로 포함되어야 하는가는, 15세기 이후로부터 러시아인들이 스스로에게 들려준 이야기들에 어느 정도의 비중을 부여하느냐에 달려 있다. 여기까지의 역사는 분명 러시아만의 것으로 주장될 수는 없다. 왜냐하면 그 복잡한 역사적 궤적은 이후 폴란드, 리투아니아, 그리고 당연히 우크라이나로 등장하게 될 여러 국가의 역사와도 깊이 얽혀 있기 때문이다. 수 세기 뒤에야 형태를 갖춘 이들 나라의 역사와 마찬가지로, 러시아의 역사 또한 키예프와 루스 공국들을 중심으로 응집된 시원적 모멘트 없이는 설명될 수 없다.

종교적 전통, 언어 및 문화, 건축 양식과 도상학의 유산, 심지어는 지배 가문의 계승을 근거로 하여, 우리는 중세 루스와 모스크바 사이에 중요한 연속성이 존재했을 수 있다고 생각한다. 실제로 루스의 도시 중심지들의 건축 양식과 공간의 물리적 모습, 즉 요새화된 크렘린과 돔형 교회들, 종탑들은 이러한 연속성을 보여 주는 증표였다. 연대기와 법전이 계속해서 복사되고 보존된 것 또한, 그런 문헌에 대한 지속적인 관심과 어느 정도의 역사적 기억이 존재했음을 시사한다. 1169년에 키예프를 경솔하게 불태우고 잿더미로 만들어 버린 안드레이 보골륩스키 공은 자신의 북부 수도인 블라디미르 시市를 "새로운 키예프"로 건설했는데, 이것은 키예프를 참고하여 새 도시를 건설한 것이 의식적으로 이루어진 것이며, "단절 학파Rupture School"가 주장하는 것보다 훨씬 더 의미심장한 연속성이 있었음을 시사하고 있다. 이러한 유산이 중간 시기 동안 얼마나 명확하게 인식되었는지는 별개로 하더라도, 종교, 문화, 그리고 공의 통치의 발전에서 드러나는 일관된 흐름을 무시하기는 어렵다. 우리가 강조하고자 하는 분석의 핵심은, 키예프 루스가 어떤 정의로도 제국으로 간주될 수는 없지만, 고유한 의례와 관습, 그리고 각기 다른 특권과 의무를 지닌 다양한 민족과 공동체로 구성된 세계 속에서 한 자리를 차지했다는 점이다. 키예프 시대부터 이미 정교회를 믿는 슬라브인들은 다양한 언어 세계 속에서 살아가면서, 집단의식으로 구분되는 차별된 공동체들과의 만남과 교류를 경험했다. 이러한 방식으로, 루스 공국들의 세계는 이후 등장할 제국 체제들을 예고하고, 그 기초를 놓았다.

11세기 후반이 되면, 연대기『지나간 시절의 이야기』에서 확인할 수 있듯이, 성직자 저자들은 루스를 공의 가문이 지배하는 땅으로 정의했다. 12세기에 이르면, 지배 가문의 구성원들 또한 자신들이 루스의 공들이며 루스의 땅을 다스리고 있다는 의식을 표현했다. 그러나 우리는 엘리트 계층을 넘어선 공동의 집단적 정체성을 전혀 찾아볼 수 없다. 성직자들은 공통된 정교회적 루스에 대한 사명감을 심어 주려고 노력했고, 그들이 저술한 연대기에는 공들 간의 내전으로 인해 루스의 땅이 파괴되고 루스 백성들이 고통받는 것에 대한 탄식으로 가득 차 있지만, 그들의 말이 실제로 큰 영향을 미친 것으로 보이지는 않는다.

가끔 교회의 가르침을 마음에 새기고, 루스 내부, 그리고 친족 간의 유혈 사태를 멈추려고 시도한 통치자들도 있었으나, 그것은 성공을 거두지 못했다. 감동적이게도, 1096년에 블라디미르 모노마흐 공은 스뱌토슬라프의 아들로서 사촌 형제인 올레그에게 살육을 멈춰 달라고 간청하는 편지를 썼는데, 이들 두 사람은 연이은 전쟁으로 자신들의 아들들을 잃은 바 있었다. 그는 주님께서는 형제들과 화목하게 살고, 서로 사랑하고 용서하라고 가르치신다고 사촌에게 상기시켰다. "형제가 연합하여 동거함이 어찌 그리 선하고 아름다운고!"(「시편」 133:1) 하지만 모노마흐는 그러한 유대만으로는 어리석은 전쟁을 중단시키기에 충분하지 않다는 점을 인정했다. "우리의 현명한 조부들과 의롭고 복된 부친들의 시대에도 전쟁은 있었다. 왜냐하면 인간 족속에게 어떠한 유익을 끼치고자 하지 않는 악마가 계속해서 우리를 충동질하고 있기 때문이다." 이 편지는 아들을 잃은 아버지의 슬픔을 가감 없이 전하고 있다. "내 아들이 살해당하여 시든 꽃처럼, 혹은 도살된 양처럼 누워 있는 모습으로 그의 피와 훼손된 시신을 당신이 보았을 때, 당신은 아들을 내려다보며 자신의 영혼 깊은 곳의 마음을 읽으며 '아아, 내가 무슨 짓을 한 것인가?'라고 말했을지 모른다." 하지만 올레그는 아무런 죄책감도 표현하지 않았다. 그럼에도 불구하고 모노마흐는 가문의 유혈 사태를 멈추기 위해, 그리고 루스 전체의 유익을 위해 자신의 아들을 죽인 자와 화해하려는 의지를 밝힌다. "왜냐하면 나는 어떤 해악도 바라지 않으며, 오히려 내 친족들과 루스인들의 땅의 행복을 희망하기 때문이다." 그는 사촌에게 이렇게 촉구한다. "화해하고 화평하자. … 우리가 복수하려고 나서지 말고, 오히려 하나님을 신뢰하자. … 루스 땅을 파멸로 이끌지 말자."[32] 그럼에도 불구하고, 살육전은 계속되었다. 그것은 남쪽과 동쪽에서 튀르키예계의 스텝 지대의 유목민들—페체네그인들, 쿠만인들 혹은 폴로베츠인들, 그리고 결국에는 몽골인들—의 침입에 직면하여 발작과도 같은 고통을 이따금씩 함께 겪고서야 마침표를 찍었다.

몽골의 칸들과 제국의 아우라

비록 애초에는 통합된 국가였다고 할지라도, 키예프 루스는 1223년 칼카강에 몽골군이 갑작스럽게 나타났을 무렵이면 이미 갈기갈기 찢긴 상태였다. 내부 분열은 아주 극심해졌고, 반면에 지역 경제는 매우 번영하면서, 한때 키예프가 지녔던 상징적인 매력은 완전히 사라지고 말았다. 몽골인들의 등장과 함께, 새롭고도 완전한 의미의 제국적 지배자가 루스 땅을 장악하게 되었다. 그러나 러시아와 관계되어서는 일반적으로 타타르인들이라고 알려진 몽골인들은 러시아 중부에 정착하지는 않았다. 그들의 관심은 광범위한 교역망을 구축하고, 러시아를 조공의 원천으로 활용하는 데 있었다. 초기의 무자비한 정복기와 직접 통치를 시도한 단기간의 실험기를 거친 후, 그들은 간접 통치 체제를 발전시켰고, 루스의 지역 권력자들을 자신들의 중개자로 활용했다. 몽골의 칸들은 제국의 통치자로서 다양한 민족들과 능숙하게 협력했다. 그들은 본질적으로 유목민 사회의 일원이었지만, 자신들의 본토 중심부와 식민지 주변부를 구분했다. 그중에서 얼어붙고 숲이 많은 루스는 아마도 가장 외진 주변부였을 것이다. 그들은 자기들의 신하인 공公들이 얼어붙은 툰드라를 가로질러 먼 몽골의 수도인 카라코룸까지 가서 칸에게 경의를 표하도록 요구했다. 나중에, 몽골 제국의 가장 서쪽에 위치한 킵차크한국이 대몽골제국에서 분리되자, 루스 공들은 새로운 수도인 볼가 강변의 사라이 막사/시市로 가야 했다. 그들의 기독교인 사절들이 몽골 궁정에서 거행된 중요한 의식 행사에 참여하기를 거부하자, 그들은 피로써 교육을 받았다. 1245~1246년에 교황 사절로서 몽골 궁정을 방문한 플라노 드 카르피니Giovanni di Plano Carpini는 다음과 같은 기록을 남겼다.

[...] 러시아의 대공들 가운데 한 사람인 미하일이 최근 바투를 방문했는데, 그들은 그에게 먼저 두 개의 불 사이를 지나가도록 했습니다. 그 뒤 남쪽으로 칭기즈칸을 향해서 절을 하라고 말했습니다. 그는 바투와 그의 부하들에게는 기꺼이 절을 하겠지만, 기독교도로서 죽은 사람의 형상 앞에 절하는 것은 성법에 어긋나는 것이므로 그렇게 하지 않겠다고 대답했습니다. 그들은 그에게 절을 해야 한다고 여러 번 말을 했지만 그가 듣지 않자, 수령인 바투는 야로슬라프의 아들을 그에게 보내어 만약 절을 하지 않으면 처형될 것이라는 말을 전달했습니다. 그는 성법에 위배되는 행동을 하느니 차라리 죽음을 당하겠노라고 대답했습니다. 이에 바투는 부하 한 사람을 보내서 그의 배를 발로 계속 차게 했고 그는 점점 힘을 잃어 갔습니다. 그러자 옆에 서 있던 그의 병사 한 명이 "힘을 내십시오. 이 고난은 잠시뿐이지만 영원한 기쁨이 분명히 뒤따를 것입니다."라고 말하며 그를 격려했습니다. 그러자 바투의 부하는 칼로 그의

머리를 베고 그 병사의 머리도 쳐 버렸습니다.[18][33]

미하일은 기독교 신앙을 위한 투쟁 속에서 순교한 인물로 추앙받게 되었지만, 저항은 일반적인 현상이라기보다는 예외적인 일이었다. 이 시점에서 아직 통일된 "러시아"는 성립되지 않았고, 종교적·민족적 전선戰線이 명확하지 않았다. 실제로는, 타타르인들이 자기들이 다스리는 영토에서 종교 기관과 권력자들을 지지하는 정책을 편 덕분에, 교회와 공들의 부와 제도적인 권한은 크게 성장했다. 타타르인들은 아주 많은 협정과 특권, 면제와 보호를 통해 루스의 지도자들로부터 지지를 획득했다. 타타르의 지배자들은 위협적인 군사력을 배경으로 하여 특허장iarliki[19]을 발급하면서, 교회에 면세 특권과 배타적인 사법권을 부여했다. 또한 공들에게는 칸을 대신해 세금을 거둘 수 있는 수지맞는 이권을 줌으로써 그들의 충성심을 획득했다. 공들은 필요한 자금을 모으는 과정에서 자신들의 속민들에게 더 많은 부담을 지우고, 남는 몫은 착복할 수 있었다. 종교 및 세속 엘리트들은 이렇게 제국적인 "억압자들"과 부당한 이해관계를 맺은 덕분에, 자신들의 지위를 확보하고 부를 축적할 수 있었다.

모스크바의 공들은 류리크가문의 방계 출신이었으며, 한동안 (타타르인들에게) 매우 충성스럽고 협조 잘하는 대행자들로 여겨졌다. 그러나 시간이 흐르면서 모스크바 공들 또한 타타르인들을 교묘히 이용하기 시작했

---

18 이 부분은 인명을 제외하고 다음 역서에서 인용하였다. 플라노 드 카르피니, 윌리엄 루브룩, 『몽골제국기행: 마르코 폴로의 선구자들』, 김호동 역주(까치: 2015), 54-56쪽.

19 특허장(iarliki): "iarlik"(복수는 iarliki)는 타타르어로 칸이 수여하는 특허장을 의미한다.

고, 내부 경쟁자들을 견제하는 데 칸의 권위와 군사력을 활용했다. 최근 수십 년간의 연구에 따라, "러시아 땅"이 증오의 대상인 이교도 침략자에 맞서 영웅적으로 저항했다는 과거의 이미지는 대대적으로 수정되었다. 루스의 공들은 정교회 러시아를 중심으로 하나로 뭉쳐 압제자를 몰아낸 것이 아니라, 타타르인들의 환심을 사기 위해 경쟁했으며, 일반적으로 칭기즈칸의 후손들로 이어지는 칭기즈칸 제국의 통치를 정당한 것으로 인정했다. 훗날 러시아의 애국적 전설 속에서 위대한 전환점으로 칭송받게 된 여러 전투, 즉 정교회 러시아가 일어나 타타르인들을 물리친 순간들은 실제로는 러시아가 스텝 지대의 정치 문화와 깊이 얽혀 있었음을 보여 준다. 유명한 쿨리코보 전투(1380년)는 러시아의 일시적인 승리를 가져왔지만, 영웅으로 칭송받은 드미트리 돈스코이Dmitrii Donskoi[20] 공은 정통 칭기즈칸 계보의 군대를 상대한 것이 아니라, 마마이Mamai라는 갑자기 권력을 잡은 참칭자를 상대로 싸웠다. 몇 년 뒤 마마이가 패배하고 킵차크한국에 질서가 회복되자, 돈스코이는 다시 자신의 스텝 지대 주군에게 충성을 재확인하고 칸을 대신해 세금을 거두는 (그리고 그 과정에서 일부를 착복하는) 일을 재개했다.

타타르의 "멍에", 즉 루스가 스텝 지대의 주군들에게 공물을 바치며 지배받았던 시기에 대한 평가는 매우 다양하다. 전통적 시각에서는 그 이후

---

20 드미트리 돈스코이(1350~1389): 모스크바 대공으로서 1380년에 벌어진 쿨리코보 전투에서 처음으로 킵차크한국의 군대를 격파했다. 전투지역이 돈강 지류 유역이었기 때문에 "돈스코이"("돈강의"라는 뜻)라는 별명을 얻게 되었다. 쿨리코보 승리 2년 후에는 킵차크한국에 의해 모스크바가 다시 점령당하여 몽골인들의 종주권이 부활했다.

러시아 역사 발전의 모든 부정적 요소를 타타르인들 탓으로 돌렸다. 이러한 관점에서는, 루스는 우선 타타르 침략으로 파괴되고 빈곤해졌으며, 그 이후 과중한 세금으로 고통받았고, 그 정치체제는 굴종적인 수 세기 동안의 삶에 의해 성립되었다고 본다. 심지어 러시아가 유럽의 르네상스에 참여하지 못한 것마저도 타타르인들의 책임으로 돌려졌다. 이 시기에 관하여 남아 있는 문헌들과 후대 기록들은 이러한 암울한 해석에 불을 지폈다. 실제로 초기 침공과 지배 기간 중 이따금 벌어진 징벌적 공격은 매우 잔혹하고 피비린내 나는 사건이었다. 어떤 중세 연대기는 1238년 수즈달 시의 정복에 관하여 다음과 같이 생생하게 묘사하고 있다.

> 2월 8일 일요일, 이른 아침에 타타르인들이 사방에서 도시로 접근하여 [성벽을] 공성추로 치기 시작했고, 마치 신의 뜻에 따른 듯이 멀리서 도시 중심부로 커다란 돌들을 쏟아붓기 시작했는데 도시 안에는 비가 내리는 것과 같았다. 많은 사람들이 도시 안에서 죽임을 당했고 모두가 큰 공포에 떨었다. … 타타르인들은 … 공들과 그들의 어머니를 찾기 시작했고, 그들이 교회 안에 있다는 것을 알아냈다. [그들은] 교회의 문을 부수고 안에서 저항하는 사람들을 학살했다. … 그런 다음 타타르인들은 많은 장작을 교회 안으로 들여와 불을 질렀다. 성가대석에 있던 사람들은 기도하며 하나님께 영혼을 맡겼고, 불에 타서 순교자의 반열에 들었다.[34]

하지만 몽골이 러시아에 끼친 영향을 새롭게 재검토한 최근 연구들은 매우 다른 결론에 도달하고 있다. 초기의 공격과 그로 인한 유혈 사태는

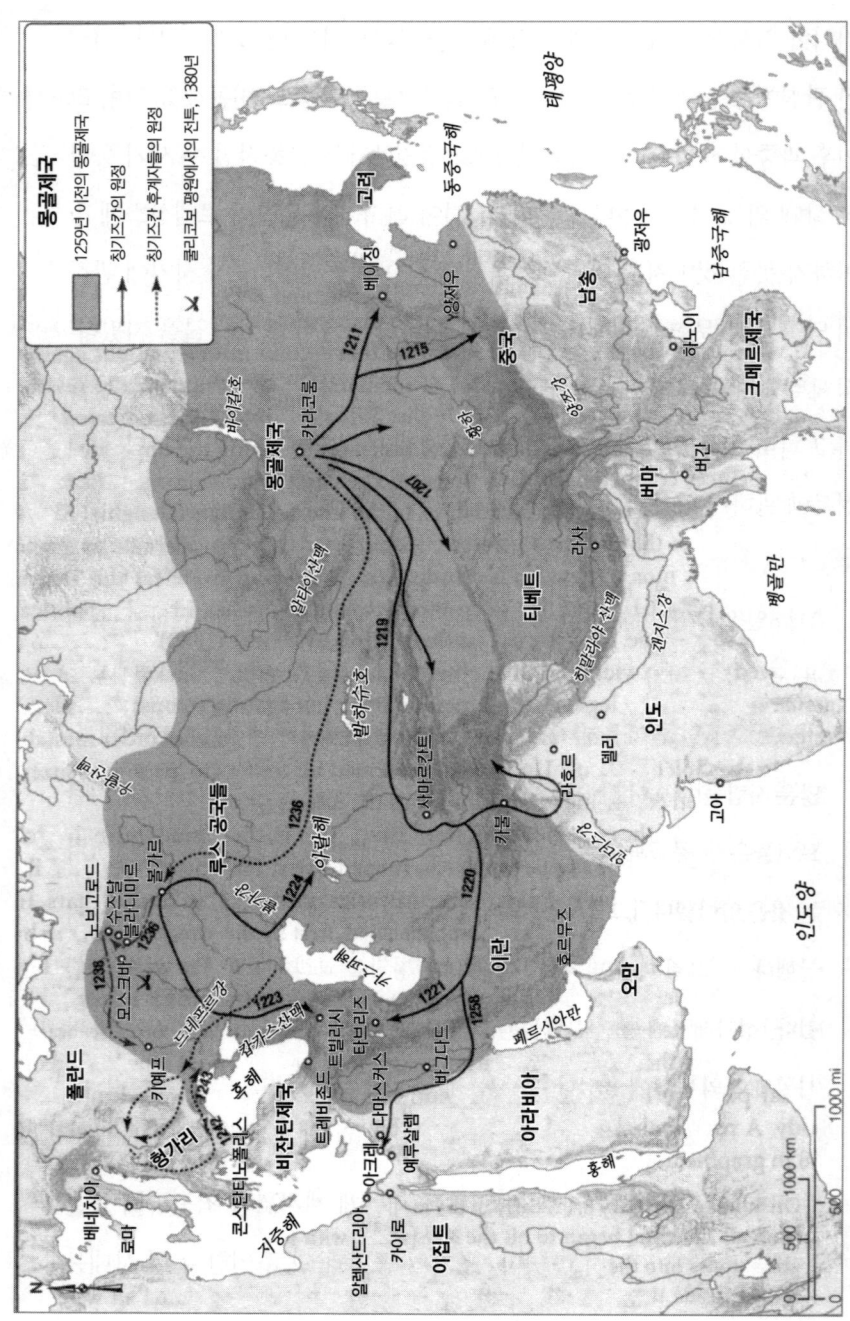

1.3. 몽골제국

부정할 수 없을 만큼 참혹했지만, 그 후 수 세기 동안 루스는 대★타타르 제국에 편입되면서 여러 혜택을 누릴 수 있었다. 몽골은 루스를 자신들의 부의 원천이 된 대륙 간 교역망에 끌어들였고, 루스 경제는 초기의 파괴 이후 빠르게 회복되었다. 학계의 이러한 새로운 흐름은, 과거 '경제적 억압'으로 간주 되던 몽골의 지배를 오히려 '경제적 통합'으로 재조명하고 있다. 이것은 '몽골의 평화Pax Mongolica'의 보호 아래 운영된 수익성 높은 교역로 속으로 루스가 통합되었다는 관점이다. 고고학적 발견들도 루스가 몽골의 광대한 유라시아 무역망에 통합되어 혜택을 보았다는 추정을 뒷받침하고 있다. 예를 들어, 노브고로드에서 진행된 발굴에서는 중동과 흑해 지역의 상점에서 건너온 호두와 도자기들이 발견되었다.

그 이전의 수 세기 동안 비잔틴제국은 루스에게 장엄한 제국의 모델을 제공했으며, 루스를 새로 개종한 정교회 공국으로서 콘스탄티노폴리스 총대주교(정교회 수장)의 종교적 권위 아래 일종의 후견자의 지위로 환대하였다. 몽골의 지배하에서 루스는 처음으로 거대한 제국의 일부가 되는 직접 경험을 하게 되었다. 최근 연구에 따르면, 루스 공들은 이런 경험을 바탕으로 자신들만의 통치 모델을 발전시키는 데 활용하기도 했다. 그들은 몽골-타타르의 통치 방식에서 인구를 효과적으로 관리하고, 합의를 통해 이익을 얻는 방법을 배웠다. 오스트롭스키는 기존 역사 해석의 전형적인 이분법을 뒤집으며, 몽골 정부 자체가 전제적(독재적)으로 조직되어 있지 않았기 때문에 모스크바의 전제주의가 그 모델로부터 비롯되었다는 추정은 타당하지 않다고 주장한다. 반대로, 그는 모스크바국 정치에서의

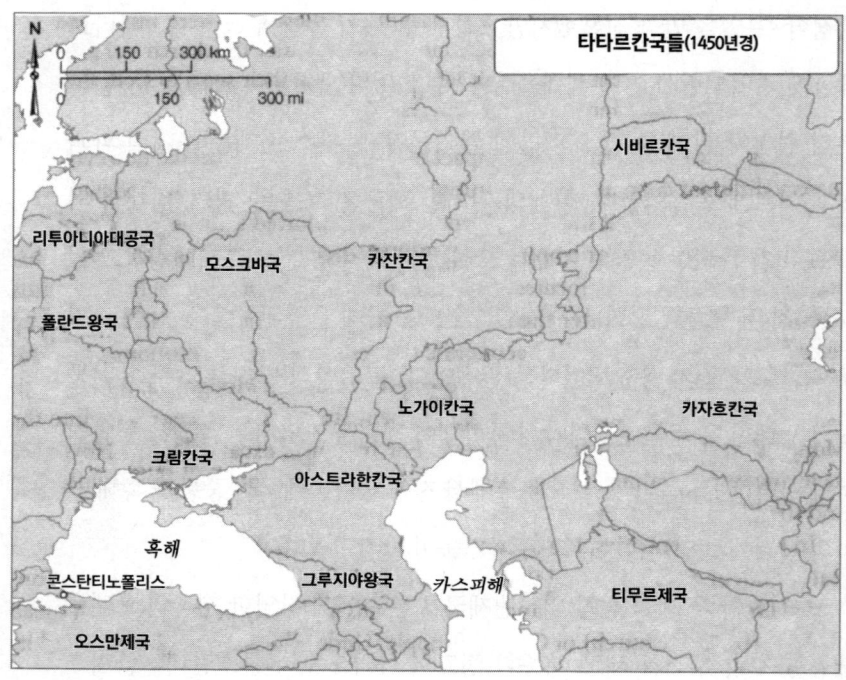

지도 1.4. 타타르칸국들

"스텝 지대의 원칙"이란 보야레[21](귀족) 평의회와 지혜로운 조언자들의 적극적인 참여를 지시하는 것이었다고 주장한다.[35] 루스가 몽골제국에 속해 있으면서 얻은 주요 교훈은, 다양한 인구 집단이 상당한 자치권을 가지고 스스로의 문제를 처리하도록 두면서도, 세금을 통해 중앙을 효과적으로,

---

21 보야레: 단수는 보야린이며, 영어로는 보야르라고 한다. 키예프 루스 시대에 보야레는 공(公)과 함께 정치·사회생활에서 중요한 역할을 수행했다. 어원에 대해서는 여러 설이 있지만, 전투를 뜻하는 '보이(boi)'에서 유래되었다는 설명이 유력하다. 이들은 공을 수행하는 드루지나들 중에서 고위층이었고, 공의 자문관이자 군사적·행정적 조력자였다. 13–15세기에 북동 루스의 보야레는 자유신분으로 공을 섬겼고, 지주이기도 했다. 16~17세기의 모스크바국 시기에 보야레는 봉직 귀족 중 최상위층을 형성했고, 오직 차르에 의해서만 보야린의 지위가 부여될 수 있었다. 보야레는 점차 드보랸스트보와 통합되었고, 보야레 칭호는 표트르 대제에 의하여 폐지되었다.

그리고 저비용으로 부유하게 만드는 영리한 방법들이었다. 다양성을 통한 이런 통치 방식, 즉 엘리트를 회유하거나 협력하게 하거나, 인구 집단을 교묘히 조종하여 스스로를 통제하고 과세하게 만드는 전략, 그리고 오랜 기간 지속된 엘리트들과의 협의 관행은 훗날 러시아가 제국을 건설하고 유지하는 데 있어 핵심적인 요소가 되었다.

몽골-타타르의 간접 통치 방식, 즉 기존의 권력 구조와 제도를 활용한 통치 방식은 루스 내부에서도 유사한 방식의 상호작용이 이어져 온 깊은 역사 위에 덧입혀진 것이었다. 루스에서는 오래전부터 협력적이든 강제적이든 간에, 권력관계는 고유한 관습과 지위를 지닌 서로 다른 집단들과 영토들 사이에서 협상의 대상이었다. 우리의 연구는 차등을 범주화하고, 그것을 자연스럽게 받아들이며, 그것을 통해 통치하는 이러한 사고 방식이 오랜 시간 강하게 지속되어 왔음을 보여 주고 있다. 노아의 홍수 이후에 그의 아들들에게 땅이 나뉘었다는 이야기에서 시작하여, 루스의 사료들은 계속해서 세상을 여러 집단의 집합체로 묘사했다. 사람들은 서로 다른 종족, 민족, 종교 공동체, 사회집단, 공국들로 구분됨으로써 이해되었다.

궁극적으로, 대륙 대부분을 제압하는 데 놀라운 성공을 거둔 몽골제국이라는 거대한 업적은 무너지고 말았다. 루스를 그 영향권 아래 두었던 서쪽 끝의 킵차크한국은 14세기 초 무렵이 되면 몽골제국의 중심축에서 분리되었고, 15세기 중반에 이르러 그 자체가 약화되어 여러 소규모 칸국으로 분열되었다. 카잔, 아스트라한, 우즈베크, 카자흐, 노가이, 크림, 시비리 등이 그러한 칸국들이었다. 같은 시기인 1453년에 콘스탄티노폴리스는 오스만튀르크인들에게 함락되었고, 천 년 이상 지속되었던 비잔틴제국은 소멸했다. 이러한 분열과 재편의 시기에, 신흥 모스크바국은 몽골의 후계자가 되기를 꾀하며, 스텝 지대의 정치적 격변 속에 뛰어들어, 점차 대칸Great Khan과 바실레우스(비잔티움 황제)의 아우라aura를 모두 차지하게 되었다. 이제 모스크바는 이 시대 스텝 지대의 격렬한 정치 무대에서 핵심 세력 중의 하나로 부상하고 있었다.

제2장

제국의 출발

: 모스크바국

러시아가 인식 가능한 국가 구조를 갖추기 시작한 시점은 이반 3세(1440년생, 재위 1462~1505년)의 통치 시기부터라고 할 수 있다. 14세기와 15세기에 걸쳐, 모스크바의 공들은 혼인, 정복, 또는 표면적으로 자발적인 "기증" 등 온갖 방법을 동원하여 독립적인 공국들을 기어코 하나씩 병합해 나갔다. 그 결과, 모스크바국은 1478년 노브고로드를 결정적으로 패배시킨 이후 차지한 광활한 북부 노브고로드 지역을 포함하여 상당한 영토를 통제할 수 있게 되었다. '모스크바'라는 통치 도시의 이름은 그 지역을 일컫는 영어 명칭인 '모스크바국Muscovy'의 어원이 되었다. 이 도시 자체는 급속히 확장되는 국가의 중심지로서 그에 걸맞은 건축적·상징적 위엄을 갖추게 되었다. 이반 3세와 그의 아들인 바실리 3세의 통치하에, 모스크바의 크렘린(요새이자 정치와 종교 권력이 집중된 중심지)은 위풍당당한 붉은 벽돌 성벽으로 둘러싸였고, 오늘날까지도 남아 있는 황금빛 돔을 가진 아름다운 대성당들로 채워졌다.

국가 건설: 제국을 향한 요구

모스크바국은 국가의 특징적인 법적·행정적·제도적 기능과 계략들을 발전시키기 시작했다. 통치자는 측근들의 도움만으로는 더 이상 영토의 업무를 처리할 수 없게 되자, 점차 소규모나마 행정 관료의 수를 늘려 갔다. 15세기 마지막 4분기부터 공식적인 업무는 외교 업무를 담당하거나, 나중에는 군사, 토지 분배 등을 감독하는 특정 행정 부서, 즉 관청에서 일하도록 임명받은 서기 및 서기관들에 의해 처리되기 시작했다. 1497년에 공표된 새로운 법전인『수데브닉Sudebnik』에서는 사법 절차가 표준화되고, 부패, 연고주의, 사법 직권 남용에 대한 처벌 규정이 마련되었다. 1470년대에 이반 3세는 국새國璽에 자신을 "신의 은혜로 전全 루스의 군주"라고 칭하며, 전체 인구와 정치체를 포괄하는 정교회적인 단일한 정치적 실체를 표방했다.

같은 시기에, 모스크바국은 스스로 제국의 모습을 갖추어나가기 시작했다. 같은 국새의 앞면에는 이반이 "전 루스All Rus"의 군주일 뿐만 아니라, 모든 구성 부분—여전히 각각 개별적으로 이해되고 나열되는—의 군주임을 선언하고 있다. 국새의 뒷면 원형 문구에는 그를 "블라디미르, 모스크바, 노브고로드, 프스코프, 트베리, 유고르스크, 뱌트카, 페름, 볼가르의 대공"이라 칭하고 있다. 이 국새를 통해, 이반 3세[1]는 (로마/비잔티움을 상징하며 신성로마제국에서 차용되었던 것으로 보이는) 비잔티움의 쌍두독수리

---

1   이반 3세 : 이반 대제라고도 불린다.

크렘린의 성벽과 대성당들. 사진 오른쪽에는 높은 '이반 대제' 종탑이 있다. 사진 중앙에는 부채꼴 모양의 아치와 중앙의 뾰족한 돔으로 식별할 수 있는 대천사 미하일 대성당이 보이는데, 이곳에는 모든 대공들과 차르들의 관이 안치되어 있다.

[2])를 왕실의 상징으로 채택했다.

이반 3세는 전통적으로 비잔티움, 로마, 몽골–타타르의 공인된 제국 통치자들에게만 사용되던 "차르" 호칭을 시험적으로 사용했다. 그는 이 호칭을 이리저리 활용하면서, 방위와 색깔을 연관시키고 "흰색"을 서쪽과 연결하는 스텝 지대의 전통을 따라 때로는 자신을 "백색 차르"라고 칭하기도 했다. 그의 손자인 이반 4세(뇌제)[3]는 1547년에 "차르"로서 대관식

---

2 쌍두독수리: 쌍두독수리는 비잔틴제국의 국장(國章)이었다. 비잔틴제국이 1453년에 멸망하자, 이반 4세는 러시아의 국가적 상징으로 쌍두독수리를 채택했다. 이 국장은 러시아 제국에서도 계속 사용되다가 소련 시기에는 폐기되었다. 소련 해체 이후 러시아연방은 다시 쌍두독수리 국장을 사용하고 있다.

3 이반 뇌제 : 이반 4세를 말한다. 그의 아버지의 이름이 바실리이기 때문에, 부칭을 포함하면 이반 바실리예비치가 된다.

모스크바 대공 이반 3세의 국새는 모스크바국의 제국적 야망을 상징하고 있다. 앞면에는 성 게오르기우스가 용을 물리치는 장면이 묘사되어 있으며, 이반의 다양한 칭호를 열거하고 있다. 뒷면은 제국을 상징하는 쌍두독수리의 모습이 특징이며, 둘레에는 모스크바국에 복속된 모든 땅이 각각 따로 열거되어 있다.

이반 바실리예비치의 차르 대관식, 1547. 1570년대 제작된 『리체보이 연대기 집성』에 실린 삽화. 이반은 톱니 모양 혹은 뾰족한 봉우리 모양을 한 왕관을 쓰고 대관식에 임하고 있는데, 이것은 그의 새로운 제국적 지위를 상징하고 있다.

을 치른 후 이 칭호를 처음으로 안정적이고 공식적인 명칭으로 사용했다. 16세기부터 모스크바국의 공들은 자기 나라를 로마제국과 관련시켰는데, 심지어 현재 역사적 회고에서 중요한 지배 가문의 유산으로 굳어진 류리크가문을 아우구스투스 황제의 가공의 아들 프루스Prus의 계보에 삽입하는 기상천외한 족보를 날조하기도 했다. 이 허구적인 유산이 전달하는 중요한 메시지는 혈통의 외래적 기원이 아니라, 제국으로서의 성격이었다. 1570년대에 편찬된 러시아와 세계의 방대한 역사서인 위대한 『리체보이 연대기 집성』(삽화가 있는 역사 연대기)의 생생한 그림에서, 러시아 차르는 비잔티움, 몽골, 로마, 파라오의 통치자들과 마찬가지로 제국적 권력을 눈에 띄게 보여 주는 휘장을 착용하고 있다. 『리체보이 연대기 집성』에 담긴 16,000점이 넘는 세밀화에서 이 모든 강력한 통치자들은 뾰족하거나 톱니 모양을 한 관을 쓴 공통된 특징을 가지고 있다. 이 모든 시각적, 상징적 표식들은 모스크바국이 정당한 '제국적' 통치 국가로 인정받고자 하는 열망을 널리 알렸다.

이반 뇌제: 제국 원칙의 실행

이반 뇌제(1530년생, 재위 1533–1584)는 흥미롭고도 매력적인 사례 연구를 보여 주고 있다. 차르/황제 칭호를 일관되게 주장한 최초의 러시아 통치자인 이반은 후대에 모스크바국 통치의 특징이 되는 많은 패턴을 만들었지만, 다른 규범들을 노골적이고도 극적으로 무시하기도 했다. 역사가들은 종종 이반의 통치를 대략 "좋았던" 초기의 개혁 시기(1564년경까지)와 "끔찍하고" 혼돈에 빠졌던 후기(일부 기록에서는 1564년부터 1572년까지, 다른 기록에서는 이반의 사망까지)의 두 부분으로 나누고 있다. 이러한 연대 구분은 이야기를 지나치게 단순화하고 초기 시대의 폭력성을 간과하는 측면이 있지만, 이 시기 국가의 전반적인 상황을 어느 정도 반영하고 있다.[1]

그의 통치의 시작은 수많은 중요한 제도적, 문화적 프로그램들을 예고했다. 러시아정교회의 수장 마카리Makarii 대주교(재임 1542~1563)의 지도하에, 서기관들과 학자들은 방대한 양의 종교 및 역사 문헌 편찬물들을 수집하고, 수천 쪽에 달하는 필사본을 만들었다. 또 마카리는 크렘린 안팎의 주요 교회와 궁정 방의 벽을 장식하는 중요한 프레스코화 프로그램의 발전을 감독했다. 동시에, 이러한 문화 작품들은 대체로 신의 역사 속에서 차르의 역할을 러시아의 종말론적 서사와 연결하는 새로운 정치-신학적 이론의 핵심 내용을 전달하고자 기획되었다. 차르는 신에 의해 선택된 사자로서, 엄격함과 자비를 겸비하여 통치하고, 자신의 정교도 백성들을 마지막 심판의 날, 즉 종말의 날에 구원으로 인도할 중대한 책임을 맡은 존재로 그려졌다. 이러한 비전은 다가올 종말을 맞이하여 공포와 절망보다는, 신의 인정을 확신하며 승리의 기쁨을 찬양하는 내용을 담았다. 경건하고 의로운 통치자가 있다면, 정교 신도인 러시아인들은 구원과 천상의 보상을 향한 그들의 예정된 길을 따라 안심하고 행진할 수 있었다.

이반 4세의 통치 초기는 그의 직전 선조들 하에서 이미 나타나던 선례들을 기반으로 하여 그것을 확대하고 심화시키는 시기였다. 많은 제도 개혁을 통해 새로운 조직과 행정 및 사법적 관행이 만들어졌다. 1550년의

『수데브닉』(법전)[4]은 이반 3세가 1497년에 만든 『수데브닉』을 수정하고 대폭 확대했다. 앞의 법전은 주로 재판을 공정하고 편견 없이 진행하는 것에 초점을 맞추었지만, 1550년 법전은 그것과는 대조적으로 그 목표를 확대하였다. 이 법전은 국가 관리들의 행동뿐 아니라 일반 백성들의 행동도 폭넓게 규제하고자 했다. 그것은 형사 문제뿐만 아니라, 재산권이나 상속처럼 오늘날 우리가 민사라고 부르는 사안들도 다루었다. 그것은 다른 사람들의 말이나 행동으로 인해 사회 구성원이 모욕당했을 때 부과될 벌금도 명시했다. 배상금은 피해자의 성별, 사회적 지위, 신분에 따라 달랐는데, 이것은 사회를 다양한 집단으로 보고 각기 다른 권리와 의무를 할당한다는 오랜 전통을 충실하게 계속 이어 간 것이었다.

　지방행정, 세금 징수, 치안 유지에 대한 개혁은 그와 관련된 기능들을 지방에서 선발된 관리들에게 위임하는 방식으로 실시되었다. 이전에는 세금 징수와 치안 유지가 '나메스트니키'[5](namestniki, 흔히 대리인vicegerents으로 번역됨)라 불리는 지정된 인물들에게 맡겨졌는데, 이 엘리트들은 자신이 관할하는 지역을 "코르믈레니에kormlenie"[6] 구역으로 부여받아, 대공의 금고에 납부해야 할 분량 외에도 가능한 한 많은 자원을 그 구역과 주민들로

4　『수데브닉』(1550) : 이 법전은 1649년의 『소보르노예 울로제니예』에서 계승, 확대되었다.

5　'나메스트니키' 단수는 나메스트닉(namestnik)이다. 14~16세기에 모스크바국에서 주요 도시와 인근 지역의 지방행정가 및 재판관으로서 대공(나중에는 차르)으로부터 임명받았다. 나메스트니키 중 가장 중요한 자리는 모스크바시의 "볼쇼이 나메스트닉"이었다.

6　"코르믈레니에(kormlenie)": 14~16세기에 모스크바국의 지방행정과 관련하여 대공이 나메스트니키나 볼로스텔리(농촌 행정 담당자들)에게 권한을 위임한 구역을 일컫는다. 러시아어 단어인 "kormit'"("먹여 주다", "부양하다"라는 뜻)에서 파생된 명사이다. 나메스트니키 혹은 볼로스텔리는 대공의 재정에서 급여를 전혀 받지 않았고, 지방민들로부터 식량을 공급받았다.

부터 짜내는 것이 허용되었다. 이러한 개혁 정책을 도입하는 공식 칙령에서, 이반 혹은 (당시 세 살의 어린 나이로 즉위했기 때문에) 그의 이름으로 활동하는 자문관들은 통치자가 지방민들의 요청에 응하여 이러한 행정권을 이양한다고 선언했다. 주목할 만한 점은 역사상 자의적이고 잔혹한 전제정치의 정점(또는 최악)으로 평가받는 이 체제가 지방 공동체의 요구에 응답하는 모습을 적극적으로 홍보했다는 것이다. 이러한 권한 위임 정책은 체제 입장에서 매우 치밀한 조치였다. 이것은 지방 공동체를 '나메스트니키'의 착취와 자의적인 요구로부터 단번에 해방시킨 동시에, 그 책임을 지방 공동체가 무보수로 떠맡도록 했다. 정부 당국은 일정 수준의 자치 행정을 허용함으로써, 국민 전체를 국가 운영에 동참시키고, 지방 대표들이 자신들의 생명과 재산을 걸고 그 성과에 책임지도록 만들었다. 만약 지방에서 임명된 세금 징수관들('스타로스타' 혹은 원로들로 알려짐)이 정해진 세금을 제대로 걷지 못하거나, 지방에서 선출된 치안 원로가 범죄자가 도망하도록 허용한다면, 그들은 선서를 통해 "군주께서 명하신 그 어떤 처벌"도 감수하겠다고 맹세해야 했다. 지방의 이들 대리인이 받게 된 처벌은 매우 가혹할 수도 있었다. 채찍질, 투옥, 재산 몰수, 또는 정강이뼈를 장시간 맞는 형벌 등이 그 예였다. 따라서 이 직책에 선출되는 것은 당연히 양날의 검처럼 여겨졌다.

또한 이반의 통치 기간에는 처음으로 "전국 회의(젬스키 소보르zemskii sobor)"가 소집되었다. 이것은 고위 성직자들, 세속 엘리트들, 그리고 도시민과 봉직자인 자유민들로 구성된 특별 회의로서, 보통 차르와 그의 자문회의 주도 아래 수도에서 소집되어 당면한 중대한 문제들을 논의했다. 이와 유사한 회의들은 차르의 주도하에, 또는 차르 궐위 시에는 관련된 집단들의 주도하에 17세기까지 계속 개최되었다. 전국 회의를 입법기관으로 오해해서는 안 된다. 그것은 결정권이나 구속력을 지닌 의회가 아니었고, 현대적 의미에서 선출된 기구도 아니었다. 지속적인 제도적 구조가 자리 잡고 있었던 것도 아니고, 정기적인 소집에 대한 기대나 약속이 있었던 것도 아니었다. 그러나 이 회의는 앞서 언급된 지방행정개혁에서처럼, 정권이 광범위한 여론에 관심을 기울이고, 공공의 승낙을 받기 위해 노력하고 있다는 점을 보여 주려는 충동을 반영한 것이기도 했다. 역사학계는 '젬스키 소보르'에 지대한 이념적 의미를 부여해 왔으며, 이것은 각 시대 해석자들의 정치적 가치관을 반영하는 시금석으로 작용해 왔다. 차르와 백성 간의 영혼의 합일의 표현이라는 것(낭만적인 해석)으로부터, 진정한 "신분 대표제적" 민주주의 기구라는 해석으로까지(장밋빛 해석), 또 어리석고 무의미한 가짜 연극(이런 해석은 그 회의가 아무 의미를 가지고 있지 않았다면 왜 어느 누가 그러한 모임을 반복적으로 일부러 소집했는지 의문을 제기하기도 한다)이라는 것까지 온갖 해석이 있었다. '젬스키 소보르'라는 현상을 평가할 때에는 서유럽의 기준에 근거한 기대나 판단을 잠시 접어두는 것이 중요하다. 당시 모스크바국 사람들에게는 "민주주의"는 존재하지 않았고, 심지어 그것이 희망이나 목표이지도 않았다. 실제로 이반은 잉글랜드의 엘리자베스 여왕에게 보낸 불만 섞인 편지에서, 혼자서 도도하게 정책을 정하지 않고 하찮은 상인들의 의견에 따라 결정을 내린다고 그녀를 조롱했다. '젬스키 소보르' 전통이 허용한 것은 차르와 백성 사이의 소통 경로였다. 그것은 예를 들어 전쟁 비용을 마련하고자 할 때 민심을 파악하기 위한 방법이거나, 정책 결정과 통치 과정에 보다 넓은 계층을 참여시키는 수단이기도 했다. 이 회의는 지방 도시의 평민, 도시민, 상인, 지방 영지의 하급 지주들, 고위 귀족과 고위 성직자들을 끌어들여 공적 경험을 하도록 만들었다. 우리가 회의 참가자들의 반응에 대한 편지나 보고서를 가지고 있지 않지만, 그들은 자기 집으로 돌아갔을 때 자기들이 중요한 사건의 일부로서 역사적 결정의 순간을 목격했다고 느끼며 말할 수 있었을 것이다. 그들이 회의에서 실제로 발언권을 가졌는지는 중요하지 않았다. 회의가 가진 고의적인 연극적 성격이 참관자들을 배우로 만들어 참여시켰기 때문이다. 이것은 역사가 낸시 실즈 콜먼Nancy Shields Kollmann이 묘사했듯이, 수많은 "통합 전략" 중의 하나였다.[2] 우리가 보게 되겠지만, 이반의 통치가 끝난 직후 차르 가문이 단절되고 모스크바국이 통치자 없이 곤경에 처하게 되었을 때, '젬스키 소보르' 전통은 러시아인들이 모여 위기 상황에서 벗어날 수 있는 해결책을 모색하는 수단을 제공했다. 이러한 다양한 메커니즘들은 러시아 제국 정권이 국민의 요구에 귀 기울이며, 그들을 참여시키고 응답함으로써 상호성이라는 의무를 의도적이고도 과시적으로 명확하게 표현하던 방식을 보여 주는 대표적 사례라고 할 수 있다.

그러나 이반 뇌제Ivan the Terrible는 공정하고 자비로운 개혁으로 인해 그의 역사적 별명을 얻은 것이 아니다. 다른 측면에서 그의 통치에서 기이하고 폭력적 면모를 보여 주는 몇몇 순간들을 살펴보는 것도 적절해 보인다. 그의 "좋았던" 초기 통치 시기조차도 곳곳에서 폭력의 징후와 향후 사태를 예고하는 사건들이 있었지만, 진정한 공포는 1564년 12월부터 시작되었다. 이때 군주는 갑작스럽게 통치에서 손을 떼고 모스크바를 떠나 버렸다. 연대기에 따르면, 이 갑작스러운 행동은 당연히 백성들을 큰 혼란에 빠뜨렸다고 한다. 세습적 통치자가 스스로 통치를 그만두는 일은 전례가 없었다. 수많은 모스크바국 사람들은 그가 은신하고 있던 수도원 구역 알렉산드로프Alexandrov까지 행렬을 이루어 걸어가서는, 자기 백성들에게로 돌아와 줄 것을 간청했다. 차르는 자신이 복귀하는 조건으로 보야레boyars라고 알려진 고위 귀족들과 귀족보다는 낮은 위치에 있던 관료들을 자유롭게 처벌할 수 있는 권한을 달라고 요구했다. 그는 이들이 국고를 도둑질하고, 직위를 이용해 사익을 챙기고 있다고 주장했다. 그러나 그는 자신의 분노가 평민들을 향하고 있지는 않다고 덧붙였다. 이 분노의 폭발과 함께, 러시아 역사상 고통스러운 시기인 '오프리치니나Oprichnina'가 시작되었다. '오프리치니키oprichniki'라고 불린 이반의 심복들은 검은 옷을 입고, 잘린 개의 머리와 빗자루를 안장에 달고 말을 타고 전국을 돌아다녔다(이것은 반역의 냄새 맡아 찾아내고, 그것을 쓸어버리겠다는 상징이었다). 그들은 오프리치니나 이외에 나머지 지역, 소위 '젬시치나Zemshchina' 혹은 "땅"의 백성들을 대상으로 마음껏 강도질, 협박, 강간, 살인을 저질렀다.

이 에피소드에 대한 사료들은 여러 가지 문제점을 가지고 있다. 현존하는 러시아 문헌들은 신중한 태도로 침묵을 지키고 있거나 그 진위 여부에 대한 의심을 사고 있으며, 외국의 기록들은 자극적인 서술에 치우친 경향을 보이고 있다. 오늘날과 마찬가지로, 16세기의 유럽에서도 잔혹한 유혈 사태에 대한 이야기는 잘 팔렸기 때문에, 악당 이반이 정적들과 쫓고 쫓기는 놀이를 하면서 희생자들에게 입에 사과를 물린 채 식탁을 차려주도록 명령했다는 터무니없는 이야기라든지, 거리에서 사람들을 학살하면서 자신의 아들 및 부하 깡패들과 함께 ("호이다! 호이다!"[7]라고 외치면서) 난리법석을 떨었다는 이야기들이 얼마나 진실에 가까운지는 판단하기 어렵다.

사료를 둘러싼 의문들 때문에, 역사가들은 '오프리치니나'에 대해 합의에 도달하지 못하고 있다. 어떤 이들은 이것을 강력하고 중앙집권적인 통치자가 추진한 식견 있는 전략으로 해석하는가 하면, 어떤 이들은 광인의 편집증적인 발작으로 본다. 러시아 역사 전체의 흐름 속에서, '오프리치니나'는 전제적인 체제의 폭군적 독재를 완벽하게 상징하는 사건으로 묘사되기도 하고, 그 반대로 훨씬 절제된 통치가 일반적이었던 가운데 벌어진 일탈적이고 폭력적인 예외로 간주되기도 한다. 낸시 실즈 콜먼이 모스크바국의 범죄와 처벌에 대해 쓴 최근의 단행본은 '오프리치니나'가 16세기 중반까지 이미 확립되어 있었던 법의 지배와 정의의 기준에서 벗어난 충격적인 예외 상태로 여겨졌다는 주장에 힘을 실어 준다.[3] 게다가, 이반이 보야레에 대한 보복에서 기존의 제한을 벗어나려 했다는 사실은, '오프리치니나'의 성립 이전에 그러한 제한이 실제로 존재했거나, 적어도 이반 자신은 그것이 존재한다고 생각했음을 시사한다. 이반의 행동을 공식적으로 견제할 제도적 장치는 존재하지 않았지만, 고위층 사람들은 차르가 자신들의 이익을 고려할 것이라고 기대하고 있었다. 이반 역시 수 세기 동안 이어져 온 포괄적이고 협의적이며 합의 중심의 의사 결정 방식의 무게를 느꼈을 수 있다. 심지어 일반 백성들조차도 자비로운 보호를 기대했을 수도 있으며, 이것은 차르가 자신은 일반 백성에게는 분노를 퍼붓지 않겠다

---

7   "호이다! 호이다!": 고대 러시아어에서 "흔들다"를 뜻하는 "goidat"에서 파생된 감탄사이다. 어떤 행동을 독려하는 함성이었다.

고 (신뢰할 수 없는) 안심을 시킨 점에서도 엿볼 수 있다. 당대 러시아 연대기의 신중한 표현들 속에 드러난 미묘한 암시를 통해 볼 때, 차르의 독단적인 행동은 당혹스러운 백성들을 경악하게 하고 그들 사이에 불안감을 불러일으킨 것으로 보인다.

그럼에도 불구하고, 이러한 전제적 폭정의 예외적인 순간조차도 어떤 면에서는 러시아 제국 통치의 중심적인 패턴, 즉 분리와 구분을 통한 통치에 부합하며 그것을 확인시켜 준다. 변덕스런 이반이 반역자로 간주되는 사람들을 처벌하기로 결심했을 때 채택한 전략을 생각해 보면, 그는 권력을 집중시키지 않고, 반대로 분리했다. 그는 '오프리치니나'를 창안해 냈는데, 그곳은 자신과 자기 측근들을 위하여 분리된 특별한 영역이었으며, 나머지 사회에 적용되던 일반적인 규칙이 더 이상 적용되지 않는 장소였다. 그러한 명칭을 선택한 것은 의미심장하다. 오프리치oprich는 "제외하고"라는 뜻이며, '오프리치니나'라는 용어는 본래 미망인의 몫, 즉 본래의 재산에서 분리되고 따로 떼어 놓은 땅이나 재산의 몫을 지칭하는 말이었다. 이반이 창설한 '오프리치니나'는 문자 그대로 예외 국가로서 기능했다. 신분, 종교, 유형, 또는 지역에 따라 인간 집단을 다르게 대우하는 체제 속에서, 이반은 논리적으로 행동했고, 당대의 불평등하고 개별적인 통치 원리를 충실하게 따랐다. 혁신을 위한 공간을 마련하기 위해, 그는 새로운 하위 영역subdivision을 만들어야 했고, 그 구성원들을 다스릴 고유의 법과 규칙을 제정해야 했다. 이 경우에, 새롭게 정해진 법은 바로 무법無法이었다.

동일한 제국적 차등 전략의 요소들이 그 이후의 에피소드에서도 작용했을 가능성이 있다. 그러한 예로서, 이반은 제위를 포기하고 다른 이들을 자신의 자리에 세운 다음에 — 처음에는 자신의 아들들, 그리고 1575년에는 칭기즈칸 가문으로서 개종자인 시메온 벡불라토비치Simeon Bekbulatovich를 임명했다 — 변변찮은 분령지를 꾸며 내어 자신을 "모스크바의 이반 바실리예비치 공"이라고 했다. 이반은 자신의 "하급" 궁정에 인재를 확보하기 위해, 새로운 군주에게 자신이 원하는 인물들을 우선적으로 배정받을 수 있도록 해 달라고 청원했으며, 이 요청에 따른 배정에는 어떤 불이익도 없어야 한다고 했다. 이 행동의 정확한 동기는 여전히 불분명하지만, 구분과 분리라는 전략을 선택했다는 점은 분명하고 일관된다. 이반은 벡불라토비치의 "통치"를 잠깐 즐긴 후에 차르 지위로 복귀했지만, 구분의 행보는 계속되었다. 그는 벡불라토비치에게 예전에는 독립된 공국이었던 "트베리 대공" 칭호를 부여했으며, 벡불라토비치는 이 칭호를 10년 동안 유지했다.[4] 영토를 분할하고 구분된 단위로 나누며, 각 구성 부분에 고유한 권리와 의무를 짜 맞추어 부여하는 방식은 이반에게 매우 자연스러웠고, 이것은 동맹과 반역자를 나눈 뒤 반역자들을 산산조각 내던 그의 정치 문화의 일부였다.

모스크바국은 엘리트 계층의 이익을 최우선적으로 고려했다. 그러나 국가 자체의 이익도 존재했으며, 이것은 때때로 귀족 엘리트의 이익과 충돌하기도 했다. 더 나아가 국가는 하층민들의 이익 또한 고려했다. 차르가 평민들을 배려한 것이 저항과 반란에 대한 두려움 때문이었는지, 통치자와 피지배자 사이의 상호성이라는 전통 때문이었는지, 혹은 통치자가 백성을 보호하고 정의를 실현해야 한다는 신념 때문이었는지는 확실히 알

수 없다. 그러나 비천한 백성들을 돌보아야 한다는 의무는 모스크바국의 정치 담론에서 중요한 위치를 차지했다. 적어도 16세기 중반부터, 모스크바국의 정치적 수사에서는 차르가 "엄격함과 자비로" 다스려야 하며, 신의 정의 기준에 부합하는 통치를 해야 한다고 주장되었다. 마카리 대주교는 어린 이반에게 신의 명령에 따라 경건하게 통치해야 한다는 의무감을 심어 주기 위해, 풍성한 교훈적인 상징들로 그를 둘러싸는 데 주력했다.

세월이 흐름에 따라, 이러한 메시지는 그것을 만들어 낸 엘리트 계층의 울타리를 넘어 퍼져나갔고, 마침내 차르의 백성들 스스로가 이것을 내면화하여 끊임없이 표현하게 된 것으로 보인다. 차르에게 올리는 청원서와 재판정, 그리고 소요나 반란의 시기마다, 백성들은 자신들의 이익과 지고하신 신의 뜻을 받들어야 할 책임이 군주에게 있음을 상기시키곤 했다. 1648년의 대규모 도시 봉기 당시에, 지주 계층의 청원자들은 이 점을 강조하며 다음과 같이 적었다. "기억하소서, 폐하! 폐하께서는 스스로의 뜻이 아니라, 신의 부르심에 따라 차르 자리에 오르셨나이다." 질서를 유지하기 위해 필요할 경우, 군주가 무력을 행사하는 것은 정당한 것으로 여겨졌으며, 오히려 그러한 조치를 취할 의무가 있다고 간주되기도 했다. 1648년의 동일한 청원서에서, 지주들은 차르가 지나치게 자비를 베풀고 행악자들을 응징하는 자신의 의무를 소홀히 했다고 탄식했다. "신께서는 복된 기억 속에 계신 폐하의 선왕과 폐하, 위대한 군주를 택하시어, … 군왕의 검을 맡기시고, 악을 행하는 자들을 벌하시며 선을 행하는 자들을 칭송하게 하셨나이다." 그러나 그는 검을 제대로 사용하지 않았기 때문에, "차르 폐하께서 지나치게 참을성을 가지심으로 말미암아, 악한 자들이 … 나랏일을 맡는다는 핑계로 온갖 이득과 재물을 손에 거머쥐며, 그로 인해 온 백성이 파멸로 이끌려가고 있나이다." 그들은 또한 다음과 같이 전했다. "모든 이가 폐하께 울부짖고 있나이다. '폐하께서는 가난한 우리들, 천하고 힘이 없는 백성들을 위하여 앞으로 나서주시지 않고, 당신의 나라를 도적 떼에게 내어 주고 계신다.'고 말입니다."[5]

징벌적 조치에 대한 이러한 호소는 일종의 "합의 폭력consensual violence", 즉 사회질서의 관습과 가치 체계 안에서 정당화되고 용인된, 합법적인 무력의 사용이라고 부를 수 있다. 이반 4세는 "그로즈니groznyi"라 일컬어졌는데, 이것은 "끔찍한terrible"으로 번역되어왔지만, 본래는 무서움이나 위엄 있음을 뜻했고, 17세기의 청원자들은 이러한 성격을 주권자에게 어울리는 긍정적 자질로 간주했다. 그러나 이반은 다른 차르들보다 더한 정도로 승인받지 않은 폭력을 극단적으로 휘둘렀는데, 이로써 그의 영토 내에서는 낙담하며 수군거리는 소리가 들렸고, (비록 실제로 반란은 일어나지 않았지만) 아마도 속삭이는 음모 소리도 있었을 것이다. 그의 아들이자 후계자가 갑작스럽게 죽음을 맞이했을 때[8] (이것은 차르 자신이 직접 가한 일격 때문이었을 가능성이 높다), 류리크가문은 덜커덩하며 맥이 끊기게 되었고, 제위는 공석이 되었다. 모스크바는 "과부가 되었고", "동란의 시대Smutnoe vremia"[9] 가 도래하였다.

---

8   그의 아들이자 후계자가 갑작스럽게 죽음을 맞이했을 때 : 이반 뇌제는 1581년에 발작 중에 자신의 아들이자 후계자인 이반을 뾰족한 몽둥이로 가격하여 치명상을 입혔다. 위대한 러시아 화가 일리야 레핀은 이 광경을 〈이반 뇌제와 그의 아들 이반〉에서 생동감있게 표현했다.

9   "동란의 시대": 러시아어인 "smutnoe vremia"에서 "smuta"는 무질서나 혼란을 의미하며, "vremia"는 시간이나 시대를 뜻한다.

모스크바국의 전제정: 권력과 의무

러시아의 전제 군주들(복수형samoderzhtsy, 단수형samoderzhets)은 자신들의 권력이 세습과 (정교회를 통한) 신의 선택의 결합에서 비롯되었다고 주장했다. '사모데르제츠'라는 칭호는 16세기 이래로 외세의 지배로부터 자유로운 주권적 통치자를 의미했지, 무제한의 권력을 가진 전제자를 뜻하지는 않았다.[6] 러시아는 여전히 정치가 보야레 가문들 간의 경쟁과 그 가문들과 그 구성원들이 차르와 맺는 개인적 관계에 기반을 둔 나라로서, 차르는 보야레 파벌 간의 균형을 유지하고, 모든 보야레와 자신의 측근들 사이에서 힘의 균형을 잡음으로써 나라를 다스렸다.[7] 전제 군주들은 이념적으로나 현실적인 제약으로 인하여, 보야레 내부 집단의 동의를 받아야 하는 의무를 가지고 있었다. 16세기 후반과 17세기 전반의 위기 국면에서, 그들은 정치적 혼란의 귀추에 관심을 가지고, "모든 땅"의 회의에 집결한 다양한 이해관계자들과 협의했으며, 그들의 환호를 받았다.

군주가 "땅"의 뜻에 부응하여야 한다는 의무에 많은 주목이 쏠렸음에도 불구하고, 차르 체제의 실질적인 정책은 가능한 한 적은 비용으로 최대한의 자원을 땅으로부터 짜 내는 데 목표를 두었다. 앞서 언급한 지방행정 개혁은 이러한 통치 양식을 잘 보여 주는 본보기였다. 이 개혁은 백성들의 간청에 응답하는 관대한 조치인 양 포장되었지만, 실상은 세금 징수와 치안을 지방 공동체에 떠넘김으로써 비용을 절감하려는 방편이었다. 이와 마찬가지로, 국가는 군대에 봉급 대신 토지를 하사했으며, 군인들은 하사받은 영지를 기반으로 스스로 생계를 유지할 것을 요구받았다. 16세기 후반부터 정권은 엘리트 봉직 계층의 지위를 강화하기 위하여 그들에게 자유민 노동력을 안정적으로 공급받을 수 있는 기반을 보장했다. 일련의 칙령을 통하여, 농민들은 법적으로 토지에 묶이게 되었고, 대다수의 농민은 사실상 농노로 전락했다. 농민들을 토지에 긴박緊縛 하는 조치는 다각적인 이해관계를 동시에 충족시켰다. 이것은 지주들을 만족시키고 국가로 하여금 무급 군대를 유지하게 했을 뿐만 아니라, 법과 질서를 유지하는 책임의 상당 부분을 지주들에게 전가하는 효과도 가져오게 되었다. 또한, (이제 한 장소에 고정된) 세금 납부자들을 추적하는 일이 용이하게 되었으며, 납세 집단 구성원들을 책임지고 그 자리에 있게 함으로써 그 집단의 존속 가능성을 유지했다.

주목할 만한 점은, 비록 후대에는 농노에 대한 구속이 훨씬 더 가혹해졌지만, 농노제[10]가 처음 시행되던 초기 단계에서는 일부 농민들에게도 일정한 이익이 돌아갔다는 사실이다. 농민들은 토지에 묶여 이동의 자유를 제약받게 되었으나, 동시에 경작할 토지가 보장되었고, 그 토지를 바탕으로 가족을 부양하고 영주에게 바쳐야 할 지대를 마련할 수 있었다. 게다가, 세금과 부담금이 공동체 단위로 부과되었기에, 이웃들이 마을을 떠나지 않고 각자의 몫을 성실히 감당하는 것이 농민 전체의 이해에도 부합했다. 그렇지 않고 누군가 떠나 버리면, 남은 자들이 그의 몫까지 짊어져야

---

10 농노제 : 중세 후기에 서유럽에서는 농노제가 소멸되고 있었지만, 본문에서 설명되고 있는 바처럼 러시아를 포함한 엘베강 동부 지역에서는 오히려 농노제가 등장하여 강화되었다. 이것은 "제2의 농노제" 혹은 "재판 농노제"라고 불린다. 이 주제에 대해서는 다음 논문을 참고하시오. 한정숙, 「동유럽형 농노제 – 러시아의 경우를 중심으로」, 역사학회 편, 『노비·농노·노예 – 예속민의 비교사』 (일조각, 1998), 168~217쪽.

했기 때문이다. 격분한 지주들의 보고에서 탈주 농민들의 수가 많았다는 점이 방증하듯이, 일부 농민들은 분명히 농노제의 제약을 못마땅히 여겼던 반면에, 다른 농민들은 자기들이 농노제를 통하여 획득한 안정을 고맙게 받아들였던 듯하다. 도시민의 경우에도 유사한 이동 제한 조치를 적극 지지하는 사람들이 분명히 있었다. 오늘날까지 전해지는 청원서들에는, 주민이 도시를 떠나 집단적인 납세 의무를 회피하지 못하도록 이를 금지해 달라고 간청한 일부 도시민들에 관한 기록이 남아 있다. 흥미로운 사실은, 러시아에서 농민들이 토지에 긴박 되던 시기가 영국에서는 소위 인클로저 운동이 진행되던 때와 거의 일치한다는 점이다. 영국에서는 인클로저 운동으로 공동 소유지가 사유지로 법적으로 전환되었고, 이로 인해 수십만 명의 농민들이 땅을 빼앗기고 쫓겨났으며, 그 결과 "자유 노동력"과 시장을 위한 생산이 증대되었는데, 이러한 흐름은 영국 자본주의의 토대를 이루는 데 일조하게 되었다.

주민들을 자기 장소에 고정시키려는 시도 속에서도, 정권은 동시에 특정 유형의 이동, 즉 탈주, 변경邊境 및 그 너머로의 도피, 관직 발령, 이주, 또는 시베리아와 우크라이나로의 유형 등을 자극하기도 했다. 모스크바 국은 위압적이기도 했으나, 동시에 상대적으로 허약한 구조를 지니고 있었다. 국가는 법 위반자에게 가혹한 제재를 가할 수 있었지만, 그것은 어디까지나 특정한 경우에 한하며, 국가가 그 위반 사실을 인지하고 해당 인물을 찾아낼 수 있을 때만 가능했다. 더욱이 이 체제는 대단히 야심 찼고, 팽창 지향적인 기조로 인하여 정책에는 반대 감정이 병존하였다. 법령에 따라 거주지가 고정되어야 했는데, 농민은 지주의 영지에, 도시민은 각자의 도시에 머물러야 했다. 그러나 국경 지대를 따라 요새를 건설하고 이를 방어할 인력을 확보하며, 새롭게 정복된 영토를 경작하고 수렵지를 만들어야 하는 필요성 때문에, 정책 입안자들은 신중을 기할 수밖에 없었다. 이동은 금지되고 탈주는 위법으로 간주되었으나, 변경 지대로의 이주는 예외였으며, 그곳으로 향하는 이들의 유입은 오히려 환영받았다. 따라서 농노제라는 납덩이처럼 무거운 속박조차도 시대와 지역, 그리고 구체적 정황에 따라, 조건적이고, 상황에 의존하며, 가변적인 성격을 지닌 것으로 드러났다.

누가 모스크바국 사람들이었나? 러시아는 무엇이었나?

15세기와 16세기에 이르러, 모스크바는 동북부 루스 땅에서 단일한 지배 세력으로 부상했고, 정교도 통치자의 주권 독립을 전제로 하여 러시아 정교에 각별히 헌신한다는 생각을 표명하기 시작했다. 러시아가 아직 완전한 의미의 제국은 아니었지만, 15세기 후반에 이르면 러시아 사료에서는 대공의 최고 주권과 정교회의 사명에 대한 만족감이 표명되었다.

동북부 슬라브 땅의 주민들은 종교의 통합, 정교회의 제도적 성장, 언어 구분, 그리고 결국에는 무엇보다 중요하게도 (대략 15세기로부터) 단일한 모스크바국의 존재에 의하여 공유된 경험을 통해 형성된 내부 연대감의 요소를 점차적으로 표현하게 되었다. 국경 지대에서는 다른 민족들과의 투쟁을 통해 러시아인의 고유성에 대한 정체성이 더욱 뚜렷한 모습을 띠었다. 근대 이전과 초기에는 오늘날의 민족처럼 종교가 정체성을 나타내는 하나의 어휘로 사용되었다. 그렇지만, 겉보기에는 간단한 일처럼 보이는 종교적 구분은 인지하고, 보존하기 쉽지 않은 것으로 드러났다. 예를 들어, 그리스정교회는 9세기에 드네프르강 연안에 기독교를 전래했고, 이후 수 세기 동안 러시아 교회를 지도했다. 그러나 그리스인들이 오스만의 공격을 모면하기 위해 경쟁자인 가톨릭 세력에게 연합할 것을 간청하다가 실패로 돌아간 1437년 이후에, 러시아인들의 눈으로 보기에 그리스정교회는 타락하게 되었다. 그리고 그로부터 16년이 지나서 콘스탄티노폴리스가 튀르키예인들에 의하여 함락된 이후에, 그리스 교회는 술탄의 통치에 "포로"로 예속됨으로써 순수성을 더욱 상실했다. 오스만의 정복 이후, 그리스 학자, 성직자, 신학자들이 고국을 떠나 유럽의 신학교와 대학으로 피신하면서, "그리스" 정교회는 자기들을 수용해 준 예수회로부터 영감을 받은 정교회 기구의 색채를 띠게 되었다. 역사가 니콜라오스 크리시디스Nikolaos Chrissidis는 17세기에 모스크바국이 이들 학식 있는 "그리스인들"에게 종교적 지도와 교육을 요청했을 때, 그들이 가져온 신학, 교육과정, 교과서, 그리고 학문은 이미 그리스적인 것이라기보다 예수회적인 것이었다고 설명하고 있다.[8] 이렇듯 그리스인들은 러시아를 계몽시킨 사람들이자 같은 종교를 가진 사람들이었음에도 불구하고, 모스크바국에서는 사회적 오명을 덮어쓴 민족이 되었다. 러시아인들은 그리스인을 교활하고 속이기 잘하며 계략을 꾸미는 자들로 묘사하는 경우가 많았는데, 이것은 단순하고 정직하며 솔직하다는 모스크바국 사람들 자체에 대한 평가와는 대조적이었다. 종교만으로는, 또는 단순히 종교라고 정의된 것만으로는 동류의식이나 배제, 그리고 소속감이나 이질감에 대한 명확한 리트머스 시험지를 삼을 수 없었다.

외부로부터의 고립성과 이른바 외국인 혐오증에도 불구하고, 러시아는 외국인에 대한 태도에서 의외로 포용적이었다. 예컨대, 바실리 3세(재위 1505~1525)는 두 번째 아내로 옐레나 글린스카야(이반 뇌제의 생모)를 맞이했는데, 그녀의 부친과 숙부들은 비교적 최근에 리투아니아대공국에서 이주해 온 인물들이었다. 모스크바국 궁정에서 영향력을 행사하게 되었던 그녀의 숙부에 관한 폴 부시코비치Paul Bushkovitch의 서술에 따르면, 그는 "리투아니아대공국의 타타르 혈통으로서 정교도 공公이었다(공식 족보에 따르면 마마이의 자손이자, 모계로는 칭기즈칸의 후손이다)."[9] 이와 같은 복잡한 출신 배경은 최고 권력층과의 혼인에 아무런 장애가 되지 않았다.

16세기 후반과 17세기에, 인종적으로나, 종교적으로 복잡다단한 영토를 가진 모스크바국 내에서 출세를 위한 "테스트"는 대부분의 경우에 러시아정교회 신앙고백이었다. 많은 경우, 외국인이나 비슬라브계 사람들이 러시아 사회로 수평 이동하는 데에는 정교회로의 개종으로 충분했으며, 그들은 이전에 자신이 속한 공동체 내에서 누렸던 사회계층의 지위를 그대로 유지할 수 있었다. 엘리트 최상층에서도, 개종한 귀족과 왕족은 모스크바국의 궁정 계층에 바로 편입될 수 있었다. 이반 뇌제의 두 번째 부인 쿠체네이 템리우코브나 체르카스카야Kuchenei Temriukovna Cherkasskaia는 북캅카스 카바르디아 출신의 무슬림 공公의 딸이었는데, 개종을 통해 순조로운 길을 걷게 되었다. 그녀는 정교회로 개종하여 마리아라는 세례명을 얻었고, 그녀의 형제들은 그녀의 후광을 입어 궁정 엘리트 사회에서 성공하였다. 그러나 개종은 모스크바국의 사회 통합에 충분하지도, 절대적으로 필수적이지도 않았다.[10] 새 이민자들이 개종하지 않고 모스크바국의 엘리트에 편입되는 경우가 드물지 않았고, 다른 한편으로는 세례라는 정화를 위한 성례의식聖禮儀式이 "새로운 개종자들"과의 차등의 흔적을 모두 제거하지도 못했기 때문이다. 호의적인 태도를 보인 칭기즈칸 가문의 공들은 15세기 중반에 스텝 지대의 칸국의 세계를 떠나 모스크바국을 섬기게 되었고, 바실리 2세 대공으로부터 카시모프 남동부 지역에서 속령屬領 칸국을 하사받았다. 그들은 이곳에서 모스크바국 안팎의 사람들을 통치할 수 있었는데, 이곳은 제국 방식으로 위임받은 준독립국이었다.[11]

역사가 찰스 할퍼린은 14세기에 정교회로 개종하여 러시아의 지주 엘리트에 진입한 칭기즈칸 가문의 후손으로서 "킵차크한국의 황태자 표트르"가 걸어간 인생 경로를 분석한 바 있다. 그는 개종 이후 경건한 삶으로 성인의 지위를 획득했고, 15세기에는 그의 "생애"가 편찬되었다. 그러나 무슬림 타타르족에서 러시아의 지주이자 정교회의 성인이 되는 과정은 순탄했지만, 신부를 선택할 때가 되자 새로운 러시아군주는 타타르족 개종자 중에서 그에게 적합한 배필을 찾았다. 재닛 마틴Janet Martin은 하급 군인들도 계속해서 동족 중에서 배우자를 찾았고, 또한 경작식 농업보다는 축산업에 더 중점을 두는 등 농사 방식에서도 러시아 민족과 다른 패턴을 따랐다는 사실을 발견했다. 이러한 다른 패턴은 개종자들이 역사적으로 러시아 지역에 정착한 후에도 지속되었고, 개종 후 몇 세대가 지난 후에도 이어졌다. 개종은 수평 이동을 용이하게 할 수는 있었지만, 유산을 완전히 지우지는 못했다. 일반적인 원칙으로서, 유리 슬료즈킨Yuri Slezkine이 세련되게 요약한 다음의 글은 여전히 유효하다. "17세기의 모스크바국에서 '러시아인'은 '정교도'와 동등했고(비록 그 반대는 아니었지만), 세례는 어둠과 함께 이질성을 제거했다."[12]

비록 처음부터 그런 것은 아니지만, 그 이후 수 세기에 걸쳐, 우리가 눈치 챌 수 있을 정도로까지 러시아의 정체성은 종교, 변화하고 확대되는 영토, 그리고 국가와 긴밀히 결합 되었다. 정교회에 대한 동일시는 러시아라는 테두리를 넘어 보다 광범위하고 보편적인 정교 기독교 세계와의 연계를 의미함과 동시에, 그리스어가 아니라 슬라브어로 집전되는 예식과 전례를 통해 러시아 고유의 종교와의 연계 수단이기도 했다. 라틴어를 사용하는 가톨릭교회가 지배적이었던 서유럽과 달리, 동방에서는 다양한 민족들이 기독교의 보편성을 취하여 자기 것으로 만들고, 이를 통해 자신들의 "민족" 교회를 성립시켰다. 러시아인만이 아니라, 아르메니아인, 그루지야인, 불가리아인은 만인들을 향한 그리스도의 보편적 메시지를 변형하여 자민족을 향한 특별한 메시지로 만들었다. 민족성의 주관적 측면을 강조한 주요 이론가 중 한 사람인 앤서니 스미스Anthony D. Smith는 집단적 연대 의식을 강화하는 또 다른 요소로서 '민족적 선택'의 개념을 추가했다. 이것은 특정 민족 집단이 신으로부터 선택받았으며, 영토 및 신과 각별한 관계를 맺고 있다는 믿음이다.[13] 이슬람 세계와 유대-기독교 전통에 서 있는 근대 초기 사회의 대부분은 이러한 일종의 '선민選民' 신화를 발전시켰으나, 모스크바국에게 있어서 이 개념은 특별한 무게감을 가졌다. 왜냐하면 다른 모든 정교회 사회가 오스만인들 혹은 사파비 왕조[11]에 의해 정복된 가운데, 러시아만이 유일하게 살아남은 정교회 독립국이라고 러시아인들이 인식했기 때문이다. 이러한 이유로, 1598년에 이반 뇌제의 아들이 후사 없이 사망하고, 여러 명의 참칭자들이 권좌를 다투는 시기에, '러시아=신이스라엘'이라는 신화는 정교회의 정체성을 유지하고 수호하려는 투쟁에다가 더욱 절박한 의미를 부여했다. 만일 이 싸움이 패배로 끝난다면, 러시아 또한 유대인의 운명처럼, 신의 진노 아래 추방되고 흩어지는 형벌을 면치 못할 것이라는 두려움이 존재했던 것이다.

인민들이 발언하다: 동란의 시대

'동란의 시대'는 러시아 역사에서 역사가들 사이에서 치열한 논쟁을 불러온 또 다른 시기로서, 그에 대한 해석은 연구서의 수만큼이나 다양하다. 최근 이사야 그루버Isaiah Gruber가 제시한 연구는 이 시기에 대한 다층적이고 설득력 있는 해석을 제공한다. 그는 1598년 이반 뇌제의 아들인 표도르Fedor의 사망으로 류리크가문이 단절되고 명확한 계승자가 부재하던 상황 속에서, 크렘린 내부의 권력 핵심층, 특히 러시아정교회의 수장 총대주교 이옵Patriarch Iov이 류리크가문 이외의 계승자의 정당성을 확보하고자 새로운 기준들을 꾸며냈다고 주장한다. 그들이 선택한 계승자는 직전 차

---

11 사파비 왕조: 1501년부터 1746년까지 페르시아의 대(大)이란국을 통치했던 왕조이다. 명칭은 수피즘의 사파비야에서 유래했다.

르의 처남 보리스 고두노프Boris Godunov였다. 신의 섭리와 성직자의 승인이라는 익숙한 요소는 유지되었으나, 혈통에 기반한 전통적인 계보적 정당성이 결여된 상황에서, 이옵은 통치 정당성의 요건을 확장된 형태로 재정립하고 이것을 선포했다. 그가 선언한 바에 따르면, 고두노프는 그루버가 "복스 포풀리vox populi"[12]라고 지칭한 인민의 환호성, 그리고 고인이 된 차르의 미망인이자 그의 누이로부터 관을 받도록 축복받은 "복스 페미니나vox feminina"[13]에 의하여 선택되었다. 이 두 가지 정당화 방식은 과거와의 급격한 단절을 의미하지 않았다. 그렇지 않았더라면, 대중에게 용인되기가 매우 어려웠을 것이다. 그 두 가지는 오히려 오래된 뿌리 깊은 전통에 기반하고 있었다. 예컨대, 복스 포풀리는 이반 뇌제의 지방행정에 관한 칙령에서 암묵적으로 언급되었으며, 전국 회의Zemsky Sobor라는 살아 있는 전통 안에서도 인정되었다. 다른 한편으로, 복스 페미니나, 즉 통치자의 아내 혹은 어머니가 지니는 특별한 축복의 역할 역시 러시아의 종교적 정치사상 안에서 오래도록 인정된 제도적 요소였다. 이졸데 티레트Isolde Thyrêt의 연구에 따르면, 차르 부인의 자궁은 축복받은 장소로 여겨졌으며, 그녀의 모성적 고통은 또 다른 고통받는 어머니, 즉 하늘에 있는 영토의 옹호자이자 보호자인 성모 마리아의 축복에 직접적으로 즉각 접근할 수 있는 통로로 간주되었다.[14] 그럼에도 불구하고 총대주교 이옵은 이 두 가지 요소를 고두노프의 정통성을 뒷받침하는 핵심적 기제로 전면에 내세우는 대

---

12 "복스 포풀리(vox populi)": 라틴어로서 "인민의 소리"라는 뜻이다.

13 "복스 페미니나(vox feminina)": 라틴어로서 "여성의 소리"라는 뜻이다.

담한 조처를 단행했으며, 이로 인해 러시아 역사 속에서 폭발성을 지닌 힘을 무의식중에 풀어 재치는 결과를 초래했다.

1605년에 고두노프가 사망하고 이반 뇌제의 막내아들이자 오래전에 죽은 황태자인 드미트리라고 주장하는 참칭자가 인기를 얻고 모스크바를 점령하자, 혈통, 신의 선택, 성직자의 환호성이라는 오래된 논거와 함께, 복스 페미니나와 복스 포풀리라는 손쉬운 기준이 그의 즉위를 지지하는 데 제시되었다. 참칭자에게는 편리하게도 죽은 소년의 어머니가 그의 기적적인 귀환을 증명했고, 군중은 환호성을 지르며 그의 정당성을 확인했다. 이 드미트리Dmitrii가 반대자들의 칼날에 희생되자, 일련의 제위 계승 후보자들을 지지하기 위해 앞서 제시된 정통성 담론의 여러 요소가 이념적으로 서로 얽히고 재조합되었다. 제위를 주장하는 자들 가운데에는 무덤에서 살아서 돌아온 일련의 '가짜 드미트리들'만이 아니라, 오랫동안 잊힌 다른 조작된 제위 계승 요구자들도 있었다. 잠깐이나마 제위 계승에 성공한 후계자들은 자신의 총대주교를 임명했고, 그리하여 교회 지도자들은 세속 지도자들처럼 빠르게 등장했다가 몰락했다. 그루버는 종교 지도자들과 정교회에 대한 그들의 특정한 비전이 빠른 속도로 부상하고 비틀거리면서, 단일한 정교회에 대한 감각이 흔들거리고, 진리 자체가 고정된 것이 아니라, 승자 또는 인민에 의해 규정될 수 있는 불확실한 대상이 되었다고 주장한다.

서사와 해석의 명료성을 위해, 지난 세기 초에 동란의 시대에 관한 권위 있는 저작을 남긴 플라토노프S. F. Platonov는 이 시기를 세 단계로 구분했다.[14] 첫째는 마지막 차르가 후계자 없이 사망함으로써 촉발된 지배 가문의 위기이며, 둘째는 첫 번째 가짜 드미트리를 지지하는 대중운동과 카자크[15] 반란에 의해 야기된 사회적 격변이다. 셋째는 모스크바국의 혼돈을 틈타 이익을 얻으려고 진입한 폴란드 및 스웨덴 군대에 의해 전개된 외세 침입기이다. 스웨덴인들은 북부 영토 상당 부분을 차지했고, 폴란드군은 모스크바까지 줄곧 진군하여 크렘린을 점령했다. 이러한 암울한 운명에 처한 모든 계층과 지역의 러시아인들은 자연스럽게 강력한 반응을 보였다. 러시아의 다양한 영향력 있는 집단들은 "과부가 된 모스크바"를 지키기 위해, 즉 가톨릭 폴란드 세력의 공격으로부터 모스크바를 방어하기 위해 자발적으로 일어섰다. 니즈니 노브고로드의 상인 쿠즈마 미닌Kuzma Minin은, 비록 공公이라는 작위를 지녔으나 지방 출신의 소지주에 불과했던 드미트리 포자르스키Dmitrii Pozharskii와 힘을 합쳤다. 이 두 사람은 외세로부터 차르 국가를 구하기 위해 동포들에게 금전과 생명이라는 두 가지 최후의 희생을 호소했다. 플라토노프는 미닌과 포자르스키의 지도 아래 평범한 러시아인들이 재산과 피를 아끼지 않고 조직한 이 의용군, 즉 "국민 민병대"가 성립된 사실에 크게 기뻐한다.[15]

외세의 침입과 이에 대한 저항이 전개되는 시기에는, 사람들이 자신의

---

14 플라토노프(S. F. Platonov)는 … 구분했다.: 이 부분에 대해서는 다음과 같은 플라토노프의 번역서를 참고하시오. 세르게이 플라토노프, 『러시아사 강의』, 김남섭 역(나남, 2009), 409~561쪽.

15 카자크: '카자크(kazak)'는 단수이고, 그 복수형은 '카자키(kazaki)'이다. 볼셰비크(단수)와 볼셰비키(복수)와 같은 방식이다. 영어에서는 원래의 우크라이나 발음과 유사하게 "코사크"라고 하기도 하지만, 이 책에서는 문맥에 따라 '카자크'와 '카자키'로 표기하기로 한다. 중앙아시아의 카자흐인과는 다르다. 이 주제에 대해서는 다음 논문을 참고하시오. 구자정, 「16세기 말 17세기 초 자포로지예 카자크 집단을 통해 본 우크라이나 역사의 카자크적 기원과 루스(Rus) 정체성」, 『슬라브연구』 제33권 4호(2017) : 1~37.

생활방식과 위협받는 정치 공동체를 수호하고자 하는 헌신적인 반응을 발달시킨다. 자국의 정치체제의 정당성이 재확인되는 것은 종종 외국 세력을 마주쳤을 때이다.[16] 이러한 현상은 근대에 애국심 또는 민족주의라는 개념으로 명명되었다. 17세기 러시아에서도, 실존적 위기의식, 익숙한 삶에 대한 충성심, 그리고 외세인 가톨릭적 폴란드인들과 루터교도 스웨덴인들에 대한 반감이 핵심 지도자들의 동기를 자극했고, 이들은 다시금 일반 민중을 동원하여 조국 방어에 나서게 되었다. 이와 같은 취약한 위기의 순간에는 위협받는 공동체에 대한 보다 응집력 있는 의식이 형성되곤 한다. 이러한 운동들은 어떤 제도화된 권위의 명령 없이 생겨났는데, 그 지도자들이 러시아를 단지 모스크바국 차르의 소유물이 아니라, 차르에 의해 통치되는 신앙 공동체, 그러나 차르가 부재할 경우 백성들에 의해 구성되는 신앙 공동체로 재인식했음을 시사하고 있다.

무장 연대, 카자키, 민병대에 참여한 상인들에게 전투 경험은 고된 일이었음에 틀림없다. 마침내 전투가 중단되고 제위가 여전히 공석으로 남아 있자, 1613년 모스크바 외곽에서 모든 이해관계자들이 참석한 '젬스키 소보르'가 개최되었다. 참석자들은 수완을 발휘하여 흥정을 벌인 끝에, 젊은 미하일 로마노프를 선출하여 제위에 오르도록 했다. '복스 포풀리'는 햇빛에 드러난 것처럼 주목을 받으며 군주를 선택했는데, 선택된 군주는 차후에 인민 회의를 어둠 속으로 내던질 터였다. 플라토노프가 그랬던 것처럼 사람들이 이처럼 일시적으로 집단적인 자각을 하고 의용군으로 나선 것을 "민족적 각성"이라고 부르는 것은 시기상조일 것이다. 그럼에도 불구하고, 동란의 시대라는 다사다난한 15년의 시기는 인민의 새로운 집단의식을 육성했고, 차르 정치체에 대한 귀속감을 강화했다. 게다가, 새롭게 선출된 로마노프가문은 미하일 로마노프의 즉위가 삼중으로 결정되었다는 사실을 강조하면서, 1613년 이후에 이 새로운 개념을 인정했다. 미하일 차르의 홍보원들은 그가 신의 뜻, 단절된 류리크가문과의 연결성, 그리고 인민의 소리라는 삼중적 정당성에 의해 선택되었다는 사실을 널리 알렸다. 인민의 소리는 이제 신의 영감의 전달자이자, 신의 뜻의 진정한 보고寶庫라고 묘사되었다.[17]

신의 진리를 누가, 어떤 형태로 대변할 권한을 가지는가에 대한 주장들은 17세기 후반에 이르러 치열한 논쟁의 중심 자리를 차지하게 되었다. 대규모 반란들이 거듭 영토를 뒤흔들었고, 이것은 동란의 시대 동안 등장한 '참칭자' 및 '참되고 의로운 차르'에 대한 인민의 신원 확인과 같은 익숙한 테마와 관행을 상기시켰다. 클라우디오 세르지오 눈-잉게르플롬Claudio Sergio Nun-Ingerflom은 인민들 사이에서 정치적 정당성의 집합적 보고로서 자신들을 인식하는 감각이 점차 고양되었음을 지적하고 있다. 이러한 인식은 최초에는 '가짜 드미트리' 지지자들 사이에서 나타났으며, 1670~1671년의 라진의 반란Razin Rebellion 동안에 성숙했다. 이 반란은 우크라이나 출신으로서 불만을 품은 카자키와 볼가강 유역의 비러시아계 집단의 지지를 바탕으로 카자크 지도자 스텐카 라진Stenka Razin에 의해 주도되었으며, 모스크바를 향해 진격하는 도중에 급진적인 정치사상을 유포했다. 반군 지도자 라진은 국민주권에 대한 새롭고도 추상적인 감각을 표현하거나 만들어 내면서, 차르의 (죽은) 아들의 지지를 받았다고 주장했다. 그러나 그는 모든 사람 앞에 자신의 허수아비 사기꾼을 자랑하듯이 내세우지 않고, 그를 보이지 않는 무형의 존재로 그대로 둠으로써 (눈-잉게르플롬의 도발적인 주장에 따르면) 그의 권위가 추상적인 것으로서 국민주권 사상이 사람들 사이에 확산되어 공유될 수 있도록 했다.[18] 대부분의 현대 역사가들은 이러한 정치화된 국민 의식을 17세기까지 소급 적용하는 것을 꺼리고 있지만, 그 루버와 눈-잉게르플롬의 논문들이 보여 주듯이, 프랑스혁명이 근대적인 의미에서 국민과 국민주권 개념을 확인하기 훨씬 이전인 근대 초기에 (일시적이긴 했지만) 응집력 있는 집단적 소속과 국민 동원이 어떻게 형성되었는지를 탐구하려는 학계의 목소리가 커지고 있다.[19]

이러한 러시아 정체성에 대한 인민의 자각이 야기한 그 이후의 여명과도 같은 반향反響은 1660년대의 러시아정교회의 분열에서도 감지된다. 그 시점까지 다소 손상되지 않았던 러시아정교회의 종교적 통일성은 이제 최초의 대규모 교회 분열에 의해 찢겼다. 역사가 게오르그 미헬스Georg Michels의 해석에 따르면, 교회 분열은 제도화된 교회에 대한 광범위한 환멸로 인하여 발생된 일련의 분열 중의 하나였다. 처음에는 조직화되지 않았던 이러한 종교적 불만의 폭발 현상은 이후에 점차 구교파 운동Old Believer Movement[16]으로 구체화되어, 보다 오래되고 더 정통적인 기도 및 의식을 보존하고 회복하고자 하는 시도로 전개되었다. 통상적 설명에 따르면, 교회 분열은 종교 예식의 개혁과 정화를 추구했던 일군의 영향력 있는 성직자들 및 그들보다 더 영향력 있던 그들의 후원자 알렉세이 미하일

---

16 구교파 운동: 니콘의 개혁을 거부하고 러시아정교회에서 분리되어 나온 사람들이 벌인 운동이다. 이 운동에 참여한 사람들은 분리파라는 뜻의 라스콜니키, 또는 예로부터 전해진 의식(儀式)을 고수했기 때문에 고의식파라고도 불린다.

로비치Aleksei Mikhailovich(1629년생, 재위 1645~1676) 차르에 의하여 촉발되었다. 애초에는 우호적으로 시작된 개혁에 대한 논의는 곧 인물들 간의 갈등과 제도적 위계질서에 대한 이견으로 돌이킬 수 없는 파벌싸움으로 전환되었으며, 그 이후에는 종교 문헌의 번역과 의식상의 세부 사항을 둘러싼 이견으로 논쟁의 초점이 옮겨졌다. 이 충돌에는 중심적 역할을 했던 두 인물이 있었으니, 그중 한 사람은 전례문의 새로운 번역을 지지하며 그리스 정교회를 이상적인 모형으로 생각했던 성마른 성격의 니콘Nikon 총대주교였고, 다른 한 사람은 자기 교구민들의 허물을 용납하지 않고 혁신 조치에 대해 혹독한 비판을 가했던 불같은 성격의 고집스러운 아바쿰Avvakum[17] 대사제였다. 결국 1667년에, 이 두 사람은 동방의 순회 총대주교들과 러시아 정교회의 고위 성직자들로 구성된 공의회에서 비판받고 파직되었다. 알렉세이 차르는 이 공의회의 결정에 직접 개입하지는 않았으나, 교회를 보다 중도적인 방향으로 이끌려는 노력에는 지지를 보냈다.

이 반목의 당사자들은 괴이할 정도로 근대적인 용어로 논쟁을 벌였으며, 교회 분열Schism과 관련된 텍스트들은 이후 교회와 국가 간의 긴장을 주제로 한 역사 논의에 지속적으로 기름을 부었다. 그러나 이 분열을 세속적인 것과 성스러운 것 사이의 충돌로 해석하거나, 유럽의 종교개혁 혹은 —11세기와 12세기 교황과 황제 간의 대립인—서임권 논쟁의 러시아판으

---

17 아바쿰(Avvakum): 1620~1682. 모스크바 크렘린 카잔대성당의 대사제로서 니콘 총대주교의 전례(典禮) 개혁에 적극 반대했다. 그를 따르는 라스콜니키(분리파)는 국가권력으로부터 혹독한 박해를 받았으며, 아바쿰 본인은 1682년에 화형당했다. 그가 1672년에 집필한 『자서전』은 자유로운 문체와 깊은 종교성으로 17세기 러시아 문학의 걸작으로 평가받고 있다. 『아바쿰』, 이인영 편저(서울대학교출판부, 1991).

로 간주하는 관점은 잘못된 것이다. 보다 적절한 해석은, 그리스적 전례와 러시아적 전례 중 어느 것이 우월한가를 둘러싼 논쟁이 결국 이 논쟁의 당사자들에게 "러시아"가 무엇을 의미했는가에 대한 근본적인 질문을 제기했다는 점이다. 니콘의 그리스 숭배grecophilia를 향한 아바쿰의 격렬한 비판 및 소박하고 순수하며 장식 없는 "러시아의 방식"이 곧 덕성으로 가는 길이라는 아바쿰의 확고한 신념은 훗날 19세기의 문화적 민족주의의 씨앗을 내포하고 있으며, 심지어 슬라브주의 운동의 대두를 예고하고 있기까지 하다. 그러나 아바쿰의 독설은 어디까지나 17세기라는 맥락 속에서 이해되어야 하며, 당대의 문화적 가치에 대한 판단 기준은 국민주권의 정당화라기보다는 신의 진노를 피하고자 하는 것과 더 많은 관련성을 가지고 있었다.

아바쿰은 결국 이단을 고집했다는 혐의로 화형당했고, 니콘 역시 오만한 언행으로 총대주교 지위를 박탈당하고 수도원에 유폐되었다. 그러나 공식적인 러시아정교회는 여전히 니콘의 개혁 입장을 지지하며, 분파주의자들, 성직을 박탈당한 사제들, 그리고 자칭 예언자들의 이단 행위를 비난했다. 학식 있는 그리스인들, (폴란드–리투아니아연방 출신의 정교도 슬라브인들인) 루테니아인들 및 우크라이나인 성직자들의 도움을 통해, 정교회 지도부는 니콘의 개혁 노선, 곧 러시아 성직자들의 교육 수준과 문헌의 질적 향상을 위한 노력을 계속 이어 나갔다. 그러나 "흉계를 꾸미는 그리스인들"의 개입은 아바쿰 지지자들의 비판을 불러일으켰다. 그들은 실제 역사적 고증 여부와는 무관하게, 자신들이 수호하고자 했던 고대 러시아 전통이 타락한 외부 공격으로부터 침탈당하고 있다는 인식을 점차 굳혀 갔다.

박해와 순교에 관한 서사에 의해 힘을 공급받은 구교 신앙Old Belief은 진정한 러시아적 방식의 수호자라는 입지를 확립해 나갔고, 그 이후 러시아정교회의 완전한 통합은 결코 이루어지지 못했다.

제국적 정복과 통제

'대제'라 불린 이반 3세는 모스크바국을 제국의 길 위에 올려놓았다. 그는 이전에는 독립된 국가들을 정복하고 병합했는데, 특히 노브고로드는 정치적·문화적·경제적으로 모스크바와는 전혀 다른 양상을 띠고 발전한 도시로서, 병합 이후 거의 한 세기 동안 불만을 품고 저항했다. 15세기의 마지막 분기에, 막대한 모피 자원을 보유한 북방 노브고로드 지역이 모스크바에 병합되면서, 모스크바국의 영토는 몇 배나 확대되었다. 중요한 사실로서, 이반 3세는 이러한 승리에 뒤이어, 노브고로드의 지도층 지주들을 모스크바만이 아니라 정교회에 대한 배신자로 간주하고 대규모로 추방했다. 왜냐하면 그들은 가톨릭교도로서 폴란드 왕이자 리투아니아 대공 카시미르 4세와 동맹을 시도했다고 의심받았기 때문이다. 모스크바는 이웃 국가인 리투아니아와 서쪽 영토를 두고 직접적으로 경쟁했는데, 이반 3세와 그의 아들인 바실리 3세는 분쟁 지역에서 사람들의 충성심의 구도를 의도적으로 바꾸고자 인구 재배치에 관한 법령을 제정하기도 했다.[20] 제국을 향한 이러한 비전은 재산 몰수, 지역 엘리트 계층의 제거, 그리고 정권에 좀 더 충성스러운 러시아인들에게 토지를 하사하는 방식으로 실현되었다. 어떤 집단을 단체로 '반역자'로 낙인찍고 그들을 대규모로 강제 이주시킨 이 조치는 이후에 불행한 선례가 되었다. 이반 3세의 손자 이반 4세는 노브고로드와 다른 지역에서 이 방법을 다시 채택했다. 이반 4세는 노브고로드가 정복된 지 거의 한 세기가 지난 이후에도 노브고로드인들을 여전히 태생적으로 특이한 의심 집단으로 분류하며 유사한 조치를 취했다. 이러한 방식은 이후 수 세기에 걸쳐 제국적 통치의 핵심 전략으로 반복될 터였다.

전통적으로 "러시아의 땅 모으기the gathering of the Russian lands"라는 부드러운 표현으로 포장된 모스크바국의 주권 확대는 때때로 유기체 통합의 자연적인 재결합, 그리고 자기들을 묶어 주는 강력한 지도자를 기다리는 민족의 행복한 융합으로 묘사되기도 했다. 그러나 오만한 방식의 정착과 추방은 말할 것도 없고, 통합 과정의 폭력성, 지속적인 문화적 구분, 주민들에 대한 집단 처벌 등은 모스크바의 성장이 명백히 제국적 과정이었음을 드러낸다.

이반 4세의 계속적인 군사적 승리는 모스크바국의 제국 역사에서 새로운 장을 열었으며, 이 점은 심지어 당시에도 인정받았다. 16세기 중반에 카잔과 아스트라한의 정복으로, 모스크바국은 밀집된 민족들이 사는 비러시아 지역, 사실상 외국의 정체성을 지닌 국가들을 포함하게 되었다. 이 사건으로 비러시아계 주민들이 정교도 슬라브인들 사이에서 흩어져 살고 있던 정교회 성격의 슬라브 러시아의 모습은, 상이하고 예속된 땅과 민족을 가진 다민족 제국으로 눈에 띄게 변모되었다. 이러한 정복은 이전에 리투아니아 국경 지역과 노브고로드 영토에서 이루어진 침략과는 달랐다.

그 지역들에는 주로 정교회를 믿으며, 모스크바국 사람들이 쉽게 이해할 수 있는 러시아어를 사용하는 인구가 많았다. 이 두 지역은 모스크바와 오랫동안 경쟁하고, 모스크바가 요구한 땅이었다. 그러나 두 타타르 칸국인 카잔과 아스트라한은 다른 문제였다. 그 둘은 독립된 별개의 무슬림 국가로서, 킵차크한국의 붕괴 이후 남게 된 파편과도 같은 국가들이었다. 그것들은 스텝 지대의 합법적인 지배자들에 의해 다스려졌으며, 종교적·언어적·문화적으로 이민족들이 사는 곳이었다. 정복 이후 수십 년 동안, 새롭게 차지한 땅에 대한 모스크바국의 통제는 여전히 미약하고 심지어 명목적인 수준에 머물렀으나, 그렇다고 하여 승리했다는 러시아측 주장의 강도가 약해지지는 않았다. 이반은 즉시 자신의 공식 직함에 "카잔의 차르"를 추가했다. 렌호프Gail Lenhoff는 "1553년 1월 무렵이면, 외교관들이 이반의 제국적 지위를 입증하는 증거로서 정복을 언급하라는 훈령을 받았다."고 하면서, 이 지위를 이용하여 옛 키예프 땅에 대해서도 제국으로서의 주장을 하도록 했다고 말했다.[21]

차르들은 자기들의 영토에 대해 '루스' 대신 '러시아'라는 명칭을 채택했다. 비잔티움 황제나 몽골의 칸과는 달리, 러시아 차르는 자신을 전 세계나 우주의 통치자가 아니라, 러시아 전체의 절대적이고 주권적인 통치자로만 표현했다(gosudar', tsar' i velikii kniaz' vseia Rusii, samoderzhets, 즉 전 러시아의 주권자이자, 차르이자, 대공이자, 전제자).[22] 그러나 모스크바국의 차르는 카잔과 아스트라한의 정복자로서 몽골 칸의 정통성을 의도적으로 계승했으며, 남쪽과 동쪽으로 계속 진출하면서 시베리아와 북캅카스의 소국 통치자들에게서 충성과 종속관계를 요구했다.

역사가들은 모스크바국의 동방 진출에 대해 다소 설득력 있는 다양한 설명들을 제시해 왔는데, 실상은 이런 설명들은 어느 정도 복합적으로 작용했을 가능성이 높다. 이러한 설명들 가운데 일부는 신비주의적 주장("바다를 향한 충동")으로, 혹은 정치적·논쟁적 주장(러시아의 본래적인 침략성)으로 일축될 수 있으며, 이것들은 미국 역사에서 "명백한 운명Manifest Destiny"[18]이라는 개념을 낳았던 것과 유사한 종류의 궤변적 사고에서 비롯된 산물이라 할 수 있다. 마찬가지로 몇 세기 동안의 타타르 지배에 대한 역사적 복수라는 주장도 근거가 없다. 보다 설득력 있는 설명은 모스크바국 정권이 의도적으로 그리고 체계적으로 스텝 지대를 정복하기 위한 전략을 세웠다는 것이다. 카잔의 정복 이전에도 모스크바국 사람들은 이미 몇 차례 그 방향으로 진격했으며, 고국에서 멀리 원정하는 데 뒤따르는 보급의 어려움을 인식하고, 공격의 전초기지로 스비야즈크에 요새를 건설했다.

　그러나 확대를 위해 사전에 기획된 계획이라는 이러한 관점은 정복 이전에 모스크바와 카잔이 상호 정치에 얼마나 깊이 얽혀 있었는지를 밝혀낸 연구들에 의해 복잡해진다. 킵차크한국 시기, 그리고 어느 정도는 그 이전부터, 루스는 스텝 지대의 외교 및 교역에 전면적으로 참여하고 있었다. 타타르 지배의 시기를 통해, 그들은 유라시아 교역로와의 연결이 가져다주는 이익을 인식하게 되었다. 외교 사절단과 공公 신분을 가진 인질들의 지속적인 교환 속에서, 카잔과 모스크바는 서로의 내정과 대외정책의 방향에 개입하려는 시도를 오랫동안 해 왔으나, 기본적으로 상대의 존

18　"명백한 운명"(Manifest Destiny): 1840년대 중반에 미국이 내걸었던 기치로서 강력한 팽창주의의 배경이 되었다.

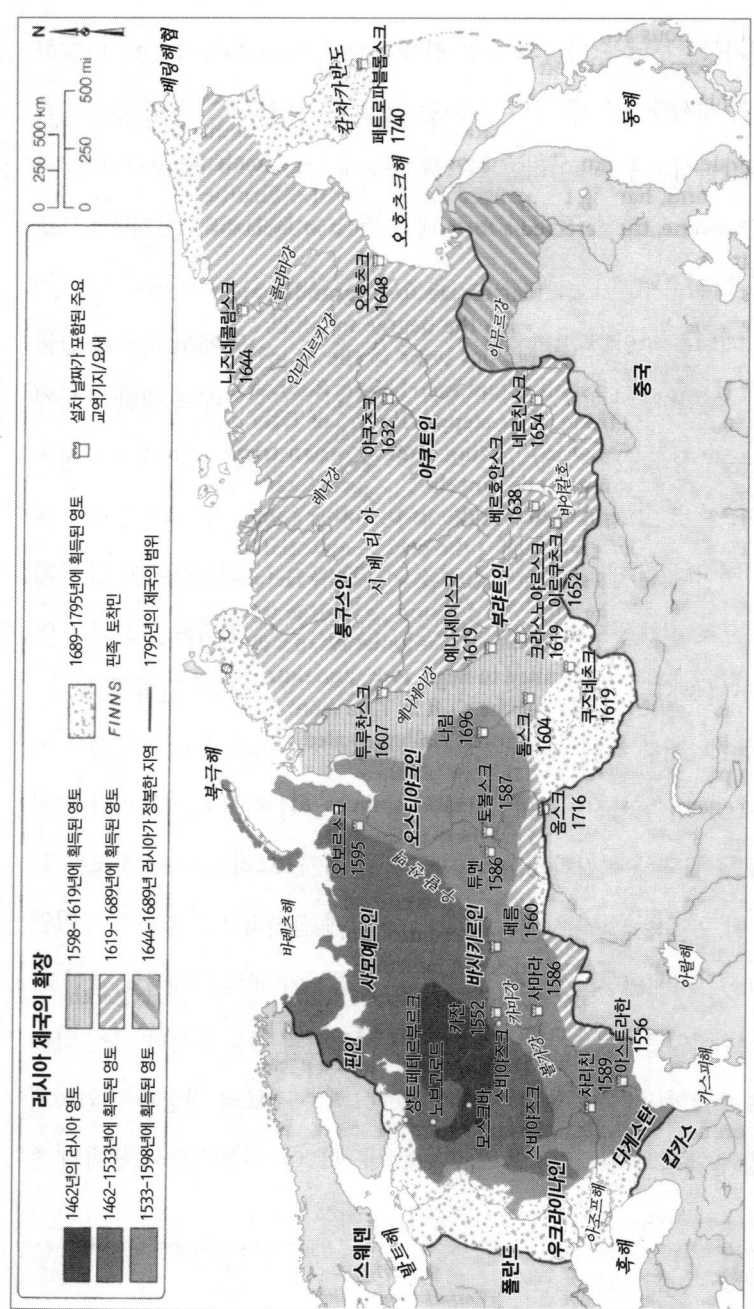

지도 2.1. 러시아 제국의 확대

재 자체에 대한 권리를 부정하지는 않았다. 모스크바가 마침내 카잔을 포위하고 그 칸국을 병합하기로 결정하게 된 것은 카잔의 제위에 우호적인 파벌을 앉히려는 책략이 좌절된 이후였다. 꼭두각시 칸국을 조종하려는 시도(이것은 패권에 한정된 정책으로 간주될 수 있다)와 노골적인 제국의 정복 사이의 구분은 나중에는 미세한 차이로 보일 수 있으나, 1552년에 있었던 바 '스텝 정치'의 동등한 참여자로부터 정복과 지배로 전환한 사건은 차르국tsardom의 대외정책에 있어 뚜렷한 단절을 의미했으며, 향후의 행로를 예고하는 것이기도 했다.[23]

일반적으로, 모스크바국의 외교 사료들은 동방의 이웃 및 교류 상대국들에 대하여 종교적 적개심을 거의 드러내지 않는다. 브라이언 보에크Brian Boeck가 지적하듯이, "17세기 말까지 모스크바 제국과 오스만제국 간의 관계는 '사랑'과 '우의'의 언어로 표현되었다."[24] 심지어 성직자들의 문헌에서도, 스텝 지역 세력과의 투쟁을 정교회와 이슬람 간의 전쟁으로 묘사하는 논쟁적인 표현은 15세기 중엽이 되어서야 비로소 등장하며, 이것은 16세기 중엽에 카잔 정복과 더불어 한층 강한 색조를 띠게 되었다. 마카리 대주교는 카잔 원정에서 전사한 자들에게 "순교자의 관"을 하사하며 그들을 축복했고, 이 전투를 기념하여 그려진 대형 성상화聖像畵인 〈하늘에 계신 차르의 군대는 복되도다(Blessed Is the Host of the Heavenly Tsar)〉는 이러한 약속을 형상화했다. 이 성상화에는 천사들이 성모 마리아와 예수의 손에서 직접 관冠을 받아서 승전 후 모스크바로 귀환하는 전사자 영웅들에게 날아가서 전달하는 장면이 묘사되어 있는데, 여기서 모스크바는 요한계시록에 등장하는 '새로운 예루살렘'으로 그려져 있다.[25]

그럼에도 불구하고, 이런 "문명 충돌clash of civilizations"이라는 개념은 스텝 지대와 그 주민들과의 교류에 있어 보다 실용적인 접근 방식을 완전히 대체하지는 못했다. 모스크바국 군대가 이슬람교, 샤머니즘, 나아가 불교 문화권 안으로까지 진입함에 따라, 그들은 협약 체결 시 각 당사자가 자신들의 신 혹은 관습에 따라 서약하도록 하는 관행을 유지했는데, 이것은 차이를 기꺼이 수용하고 인정하며, 다양한 형태의 신을 통해 순응을 끌어내고자 하는 실용적 태도를 보여 주는 것이었다. 이런 목적을 위하여, 무슬림인 신민들 및 정치체와의 상호 구속력 있는 맹세를 손쉽게 하도록 크렘린에는 쿠란 사본이 보관되었다. 마이클 호다르콥스키Michael Khodarkovsky의 연구가 보여 주고 있듯이, 모스크바국의 대외정책 목표가 공동 참여에서 정복과 지배로 전환되자, 당국은 스텝 지대의 관습에 대한 면밀한 이해를 바탕으로 결과를 자신들에게 유리하게 조작할 수 있었다. 호다르콥스키의 설명에 따르자면, 다게스탄의 샴칼Shamkhal[19]이나 카바르디아Kabardia의 군주들이 차르와 협약을 체결할 때, 이들은 러시아-타타르 조약과 같이 전통적으로 대등한 주권자들 간의 조약을 체결했다고 인식했으나, 러시아 측은 일관되게 이 조약을 약한 자들이 강대한 러시아군주에게 탄원한 것으로 번역하고 해석했다.[26]

러시아의 확대가 전부 크렘린의 고의적 정책에 기인한다고 쉽게 단정지을 수는 없다. 오히려 일부 학자들의 해석은 그와 정반대되는 설명을 제시하며, 확대의 주도권이 아래로부터, 즉 본능적으로 가만히 있지 못하고

---

19 샴칼(Shamkhal): 8~19세기에 다게스탄과 캅카스 북동부의 쿠미크인 통치자들이 사용한 칭호이다.

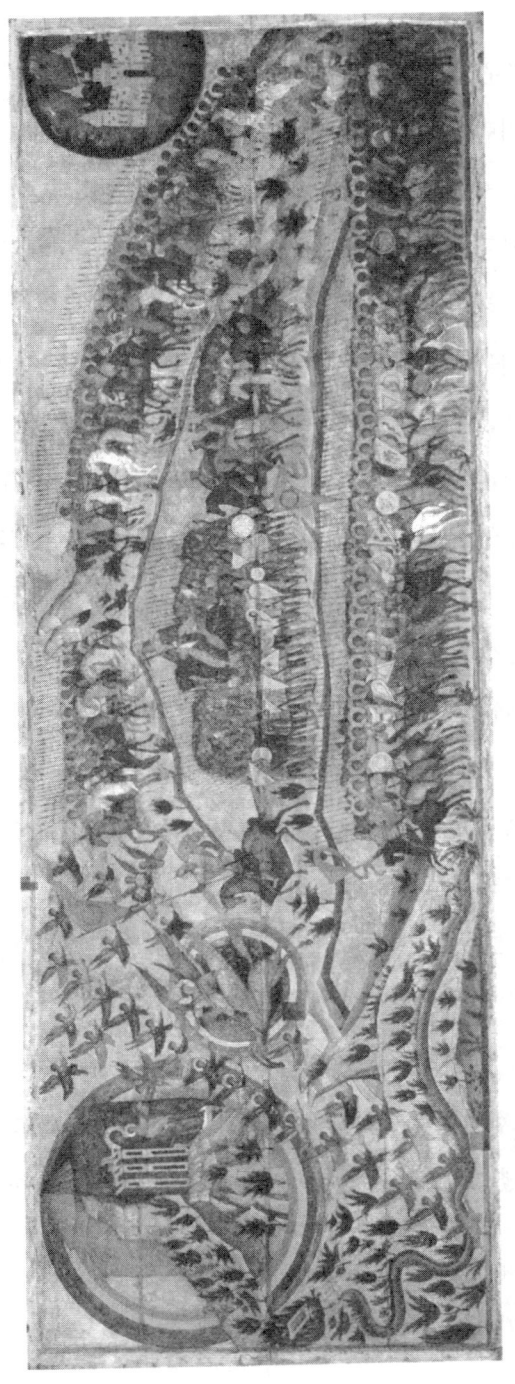

〈하늘에 계신 차르의 군대는 복되도다〉. 1550년대에 크렘린 럼은 성내의 도미션 성화로서, 성정의 역사적 시간, 지상의 역사적 시간, 종말의 시간이라는 세 가지메를 동시에 표현하고 있다. 우측에 불타는 도시는 소돔과 고모라, 1552년 정복 당시의 카잔, 그리고 다가올 종말의 도시들을 나타낸다. 왼쪽에 성북으로 흘러내리는 도시는 예루 살렘, 모스크바, 그리고 「요한계시록」에서 예언된 "새 예루살렘New Jerusalem"을 나타낸다. 성모 마리아와 아기 예수는 전사한 병사들에게 순교자의 관을 나눠주고 있다.

모험심이 강한 자유로운 기질의 카자키, 사냥꾼들, 탐험가들로부터 비롯되었다고 주장한다. 이런 구도에서 국가는 이 통제할 수 없는 선봉대를 무작정 따라다니며, 예상치 못한 이득을 챙기고, 다루기 힘든 신민들을 보호하기 위해 최선을 다했다. 이를 잘 보여주는 사례로서, 최초로 시베리아로 진출한 것으로 유명한 카자크 지도자 예르마크Yermak[20]는 차르의 허가를 받지 않은 채 우랄산맥을 넘어갔다. 사실상 예르마크와 그의 부하들은 무법자들이었으며, 볼가강과 흑해 연안에서 해적 행위로 수배된 자들이었다. 그들은 차르의 명시적인(그러나 양면적인 해석이 가능한) 명령을 어기면서 시베리아로 진격했다. 이반 4세는 표면적으로는 그들에게 산맥 너머의 부족민들을 자극하지 말라고 경고하면서, 만약 그들이 러시아인에 대한 공격을 유발한다면 자신의 진노를 피할 수 없을 것이라고 했다. 그러나 만일 그들이 시베리아인들을 성공적으로 제압할 수 있다면, 이반은 마치 노련한 상인처럼 자신이 그 결과를 재고할 수 있을 것이라고 말했다. 결국 예르마크와 그의 카자크 무리는 1581년부터 1582년에 걸쳐 시비르 칸국의 타타르인들을 격파하고, 통치자로 있던 칸을 요새에서 축출했다. 그들은 러시아의 전초기지인 토볼스크를 건설했고, 곧 차르로부터 공식적인 승인과 지원을 얻게 되었다.

카잔과 토볼스크의 두 사례는 위와 아래로부터의 공동 주도, 곧 국가 기획자들과 자발적 모험가들의 협력이 우연과 행운과 혼합되어 모스크바국의 확대를 이끌어 냈음을 보여 준다. 이러한 정복의 발걸음을 뒤따라,

---

20 예르마크: 예르마크 티모페예비치라고도 한다. 러시아의 서부 시베리아 정복 시기에 카자크 지도자로 활약한 인물이다.

러시아 본토로부터 이주민들이 시베리아로 유입되었는데, 이것은 다시 개인적 야망과 국가적 명령이 혼합된 방식으로 이루어졌다. 농노제의 굴레가 점차 강화되던 러시아 내에서, 농민들은 더 자유로운 삶의 기회를 좇아 광활한 시베리아로 도피했다. 동시에 당국은 범죄자들을 시베리아로 유형流刑 보내기 시작했는데, 17세기 초부터 이런 정책이 일석이조의 결과를 얻을 수 있음을 인식했다. 즉, 범죄자를 제거함과 동시에, 새로운 영토에서 러시아인 인구를 증가시킬 수 있었던 것이다. 모스크바국 사회에서는 외국인들이 일정한 역할을 부여받았던 것처럼, 유형된 자들도 시베리아로 보내어진 즉시 국가 봉직체계에 편입되었다. 이들은 본국에서 수행하던 직능에 상응하는 역할을 맡아 군대에 입대하거나, 총독 관청에서 일하고, 도시와 교회, 방어진지를 건설했으며, 농경이 가능한 토지를 경작했다. 이와 같이, 시베리아는 자유의 상징인 동시에 유형의 장소라는 이중적 의미를 지니게 되었다.

러시아의 확대 동기에 대해 고려해야 할 또 다른 두 가지 요인은 이윤 추구와 선교이다. 이 중 이윤 추구는 보다 직접적이며, 러시아의 정복을 확실히 촉진한 요소였다. 혹독한 추위와 척박함에도 불구하고, 시베리아는 풍부한 천연자원과 중국 및 중앙아시아의 상업 중심지로 연결되는 통로로서의 가능성이라는 이중의 매력을 지니고 있었다. 모스크바국 사람들이 가장 먼저 추구한 것은 시베리아 담비, 여우, 특히 귀중한 흑담비의 풍성한 모피였다. 동쪽의 시베리아로 러시아가 확대한 동기는 대부분 작고 털이 많은 동물을 찾기 위한 것이었다.[27] 시베리아가 오랜 세월 동안 천연자원의 공급지였다는 사실을 되새기며, 알렉산드르 옛킨트는 흥미로운 지적을 하고 있다. 그는 모피 무역이 시베리아의 석유 및 가스 채굴과 유사하다고 본다. "국가는 이들 자원에 의존함으로써 인구를 불필요한 존재로 만든다. 이러한 자원의 채굴, 저장, 운송은 자유보다 안보를 중시하게 만든다. 이들 자원에 대한 의존은 자연환경과 문화 환경 모두를 파괴한다. 그리고 수 세기 전에 모피가 그러했듯이, 오늘날 석유 역시 배럴 단위로 계산된다."[28] 그러나 16세기와 17세기 무렵, 모스크바국 당국은 전혀 다른 계산 방식에 따라 움직였다. 당시에는 복속된 토착민 인구가 러시아의 목표 달성에 필수 불가결한 존재였다. 차르 정부의 칙령들은 제국의 봉직자들에게 부여된 과업이 토착민을 제압하고 '야사크iasak'[21]라 불리는 연례 모피 공물을 징수하기 위한 것임을 명확히 하고 있다. 모스크바에서 내려온 지침은 "야사크 백성들을 차르의 강대한 권력 아래로 복속시키고," 그들에게 충성을 맹세케 한 뒤, "야사크 백성들을 보호하고" "부드럽게 대할 것"을 일관되게 강조하였다.

시베리아의 토착 사냥꾼들과 덫 사냥꾼들을 선의로 대우하고, 그들의 고유한 삶의 방식을 보호하며, 차르의 보호 아래에서 정의와 자비를 보장하는 것은 모스크바의 제국 통치 전략과 비전에 있어 중요한 요소였으며, 널리 홍보되었다. 예를 들어, 새로 즉위한 차르 보리스 고두노프는 1599년에 시베리아 관료들에게 현지 주민들을 소집하여 그들에게 자신의 선의, 진심 어린 보호, 그리고 그들이 어떠한 곤궁이나 억압도 겪지 않기를 바란다는 뜻을 전할 것을 명했다. 차르는 "그들이 소도시나 원형 텐트, 각 지방

---

21 '야사크(iasak)': 제정 시대에 수렵생활을 하던 비러시아계 민족에게 부과된 현물세를 일컫는다. 흑담비, 여우, 비버 등의 모피류, 때로는 가축으로 바쳤다.

과 구역에서 세금 없이 평화롭게 살아가도록 할 것"이라고 약속했다. 또한 그는 자신의 목표가 "그들이 평화롭고 조용하며 … 즐겁게 살아가도록 하는 것"이라고 하면서, "그들의 들판이 우리에게 수익을 가져다줄 것이다."고 말했다.[29] 그로부터 50년 후에, 탐험가 표트르 베케테프Petr Beketev는 자신의 임무가 "전쟁이나 폭력이 아니라 선으로 접근하며," "아직 평정되지 않은 토착민들의 땅을 위대한 차르의 손 아래에 가져다주고, 그들을 차르에게 불러 모아 온화하게 다스리며, 자비로우신 신의 뜻에 따라 큰 기쁨으로 차르를 위하여 그들로부터 야사크를 징수하는 것"임을 이해하였다. 나아가, 그는 토착민들에게 자기들 땅에서 안전하게 머무를 수 있다는 것을 보증해야 했다. 즉, "그들은 자신들의 경계 내, 셀렝가강과 바이칼호, 그리고 킬카강 유역을 따라, 아무런 염려 없이 살아갈 것이다."[30]

물론 이러한 자애로운 계획이 실제 현실을 온전히 반영하는 것은 아니었다. 시베리아 토착민들로부터 모피를 징수하려는 초기의 시도에서, 앞서 말한 베케테프는 부랴트족, 퉁구스족, 그리고 야쿠트족 등 여러 집단이 "군주의 강력한 손 아래 들어가기를 원치 않았다."고 보고했다. 이에 따라 그는 부하들과 함께 무차별적인 발포를 통하여 저항하는 자들을 살해했으며, 한 차례 충돌에서 40명, 또 다른 충돌에서는 90명이 사망했다고 기록했다. 한 무리의 야쿠트족이 의무적인 공물 납부를 거부하자, "신의 자비와 차르의 행운으로 [베케테프의 병사들은] 한 군데의 요새를 점령할 수 있었고, 그 안에 있던 20명의 지도자를 살해했다." 그들이 나머지의 요새화된 거점을 정면 공격으로 점령하는 데 실패하자, "그들은 야쿠트 사람들이 그 안에 있는 상태에서 요새에 불을 질렀다."[31] 학살과 참혹한 살육에 대하여 많이 보고되었고, 러시아의 제국적 확대는 정복과 식민화에 수반되는 의도된 결과와 의도치 않은 결과를 모두 포함한 갖가지 참혹한 양상을 내포하고 있었다. 토착민 공동체는 질병으로 황폐해졌으며, 모피 동물의 과잉 포획으로 개체 수가 급감하고 일부 종은 멸종 위기에 처했다. 이주민들은 토지를 수탈했고, 동물과 인간의 이동 경로가 단절됨으로써 토착민들의 생계 기반이 강탈당했다. 토착민들은 노예화되었고, 여성들은 주로 남성 중심인 러시아 정착민들에게 "아내"로 납치되거나 매매되었다. 이처럼 실상은 결코 아름답지 못했다.

그러나 바로 옛킨트가 제기한 논리에 따르면, 토착 인구는 결코 불필요한 존재가 아니었다. 차르는 덫 사냥꾼, 안내자, 통역사, 그리고 노동자로서 토착민들을 필요로 했으며, 나아가 그들이 비러시아인의 삶의 방식과 정체성을 유지하기를 원했다. 행정 절차상의 특이 사항에 따라, 오직 비기독교도 토착민들만이 '야사크'의 부과 대상이었으며, 일단 개종하게 되면 그들은 자신의 출생 시의 공동체를 떠나야 했고(이는 종교적 "퇴보"의 위험이 지나치게 크다고 여겨졌기 때문이었다), 러시아 정착지로 이주해야 했다. 요새 안에서 세례를 받고 기독교식 이름을 부여받은 개종자들은 러시아 인구에 편입되어 모피로 바치는 '야사크' 대신 화폐로 납부하는 일반 조세 체계의 적용을 받았다. 일단 개종하고 동화된 이들은 더 이상 모피의 제공자로서 유용하지 않게 되었다. 따라서 관리들이 변경의 대리인들에게 토착민을 선의로 대하라고 명령하고, 설득하며, 위협했던 것은 그렇게 할 만한 실질적 이유가 있었기 때문이다. 또한 실용적이면서도 이념적 측면에서, 토착민들이 전통적 환경 속에서 그들 고유의 방식으로 보호받으며, 사냥꾼과 덫 사냥꾼으로서의 기술을 발휘하도록 장려하는 데에는 충분한 이유가 있었다.

서론에서 설정한 피정복민들에 대한 제국의 네 가지 접근 유형의 도식으로 되돌아가서 생각해 보자면, 모스크바국은 새로운 신민들을 '말살'할 아무런 동기를 가지고 있지 않았음을 알 수 있다. 네 가지 선택지 중 또 다른 하나인 동화同化의 경우에도, 이것은 야사크의 징수 가능성을 감소시키기 때문에 당국의 이해관계에 부합하지 않았다. 이 중요한 사실은 러시아 제국 확대의 동기를 탐구하는 과정에서 남아 있는 하나의 갈래, 즉 종교적 사명 내지 선교의 문제로 우리를 다시 이끈다. 제국과 복음 선교는 종종 나란히 전개되었기에, 역사가들은 러시아의 경우에도 그러했을 것이라 추정해 왔다. 실제로도 모스크바국의 정복과 확대를 다룬 기록들은 정교회 신앙, 신의 섭리, 암흑의 세계에 대한 깨우침에 대한 기도로 가득차 있다. 그러나 이러한 사료들은 우리가 '예상하는' 의미가 아닌, 그들이 실제로 의도한 바를 파악할 수 있도록 신중하게 읽을 필요가 있다.

종교 저술가들과 세속 저술가들은 제국적인 모험을 신과 차르의 영광을 땅끝까지 확산하는 원정이라고 다 함께 칭송했다. 예를 들어, 토볼스크 대주교의 휘하에 있었던 성직자 삽바 예시포프Savva Esipov는 1636년『예시포프 연대기』를 저술했다. 예시포프의 설명에 나오는 영웅은 앞서 언급한 바 있는 용감한 평민이자, 인민의 사나이인 카자크 예르마크 티모페예비치Yermak Timofeevich이다. 예시포프의 서술에 따르면, 예르마크는 신의 뜻을 담대하게 실현하고 있다.

하나님께서는 자신의 택하신 이를 보내어, 땅을 정화하고, 이교도인 쿠치움 칸을 정복하며, 가증스러운 신들과 그들의 불경스러운 신전을 파괴하게 하셨다. … 하나님께서는 유명한 인물들, 곧 차르의 장군들이나 지휘관들 가운데서가 아니라, 티모페이의 아들이자 카자키의 대장인 예르마크를 지도자로 택하셨다. … [그와 그의 부하들은] 하나님의 도우심으로 저주받은 이교도들에 대한 승리를 거둘 때까지 머리를 누이고 쉬지도 않았고, 눈을 붙이지도 않았다.

예시포프는 시베리아가 "신의 뜻에 따라" 그리고 "아타만인 티모페이의 아들 예르마크와 그의 용맹스럽고 탁월한 동지들에 의하여 소집되고 인도된 러시아군대에 의해" 정복되었다고 주장한다.[32]

그러나 이 시기에 이런저런 문헌들에서 실제 개종에 대한 언급은 놀라울 정도로 드물다. 일관된 목표는 명확히 "저주받은 이교도들"을 복속시킴으로써 "땅을 정화"하고, 그들이 하나님과 차르의 위대한 권세와 영광 앞에 머리를 조아리게 하는 데 있었다. 정교회 차르에 대한 그들의 충성심은 개종함으로써가 아니라, 차르에 대한 복종을 공공연히 맹세하고 야사크를 납부함으로써 표현되어야 했다. 정교회가 비추는 빛은 땅 위에 널리 퍼질 것이었으나, 이것은 본래 개종자 무리를 모아서 되는 것이 아니었다. 오히려 그 빛은 러시아의 식민화와 통치가 낳은 자연스러운 부산물인 것이다. 예시포프는 계속해서 시베리아의 기독교화 과정을 다음과 같이 서술했다. "러시아의 카자키는 그곳에 도시를 건설하고, 하나님의 성스러운 교회들이 세워졌다."[33] 러시아 도시들과 교회, 그리고 정착민들만으로도 그 땅을 기독교화하기에 충분했다. 개종은 전혀 필요하지 않았다.

약 60년 후에, 또 다른 시베리아 연대기 저자 세묜 레메조프Semyon Remezov는 "온 시베리아가 하나님에 의해 영화롭게 되었고, 하나님의 진리에 의해 확증되었으며, 교회들로 장식되고, 영원한 영광 가운데 도시들과 정착지들로 채워졌다."라고 선언했다. 그는 예르마크의 시베리아 도착 사건이 이 땅에 "형언할 수 없는 기쁨의 빛"을 가져왔다고 가정하면서, "마치 한 마리 독수리가 자신의 둥지인 시베리아를 자신의 새끼들로 뒤덮고, 각 도시에 자신의 영광의 깃털을 하나씩 나누어 준 것과도 같았다."[34]라고 서술했다. 이러한 점묘법點描法과도 같은 기독교화의 비전 속에서, 모스크바국의 연대기 저자들은 시베리아 전역과 그 토착 인구 전체의 기독교화가 아니라, 오히려 '공간상의 지점들'의 기독교화에 만족감을 가졌다. 이 지점들 각각은 러시아의 전초기지이자 정착지들이며, 각 지점은 러시아 정교를 믿는 식민지 정착자들에 의해 성스럽게 되었다. 이러한 러시아 거점들의 신성함은 정교회의 "영원한 영광 가운데 있는 교회들과 … 도시 및 정착지들이" 세워짐으로써 공고해졌다. 이러한 과립형顆粒形이자 비동질적인 기독교 제국의 모델은 레메조프가 제시한 '기독교적 영광의 독수리 깃털'이라는 비전에서 시각적으로 표현되었다. 영광의 빛은 신성한 중심에서부터 시베리아 전역의 고립된 각각의 개별 도시들로 방사선처럼 퍼져 나가는 것으로 생각되었다.[35]

정복 이후에 선교사들이 간헐적으로 뒤따라가기는 했지만, 모스크바국의 확대에서 선교적 열의는 주된 동기가 아니었다. 모스크바국 사람들은 제국이란 자기들의 정치적·종교적 우월성이 확립될 수 있는 지역이라고 생각했는데, 그것은 그들의 지배권을 선포하고 강제하는 산재한 전초기지들을 통하여 실현되었다. 기지 이외의 나머지 지역에 있는 다양한 부족, 신앙, 관습의 존재는 그러한 다양한 민족들로부터 충성스러운 복종을 끌어낼 수 있는 기독교 군주의 위대함을 더욱 부각시키는 역할을 했다. 바시키르Bashkir 씨족의 어떤 지도자는 카잔 정복이 이루어진 바로 그 해에, "백인 군주", 즉 차르가 다음과 같은 칙령을 내렸다고 회고했다. "아무도 도망치지 말고, 모두가 자기의 신앙과 관습에 충실하라." 그 지도자가 충성을 맹세하는 서약shert과 함께 담비의 모피를 공물로 바치겠다는 약속을 하자, 차르는 그에게 "특허장iarlyk과 식량, 비단 옷감"을 하사하고, "귀족 작위"를 수여했다.[36] 이처럼 다양한 인구와 다채로운 지형은 모스크바국의 제국적 위상을 부각시키고, 정교회 러시아의 부를 축적하는 기반이 되었다.

1630년대가 되면, 모스크바국 권력은 유라시아 전역을 가로질러 태평양 연안까지 확대되었다. 또한 17세기 동안 모스크바국은 남서부의 우크라이나 지역 및 폴란드—리투아니아연방의 복잡한 정치에 점차 깊숙이 개입하게 되었다. 특히, 우크라이나 변경 지역에서 카자키가 지배하던 영토를 편입한 사건은 모스크바의 동방 진출에 대한 우리의 연구를 보완하는 유용한 사례를 제공해 줄 수 있다. '우크라이나Ukraina'라는 명칭은 원래 변경 또는 국경 지역을 의미하며, 모스크바국 시대 전반에 걸쳐 이곳은 지역 강국들 사이에서 완충지대이자 경계가 불분명한 회색 지대로 기능했다.

우리의 논의 속에서 간헐적으로 언급되었던 카자키는 그 기원이 타타르와 슬라브의 혼혈 출신의 사람들로서, 16세기 및 17세기 전반에 폴란드—리투아니아연방의 명목상의 통치하에 있었던 러시아, 폴란드, 크림

세묜 레메조프의 『시베리아 정복 연대기』에 수록된 삽화. 본문은 예르마크의 시베리아 도착이 이 땅에 "형언할 수 없는 기쁨의 빛"을 가져왔다고 서술하고 있다. 후광을 지닌 독수리는 기독교 계몽의 광선을 발하여 시베리아 대지를 비추고자 하나, 그 광선은 오직 러시아의 도시와 전초기지들만을 선택적으로 비추며, 그 외의 지역은 여전히 빛이 닿지 않은 채 남아 있다. 삽화 하단에 위치한 대도시는 시베리아의 중심지인 토볼스크Tobolsk이다.

사이에서 느슨하게 통치된 변경 지대에서 무리를 형성했다. 그들은 자유인들로 행세했으며, 종종 지역의 경쟁국들 중의 어느 한편에서 용병 혹은 보조 전력으로 가담하곤 했다. 역사가 브라이언 보에크는 "카자크가 가진 초기의 정체성은 공통의 언어나 혈통을 기반으로 정의된 것이 아니라, 공통적인 관심사에 의해 형성되었다."고 서술하면서, 그러한 관심사란 "관료제에 반대하고 평등주의적 정치체계에 대한" 헌신이었다고 설명했다. 카자크는 '볼리야volia', 즉 자유에 대한 헌신을 통해 자신들의 삶의 방식을 규정했는데, 그 자유란 곧 규율과 등록으로부터의 자유, 징집과 농노제로부터의 자유, 자신들의 지도자를 자율적으로 선출하고 모든 사안에 있어 스스로 판결할 수 있는 권리를 의미했다. 그들의 기본적 가치 체계는 여러 측면에서 모스크바국을 구성했던 제 요소들과 극명한 대조를 이루었다. 그럼에도 불구하고, 보에크는 통찰력 있는 연구를 통해, 역설적으로 모스크바국이 여러 면에서 카자키가 생겨나도록 했으며, 그들의 자유를 유지시켜 주었음을 입증한다.

16세기부터 모스크바국 사람들(경쟁 관계에 있는 폴란드인들과 마찬가지로)은 지역 경쟁 세력들에 대항하여 자기들을 위해 싸우도록 카자크 군단과 계약을 체결했지만, 가능하면 그들의 약속은 문서로 남기지 않았다. 보에크의 표현에 따르면, 이러한 '장부 외 거래' 방식은 정권이 이후 발생할 수 있는 폭력 사태에 대해 "그럴듯한 부인의 가능성plausible deniability"을 남겨놓을 수 있도록 해 주었다. 이처럼 비밀리에 진행된 방식 덕분에, 카자키는 러시아가 폴란드, 크림, 오스만과의 경쟁에서 활용할 수 있는 값진 무기가 되었다. 이처럼 양측 모두에게 유리한 거래를 유지하기 위해, 국가권력은 카자키의 예외적 지위를 수용했고, 카자키는 이런 상황에서 이익을 짜냈다. "위대한 군주들의 자비에 의해 우리 군단은 자유민들로 구성되어 있으며, 서로 도와가며 살아가고 있다."[37] 보에크는 "이 계약의 구체적 조건은 시간이 지나면서 변했고, 카자크 정체성의 윤곽 또한 크게 달라졌지만, … 카자키와 차르의 보통 신민들 사이의 구분은 20세기까지 지속되었다."고 지적한다. 우리는 보에크의 입장을 강력히 지지하지만, 그의 이러한 평가에 전폭적으로 공감할 수는 없다. 즉, 우리는 카자키가 제국 내에서 그들이 향유한 "별도의 거래"와 그들 자신의 문화에 의해 정의된 독특한 공동체로 존속했다는 의미에서, "차르의 보통 신민들"이었다고 덧보탤 수 있는 것이다. 어떤 집단은 이런 거래로부터 다른 집단보다 불이익—예를 들어, 인구의 약 90퍼센트를 차지하던 러시아 농민들은 농노제라는 가혹한 조건 아래 고통을 받았으므로, 이것은 명백히 불공정한 거래였다—을 받았다. 그러나 모든 집단은 각기 다른 계약으로 얽힌 이질적 집합체, 곧 별도의 거래들로 이루어진 제국의 일부였다.[38] 제12장에서 살펴보겠지만, 300년 이상이 지난 후, 보리스 옐친 대통령 시기에 약화된 포스트 소비에트러시아 또한 이와 유사한 방식으로 지역의 주지사들에게 특정 특권을 부여하고 특별한 합의를 함으로써 그들의 지지를 얻으려 했다.

모스크바국 지도부는 카자키와의 물밑 거래에서 강력한 인접국들과의 공개적인 전쟁에 비해 저비용이며 안전한 대안을 발견했다. 보에크의 서술에 따르면, "모스크바국은 대체로 스텝 지대에 대해 위험을 회피하는 정책을 추구했으며," "남부에서의 주된 목표"는 "무제한적인 확대"가 아니라 "신중한 합병"이었다. (이것은 보에크가 보다 논쟁적인 학자들이 자주 사용하곤 하는 획일적 해석에 대한 대안으로 제시한 이성적인 독해이다. 예컨대, 노먼 데이비스Norman Davies는 러시아의 영토 정복에 대한 "탐닉"을 "'정치적 폭식증bulimia politica'의 극단적 사례, 이른바 '개의 허기canine hunger'처럼 더 많은 이웃의 살과 피를 먹고 마셔야만 생존할 수 있는 생명체의 심각한 영토적 비만"이라고 묘사한 바 있다. 보에크는 이러한 무분별하고 몰역사적인 묘사를 강하게 반박한다.)[39] 그러나 모스크바의 조심스러운 대립 회피 전략은 유지하기 어려운 것이었고, 모스크바가 (시베리아 타타르인들을 자극하지 않고자 했던 이반 4세의 행보에서도 이미 볼 수 있는 바와 같은) 자국의 위험 회피적 성향과 확대의 기회 사이에 저울질하게 되었던 일련의 복잡한 사건을 거치며, 1650년대 중반에 이르게 되면, 우크라이나 동부 지역은 정교도 차르의 제국적 영향권 안으로 편입되었다.

이후 수십 년에 걸쳐 제국적 병합과 관련된 문화사는 기묘할 정도로 예상 밖으로 전개되었다. 모스크바가 가톨릭적인 폴란드–리투아니아의 지배하에 있었던 지역으로 지배력을 확대하는 동안에, 우크라이나의 성직자들은 대거 북쪽으로 물밀듯 밀려들어 정교하고 세련된 바로크 양식과 사상, 교육 모델을 가져옴으로써 그런 모델이 러시아 문화의 규범으로 재빨리 자리매김하게 되었다. 학식 있는 이 성직자들은 '러시아성Russianness'과 '정교회Orthodoxy'라는 범주를 명확하게 하고, 양자 간의 중첩 및 포함과 배제를 분명히 함으로써 러시아 민족 개념의 형성에 결정적인 역할을 했다. 역사가 세르히 플로히Serhii Plokhy가 언급했듯이, "키예프와 모스크바 엘리트 간의 접촉 속에서 이루어진 민족성과 제국적 국가성 개념을 둘러싼 복잡한 논의는 러시아의 제국적 정체성의 형성에 결정적으로 작용했을 뿐만 아니라, 나아가 '러시아의 발명invention of Russia'이라는 현상에 있어서도 중대한 의의를 지닌다."[40] 키예프–모힐라Kyivan-Mohyla 아카데미 전통에서 배출된 저술가들은 "소러시아Little Russia"라는 우크라이나적 정체성을 "전 러시아All–Russia"라는 광범위한 범주에 귀속시키면서, 포괄적인 러시아의 정체성을 주장했다. 그들은 볼로디미르 대공(중세 통치자인 블라디미르)으로부터 시작하여, "그의 경건한 루테니아 국가rossiskiia derzhava의 계승자들을 거쳐, 마침내 가장 영화롭고 경건하신 우리 주권자 차르이자 대공인 알렉세이 미하일로비치, 전 러시아와 소러시아와 백러시아의 전제자(autocrat of all Great, Little, and White Russia)"[41]에 이르는 연속적인 계보를 추적했다. 따라서 모스크바가 독립적인 카자크 공동체의 형성에 관여하는 동안에, 우크라이나 성직자들은 '러시아'라는 개념을 발전시켰으며, 그 형성 과정에 심대한 영향을 끼쳤다.

1654년에 우크라이나("소러시아")[22], 그리고 1655년에 빌뉴스[23]("백러시아")가 병합됨으로써, 제국적인 주장은 더욱 강화되었고, 군주 알렉세이 미하일로비치 Aleksei Mikhailovich 차르는 "대러시아, 소러시아, 백러시아 전체의 차르"[42]로 선포되었다. 그는 자신이 통치하는 수많은 영토를 열거하는 데서 커다란 자부심을 느꼈다. 이반 3세의 국새에서 볼 수 있는 비교적 간결한 목록에 비해, 알렉세이의 칭호는 크게 확대되었다. 그는 "신의 은총으로 전全 러시아, 블라디미르, 모스크바, 노브고로드의 주권적 차르이자 대공, 카잔의 차르, 아스트라한의 차르, 프스코프의 군주, 그리고 스몰렌스크, 트베리, 유르고르스크, 페름, 뱌트카, 볼가르 등지의 대공, 니즈니 노브고로드 지역, 체르니고프, 랴잔, 폴로츠크, 로스토프, 야로슬라블, 벨로제로, 리플란드, 우도르스크, 옵도르스크, 콘딘스크의 대공, 시베리아의 모든 땅, 그리고 위대한 오브강의 통치자, 북방의 영토의 통치자이자 수많은 기타 영토의 군주"로 칭송되었다.[43] 1667년에 채택된 알렉세이 미하일로비치의 국새國璽는 날개를 들어 올린 쌍두독수리를 중심 도상으

---

22 1654년에 우크라이나("소러시아"): 1654년 우크라이나 병합은 그해 1월에 모스크바국과 카자크 군단 사이에 체결된 페레야슬라프조약에 따른 것이다. 이 조약의 원본이 남아 있지 않기 때문에, 우크라이나의 카자키가 러시아에 복속을 맹세했다는 입장과 단기적인 군사동맹이었을 뿐이라는 입장이 논란이 되고 있다. 이 문제는 2022년에 발발한 러시아─우크라이나 전쟁의 중요한 배경 중의 하나가 되었다.

23 빌뉴스: 1654년 페레야슬라블조약에 대한 반응으로서 폴란드─리투아니아연방은 러시아에 대한 전쟁을 선포했다. 이 연방의 주요 도시 빌뉴스는 러시아군에 점령되었다. 오늘날 리투아니아의 수도이다.

로 삼았고, 그 위에는 카잔, 아스트라한, 시베리아를 상징하는 세 개의 왕관이 올려져 있었으며, 그 외곽은 대러시아, 소러시아, 백러시아를 나타내는 세 쌍의 기둥으로 둘러싸여 있었다.[44] 17세기 후반에 형성된 이런 국가적 비전 속에서, 국가, 정교회, 전제자인 차르, 그리고 제국은 각기 다른 구성 요소들을 포괄하면서도 정당성을 강화하는 정교한 체계 속에서 통합되었다. 제국은 무수히 많은 별도의 협정, 다양한 행정 방식, 조세 및 공물 체계, 지역적 면세와 특권, 양보와 요구 등과 함께, 지역 특수성을 고려하여 호응하는 구분 정책을 통하여 아주 다양한 영토와 민족들을 포섭할 수 있었다.

제3장

제국으로부터
국민국가까지 가는
쉬운 길을 방해하기
:이론적인 간주곡

오늘날 제국주의는 외부의 이질적 강국의 횡포하고 주제 넘치는 지배를 상징하며 명확히 불쾌한 악취를 풍기는 개념으로 인식되지만, 18세기와 19세기의 제국주의에서는 아주 달콤한 향기가 났다. 사실, 앞선 장에서 살펴본 바와 같이, 그리고 이후 장들에서 더욱 분명히 드러나겠지만, 러시아는 스스로를 제국으로 자리매김하고자 부단히 노력했으며, 세련된 이웃 국가들에 뒤처지지 않기 위해, 또 그러한 국가들로부터 제국으로 진지하게 인정받을 수 있도록 최선을 다했다. 제국은 수천 년에 걸쳐 유라시아 전역에서 주권 권력의 기준을 높게 설정했고, 20세기 초까지도 영광스러운 모델로서의 위상을 유지했다. 그러나 18세기 후반에서 19세기 초에 이르러 새로 등장한 "민족nation"이라는 개념은 이러한 제국 개념에 강력한 도전장을 내밀기 시작했다.[1]

가능하다고 생각할 수 있는 권력관계의 형태에는 제국과 민족만 있는 것이 아니다.[2] 예컨대, 중세 루스에 대해 토론하면서, 우리는 "수장 없는 국가", "은하 정치체", 부족 연합체 혹은 상징적 동맹 등 다양한 대안적 형태를 살펴본 바 있다. 또한 비록 그 실체 파악이 어렵기는 하지만, 분령지

루스 시기에는 "도시-국가" 모델이 유용하게 사용될 수 있다. 우리는 모스크바국 시기에 차르 정권이 남부 변경의 카자크 군단과 같은 "국가 없는 실체"에 전술적으로 의존했던 사실을 주목했다. 이러한 정책으로 차르 정권은 카자키가 오스만과 크림 타타르인들에게 가한 국경 너머의 폭력 사태에 대해 "그럴듯한 부인의 가능성"을 유용하게 사용할 수 있었다. 정치학자 찰스 킹Charles King은 이와 유사한 유용성 전략이 21세기의 포스트 소비에트 지역에 있는 남오세티야, 압하지야, 트란스니스트리아와 같은 미승인 국가들의 미해결 상태를 장기화시키고 있다고 설명한다.[3] 우리가 눈을 크게 뜨고 전통적인 국가 경계 너머를 보면, 다른 비국가적/비제국적 세력의 수는 급격히 늘어난다. 해적, 범죄 연합 조직, 동원된 디아스포라 집단이나 초국가적 종교 운동, 다국적 연합체(예: 유럽연합, 국제연합), 다국적 기업 등은 모두 인력과 자원을 지배하고, 정책에 영향을 미치며, 제국이나 국민국가라는 두 모델 중 어느 하나에도 완전히 부합하지 않는 정치조직 안에서 정도의 차이는 있지만 어느 정도의 강제력을 행사할 수 있다. 그러나 18세기 후반에서 19세기 초 유럽의 맥락 속에서 정치 사상가들과 정치인들은 가장 강력하고 효과적인 국가 형식으로서 국민국가와 제국에 집중했으며, 그 이후에 이 두 모델이 정치사상을 주도해 나가게 되었다.

이 장에서는 연대기적 서술의 순서를 잠시 앞당겨, 러시아가 18세기로 진입함에 따라 전개될 향후의 발전을 예견하고자 한다. 이처럼 시간적인 순서를 벗어나 간주곡과도 같은 서술을 하는 이유는, 이후 장들에서 본격적으로 등장하게 될 주요 용어들과 개념들에 대한 이론을 로드맵처럼 보여 주기 위함이다.

우리는 민족nation에 대해 말할 때, 매우 상이한 두 가지 관점을 지칭할 수 있다. 첫 번째이자 가장 일반적인 관점은 민족을 실재하는 실체로 간주하는 것으로서, 이것은 객관적으로 존재하며, 비교적 동질적이며, 어떻게든 공통의 문화, 관습, 가치 등을 공유하고, 공동의 정체성을 느끼는 사람들로 구성된 집단으로 보는 시각이다. 이러한 관점은 민족주의자들이 민족을 이해하는 방식이기도 한데, 때때로 인간 집단은 이와 같은 "민족성nationness"을 경험하기도 한다. 다른 한편으로, 오늘날 학계에서 더 일반적인 관점은 민족을 훨씬 더 주관적인 개념으로 이해하는 것이다. 즉, 민족은 담론의 산물이며, 공동체를 상상하고 전통을 창조하며, 역사적 과거와 운명을 공유하는 유기적 전체를 구성한다는 관념을 중심으로 사람들을 동원하는 방식으로 이해된다. 여기서 우리는 다양한 지식인, 정치인, 언론인, 작가, 예술가, 그리고 평범한 사람들이 민족을 어떻게 표상하고, 그들이 자기들의 공통된 소속감 및 서로에 대한 애착심(그리고 애정), 그리고 민족 외부에 있는 사람들에 대한 거리감과 적대감을 어떻게 서술하고 사유하며 느끼는지를 살펴보고자 한다.

모든 집단은 시간이 흐름에 따라 스스로 누구이며 누구와는 다른지를 인식하게 되며, 민족이나 종족 집단 또한 예외는 아니다. 그러나 우리가 어떤 유형의 집단에 대해 서술할 때 핵심적인 것은 정확히 말해 스타일과 언어이다. 이것들을 가지고 그들은 자기들이 누구인지를 서술하고 이해하며, 미래에 자기들이 필요한 것을 예측한다. 그들이 공유하는 정체성은 공동의 이해관계에 대한 확신을 낳게 되며, 이로써 민족적 성격에 관한 고정관념이 형성되기도 한다. 근대 초 러시아의 어느 시점과 어떤 장소에서 어떤 백치성자iurodivyi가 다음과 같이 말했다고 전해진다. "우리 러시아인들에게는 빵이 필요 없다. 우리는 서로를 먹고 사니, 그걸로 충분하다."[4] 이처럼, 우리는 러시아인들과 그 밖의 이들이 러시아와 러시아인을 어떻게 정의했는지를 다양한 시기와 맥락 속에서 살펴봄으로써, '인민narod'과 '민족(nation)'이라는 개념이 본질적으로 주어지거나 고정된 실체가 아니라, 항상 형성되고 변화하며 끊임없이 논쟁의 대상이 되는 미완의 과정임을 이해하게 된다. 그러한 과정은 결코 완성되지 않고, 지속적으로 진화하고 있다.[5]

국민국가와 제국은 연속선상에 있는 두 가지 국가 형태라고 생각할 수 있는데, 각각은 현실 세계에서는 존재하지 않는 이상형을 대변한다. 이 둘은 고정적이고 안정적이라기보다는 서로의 속으로 흘러 들어갈 수도 있으며, 시간이 지남에 따라 다른 쪽으로 변모될 수도 있다. 어떤 정치체제의 통치 방식이나 구성원의 집합적 소속감의 인식에 있어서 어느 하나의 형태가 우세를 점하는 경우가 있을 수 있으나, 그러한 우세의 순간은 사라질 수 있으며, 하나의 방식이 다른 방식에 자리를 내줄 수도 있다. 제국——또는 제국주의, 곧 제국의 활동——은 어떤 실체가 아니라, 국가를 통치하는 하나의 방식을 의미한다. 그에 따른 정치적 행위에는 초기에는 다른 국가의 정복과 예속이 포함되며, 나중에는 차등과 종주권을 유지하거나 심지어 이것들을 생산 및 재생산하는 것이 포함된다.

국가기구가 민족과 결합하거나, 어떤 민족이라는 개념으로 상정된 사람들의 의지를 정당성의 근거로 삼을 때, 그 결과는 국민국가라는 개념이 된다. 또한 국민국가는 법 아래에서 평등한 시민단을 창출하고, 가능한 한 모든 차등과 위계질서를 제거함으로써 통치하는 하나의 방식이기도 하다. 우리는 이러한 과정을 "국민화nationalizing"라고 부를 수 있다. 국민국가는 안정적이고 동질적이며 통일된 체제로 보일 수 있으나, 민족적, 하위 민족적, 종교적, 문화적, 혹은 지역주의 운동이 대두할 경우, 서발턴[1] 인구subaltern populations에게는 제국적인 것이라고 인식되기도 한다. 벨기에의 지배적 집단에 동조하는 이들에게 벨기에는 국민국가, 혹은 다민족국가로 보일 수 있으나, 다수인 왈론족[2]의 억압을 느끼는 플랑드르 급진주의자에게 벨기에는 일종의 미니 제국mini-empire으로 생각될 수 있다. '제국'이라는 용어가 벨기에, 조지아, 에스토니아와 같은 소규모 국가들에 대해 사용될 때에는 논쟁이 발생했으며, 이처럼 국민화 중인 국가nationalizing state를 제국이라 칭하는 것은 이상하다고 보일 수도 있다. 그러나 바로 이 국민화 중인 국가가 수행하는 동화적인, 동질화적인, 혹은 차별적인 행위 속에서, 차등과 종속의 관계—여기서 말하는 이것들은 제국적 관계의 구성 요소들이다—가 드러나게 되는 것이다.

어떤 국가가 내부의 차등을 제도화하고, 지배 집단 또는 지배 제도와

---

1 서발턴(subaltern classes): 서발턴(subaltern)이라는 용어는 원래 이탈리아의 마르크스주의자였던 안토니오 그람시가 사회의 하층계급을 지칭하기 위해 사용했던 말이다. "하층민", "하위 집단", "하위 주체" 등으로 번역되기도 하지만, 이런 역어들이 원래의 문제의식을 담아내지 못한다는 생각으로 "서발턴"이라고 그대로 쓰는 경우가 많다. 1980년대 초에 인도의 마르크스주의자인 라나지트 구하(Ranajit Guha)를 비롯한 서발턴 역사학자들은 이 용어를 일반화하여 엘리트 집단 이외의 모든 인도인을 가리키는 명칭으로 사용했다. 따라서 서발턴 역사학이란 역사에 등장하지 않을 뿐만 아니라 자신을 나타낼 만한 변변한 기록도 남기지 못한 수많은 민초들의 역사를 기록하려는, 더욱이 그들의 관점에서 역사를 서술하려는 새롭고도 급진적인 역사학 기획이다.

2 왈론족: 벨기에에 거주하는 켈트계의 한 종족으로서 벨기에 전체 인구에서는 31~32퍼센트이지만, 남부의 왈로니아 지방에서는 압도적인 다수를 차지하고 있다.

그 외의 국민 사이에 위계질서를 유지하면 할수록, 그 국가는 제국이라는 이상형에 더욱 근접하게 된다. 반대로, 국가가 구성원을 동질화하고, 차등과 위계를 축소하며, 통치자를 일반 대중과 동일선 위에 두고자 할수록, 그 국가는 국민국가라는 이상형에 가까워진다. 어떤 국가가 국민국가의 건설 과정에 있는지, 혹은 제국 건설의 과정에 있는지는 사후적으로만 판별할 수 있다. 확대된 영토 내의 인구를 중심 권력이 성공적으로 통합하고, 그들이 중앙 권위의 정당성을 수용하도록 만든 경우에는 (국민)국가 건설이 이루어졌다고 할 수 있다. 그러나 인구의 상당 부분이 분리되고 구분되거나, 중앙의 권위를 거부하거나 저항하는 경우에는, 그러한 국가는 제국으로 간주될 수 있다.[6] 대부분은 아닐지라도 우리 시대에 아주 오래된 많은 국민국가는 복합적이고 이질적인 왕조 집합체로서 그 역사적 진화 과정을 시작했다. 이러한 국가는 나중에는 국민국가가 되었지만, 과거에는 많은 점에서 제국에 가까웠다. 오직 국가권력이 수행한 국민화를 위한 동질화라는 힘든 작업을 거친 이후에야, 중심부와 주변부 간에 존재하던 위계적이고 차별화된 제국적 관계는 수평적 평등 시민권 개념에 기반하여 상대적으로 평등한 국민국가로 전환될 수 있었다. 아주 흥미롭게도, 국민국가가 일정 수준으로 통합된 이후에도, 내부적으로 분열과 균열이 발생하여 소수 집단의 시각에서는 그 국가가 제국처럼 보이게 되는 경우도 있다. 잉글랜드는 브리튼 제도를 통합하여 그레이트브리튼이라는 통일 국가, 즉 연합왕국을 출범했으나, 식민지 시대와의 관련성에 대한 아일랜드인들의 저항에 직면했고, 웨일스인들은 자기들의 독자성을 고수하고자 하고 있으며, 스코틀랜드에서는 독립을 지향하는 민족주의 운동이 전개되었다.

19세기 이전에, 특히 프랑스혁명 이전의 국가들은 흔히 앙시앵레짐이라 불리는데, 이것은 다양한 인구 집단, 각기 상이한 지방 법률, 통일되지 않은 도량형, 고착된 관습 및 전통을 가진 '구체제'를 의미한다. 앙시앵레짐은 제국과 국민국가의 요소를 복합적으로 내포한 정치체제였다. 심지어 프랑스혁명 이후, 즉 소위 "민족주의의 시대"로 일컬어지는 시기에도, 국민 형성nation-making의 과정은 지배 민족의 민족의식을 고취하는 데그치지 않고, 종속적 위치에 있던 사람들의 민족국가적 의식ethnonational consciousness을 종종 자극하기도 했다. 체코인, 슬로바키아인, 폴란드인, 아르메니아인, 그루지야인 등은 스스로를 구별된 존재로 인식하기 시작했고(이것은 부분적으로 그들이 다른 민족들과 다르다는 말을 들었기 때문일 수도 있다), 이로 인해 국민화 과정을 추진하던 국가들은 자국 내 전체 인구를 지배 민족 속에 완전히 동화시키는 데 어려움을 겪게 되었다. 이제 지배 민족으로의 동화에 저항한 이들은 '소수자'라고 규정되었고, 결과적으로 중심 민족과 식민지 관계를 맺게 되었다. 이러한 경우들에서 '국민 형성'은 국가가 내포하고 있던 제국주의적 성격을 적나라하게 드러내는 계기가 되었다. 대영토 제국의 존속, 신제국주의New Imperialism[3], 그리고 1870년 이후의 "아프리카 쟁탈전Scramble for Africa" 등을 고려할 때, 소위 민족주의의 시대는

---

3   신제국주의(New Imperialism): 제국주의란 강대국들이 식민지를 확보하여 그곳의 주권을 장악하고 지배하는 현상을 가리키는 용어로서 대표적으로 로마제국과 근대 초의 에스파냐, 포르투갈의 식민주의에 사용할 수 있다. 그러나 19세기 말로부터 20세기 초에는 제2차 산업혁명을 배경으로 유럽을 중심으로 한 강대국들이 아시아와 아프리카를 식민지화한 운동을 특히 신제국주의라고 일컫기도 한다.

오히려 "제국의 시대"라고 명명하는 편이 보다 정확할 것이다.

민족, 민족주의, 그리고 민족 담론

국민국가라는 형태는, 사람들이 민족이라는 개념을 갖기 전에는, 그리고 자신들이 이미 민족이라는 정체성을 지녔거나 민족으로 거듭날 수 있다고 인식하기 전에는 존재할 수 없었다. 제국과 국민국가는 국가의 한 유형이자 통치 방식의 일종인 반면에, 민족은 자신들이 누구이며 무엇을 원하는지를 공유하는 사람들의 공동체이다. 민족은 특정한 어휘, 행위 양식, 소속감, 감정의 공유 및 자체적인 정서적 성향을 지닌 정치적 실재이다. 여러 사상가나 정치 지도자들의 사고 속에서 민족이라는 개념은 종종 일반 대중이 자신들을 특정 민족의 구성원으로 상상하기 이전에 먼저 등장했다. '민족'이라는 용어는 오늘날 일반적으로 이해되는 바와 같은 근대적 민족 개념이 완전히 형성되기 훨씬 이전부터 다양한 의미로 사용되었다.

'민족'이라는 단어는 라틴어 'natio'('태어나다'를 뜻하는 동사 'nasci'에서 파생)에서 유래했다. 이 단어의 초기 의미에는 동일한 장소에서 태어나거나 공통 조상을 가진 집단, 또한 어떤 사람의 출생지 혹은 동일 지역 출신이거나 같은 언어를 사용하는 대학생들의 집단이 포함되어 있었다. 이 단어는 14세기에 고古프랑스어인 'nacion'을 경유하여 영어에 유입되었고, 16세기경에는 에드먼드 스펜서Edmund Spenser의 『요정 여왕The Faerie Queene』에 등장하는 새들의 "nation"에서처럼, 보다 느슨하게 "집단"이나 "계층"과 유사한 의미로 사용되었다. 17세기와 18세기에는 폴란드의 'szlachta'나 헝가리의 'magnates'와 같은 귀족 계층 또한 자신들을 'nations'라고 칭하기도 했으나, 외국인이나 낯선 사람들이 'nations'라고 언급되었다. 18세기 프랑스의 왕은 자신을 'la nation'(국가)으로 여겼고, 국가란 왕과는 별개이며 국민과 동일시되어야 한다는 지식인들의 주장에 대해 심각한 우려를 표했다. (왕의 우려는 선견지명으로 판명되었다. 프랑스의 'nation'은 실제로 군주제와 분리되면서, 1793년에는 왕과 그의 머리를 분리시키기에 이르렀다.) 철학자, 정치인, 군주, 혁명가들은 이처럼 논란의 여지가 많고 점차 강력한 정치적 개념이 되어 가는 '네이션'이라는 말의 의미를 두고 치열하게 다투었다.[7]

'네이션' 개념이 사용되자, 이것은 특정한 형태의 정치적 행위를 야기했다. '네이션'이라는 개념은 공동체를 형성하며, 이 공동체는 자신이 국가에 정치적 정당성을 부여할 권한이 있다고 믿는다. 이러한 정당성을 바탕으로 국가는 민족nation으로 구성된 사람들을 대표하게 된다. 그렇다면 근대적 민족이 본격적으로 등장하기 이전의 다양한 정치 공동체들은 어떻게 명명될 수 있을까? 중세 서유럽에서든지 모스크바국Muscovy에서든지, 정치 공동체는 명목상으로나마 경계가 규정되어 있었으며, 그 구성원들은 (적어도 어느 정도로는) 위로부터, 상호 간에, 그리고 스스로에 의해 공동체의 일원으로 인정받았으며, 그 지위에는 의무와 권리의 요소가 수반되었다. 그리고 이념적 차원에서 구성원들이 (비록 실질적이지는 않더라도) 주권의 소재지라는 의미도 약간 있었다. 그러나 이와 같은 고대, 중세, 근대 초의 정치 공동체에서는 인구의 동질화, 사회적 평등, 정치적 수평성에 대한 열망은 거의 존재하지 않았다. 오히려 출신과 업적에 기반한 불평등과 위계는 사회질서의 일부로 받아들여졌으며, 이것은 신과 자연에 의해 승인되었다. 농민과 귀족, 남성과 여성, 통치자와 피통치자 사이에 사회적 평등은 전혀 존재하지 않았으나, 다양한 사회집단들이 의무와 특권 둘 다를 지니고 있다는 암묵적 합의는 분명히 존재했다. 이러한 정치 공동체들은 고유의 가치 체계, 정치 관념, 감정적 유대, 그리고 정치 공동체의 일원으로서의 권리에 대한 인식을 바탕으로 통치되었는데, 이것은 18세기 말에서 19세기 초에 등장한 근대적 민족 개념과 민족 담론보다 훨씬 이전의 일이다. 학자들은 이러한 앞선 정치 형태를 "원민족proto-nations", "종족ethnies", 또는 "정치적 종족political ethnicities" 등의 용어로 다양하게 지칭해 왔다. 어떠한 명칭을 사용하든 간에, 이들을 근대 이후 스스로를 통치하고자 했던 문화적·정치적 공동체와 혼동해서는 안 된다.

근대 초 유럽에서 '네이션'이라는 단어에 부여된 의미 중의 하나는 종족—영토적ethno-territorial인 의미였다. 러시아에서는 이러한 영토화된 사람들의 의미가 이미 모스크바국 시대에 존재했지만, 이때 사용된 단어는 '나치야(natsiia, 프랑스어 'la nation'에서 차용한 러시아어 단어)'가 아니라 제믈랴(zemlia, 땅)였다. 17세기의 지도에는 제국이 각각 특정 민족에 속하는 "땅"의 집합으로 묘사되어 있다. "평정된 사모예드족의 땅", "야쿠트족의 땅", "블라디미르 [공국의] 땅", "대 모스크바국의 땅" 등과 같은 식이었다.

17세기 말 시베리아 지도 제작자 세묜 레메조프가 그린 지도는 각 "민족"과 그들의 "땅"의 관계를 자연스럽게 표현하고 있다. 시베리아를 표현한 그의 그림에서 각 영토는 일군의 사람들에게 귀속되었다. 각 "땅"은 선명하게 묘사되고 색상이 다른 조각으로 묘사되어, 지정된 장소에 적절한 사람들을 시각적으로 위치시켰다. 이 지도는 땅과 민족의 다양성을 강조하는 동시에, 차르의 통제 범위와 한계를 무시하고 있다. 차르의 손이 닿지 않는 땅, 특히 중국(왼쪽 상단의 주황색 얼룩)과 부하라 칸국(오른쪽 상단의 주황색 얼룩)은 지구의 다양한 민족에게 특정 땅을 배분하는 신의 질서의 또 다른 사례로 나타난다. 자연적으로 발생한 인간 공동체에 대한 이러한 영토화된 비전은 아래에서 논의되는 보다 근대적인 민족 담론의 요소를 예견하고 있다.

미국혁명을 시작으로 유럽 식민지가 본국과 격정적으로 분리되면서, 자치권을 부여받은 새로운 정치체로서의 '네이션'이라는 개념이 정치학의 언어로 등장했다.[8] 1789년의 프랑스혁명과 함께 등장한 성숙한 근대적 민족 개념은 아주 급진적인 정치적 색채를 띠었다.[9] 민족은 스스로를 다른 인간들과 구별되는 정치적 공동체라고 상상하는 사람들의 집단으로서, 이를 바탕으로 자결권을 가질 자격이 있으며, 일반적으로 자치권, 자체 영토('조국')에 대한 통제권, 자체의 국가적 업무를 수반하는 것을 의미하게 되었다.

민족이라는 단어가 광범위하게 사용되면서, 민족에 대한 사랑 또는 가족이나 친구보다 민족이 더 높은 충성의 대상이 될 자격이 있다는 주장을 지칭하는 다른 단어인 민족주의nationalism가 등장했다. 독일의 철학자 요한 고트프리트 폰 헤르더Johann Gottfried von Herder(1744~1803)가 만든 '민족주의'는 1830년 이후, 특히 이탈리아의 급진주의자 주세페 마치니 Giuseppe Mazzini(1805~1872)가 자신의 저술에서 "적법한 민족성 감정sentiment

이 장엄한 '민족지학 지도'는 1699년에서 1701년 사이에 시베리아의 봉직자이자 지도 제작자인 세묜 울리아노비치 레메조프가 표트르 대제의 명령에 따라 제작한 것이다. 이 지도는 유라시아 공간을 특정 민족에 속하는 '땅'으로 명확하게 구분하여 묘사하고 있다. 손으로 그린 원본에서는 구성단위가 노란색, 갈색, 주황색으로 밝게 칠해져 있다. 일부 단위는 러시아 제국의 지배를 받는 것으로 표시되어 있고, 다른 단위는 "평정되지 않은" 곳으로 표시되어 있다. 이 지도는 제국이 땅과 민족의 집합체로서 개념화되는 방식을 시각적으로 표시하며, 각 민족은 적절한 색상 조각에 배치되고 검은색으로 윤곽선이 뚜렷하게 그려져 있어, 구분이 명확하게 드러나 보인다. 이 지도는 제국의 정복을 동질화하기보다는 구분을 지속하고, 각 민족이 고유한 영토와 연결되어 있음을 확인하고자 하는 바람을 그림으로 보여 주고 있다. 가장자리를 둘러서는 왼쪽 상단에 '중국 차르의 땅'과 같은 다른 영역이 표시되어 있다. 레메조프는 이 지도의 하단에 북쪽을, 상단에 남쪽을 배치함으로써, 남북 방향에 익숙한 현대의 관람자들을 혼란스럽게 했다.

de nationalité(민족성에 대한 느낌)의 과장과 보급"이라는 의미로 사용하면서 아주 널리 회자되게 되었다.[10] 이 용어는 글을 쓰는 사람이 뜻하는 바에 따라 다른 의미를 가졌다. 여기서 우리는 '민족주의'를 특정 민족에 대한 일차적 또는 궁극적 충성심과 애정을 표현하고, 그 민족의 발전과 성공에 헌정된 감정 또는 교의라고 생각할 수 있다. 민족주의와 애국심은 다른 것이다. 애국심은 특정 국가, 왕조 또는 통치자에 대한 일차적인 충성심과 사랑을 의미하는데, 이런 고상한 감정은 종종 귀족들에게서 찾아볼 수 있었다.

19세기에 이르러, 민족과 민족주의라는 두 개념은 아주 다양한 부류의 연관관계와 해석을 불러일으켰는데, 우리는 이것을 "민족 담론the discourse of the nation"이라고 부른다. '담론'이라는 용어는 예의 바른 대화에서부터 특정 집단이 사고하고, 말하며, 행동하는 지배적인 방식에 이르기까지 다양한 의미를 지닌다. 이 책에서는 담론이란 특정 역사적 시간과 장소에서 가능한 의미의 세계, 즉 진실하고 실재하며 가능한 것에 대한 상상 가능한 해석을 가리키고 있다.

근대(대략 1750년 이후)에 '민족'이라는 기표를 둘러싸게 된 의미는 민족과 민족주의의 힘이 집단적 충성심을 조직하고, 정부를 정당화하며, 자기 나라를 위해 싸우고 살해당하고 죽도록 사람들을 동원하고 고무할 수 있게 해 주었다. 민족 담론은 한 번 발화하면 엄청난 힘과 내구성을 지니고 있으며, 세계화 시대의 정치 언어의 주요 요소로 지속되고 있다. 이 관념의 집합체에는 인류가 본래 별개의 뚜렷한 소수민족nationalities 또는 민족nations으로 나뉘어 있다는 신념(이런 시각은 위에서 본 모스크바국 시대의 지도에서 이미 명확하게 그러나 있다)이 포함되어 있다. 어떤 민족의 구성원은 민족 정체성과 문화를 발전시킴으로써 완전한 자유에 이르고 그 본질을 충족시킬 수 있다. 또한 그들이 민족과 자신을 일치시킬 때의 감정은 계급, 성별, 개인, 가족, 부족, 지역, 제국, 왕조, 종교나 심지어 정부에 대한 애국적 헌신과 같은 다른 모든 형태의 정체성보다 상위에 있다.

민족은 여러 축을 따라 분리되거나 위계화될 수 있으나, 구성원 모두는 정치적, 그리고 시민적으로 (법 아래에서) 평등하다. 이것은 마치 다른 사회 계층에 속한 남녀 주인공이 사회적 구별을 초월한 사랑을 통해 조화와 행복을 이루는 낭만적 소설의 줄거리와도 같다. 민족이라는 이상 속에서 계급과 지역은 민족적 동질화의 과정 속에서 지워져야 할 요소로 간주된다. 낭만적 소설과의 비유는 임의적인 것이 아니다. 민족이라는 개념은 낭만주의 시대Romantic Age에 만개했으며, 그것은 그 출현 초기부터 숭고한 애착의 대상에 대한 열정적이며 사심 없고 무조건적인 헌신적 태도를 공통적으로 이상화했다. 또한 낭만주의적 소설의 관습과 유사하게, 민족 담론에 따라 각 민족은 고유한 과거, 현재, 그리고 미래를 지닌 독특한 존재이며, 민족 구성원 전체는 공통된 기원, 역사적 경험, 이해관계, 문화를 공유한다고 인정된다. 이 문화에는 언어와 종교가 포함될 수 있다. 그러나 그와 동시에 민족의 발달 과정은 보편적인 것으로 추정된다. 즉, 모든 사람은 비록 균일하지는 않고 속도를 달리하기는 하지만, 이러한 발달의 경로를 겪고 있다는 것이다.

이전의 정치 담론과 달리, 민족 담론 내에는 군사 정복자, 신에게서 임명받은 군주, 신격화된 지도자 또는 왕조라기보다는, 민족이 주권과 정치적 대표성에 대한 고유한 권리를 가지고 있다는 강력한 (그리고 현재 패권적인) 정치적 주장이 담겨 있다. 민족 담론의 기본 교리에 따르자면, 어떤 민족에 속한 사람들은 자치권을 보유하고 있다. 이 권리는 과거에는 단지 가끔 실현되었을지 모르지만, 현재에는 충분히 구현되어야 한다. 도덕적─정치적 주장에 따르자면, 민족은 원한다면 주권국가를 구성해야 하며, 모든 합법적인 정부는 민족을 대표해야 한다. 스위스 헌법학자 요한 카스파르 블룬츨리Johann Kaspar Bluntschli(1808~1881)는 1866년에 다음과 같이 말했다. "모든 민족은 국가를 구성할 소명과 권리를 가지고 있다. 인류가 수많은 민족으로 나뉘는 것처럼, 세계도 같은 수의 국가로 나뉘어야 한다. 모든 민족은 국가이고, 모든 국가는 민족이다."[11]

근대적 의미의 민족은 이러한 민족 담론 안에 존재한다. 민족은 문화 공동체가 정치 공동체가 되어야 한다는 생각과 그 공동체 내의 평범한 사람들이 스스로를 통치하거나 적어도 통치하는 사람들을 선택할 수 있어야 한다는 생각이 일치해야만 가능해진 특정한 방식으로 자신을 상상하는 정치 공동체이다. 자치에 대한 이러한 도덕적 의무는 종종 정치적 권리의 보유자이자 궁극적으로는 유권자 또는 정치적 선택의 장으로서의 국민과 시민권에 대한 개념과 짝을 이룬다. 결국, 근대적 의미의 민족은 국가와 분리되어 있고 국가에 정당성을 부여하지만 국가와 혼동되어서는 안 되는 국민, 즉 시민 공동체를 의미한다. 민족은 상상 속의 정치 공동체이며, 근대 국가는 민족에 의해 정당화되는 일련의 제도이다. 민족 담론이 예언한 민족의 운명은 국가를 형성하거나, 기존의 국가를 넘겨받아 국민국가nation-state가 되는 것이다.

민족 담론에서 흘러나오는 인류 역사에 대한 이야기는 민족이란 항상 존재하지만, 종종 은폐되어 있다가 시간이 지나면서 국가들의 세계에서 실현되는데, 그런 조직 중 최고 형태가 국민국가들의 세계라고 주장한다. 이런 시각에서 민족은 원초적이고, 항상 우리와 함께하며, 유기체와도 같고, 연속적인 것으로 이해된다. 민족적인 것은 사람들의 무의식 속에 존재할 수 있으며, 의식 속으로 끌어내거나 의지로 변화시켜야 할 수도 있다. 에른스트 겔너Ernest Gellner는 이런 주장을 민족에 대한 "잠자는 숲속의 미녀" 관점이라고 불렀다. 민족은 수 세기 동안 잠들어 있다가 근대에 깨어났다는 것이다. 그러나 이런 "원초주의적" 담론에서, 민족은 결코 전적으로 주관적인 것이 아니며, 단지 사람들이 정치 공동체에 대해 생각하고 느끼는 방식에 국한되지 않고, 항상 현실 세계에서 객관적이고 내재적인(따라서 원초적인) 기반을 가지고 있다. 민족적인 역사는 연속성, 기원의 고대성, 영웅주의와 과거의 위대함, 순교와 희생, 피해당함과 트라우마 극복의 역사이다.

민족을 자연적으로 발생하는 사회적, 심지어 유전적 현상으로 보는 원초주의적 관점과 달리, 최근 수십 년 동안 학자들은 민족 형성nation-making의 근대적이고 구성적인 측면을 강조해 왔다. 민족에 대한 "프랑켄슈타인의 신부"[4] 관점이라고도 불리는 이 "구성주의적"[5] 관점에 따르면, 민족은 자연적이거나 원초적인 것이 아니라, 엘리트와 대중이 열의를 가지고 구성한 지적, 정치적 작업의 결과물이다.[12] 이 책에서 우리는 제국과 민족으로서의 러시아에 대한 생각을 형성, 재구성, 해체하게 된 정신적 구성 과

---

4   "프랑켄슈타인의 신부": 〈프랑켄슈타인의 신부〉는 1935년 미국의 공포 영화이다. 이 영화에 등장하는 괴물은 인간 사회에 온갖 파괴 행위를 자행한다. 헨리 프랑켄슈타인은 괴물을 위해 신부를 만들어 주기로 하나, 폭풍우 치는 밤에 번개를 통하여 되살아난 신부는 괴물을 거부한다. 이에 절망한 괴물은 신부와 함께 죽음을 택하고, 실험실을 파괴한다는 줄거리이다.

5   "구성주의": 교육심리학이나 교수 설계에서 구성주의(Constructivism)는 인간이 자신의 경험으로부터 지식과 의미를 구성해 낸다는 이론이다. 교육학에서는 피교육자들이 교육을 받을 때, 학습 이전의 개념을 토대로 학습이 진행된다는 의미가 된다. 그에 따르면, 교사의 역할은 피교육자가 사실이나 생각을 발견할 수 있도록 돕는 것이 된다.

정을 추적하고 있다.

민족은 사회적·문화적 구성물이지만(자연이 아닌 인간이 만든 것이라면 이외에 다른 무엇이겠는가?), 시간이 지남에 따라 가용 자원(언어 공동체, 종교적 충성도, 기존 정치체, 지리)만이 아니라, 대중적인 적대감과 엘리트의 이해관계에 의해서도 만들어진다. 따라서 민족과 자신의 동일시는 집단에 포함된 사람들에 대한 감정이입적 애착심과 집단 바깥에 있는 사람들과의 거리감 및 차이에서 시작된다. 민족 구성원들은 서사를 공유함으로써—민족 담론을 고려해 볼 때—사람들이 선택한 지도자를 통해 스스로를 통치할 권리를 정당화하는 공동체 조직 속에서 하나로 연결된다. 정치 공동체는 종종 이전의 문화적·언어적·종교적 또는 종족적 근거에 기반을 두고 있으며, 그러한 국가는 "민족적 국가"라고 불린다. 이와는 대조적으로, 혁명 당시의 미국, 스위스 또는 프랑스와 같은 다른 국가들은 공유된 정치적 개념에 대한 헌신을 기반으로 한다. 이러한 국가는 "시민적 국가civic nations" 라고 불리고 있다.

민족적이든 시민적이든, 국가는 가족이나 민족 집단과 마찬가지로 감정적 유대를 기반으로 하는 공동체이며, 구성원들은 자신들이 공통된 감정, 이해관계, 그리고 운명을 공유한다고 믿는다. 집단에 대한 위협은 그 집단에 동일시되는 개인들에 대한 위협으로 간주되며, 불안, 원망, 두려움, 증오 등의 감정이 그러한 집단 정체성에 결합되어, 특정한 자극이 주어졌을 때 발현되는 구체적인 감정 반응의 기저를 이루는 감정적 성향을 형성한다. 이러한 감정적 성향과 정서로부터 일정한 행동 경향이 예측 가능해진다. 민족이 위협을 경험하거나 굴욕감 혹은 차별을 느낄 경우, 그 결과로 갈등이나 폭력이 발생하는 불행한 사태로 이어질 수 있다.

민족 담론은 국가에 대한 애국심의 표현으로 출발했으나, 19세기를 거치며 점차 종족화되어 갔다. 그리하여 "민족 공동체"는 공유된 언어, 종교 및 기타 문화적 특성을 지닌 문화 공동체로 인식되기에 이르렀으며, 이것은 영속성을 가진 오래된 과거, 혈연적 유대, 공통된 기원, 그리고 시간 속 진보에 대한 서사를 포함했다. 헤르더가 제안한 바대로, 민족을 문화적 집단이자 종족으로 보는 관념은, 많은 경우에 프랑스혁명가들이 제안한 정치적 의미의 국민 개념, 곧 모든 (남성) 정치 공동체 구성원을 포용하려는 시민적이며 비非민족적인 시민권 개념을 압도했다.

'종족'이라는 용어는 그 자체로 복잡한 문제를 야기하며, 이것을 민족 및 소수민족에 대한 우리의 논의 안으로 도입하고자 한다면 추가적인 정의가 필요하다. 우리가 보기에, 종족이란 공유된 혈연, 문화, 문화적 권리, 그리고 어느 정도로는 제한적인 정치적 승인과 주로 관련된다. "민족"이라는 용어가 일상적으로 사용되는 용법과 마찬가지로, 종족도 마치 그것이 본질적이고, 고대적이며, 원초적이고, 지속적이고, 유기적인 정체성인 것처럼 흔히 언급되고 있다. 그러나 우리가 이해한 바에 따르면, 종족 역시 국가와 마찬가지로 구성된 정체성이지만, 실재적이든 허구적이든 공유된 혈연의 관념에서 아주 구체적으로 출발한다는 점에서 차이가 있다. 민족 담론이 흔히 공통된 문화—그것이 민족적이든 정치적이든—에 기초하여 영토가 있는 조국에 대한 통제, 국가권력, 그리고 국민주권을 중심으로 전개되는 데 비해, 종족은 특정한 영토에 기반을 둔 개념은 아니다. 종족 혹은 생물학적 공통성을 기반으로 민족을 정의하려는 이들은, 공유된 과거와 공동의 기원이 어떻게 구성되고 거듭 상상되었는지, 방언들 가운데 특정 언어가 어떻게 선택되어 인쇄물과 교육을 통해 지배적 언어로 부상하게 되었는지, 그리고 역사 그 자체가 어떻게 그 세계의 영토에 대한 권리를 정당화하는 수단으로 활용되었는지, 다시 말해 민족을 형성하기 위해 쏟아부은 집단적 노력과 노고의 모든 과정을 망각하거나 의도적으로 은폐한다. 종족적 민족주의자들은 민족과 국가를 일치시키도록 분투했으나, 인간이 이리저리 이주하고 정체성도 유동적이기 때문에 이런 일은 거의 유토피아적 목표에 가깝다. 따라서 근대사의 상당 부분, 특히 그 유혈적 폭력의 역사는 민족과 국가가 결코 일치하지 않는 세계에서 그 둘을 억지로 일치시키려는 시도에 그 원인이 있다고 주장하는 것은 과언이 아니다.

대략 18세기 후반부터 오늘날에 이르기까지, 국가는 민족과 결합되었으며, 거의 모든 근대 국가들은 스스로 국민국가라고 자처하게 되었다. 종족적이든 시민적이든 간에, 이런 국가의 정부는 자신들의 권력이 민족으로부터 유래하며 민족의 이익을 위하여 행사된다고 주장했다. 이러한 주장이 효과적으로 작동하기 위해서는, 절대주의 국가일지라도 근대 국가는 일정 수준의 대중적 충성심을 조성할 필요가 있었고, 민족주의가 제공하는 정체성은 통치자와 피치자 사이에 필수적인 집단적 응집력을 제공해주었다. 15세기에서 17세기 사이에 유럽 전역을 휩쓴 파괴적인 내전과 종교전쟁 이후, 대중과 엘리트 모두는 국가권력의 중앙집중화와 정치 공동체의 이념적(보통 종교적) 동질화를 지지하는 데 관심을 가졌다.

제도화된 중앙집권적 정치 권위로서의 국가는 정치적 자의식을 지닌 신민 혹은 시민의 공동체로서의 민족보다 앞서 등장했다. 국가 형성 이전의 시기이든지, 혹은 국가가 적극적으로 민족을 만드는 순간이든지, 민족주의는 개인들에게 폭넓은 정치적 연대감을 부여함으로써 이들을 하나의 집단으로 결속시켰다. 민족주의의 이러한 역동적인 동원 능력은 반제국주의 및 반식민주의 운동을 가능케 했으며, 통치자들에게는 대중적 정당성의 잠재적 근거를 제공해 주었다. 다시 말해, 에른스트 겔너Ernest Gellner, 에릭 홉스봄Eric J. Hobsbawm 등 민족주의 이론가들이 입증했듯이, 민족주의는 종종 민족에 앞서 존재할 수 있다. 역사적으로 볼 때, 우리는 국가 형성에 앞서 민족이 필수적인 것이 아님을 알고 있다. 오히려, 아주 종종 민족을 창조하는 것은 민족화를 시도하는 국가 혹은 운동이다.

민족과 국가의 초기 역사에 주목한 정치학자 앤서니 마르크스Anthony Marx는, 앞서 게오르그 짐멜Georg Simmel과 프레데릭 바르트Fredrik Barth가 그러했듯이, 근대 초 유럽에서의 국민통합의 초기 단계는 포용이 아니라 배제로부터 시작되었음을 보여 주었다. 즉, 에스파냐에서는 무슬림과 유대인, 잉글랜드에서는 가톨릭교도, 그리고 프랑스에서는 위그노 교도를 박해했다. 이러한 초기 단계에서, 어떤 종교가 특정 국가 내에서 지배적인 지위를 차지할 것인가, 그리고 어떤 정치체제가 우위를 점할 것인가를 두고 벌어진 종교전쟁과 내전 끝에, 서유럽 국가들에서는 합법적인 국가 통치가 수립되었다.

앤서니 마르크스는 자유주의자들이 서양의 시민적 민족주의를 포용하면서도 동양의 민족주의는 종족적이고 배타적이라고 주장하는 데 대해 반박하면서, 모든 민족주의는 배제로부터 시작한다고 주장한다. 시민적 민족주의를 옹호하면서 자신들의 민족주의 형태가 더 평화적이라고 정색을 하고 주장하는 사람들은 모든 종족적 민족주의의 기원이 가진 공통점을 인식해야 한다. 대중의 열정은 16~17세기 엘리트들의 실용적 이해관계와 결합하여, 후대가 좀 더 관용적인 자유주의 사회와 민주주의를 건설할 수 있는 배타적 정치 공동체를 구축했다.[13] 그 이후에 등장한 포용의 이념들은 배제에 의해 정의定意된 원래의 토대 위에서 세워질 터였다.

　20세기 무렵이 되면, 상상으로 성립된 민족 공동체는 국가 구성을 위한 가장 정당한 기반으로 자리 잡게 되었으며, 이것은 왕조적·종교적·계급적 담론을 대체하고 제국을 정당화하던 기존의 대안적인 정치 정당성의 공식을 심각하게 위협했다. 한때 생존 가능한 정치체로 여겨졌던 제국은 민족주의 운동의 대두로 점점 더 취약해졌으며, 결국 이러한 운동은 국가가 민족을 대표하거나, 최소한 민족과 일치해야 한다는 새로운 이해에서 힘을 얻었다. 동시에 서발턴의 이해관계subaltern interests를 대변하는 민주주의적 대표 개념이 대두됨으로써, 불평등한 제국 관계와 수평적인 민족적 시민권 개념 사이의 근본적인 긴장이 더욱 부각되었다. 대의 기구를 갖춘 자유주의 국가들 ― 영국, 프랑스, 벨기에, 네덜란드 ― 은 그들의 평등에 대한 수사적 표현이 식민지 피지배민들 사이에 뿌리내리기 전까지는 제국 권력을 효과적으로 행사할 수 있었다(혹은 행사했다). 제국이 이타적이며 해방을 향한 목표에 대해 널리 수사학적인 표현을 함에 따라, 소위 "자유주의적" 해외 제국에 살던 피지배민들은 민주주의적인 약속을 지키라고 요구하도록 자극받았다. 처음에는 제국 체제 내에서 북아메리카, 남아메리카, 아시아, 아프리카 등지에서 시민권을 달라는 식민지의 요청이 제기되었으며, 과거의 약속이 공허하다는 것이 드러났을 때, 이러한 요청은 독립을 위한 투쟁으로 전환되었다.[14]

이러한 위험을 경계한 로마노프, 오스만, 합스부르크 등 대륙형 대제국들은 제국의 지배 엘리트의 통치권과 제국 내 중심부와 주변부 간의 위계적이며 불평등한 관계를 약화시킬 수 있는 민주화의 흐름에 저항했다. 제국은 역사상 가장 보편적이며 장기간 존속한 정치체 중 하나였으나, 근대에 이르러 민족주의와 민주주의의 강력한 결합에 의해 점진적으로 전복되었다.

프랑스혁명은 근대적 급진주의, 자유주의, 보수주의, 민족주의의 원천으로 간주되어왔다. 혁명가들이 상상했던 바와 같이 마치 과거와 전통으로부터의 급격한 단절이 가능했던 것처럼, 많은 역사가들은 프랑스혁명을 근대로의 결정적 전환점으로 평가한다. 1789년에, 프랑스혁명가들은 국민주권이라는 급진적인 원칙을 천명하고 이것을 국민 개념과 결부시켰다. 『인권선언』 제3조에 명시된 바와 같이, "모든 주권의 원리는 본질적으로 국민(nation)에게 있다. 어떠한 단체나 어떠한 개인도 국민으로부터 명시적으로 유래하지 않는 권리를 행사할 수 없다."

그러나 러시아를 비롯한 유럽의 많은 군주제 국가에게, 이러한 원칙은 제국과 절대군주의 기초를 위협하는 일종의 시한폭탄과도 같은 것이었다. 1789년에 민중의 위력 앞에서 유럽이 휘청거리는 동안, 러시아는 급진운동의 파도를 막아내는 방파제로 서 있었다. 민족주의자들이 민족 내부에서 공유된 정신과 혈통의 통합을 논할 때, 러시아는 "민족들 중에 가장 제국적인 민족"을 대표했는데, 왜냐하면 그 구성이 세계 그 어떤 국가보다 다양한 민족들로 이루어져 있었기 때문이다. 이 다양성에 대하여 러시아는 자부심을 가지고 있었다. 학술원 회원 하인리히 스토르히Heinrich Storch는 1797년에 "지구상의 어떤 국가도 이처럼 다양한 주민들을 포함하고 있지 않다."[15]고 자랑스럽게 평가한 바 있다. 러시아는 자국의 이미지를 '재탄생한 로마제국'으로 형상화했다. 러시아 제국은 많은 다민족 국가처럼, 차르의 통치하에 있는 모든 다양한 민족들을 포괄하는 시민적 국민 정체성을 품을 수 있는 유력 후보였다. 그러나 이처럼 애국적으로 국가에 편입되어야 한다는 주장은 제국 내 수많은 소수민족 사이에서 대두한 종족적 민족주의로부터는 물론이고, 우리가 살펴보게 되듯이 19세기 말에 이르러서는 러시아의 주요 공적 인물들이 주도한 국수주의적, 동화주의적 '러시아화'를 지향한 민족주의로부터도 도전받게 되었다.

프랑스혁명과 나폴레옹전쟁을 전후로 하여 민족 담론이 구체화되고, 또 "국민"과 국민주권이라는 개념이 유럽 전역으로 확산되자, 신으로부터 임명받은 차르에 대한 전통적 군주 개념은 새로운 국민적 인민주의the new national populism에 대하여 어떠한 양보도 용납하지 않았다. 캅카스 및 핀란드로의 제국 확대만이 아니라 나폴레옹에 대한 러시아의 저항은 러시아의 제국적 이미지를 강조했는데, 이것은 엄격한 규율주의자였던 차르들이 19세기 전반에 전장과 연병장에서 가시적으로 보여 준 바 있었다.[16] 국민주권, 민주주의, 민족주의라는 새로운 개념으로부터 도전받은 제정러시아는 변화하고 위협적인 세계에 때로는 마지못해 적응할 준비가 되어 있었지만, 국민국가에 굴복하거나 포기하려는 생각은 전혀 하지 않았다. 후대의 시각에서 보면 민족의 대두와 민족주의의 부상은 불가피한 흐름이었던 것으로 보이지만, 당시 러시아의 차르들에게 그 시기는 오히려 제국이 확대되고 자국의 독자적인 전제적 통치 모델을 찬미하는 시대였다.

제4장

반응 규칙과 그 한계

:18세기의 힘과 정서

"러시아 엘리트들에게 민족이라는 개념을 심어 주고 강력하고 자극적인 민족적 자긍심을 일깨워준 두 전제자는 바로 표트르 1세와 예카테리나 2세이다." 정치학자인 리아 그린펠드Liah Greenfeld는 민족주의의 부상과 근대성에 대한 민족주의의 기여를 연구한 글에서 위와 같이 쓰고 있다. 그녀는 표트르 대제와 예카테리나 대제가 "주저하고 음울하고 움츠러든 러시아 사회"를 새로운 시대로 끌어냈을 때 보여 준 엄청난 능력에 감탄하면서, 다음과 같이 계속 말하고 있다.

물론 표트르 대제와 예카테리나 대제가 이와 같은 통치를 수행할 수 있었던 능력은 전제군주와 피지배자 간의 관계의 본질에서 기인한 것이었는데, 이것은 모스크바국으로부터 전해진 유산으로서, 그 체제 아래에서 피지배자들은 자율적 의지를 갖지 못했으며, 설령 의지를 가졌다고 하더라도 그것을 실천으로 옮길 수 있는 능력을 갖추지 못했다.[1]

다른 면에서는 통찰력 있는 분석이기는 하지만, 이 글의 강력한 첫마디는 러시아 역사 전반에 대한, 특히 18세기에 관한 사유에 자주 족쇄를 채우는 부정적인 역사적 선입견을 집약적으로 드러내고 있다. 신민들이 생각 없고 무력했다고 하는 모스크바국 시기의 과거에 대한 오해는 앞선 장들에서 이미 다룬 바 있다. 18세기에 관하여 말하자면, 그린펠드는 이 시기를 두 개의 결절점, 곧 그 사이의 공백으로 구분되는 두 명의 '대제'로 제시함으로써, 이 다채로운 시기의 역사와 사학사에 대하여 비판적 접근을 할 수 있도록 해 준다.

이 장과 다음 장에서 우리는 18세기로 이동하여, 그린펠드가 제기한 쟁점들을 비판적으로 고찰하고자 한다. 이들 장은 연대순이 아니라 주제별로 구분하고 있다. 이 장에서는 18세기 러시아군주들의 통치 시기에 전제권력이 상호성과 반응성에 의하여 순화된 모습을 탐구하며, 다음 장에서는 러시아적 정체성의 본질에 주목하고, 18세기에 민족과 민족주의에 대해 흔히 전제되어 온 단순한 가정에 의문을 제시하며, 제국의 전략과 러시아인들이 경험한 집단성과 차등화 경험을 강조하고자 한다.

18세기의 러시아 역사에 대하여 올바르게 평가하기 위해서는, 수 세기에 걸쳐 축적되어 견고한 구조물처럼 굳어진 고정관념과 편견을 걷어내야 한다. 이러한 이야기는 대체로 영예로운 계몽주의와 군사적 영광으로 시작되나, 곧 경박함, 정실주의, 부패라는 수렁으로 빠져드는 내용으로 구성되어 있다. 이런 이야기에서 18세기는 표트르 대제의 등장으로 막을 연다. 그는 거칠고 무자비한 방식이긴 하나, 먼지 쌓인 과거에 집착하던 모스크바국 사람들을 미몽 상태에서 흔들어 깨워서, 유럽의 계몽주의 초기의 활력 넘치는 세계로 이끌었다. 그러나 불행한 사정으로 인해, 그의 후임으로는 그의 개혁을 완수할 역량이 부족한 소년들과 여성 군주들이 차례대로 제위에 올랐다. 이러한 역사적 편견의 사례 중의 하나를 맛보기 위해서는, 1954년에 출간된 마이클 플로린스키Michael Florinsky의 대중적인 러시아사 개설서에 실린 요약 단락 하나로도 충분할 것이다.

> 표트르 1세와 예카테리나 2세 사이의 시기에 즉위한 군주들의 우스꽝스럽고도 기상천외한 행렬에는 훨씬 더 수적數的으로 많고 혼란스러운 그들의 총신들, 즉 실질적인 국가의 지배자들도 줄 서 있었다는 사실이 추가되어야 한다. 이 통치자들의 이국적인 궁정과, 무지하고 방탕한 여성들, 지능이 낮은 독일계 군주들, 그리고 단지 어린아이들이 황제의 자주색 옷자락을 어깨에 걸친 채 차례차례 등장하는 기이하고 음산한 수행 행렬은, 마치 어떤 중세 장인이 만들어 내고, 고대 이탈리아 자수나 스테인드글라스 창에 보존 되어 있는 상상 속의 비현실적인 세계를 제시하면서 병적으로 매혹적인 장면을 보여 주고 있다.[2]

플로린스키를 따라 러시아 여제女帝들의 성생활과 뒤틀린 심리를 통하여 음란한 행태를 추적하는 일이 재미있을 듯도 하지만, 최근의 학계 연구는 새로운 주제에 대해 새로운 질문을 던지고, 성sex과 젠더gender에 관한 논점을 생산적인 방식으로 새롭게 재구성하고, 여성 통치의 시대 속에서 성과 젠더의 문화적·정치적 의미와 용도를 탐구함으로써, 18세기 연구에 새로운 활력을 불어넣고 있다.

이 장에서 우리는 제국의 성립과 통치라는 핵심 주제를 중심에 둔 채,

기존의 일반적인 서사를 재구성하고자 한다. 우리는 새로운 수도인 상트 페테르부르크에서의 권력 집중 과정을 추적하며, 피지배자와 지배자 사이를 연결하던 상호성의 양상이 어떻게 변화했는지를 살펴본다. 이를 통해, 유럽 러시아라는 역사적 중심부와 끊임없이 팽창하던 '러시아 제국Rossiiskaia imperiia'의 주변부 양쪽 모두에서, 지배자와 피지배자 사이, 나아가 피지배자들 상호 간에 정치적 관계가 표현되며 경험될 때 생겨난 중대한 변화를 발견할 수 있다.

계승, 협의, 그리고 인정의 정치

표트르 알렉세예비치Peter Alekseevich는 일련의 번잡한 절충적 조치와 임시방편적인 해결책 속에서 황제 지위에 오르게 되었다. 1672년에 태어난 표트르는 차르 알렉세이 미하일로비치Tsar Aleksei Mikhailovich와 그의 두 번째 아내 나탈리야 나리시키나Natalia Naryshkina 사이에서 태어난 아들이었다. 알렉세이 차르의 첫 번째 아내 마리야 밀로슬랍스카야Maria Miloslavskaia는 많은 자녀를 낳았으며, 이들 중에는 생존한 아들들(그리고 딸들)도 포함되어 있었기에, 알렉세이가 1676년 사망했을 당시 표트르는 왕위 계승 서열에서 후순위에 있었다. 표트르의 이복 맏형으로서 살아남은 표도르 알렉세예비치Fedor Alekseevich가 부친의 뒤를 이어 즉위했다. 그의 재위 기간은 짧았으나, 표도르와 그의 측근들은 훗날 표트르의 개혁을 예견케 하는 여러 중요한 개혁 조치를 시행했다. 예를 들어, 수 세기 동안 보야레 간의 서열은 '메스트니체스트보mestnichestvo[1]라 불리는 복잡한 족보 및 봉직에 기반한 계산 시스템에 의해 결정되었는데, 이것은 군대와 행정 내의 핵심 직위에 누가 임명될지를 좌우했다. 1682년, 표도르는 사망하기 직전에 보야레 회의를 주재하여 이 낡은 제도를 폐지하고, 좀 더 유연한 임명 및 승진 체계를 도입하기로 합의했다. 표트르는 1722년에 관등표Table of Ranks[2]를 도입함으로써, 업적에 기반한 이러한 개념을 확대할 터였다.

연약한 표도르는 제위에 오른 지 불과 6년 만에 자식 없이 죽었고, 후계자 문제는 미정 상태로 남아 있게 되었다. 관례에 따르면 살아남은 연장자 형제가 당연히 후계자가 되어야 했지만, 열여섯 살의 볼품없는 이반 알렉세예비치는 심각한 정신적·육체적 장애를 앓고 있었고, 이복동생인 열두 살의 표트르는 다소 통제하기 어렵기는 했지만, 밝고 강하며 활기찬 모습을 가지고 있었다. 나리슈킨 가문 사람들(표트르와 그의 모친의 친족)이 포함되었으나 이에 한정되지 않은 상황에서, 교회 지도자들과 주요 보야레가 모인 비밀회의는 이반을 건너뛰고 표트르를 제위에 올리기로 결정했다.

표면적으로 보아, 능력에 대한 선호가 연공서열보다 우선시되는 이러한 경향은 현대적 감각에 비추어 볼 때는 논리적으로 여겨질 수 있으나,

---

1 '메스트니체스트보(mestnichestvo)': 모스크바국 시기에 고위 귀족들의 봉직 지위를 규정하기 위한 제도이다. 고위 귀족은 위계 사다리를 구성하며, 봉직 지위에 대한 자기들의 지위가 이러한 사다리에 있는 그들의 장소(mesto)에 기반했다. 어떤 사람의 지위는 그가 속한 가문의 등위 및 가문 내에서 자신이 차지하고 있는 자리에 부합되어야 했다. 이 체제에서는 순위가 아래인 사람은 자신보다 높은 직책에 임명될 수 없었다. 표도르 알렉세예비치 차르 시기인 1682년에 폐지되었다.

2 관등표(Table of Ranks): 1722년 1월 24일에 표트르 대제가 공포했다. 계서적인 질서 안에 14관등의 단계를 열거했는데, 봉직자들은 육군, 해군, 민사 봉직, 궁정 등 병렬적인 줄을 따라 승진할 수 있었다. 모든 관등은 관등보유자에게 세습귀족 혹은 당사자 귀족의 지위를 부여했다. 역사가 플라토노프의 평가에 따르면, 관등표의 도입으로 "이제 귀족 계보를 누르고, 개인적인 공적 원칙이 승리했다."

오랜 전통에 대한 급진적인 전복처럼 보일 수도 있었다. 만일 군주의 계승 순서가 출생 순서, 나아가 신의 섭리에 따라 정해지는 것이라면, 이에 개입하는 행위는 상상조차 할 수 없는 일이었을 것이다. 그러나 최근 폴 부시코비치는 군주 계승 과정에 오랫동안 일정 수준의 유연성이 내재해 있었음을 설득력 있게 주장했다. 이미 살펴본 바와 같이, 차르들이 빠르게 교체되었던 '동란의 시대' 이래로, 통치자는 자신들의 정통성을 선언하고 자신의 적법한 통치를 인정받기 위하여 일련의 의식을 도입했다. 1613년에 미하일 로마노프와 그의 모친을 향한 공개적인 간청과, 그 직후 이루어진 미하일의 즉위는 이러한 인민의 소리vox populi를 연출하는 관행이 모스크바국의 전통 속에서 제도화되었음을 보여 주는 사례라고 할 수 있다.

그 뒤로 이어진 비교적 평온한 수십 년 동안, 대중이 자신의 의견을 표명할 수 있는 기회는 줄어들었으나, 내부 집단의 승인은 언제나 필요했고, 또한 일정한 형식의 공개적 찬성의 외침이 기대되었다. 이를테면 1645년 미하일이 서거한 이후에 그의 아들인 알렉세이 미하일로비치가 별다른 논란 없이 즉위한 사례처럼, 이러한 공개적 승인 절차가 생략되었을 경우, 불만 섞인 소문이 퍼질 여지가 있었다.[3] 18세기로 시선을 돌려보면, 이 시기는 대관식과 쿠데타가 뒤얽힌 격동의 역사라는 특징을 가지고 있는데, 부시코비치는 당시 궁정 권력 핵심부의 지지를 확보하지 못한 군주들이 통치자로서의 전망이 어두웠고, 기대 수명이 극단적으로 단축되었음을 지적한다.[4] 합의를 통해 타결되고, 집단적 목소리에 의해 승인되는 이러한 계승에 대한 관점은 대중적인 의견에는 아주 둔감하고 아무런 반응을 보이지 않은 채, 전제적이며 전적으로 자의적인 차르의 의지에 따라 지배가 이루어졌다는 일반적인 차르 통치 개념과 상충한다. 군주 계승이 단순한 출생 순서의 우연한 결정이나 심지어 엘리트 내부 서클의 계략만이 아니라, 어떠한 공적 목소리에 의해 형성되었다는 생각은 기존의 고정관념을 급진적으로 수정하는 시각이라 할 수 있으나, 동시에 러시아 국가권력이 함축적 상호성과 핵심 관련자들의 묵시적 동의를 필요로 했다는 인식에는 전적으로 부합한다. 어떤 형태로든, 일정 범위의 사람들로부터 "선택"되거나 동의를 확보해야 통치자가 제위에 대한 요구를 확고히 할 수 있었다.

어느 수준에서는, 이러한 관찰은 지극히 자명한 사실을 진술하는 것에 지나지 않을 수도 있다. 통치자와 지배 엘리트가 단독으로 통치한다는 이미지를 연출하기 위해 아무리 공을 들인다고 하더라도, 완전히 그렇게 할 수 있는 개인은 존재하지 않는다. 표면적으로는 절대주의적이었던 근대 초의 군주정에 대한 연구들에 의하여, 그러한 체제가 자체의 선전 수단을 통해 형성한 신화의 베일이 벗겨졌으며, 가장 강력한 자로 여겨진 전제군주들조차 실제로는 다양한 엘리트들과, 그리고 어느 정도로는 좀 더 광범위한 대중과도 권력을 공유했음이 밝혀졌다.[5] 우리가 발견교수법과 이상형에 대한 논의에서 인정한 바와 같이, 모든 이론적 모델은 복잡한 현실과는 상당한 간격을 가지고 있다. 모든 역사적 사례에서 무제한적인 통치는 실현된 현실이라기보다 야망에 가까웠다. 우리가 러시아의 사례에서 강조한 어느 정도의 상호성 및 포용성은 실질적인 지속성을 지닌 모든 체제의 불가피한 특성이기도 하다. 하지만 이 점은 두 가지 이유로 여전히 강조할 가치가 있다. 첫째로, 러시아는 특히 그 역사 전반에 걸쳐, 지나치도록 쉽게 절대주의 및 전제정치와 동일시되고 있다. 둘째로, 겉보기에 생물학적 명료성과 출생 순서라는 우연에 의존하는 듯 보이지만, 제위 계승 계보는 인간의 주도적 행위와 폭넓은 개입을 찾아볼 수 있는 놀라운 지점이다.

실제로, 표트르의 비정통적 즉위는 상당한 불안감을 불러일으켰으며, 크렘린을 경비하고 모스크바 전역의 연대에서 복무하고 있던 무장 친위대인 '스트렐치streltsy'[3] 혹은 소총병들이 대규모 봉기를 일으켜 정권을 뒤흔들었다. 이로써 지배 가문과 궁정 관리들은 모스크바 밖으로 나가야 했다. '스트렐치'는 이미 살해당했다고 믿었던 표트르의 이복형 이반을 변호하며 봉기했고, 구교파 및 전통 질서에 대한 연대 의식을 바탕으로 결집했다. 그들은 표트르의 외삼촌을 포함하여 나리슈킨 가문 사람들을 습격하고 살해했다. 또 그들은 병사들을 학대하기로 악명 높은 장교들을 표적으로 삼았고, 노예 계약서가 보관되어 있던 행정관청을 불태우기도 했다. 이러한 폭력에는 정확하고도 설득력 있는 요구 사항을 제시한 메시지가 담겨 있었는데, 결국 통치 엘리트들은 핵심 사안에서 항복했다. 그리하여 이반과 표트르는 공동 차르로 등극했고, 그들의 누이(표트르의 이복누이)인 소피아 '황녀'[4]가 섭정으로 통치하게 되었다.

소피아의 치세에는 앞선 10년간의 개혁 기조가 지속되었다. 그녀의 섭

---

3 '스트렐치(streltsy)': 문자 그대로는 사수(射手)를 의미한다. 모스크바국에서 최초의 상비군 정규부대였다. 비록 주무기가 화승총의 일종인 머스켓이었지만, 검, 창, 그리고 전부(戰斧)도 사용했다. 스트렐치 연대는 16세기 중반에 조직되었을 때에는 기병의 보조병이었으나, 17세기에 군사적 중요성이 증가되었다.

4 '황녀': 원어 표현은 'tsarevna'인데 차르의 딸을 일컫는다.

정 기간에 이루어진 여러 정책 중의 하나는, 유능한 성직자와 행정가에 대한 수요를 충족시키기 위해 최초의 정규학교인 슬라브어-그리스어-라틴어 아카데미를 설립한 일이었다. 이 아카데미의 설립은 외국, 특히 우크라이나 혹은 루테니아 출신으로서 좀 더 유럽적인 '사고' 방식으로 교육받은 학자들과 신학자들의 지속적인 유입에 자극받아 촉진된 문화 교류의 가속화에 대해, 섭정이 열린 마음을 가지고 있었음을 반영하는 것이었다. 1689년, 표트르가 열일곱 번째 생일을 맞으며 성년기에 접어들자, 소피아는 독자적인 권력을 확보하기 위한 행보를 분명히 했다. 그녀는 섭정으로서 오랜 여성 섭정 및 후견인들의 전통을 계승하고 있었으나, 남성 군주의 칭호인 "고수다리(gosudar')"의 여성형에 해당하는 "여성 군주gosudarynia"라고 스스로 칭하면서, 18세기 후반을 지배하게 될 여성 통치자들의 연쇄적인 등장의 서막을 열었다. 소피아가 권좌를 장악하려는 시도는 젊은 표트르의 반격을 불러일으켰다. 유년기의 대부분을 보낸 지방 영지에서 모스크바로 급히 달려온 표트르는 섭정제를 단호히 종식시키고, 누이 소피아를 수도원에 유폐했다. 그로부터 약 10년 뒤인 1698년, '스트렐치'가 전前 섭정의 이름으로 다시 봉기하자, 표트르는 그들에 대해 잔혹무도한 처벌을 가했다.[5] 공포에 질린 외국인 목격자들의 전언에 따르면, 당시 모스크바 전역이 교수형장으로 변모했으며, 처형당한 소총병들의 시신이 성벽, 성문, 임시 교수대에 매달려 있었다고 한다. 이처럼 표트르는 잔혹한 일을 장관壯觀처럼 보여 주며 자신의 활동적인 통치와 서구화 개혁, 즉 계몽적 의

---

5   스트렐치가 처형당한 사건은 바실리 이바노비치 수리코프가 1881년에 그린 〈스트렐치 처형의 아침〉이라는 유명한 작품에서 잘 묘사되어 있다.

제議題의 시대의 문을 열었다.

표트르 혁명과 제국 형태의 국가

러시아의 차르들은 모스크바국 시기 수 세기 동안에도 기독교 군주이자 교회의 지극히 경건한 수장이었을 뿐만 아니라, 싹트기 시작한 관료제 국가의 강력한 통치자이자 정복자, 귀족과 군대의 지휘관이기도 했다. 표트르 대제(재위 1682~1725)에 이르러, 정교회 황제이자 정교회 제국이라는 표상은―비록 완전히 폐기된 것은 아니었으나―보다 세속적이고 유럽적인 정복 정신과 제국 권력에 그 중심 자리를 양보하였다. "표트르의 등장은 러시아 차르의 권력이 신에 의해 지명된 승계 전통이 아니라 천장에서의 무공에 기초하고 있음을 분명히 보여주었다. … 정복자 이미지는 혈통 승계라는 오래된 허구를 폐기했다."[6]

러시아는 그의 통치 기간 내내 전쟁을 치렀다. 그는 1690년대 후반에는 오스만제국과 크림 칸국에 맞서 싸웠다. 그 이후에 그는 북쪽의 스웨덴으로 눈길을 돌렸다. 1700년부터 1721년에 니슈타트조약으로 최종 승리를 거둘 때까지 20년간 대북방전쟁[6)]을 치렀고, 전장에서의 노력을 뒷받침하기 위해 그는 자국 사회를 동시에 군사화했다. 그는 더 많은 세금을 부과

---

6 대북방전쟁: 표트르 대제의 러시아가 1700~1721년 사이에 스웨덴을 상대로 벌인 전쟁이다. 그중 1709년에 벌어진 폴타바전투가 유명하다. 니슈타트조약으로 러시아는 서카렐리아, 잉그리아, 에스토니아, 리보니아 영토를 얻었고, 스웨덴은 발트해 제국으로서의 위상을 상실했다.

하고 더 효과적으로 징수하여 세수를 늘리기 위해 끈질긴 정도로 노력했다. 그는 군인과 노동자를 징집하여 전쟁에 투입하는 방법을 실험했고, 전쟁 무기 제조에 필요한 기술자와 전문가를 러시아로 데려오기 위해 애썼다. 그는 민간 가정에서 군인들을 숙영하도록 명령하여 대군의 유지 비용을 나머지 국민에게 전가했다.[7]

그는 유럽에서 자신의 외교적 정당성을 입증하기 위하여, 측근 중 한 명인 표트르 샤피로프Peter Shafirov에게 스웨덴과의 오랜 전쟁을 정당화하는 공식 문서를 작성하도록 했다. 이 문서는 대량으로 인쇄되어 러시아 국내외에 배포되었다(총 2만 부가 여러 언어로 간행되었다). 이 저작은 판에 박힌 듯하며 심지어 지루한 감이 있으나, 파르텔 피리메에Pärtel Piirimäe의 연구가 보여 주듯, 표트르가 자신의 제국을 유럽적이고 문명화된 국가로 묘사하고, "야만적인" 오스만제국과 차별시키고자 한 표트르의 노력에서 중요한 진전을 보여 준 신호였다. 러시아는 이전까지 전쟁의 정당성을 둘러싼 논쟁에 참여한 전례가 전혀 없었다. 전쟁을 "정의로운" 것으로 입증하고자 하는 예법은 서구의 군사 전통에서 핵심적인 요소였으나, 러시아에서는 그 이전에 아무런 역할을 맡지 못했다. 『스웨덴과 러시아 간 전쟁의 정당한 원인에 관한 담론(A Discourse Concerning the Just Causes of the War Between Sweden and Russia)』을 통해, 표트르는 "1700년에 모스크바국의 스웨덴 침공을 공식적으로 정당화하는 전례 없는 캠페인을 개시하는 신박한 결정을 내렸다. 표트르 치세에 간행된 일련의 전쟁 정당화 문헌들은 러시아가 유럽의 도덕적·법적·정치적 공동체의 자격 있는 일원으로 인정받고자 하는 그의 추구에서 본질적 구성 요소로 간주될 수 있다."[8] 표트르는 전장에서와 마찬가지로,

홍보 활동의 장에서도 커다란 성공을 거두었다.

표트르는 유럽의 기술과 외국의 정치 조직을 적극적으로 수용했으며, 면도 습관, 서구식 복장, 바로크 양식의 건축물, 그리고 네덜란드, 독일, 영국의 혁신적인 기술을 러시아에 강제로 도입했다. 그는 열악한 환경의 말라리아 습지 위에 새로운 수도 상트페테르부르크를 건설했는데, 이곳은 "서구를 향한 창"인 동시에 서구를 "위한" 창이기도 했다. 표트르는 러시아 사회를 유럽의 다른 국가들과의 발전 흐름에 부합하도록 정비함으로써, 그간 신비롭고 이해 불가능한 존재로 간주되어 온 차르국tsardom을 서구 관찰자들이 이해하고 "해독"할 수 있도록 만들었다. 이 작업은 국호 개정에서 출발했다. 그는 러시아의 국가 명칭을 차르국tsardom에서 '제국imperiia'으로 개칭했으며, 선대 군주들이 자랑스럽게 획득하고 고수해 온 "차르tsar"라는 칭호 대신에, 1721년에는 즉각 이해 가능한 "황제imperator"라는 호칭을 채택했다. 그는 이와 같은 변화가 유럽인들에게 명확히 인식되도록 했으며, 심지어 그들을 위해 새로운 칭호들을 라틴 문자로 표기하기까지 했다. "표트르의 이념은 합리주의 시대의 산물이었으며, 전통과 정서보다 이성을 찬미하고자 한 시대정신에 부합했다. 그는 러시아의 '공공복지'에 기여함으로써 자신의 통치를 정당화하고자 했다." 황제는 "조국의 아버지"로 지명되었으며, "이제 통치자와 피치자 간의 관계는 세습적 권리나 개인적 의무에 기초한 것이 아니라, 국가에 대한 봉사 의무에 기반하게 되었다."[9]

표트르는 국가에 대한 봉사의 조건을 보다 구체적인 방식으로 개편했다. 치세 말기에, 그는 1917년 혁명으로 구체제의 종말에 이르기까지 국

라틴어로 "imperator" 혹은 황제라는 칭호를 사용한 최초의 러시아 통치자인 표트르 대제의 초상화를 새긴 조각이다. 〈표트르 1세, 러시아 황제〉, 1717년 카를(카렐) 무어(Karl Moor)의 원본 유화에서 1717~1718년 야코부스 후브라켄Jacobus Houbraken이 판각한 작품이다.

가 봉사의 기준으로 기능하게 될 관등표를 제정했다. 이 관등표는 문관과 군인의 신분 상승 및 고소득 직책 획득을 위한 일련의 승진 단계를 설정했다. 승진은 근무 연수와 학력 요건의 결합을 통해 이루어질 수 있었으며, 최고 귀족 계층은 태생으로 인해 상위 계급에 자동 진입했지만, 새로운 제도에 따라 야심 있는 평민들에게도 귀족층으로 진입할 수 있는 문호가 개방되었다. 관등표에 따르면, 제14등급에 도달한 자는 개인 귀족(가족이 아니라 본인에 한하여 귀족 신분 인정)의 지위를, 그리고 선망의 대상인 제8등급에 도달한 자는 세습 귀족의 지위(자녀들에게도 부여)를 하사받았다. 교육의 필수 요건은 귀족이 결혼하기 전에 일정 수준 이상의 학교교육을 이수했음을 증명해야 한다는 표트르의 선제적 요구에서도 반복되어, 급격한 지각 변동을 일으켰다. 이것은 러시아의 엘리트 계층 내에서 문화적 지향성에 관한 심대한 세대 전환을 불러일으켰다. 상류층의 신진 세대는 더 이상 내면으로 침잠하거나 과거 러시아의 관습과 전통으로 회귀하지 않았고, 그 대신 유럽으로 시선을 돌리며 외래적인 것을 모방하고자 했다.

또한 표트르는 러시아에서 새로운 예의범절을 갖춘 사회를 창출했다. 그는 귀족들에게 서구의 사상과 관행이 러시아의 낡고 후진적 전통 및 관습보다 우월하다는 사실을 받아들이도록 강요했다. 서구의 방식, 복식, 예절, 건축양식을 채택하고, 수염을 면도하고, 그리고 상트페테르부르크에 서구 스타일의 수도를 건설한 일은 러시아를 보다 유럽적 국가로 만들어, 선진 서방 세계와 경쟁하게끔 만들기 위한 첫걸음이었다. 머지않아 프랑스어가 궁정 언어로 자리 잡게 되었다. 알렉산더 마틴Alexander Martin의 서술에 따르면, "정권 주도의 서구화 변혁이라는 발상은 사회의 최상층으로부터 시작하여 점차 아래쪽으로 확산되며,—농민 대중에 대한 공포와 경멸의 태도와 함께—18세기 대부분 동안 정권 이데올로기의 핵심을 이루었다."[10]

표트르는 자녀격인 신민臣民들을 통솔하는 엄격한 가부장처럼 행동함으로써, "조국의 아버지"로서의 역할을 공적 무대에서 수행했다. 그는 국가에 대한 봉사를 위하여 모든 것을 희생해야 한다는 자신의 원칙에 충실하여, 게으름, 무절제, 그리고 수치스러운 행실을 했다는 이유로 친아들 알렉세이 페트로비치Aleksei Petrovich에게 버럭 소리를 질렀다. 또 그는 알렉세이가 자신의 가정 내에서 질서를 제대로 잡지 못한 데 대해 심하게 꾸짖었다. 1715년 10월 11일자 서신에서 표트르는 알렉세이가 제위 계승자로서 남성적인 강인함과 권위를 드러내지 못할 경우에, 국가 전체가 위험에 처할 것임을 경고했다. 그는 "자기 집을 다스릴 줄 알지 못하면 어찌 하나님의 교회를 돌보리요"[7]라는 바울 서신 중 한 구절을 인용했다. 그는 성경의 기준을 제시하며, 가정의 의로운 머리로서 가정 내의 질서를 유지해야 하는 의무를 상기시키고 있었다.[11] 그러나 이 아들은 3년 후에, 차르에 대한 모반 음모를 자세히 밝혀내기 위한 고문 과정에서 표트르 대제가 보낸 심문관들에 의해 결국 생을 마감하게 된다.

표트르는 아들에게 요구했던 가부장적 남성성과는 다르게도, 그 자신은 아주 소란스럽고 일탈적인 행태를 보여 주었고, 폭음을 통하여 자신의 사내다움을 실행에 옮겼다. 그의 행동은 전통적인 정교회 도덕과 새로운 예절 바른 사회의 관행을 무너뜨리려는 의도를 가지고 있었다. 이것은 무수한 논란이 되었던 '최고의 어리석음과 극한 음주 평의회Most Foolish and All Drunken Council'의 활동에서 극명하게 드러났다. 이 평의회는 표트르의 친구들 및 참여를 강요당한 이들로 구성되었으며, 외설적이고 불경스러운 환락, 신성모독의 과시, 가치전도적 행동, 폭력과 성적 권력의 과시를 행동으로 보여 주었다. 음주 평의회는 거리에서 공개적으로 음주 난동을 벌이고, 신성모독이라고 할 수 있을 정도로 정교회 의식과 위계를 조롱하는 한편, '왕의 남근membrum virile'에 초점을 맞춘 외설적인 어휘와 의식儀式 체계를 정교하게 만들었다. 어니스트 지처Ernest Zitser에 따르면, "오직 차르에

---

7   "자기 … 돌보리요": 「디모데전서」 3장 5절.

게 전적인 충성을 공개적으로 맹세한 측근 멤버들만이 '남성 성기'를 가리키는 외설적 표현으로 지칭되는 수상쩍은 특권을 누릴 수 있었다."고 한다. 남근 모양의 조형물과 언어가 넘쳐났다. "[음주 평의회의 지회支會로서 구성된 외국인 집단으로서] 수도원을 모방한 단체의 규약과 규율 및 회원 명부를 포함하고 있는 필사본 표지 뒷면에는 사정射精하는 거대한 남근 그림이 장식화로 그려졌다."[12] 지처는 이와 같은 난잡한 퍼포먼스를 가리켜, "차르와 그의 수행원들이 종교적 카리스마와 정치적 권능 간의 결합 관계를 문자 그대로 몸으로 보여 주고자 했다."고 해석한다. 왕의 남근은 바로크 시대에 암호화된 상징으로 기능했으며, "부적이자 권력의 선언"으로서, 표트르가 후계자를 생산할 수 있는 능력과 군대를 승리로 이끌 수 있는 역량을 동시에 가지고 있음을 보여 주는 신호였다.[13]

근대 초 유럽의 남성성에 관한 문헌은 성공적인 사내다움을 정의하는 핵심 요소로서, 대량의 소모와 분출(음식, 술, 여성의 섭취 및 구토, 소변, 정액, 힘의 분출)의 중요성을 확인했다.[14] 전장과 연회장 둘 다에서 보여 준 표트르의 행태는 이와 같은 모형에 정확히 부합한다. 어니스트 지처는 표면상 가장 방탕해 보이는 표트르의 퍼포먼스조차 종교적 의미를 내포하고 있었으며, 정교회正敎會의 품행 규범에 대한 그의 공격은 오히려 계몽된 신앙에 대한 깊은 헌신적 태도에서 기인했다고 논하고 있다. 그의 불경스러운 행위들이 노골적인 신성모독을 의미했던지, 혹은 암호화된 신앙심을 드러낸 것이었든지 간에, 표트르의 통치는 그의 여성 후계자들의 통치처럼 극적으로 성별화된 성격을 띠고 있었다.[15] 그의 괴상한 행위는 다른 사람들이 준수해야 하는 통상적인 규범을 위반할 수 있는 지배자의 능력을 과시하는 동시에, 전제자의 권력이 무제한적임을 보여 주었다.

서구화를 강제하는 표트르 대제의 정책에 필연적으로 반발이 일어날 수밖에 없었다. 그런 반발은 처음으로는 예컨대 표트르의 아들 알렉세이와, 잠시 재위에 있었던 알렉세이의 아들 표트르 2세Peter II처럼, 모스크바를 상트페테르부르크보다 선호하는 전통주의자들로부터 나왔다. 또한 표트르를 적그리스도Antichrist로, 그의 평민 출신 애인이자 후에 부인이 된 예카테리나 1세Catherine I를 바빌론의 음녀[8]로 간주한 구교도들과 분리파 교도들도 그러한 반발 세력이었다. 그 이후에는 러시아 문화에서 고유한 것이거나 서구의 수입물과는 다른 것이면 무엇이든지 찬양하려는 회고적 취향의 지식인들이 그런 세력이었는데, 이런 흐름은 19세기 중반의 슬라브주의적 민족주의에서 절정에 달하게 된다. 그러나 표트르 대제와 그의 귀족 동료들에게 서구의 모방은 성공으로 가는 문이었다. 그린펠드가 입증하고 있듯이, 표트르와 그의 서클은 서구화의 제1세대로서, 일말의 의심이나 회한 없이 열정적으로 유럽 모형을 수용했다. 그들은 유럽 방식의 우월성을 거리낌 없이 인정했고, 조금의 불안감도 없이 유럽 문명의 세련된 예절을 주입하고자 분투했다. "러시아성"에 대한 명확한 자각은 유럽 모형을 기준으로 삼아 스스로를 평가하고, 또 그에 맞추어 자신의 행동을 적극적으로 조정하는 데서 표현되었다. 러시아 귀족과 지식인들이 보다 선진적인 서구를 따라잡기 위해 질주하는 과정에서 수반된 모욕적 함의를 진지하게 마주하게 되는 것은 훨씬 후대의 일이다. 그때가 되면, "그들의

8　바빌론의 음녀(Whore of Babylon): 신약성경의 마지막 권인 「요한계시록」 17장과 18장에 등장하는 여성으로서 악의 상징적 표현이다.

영혼은 민족적 불완전함이라는 통절한 화염 속에서 타오르게 될 것이었
다."[16] 그러나 암흑과도 같은 이러한 전환은 수십 년이 지난 세기말에 이르
러서야 비로소 이루어질 터였다.

표트르의 후계자들:
여성들(그리고 어린이들)이 정상에 올라선 세기

표트르는 『해군규범서Naval Statute』에서 통치자가 오직 신神 외에는 그 누
구에게도 책임을 지지 않는다고 명시했다. 그리고 그는 실제로 이 원칙에
따라 행동했다. 1722년 표트르는 황제가 후계자를 직접 지정할 수 있다는
칙령을 반포함으로써, 관행에 의존해 오던 후계자 결정 방식을 성문화된
법으로 전환했다. 그러나 얼핏 보기에 이 칙령에서는 의도적으로 대상자
가 개방되어 있음을 고려해 보자면, 차르는 지배 가문 출신이 아닌 인물이
라도 후계자로 지명할 수 있었다. 장기간에 걸친 선전 캠페인을 통해, 표
트르의 두 번째 부인이자 신분이 천하고 외국 출신이며 정교회 신자도 아
니었고 문맹이었으며 과거에는 군부대의 하녀로 일했고, 나아가 자신의
심복의 애인이었던 예카테리나(후일의 예카테리나 1세)의 이미지는 거의 성
인에 준하는 존재로 격상되었다. 이것은 불가능에 가까울 정도로 어려운
일이었다. 표트르의 이미지 메이커들은 같은 이름을 가진 성녀로서, 지혜
롭고 학식 있고, 신앙과 순결을 지키기 위해 죽음을 택한 용감한 순교자인
알렉산드리아의 성 카타리나[9] 숭배를 기반으로 하여, 불같은 성정을 지닌

표트르를 달래는 예카테리나의 지혜, 전쟁 자금을 조달하기 위해 자신의 보석을 처분한 자기희생, 그리고 출산 시 겪은 고통 등을 성 카타리나의 순결과 지혜에 (과장되게!) 비견되도록 꾸며냈다.[17] 표트르는 사망 직전 해에 예카테리나를 정식으로 황후로 책봉했다. 비록 말년에는 그녀에 대한 표트르의 애정이 식었고, 그가 최종적으로 그녀를 후계자로 공식 지정하지는 않았음에도 불구하고, 표트르의 서거 이후 유력 귀족들은 예카테리나를 여제로 선택했다.

표트르는 제위 계승의 원칙을 뒤집은 후, 임의로 기존의 관행을 폐기하고 러시아를 재창조하는 작업에 착수했다. 그는 명령 한 번으로, 수만 명에 달하는 노동자들의 생명을 희생시키면서, 네바강과 핀란드만 연안에 찬란히 빛나는 서구형 신도시를 무無로부터 창조해 냈다. 또한 그는 일시적인 변덕에 따라 시간 자체를 재설정했는데, 이로써 창세(정확히 기원전 5508년 9월 1일)로부터 시간을 계산하던 고대 정교회의 달력을 폐기하고, 1700년 1월 1일부터 율리우스력[10]을 채택했다.[18] 또한 그는 상류층 여성들에게 전통적 은둔 생활에서 벗어나, 소용돌이치는 국제적인 사교계에 참여할 것을 법령으로 명령했다. 이와 같은 사례들로 인해, 다수의 역사가들

---

9 알렉산드리아의 성 카타리나: 4세기 초에 로마 황제인 막센티우스의 박해로 순교당했다고 전해져오는 가톨릭의 14명 구난성인(救難聖人) 중의 한 사람이다. 라틴어인 카타리나는 러시아 식으로는 예카테리나로 표기된다.

10 율리우스력: 율리우스 카이사르(기원전 100~44)가 전통적인 로마력을 개정하여 기원전 46년에 제정한 역법이다. 현재 세계 표준으로 사용하는 역법은 1582년에 교황 그레고리우스 13세에 의해 제정된 그레고리력이다. 율리우스력은 약 128년마다 1일의 오차가 생겨서, 현재는 13일 차이가 난다. 러시아혁명 이후 볼셰비키 정부는 1918년에 그레고리력으로 전환했으나, 러시아정교회는 현재에도 여전히 율리우스력에 따라 절기를 지키고 있다.

은 러시아를 자국의 법을 무시하는 자의적 통치자가 지배하는 전제적 국가로 생각하고 있으며, 특히 그중에서도 표트르를 가장 전제적 군주라고 평가하고 있다.

차르는 막강하기는 했지만, 그의 권력이 무제한적이지는 않았으며, 이것은 표트르의 후계자들에게 있어 더욱 그러했다. 우리는 모스크바국의 통치자들이 보야레 및 고위 성직자들과 어떻게 긴밀히 협의하며 통치했는지 본 바 있다. 이러한 관행은 18세기에도 지속되었으며, 오히려 어떤 점에서는 심화되어 군주보다 귀족에게 권력의 균형추가 넘어갈 정도로 형세가 일변하기도 했다. 이런 경우, 군주는 단순한 얼굴마담이거나 허수아비에 불과하기도 했다. 표트르 자신은 측근 집단 내에서 부패한 방법으로 부를 축적하거나, 국고에서 상상을 넘어서는 착복 책동에 대해 가끔 분노를 표출했으나, 대부분의 경우에 대수롭지 않게 생각하며 참았다. 대규모의 국고 약탈은 키예프 루스 초기의 전사 수행원들의 지지를 얻기 위한 "증여, 약탈, 선물 경제"의 최신판, 혹은 모스크바국 시대에 하사금, 후원, 그리고 노역을 제공해줌으로써 엘리트들이 경건한 군주에게 충성을 유지하도록 만든 "코르믈례니예"의 최신판으로 작동했다.

역사가 존 르돈John LeDonne은 18세기 러시아에는 어떠한 공식적·제도적 의미에서의 "국가"가 전혀 존재하지 않았다고까지 단언한다. 오히려 그는 군주에게는 무제한적 권력을, 귀족에게는 예속된 농민을 보장해 주기 위하여 엘리트와 차르 사이에 체결된 "하나의 거대하고 추악한 거래"에 대해 언급한 페리 앤더슨Perry Anderson과 마찬가지로, 러시아를 '지배계급'의 놀이터로 보고 있다. 말하자면, 일종의 악마적 계약, 즉 우리가 지금까지 사용해 온 용어로는 "특별한 거래"에 따라, 귀족들은 군주의 의사를 제한할 수 있는 어떠한 제도적 장치도 포기하는 대신에, 다른 인간들에 대한 소유권을 행사하고 그들을 토지에 예속시키는 데서 비롯되는 막대한 경제적 이익과 사회적 지위 및 권력을 획득했다.

최근에 예카테리나 프라빌로바Ekaterina Pravilova는 귀족과 제국 체제 간의 특별한 계약의 성격을 근본적으로 재평가했다. 그녀는 귀족과 군주 간의 밀접한 유대 관계를 인정하면서도, 이 관계의 역학을 전복시킬 것을 제안한다. 즉, 귀족은 그들의 정치적 영향력을 전부 양도했다기보다는, 오히려 제국 체제를 도덕적 악행 속에 가두어 두는 데 성공했다는 것이다. 체제, 특히 예카테리나 2세Catherine II는 1785년에 〈귀족 헌장Charter of the Nobility〉을 통해 귀족들의 재산권을 보장함으로써 그들의 충성심을 확보(이에 대해서는 이하 및 제5장에서 논의됨)했기 때문에, 그녀와 그녀의 후계자들은 어떠한 대가를 치르더라도 이 권리를 온전히 보호해 주어야 한다는 의무감을 마음 깊이 새겼다. 이러한 보호는 선물gift의 형식으로 부여된 것이지, 사전에 존재하는 권리를 인정한 것은 아니었다. 제국 체제는 핵심지지 세력에게 한 약속을 저버리지 않고 보장하는 것을 스스로의 권위와 연계시켰다. 여기서 보장된 재산권에는 토지뿐 아니라, 수역水域, 삼림, 광물, 그리고 1861년의 농노해방 이전까지는 사람까지 포함되었다.

프라빌로바는 귀족 권리에 대한 강력한 보호 정책이 제국 정부를 특정한 입장에 고착시켰음을 입증하고 있다. 즉, 정부는 일부 사람들이 다른 사람들에 대해 가지는 신성불가침한 재산권 주장, 그리고 궁극적으로는 19세기와 20세기에 이르러 좀 더 광범위하게 정의된 공공의 권리보다 사

예카테리나 대제Catherine the Great는 1785년에 〈귀족 헌장〉을 공포했다. 이 헌장은 귀족들에게 광범위한 권리와 보호조치를 부여했으며, 관대한 "특별 거래"를 통하여 귀족을 하나의 특별 집단으로 통합하는 데 도움을 주었다. 헌장은 인쇄본으로 제작되었으나, 황제의 칭호는 황금색으로 수기로 기입되었다. 문서는 제국 각 지방의 문장이 새겨진 삽화로 둘러싸여 있으며, 상단에는 예카테리나의 이니셜이, 하단에는 제국의 쌍두독수리 국장이 배치되어 있다. 문서는 제국을 구성하는 수많은 지역에 대한 예카테리나의 지배자로서의 지위를 천명하고 있다. 그 목록은 장엄하게 장식된 첫 쪽을 넘어서, 두 번째 쪽 전체를 가득 채우고 있다.

적 재산권의 주장을 보호해야 했다는 것이다. 프라빌로바는 통념을 신선하고도 기발하게 뒤집어엎고, 러시아가 (엘리트의) 사적 재산권을 '과도하게' 보호한다는 약속 때문에 고통을 겪었다는 점을 보여 주고 있다. 일반적으로 예상되는 것과는 달리, 그 반대는 성립되지 않는다는 것이다.[19]

프라빌로바가 제시한 이른바 "악마의 계약devil's pact"에 대한 해석은 환영할 만한 것이다. 어느 편인가 하면, 그 해석은 주권자와 귀족 간의 긴밀한 관계가 나머지 인구 집단의 희생을 대가로 서로를 지지했다는 생각을 강화하고 있다. 다만 우리는, 통치자와 신민 간의 보호적이고 밀접한 유대가 하층 귀족에서 갑자기 멈추지 않았다는 점을 추가하고자 한다. 그러한 유대 관계는 적어도 당대의 감성적 수사 속에서 다른 사회계층과도 체결되었으며, 온갖 다양한 형태의 특혜적 계약이 만연했다.

인류학적 방법론의 영향을 받은 학자들은, 궁정 내 파벌의 저변을 이루며 그들의 행동을 결정지었던 가족적 이해관계 및 후원과 피후원의 관계망을 밝혀낼 수 있었다. 특히 데이비드 랜슬David Ransel은, 18세기 후반기의 위대한 정치가 중의 한 사람인 니키타 파닌Nikita Panin[11] 백작이 추진한 여러 외교정책 및 제도 개혁 프로그램들에서 성패를 가른 후원제 의제議題를 집중 조명한다.[20] 이러한 중요한 해석 작업은 근대의 정치 및 프로그램을 18세기에 부당하게 소급 적용하려 했던 기존 연구의 한계를 드러내는 데 기여했다. 그러나 동시에, 이러한 접근법은 궁정 내 권력투쟁에서 온갖 실재적인 '정치'를 모두 제거해 버릴 위험성을 내포하고 있기도 하다.

이러한 위험이 현실화된 사례 중의 하나는 소위 '1730년의 헌정 위기Constitutional Crisis of 1730'에 대한 논의에서 발견된다. 이 사건은 러시아가 민주적 통치 방식을 '채택할 수 있었던' 중대한 순간이었으나, 결국 익숙한 전제정치로 회귀하고 말았다는 점에서 오래도록 주목을 받아온 흥미로운 일화이다. 간략히 서술하면, 1730년 1월 19일, 표트르 대제의 젊은 손자 표트르 2세가 자신의 결혼식을 하루 앞두고 서거했다. 그는 자신의 주요 귀족 자문관 중 한 명의 딸과 혼인할 예정이었으나, 분명한 후계자를 지정

---

11 니키타 파닌(1718~1783) : 예카테리나 대제 시기의 유력한 정치인이자, 그녀의 정치적 멘토였다.

하지 못한 채 세상을 떠났다. 이에 러시아 최고 귀족층 중에서도 소수의 핵심 인물로 구성된 추밀원Supreme Privy Council[12]은 이반 5세의 딸(그러므로 표트르 대제의 질녀)로서 과부였던 안나 이바노브나Anna Ivanovna에게 쿠를란트에서 귀환하여 제위를 계승할 것을 제안한다는 결정을 내렸다. 그리고 혁명적인 조치로서, 그들은 초청의 뜻과 함께 다음과 같은 내용을 담은 "조건들Conditions"을 첨부했다. 안나는 결혼을 하지 않으며, 전쟁을 선포하거나 평화를 체결할 수 없고, 새로운 세금을 부과하거나 국가 수입을 지출할 수 없으며, "재판 없이 귀족의 생명, 명예, 재산"을 박탈할 수 없다는 것이었다. 실질적으로, 만약 이 조건들이 실행되었더라면, 러시아는 추밀원의 권위 하에 제한군주제를 수립했을 것이다. 안나는 모스크바로 출발하기에 앞서 이 조건들에 서명했다.

그러는 동안, 표트르 2세의 혼례를 위하여 모스크바에 집결했다가 그의 장례식까지 머물게 된 많은 수의 귀족 사이에 소문이 퍼져 나갔다. 추밀원의 권력 장악 시도에 반발하며 결집한 귀족들은 반대 제안들, 혹은 일련의 개혁적인 구상을 담은 의제議題를 작성했다. 이들의 다양한 계획에는 400명 이상의 귀족이 서명했다. 귀족이 제기한 제안 중 대부분은 표트르 대제가 부과한 가혹한 봉직 의무의 완화를 요구한 것이었다(혹은 그들은 조심스럽게 요청했다). 또한 그들은 귀족이 자신의 재산을 여러 아들(때로는 딸들)에게 관습과 부모의 정에 따라 분할 상속하는 대신, 단일 상속자에게 전

---

12 추밀원: 예카테리나 1세 시절인 1726년에 설치되었다. 추밀원 구성원들은 사실상 항존직 자문관이자 어떤 의미에서는 군주의 동료처럼 행동했다. 안나 여제는 추밀원을 폐지했고, 이로써 전제정치가 원상 복귀하였다.

부를 물려주도록 강제한 표트르 대제의 아주 인기 없는 법률인「단독상속법unigeniture」의 폐지를 요구했다. 추밀원은 귀족들의 불만에 대응하여 자체적인 절충안을 마련하고자 시도했으나, 이것을 극도로 비밀리에 추진했기에 오히려 다수 귀족과 더 멀어지고 말았다.

2월 25일 아침, 안나가 전체 귀족회의 앞에 모습을 드러냈을 때, 이미 귀족 반대파가 안나에게 자기들과 추밀원 사이에 중재를 요청하는 청원서(체르카스키 청원서)[13]를 제출할 준비를 마친 상태였다. 오후에 회의가 재개되었을 때, 이반 트루베츠코이 공Prince Ivan Trubetskoi이 근위대의 외침 소리를 등에 업고 또 다른 청원서를 제출했다. 이 청원서에서 그는 안나에게 "폐하의 영화롭고 찬양받을 조상들께서 지니셨던 전제적 권력을 은혜롭게도 회복하시고, 추밀원이 폐하에게 제출했고 폐하께서 서명하셨던 조항을 폐기하여 주시기를"[21] 간청했다. 이에 새로 즉위한 여제는 자신이 서명했던 '조건들' 사본을 가져오게 하여, 그것을 극적으로 갈기갈기 찢어 버렸다.

일반적으로 이 비극적으로 기회를 잃어버린 사건을 다룬 연구들에서, 일반 귀족 계층은 제한군주제의 이점을 이해하지 못한 데 대한 것, 그리고 그들이 그 대신 사소한 사항들을 요청한 것에 대한 맹렬한 비판과 조롱의 대상이 되었다. 그러나 이 두 가지 점 모두에 있어 하급 귀족들은 일정 부

---

13 체르카스키 청원서: 알렉세이 미하일로비치 체르카스키(1680~1742)는 1719년부터 5년 동안 시베리아 총독이었고, 1726년부터는 원로원 의원이자 3등 문관이었다. 체르카스키는 추밀원에 반대하는 입장을 취했고, 장군, 장교, 귀족 중에서 선출된 회의에서 국가통치 형태를 결정하자는 청원서를 동지들과 함께 작성했다.

분 변호 받을 만하다. 그들은 군주가 주요 결정 사항에 대한 승인을 받아야 한다는 요구조건이나 군주의 권한에 제한을 가하는 원칙 자체에는 아무런 이의를 제기하지 않았다. 불만이 있었다고 한다면, 그것은 군주의 결정을 승인하거나 거부할 수 있는 권한을 지닌 사람들의 범위가 협소하게 정의 내려져 있다는 점에 관한 것이었다. '조건들'은 군주가 오직 추밀원과만 협의할 의무를 제도화함으로써, 폭넓은 귀족층의 발언권을 배제했다. 그 조건대로 했더라면, 친숙한 전제정치의 관행을 대신하여, 최고위층 귀족들의 과두정 체제가 수립되었을 것이다. 그리고 그 뒤 한 세기 동안의 역사는 청원자들의 전략적 사고가 옳았음을 입증하게 된다. 즉, 보다 광범한 귀족층, 특히 근위 연대 소속의 젊은 장교들이 향후 30년간 권력의 중재자이자 변혁의 지렛대 역할을 맡게 되었다. 이 사건과 관련된 어느 누구도 폭넓은 포용적 민주주의를 구상하지는 않았으며, 실제로 당시 유럽의 입헌군주제 국가들에서도 "서민rabble"은 공식적으로 정치적 의사 결정에 참여할 권한을 갖지 못했다. 그럼에도 불구하고, 일반 귀족들은 협의의 범위를 좁히는 것이 아니라, 넓히려는 원칙을 수호하고자 목소리를 높였다.

하급 귀족들이 제기한 구체적 요구들이 사소하다는 추정과 관련하여, 이것을 "논쟁거리도 아니고, 정치적으로 큰 중요성을 가지지도 않은 사안들"[22]로 치부하려는 경향이 지속적으로 있어 왔다. 현대의 시각에서는 봉직, 재산, 상속과 관련된 문제들을 진정한 정치적 쟁점으로 간주하지 않는 경향이 있으나, 이런 관점은 18세기에 가족 정치family politics가 고위 정치와 별개로 존재하지 않았다는 사실을 간과하는 것이다. 그리고 이 점에 있어서도 하급 귀족들은 그들의 목표를 달성했다. 안나 여제는 어떠한 공식적인 조건에 구애받지 않고 제위를 계승했으나, 자신을 지지한 이들의 뜻에 굴복하여 그들의 모든 요구를 수용했다. 이에 따라 봉직 의무 기간이 단축되고, 복무 조건이 완화되었으며, 무엇보다도「단독상속법」이 폐지되었다.

1730년 사건에 대한 이러한 개관은, 추상적 이상으로서의 입헌군주정의 영광과 제약 없는 전제정치의 상상적인 공포를 대비시키는 방식보다는, 이 시대의 정치를 보다 생산적으로 접근할 수 있는 방법을 제시한다. 이른바 "헌정 위기"가 드러내는 바는, 차르와 귀족 사이에 존재했던 좀 더 미묘하고 상호적 관계였다. 최고 권력 수준에서의 정치는, 여제의 지지자들이 그들의 우려를 표명할 수 있는 공간을 허용하고, 통치자가 이에 응답하도록 유도하는 포괄적인 협상의 여지를 포함하고 있었다. 결국 이러한 인식은 첫째, 러시아 제국의 통치를 18세기의 급격히 변화하는 문화적 맥락 속에 위치시킬 수 있게 하며, 둘째, 동시대 유럽의 흐름과 러시아가 크게 괴리되어 있었다는 통념에 의문을 제기하게 하며, 셋째, 이 시기의 궁정 정치를 사소함이나 "여성적인 어리석음"으로 희화화하지 않고 진지하게 평가할 수 있도록 해 준다.

일련의 여성들이 제위를 차지한 사실은 부분적으로는 유전적 우연에 기인했다. 표트르 1세와 파벨 1세 사이의 세대에서 로마노프가문에서는 아들이 거의 태어나지 않았다. 황실 가계에서 딸들이 비정상적으로 우위를 점하게 된 현상은, 몇 안 되는 남성 후계자들이 요절하는 불운으로 더욱 가속화되었다. 표트르 대제의 불운한 아들 알렉세이처럼 고문실에서 심문을 받던 중 사망하거나, 알렉세이의 아들 표트르 2세(재위 1727~1730)

처럼 천연두로 요절하거나, 표트르 대제의 조카의 손자로서 단기간 재위한 이반 6세(재위 1740~1741)처럼 정적들의 손에 죽은 경우가 그러했다(유아 시절 6개월 동안 재위한 이반 6세는 짧고도 불행한 여생을 감금 상태에서 고독하게 보내다가 평생 외롭게 살았던 데서 기인한 광기를 보인 끝에, 마침내 1764년에 자객의 손에 사망했다). Y염색체의 전통을 따라, 표트르 3세(재위 1762)는 그의 아내가 주도한 쿠데타로 폐위되고 살해되었다. 그들 사이의 아들 파벨 1세(재위 1796~1801)는 가까운 가족 구성원의 손에 죽은 마지막 황제였다. 그는 사랑하는 아들의 암묵적인 동의하에 암살당했는데, 그 아들은 곧 알렉산드르 1세로 즉위했다.

이리하여, 1725년 표트르 1세의 서거 이후 18세기 대부분 동안 러시아 제위에는 여성 군주들이 차례차례 등극했다. 표트르 1세의 아내 예카테리나 1세(재위 1725~1727)가 그 뒤를 이었고, 잠시 표트르 2세가 재위한 후, 안나 이바노브나(재위 1730~1740)가 황제 자리를 계승했다. 그녀는 자신의 조카딸의 아들로서 유아 이반 6세에게 독일계 부모의 섭정을 조건으로 제위를 물려주었으나, 곧 궁정 쿠데타가 발생하여 표트르 대제의 딸 엘리자베타Elizabeth가 즉위함으로써 혼란스러운 상황은 종결되었다(1741년). 엘리자베타(재위 1741~1761)는 환영할 만한 제위의 안정 상태를 가져왔으며, 그 이후에는 그녀의 조카딸의 아들 표트르 3세가 계승했다. 그러나 표트르 3세는 불과 6개월 만에 그의 아내에게 폐위당했고, 그녀는 이후 34년에 걸쳐 예카테리나 2세, 즉 '대제(재위 1762~1796)'로 훌륭하게 통치했다.

여성 군주들의 통치는 과연 무엇을 수반했는가? 무엇보다도 먼저, 여제들이 국가 성공의 모든 표준 지표에 부합하는 성장을 감독했다는 사실을 상기할 필요가 있다. 그들은 성공적 군사 원정을 수행했고, 제국의 영토를 확장했다. 18세기에는 상인들이 세계 시장과 연결되면서 경제는 전례 없는 방식으로 호황을 맞이했고, 산업, 광업, 농업 생산 모두가 강해졌다. 그러나 경제성장은 귀족의 명백히 비자본주의적인 충동에 의해 방해받기도 했는데, 그들은 투자가 아니라 눈에 띄는 과시적 소비로 재산을 탕진했다. 이런 경향은 18세기 말 야코프 크냐지닌Iakov B. Kniazhnin의 희곡『마차 때문에 일어난 불행Misfortune from a Coach』에서 풍자적으로 묘사되었다. 이 작품은 허영심 많은 귀족 부부가 화려한 프랑스식 마차와 레이스 달린 모자, 붉은색 하이힐을 마련하기 위하여 농노 한 명을 신병으로 팔아넘기려는 계획을 중심으로 전개된다. "한번 상상해 보거라."라며, 어릿광대 같은 주인은 시골 영지의 관리인에게 다음과 같은 편지를 보낸다. "만약 너, 클레망의 주인인 내가 그 아름다운 마차를 사지 못한다면, 그리고 너의 여주인께서 파리에서 직수입한 머리 장식을 사지 못한다면, 그건 나만의 치욕이 아니라, 너의 치욕이기도 한 것이다. 남들에게 존경받는 사람은 그런 치욕을 당하면 목을 매야 하는 법이다."[14][23] 이처럼, 주인들은 한 인간을, 그것도 진정한 사랑과 결혼을 앞둔 훌륭한 청년을 팔아넘기려 하면서도, 어떠한 양심의 가책도 느끼지 않는다. 이 희곡이 강조하는 바와 같이, 산업과 농업은 여전히 부자유 노동력에 의해 유지되고 있었다. 또한, 여제들은 자신들의 특권층 친구들과 후원자들에게 크나큰 은혜를 베푸는 방식으로, 영토적 확장뿐만 아니라 예속민들의 수 또한 증가시켰다. 그럼에도 불

---

14 이 부분의 번역은 다음 번역서를 참고했다. 야코프 크냐지닌, 『노브고로드의 바딤/마차 때문에 일어난 불행』, 조주관 역(지만지드라마, 2019), 145쪽.

구하고, 여제들은 경제 및 산업의 확장을 감독하고, 내륙 관세 및 통행세의 폐지처럼 일부 최신 정책들을 통해 경제성장을 촉진했다.

18세기 전체, 그리고 특히 여성 군주들의 통치에서 더욱 흥미롭고 특유한 현상은 정서적 수단을 활용하여 안정을 도모하려는 경향이었다. 프랑스로부터 수입된 감상적 소설과 희곡은 아주 섬세한 감수성과 정제된 심정의 고뇌를 함양하고 표출하는 유행을 불러일으켰다. 슬라브어-그리스어-라틴어 아카데미 출신의 바실리 트레댜콥스키Vasilii Trediakovskii는 1766년 폴 탈르망Paul Tallemant[15]의 『사랑의 섬으로의 여행Le voyage de l'Isle d'amour』(1663)을 러시아어 육보격 시로 번역했다. 외국의 철학 논문과 감상적 소설 및 희곡이 번역되고 수입됨에 따라, 공적 토론과 창의성을 장려하는 문학 살롱이라는 발상이 널리 확산되었다. 오늘날의 독서 모임에 해당하는 근대 초의 이런 세련된 살롱들은 사람들의 이목을 끌고 주목받기 위한 장소가 되었다. 살롱은 종종 여성에 의해 주관되었으며, 신흥 계층의 젊은 남성들이 새로운 국제적 사고방식과 생활양식을 뽐낼 수 있는 무대가 되었다. 소련의 저명한 문학 연구자이자 기호학자 유리 로트만Iurii Lotman은 프랑스에서는 "살롱(문학적 환경)이 소설을 낳았지만, 러시아에서는 소설이 특정한 문화적 환경을 낳도록 기대되었다. 그곳에서는 현실이 텍스트를 창조했지만, 이곳에서는 텍스트가 현실을 창조할 것이라고 생각되었다."[24]라고 썼다. 다른 말로 하자면, 삶이 예술을 모방했다. 문학적 문화는

---

15 폴 탈르망(Paul Tallemant): 폴 탈르망(Paul Tallemant le Jeune, 1642~1712)은 프랑스의 성직자이자 학자였다. 사촌인 프랑수아 탈르망(1620~1693)과 구분하기 위해 보통 'le Jeune'를 붙인다. 그가 1663년에 출판한 『사랑의 섬으로의 여행』은 가상적인 여행회고록이다.

새로운 세계의 모델이 되었고, 궁정의 신문화는 패션, 형식, 감정에 이르기까지 책 속의 원형을 현실 생활에서 본뜨려고 했던 것이다.

당대의 감상주의 문화, 즉 부드러운 감정, 공감, 내재적인 도덕적 감수성, 그리고 열정적 사랑을 찬미하던 문화에 부응하여, 엘리자베타 여제와 예카테리나 2세는 이성과 감성이라는 이중 언어를 조율함으로써 정치술을 엘리트 사이에서 호의를 얻는 전략으로 활용했다. 예컨대, 엘리자베타는 집권 이전에 유아 군주 이반 6세와 인기 없는 그의 독일계 부모를 축출하기 위해 계획적이고 사려 깊은 방식으로 지지 세력을 규합했다. 동시대의 어떤 관찰자는 그녀가 "먼저 프레오브라젠스키 연대Preobrazhenskii Regiment 소속의 근위병 일부를 포섭하는 것으로 시작했다."고 기록했다. 쿠데타 당일 자정에, 이미 철저히 준비된 상황 속에서, 300여 명의 연대원과 하급 장교 및 일반 병사들은 "모두 한 사람같이 그녀를 위해 목숨을 바치는 데 동의했다." 그녀의 사랑스럽고도 헌신적인 지지자들은 음모가 성공한 이후 큰 보상을 받았다. "황제가 된 엘리자베타 폐하는 제국 권력을 장악한 직후, 이 혁명에서 자신을 도운 자들에게 보상하는 일을 최우선으로 삼았다. 그녀는 즉위 몇 달 후에 자신의 총신 라주몹스키Razumovskii를 궁정 의전관으로 임명하는 것으로 이런 일을 시작했다. 그녀는 그를 대사냥감독관으로 승진시켰으며, 백작 작위와 청리본 훈장을 수여했다. … 프레오브라젠스키 연대의 병사 전원은 귀족으로 서훈되었고, 진급했다. 일반 사병들은 중위로, 분대장들은 소령으로 진급했다. … 이 부대는 '경호부대'라고 불렸다. 황제 폐하 스스로 이 부대의 대장으로 선언하였다."[25] 엘리자베타는 전통적인 관행을 확장하고 더욱 감미롭게 다듬었고, 사려

〈흑인 시동을 동행한 채 말 등에 앉아 있는 엘리자베타 페트로브나 여제의 초상화〉. 이것은 1743년에 그려진 게 오르그 크리스토프 그루트 원작의 복제본이다. 상트페테르부르크 국립 에르미타지 박물관 소장.

깊은 호소로써 근위대의 충성심과 애정을 확보했으며, 포상을 비처럼 퍼부음으로써 그 충성심을 유지했다.

여성으로서 통치하는 일에는 일정한 도전이 따랐으나, 이 강력한 여성 군주들은 오히려 자신의 성sex을 능숙하게 최대한 활용했다. 엘리자베타 여제는 신임하는 근위 연대의 제복을 착용함으로써 자신이 남성 못지않게 통솔력을 갖추었음을 입증하는 선례를 만들었다. 게오르그 크리스토프 그루트Georg Christoph Grooth가 1743년에 제작한 유명한 초상화는, 엘리자베타가 삼각모를 착용하고, 걸터앉는 방식이 아니라 남성처럼 양다리를 벌려 말을 타고 있는 모습을 묘사하고 있다. 그녀의 자신감 넘치는 자태 및 활기찬 말과 자신의 아프리카계 시동侍童을 쉽게 통솔하는 장면은 그녀의 권력을 뚜렷이 드러내고 있다. 기마 자세와 남성 복장이 그녀의 맵시 있는 다리를 보여 주고 있음도 우연이 아니다.

예카테리나 2세는 엘리자베타 여제의 선례를 따라, 자신의 쿠데타 성공에 결정적 역할을 한 연대 출신의 신임받는 근위대원 제복을 입은 모습의 기마 초상화를 남겼다. 여제들은 남성 복장을 착용하는 모습에서 결코 자신의 성sex을 은폐하려 하지 않았다. 오히려 이러한 크로스드레싱cross-dressing은 그들의 여성성을 더욱 강조하는 역할을 했으며, 여성적 매력을 드러내는 동시에 남성적 권위를 발휘할 수 있도록 했다. 엘리자베타 여제의 치세 이래, 궁정 사교 행사에서는 때때로 참석자들에게 의무적으로 자신의 성별과 반대되는 복장을 갖추어 올 것을 요구했으며, 이로써 성별에 따른 사회적 기대를 소재로 한 유희를 제대로 보여 주었다.

당대의 언어로서 재치 있는 즉답과 짝을 이룬 과장된 감성은 연극 무대 위의 멜로드라마와 유머에서만이 아니라, 사적 일기와 정치적 충성심을 나타내는 주장에서도 찾아볼 수 있었다. 예카테리나 2세는 감성과 재치라는 두 가지 화법을 모두 능숙히 구사한 군주였다. 그녀는 공개 토론과 출판이 모습을 보이기 시작한 태동기의 "공적 영역public sphere"의 중요한 대표적 인물인 니콜라이 노비코프Nikolai Novikov 같은 알려진 지식인들과도 날카로운 말다툼을 주고받았다. 또한 그녀는 자신의 자문관들, 지지자들, 그리고 잠재적 반대자들과의 대화에서도, '마음의 극장theater of the heart'이라 할 만한 영역에서 재능을 발휘했다.

그녀가 이러한 무대에 처음으로 화려하게 등장한 시기는 쿠데타를 준비하던 때였다. 그녀에 대한 애정은 일반 귀족 계층의 청년들로 구성된 근위 연대에서 광적인 사랑과 충성심을 촉발했다. 그녀는 쿠데타를 회고하며 한때 연인이었던 인물에게 보낸 서한 속에서 다음과 같이 서술했다. "비밀 계획의 세부 내용은 오를로프Orlov 삼형제의 손에 있었는데, 그중 장남은 … 어디를 가든 나를 따라오며 헤아릴 수 없이 많은 어리석은 짓을 저질렀다. 그가 나를 향해 품은 욕정은 공공연한 사실이었고, 바로 그러한 까닭에 그는 자신이 한 일을 감행할 수 있었다." 남편을 폐위시키려는 음모가 한창 진행 중이던 때, "우리는 이스마일로프Ismailovskii 연대와 합류하러 갔다. … 병사들은 달려들어 나의 손과 발, 옷단에 입을 맞추며, 나를 자기들의 구원자라고 불렀다." 예카테리나는 이 서술에서 자신의 따뜻한 심성과, 자신의 죽은 남편의 무정함을 의도적으로 대조시키고 있다. 부검을 통하여, 그가 사망한 것은 의심의 여지 없이 당연한 운명임이 판명되었다. 그녀는 남편이 살해당했다는 소문을 불식시키고자(실제로 그는 살해당했다), 그가 공포와 과도한 음주로 죽음에 이르렀다고 주장했다. 사망 원인을 규명하기 위해 그녀는 부검을 지시했는데, 조사 결과에 대해 흡족해하며 다음과 같이 말했다. "그의 심장은 엄청나게 작았고, 완전히 쪼그라들어 있었다."²⁶

권력의 정치학은 예카테리나가 공식적 연인들을 전설처럼 연속해서 둔 이유를 설명하는 데 도움을 준다. 그들은 공식적인 지위와 직책을 부여받았으며, 은밀히 숨겨지기보다는 공개적으로 선포되었다. 이러한 타산적인 통치자들은 필요에 따라 교태를 부리며, 자신들을 둘러싼 궁정 신하들에게 전략적으로 호의를 베풀기도 했다. 실질적인 계산에 따르면, 여제의 연애는 반대 세력의 등장을 사전에 제지하는 효과를 가졌다. 여제와 시시

덕거린 남성이 그녀를 공개적으로 비판하는 것은 얼마나 꼴사나운 일로 비추어졌겠는가? 보다 실용적인 차원에서는, 여제가 어떤 사람에게 보인 애정 어린 혹은 호의적인 태도가 공개적으로 목격될 경우, 이것은 해당 신하나 외교관의 지위를 상승시키는 효과를 가져왔다. 다시 말해, 그들이 권력에 가깝다는 사실이 일반인들에게 공포되었던 것이다.

귀족 여성 안나 랍지나Anna Labzina의 회고록에는 여제의 관심이 가져다 준 구체적인 혜택들이 생생히 서술되고 있다. 어느 날, 랍지나는 그녀의 고위층 후견인인 그리고리 포템킨Grigorii Potemkin 공과 함께 황실 정원을 거닐다가 우연히 여제와 마주치게 되었다. 포템킨 공은 "그녀에게 다가가도록 나에게 신호를 보냈고, 여제는 나의 손을 잡아 주었다. 이어 그녀는 내가 누구인지 알게 되었다. 그날 이후 나는 여제를 자주 배알하게 되었으며, 이 모든 일은 나의 자부심과 허영심을 크게 북돋웠다. 특히 모든 이들이 나를 기꺼이 섬기려 하고, 내가 무엇을 원하는지 내 눈빛을 살피는 것을 볼 때 그러했다. 나는 지극히 고귀하고 정중한 대우를 받았다. 그때 이후로 나는 필요한 것을 다 가질 수 있었다. 공公은 내가 원하는 것을 전부 보내 주었다." 높은 권력과의 연줄은 이처럼 황금빛 광채와도 같았다. "나의 남편이 포템킨 공에게 추천한 세금 징수업자"는 자발적으로 자금을 조달하여 부부를 위한 저택을 건축하고, 그녀의 모든 바람을 예견하여 그녀가 좋아하는 "노래하는 새들과 꽃들"로 집안을 가득 채웠다고 한다. 그녀는 "이 모든 것을 위해 우리에게 단 한 푼의 비용도 들지 않았다."고 놀라워하면서, 이러한 관대함을 "우정" 덕분이라고 했다.[27] 통치자와의 친밀함과 충성으로부터 발생하는 상호 이익은 귀족의 지위를 상승시킴과 동시에, 여제의 권좌를 공고히 하기도 했다.

작은 심장을 가진 표트르 3세를 축출한 것을 기념하고 찬양하기 위하여, 화가 캐스트너I. K. Kaestner는 쿠데타 과정을 묘사한 일련의 수채화 작품들을 제작했다. 장면 속 인파 가운데, 예카테리나 자신은 거의 눈에 띄지 않으며, 제위를 위하여 투쟁을 하기로 결심한 충성스러운 근위병들에게 가장 두드러진 자리를 양보하고 있다. 이로써 화가는 후대에 종종 간과된 중요한 정치적 진실을 인정하고 있다. 곧, 여제가 근위병들에게 보낸 애정의 표현은 여성적인 제멋대로의 무의미한 행동이 아니라, 생사와 직결된 문제였던 것이다. 그녀의 정치적·육체적 생존은 전적으로 그들의 충성 여부에 달려 있었다. 전제정은 사회적으로 무능하거나 고립된 사람에게는 적합하지 않았다.

18세기 러시아의 통치자들을 논함에 있어 흔히 취해지는 경멸적인 논조 속에서, 이 시기는 전체적으로 "궁정 쿠데타의 시대" 혹은 "암살로 조절된 전제정"으로 규정되어 왔다. 그러나 주목할 만한 것은, 어떤 통치자들이 암살당하고, 어떤 이들이 평안히 침상에서 생을 마감했는가 하는 점이다. 즉위 과정에서 일정 정도의 적극적 지지를 받은 통치자들, —물론 실제로 "선거"를 통한 것은 아니나, 강력한 후원 세력을 기반으로 한 경우—그리고 궁정의 핵심 인사들, 일반 귀족층, 특히 군부를 설득하고 유혹하며 자기편으로 끌어들이는 데 성공한 통치자들은 장수했다. 반면 궁신들이나 군대를 오만하게 대했던 이들은 단순히 무례한 태도를 보인 것 이상의 실수를 저질렀다. 그들은 상호성, 정서적 유대, 지지 기반 구축이라는 정치의 본질적인 요소를 심각하게 침해했다. 출생으로 승계하는 명

I. K. 캐스트너, 수채화, 〈1762년 6월 28일 궁정 혁명의 날 근위대와 백성들이 겨울 궁전 발코니에 있는 예카테리나 2세를 맞이하는 모습〉. 남편을 몰아내고 제위에 오른 쿠데타를 묘사한 이 그림에서 젊은 예카테리나의 모습은 거의 보이지 않는다. 그녀는 창문에서 그림자 형상으로 나타나 있는데, 방금 올라와 방으로 들어와서 그녀 앞에 선 신사(오를로프 형제 중 한 명으로 추정됨)에 의해 대부분 가려져 있다. 이 그림은 쿠데타를 "사람들the people"에 의해 수행된 대중적인 사건으로 표현하고 있으며, 예카테리나 자신의 역할을 비중 있게 다루고 있지 않다.

백한 행운을 가진 자들, 즉 당연히 권좌를 차지한 남성 후계자들은 지지 세력을 형성하거나 지지를 얻는 과정을 거치지 않았으며, 결코 우연이라고 할 수 없이, 그들의 생애와 통치는 단명으로 끝났다. 예카테리나는 합의를 이뤄내야 한다는 필요성을 깊이 인식하고 있었다. 그녀는 러시아의 느린 개혁 속도에 대해 트집 잡던 프랑스의 계몽주의자 드니 디드로Denis Diderot에게 지친 나머지, 다음과 같이 유명한 일침을 가했다.

디드로 씨. 나는 당신의 탁월한 정신에 의해 영감을 받아 당신이 말씀하신 모든 것을 매우 기쁘게 들었습니다. 그러나 내가 아주 잘 이해하고 있는 당신의 모든 훌륭한 원칙들을 가지고, 사람들이 아름다운 책을 만들 수는 있겠으나, 그 성과는 빈약할 것입니다. 당신은 개혁을 위한 모든 계획 속에서 우리 둘의 처지가 다르다는 점을 망각하고 계십니다. 당신은 오직 종이를 가지고 일하시니, 모든 것을 감내하는 것은 종이일 따름입니다. 종이는 한결같고, 나긋나긋하고, 당신의 상상력이나 펜에 아무런 장애물이 되지 않습니다. 그러나 나는, 이 불쌍한 여제는, 인간의 피부를 가지고 일해야 합니다. 그것은 종이와 다르게 성마르고 민감하지요.

다른 곳에서 그녀는 다음과 같이 기록했다. "국민nation의 신뢰를 받지 못하는 권력은 사랑받고자 하고, 영광을 얻고자 하는 자에게는 아무것도 아니다."[28] 여기서 예카테리나는 '국민'이라는 표현을 무심결에 사용하고 있으나, 이 단어는 오늘날 우리가 이해하는 바와 같이 (그녀가 충성스러운 귀족들에게 하사한 수만 명의 농노를 포함한) 모든 인민을 지칭하는 것이 아니라, 그녀의 남편을 혐오하고 그녀가 제위에 오르도록 도왔으며, 훗날 그녀의 불운한 아들을 폐위시키고 살해하는 데 가담할 사람들로서 그녀의 측근들을 가리키는 것이었다. 18세기는 확실히 전제정의 시대였으나, 암살과 쿠데타에 의해서만이 아니라, 엘리트 집단의 합의에 의해 조율된 시기이기도 했다.

제프리 호스킹이 쓰기를, 18세기의 러시아는,

울부짖는 폭풍 속에서 쓰러질 듯한 건물 골조와도 같았고, 우연하게도 궁정 음모와 혈연 간의 반목이라는 옆바람을 맞고 있었다. 그것은 단지 뼈대에 불과했고, 그 살과 근육은 그 뼈대가 지속되도록 하고 움직일 수 있도록 해 준 대大가문들의 당파적 이해관계로 구성되어 있었다. 지방행정에 관하여 말하자면, 그것은 존재하지 않는다고 해도 과언이 아닐 정도로 미약하여 이름뿐이었다. 관청을 운영하기에 적합한 인재가 부족했기 때문에, 지방 통치는 결국 표트르가 손아귀에서 빼앗으려 했던 자의적이고 부패한 군인 총독들의 수중으로 되돌아가고 말았다.[29]

물론 어떤 측면에서는 호스킹의 지적은 전적으로 옳다. 우리가 상트페테르부르크의 운하와 화려한 궁전들의 좋은 위치에서, 그리고 여제들과 엘리트 집단의 책상과 내실內室을 통해 러시아 역사를 바라볼 때, 우리는 그 눈부신 외관에 현혹되어 본질을 제대로 보지 못하게 된다. 보에크의 재치 있는 경구에 따르면, 우리는 "칙령맹신decreedulity", 즉 공식 문서로 발행된 칙령들이 실제로 모두 실행되었을 것이라고 순진하게 믿는 오류에 빠지기 쉽다. 실제로 제국은 그 서류 흔적이 암시하는 것보다 훨씬 부실하고 통치력이 미약한 체제였다. 그것은 광활한 지배 영토와 인구 위에 얹힌 채 형태를 자주 바꾸는 무정형의 덧댄 종이와도 같았다. 그러나 그것은 최근 어떤 책 제목처럼 "알기 어려운 제국elusive empire"이었다기보다는, 또 도달할 수 없는 목표를 가진 제국이었다기보다는, 오히려 처음부터 임시방편적으로 꾸며진 지방분권주의jury-rigged particularism에 기반하여 구성된 정치 체제였다. 그 나라는 특별합의, 여러 가지 규칙, 요구, 양보를 통하여, 만화경과도 같은 잡동사니들을 차르 체제의 쌍두독수리 아래에서 느슨하게

나마 짜 맞추어 놓은 국가였다.[30]

18세기의 통치자들은 그 전후의 군주들과 마찬가지로, 궁정 내 소수 핵심 인사의 지지를 확보하는 것에 그치지 않고, 방대하고 이질적인 제국을 통합하여 유지해야 하는 과제에 직면했다. 예카테리나 2세는 특히 제위 정통성의 확보라는 측면에서 매우 어려운 장애물들에 맞서야 했다. 프로이센 태생의 프로테스탄트였던 그녀는 황태자와의 결혼을 계기로 러시아 정교로 개종했다. 그녀는 자신이 새로운 조국에 진심으로 헌신하고 있음을 보여야 할 필요성을 인식하고, 러시아의 종교와 언어에 몰두하여 침착하게 이 두 문제를 해결했다. 그럼에도 불구하고, 외국인 출신이자 개종자이며 여성으로서 그녀는 험난한 길을 걸어가야 했다. 더구나 즉위 이전부터 연인관계와 사생아 출산에 관한 소문이 무성했고, 나아가 사태를 더 복잡하게 만든 것은 합법적인 군주였던 남편을 쿠데타를 통해 살해함으로써 권력을 장악한 사실이었다. 따라서 대중의 지지를 획득하려는 캠페인에서 그녀가 마주친 난관은 분명히 엄청난 것이었다.

굉장한 에너지와 지적 능력을 지녔던 예카테리나 2세는 모든 예상을 뛰어넘는 성공을 거두었다. 작고 쪼그라들었던 심장을 지녔으며, 세간의 애도조차 받지 못한 죽은 남편의 명예를 훼손하는 일은 단지 첫걸음에 불과했다. 예카테리나는 자신을 현명한 입법자로서, 로마신화의 지혜와 학예의 수호신 미네르바Minerva와 아시리아의 전사 여왕 세미라미스Semiramis를 겸비한 존재로, 또한 표트르 대제의 합당한 후계자로서 치밀하게 형상화하고 이것을 대외적으로 적극 홍보했다(그녀가 상트페테르부르크에 '청동의 기사'라는 기념상을 세우고, "표트르 1세에게, 예카테리나 2세로부터"라는 헌사를 적은 것을 보라). 그녀는 대륙의 주요 지식인들과 기지 넘치는 교류를 나누며 스스로 국제적 지성인[16]으로의 이미지도 구축했다. 또한 그녀는 자신이 정교로 진심으로 개종했음을 대중에게 널리 알리고자 노력했다. 나이가 들면서, 그녀는 여기에 덧보태어 자신이 백성들에게 베풀어 준 배려심과 모성애를 강조했다.

그녀는 재능 있는 참모들이 자신의 주위에 있도록 하고, 유럽 각지로부터 아주 총명한 인재들을 끌어들였다. 그녀는 광범위한 개혁 프로그램을 시행했으며, 입법자, 계몽가, 그리고 조국의 어머니로서의 자신의 지혜를 홍보했다. 또한, 그녀는 자신의 '나카즈Nakaz(러시아 제국을 위한 신법전 초안을 마련하도록 임명된 위원들에게 주어진 대훈령)'에 기초하여, 국가를 위한 새로운 법전을 제정하고자 다양한 계층의 사람들을 대규모 입법위원회Legislative Commission에 소집했다. 이 위원회는 여러 지역과 사회적 신분을 대표하는 이들을 한데 모아 개혁의 모형을 논의했다. 대표자들은 전국 각지의 사람들과 집단으로부터 쏟아지는 보고서를 수집했다. 사람들은 전통적인 청원과 탄원 형식에 따라 자신의 의견을 전달하고, 불만을 널리 공표하려고 열망했다. 비록 이 위원회는 공식적인 입법 성과를 내기 전에 해산되었으나, 몇몇 초안들은 나중에 예카테리나의 치세 중 발표된 다양한 헌장 속에서 결실을 맺었다. 예카테리나는 "모든 땅all the land"으로부터 의견을 수렴했고 위원회를 소집함에 따라, 과거부터 이어져 온 바대로 반응하며 포용적인 통치 모형을 고수했다. 여제의 결정적 권위는 결코 의심받지 않았으

---

16 국제적 지성인 : 앞선 볼테르와의 교류에서도 보인 바처럼, 예카테리나 대제는 대표적인 계몽전제군주의 한 사람으로 일컬어지고 있다.

나, 백성의 목소리를 경청하고 이들을 논의에 참여시키겠다는 그녀의 약속은 협의와 상호성이라는 러시아의 전통적인 정치 문화를 깊이 이해하고 있었음을 보여 주었다.

놀랍게도, 이러한 전략은 강력한 사회적 결속력을 형성하는 데 성공을 거둔 것으로 보인다. 사랑의 언어는 처음에는 엘리자베타 여제를, 이어서는 예카테리나 2세를 향한 정교하고 과장된 헌사인 정치적 찬미의 표준 양식이 되었다. 문학 연구자 올가 그레코Olga Greco에 따르면, 시인 가브릴라 데르자빈[17]은 고대의 시문학 전통을 계승하여, 예카테리나가 로마제국에 필적할 뿐만 아니라 이를 능가하는 제국을 통치하고 있다고 주장했다. 고대 로마인들은 법과 공포를 바탕으로 제국을 건설했으나, 예카테리나는 자애, 지혜, 그리고 덕성을 통해 신민들의 사랑을 얻었다는 것이다.

하지만 전쟁과 피를 통해서는 안 됩니다:
오직 연민으로 옷을 입은 사랑으로
그리고 지혜가 당신의 힘이 되십시오.
제우스처럼 벼락을 들고 하늘을 비추세요.
하지만, 자신을 포이보스Phoebus[18] 이상以上이라고 칭하시며,
빛의 신처럼 세상을 비추세요. …[31]

---

17 가브릴라 데르자빈Gavrila Derzhavin : 1743~1816, 러시아 시인으로서 독창적인 서정시와 송시를 많이
    남겼다. 다음 번역서를 참고하시오. 『데르자빈 시선』, 조주관 역 (지식을만드는지식, 2012).
18 포이보스(Phoebus): '밝은'을 의미하며, 그리스신화에서 태양신인 아폴로를 구체적으로 지칭하는 데 사
    용하는 용어이다.

〈예카테리나 대제가 『나카즈』를 집필하다〉, 1768년 작.
이 초상화에서 예카테리나는 자신을 입법자로, 그리고 표트르 대제의 유업을 계승하여 그의 개혁 사업을 완수하는 부지런한 후계자로 묘사하고 있다. 표트르 대제의 흉상은 그녀가 러시아의 법률 및 사회 개혁을 위한 선언문을 집필하는 모습을 찬성하는 듯이 바라보고 있다. 집무용 책상 위에 펼쳐진 회중시계는 그녀가 이 작업에 얼마나 많은 시간을 헌신하고 있는지를 상징한다. 그녀는 간단한 소관小冠 또는 보석이 박힌 관만을 쓰고 있으나, 붉은 벨벳과 금술 장식이 달린 그녀 옆의 베개 위에는 금과 다이아몬드로 장식된 황권의 상징인 보주가 놓여 있으며, 흰색 견수자 드레스에는 모피로 꾸민 산족제비 꼬리가 장식되어 있다.

랍지나의 회고록은 사회 전반에 걸쳐 사랑과 우정의 어휘가 결속의 매개로 작용하고 있었음을 드러낸다. 귀족들, 그녀가 돈을 빚진 상인들, 시베리아의 냉담한 죄수들, 그리고 자기 어머니 영지에 있는 농노들과의 대화, 눈물, 사랑의 표현, 그리고 영원한 우정의 표현은 그녀가 인간들과 맺은 관계를 규정하고 있으며, 이러한 "우정"들이 실제로는 가혹한 불평등 위에 구축되어 있었다는 사실을 은폐하고 있다. 그녀의 어머니가 위협적인 타타르인 일행을 환대하며 그들의 자비심에 호소했을 때, 그들은 "눈에 눈물을 머금고" 응답하며, 자신들이 적이 아니라 "다정한 이웃이자 친구"의 보호자임을 맹세했다. 어린 시절 고향에서 농노 유모를 떠나야 했던 순간을 회고하면서, 랍지나는 "나와 헤어질 때 거의 죽은 듯한 모습이었던 불쌍하고 슬픈 유모를 기억한다. 그녀의 얼굴은 끔찍하게 창백했고, 더 이상 울 힘조차 남아 있지 않았다. 나는 그녀가 비틀거리며 간신히 서 있는 모습을 보았다. 그녀의 눈은 어둡고 분노에 차 있었다. 나는 무언가 끔찍한 일이 일어날 것만 같은 깊은 두려움을 느꼈다."라고 적고 있다. 그녀의 남편이 임지 생활을 마침에 따라 시베리아를 떠나게 되었을 때, 현지 죄수들은 "눈물로 내 손을 적셨고, 나 역시 그들과 함께 울었으며, 그들을 진심으로 가엾게 여겼다. 그들은 내 마음속에 매우 가깝게 자리 잡은 존재들이었다."

러시아 제국사 연구의 저명한 역사가 마크 래프Marc Raeff는 "감상주의sentimentalism는 러시아에서 뿌리를 내리고 진정한 지적 세력으로 발전하는 데 실패했으며, … 결국 피상적인 문학적 유행으로 남았다."고 단언했다. 그는 감상주의가 보다 깊은 울림을 일으켰던 서유럽 사회에서는 그것이 경박하고 피상적인 귀족 계층에 대항하고 (진정성 있는 감정의 보유자로서) 부르주아계급을 강화하는 무기로 기능했다고 설명한다. 반면에, 러시아에서는 "감상주의를 유포한 이들은 스스로 귀족 계층에 속해 있었으며, 근대적이고 잠재적으로 혁명적인 가치를 창출하고 소비하던 이들이 동시에 국가 봉사와 농노제에 의존하고 그로부터 이익을 얻던 사회, 정치적 엘리트였다."[32] 랍지나가 남긴 사랑하는 농노 유모와의 눈물 젖은 감상적 이별 회고는 이런 관점에 대한 귀중한 수정적 시각을 제공한다. 감상적 태도는 러시아에서 널리 확산되었을 뿐만 아니라, 인간을 구속 상태에 두는 관행을 도덕적으로 정당화하는 덮개로서도 기능했다.

이처럼 열렬한 감정으로 결속된 세계에서, 랍지나와 같은 섬세한 사유를 지닌 지식인들은 강제와 착취가 아니라, 사랑과 우정이야말로 자신들이 누리는 안온한 세계를 묶어 주고 있었다고 상상할 수 있었다.[33] 실제로도, 영지에서 주인의 섬세한 감정적 배려에 깊이 영향을 받으며 살아가던 농노들에게는 그러한 개인적 애정과 우정의 모형이 농노제의 괴로운 경험을 일정 부분 완화시켜 주었을지도 모른다. 그러나 어쩌면, (앞서 논의한) 『마차 때문에 일어난 불행』에서 크냐지닌이 풍자한 것처럼, 인간 소유물을 희생시킨 대가로 프랑스식 세련됨을 무분별하게 좇아갔던 주인들의 모습이야말로, 주인의 값비싼 문화적 욕망과 농노제를 구성하는 혹독한 법적 현실 사이의 십자선 위에 놓인 농노들의 경험을 더 정확히 대변하고 있는 것일지도 모른다.

러시아 제국의 영지에서는 사랑과 우정의 모형을 송두리째 도려내는 다른 논리들이 작동하고 있었다. 17세기부터 대다수의 러시아 농민은 지주에게 결박되었고, 그에 따라 토지로부터 이동할 수 있는 이전까지의 자유를 상실했다. 18세기에 이르러 농노제의 조건은 더욱 가혹해졌으며, 17세기에는 납세자 인구를 파악하고 지주의 영지에 노동력을 확보하기 위한 장치였던 제도가 점차 농민들을 감시하고 착취하는 잔인하고 억압적인 제도로 퇴행했다. 제국 전역에서 농민들의 처우는 매우 다양했는데, 이것은 차등을 유지하려는 일반적인 제국 통치의 관행에 따라 대략적인 합의가 지역별로 유지되었기 때문이다. 예컨대, 발트 지역은 표트르 대제가 이 지역을 제국에 편입할 당시에 자체 방식의 농노제를 함께 들여왔던 반면에, 시베리아는 명목상으로는 농노제가 존재하지 않은 곳으로 남아 있었다(실질적으로는 노예제에 가까운 관행이 만연했다). 러시아 내에서도 지역마다, 심지어는 영지마다 조건이 상이했다. 남부의 비옥한 흑토 지대와 북부의 한랭한 지역에서는 농민들이 서로 다른 조건으로 토지에 묶였으며, 지주가 농민의 삶에 개입하는 정도도 지역 관습, 기후, 토질, 지주의 성격, 그리고 그 지주가 해당 영지나 그 가까이에 거주했는지의 여부와 지주의 인성 등 다양한 요인에 따라 달라졌다. 일부 농민은 지주의 토지에서 직접 노동을 제공해야 했고, 다른 이들은 현물로 지대를 낼 수 있었다. 또 다른 이들은 현금으로 지대를 납부하도록 허용받기도 했는데, 이로써 그들은 영지를 떠나 다른 방법으로 돈을 벌 수 있는 기회를 얻기도 했다. 이처럼 농노제의 형태와 그 경험은 제국의 다른 제도들과 마찬가지로 지역마다 상이한 모습을 가지고 있었는데, 이것은 제국적 형태에 부합되는 방식이었다.

이러한 중요한 차이점들에도 불구하고, 18세기 내내 일반적인 경향으로서 농민들은 점점 더 지주의 의지에 종속되었다. 지주들은 농노에 대한 권리를 강화해 나갔고, 예카테리나 대제의 치세에 이르러서는 농노들이 노예처럼 경매에 부쳐지기까지 했다. 정교 신자인 지주들은 같은 정교를 신봉하는 농민들을 "소유"할 수 있었으며, 이들을 사고팔거나, 태형을 가하거나, 유형지로 혹은 군대로 보낼 수 있었다. 농노들은 주인을 위해 노동해야 했고, 복종하지 않는 경우에는 갖가지 처벌을 받아야 했다. 그러나 지주의 권력이 무제한이었던 것은 아니며, (원칙적으로는) 농민을 고문하거나 살해하는 행위는 허용되지 않았다.

지주들은 국가 폭력의 지원을 받아 강제력과 노골적인 폭력을 행사했다. 이것은 분명히 농민 지배의 중요한 수단이었으나, 그러한 강제력만으로는 극히 불균형한 인구 구성과 광대한 지리적 조건 속에서 통제력이 유지될 수 없었다. 역사가 스티븐 호크Steven Hoch는 소수의 지주가 어떻게 막대한 수의 농민을 영지에 묶어두고 보상도 없이 노동을 강요할 수 있었는지 파악하기 위해 농노제의 내부 작동 방식을 파헤쳤다. 그의 연구는 매우 흥미로운 사실을 보여 주고 있다. 한편으로, 그는 농노제가 실제로 농민들에게 중요한 보상을 제공했음을 밝혀냈다. 지주의 관점에서는 농노제가 농민을 토지에 긴박하는 것이었으나, 농민의 입장에서는 농노제를 통해 토지를 농민들에게 긴박했다는 것이 매력적이었다. 농경민들에게 토지를 보장해 주는 것은 결코 하찮은 혜택이 아니었다. 그러나 다른 한편으로 호크는 섬뜩하며 자기강제적인 동력을 밝혀내고 있는데, 그런 동력을 통하여 농민들은 공모를 통하여 예속 상태로 묶이게 되었다. 즉, 지주들은 영지에 상주하는 대리인과 관리인을 통해, 대가족 단위 내에서 실질적인 권력을 쥐고 있던 남성 가장들, 곧 농민 가부장들을 협력자로 끌어들였다는 것이다.

가부장들의 권위를 강화함으로써, 지주들과 관리인들은 그들을 자발적 협력자로 끌어들였으며, 사회 최상층에서부터 최하층에 이르기까지 위계적 지배 구조가 복제되고 재생산되는 체제를 구축했다. 가부장들은 자신의 가구 내에서 권력을 휘두르며 가족 구성원들의 운명을 좌우할 수 있는 결정권을 지녔는데, 그중에는 특정 가족 구성원을 군 복무를 위한 징집 대상으로 지목하여 매각하는 결정도 포함되었다(이것은 『마차 때문에 일어난 불행』에서도 줄거리 장치로 등장하며, 1790년에 출간된 알렉산드르 라디셰프Alexander Radishchev의 급진적 저술인 『페테르부르크에서 모스크바로의 여행Journey from St. Petersburg to Moscow』에서도 비판된 일은 유명하다). 농노 가구 내부에서도 폭력과 학대의 위계가 층층이 쌓여 있었으며, 특히 막내며느리는 가장 낮은 위치에 있는 존재로서, 시아버지와 시어머니, 남편의 변덕과 학대에 그대로 노출되어 있었다. 이처럼 거의 모든 이들이 작은 지배 권역을 갖는, 비참한 "분리 거래" 속에서는 이 체제에 저항하기 위한 공동의 기반을 마련하기가 매우 어려웠다.[34]

이러한 교묘한 공모와 자기 검열의 체계에도 불구하고, 지주들은 농노 집단이 잠재적으로 야기할 수 있는 위협을 뚜렷이 인식하고 있었다. 비록 그들은 애틋한 농민 유모의 따뜻한 이야기로 스스로를 달랬지만, 밤중에 단검에 찔릴 수도 있는 위험을 줄이기 위한 조치도 취했다. 문학 연구자 토머스 뉴린Thomas Newlin은 지주들이 고상하게 묘사한 영지의 목가적 풍경 속에 숨겨진 불안감을 지적한다. 18세기 귀족이자 회고록 작가 안드레이 볼로토프Andrei Bolotov가 그린 수채화에서는 아름다운 분홍 장미 아래에 뱀이 교묘하게 숨어 있다. 뉴린은 이것이 농노를 보유한 영지에 상존하는 보이지 않는 위협에 대한 은유라고 해석하고 있다. 프리실라 루스벨트Priscilla Roosevelt 또한 볼로토프의 작업을 연구하면서, 18세기 후반 영국과 러시아의 조경 양식의 미묘한 차이에 주목한다. 볼로토프 자신은 예카테리나 대제를 위해 조경가로 활동했으며, 딱딱하고 기하학적인 프랑스식 정원을 대신하여 "낭만적인" 혹은 "자연스러운" 영국식 정원을 도입한 인물로 평가받았다. 영국식 정원의 핵심은 울타리를 쌓지 않고, 지평선까지 탁 트인 조망을 제공하는 데 있었다. 볼로토프와 다른 러시아 조경가들은 그러한 외양을 본뜨기는 했으나, 농민들의 예측 불가능한 분노를 두려워하여, 멀리 있는 영주 저택의 주변을 따라 도랑을 파고, 시야가 가린 곳에 보호용 울타리를 숨겨 놓고 무단 출입을 차단했다. 이것은 계몽주의 시대에 지주와 농노 간의 관계를 상징하는 적절한 은유로 보인다.[35] 광활한 러시아 제국의 대지에서, 지배 귀족들은 제국의 가장 비천한 신민들을 명목상 보호할 의무를 지녔다. 그들은 자신들의 지배가 애정의 유대 관계로 연결된 상하 관계의 '자연 질서' 위에 기반을 두고 있다고 스스로 확신하려고 애썼다. 그러나 동시에, 그들은 그러한 감상적 믿음이 현실 세계의 조건에 의해 쉽게 부서질 수 있는 허약한 갈대에 불과하다는 점을 인식하고 (또 경계하고) 있었다.

제5장

18세기의 러시아 정체성

: 수많은 가능성

여제들과 그 측근들, 교양 있는 엘리트 계층의 인물들은 자신들이 덕성과 사랑의 공동체 속에 살고 있다고 상상했을지 모르나, 이러한 전제는 집단적 정체성의 형성 방식으로서 효력과 파급력에 분명한 한계를 지니고 있었다. 18세기 유럽은 '민족nation'이라는 단어가 이후 근대 정치사상에서 아주 강력한 개념들 중의 하나로 발전해 가는 결정적인 전환기였다. 동시에 18세기와 19세기의 유럽은 제국의 정점이라고 할 수도 있다. 그 지지자들에게 있어, "민족"과 "제국"은 모두 긍정적 의미를 지닌 개념이었으며, 많은 사람들은 양자가 모순된다거나 양립 불가능하다고 생각하지 않았다. 그러나 담론적 차원과 실제의 양면에서 보건대, 제국과 민족은 물과 기름의 관계와도 같은 경향을 보여 주었다. 그 둘은 처음에는 공통된 유제乳劑 안에서 합해지는 것처럼 보였으나, 각자의 정체성을 유지한 채 시간이 지날수록 점차 분리되는 것처럼 보였다.

그러나 민족과 제국이라는 이분법적 범주가 집단적 정체성의 모든 가능성을 전부 포괄한 것은 아니라는 점을 인식하는 것이 중요하다. 결코 그렇지 않다. 러시아 제국 내에서의 삶은 이외에도 동일시 또는 소속의 다른 초점을 제공했다. 법, 관습, 그리고 삶의 경험은 자의적이든 타의적이든, 의식적이든 무의식적이든 간에, 사회적 지위, 거주지, 문화적 역량, 정치적 신뢰성 등과 같은 요소들을 바탕으로 사람들을 집단화시켰으며, 그 외에도 성별, 종교, 언어라는 익숙한 범주들 역시 정체성 형성에 기여했다. 이 장에서는 18세기 정체성을 구성했던 이러한 다양한 차원들을 고찰하고자 한다. 먼저 '민족'과 '제국'이라는 개념 사이의 중요한 상호작용을 살펴본 후, 인간이 집단을 상상한 다른 방식들로 옮겨갈 것이다.

'러시아인'은 무엇을 의미하나? 18세기에 민족에 대해 생각하기

앞서 살펴본 바와 같이, 일부 역사가들은 러시아의 민족적 자각이 17세기로 거슬러 올라가 '동란의 시대'나 구교파 분열에 뿌리를 두고 있다고 보며, 다른 역사가들은 그것이 표트르 대제 시기에 형성되었다고 생각하고 있다. 예를 들어, 미하일 체르냐스키Michael Cherniavsky는 17세기 말 교회 분열로 이중적 의식이 서서히 등장했고, 표트르 1세의 개혁을 통해 그것이 강화되었다고 주장했다. 즉, 한편으로는 자신들을 "러시아"와 동일시하며 자신들의 행위를 "당연히, 러시아적인 것"이라 여겼던 유럽화된 지주 계층의 의식이 있었고, 다른 한편으로는 "이에 반발하여 수염, 전통 복식, 옛 의례 등을 고수하며 자신들만의 러시아적 정체성을 창출해 낸" 구교도들과 일반 농민들의 의식이 존재했다는 것이다.[1] 이 관점에 따르면, 민족적 자각은 절대주의 국가가 형성한 자의적 정체성에 대한 대중의 반작용으로 출현한 것이며, 그에 도전하는 요소들—차르, 제국, 정교회를 중심으로 하는 절대주의적 의식—은 러시아의 정체성에서 배제될 수 있다는 위협을 받았다.[2] 이에 대한 유용한 교정으로서, 제임스 크래크랩트James Cracraft는 니콘과 표트르의 개혁에 대한 반발이 외국인 혐오나 민족적 자각의 표현이라기보다는, 대부분 "여전히 본질적으로 종교적인 세계관에 큰 충격을 가한 일련의 행위들에 대한 고민에 찬 반대"[3]였다고 지적하고 있다.

의심할 여지 없이 러시아와 러시아인을 구성하는 것이 무엇인지에 대한 관념은 존재했고, 종교적·민족문화적 구분이 서로 겹치고 강화되는 혼란스럽고 변화하며 체계화되지 않은 담론의 공간에서, 여러 정체성은 사회집단 간, 그리고 집단 내에서 경쟁했다. 러시아인은 정교회 기독교인이라는 점만이 아니라, 차르의 영토에서 살아가며 군주의 신민이라는 점과 밀접하게 관련되었다. 표트르 대제 치하의 국가가 전통적인 민족종교적 공동체 의식에서 벗어나서, 비종족적이며, 국제적인 유럽적 정치 문명의식으로 움직여감에 따라, 사람들은 이러한 광범위한 소속에 관심을 기울이거나 신경을 쓰면서 '러시아' 공동체에 대한 이 두 가지 이해 사이에서 이리저리 끌려다녔다.

18세기 러시아의 민족적 정체성과 민족주의에 대한 학자들 사이의 논쟁은 아주 중요한 논의에 그다지 명확성을 더하지 못했다. 이 논쟁은 종종 민족과 민족주의를 정의할 때의 부정확성에서 시작된다. 예를 들어, 크래크랩트는 제국, 주권자, 국가에 대한 자부심을 가진 제국적 민족주의가 표트르 1세 아래서 발전하여, 다른 형태의 민족주의를 선점했다고 주장한다. 그의 사례는 국가와 제국의 업적, 제국의 존엄성, 영광에 대한 자부심을 의미하는 '민족적 자부심'national pride에 대한 강한 감각을 주장하고 있다. 여기서 국민은 거의 완전히 배제되어 있다. 크래크랩트는 "러시아의 민족주의에는 사실상 처음부터 절대주의와 제국주의가 내재되어 있었다."[4]라고 결론짓는다.

적어도 귀족과 교육받은 사람들 사이에서 러시아와의 동일시는 국가와 구분된다고 생각되는 더 넓은 정치 공동체, 즉 민족이라기보다는, 국가적 애국심, 즉 국가와 통치자와의 동일시 안에 주로 포함되어 있는 것처럼 보인다. 이 점은 표트르 자신의 글에서도 분명하게 드러나 있다. 1709년 군대에 보낸 명령서에서, 표트르는 군대와 관련하여 '로시스코에rossiiskoe(러시아에 거주하는 모든 민족을 포함한다는 의미)'를 말하고, '오테체스트보'(조국), '고수다르스트보'(국가)를 거론하면서, 전全 러시아 인민za narod vserossiiskii을 단 한 번 언급하고 있다.[5] 신시아 하일라 휘태커Cynthia Hyla Whittaker가 보여주고 있듯이, 18세기에 45명의 러시아의 아마추어 역사가들은 지배 가문의 연속성, 통치자의 역동성, 국민의 복지에 대한 군주의 관심 혹은 대안적 정부 형태에 대한 독재의 우월성을 근거로 하여, 종교적 정당성을 새로운 세속적 정당성으로 대체하는 데 주로 관심을 가졌다.[6] 따라서 그들이 더 폭넓은 공동체와 맺은 명확한 연결 지점은 공동체 자체로서의 국민보다는 국가와 군주였다.

표트르의 절대주의 이론가로 자주 인용되는 페오판 프로코포비치Feofan Prokopovich 대주교는 모든 정부의 기원이 국민의 합의에 있다고 주장했는데, 이것은 당시 유럽에서 아주 인기를 끌고 있던 사상이었다. 그러나 세습에 기반한 주권 정부가 일단 성립되면, 국민은 그 정부에 복종해야 하고, 그 정부를 전복하거나, 심지어 심판하려는 노력도 하지 말아야 했다. 이론과 실제에서 표트르와 그의 대변인들은 경쟁하는 엘리트들에 맞서 국가를 강화하고 오래된 관습과 관행을 개혁하려는 정치적 노력을 기울였지만, 그것은 귀족의 특권을 없애고 단일 통치자의 독재를 확립하기 위한 것은 아니었다. 유서 깊은 가문은 표트르의 통치 이전이나, 통치 기간이나, 통치 이후에도 여전히 권력과 영향력을 유지하고 있었다.[7]

18세기 말 무렵에, 러시아 작가들은 볼테르Voltaire와 몽테스키외Montesquieu로부터 요한 고트프리트 폰 헤르더Johann Gottfried von Herder와 요한 블루멘바흐Johann Blumenbach에 이르기까지 유럽의 계몽주의 인물들이 참여했던 민족적 구분, 혹은 "민족적 성격"이라 불린 것을 식별하는 유럽의 일반적인 관행에 동참했다. "민족적" 차이에 대한 이러한 민감성은 그 세기 초에 "러시아" 귀족들이 "외국인들"의 고위 공직 진출에 대해 드러낸 저항과 분노를 통해 이미 입증된 바 있다. 안나 통치 기간에 이 원칙이 위반되자, 러시아 귀족들은 여제를 둘러싼 독일계 남작들이 눈에 띄는 것에 대해 항의했다. 여기서 애국심은 특권을 보호하고 권력을 위한 경쟁을 저지했던 방식이었을 뿐만 아니라, 한 집단 내에서 다른 집단에 대항하는 연대를 구축하도록 장려하는 방식이기도 했다.

안나 또는 표트르 3세의 독일 숭배에 대한 의식적인 반작용으로서, 엘리자베타와 예카테리나 2세의 대관식은 표트르 대제의 영광을 되찾으려는 회복 행위로 생각되었다. 이 군주들의 관점에서 표트르는 이제 진정한 러시아를 대표했고, 엘리자베타는 표트르와 예카테리나 1세의 딸이라는 점을 최대한 활용했다. 예카테리나 2세가 된 독일 공주는 정당한 통치권이 없는 찬탈자라 할 수 있었지만, 그녀의 권력 장악은 외국풍의 폭군으로부터의 해방 행위로 묘사되었다. 그녀는 계몽의 화신인 미네르바로 묘사될 뿐만 아니라, 러시아를 사랑하고 정교를 존중하는 인물로 자처했다. 귀족 엘리트들은 러시아어보다 프랑스어를 선호하는 국제적인 문화에 둘러싸여 있었더라도, 러시아의 민족문화적 요소들에 대한 감상적인 애착심을 버리지는 못했다. 예카테리나 대제는 여성을 위한 고유한 특징을 지닌 '러시아 드레스'를 도입하고, 러시아의 역사 주제를 바탕으로 한 연극을 선호했으며, 심지어 직접 극본을 쓰기도 했다. "위대한 러시아적 색채를 지닌 제국적 애국심은 18세기 후반의 역사와 문학의 주제였다."[8]

특히 한스 로거Hans Rogger를 비롯한 많은 전문가는 러시아 민족의식의 기원이 18세기에 있다고 주장했다. 18세기 후반부터 19세기 초에 걸쳐 작가들과 학식 있는 엘리트들은 일반 민중의 덕성과 특수성에 관심을 갖게 되었다. 부분적으로는 프랑스 계몽주의, 그리고 대두되고 있던 감상주의와 그 후의 낭만주의 예술 운동의 영향을 받아, 농민은 이제 소박하고 꾸밈없는 삶의 보고이자, 민족문화의 원천인 것처럼 보였다. 이것은 엘리트의 인위적인 모습 및 프랑스풍의 귀족 문화의 진정성 없는 이질성과 대조되는 것이었다.

18세기 후반에 저술된 문학 작품과 좀 더 민족지학적 작품들은 서구의 지적 발전을 따라가던 러시아 귀족들이 러시아 민속의 각별한 특징을 추출하는 데 관심을 기울였음을 시사하고 있다. 17세기에 이미 널리 퍼져 있던 문화적 고정관념을 바탕으로, 새롭게 등장하고 있던 러시아 민족지학 전문가들은 러시아 민족의 성격을 "온순하고 관대하며 마음이 따뜻하고 공동체적이며 영적이며 성실하고 충성스러운" 것으로 상상하게 되었다. "미신, 과음, 부패, 게으름, 규칙 무시 등 러시아 작가들이 규정한 단점들은 이러한 호의적인 특성과 논리적으로 맞았고, 심지어 사랑스러울 정도로 당연한 귀결이었다."[9] 러시아는 위대하지만 신비롭고, 알기 어렵고, 종종 비이성적이지만 열정적이고, 감정이 넘치는 나라였다.

투박한 농민들에게서 그러한 깊은 감정을 발견한다는 것은 자신들의 세련된 감정과 자기 스스로에 대해 만족감을 가졌던 교양 있는 엘리트들에게 충격으로 다가올 수 있었다. 앞선 장에서 언급된 『마차 때문에 일어난 불행』에서 작가는 겉멋 든 프랑스 숭배자인 주인과 그의 아내가 재산에 불과한 자기들의 농민이 감정을 깊이 느낄 수 있다는 사실을 이해하지 못한 데 대해 풍자하고 있다. 그들은 자기들 농부 중 한 사람을 팔아넘기기 직전에, 시장에 파는 물건에 불과한 자가 프랑스어를 할 줄 알고, 따라서 진정한 감정을 가질 수 있다는 사실을 깨닫고서는 기세가 꺾였다. "아! 내 사랑! 프랑스어를 할 줄 아는 사람이 저렇게 묶여 있다니! 정말 말도 안 돼."라고 여주인이 소리친다. 주인은 자신이 러시아인이라는 사실을 기억하지도 못한 것처럼, 다음과 같이 대답하고 있다. "물론! 나는 지금껏 단 한 번도 러시아인들이 이토록 부드럽게 서로 사랑할 수 있으리라고는 생각하지 못했다. … 혹시 내가 프랑스에 있는 것이 아닐까? 그가 사랑을 느낀다는 것보다 프랑스어를 할 줄 안다는 게 더 놀라워." 그는 러시아어만 할 줄 아는 소녀도 사랑을 이해하고 있음을 깨달았을 때, "훨씬 더 놀랍다."[10]라는 의견을 표명했다. 회화에서도 새로운 경향이 나타나서, 소박한 민중의 인간성 및 진실된 러시아 농민들의 감수성 넘치는 영혼을 마찬

이반 아르구노프, 〈미상의 여인 초상화〉, 1784년작. 농노 예술가였던 아르구노프는 1784년에 러시아 농민 복장을 한 미상의 여인 초상화를 감상적이지만 아름답게 그렸다.

가지로 보여 주었다. 세레메테프 백작의 영지에 있는 농노 이반 아르구노프Ivan Argunov는 농민 복장을 한 빛나는 여인의 그림(1784년에 완성)을 가지고 이러한 운동에 기여했다.

순수하고 소박한 러시아 '나로드narod'(인민)의 발견(또는 창조)은 상트페테르부르크와 모스크바의 귀족 및 교양층을 비롯한 세계시민적인 엘리트들에게 불편한 도전을 제기했다. 그들이 스스로를 "민중folk"과 동일시하거나, 그 집단의 일부로 인식했다는 증거는 거의 존재하지 않는다. 사실, 그들은 일반 대중과 자신을 구분 짓기 위하여 온갖 노력을 기울였다. 고위 계층으로서의 지위를 명확히 하기 위하여, 엘리트들은 법과 유행 면에서 유럽의 사회규범에 따라 의복, 언어, 행동을 맞추도록 요구받았다. 깔끔하게 면도한 턱과 깊게 파인 목둘레선, 프랑스어로 나누는 재치 있는 농담, 최신 유럽식 패션과 철학 사조에 대한 식견은 단지 유행을 따르는 수준을 넘어서, 세련된 사회에 참여하고 권력의 회랑을 거니는 데 필수적인 자격 요건으로 간주되었다. 그러나 18세기 말에 가까워지며, 작가들은 귀족들과 성실하고 정직한 러시아 농민들 사이에 존재하는 문화적 단절에 대해 점차 커져 가는 불안감을 기록했다.

표트르 대제 치하의 법령이 귀족들에게 국가에 대한 봉사를 의무화하는 한, 그들은 봉사를 통해 자신의 지위를 정당화할 수 있었다. 그러나 표트르 3세의 짧은 통치 기간에 이러한 봉사 의무가 폐지되고, 이어 예카테리나 2세가 이 봉사로부터 "해방"을 확인해 줌에 따라, 러시아 귀족들은 곤혹스러운 상황에 처하게 되었다. 봉사에서 자유로워진 그들은 이제 자신들의 귀족적 정체성을 오직 문화적 허세를 통해서만 정당화할 수밖에 없었는데, 세련된 문화란 유럽 문화였기에, 이러한 귀족으로서의 주장은 그들을 러시아성으로부터 분리시키게 되었다. 봉사를 통하여 더 이상 국가를 지탱하지도 않고, 농민에게 부여된 단순한 일상과 정교회적인 경건함에서 소외된 엘리트들은 사회에서 의미 있는 역할을 개척하는 데 어려움을 겪었다.[11]

러시아 귀족들은 자신들의 러시아성을 이해하는 데 쩔쩔매고 있었기 때문에, 각별히 절박한 심정으로 진정한 러시아성을 규정하려는 작업에 착수했다. 만일 '민중'이 러시아를 구현한다면, 자기들의 역할은 무엇이었는가? 문학 텍스트는 궁정과 자본의 부패하고 경박한 가치에 반대하여, 과거에 대한 향수 속에서 상상한 선량한 러시아적인 도덕성에 대한 집착이 점점 더 커지고 있음을 보여 준다. 데니스 폰비진Denis Fonvizin[1]의 희곡이나 미하일 셰르바토프Mikhail Shcherbatov 공의『러시아의 도덕적 타락에 관하여On the Corruption of Morals in Russia』(1797)[2]와 같은 작품들에서, 이 고대적 덕성을 구현한 인물은 '스타로둠Starodum'(과거 풍의 사상가)과 같은 지방의 옛 귀족들이었으며, 반면에 어리석은 출세주의자들은 풍자의 대상이 되었다.

그러나 우리의 견해에 따르면, 엘리트 계층의 국가적 애국심, 민족 간 차이에 대한 심화된 인식, 소박한 민중(나로드)에 대한 새로운 관심 등 이 모든 요소 가운데 어느 것도 19세기에 이르러 등장하게 될 '민족주의'로까지 나아갔다고 보기는 어렵다. 여기서 민족주의란 "특정 민족에 대한 일차적 혹은 궁극적 충성 및 애정을 표현하며, 그 민족의 진흥과 발전에 헌신하는 감정 또는 신념"이라고 정의된다. 물론 18세기 러시아에서는 분명히 민족적 자각, 곧 러시아적 특수성에 대한 인식이 점차 성장하고 있었으나, 개인의 정체성은 여전히 지역, 기존 사회 위계 내의 신분적 위치, 군주 및 지배 가문과 국가, 종교, 그리고 특정 민족 공동체에 대한 소속감을 중심으로 형성되었다. 1789년 프랑스혁명을 통해 아주 강력하게 부상하게 될

---

1 데니스 폰비진(1745~1792): 제정러시아의 희곡작가로서 제정러시아의 귀족 사회나 농노제도의 폐습 따위를 풍자한 사실적인 작품을 발표했다. 작품에 『미성년』 등이 있다.

2 미하일 셰르바토프(Mikhail Shcherbatov) 공의 『러시아의 도덕적 타락에 관하여』(1797): 셰르바토프(M. M. Shcherbatov, 1733-1790)의 이 저술은 표트르 대제의 서구화 개혁 이후 러시아 상류층의 일상생활의 모습과 그에 대한 계몽사조 지식인의 평가를 담은 중요한 자료이다. 1786-87년 사이에 저술했다. 이 자료에 대한 분석을 위해서는 다음 논문을 참고하시오. 송준서, 「셰르바토프의 『러시아의 도덕적 타락에 대하여』에 나타난 18세기 상류층 생활양식 변화에 대한 인식」, 『러시아연구』 제21권 1호(2011) : 205~230.

민족nation 담론, 즉 국민의 권력을 정당화하는 담론은 18세기 말의 러시아에서는 아직 태동기에 있을 따름이었다.

민족의 다양성: 민족들과 제국의 구분

그러나 거대한 러시아 제국은 매우 다양한 민족적 스펙트럼으로 구성되어 있었다. 러시아 사상가들은 유럽화된 외피와 민족적 정통성에 대한 갈망을 조화시키려고 씨름하는 것과 동시에, 다수의 비러시아인 신민들을 포함하는 대제국 러시아라는 수수께끼와 마주해야 했다. 18세기에 이르러, 러시아는 다양한 영토와 신민들에 대해 절대적인 주권을 완전히 행사하는 통치자의 대국이라는 복합적인 의미에서 제국이었다. 러시아인들은 자신들과 함께 살아가는 비러시아 토착민들에 대해 어떠한 사고와 감정을 품고 있었는가? 유리 슬료즈킨의 서술에 따르면, 표트르 대제의 통치 시기부터 이미 동물, 광물, 그리고 인간에 이르기까지 제국의 다양한 존재 양태에 대한 호기심이 식자층을 사로잡기 시작했다. 18세기 내내, 여행가와 탐험가, 민족지학자들은 유라시아의 자연 현상을 분류하고 연구하고자 각지로 퍼져나갔고, 연구 대상 가운데에는 인간도 포함되어 있었다. 이것은 당시 독일의 유행을 따른 것으로, 인간 집단 역시 사람들 혹은 민족이라는 범주로 분류되어야 했다. 슬료즈킨은 "하나의 민족을 기술하기에 앞서, 학자는 우선 어떤 민족의 경계가 어디서 끝나고 다른 민족이 어디서 시작되는지를 결정해야 했다. 다시 말해, 그는 린네Linnaeus의 암술과 수술에 상응하는 민족적 기준을 설정하여, 복잡하지만 반드시 전체적인 공동체적 특성의 분류 체계를 구축해야 했다. 이 체계의 첫 번째 요소는 명칭이었으며, 이것은 민족의 존재론적 자율성을 나타내는 가장 명확한 표지로 항상 먼저 언급되었다.ᵃ12라고 썼다. 그다음은 그 민족이 거주하는 영토obitanie였으며, 지리 또한 그 민족을 규정했다. 이 외에도 음식, 성性적 관습, 체취, 생활양식, 위생 관행, 토지와의 관계 등도 차이를 가늠하는 지표였다. 18세기 후반에 접어들면서, 어떤 집단의 관습이라고 일컬어지는 것은 그 민족을 정의할 때 점차 중심적인 자리를 차지하게 되었다.

러시아는 종교를 기준으로 민족들을 분류하는 한편, 학자들과 관료들은 관행과 관습을 중심으로 민족에 대해 서술하게 되었는데, 이것들은 시간이 흐름에 따라 본래의 민족적 특성이라는 개념으로 진화했다. 프랑스어 'nation'에서 차용된 '나찌야natsiia'라는 러시아 단어는 이 시기에는 드물게 사용되었다. 그 대신 독일어인 'Volk'에 상응하는 러시아어 단어인 '나로드narod'가 널리 쓰였다. 18세기의 민족지학자들은 세계에 수많은 민족이 존재한다는 사실을 인식했지만, 이들은 언어와 관습에 있어 차이를 보일 뿐 자연법에 따라 본질적으로는 동일하다고 보았다. 어떤 민족은 참된 신앙을 지니고 있었고, 어떤 이들은 그렇지 않았으며, 또 어떤 이들은 더 야만적인 이들보다 더 계몽되었다. 야만적인 이들은 이를테면 불결하고, 악취를 풍기며 날고기를 먹는 자들이었다. 이러한 혼란과 모순 때문에, 이 다양한 민족이 러시아와 러시아성에 어떻게 부합되는지 정확히 이해하려고 노력하는 사람들은 큰 어려움을 겪어야 했다.

윌러드 선덜랜드는 표트르 시대에 영토 의식이 발전한 방법을 강조하고 있다. 표트르 통치기에 인구조사, 제국 영토에 대한 탐사, 그리고 러시아 전역에 대한 체계적인 지도를 제작하려는 진지한 노력이 기울여졌다. 선덜랜드는 "영토 지식은 러시아의 국가적 애국심을 표현하는 수단으로 활용된 것과 마찬가지로, 러시아 민족을 식별하기 위한(적어도 식별하려고 노력하는) 토대가 되었다."[13]고 서술한다. 나아가, 러시아는 유럽의 해외 대제국들과 대등하다는 점을 주장하기 위하여, "러시아의" 본국 중심부와 "식민지" 주변부를 구분하고자 하는 데 더 큰 관심을 갖게 되었다. '식민지kolonii'라는 단어는 18세기 후반에 러시아 사전에 처음 등장했고 그 당시에도 러시아의 주변 지역과 관련하여 거의 사용되지 않았지만, "뉴 스페인", "뉴 잉글랜드", "뉴 포르투갈"의 제국적 위상, 부, 권력과 같은 병렬적인 용어들은 남을 의식하여 소환되었다. 바다 너머에 영토를 가진 제국들은 중심부와 주변부의 구별에 별다른 어려움을 겪지 않았던 반면에, 유라시아 전역에 걸친 산재한 영토를 지닌 러시아 제국에게 그러한 구분은 아주 복잡한 과제였다. 본국과 식민지를 명확하게 구분하기 위해, 바실리 타티셰프Vasilii Tatishchev[3] 등의 학자들은 유럽과 아시아의 경계를 기존의 돈강Don River으로부터 우랄산맥Ural Mountains으로 옮겨 설정했으며, 이것을 통해 "유럽 러시아"라는 중심부와 주변부 타자들 사이에 구분을 확인하면서, 후자를 식민지로 간주했다.[14]

러시아는 주요 유럽 국가들에서 익숙하게 나타나는 식민 제국의 성격을 점차 띠게 되었으나, 식민지 개척자와 식민지 주민 사이의 구분은 끊임

---

3   바실리 타티셰프 : 1686~1750, 18세기 러시아의 정치인이자, 역사가이다.

없이 모호해질 위험에 처해 있었다. 우선, 사용할 수 있는 용어 자체가 분명하지 않았다.[15] 러시아인으로서의 러시아인a Russian-Russian, 즉 슬라브인이며 정교도이며 러시아어를 구사하는 사람과 비러시아인으로서의 러시아인a Russian non-Russian, 즉 민족적으로, 종교적으로, 언어적으로, 그리고/혹은 영토적으로 제국의 이방인 사이에 언어적으로 어떻게 구분할 수 있는가? 러시아인들은 제국 전체의 러시아성과 제한적인 민족-언어적 러시아성을 구분하기 위해 언어학적으로 로시스키rossiiskii와 루스키ruskii라는 약간 다른 의미의 단어를 사용할 수 있었다. 그러나 이러한 구분은 18세기에 일관성을 가지고 있지 않았다.

용어의 모호성은 이러한 다양한 범주에 대한 명확한 구분이 되어 있지 않았던 상황을 반영했다. 선덜랜드는 다음과 같이 쓰고 있다.

> 비록 국가인 러시아가 민족 중심부("러시아 본토")와 식민지 주변부로 구성된 유럽식 제국으로 규정되기에 이르렀다는 사실에도 불구하고, 러시아 지배층은—이른바 모범적인 제국주의자들답게—제국 전체를 러시아의 공간으로 간주하는 경향을 보여 주었다. 그들은 해당 지역이 러시아인의 지배하에 있다는 사실 때문만이 아니라, 그 광대한 영토 자체를 역사적으로 러시아의 영토가 자연스럽게 확장된 결과로 인식했고, 그 방대한 영역 전반에 걸쳐 실질적으로 거주하는 유일한 민족이 러시아인들이라고 보았기 때문에 이러한 동일시하는 입장을 발전시켰다. … 18세기의 영토 조사관들은 사실상 민족을 제국 안으로, 그리고 제국을 민족 안으로 해체했고, 그 결과—영토적으로 말할 때—양자를 사실상 분리할 수 없었다.[16]

러시아와 러시아성의 정체를 정확히 규정하는 문제는 연구자들이 이 국가의 과거를 탐구해 들어감에 따라 더욱 난해해졌다. 18세기에 설립된 학술원과 모스크바 대학교에 배치되기 위해 러시아로 초빙된 독일 학자들은 러시아를 위한 찬란한 과거와 정체성을 발굴해야 했으나, 그들이 발견한 것은 그와는 정반대의 사실들이었다. "러시아 제국을 묘사하고, 그 명칭과 국가, 언어, 영토, 그리고 민족에 영광을 부여하기 위해 초빙된 학자들은, 기원에 관한 최고의 1차 사료들에 따라, 이 범주들이 서로 아무 관련이 없다는 점을 밝혀내고 말았다. 러시아 땅은 오랜 세월 동안 '러시아적이다'라고 할 수 없었으며, 러시아라는 국가와 그 명칭은 스웨덴에서 기원했고, 러시아의 사도 안드레이는 결코 러시아를 방문한 적이 없었으며, 러시아어 또한 다뉴브강 유역에서 쫓겨난 부족들이 — 아주 최근에 — 가져온 것이었다."[17] 러시아 제국은 — 민족, 영토, 언어, 종교, 국가, 명칭의 일치라는 의미에서 — 러시아 민족이 갖고 있던 유일한 "민족" 국가였으나, 학자들이 그 과거를 탐구하고 제국 내에 존재하는 민족들의 다원성을 주목하게 되자, "러시아가 직면한 도전은 유달리 감당하기 어려운 것으로 보였다. 러시아의 '신성한' 심장부의 많은 부분은 변방들로 구성되어 있는 듯했다."[18]

영향력 있는 일군의 역사가들은 러시아가 제국 건설에서, 적어도 19세기 중엽까지는 독자적인 논리를 따랐다고 주장한다. 영토를 획득한 후 — 이것은 대개 정복을 통해, 때로는 정착지 확대를 통해 이루어졌는데 — 차르의 대리인들은 통상적으로 현지의 엘리트들을 제국의 봉직 체계 안으로 흡수했다.[19] 그러나 볼가강 지역, 시베리아, 남캅카스, 중앙아시아와 같은 많은 주변부에서는, 통합 작업이 엘리트 계층에서 멈추었으며, 부족적·민족적·종교적 정체성을 유지하고 있던 농민이나 유목민 대중은 그 통합 범위에 포함되지 않았다. 타타르 귀족이나 우크라이나 귀족처럼 일부 엘리트 집단은 (적어도 부분적으로는) 러시아의 '드보랸스트보dvoriantsvo'[4])에 흡수되었으나, 발트 지역의 독일계 남작이나 핀란드의 스웨덴계 귀족과 같은 다른 집단은 여전히 특권 및 독자적인 정체성을 유지했다.

또 다른 사상학파가 시사하는 바에 따르면, 표트르 대제 이래로 러시아의 통치자들은 다양한 행정단위와 관할권의 혼재 상태를 제거하고, 통치 구조를 동질화함으로써 국가를 합리화하려는 시도를 지속해 왔다. 일군의 유력한 학자들은, 일단 특정 지역이 정복되어 제국의 지배하에 편입되면, 러시아는 이곳을 전체 행정 체계에 통합했다고 주장한다. 표트르 대제는 통일된 관행과 중앙집권적 제도의 확립을 의식적으로 추구한 인물로서, 이런 방향으로 여러 중대한 개혁을 단행했다. 그러나 그는 필요에 따라 유연한 접근을 취하기도 했는데, 예컨대 우크라이나와 발트 지역에 적용한 행정 방식은 상이했다. 발트 지역에서는 귀족단의 권위를 존중하고 그 지속을 허용했다. 역사가 페트루힌체프N. N. Petrukhintsev는 흥미로운 피드백 순환 과정을 지적하는데, 표트르의 발트 지역 정책 덕분에 러시아 귀

---

4 '드보랸스트보(dvoriantsvo)': 제정러시아 시기의 귀족층을 일컫는 용어이다. 개인 단수는 '드보랴닌', 복수는 '드보랴네'이다. '드보르'와 관련되어 있듯이, 처음에는 궁신을 뜻하였다. 『라브렌티 연대기』 1175년 항목에서 처음 언급되었다. 원래 귀족은 보야레였으나, 중앙집권화가 진전됨에 따라 18세기에 보야레는 드보랴네에게 흡수되었고, 보야레 칭호는 소멸되었다.

족들이 제국 내부에서 유럽식의 법인권corporate rights 모델을 접하게 되었고, 이로써 표트르 자신을 포함한 정치 사상가들이 귀족 계층에 대해 새로운 방식으로 사유하도록 자극받았다는 것이다. 이 사례는, 정복 시기에 제국의 변방에서 타협적으로 마련된 해결책이 오히려 제국 중심부의 정치사상에 변화를 초래한 경우라 할 수 있다.[20]

행정의 동질화라는 문제에 관하여 존 르돈은 흥미로운 주장을 제기한다. 그에 따르면, 18세기 말에 이르기까지 러시아 엘리트들은 "확장하는 중심부의 형태로 단일국가를 건설"하려는 데 헌신했으며, 이 중심부는 농업 지대의 경계에 의해 규정되었다. "[러시아 농민은] 그 경계를 넘어가려 하지 않았는데, 그 너머의 세계는 그들에게 이질적인 것이었기 때문이다." 지배 엘리트는 1780년대의 행정-영토 개혁과 함께, 그러한 동질화 과정을 의식적으로 제국 전역으로 확대시키기로 결정했다. 즉, "동부 전체의 무대를 가로질러 크라스노야르스크의 지방행정기관들을 (러시아 중부지역에 있는) 칼루가, 오룔, 보로네슈와 같은 행정기관들과 일치시켜야 하는 시점이 도래했다."[21] 러시아를 "하나이며 불가분한 국가"로 인식하려는 이러한 비전은, 19세기에 접어들면서 중심부와 주변부 간 통치의 급격한 차등화라는 현실에 의해 즉각 방해받았으나, 르돈에 따르면 동질성을 지향하는 목표는 여전히 정책 형성에 있어 강력한 영향력을 유지했다. 그러나 우리는 이러한 비전이 제국 정책을 일관되게 끌고 갔다고 단정하기는 어렵다고 본다. 동질적인 행정 체제를 향한 충동이 19세기 전반의 개혁 시도들에 일정한 영향을 미친 것은 사실이지만, 동시에 지역, 사회적 지위, 사회적 유형에 따른 차등을 창출하고, 보존하며, 제도화하려는 노력 또한 병행되었기 때문이다. 우리의 견해로는, 앞으로 살펴보게 되듯이, 19세기 1/4분기에 알렉산드르 1세 치세 하에서 가속화된 국가의 관료적 합리화 노력은 다음과 같은 차등화와 동시에 진행되었다. 즉, 수평적 차원에서는 공간 전반에 걸쳐 지역이 분화되어 특정 민족 집단의 특권은 강화되는 한 편으로 타 집단은 불이익을 겪게 되었고, 수직적 차원에서는 상위 계층으로 구분된 자들과 그 아래 다수 대중이 분화되었던 것이다.

18세기 내내, 정권들은 잇따라 제국의 행정 구조를 개혁하고자 시도했다. 표트르는 제국 전역을 대규모 행정단위인 '구베르니야gubernii'로 분할하는 실험을 감행했으나, 이것은 비효율적인 것으로 판명되었다. 그 이후 수십 년이 지나, 카자키, 산업 지역의 농노들, 타타르인들, 그리고 구교파 신도들이 참가한 가운데, 1773년부터 1775년까지 제국을 뒤흔든 푸가초프반란이라는 대규모의 폭력적이며 놀라울 정도로 성공적인 봉기가 발생하면서, 지방 통치의 취약성이 고통스러운 모습으로 드러났다. 이 봉기는 국경 지대에서 시작되었으며, 불만에 찬 비러시아계 사람들이 카리스마적 인물로서 카자크 예멜리안 푸가초프Emelian Pugachev 주위에 결집했다. 반란 세력이 볼가강 상류로 진격함에 따라, 민족으로서의 러시아인들까지 가세하게 되었다. 반란군의 구성은 제국이 지닌 민족적·종교적 다양성을 그대로 반영하고 있었으며, 구교파 신도들과 무슬림들도 이 운동에 동참했다. 푸가초프는 자신을 차르 표트르 3세라 사칭하며, 러시아어와 타타르어로 된 '우카즈'(황제 칙령)를 반포했다.

반란이 진압되고 지도자들이 처형된 이후, 예카테리나는 지방행정 체계를 전면적으로 개혁하였다. 이 개혁이 지닌 한 쌍의 목표는, 보다 동질적인 제도를 만드는 것 그리고 농촌 지역에까지 효과적으로 침투할 수 있는 행정 시스템을 구축하는 데 있었다. 러시아 전역은 '프로빈치 야provintsii(주)'와 우예즈드uezd(군)로 구획되었는데, 이 조치에 따라, 상당한 권한이 지역 엘리트들에게 위임됨으로써, 표트르 대제의 모형으로부터 크게 전환한 셈이었다. 1775년의 '지방 개혁'은 귀족, 도시민, 농민을 각각 관할하는 지역 법원을 설치하도록 규정했으며, 이들 법원은 동등한 신분의 이들로 구성된 재판관들에 의해 운영되도록 했다. 또한, 각 사회계층의 선출된 대표들로 구성되는 지역복지 위원회의 설립이 의무화되었다. 이 개혁은 "세 가지 주요 신분 계층 모두에게 (비록 지위는 동등하지 않더라도) 형태상 동등한 제도적 구조를 창출"[22]하려는 목적을 지니고 있었다. 여기서 "형태는 동등하되 지위는 동등하지 않다."라는 공식은, 서로 다른 사회집단이 권력 및 통치에 대해 본질적으로 상이한 관계를 맺고 있다는 오랜 통념을 반영하는 중요한 요소를 함축하고 있었다.

1785년에 반포된 〈귀족 헌장〉과 〈도시 헌장Charter to the Towns〉은 일정 수준의 재정 및 행정 권한을 지역 주민에게 위임하려는 움직임의 후속 조치로서, 선출된 지도자들로 구성된 집단적 지방의회의 설립을 제도화했다. 특히 귀족들은 신체와 재산의 보호, 동등한 신분에 의하여 재판을 받을 권리, 해외여행의 자유 등 광범위한 권리를 부여받았다. 이로써 러시아 제국 내 일부 소수의 신민들이 처음으로 명문화된 권리를 공식적으로 향유하게 되었다. 그러나 의미심장하게도, 이들 헌장은 귀족과 도시민을 각각 별도로 상정하여 제정되었으며(농민을 위한 헌장도 예정되었으나 끝내 마련되지 않았다), 각 사회집단 또는 '신분'(단수soslovie, 복수sosloviia) 내에서 계층화의 원칙을 확인시켜 주었다.

　'소슬로비예'(신분)에 따른 지위는 각 구성원에게 특정한 의무를 부과하는 동시에, 일정한 보호 또한 제공했다. 러시아 사회를 촘촘히 가로지르던 여타의 모든 구분과 마찬가지로, 신분적 지위는 제국의 모든 신민의 삶을 규정했다. 앨리슨 스미스Alison Smith가 상세히 분석한 바에 따르면, '소슬로비예'는 법적으로 규정된 제도였지만, 단순히 위로부터 일방적으로 강제된 것만은 아니었다. 일정한 정도의 지리적, 사회적 이동 가능성이 항상 존재했기에, 실제로 이 제도가 실행될 때의 형편은 최소한 세 개의 권력 및 이해의 축, 즉 중앙 국가행정, 지방행정 기구, 그리고 당사자인 개인이나 가족에 의하여 현장에서 조정되었다. 그 결과, 삼자 간의 줄다리기가 벌어졌다. '소슬로비예'를 지역 차원에서 집단적으로 구현한 단위인 "공동체들societies"은 누가 거기에 소속될 수 있으며 누가 배제되어야 하는지, 등록 혹은 탈퇴의 조건과 비용, 다양한 지위의 합법성 등을 둘러싼 세부 사항을 정립해 나가는 과정에 적극적으로 참여했다. 이러한 지역의 신분 공동체가 어떤 구성원을 받아들이고 어떤 이들을 내보낼 것인지를 결정할 수 있는 정도—스미스가 "선택할 자유와 거부할 권리"라 부른 것—는 중앙 당국과 신분적 법인체 사이에 지속적으로 벌어진 협상에 달려있었다. '소슬로비예' 제도는 국가가 세금을 징수하고, 병역 자원을 조직하며, 신민들을 눈으로 파악하는 데 따르는 행정적 어려움을 완화하기 위한 수단이었을 뿐만 아니라, 예카테리나 대제의 표현에 따르면, "공공의 선과 그들 자신의 복리를 위하여" 존재하는 것으로 생각되었다. 그녀는 명확하게 부여된 '소슬로비예' 지위가 신민들 자신에게 유익하다고 주장했는데,

그 이유는 '소슬로비예'가 없다면 사람들이 자신이 누구인지조차 파악하기 어려울 것이기 때문이라는 것이었다. 이것은 실로 일리 있는 주장이었다. 실제로 모든 '소슬로비예'의 러시아인들은 자신에게 가장 유리한 신분적 지위를 확보하고자 깊은 관심과 노력을 기울였다.[23] 표트르 대제가 도입한 '관등표'의 전통을 계승하여, 예카테리나의 입법은 귀족, 도시민, 농민이라는 포괄적 사회계층 내에서도 다양한 세부 유형이 존재한다는 인식을 바탕으로 발전했다. 그녀가 제정한 법률은 매끄러운 구분에 따라 권리와 특권을 차등적으로 배분했다. 이 사회에서는 불평등이 진지한 것으로 받아들여졌다.

차등화differentiation와 동질화homogenization 사이의 논쟁에 있어서, 양측 학자들의 견해는 많은 경우에 둘 다 타당하다. 그것은 관점을 어디에 두느냐—관료적 일원화 노력에 중점을 두느냐, 혹은 수많은 예외와 특수 사례에 주목하느냐—에 따라 달라진다. 상이한 민족들을 (특히 귀족들 가운데서) 하나의 "러시아적인" 공동체로 통합하려는 "민족화nationalizing" 및 동질화 정책은, 차별 및 구분의 정책과 공존했다. 브라이언 보에크는 18세기 초 돈 카자크 군단의 변화를 조명하면서, 그들이 국가와 맺은 "별도의 협정"이 수정되는 과정을 추적했다. 그에 따르자면, 그들은 자치적으로 운영되던 자유민들의 자율적인 서클로부터 제국 체제의 충성스러운 수호자로 전환되었다. 그들은 전통적인 지도자ataman 선출권을 점차로 상실하고 차르의 직접적인 주권을 받아들였으나, 그들의 고유한 조직 구조, 복식과 호칭 상의 독자적 표식, 그리고 수많은 특권과 면제 사항을 여전히 유지했다. 그들은 러시아 농민들에게 부과되던 가혹한 세금과 규제를 면제받았으며, 이러한 면제 조치와 차등적 지위 덕분에 제국 변경을 수호하는 역할에 충실할 수 있었다. 18세기 중엽까지도, "특권을 가진 주변부"의 자유와 "특권 없는 중심부"의 러시아 농민들이 겪었던 비천한 예속 사이의 구분은 유지되었다. 농민 징집병들이 수만 명씩 전쟁터에 내던져질 수 있었고(혹은 내던져졌고), 그 결과가 어떠하든지 무분별하게 강제 노동력 혹은 대포밥으로 소모되었던 반면에, 카자키는 영토의 수호자로서의 가치를 지속적으로 인정받았다.

보에크는 돈강 유역이 행정적으로 러시아 지역과 동일시될 수 없다고 말한다. 그곳은 아마도 편입될 수는 있었겠지만, 통합될 수는 없었다. 1708-1709년의 불라빈반란, 즉 대규모 카자크 봉기가 국가의 파괴적인 진압 작전으로 분쇄되고, 수많은 인명이 희생되거나 흩어진 이후에, 카자키는 러시아 제국 내에서 독특한 지위를 보유했다. "표트르 1세는 1720년의 '일반 규정'에서 개별적인 합의의 원칙을 러시아 법률에 명문화함으로써, 자신이 창설한 새로운 행정부인 콜레기야Colleges[5]의 관리들에게 별도의 특권에 따라 각 민족narod을 지배하도록 명령했다. 그리하여 카자키는 제국 내에서 특권을 가진 민족으로 분류되었다."[24]

통일성에 대한 추진을 더욱 약화시키는 요소로서, 지역적 구별 및 다른 구별 조치는 계속해서 확산되었다. 자치권을 가진 조직들은 엄청난 인명을 희생하며 잔인하게 해체되었음과 동시에, 제국은 다양한 형태의 제도적 독자성을 추구하며 특정한 제한과 특권 세트를 재구성함으로써 행정적

---

5   콜레기야(Colleges): 18세기의 장관부서 혹은 중앙정부 부서이다. 표트르 대제는 1717~1718년에 9개의 콜레기야를 설치했다.

통일성에 대한 자체적 노력의 토대를 훼손했다. 러시아는 피비린내 나는 전투 끝에 바시키르칸국[6]을 정복한 후, 1798년 바시키르인들에게 볼가—우랄 지역에서 군단으로서의 특별한 권리를 부여했다. 이러한 조치는 약간 앞선 1786년 돈 카자키에게 취해진 바 있었다. 중세의 공公들이 "대공"이라는 최상위 자리를 차지하고자 치열하게 싸운 후, 아무 일 없었던 듯이 자기들의 영토를 아들들 사이에 나누었던 것처럼, 합리성을 추구하던 18세기의 군주들도 남의 눈을 의식하지 않고 하위 단위들을 분해하고 재구성했다.

크림반도와 "새로운 러시아" 지역(근대의 우크라이나 동부 및 남부)의 편입은 통일성과 영토—행정적 균일성을 향한 일편단심의 추진이라는 이야기와는 반대되는 서사를 제공한다. 1783년 예카테리나의 군대는 오스만제국의 보호령이던 크림 칸국으로부터 아름다운 크림반도의 지배권을 획득했다. 이 정복에서 영감을 받은 예카테리나 2세의 열정적인 궁정 신하들과 홍보 담당자들은 무수히 많은 시와 송가를 창작하고, 제국 통치의 의식儀式을 만들었다. 크림반도를 온갖 종류의 식물과 꽃으로 화려하게 장식된 "정원"으로 묘사하는 주제를 반복한 작품들은 한 장소에 다양한 아름다움이 집결한 것을 찬미했다. 이 반도는 단일하고 차등 없는 러시아 영토의 연장으로서가 아니라, 제국을 구성하는 무수한 종과 유형을 전시하는

---

6 바시키르칸국: 10세기경 사료에 등장한 바시키르인들은 타타르인들에 가깝다. 1236년에 몽골의 바투에게 정복되어 킵차크한국의 지배하에 있다가 킵차크한국이 해체된 후, 카잔칸국, 노가이칸국, 시비르칸국의 지배를 받았다. 17세기 초부터는 러시아의 통치를 받았으나 부분적인 자치 전통을 이어갔기 때문에 바시키르칸국이라고 불리기도 하였다.

장소로 기념되었다.[25] 다양성에 대한 이와 같은 찬양은 칭송하는 시 구절에만 그치지 않았다. 러시아 당국은 크림의 무슬림 타타르인들을 편입하는 과정에서 그들이 설립한 조직에 대해 상당한 유연성을 허용했다. 이들은 기존의 이슬람 제도를 유지하고, 중첩되고 비슷비슷한 행정단위를 만들었다. 제국 내의 다양한 시스템 속에서 온갖 지역적 예외와 면제 조치가 여전히 가능했다.[26] 타타르인 귀족과 상인들은 새로운 위계에서 자리를 차지하기 위해 이리저리 움직였으며, 일부는 러시아 정착민들의 재산권에 도전하거나 심지어 그 이상의 재산권을 얻었고, 일부는 더 강력한 요구를 하는 사람들에 의해 밀려나기도 했다. 타타르인 엘리트들을 제국의 새로운 통치 계급 속으로 환대함으로써 지방의 지지를 얻으려는 정책은 지정학적으로 복잡한 지역에서 타타르인들의 충성도에 대한 엇갈린 인식으로 인해 간단치 않은 양상을 띠었다.

정복과 외교를 통해 개척된 새로운 영토에서, 예카테리나 대제와 그녀의 후계자들은 인구 부족 문제를 해결하기 위한 다양한 정책을 실험했다. 여제는 상대적으로 인구가 희소한 새로운 러시아 땅에 러시아인들을 파견했다. 또한 그녀는 다른 인구 집단을 잠재적인 신규 인력으로 고려했는데, 특히 그녀와 그녀의 동시대인들이 모범적인 정착민으로 생각한 다음의 집단들에 주목했다. 즉, 근면한 독일인들, 러시아의 박해를 피해 도망친 부지런한 구교도들, 그리스인들, 그리고 상인과 무역인으로서 유능할 것이라고 생각되었던 아르메니아인들이 그런 집단이었다. 그들은 집단적 지위에 의해 경제적·법적 혜택을 누렸다. 정착지로의 이러한 초대의 기본 전제는 "민족적 성격"에 대한 고정관념에서 비롯되었으며, 차등 정책이 지속되도록 조장했다.

유대인들도 정착지로 초대되었으나, 그들의 이동은 엄격하게 제한되었다. 유대인들에 대한 차별 정책에 대해서는 많은 문헌이 존재하는데, 그들의 주거는 제국의 남부와 서부 주州들, 즉 예카테리나 2세가 1791년에 설정한 이른바 정착 구역Cherta osedlosti에 제한되어 있었으며, 그들은 수많은 요구와 제약을 받아야 했다. 한 걸음 물러나서 유대인에 대한 정책을 제국의 전략적 맥락에서 분석하는 연구자들은 이러한 차별적 규제를 다른 시각으로 조명하고 있다. 그들은 제국 체제가 유대인만이 아니라, 제국을 구성하는 모든 민족에게 특정 조건 사항을 배분했음을 우리에게 상기시켜 준다. 구체적인 협정 조건은 집단마다 달랐지만, 개별적인 협약을 맺었고 차등적인 권리를 부여했다는 일반적인 현상은 제국의 트레이드마크였다. 유대인들은 이동에 제한을 받았지만, '카할kahal'이라는 공동체의 사법기구를 통한 자치권을 인정받았다.[27] 그루지야인 같은 다른 집단은 일정 기간 전통적인 법을 유지할 수 있었던 반면에, 칼미크인들처럼 덜 선호된 인구 집단은 토지와 권리를 점진적으로 박탈당했다. 그래서 그들 대부분은 러시아 제국 내에서 자신들의 미래에 대해 절망하며, 먼 동양에 있는 자기들의 옛 고향을 향하여 고단한 발걸음을 돌리다가 일부 사람들은 결국 죽음에 이르기도 했다.[28]

종교는 국가의 양면적인 경쟁적 충동, 즉 한편으로는 동화와 통합을 향한 충동, 다른 한편으로는 차등의 보존이나 심지어 차등을 만들어 내는 충동을 드러내는 또 다른 장을 제공했다. 특정 종교 집단들은 특히 가혹한 대우를 받는데, 그중에서도 구교파Old Believers와 우니아트 신도들 혹은 동방의식 가톨릭 교도들[7](이들은 기혼 성직자 제도를 유지하는 것처럼 동방정교회의 관행과 슬라브식 전례를 보존하면서도, 1596년의 브레스트 교회회의 이후에 가톨릭에 합류한 루테니아의 정교도들이다)이 그러했다. 아주 가까운 이들 종교적 "타자들"은 정교회와 결별했기 때문에 정교회의 가장 날카로운 반감을 샀다. 이들은 정령 숭배자들이나 무슬림 "이교도들"처럼 단순히 무지하고 잘못된 신앙을 가진 자들이 아니라, 오히려 배교자이자 고의적인 이단자로 여겨졌기 때문에, 의지 여부와 관계없이 질질 끌고서라도 교회 안으로 들여와야 했다. 동방의식 가톨릭교도들처럼 제국의 전략적 서부 국경을 따라 거주하는 사람들은 교황의 권위를 받아들이고, 이전에 섬기던 폴란드-리투아니아 상위 주군들에게 은밀하게 충성을 계속 바칠 가능성이 있었기 때문에 각별히 의심받았다. 이러한 집단들은 러시아의 강한 의심의 대상이 되어, 가혹한 박해를 받았고, 집단 개종을 강요받았다.[29]

제국 내의 여타 지역에서 다른 종교 집단들은 순응에 대한 압박을 덜 받거나 아예 받지 않았다. 간헐적이고 국부적인 개종 움직임을 제외하면, 오랫동안 국가와 공식 교회는 강제적이고 잠재적으로 분열적인 개종 캠페인을 통해 혼탁한 상황을 만들고자 하지 않았다. 예카테리나 대제는 모스크바국 시대에 설정된 패턴을 따라, 모든 신민이 궁극적으로 빛을 발견하고

---

7   우니아트 … 교도들: 우크라이나 지역은 14세기 후반부터 리투아니아와 폴란드의 지배를 받게 되었는데, 1596년 브레스트 교회회의에 따라 우니아트 교회가 성립되었다. 이 교회는 교황의 수위권을 인정하지만, 미사와 행사 및 관습에서는 동방정교회의 의식을 유지하며 슬라브어를 사용했다. '합동'을 의미하는 '우니아트'라는 용어에 경멸적인 뜻이 담겨 있다는 시각도 있기 때문에, 동방의식 가톨릭 혹은 그리스-가톨릭교회 등으로 불리기도 한다. 이 주제와 관련해서는 다음 논문을 참고하시오. 황영삼, 「우니아트 교회성립의 역사적 의의」, 『슬라브학보』 제20권 1호(2005) : 419~449.

정교회 신앙으로 인도되기를 간절히 바랐으나, 개종은 전적으로 자발적이어야 한다고 주장했다. 그녀는 소요 사태를 유발할까 우려한 나머지, 무슬림들에 대한 모든 기독교화 작업을 금지했다. 독일 루터교 가정에서 자라난 그녀의 성장 배경과 계몽주의 시대라는 당대의 사상적인 흐름에 따라, 당시의 종교 캠페인은 외형상의 강제 개종보다는 진실된 신앙의 필요성을 강조했다. 이러한 내면적인 신앙에 대한 개념은 전통적으로 의례적인 세례만으로 충분하다고 여겼던 정교회의 전도 역사에 새로운 전환점을 가져왔다.[30]

계몽주의 정신에 따라, "예카테리나 시대의 교양 있는 러시아인들은 '인류 대지도'Great Map of Mankind[8)]의 다양성을 존중했고, 실제로 그들은 대지도 속의 많은 민족들이 러시아 제국 내에 살고 있다는 사실에 큰 자부심을 느꼈다."고 했으나, 그럼에도 불구하고 그들은 모든 "제국의 후진적인 신민들"이 우월한 러시아인들의 방향으로 필연적으로 발전할 것이라고 예상했다.[31] 이러한 진화론적 비전을 반영하여, 종교 정책은 종교와 관습의 이론적인 위계에 기반을 두고 있었는데, 이 위계는 농업 정착 사회의 정교회 러시아인을 상위에 두고 (비록 때때로 그들조차도 근면한 독일인이나 분파들의 본보기를 통해 혜택을 입는다고 여겨졌지만) 정령을 숭배하는 유목민을 하위에 두었다.

예카테리나 2세 하에서, 국가는 자신들이 접한 모든 종교를 전제정에 대한 대중의 충성을 끌어내는 원천이자, 광대한 영토 내의 이질적인 인구

---

8 '인류 대지도'(Great Map of Mankind)': 인류의 발전단계를 하나의 지도로 그리듯이, 계통적으로 분류하고 이해하려는 시도로서 계몽주의 시대에 자주 사용된 용어이다.

를 규율하고 관리하는 수단으로 사용하려 했다. 제국 내에서 사람들의 원칙적인 정체성은 언어나 민족이 아니라 종교였기 때문에, 법에 따라 모든 신민은 특정한 신앙 공동체의 일원이 되어야 하고, 그 공동체의 성직자들에게 복종해야 했다. 정교회가 아닌 특정 기독교인들—개신교, 가톨릭, 아르메니아 사도교—의 신앙만이 아니라, 무슬림들, 유대교도들, 불교도들도 결국 공식적으로 인정받아 지역 협치(거버넌스) 체계에 통합되었다.

　이슬람교는 그 자체의 인식 가능한 제도, 모스크, 성지, 그리고 경전 전통을 가지고 있었기 때문에, 다양한 형태의 정령숭배 신앙과 비교할 때 기독교와 많은 공통점을 가진 것으로 보였고, 이에 예카테리나는 무슬림들에게 특별한 법 면제와 관리 감독을 허용했다. 무슬림의 종교적·사회적 삶은 국가에 의해 규정되었다. 크림반도의 정복 이후, 그 지역의 이맘들은 급여를 받는 공무원으로 등록되었으며, 첫 번째 "이슬람법의 종교회의"가 조직되어 이슬람 성직자들에게 면허를 주고 그들을 규제했다. 성직자들은 타타르어만이 아니라 러시아어로도 보고해야 하며, 국가에 대한 충성을 증명해야 했다. 그와 비슷한 기능과 목표를 가졌지만 좀 더 공식적인 회의 기구는 1788년에 우파Ufa에서 설립되었다. 이것은 이슬람 지도자들을 선출하고, 종교 행위를 감독하며, 중앙아시아의 이슬람 지역으로의 확장을 위한 길을 원활하게 하는 동시에, 종교적 관용을 촉진하기 위한 것이었다. 로버트 크루스Robert Crews는 차르 관료들이 "제국 내의 무슬림들을 길들이기 위하여, 이전에 그런 제도를 경험하지 못했던 인구 집단 사이에서 교회와 비슷한 조직을 도입하기로 했다."[32]라고 썼다. 결국, 황제에 의해 임명된 '무프티'(이슬람 법학자, 학자들)를 중심으로 한 오렌부르크 무함마드 종교회의는 볼가강과 우랄 지역의 무슬림들에 대한 주요 권력기관이 되었다. 볼가 타타르족의 이슬람 성직자들은 '울레마'(권위 있는 종교학자들)로서의 역할을 통해 제국 내에서 문명화 사명을 수행하며, 카자흐스탄 스텝 지대에 제국 친화적인 이슬람교를 전파했다.[33] 기독교 교회 질서를 본떠 만들어진 새로운 제도적 위계가 부여되어, 이슬람 조직의 새로운 표현들이 생겨났다.[34]

역사가들은 일반적으로 차르 러시아가 이슬람 민족들을 다룬 방식을 억압, 러시아화, 그리고 기독교 통치자와 수천만 명의 이슬람 피지배자들 간의 지속적인 갈등의 이야기로 묘사해 왔다. 이러한 지울 수 없는 이미지는 제정러시아와 소련의 중앙아시아 민족 지배에 대한 분석에 계속 영향을 미치고 있으며, 특히 체첸과의 충돌로까지 이어지는 캅카스전쟁과 같은 충돌은 정교회 문명과 이슬람 문명 간의 영원한 격돌이라는 개념을 확증하는 역할을 맡았다. 그러나 러시아와 이슬람의 만남에서 나타나는 다차원적인 특성은 훨씬 더 복잡한 이야기를 들려준다. 시간이 지남에 따라, 일부 무슬림들은 차르의 종교 체제를 "알라의 뜻을 실현할 수 있는 도구"로 받아들였다. 제국 내의 많은 무슬림들은 (비록 논란 없이 받아들여지지 않았지만) 국가가 승인한 성직자들을 수용하고, 공식적인 종교 기관에 의지하여 자신의 구성원들을 규제하고, 또 자신들 사이의 분쟁을 해결했다. 이슬람 공동체 내에서 긴장을 일으키는 사람들은 이단 혐의를 받을 수 있었고, 이때 러시아가 감독하는 종교 기관은 이슬람 교리의 옳고 그름을 판별하는 쉽지 않은 과제를 마주하게 되었다. 그러나 중앙아시아 전문가 알렉산더 모리슨Alexander Morrison이 지적하듯이, 이러한 이단 혐의 부여가 "차르 정부 당국의 눈에 적의 명예를 실추시키는 데에는 효과적인 수단이었을 지라도, … 이것을 기회주의 이상의 무엇으로 받아들이는 것은 순진한 일이다."[35]

물론, 이슬람 피지배자들은 무슬림으로서만이 아니라, 세속적인 관심사를 가진 세속 정권의 신민으로서도 국가와 상호작용 했다. 때때로 그들은 국가를 보호의 원천으로 여기고, 세속 당국에 의존하여 견해 차이를 해결하기도 했다. 법원 기록에 따르면, 국가 및 국가의 관할 아래에 있는 성직자들은 공동체뿐만 아니라 가정 문제에도 개입하여 아주 개인적인 관계까지 규제했다. 재산 분쟁, 절도, 상속 문제는 물론이고, 결혼과 이혼, 자녀의 적절한 훈육 등의 문제는 관료 성직자와 법원 모두의 관심사가 되었다.[36]

아마도 새롭게 식민지인이 된 대부분의 사람들에게 가장 흔한 상호작용 방식은 전혀 상호작용 하지 않는 것이었을 것이다. 스텝 지대와 볼가강 지역의 무슬림들이 쓴 지역 역사에서는 종교 또는 세속 문제를 해결하기 위해 국가 및 국가에 의해 임명된 울레마에게 의존했다는 보고가 없으며, 국가의 억압에 대해서도 설명하고 있지 않다. 오히려 그런 문헌은 "차르 정부는 멀리 있고, 관계 없으며, 무슬림들 자신이 신성한 지형과 권위를 지역에서 만들어 낸"[37] 세상에 대해 서술하고 있다.

정중한 수용에서부터 기회주의적 조작, 무관심과 '접촉 안 하기'에 이르기까지, 러시아와 무슬림 간의 관계의 어느 한 측면도 폭력적인 '문명 충돌'이라는 관점과 일치하지 않는다. 무슬림들은 차르 체제에 통합되었으나, 체제와의 공개적인 갈등을 거의 일으키지 않았다. 비록 러시아 무슬림들의 충성심이나 차르 정책의 이타주의를 과장해서는 안 되지만, 예카테리나 체제는 어느 정도 작동하는 듯이 보였다. 그러나 모든 사람에게, 또는 언제나 그랬던 것은 아니다.

이 다양한 민족들을 통합하기 위한 접근법에서 러시아 당국은 네 가지 유형의 제국적 지배 방식을 조합하여 사용했다. 카자키와의 관계에서는, 선출된 '아타만[9]'에게 위임된 간접 통치 방식(이것은 유대인의 '카할'의 존속에서도 볼 수 있음)으로부터, 제거(돈 카자크 군단의 파괴처럼 인구의 90퍼센트를 죽이거나 분산시킨 것으로서, 칼미크인들과 바시키르인들에게 사용되어 파멸적인 결과를 가져옴)와 차등을 통한 지배(이 모든 경우에서 특수 기관, 즉 새로운 바시키르 군단, 이슬람 종교회의, '아타만'을 임명하여 재구성된 카자크 군단이 나중에는 좀 더 직접적인 통치로 대체된 것에서 알 수 있음)로 그 유형의 스펙트럼이 옮겨갔다. 제국의 통합 전략 중 네 번째인 동화정책은 때때로 강제 개종(구교파, 우니아트파) 조치 및 좀 더 통일된 행정단위와 통치 관행을 확립하려는 노력과 함께 실시되었지만, 이러한 노력은 항상 그대로 내버려두거나, 심지어 새로운 반半자치적 또는 변칙적 조직(새로운 군단, 새로운 종교 기구, 특정 이민 집단들의 새로운 정착지를 말하는 것인데, 이런 것들은 정확히 그들에게 있다고 생각된 민족적 특성 때문에 그들 자신의 법과 관습에 따라 운영되도록 장려되었다)을 만들려는 경향과는 정반대 방향을 향하고 있었다. 일부 사람들에게는 일관성 없는 것으로 보일 수 있는 것이 사실 제국의 장기적인 지속성에 기여한 유연하고 실용적인 접근법의 사례로 더 잘 이해될 수 있을 것이다.

---

9 아타만: 카자키 중 선출된 지도자를 일컫는 용어이다. 16~17세기에는 우크라이나와 벨라루스에서는 때때로 마을의 장로가 아타만으로 불리기도 했다.

종교는 여전히 러시아인과 비러시아인 간의 차이를 나타내는 중요한 표식으로 남아 있었으며, 종교적 정체성은 행동을 예측하는 데 도움이 되는 본질적인 특성을 드러낸다고 여겨졌다. 정교회 신자들은 일구이언하는 무슬림들보다 더 충성스러울 것으로 예상되었다. 드물지 않게, "계몽된" 국가 관리들은 정교회로의 개종으로 제국이 강화될 뿐만 아니라, 국경 지대의 미개한 사람들이 문명을 접하게 될 것이라고 주장했다.[38] 비록 이러한 종교적 "러시아화" 노력이 비체계적이기는 했지만, 그것은 러시아성과 정교회 사이의 인식적 연관성을 강화했다. 그러나 러시아 제국이 계속해서 성장함에 따라, 제국에서는 신앙, 민족, '관등'(직위), '소슬로비예'(신분), 계층, 지역 등에서 온갖 종류의 차등과 우열의 위계가 점점 더 뚜렷해졌다. 제국은 다양성을 유지하기도 했고 생성하기도 했으며, 그 역사의 많은 기간 동안 다양성으로 인하여 특별히 곤란에 처한 것으로 보이지 않았다. 그러나 19세기에 새로운 민족 담론이 꾸준히 우위를 점하고, 국민국가nation-state가 성립됨에 따라, 이런 상황은 바뀌게 될 터였다.

바다를 넘어 영토를 확장했던 영국이나 프랑스와 같은 제국들은 문화와 문명의 우월 개념을 통하여 지배 세력인 유럽인들과 원주민들 사이의 차등 의식을 공고히 했다. 결국 인종 개념은 이러한 구분을 확고히 했고, 피지배자에서 지배자로의 이동은 대단히 어려웠다. 러시아 제국에서 인종은 적어도 19세기 후반까지는 소소한 문제였다.[39] 제국 내에서 지배자 및 특권층과 피지배자를 구별하는 요소는 의복, 풍습, 프랑스어 구사 능력 등이었다. 이런저런 구분은 법으로 규정되어 법적 신분제도가 되었고, 이것은 일부 사람들에게는 특정한 권리와 직무를 부여하고, 다른 사람들에게는 그것과는 다른 의무와 불이익을 부여했다. 귀족은 농노를 소유할 수 있었으며, 1762년 이전에는 정교회 성직자들도 그런 권리를 가지고 있었다. 그러나 도시민들은 그렇지 못했다. 귀족과 성직자는 세금을 내지 않았으나, 도시민들과 농민들은 세금을 내야 했다. 차르의 제국에서는 출생에 근거하여 불평등 신분이 지배자에 의해 승인되고, 법으로 규정되었다. 알렉산드르 옛킨트의 말에 따르면, "러시아 제국은 신분과 종교로써, 서구 제국들은 지리와 인종으로써 타자를 규정지었다."**40** 덧붙이자면, 러시아 제국은 이러한 방식으로 타자를 규정했을 뿐만 아니라, 관등과 종교, 직업, 지역, 성별, 연령, 결혼 여부에 따라 자신들 사이에서도 범주를 나누어 자체적인 타자를 만들었다.

18세기의 제국 확대

통치와 경제발전의 과학이라고 하는 이러한 '관방주의cameralism'**10)** 시대에, 유럽 국가들은 스스로를 인간 성취의 구현체라고 생각했다. 그들이 보기에, 국가의 기능은 사회를 규제하고 사회질서, 경제 생산, 인구 증가를 극대화하는 것이었다. 러시아는 이웃한 서구 국가들과 마찬가지로, "질서 잡힌 경찰국가"**41**가 되기를 열망했다. 표트르 1세는 모든 것을 국가의 이익에 종속시키고, 각 피지배자가 '국가의 첫 번째 공복'인 자신이 설정한

---

10 관방주의 : 16~18세기 독일과 오스트리아 등 절대주의 국가에서 발달한 정치·경제 이론으로서, 국가의 부와 재정을 증대시켜 군주 중심의 국가 경쟁력을 강화하는 것을 목표로 하였다.

사심 없는 봉사의 길을 따르도록 강요하고자 했다. 예카테리나 2세는 근면하고 부지런하다고 생각하던 독일인 이민자들을 초대함으로써, 경제 생산을 극대화하고, 토지를 생산적으로 활용하며, 인구를 증가시키려는 유사한 충동을 뒤따랐다. 인구 증가가 경제적·정치적 성공과 상관관계가 있다는 신념인 "인구주의populationism"는 당대에 동기를 부여한 또 다른 신조였다.

이 시대의 외교라는 큰 게임에서, 무력으로 위협하거나 전쟁을 벌이는 것도 제국의 위상을 확립하는 데 중요한 역할을 했다. 두 명의 통치자가 '대제'라는 별칭을 얻게 된 것은 비록 그들의 대인다운 인성과 급진 개혁을 중단 없이 추구한 데도 원인이 있지만, 그들이 이미 방대한 제국의 영토에 새로운 영토를 추가하는 데 아주 성공적인 사람들이었기 때문이었다. 이미 모스크바국 시대에 시작된 영토 팽창은 18세기 내내 계속되었지만, 시베리아처럼 인구가 희박한 지역에서의 손쉬운 확장 기회는 거의 다 소진되고 있었다. 복잡한 지역 간의 정치적·외교적 리스크를 안고 있던 캅카스 지역은 18세기 내내 유혹의 손짓을 보냈으며, 러시아는 점점 더 이 지역에 개입하게 되었다. 러시아가 서쪽으로 성장해 나가려면 강력한 군대를 가진 주요 강국들과 부딪힐 수밖에 없었는데, 그 상대는 크림 칸국, 오스만제국, 스웨덴, 폴란드였다. 표트르 1세는 1695년과 1696년의 아조프 전투에서 튀르키예인들과의 충돌을 통해 새로운 세기가 시작되기 직전에 전쟁의 새 시대의 서막을 열었다.[42] 이 원정은 다가오는 전쟁을 위한 무대를 마련했고, 표트르는 여기에서 농민 징집병이 저렴하고 풍부하며 쉽게 교체될 수 있다는 사실을 알게 되었다. 그는 서둘러 이들에게 식량, 의복,

무기를 공급했고, 연이어 병력을 전쟁터로 보냈다. 패배와 혼란을 겪은 표트르는 아조프를 포기하고, 북쪽으로 관심을 돌렸다. 여기서 그는 생존을 위한 싸움에 돌입하여 스웨덴을 대상으로 결정적인 승리를 거둔 후, 길고도 파멸적인 대북방전쟁을 끝냈다. 또한 그는 페르시아와 인도를 향한 동방 원정도 잠깐 고려한 바 있었다.

또한 예카테리나 대제는 여러 전선에서 승리를 거두며, 제국 영토를 표트르 대제보다 더 확대했다. 그녀가 벌인 제1차 튀르키예 전쟁이 1771년에 승리로 끝났을 때, 그녀는 튀르키예인들로부터 얻은 영토뿐만 아니라, 다소 불운한 방관자로 있던 폴란드의 일부 땅도 요구했다. 이 당시 유럽의 외교 이론에 따르면, 평화와 번영을 촉진하는 최적의 방법은 "세력균형"을 유지하는 것이었다. 국제 관계에 대한 이런 이해에 따르자면, 외교의 목표는 어느 하나의 강국이나 진영이 너무 커져서 다른 나라들을 압도하지 않도록 보장하는 것이었다. 그러나 오스만제국에 대한 러시아의 승리는 그녀의 유럽 이웃인 오스트리아와 프로이센을 놀라게 했고, 이들은 전후 처리를 수용하는 대가로 폴란드 영토의 일부를 요구했다. 폴란드왕국과 리투아니아대공국[11]의 가장자리 땅을 처음으로 물어뜯어 떼어 낸 이 사건은 결국 '제1차 폴란드 분할'로 불리게 되었다. 그 이후에 더 많은 분할이 있을 예정이었다. 윌리엄 풀러William Fuller는 이 분할이 명목상 집착의 대상이었던 세력균형에 기여하지 않았다고 지적한다. "두 독일 군주국에 나누어준 폴란드의 일부 땅은 러시아가 남쪽 지역에서 정복지를 유지하기 원

---

11 폴란드왕국과 리투아니아대공국: 1569년에 체결된 루블린동맹으로 폴란드와 리투아니아가 통합되어 폴란드−리투아니아연방이 되었다.

한다면 지불해야 하는 필수적 대가였다. 그것으로 세력균형이 회복된 것은 아니었다. 오히려 상트페테르부르크는 프로이센과 오스트리아를 매수하여 러시아가 세력균형을 뒤집었다는 사실을 묵인하도록 만들었다."[43]

예카테리나는 "계몽 군주"로 자처하며, 프랑스의 엘리트 문화인들과의 교류를 즐겼다. 1789년 7월에 프랑스혁명이 발발했을 당시에, 그녀는 스웨덴 및 오스만제국 양국과의 전쟁만이 아니라, 당시 그녀의 젊은 연인인 알렉산드르 마모노프Aleksandr Mamonov가 그녀를 배신하고 다른 애인과 혼인하기를 원하고 있다는 사실에도 정신을 빼앗겼다. 예카테리나는 마지못해 그들의 혼인을 허락하고 마모노프를 궁정에서 내친 후, 스물두 살의 플라톤 주보프Platon Zubov를 새로운 연인으로 삼았다. 그녀의 옛 연인 그리고리 포템킨은 튀르키예인들과의 전쟁을 수행하기 위해 멀리 남부에 가 있었는데, 여제에게서 주보프를 떼어 내려는 그의 노력은 성공을 거두지 못했다. 그러나 러시아로부터 멀리 떨어진 곳의 세계는 급변하고 있었다. 여제가 혁명기의 프랑스의 상황에 관심을 돌렸을 때, 그녀는 경악을 금치 못했다. 그럼에도 불구하고 두 전선에서 벌어진 전쟁 때문에, 그녀는 곤경에 빠진 동료 군주 루이 16세를 지원하러 갈 수 없었다. 오스만제국과의 제2차 전쟁은 1791년 8월에 러시아의 조건부 승리로 종결되었는데, 이 일이 일어난 며칠 후에 그녀의 충복인 포템킨이 사망했다.

유럽의 군주들은 프랑스 군주정의 복귀를 결의했으며, 예카테리나 또한 이와 같은 노력에 공감을 표명했다. 그러나 이런 공감을 표했다고 하여 그녀가 그 순간을 이용하는 데 주저한 것은 아니었다. 프로이센과 오스트리아가 프랑스와의 전쟁에 전념하고 있는 사이에, 여제는 다시 폴란드로 관심을 돌렸다. 1791년 5월에, 폴란드의 귀족들은 혁명을 일으켜, 귀족 의회의 전원 만장일치에 의해서만 법률을 제정할 수 있도록 한 '리베룸 베토liberum veto'를 폐지하고, 보다 강력한 군주제를 수립했다. 이웃 나라에서 발생한 이 동원 사태에 대해 깊이 우려한 예카테리나는 러시아군을 폴란드로 진군시켜 혁명을 진압하게 했다. 그에 뒤따른 협정으로, 폴란드는 다시 분할되었으며, 러시아는 그 대가로 이전보다 더 큰 땅을 차지했고(러시아 역사상 처음으로 다수의 유대인을 포함하여, 300만 명의 새로운 신민이 러시아에 편입됨), 작은 부분은 프로이센을 위해 떼어두었다. 그녀가 내세운 명분은 고대 러시아 영토의 회복에서부터, 가까이에서 혁명적 바이러스를 퇴치하고 이웃 국가로 그것이 확산되지 못하도록 억제하겠다는 논리에 이르기까지 다양했다. 예카테리나는 프랑스 왕에 대한 처리, 스웨덴 국왕 구스타프 3세의 암살, 그리고 프랑스에서 일어난 구질서의 파괴에 공포를 느꼈다. 이사벨 드 마다리아가Isabel de Madariaga는 "1790년대에 예카테리나가 '반동적'이 된 것이 아니라, 프랑스가 혁명적이 되었다."[44]라고 쓰고 있다. 1793년 1월에 루이 16세가 처형되자, 예카테리나는 다음과 같이 프랑스어로 외쳤다. "C'est une véritable anarchie. Ils sont capable de pendre leur roi à la lanterne, c'est affreux."["이것이 진정한 무정부 상태이다. 그들은 왕을 가로등 기둥에 매달 수 있다. 끔찍하다."][45] 그녀는 프랑스와의 모든 관계를 단절했다. 그녀와 다른 유럽 군주들은 혁명을 진압하고, 유럽 대륙의 질서를 회복하기로 결심했다.

1794년 5월 폴란드인들은 러시아의 지배에 반기를 들고 반란을 일으켰다. 이 반란은 이미 미국 독립전쟁 영웅으로 명성을 얻은 타데우시 코시

치우쉬코Tadeusz Kościuszko 장군의 지휘하에 전개되었다. 이에 맞선 러시아 군은 수보로프 장군의 지휘를 받아, 잔인한 살육으로 점철된 피비린내 나는 전투 끝에 바르샤바를 점령했다. 어떤 러시아 병사는 "저들 모두는 개에 불과하다. 우리에게 맞서 싸운 자들이니 없애버려야 한다."[46]라고 말하며, 도끼로 적의 두개골을 가르기도 했다. 봉기가 진압된 후 폴란드는 제3차이자 마지막으로 분할되었고, 새로 얻은 영토는 러시아의 표준 행정단위인 '구베르니야'로 재편되었다. 이로써 독립국가로서의 폴란드는 유럽 지도에서 완전히 사라졌으며, 심지어 승전국 군주들의 칭호에서도 그 명칭이 삭제되었다. 러시아-프로이센 협정에 포함된 비밀 조항에는 다음과 같은 문구가 명시되었다. "폴란드왕국이라는 실체가 이제 완전히 폐지된 이상, 이 정치체의 존재를 상기시킬 수 있는 모든 것을 제거하는 것이 필요함에 따라, … 협약을 체결하는 고위 당사자들은 향후 그들의 공식 칭호에 … '폴란드왕국'이라는 이름이나 명칭을 결코 포함하지 않을 것에 합의하며, 지금 이 순간부터 이 용어는 영원히 사용 금지될 것이다."[47] 이로부터 123년 동안, 독립국 폴란드는 전혀 존재하지 않게 되었다. 이어서 쿠를란트공국(현재의 라트비아 서부 지역)의 지방의회가 예카테리나를 상위 주군으로 초청하기로 함에 따라, 그녀는 이곳을 합병함으로써 자신의 영토 획득의 대미를 장식했다. 폴란드 및 프랑스혁명에 대해 설정한 예카테리나의 목표에 대하여, 역사가 이사벨 드 마다리아가는 다음과 같이 썼다. "프랑스 군주제가 붕괴되기 전까지 예카테리나는 프랑스혁명과의 공존이 가능하다고 판단했으나, 폴란드의 5월 3일 헌법은 폴란드에 대한 러시아의 지배적 위치뿐만 아니라 그녀가 몸소 구현한 절대군주제에 정면으로 도전

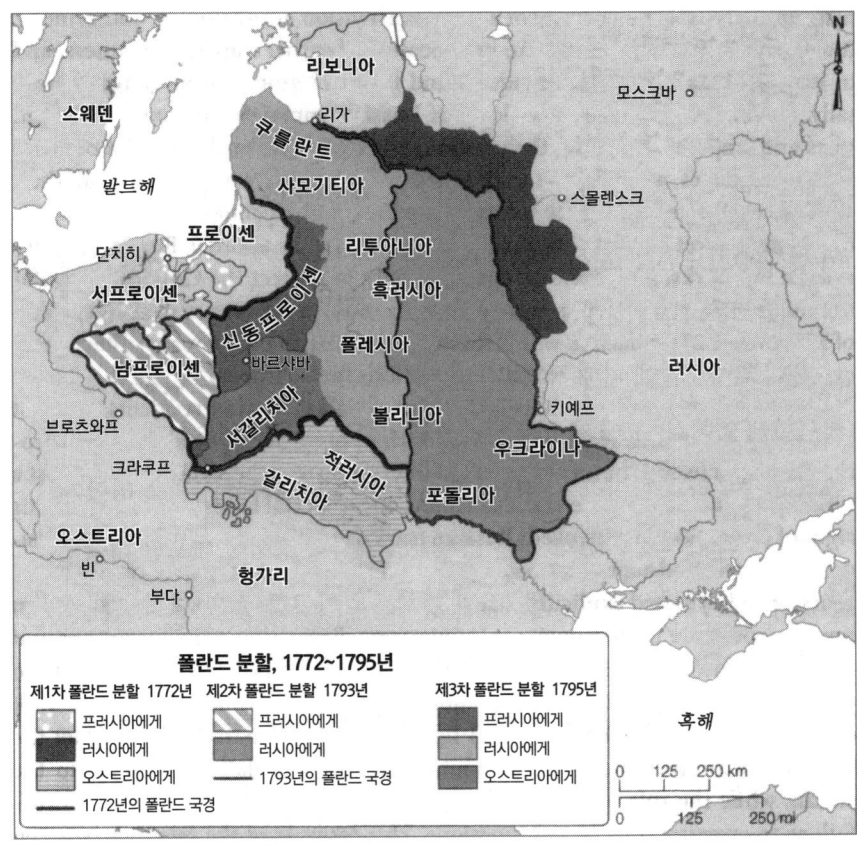

지도 5.1. 폴란드 분할

했기에, 단 1분도 수용할 수 없었다. 예카테리나는 폴란드에 잠재된 혁명

적 기류를 예민하게 감지했으며, ─그러한 기류가 없었다고 가정하는 것

은 아무런 의미가 없다─ 그녀가 영향력을 가장 손쉽게 미칠 수 있는 곳에

서 혁명을 철저히 분쇄했다.”⁴⁸

여제는 폴란드와 프랑스 문제에 몰두하고 있었음에도 불구하고, 세계

의 다른 지역에서도 제국적 팽창을 향한 꿈을 계속 꾸었다. 그녀가 모호하

게 구상했으나 결국 불운으로 끝난 이른바 "그리스 프로젝트Greek Project", 즉 이스탄불을 점령하고 비잔틴제국, 혹은 보다 정확히는 정교회 제국을 손자 콘스탄틴의 통치하에 재건하려는 구상은 종종 러시아 외교정책에서 민족주의의 형성을 촉진한 주요 요인으로 간주되어 왔다.[49] 그러나 우리의 견해에 따르면, 이것은 본질적으로 '제국적' 모험이자 제국적 몽상으로서, 예카테리나 2세 시대에 펼쳐진 민족주의적 비전이 확고함을 증명하려는 후대 역사가들에 의해 자의적으로 해석된 측면이 강하다. 이 계획은 그 장엄함에 있어서, 고대 제국의 영광을 환기하는 역사적 연속성에 있어서, 그리고 정복과 통합이라는 야망에 있어서 분명히 제국적 성격을 띠었다. 그러나 보다 근본적으로, 그것은 러시아의 제국적 경험이 내포한 내적 논리에서 비롯된 것이다. 즉, 차르들과 황제들은 다양한 종교, 언어, 관습을 지닌 이질적 민족들을 그들의 보호 아래 두고, 그 차이를 존중하면서 자기들의 주권을 성취해 나갔던 것이다. 1774년 러시아가 튀르키예인들에 대해 또 하나의 승리를 거둔 이후, 또 다른 전全 유럽 회의에서 체결된 큐추크−카이나르자조약Küçük Kaynarca Treaty[12]의 조항에 따르면, 예카테리나는 오스만제국 내의 기독교도들, 특히 몰다비아와 왈라키아(오스만제국의 보호령으로서 러시아가 간헐적으로 군사적 개입을 해 왔으며, 그 지역의 다수파인 기독교인들은 제국적 희망을 부채질했다) 내의 기독교 인구에 대한 보호권을 주장했다.

원래 이 보호 의무는 정교회 신자에 국한되지 않고 오스만제국 내에 거

---

12 큐추크 카이나르자조약: 1774년 러시아와 오스만제국 사이의 전쟁이 끝난 후에 불가리아 동북부의 카이나르자에서 체결된 강화조약이다. 이 조약에서는 본문에 나오는 기독교도들에 대한 보호권 이외에 흑해와 에게해에서 러시아 상선의 자유항행권이 인정되었다.

주하는 모든 기독교인을 튀르키예의 잠재적인 억압으로부터 지켜 주기 위한 구체적인 방어 장치로 고안되었으나, 이후 이것은 150년 가까운 세월 동안 러시아가 발칸 지역에 개입할 수 있는 유용한 명분으로 작용했다. 여기서 우리는 이러한 보호 권리가 거론된 제국적 전경을 되돌아볼 필요가 있다. 러시아의 차르들은 이미 200년 이상 자국 내의 무슬림 신민들을 보호하고 감독하는 것이 그들의 책무라고 이해해 왔으며, 만약 이 의무를 다하지 않을 경우, 다른 이슬람 세력들이 개입의 명분을 얻게 될 것임을 분명히 인식하고 있었다. 제국의 정당성과 지배의 기반을 확고히 하기 위해 제국 내부는 물론이고 국경 너머의 종교 공동체와 소수 집단을 보호하는 것은 당시 제국들이 수행하던 본질적인 기능 중 하나였으며, 이와 같은 맥락 속에서 예카테리나의 '그리스를 향한 꿈'은 완벽하게 이해된다. 러시아 외교관들이 생각하기로는, "오스만제국 내 기독교 인구에 대한 보호 임무는 술탄에게 속하지만, 튀르키예 정부가 그런 역할을 수행하지 못했을 경우, 차르의 역할은 이 점을 다른 열강들이 보는 가운데 항의하는 데 있다. 차르와 술탄, 그리고 술탄의 기독교 신민 간의 이러한 관계 설정은, 18세기 말에서 19세기 초에 이르기까지 러시아군주들이 오스만제국 내 정교회의 문제를 범凡기독교적 관심사로 표현하고자 한 시도와 궤를 같이하였다."[50]

예카테리나 대제는 1796년 11월 5일(그레고리력으로는 11월 16일)에 뇌졸중으로 사망했다. 그녀는 자신이 싫어하던 아들 파벨을 제치고 손자 알렉산드르를 후계자로 지명하고자 계획한 적이 있었다. 하지만 연로한 여제가 바닥에 놓인 매트리스 위에서 서서히, 그리고 고통 속에서 임종을 맞이하고 있는 바로 그 순간에, 파벨과 그의 측근들은 이미 겨울 궁전을 장악했다. 파벨은 모친이 한 모든 일을 되돌리기 위해 최선을 다했지만, 그가 물려받은 신민들은 아무리 최소한이라고 할지라도 영토가 형태를 갖추는 작업에서 자신들이 맡은 역할을 계속 요구하거나, 적어도 어떠한 인정을 받고자 했다. 따라서 그가 상속받은 제국은 계속 집단성 및 차등의 노선을 따라 작동했다.

"민족의 순간" 속의 제국 러시아

1801-1855

파벨 1세(재위 1796~1801)는 여러 면에서 불운했던 선황 표트르 3세(재위 1762)가 살아서 돌아온 듯한 인물이었다. 그는 변덕스러운 행동, 특히 외교 정책에서의 행동으로써, 영향력 있는 귀족들 및 이미 18세기 동안 여러 차례 쿠데타를 단행했던 정예 근위대와 곧바로 소원해졌다. 모후 예카테리나 2세의 치세는 귀족층과의 세심한 관계 유지와 그녀에 대한 그들의 충성을 특징으로 했다.

그러나 파벨은 예카테리나의 사망 직후에, 자신의 부친 표트르 3세의 유해를 파내어 예카테리나 곁에 안장하는 기괴한 장례를 거행함으로써, 여제에게 큰 애정을 가졌던 이들의 속을 뒤집어 놓았다. 그의 통치는 출발부터 순탄치 않았다. 예카테리나는 애정을 불러일으킴으로써 통치했으나, 파벨은 공포를 통해 지배하고자 했다. 파벨은 점점 정교화된 밀고 체계와 엄격한 검열을 통해, 러시아가 유럽 혁명에 감염되지 않도록 노력했다. 그는 1797년에 전통적으로 면세 대상이었던 귀족 영지에 세금을 부과했다. 같은 해에 그는 범죄로 유죄 판결을 받은 귀족에 대한 태형笞刑을 허용하는 칙령을 공포함으로써, 〈귀족 헌장〉으로 귀족에게 부여된 권리를 훼손했다. 2년 후에, 그는 모친이 설립한 주州 귀족의회[1]를 폐지하고, 대귀족들의 충성 편지를 듣는 것조차 거부했다. 또한 그는 과거에 명시적인 규정도 없었고 일관되게 시행되지도 않았던 "전통"을 새로이 제도화했는데. 그에 따라 미래에는 장남이 부황父皇을 계승하는 '장자상속 원칙'을 국법으로 공포했다. 파벨의 이 법령은 여성의 계승을 완전히 배제하지는 않았으나, 남성 상속인이 전혀 없는 경우에만 그렇게 하도록 허용했다. 예카테리나는 잠재적인 후계자인 아들을 무시하고 제위를 차지했으며, 심지어 파벨 자신이 아닌 손자 알렉산드르를 후계자로 책봉하고자 계획했기 때문에, 파벨의 이런 조치 또한 그가 혐오하던 모친에 대한 또 하나의 모욕이었다.

황제는 국내 정책에서와 마찬가지로, 대외정책에서도 극히 변덕스러운 모습을 보였다. 그는 부친과 마찬가지로 프로이센적인 것이라면 무엇이든지 좋아함으로써, 궁정과 군부 내에 있던 애국적인 러시아인들의 자존심에 상처를 입혔다. 즉위 직후, 그는 모후 예카테리나의 대對프랑스 강경 정책을 전면적으로 부정하고, 유럽 전역의 평화를 중재하겠다는 선언으로 유럽 각국을 아연실색하게 만들었다. 그러나 이듬해, 나폴레옹이 몰타섬을 점령하자, 몰타 기사단으로부터 대기사단장으로 선출되었던 파벨은 이에 격분하여, 오스트리아, 영국, 나폴리, 포르투갈, 오스만제국 등 반反프랑스 진영(제2차 대불 동맹)에 재가입하고, 나폴레옹에게 선전포고했

---

1 주(州) 귀족의회: 예카테리나 대제는 행정 구조를 개편하면서 50개의 주(州), 즉 구베르니야를 설치하고, 각각의 주는 군(郡), 즉 우예즈드로 세분했다. 지방 귀족의 협조를 얻기 위해 주 단위에서 귀족의회가 설치된 바 있다.

다. 하지만 이듬해에는 동맹국들을 버리고 다시 유럽 문제에서 철수했으며, 돈 카자키를 이용하여 중앙아시아를 통과하여 인도를 공격하려는 무모한 원정을 계획하기 시작했다. 치세 마지막 해에 파벨은 다시 프랑스로 경도되었으며, 이로 인해 영국과 오스트리아 측에서는 그를 "보나파르트의 명청이"라고 조롱했다. 독단적인 황제의 폭정에 의하여 충분한 수의 귀족이 괴리감을 가지게 됨에 따라, 그들은 1801년 3월 11일에 상트페테르부르크에 있는 요새 같은 궁전으로 몰래 들어가 그를 교살했다. 파벨은 18세기 러시아 정치의 특징이던 암묵적인 귀족적 정치의 규칙을 위반했고, 그 무시의 대가로 자신의 목숨을 잃었다. 23세인 그의 아들 알렉산드르가 차르로 곧이어 선포되었다. 대부분의 귀족과 교양 있는 대중들 사이에서는 안도의 한숨이 터져 나오는 동시에, 동터오는 새로운 시대에 대한 기대감이 확산되었다.

일 종 의 헌 법

알렉산드르 1세 정부의 구성은 그 제국의 성격과 마찬가지로 국제적이었다. 예를 들어, 외무장관들 가운데에는 애국적인 폴란드 귀족(아담 차르토리스키 공), 발트계 독일인(칼 네셀로데 백작), 그리고 그리스인(요안 카포디스트리아스 백작)이 있었다. 황제가 관료와 장교를 선발할 때 가장 중시한 덕목은 출신 민족이 아니라, 유능함과 교양, 그리고 개인적 친분이었다. 그러나 높은 관직에 오르기 위해서는 지배 가문과 국가에 대한 충성이 절대적으로 요구되었다. 황제와 가까운 친구인 차르토리스키는 과거에는 러시아에 맞서 폴란드군으로 싸웠고, 훗날에는 폴란드 애국주의의 전형으로 여겨지게 되었으나, 19세기 초에는 차르를 섬기며, 1803년에는 폴란드인과 러시아인을 모두 포괄하는 광범위한 "슬라브 인종"을 통합하려는 구상을 발전시키기에 이르렀다. 그는 각 민족이 고유의 언어와 풍습, 감정과 관점을 지닌 상태로서 자신들의 영토를 가지고 살아가는 평화로운 세계를 구상하면서도, 러시아인과 폴란드인을 "동일한 혈통으로부터 내려온" 두 민족이라고 생각했다. 차르토리스키 공이 품은 상상 속에서는, 후일의 민족주의에 따라 별개의, 그리고 종종 적대적인 관계로 발전하게 되는 두 민족은 당분간 단일한 군주 아래에서 번영할 수 있는 하나의 민족—정치적 공동체로 공존할 수 있었다.[2]

새로운 군주 자신과 '비공식위원회'[2)]라 불리는 그의 절친 서클은, 파벨 1세의 짧았던 치세에서 드러난 폐단을 회피함은 물론, 개혁과 헌정憲政에 대한 고상한 수사修辭를 통해 보다 나은 시대에 대한 기대와 희망을 불러일으켰다. 그러나 이들이 표방한 이상주의적인 태도에도 불구하고, 러시아 전제 체제에 대한 실질적인 개혁에 대한 이들의 진정성은 논쟁의 대상이 되어 왔으며, 이것은 200여 년이 지난 지금까지도 역사학계에서 지속적인 논란을 불러일으키고 있다. 이러한 이견은 개혁 담론에 사용된 언어

2 　비공식위원회: 알렉산드르 1세 집권 초기에 강력한 영향력을 행사한 측근 그룹이다. 기구나 단체가 아닌 측근 모임이라는 성격 때문에 '가신그룹'으로 표기되기도 한다. 이에 관해서는 다음 논문을 참고하시오. 오두영, 「알렉산드르 1세 치세 초기의 세나트(Сенат) 개혁에 대한 재해석」, 『슬라브연구』 제19권 2호(2003) : 69~89.

의 모호성(이를테면 "헌법"이라는 개념이 당시 그 단어를 사용한 이들에게 어떤 의미였는가?), 개혁의 비전이 담긴 언사와 그다지 인상적이지 못했던 실질적인 성과 사이의 괴리, 그리고 알렉산드르 1세 본인의 양면성 내지 변화무쌍한 사고방식에서 비롯되었다. 이와 관련하여, 역사가 마크 래프가 주도한 한 학파는, 알렉산드르 본인뿐만 아니라 그의 측근들, 나아가 그의 야심 차고 직설적인 재상 미하일 스페란스키Mikhail Speranskii조차도 군주의 권한을 실질적으로 제한할 의지가 없었다고 주장한다. 래프에 따르면, 알렉산드르 시대의 개혁가들은 러시아에서 "헌법"이라는 개념을 자신들 나름대로 정의했으며, 알렉산드르도 이를 수용했다. 즉, 그것은 전제군주제를 유지하되, 보다 질서 있고 합리적인 행정 체계를 확립하고, 자의적 통치나 전제적인 폭정의 낌새를 풍기는 것을 회피하는 방식으로 구현되는 것이었다. 그들이 러시아에 도입하겠다고 상정한 모든 개혁은 계몽 군주가 유능한 관료제를 통하여 실시하는 것이며, 지주 귀족층이 아니라 국가권력이 우위에 서는 구조였다. 이러한 해석에 따르면, 러시아의 "입헌주의"는 제한된 정부라기보다는, 법치와 관료적 일관성에 기반한 제한 없는 통치라 할 수 있었다. 그러나 이와 같은 절충적인 구상은 본질적으로 상충하는 두 전제를 내포하고 있었기에 실현 가능성이 극히 낮았다. 전제군주의 자의성은 관료적 일관성을 침식했고, 반대로 규제는 결국 군주의 의지를 속박할 수밖에 없었다. 시간이 흐를수록, 관료제, 즉 차르의 각료들과 임명직 지방정부는 지주 귀족의 지방의회나 귀족 중심의 원로원의 권한을 잠식하며 성장했다.[3] 그 어떤 신분이나 사회계층도 군주의 최고 권한을 제약하도록 허용될 수는 없었다.

그러나 알렉산드르와 그의 측근들은 당대의 민주화적 충동에 매료되어 있었으며, 이에 따라 개혁에 대한 이들의 집념을 진지하게 평가하는 학자들도 있다. 헌법 개념은 그 정확한 의미가 무엇이었든 간에, 정해진 의미 없이 회자膾炙되면서 기대와 희망을 불러일으켰다.⁴ 알렉산드르는 그의 재위 기간 내내 비공식위원회의 동료들을 독려했으며, 유능한 재상 스페란스키에게 헌정과 개혁에 관한 구상을 마련하도록 지속적으로 의뢰했다. 그는 통치 체제 전반에 대한 철저한 점검과 법률의 성문화 작업을 포함한 개혁안을 작성하도록 주문했다. 이와 같은 원대한 계획들은 궁극적으로는 미미한 성과를 거두는 데 그쳤으나, 개혁주의 목표를 추진하기 위한 어느 정도의 조심스러운 공적 승인의 단초를 제공했다. 알렉산드르 치하에서는 여섯 개의 대학이 설립되었으며, 귀족학교, 김나지움, 지방학교 등 비교적 광범위한 교육제도가 정비되었다. 이러한 교육기관들은 러시아가 필요로 하던 문해력을 갖춘 관료 및 행정가 양성에 크게 기여했고, 또한 교양 있는 "상류사회"의 성장과 19세기 러시아 문학의 붐을 이끈 작가 집단의 배출에도 중요한 역할을 담당했다.

알렉산드르 정권은 농노해방을 향한 첫걸음을 조심스레 내디뎠다. 그래서 발트 지역 농민들의 해방을 명했으나, 이것은 농민들에게 극히 불리한 조건 하에서 이루어졌고, 토지는 전혀 배당되지 않았다. 이러한 무토지 해방이 초래한 극심한 빈곤은, 이후의 해방 조치에 있어서 해방된 농민에게 일정한 규모의 분여지를 보장해 주어야 한다는 교훈을 분명히 각인시켰다. 이와 같은 깨달음은 해방의 기준선을 높이는 결과를 낳았으며, 지주 계층의 저항을 격화시켰으나 동시에 향후 개혁을 모색하는 이들에게 그에너지를 어디에 집중해야 할지를 가르쳐주었다. 농노해방에 관한 노력은 지속되었으나, 그 진전은 실질적으로 거의 무시될 수 있을 만큼 미미했다. 1803년에 제정된 「자유농업전문인법Free Agriculturalist Law」은 농노가 지주와의 개인적인 합의에 따라 약간의 토지와 함께 신분상의 자유를 매입할 수 있는 권리를 부여했다. 그러나 양측의 이해가 극단적으로 상충하는 상황에서 상호 만족할 만한 합의가 도출될 가능성은 극히 낮았으며, 이 법을 이용할 수 있었던 남성 농노는 5만 명 미만에 불과했다. 그럼에도 불구하고, 데이비드 손더스David Saunders의 주장처럼, 다른 분야와 마찬가지로 이와 같이 민감한 사안에 있어서도, 알렉산드르는 "원칙이 철저히 논의될 수 있는 분위기를 조성했고, 그 결과를 쉽게 예측할 수 없는 토론을 허용했다."[5] 이 법령은 이전까지 존재하지 않았던 "해방 농민freed peasant"이라는 범주를 역사 속에 소환함으로써, 이러한 개혁의 기제가 서서히 작동되도록 했다.

다른 한편으로, 알렉산드르는 무자비한 성향의 장군 알렉세이 아락체예프 백작General Count Aleksei Arakcheev의 협조를 받아, 1816년에 또 하나의 새로운 농민−군인 유형, 즉 "군사 식민지military colonies" 또는 "군사 정착지military settlements"에 주둔하는 고도로 규율이 엄격한 신병 유형을 만들었다. 이 군사 식민지는 믿을 만하고 숙련된 예비군을 양성하려는 목적하에 설계되었는데, 농업 노동과 군사훈련을 결합했으며, 삶의 모든 분야에 군대 규율이 적용되었다. 이곳에 정착한 가족들은 그러한 엄격한 통제의 대상이었으며, 식민지 주민의 아들들은 부친의 의무 복무를 물려받았다. 군사 식민지는 깊은 적개심을 불러일으켰고, 빈번하게 반란으로 폭발했다.

이 군사 식민지와 그 안에서 존재한 '농노-병사'라는 혼성적인 존재는, "자유농업전문인free agriculturalist"들과 마찬가지로, 알렉산드르 치세에 국가의 명령에 의해 창출된 일련의 새로운 인구 유형과 통치 형태가 확산된 사례에 속했다.

알렉산드르는 나폴레옹전쟁의 와중에 제국에 편입된 핀란드와, 한때 러시아의 지배에서 벗어나 나폴레옹에 의해 바르샤바공국으로 잠시 부활했다가 재편입된 폴란드의 헌정적 제도와 권리를 승인해 주었는데, 이후에 자유주의적 기대감이 고조되었다. 그는 동맹을 맺고 있던 나폴레옹과 아직 결별하기 이전인 1808년에, 600여 년간 스웨덴왕국의 일부였던 핀란드에 자신의 군대를 파견했다. 그가 "관대한 선언Gracious Manifesto"에서 명시한 바에 따르자면, "우리의 군대를 축복하신 전능자의 뜻에 따라, 우리는 핀란드 지방을 영원히 러시아 제국에 병합했다."[6] 황제는 핀란드의 스웨덴어 사용 귀족들이 여전히 스웨덴에 충성심을 품고 있을 것을 우려하여, 자신의 새로운 대공국Grand Duchy 주민들에게 자문 입법기구인 의회Diet를 포함하여 스웨덴 지배하에서 향유하던 모든 권리와 특권을 유지하도록 허용했다. 러시아정교도 황제는 핀란드 대공의 칭호를 수용했을 뿐 아니라, 그곳 루터교회의 최고 수장이 되었다.

알렉산드르는 핀란드 주재 총독에게 내린 비밀 지시문에서 다음과 같이 썼다. "핀란드의 제반 조건을 결정함에 있어서, 나의 의도는 그 나라 백성들에게 정치 생활의 자격을 부여하는 데 있었는데, 이렇게 함으로써 그들은 자기들이 러시아에 의해 정복되었다기보다는, 그들 자신의 자명한 이익에 따라 러시아와 병합되었다고 여기게 하려는 것이었다."[7] 그는

1809년에 소집한 의회에서 핀란드의 "기본법"과 "헌법"을 승인했다. 손더스가 주장한 바에 따르자면, "그가 이 약속들로 정확히 무엇을 의미했는가에 대해서는 열띤 논쟁이 벌어졌다. 핀란드 의회가 1863년까지 다시 소집되지 않았다는 사실은 알렉산드르가 필요한 것 이상으로 양보할 의도가 없었음을 시사한다. 그럼에도 불구하고, 핀란드는 병합 당시 러시아 제국의 헌정 구조 내에서 특이한 위치를 점유하고 있었으며, 이와 비교 대상은 1815년 이후의 폴란드의 지위뿐이었다. 핀란드대공국은 자체의 법률과 관세 체계를 보유했다. 핀란드인들은 농노화되지 않았으며, 러시아군대에 징집되지도 않았고, (대공국과 제국의) 이중 국적을 가졌다."[8] 러시아 제국 내에서 핀란드가 차지한 이 특수한 위상—지방 귀족층에게 일정한 권리를 부여한 대공국이라는 지위—은 하나의 변칙적 사례이면서도, 동시에 제국이 관행적으로 용인하고 심지어 생성해 내기까지 했던 다양성의 표현이기도 했다.

알렉산드르는 핀란드에서 채택한 선례를 따라, 1815년에 나폴레옹으로부터 되찾은 영토를 기반으로 폴란드왕국Kingdom of Poland을 수립했다. 이것은 그의 조모祖母가 폴란드를 지도에서 지워버린 지 20년 만의 일이었으며, 폴란드를 행정적으로 통일된 러시아 정치체의 일부로 완전히 흡수해야 한다는 정책 자문관들의 권고를 거스른 결정이었다. 알렉산드르는 폴란드에 훌륭한 헌법을 부여했는데, 이 헌법은 비교적 넓은 유권자층에 입각한 의회 대표권, 종교의 자유, 출판의 자유, 인신보호권habeas corpus을 보장해 주었다. 그의 친구 차르토리스키의 지도하에, 빌뉴스Wilno 대학을 포함한 모든 단계의 교육은 전적으로 폴란드어로 시행되었으며, 일군의 위대한 민족 작가들이 목소리를 낼 수 있었다.

사실, 그는 이 새로운 왕국의 왕관을 스스로 차지했지만, 이것을 폴란드 국왕과 러시아 황제가 동일 인물 안에 존재하는 "개인적인 연합"이라는 우연한 일치로 판단했으며, 폴란드가 러시아에 정치적으로 병합되었다고 보지는 않았다. 어쩌면 자신의 관대함에 도취되었던 그는 바르샤바에서 자유와 헌법에 관한 희망 섞인 연설을 했는데, 이 연설은 왕국 전역에 울려 퍼졌다. 그 이후 1825년에 알렉산드르 황제가 갑작스럽게 사망하고 발생된 데카브리스트[3] 봉기의 주요 인물 중 한 명은, 자신이 "고故 황제가 바르샤바 의회에서 처음으로 행한 연설에서 영감을 받았으며, 그 연설로부터 폐하께서 러시아를 적절한 때에 유사한 상태로 이끄실 의도를 지니고 계심을 추론할 수 있었다."9고 진술했다.

요약하자면, 알렉산드르의 치세는 복잡하며, 그 정책 기조 또한 이중적이고 기록 역시 모호한 측면이 많았다. 그러나 분명한 것은, 그와 그의 정책 입안자들이 제국의 오랜 통치 방식인 '차등을 통한 통치'를 지속했다는 사실이다. 그들은 (핀란드대공국, 폴란드왕국, 자유농업전문인, 발트 지역의 해방 농민, 군사 식민지 등) 새로운 정치 조직과 범주를 창출했고, 지역별 제도와 국법 속에서 이러한 차등을 고정시켰다. 제국 통치의 합리화를 아주 강력히 주장한 인물들조차, 차등적 권리에 기반한 구조 위에 그들의 개혁의 근거를 두었다는 데 대해 아무런 모순도 느끼지 않았다.

미하일 스페란스키는 체계적인 법제 정비의 구상 속에서 불평등한 지

3　데카브리스트: 러시아어로 12월은 '데카브리(Dekabr)'라고 한다. 데카브리스트 봉기가 12월에 일어났기 때문에 생겨난 용어이다.

위를 명시적으로 설정함으로써 이 점을 분명히 했다. "개인의 자유를 규정하는 법은 모든 사람에게 동일할 수 없다." "어느 누구도 자유를 박탈당해서는 안 되지만, 모든 사람이 동등한 정도로 자유를 누릴 수는 없다."[10] 이와 같은 특별한 진술을 통하여, 스페란스키는 21세기의 자유 개념과 19세기 러시아의 개념을 구분하는 차등의 세계를 보여 주고 있다. 자유는 중대한 관심사였으나, 서로 다른 사회 신분 간에 그것이 불균등하게 배분되었다는 사실에는 의문의 여지가 없었다.

제국들의 충돌

알렉산드르가 특히 재위 초기 내정 개혁에 적극적으로 임했음에도 불구하고, 그의 치세를 규정짓는 중심 과업은 나폴레옹전쟁에 참가한 일이었다. 1789년 부르봉왕조의 몰락 이후, 프랑스혁명은 '공포 정치'로 치달았고, 그 뒤를 이어 유산계급 대표들의 과두정치가 수립되었으며, 마침내는 비범한 장군 보나파르트에 의한 독재로 귀결되었다. 1804년 보나파르트는 스스로 프랑스 황제 나폴레옹 1세로 선포했다. 혁명 공화국은 제국으로 변모했으며, 그 통치자는 유럽을 지배하기 위한 정복 사업에 착수하여, 대륙의 다른 강국들 — 프로이센, 오스트리아, 나아가 러시아 — 및 바다 너머의 가공할 만한 강적인 대영제국과 대결했다. 유럽의 군주들에게 있어서, 나폴레옹의 제국적 야망은 도저히 용납할 수 없는 위협을 제기하였다. 몰타와 이집트를 정복하려 한 그의 초기 원정은 실패로 돌아갔으나,

프랑스와 영국 간의 적대관계는 더욱 격화되었다. 1806년 나폴레옹은 영국에 타격을 가하고 프랑스의 경제적 우위를 강화하고자 '대륙봉쇄령'을 선포했고, 이에 따라 그의 동맹국들 및 (패배당한) 경쟁국들은 영국과의 무역이 금지당했다.

1805년 러시아는 영국, 스웨덴, 오스트리아와 함께 제3차 대불동맹에 가담했다. 그러나 ─ 아우스터리츠, 예나, 아우어슈테트 등 ─ 일련의 대규모 전투에서 나폴레옹은 적군을 압도했고, 결국 러시아는 1807년에 굴욕적인 틸지트조약을 수용할 수밖에 없었다. 이 조약의 대가는 사실상 프랑스와의 동맹 체결, 그리고 영국에 대한 적대관계 수립이었다. 알렉산드르의 모친은 프랑스와의 조약을 수용한 것에 대해 그에게 훈계했는데, 황제는 자신이 시간을 벌고자 한다고 말하면서, 다음과 같이 답했다. "숨을 고르고, 이 아주 소중한 시간에 러시아의 군사 자원을 증가시키기 위해서입니다."[11]

그리고 그는 그 시간을 효과적으로 활용했다. 비록 형식상으로는 나폴레옹의 동맹국이었으며, 스웨덴과의 단기 전쟁에서 그 연계를 활용하여 핀란드를 병합하는 성과를 거두었지만, 알렉산드르는 프랑스와의 관계에서 상당한 독자성을 입증했다. 그는 나폴레옹이 오스트리아와 전쟁을 벌일 때 병력 파견을 보류했고, 영국 상품의 유럽 반입을 전면 차단하여 영국이 프랑스와 협상에 나설 수밖에 없도록 만들려는 프랑스의 계획 또한 좌절시켰다. 1810년 알렉산드르는 대륙봉쇄령을 파기하고, 중립국 선박을 통해 영국산 물품이 러시아로 반입되는 것을 허용했다. 이에 나폴레옹은 격노했고, 양국 황제들은 다가올 충돌에 대비하여 군사력을 꾸준히 증

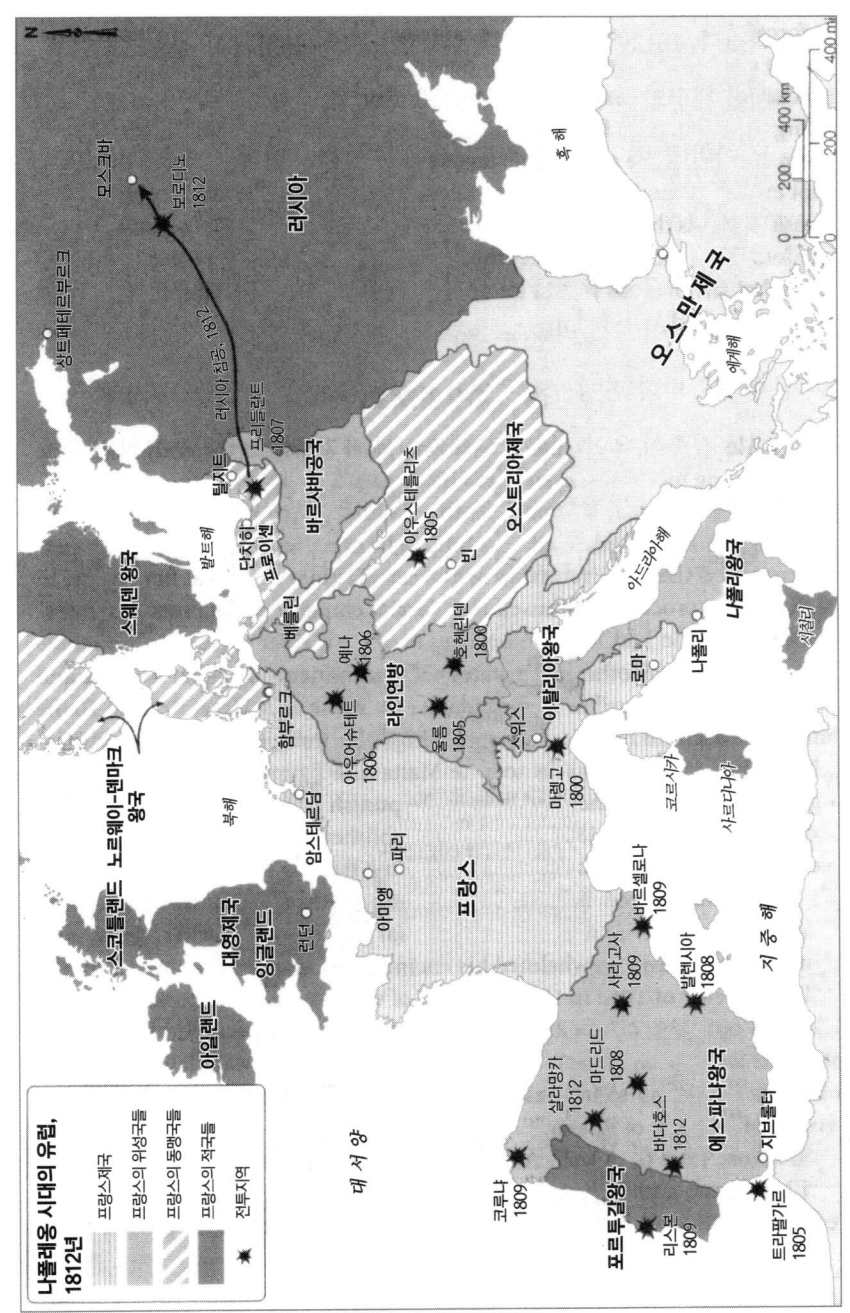

지도 6.1. 나폴레옹 시대의 유럽

나폴레옹 시대의 유럽, 1812년

프랑스제국

프랑스의 위성국들

프랑스의 동맹국들

프랑스의 적국들

★ 전투지역

러시아

오스만제국

흑해

에게해

아드리아해

오스트리아제국

바르샤바공국

빈

아우스터리츠 1805

프리들란트 1807

러시아 침공, 1812

모스크바

보로디노 1812

상트페테르부르크

스웨덴 왕국

발트해

탈지트

단치히

프로이센

바르샤바

베를린

예나 1806

라인연방

아우어슈테트 1806

울름 1805

호엔린덴 1800

스위스

마렝고 1800

이탈리아왕국

나폴리왕국

로마

나폴리

시칠리아

사르디니아

코르시카

스코틀랜드

노르웨이-덴마크 왕국

북해

아일랜드

대영제국

잉글랜드

런던

네덜란드

함부르크

암스테르담

파리

아미앵

프랑스

지중해

지브롤터

에스파냐왕국

포르투갈왕국

코루냐 1809

마드리드 1808

살라망카 1812

사라고사 1809

바르셀로나 1809

발렌시아 1808

바다호스 1812

리스본 1809

트라팔가르 1805

N

제6장 "민족의 순간" 속의 제국 러시아, 1801-1855   305

강시켜 나갔다. 1812년 6월 24일 나폴레옹은 약 50만 명의 대군을 이끌고, 당시 러시아 제국의 국경이었던 네만강을 건넜다.

차르는 이번에는 나폴레옹에게 굴복하지 않겠다고 결심했다. 그는 자기 군대에 대한 최고 통수권을 보유하고 있었으나, 그의 지도급 장군들은 서로를 증오하며 각기 상반된 방향으로 황제를 이끌고자 했다. 전쟁부 장관 미하일 바클라이 드 톨리Mikhail Barclay de Tolly(스코틀랜드계 출신)는 전투 경험이 풍부하고 병력 면에서도 우세한 나폴레옹군에 맞서기보다는, 점차 러시아 내륙 깊숙이 유인하는 전략적 후퇴를 제안했다. 반면에 그의 경쟁자이자 그루지야 왕가 출신 표트르 바그라티온 공Prince Petr Bagration은 그와 같은 전략을 비겁한 것으로 치부했다. 드 톨리는 "독일인"이라고 조롱당한 반면에, 바그라티온은 강력한 "러시아적" 애국심으로 칭송받았다. 황제는 귀족들이 지지하던 지휘관으로서 애꾸눈의 베테랑이자 러시아인인 미하일 쿠투조프Mikhail Kutuzov가 대단한 사람이라고 생각하지는 않았으나, 귀족들의 압력에 굴복하여 결국 그를 총사령관에 임명했다. 알렉산드르는 후퇴 전략, 곧 '스키타이 전략skifskaia strategiia'이라 불리던 전술에 대해 개탄했다. 이 용어는 후퇴 전략을 아시아적 전술로 보고, 유럽 강대국의 위상에는 어울리지 않는 것이라고 간주하는 조롱의 표현이었다. 러시아군은 마침내 보로디노에서 침략군과 맞서 싸웠고, 비록 전투에서 패배했으나 프랑스군에 막대한 타격을 입혔다. 그리하여 약화된 나폴레옹군은 1812년 9월 3일 텅 빈 모스크바로 진군해 들어왔다. 이때 도시 전역에서 정체불명의 화재가 발생했고, 전체 건물의 절반 가량이 소실되었다. 이 화재가 러시아인들의 소행인지 프랑스인들의 소행인지는 오늘날까지도 명확하지 않으나, 프랑스인들이 옛 수도를 버릴 수밖에 없도록 하기 위해 러시아인들이 방화했을 가능성이 더 높다. 나폴레옹은 크렘린에서 33일간 머물며 러시아의 항복을 기다렸으나, 그런 날은 끝내 오지 않았다. 그는 퇴각을 명령했고, 한때 '그랑 다르메Grande Armée(대군)'였던 군대는 서쪽으로 철수하기 시작했다. 이제 러시아 정규군과 민병대는 측면을 끊임없이 공격하며, 낙오병들을 주력에서 떼어 냈다. 프랑스군이 러시아 국경에 도달했을 때, 러시아를 침공했던 병사들 중 생존자는 열 명 중 겨우 한 명에 불과했다.

러시아는 프랑스와의 이 참혹한 전쟁에서 승리를 거두었다. 승리의 원인은 전략적 후퇴, 쿠투조프의 지휘 능력, 결코 굴복하지 않겠다는 황제의 결단, 그리고 저항하는 러시아를 패배시키려고 할 때 프랑스군이 직면한 병참상 난점 등에 있었다. 나폴레옹은 자신의 거대한 군대에 무기와 식량을 제대로 공급해 주지 못했던 반면에, 러시아 측은 자국 군대에 보급 활동을 성공적으로 수행했을 뿐 아니라 프랑스군이 보유한 대부분의 말을 죽임으로써 그들을 절름발이 신세로 만들어 버렸다. 도미닉 리븐Dominic Lieven은 "말은 러시아가 나폴레옹을 격파한 데 있어서 매우 중요한— 어쩌면 가장 결정적인— 요인이었다."라고 쓰고 있다. "압도적인 우세를 보인 러시아 경기병은 나폴레옹군대가 모스크바에서 퇴각하는 과정에서 식량을 섭취하지 못하고 휴식하지 못하게 만드는 데 핵심적인 역할을 맡았으며, 이로써 그들은 파멸당했다."[12] 흔히 믿는 것과 달리, 겨울 날씨는 러시아의 승리에 큰 역할을 하지 않았다. 러시아 병사들 사이에는 충분한 지원과 전투 의지가 존재했으므로, 그들은 프랑스군의 공세를 버텨내고 그들

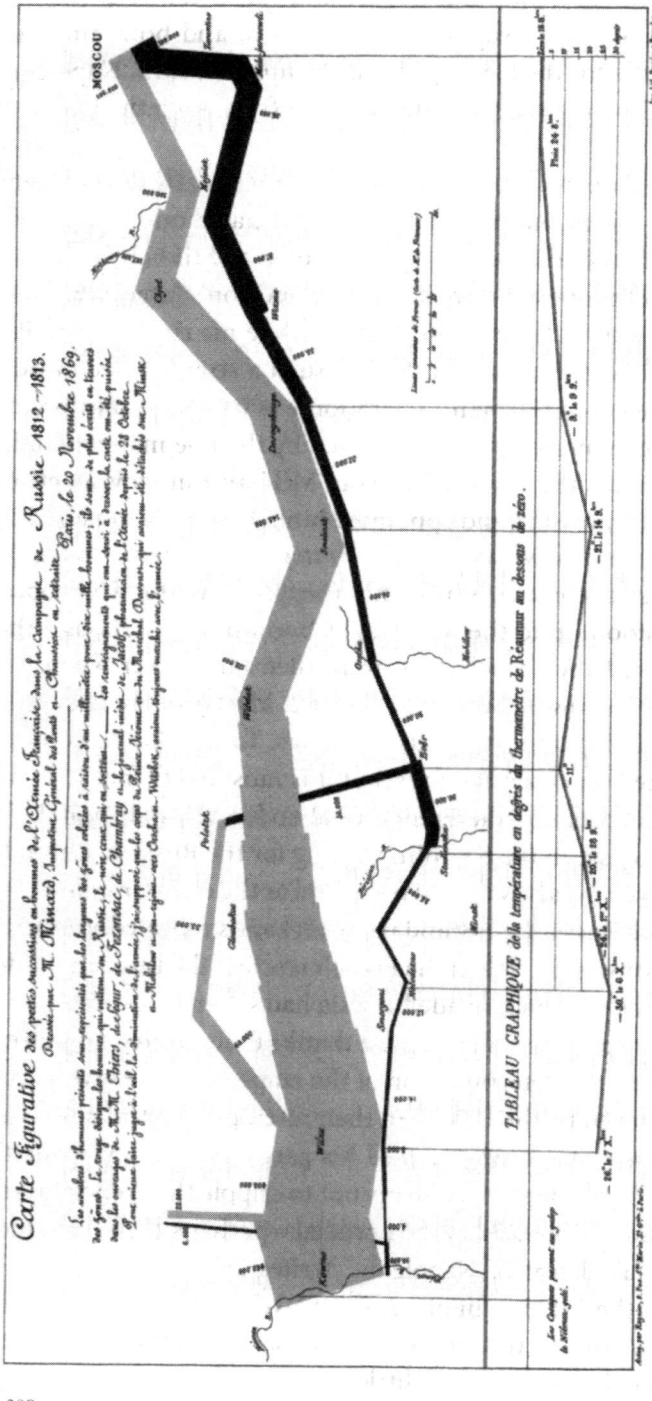

〈1812-1813년 러시아 원정에서 프랑스군이 겪은 일련의 병력 손실 도해도(Carte figurative des pertes successives en hommes de l'Armée Française dans la campagne de Russie 1812-1813)〉. 1869년에 제작된 샤를 조제프 미나르 Charles Joseph Minard의 나폴레옹의 러시아 침입과 파멸적인 후퇴 장면을 시각적으로 탁월하게 표현한 걸작으로 평가받고 있다. 이 도해는 걸보기에는 단순하게 구성돼 잣처럼 보이지만, 거리, 기온, 위도와 경도, 이동 방향, 날째뿐만 아니라, 특정 지점에서 급격히 감소되고 있는 나폴레옹군의 병력 숫자에 대한 정보를 전달해 준다. 설명문이 영어 번역에 따르면, "생존 병력이 수는 쐐으로 표시된 띠 모양의 폭으로 나타내는데, 1밀리미터는 1만 명을 의미한다. 띠 옆에는 숫자도 적혀 있다. 회색은 러시아로 진군하는 병력을, 검은색은 퇴각 중인 병력을 나타내고 있다."

에게 치명적인 피해를 입힐 수 있었다.

돌이켜보면, 러시아의 애국적 작가들과 역사가들은 나폴레옹이 이끈 유럽 군대에 대한 러시아의 저항을, 각성된 민족주의에 의해 영감을 받은 열렬한 조국 수호이자, 국민의 위대한 승리라고 묘사했다. 이 전쟁은 러시아어로 '조국전쟁Otechestvennaia voina'이라고 알려지게 되었다. 그러나 당시 사람들이 저항에 참여한 동기는 명확하지 않았다. 민족주의의 대두라는 맥락에서 볼 때, 프랑스에 맞선 이 투쟁은 러시아인들이 어느 정도까지 민족적 연대 의식에 의해 동원되었는지를 평가할 수 있는 흥미로운 가능성을 제공한다.

제국 궁정, 곧 권력의 정점에서 바라본 관점은 대체로 국민적 민족주의의 영향을 받지 않았다. 차르와 그의 친구들은 다양한 슬라브 민족들이 제국의 권위 아래 평화롭게 공존하는 것이 행복하다고 생각했으나, 이것이 국민주권popular sovereignty을 인정하는 것으로는 해석될 수 없었다. 알렉산드르 1세의 관점에서, 국가는 그 자신의 인격에서 구현되었다. 프랑스군이 침공했을 당시, 그는 "내 제국 안에 마지막 적병이 남아 있는 한, 나는 무기를 내려놓지 않을 것이다."[13]라는 말로 끝맺는 포고령을 발표했다. 여기에는 러시아인에 대한 언급이 없었고, 제국은 전적으로 황제의 소유물로 제시되었다. 프랑스군이 모스크바로 진격할 무렵조차, 알렉산드르의 자문관들은 머뭇거리는 알렉산드르가 모스크바로 가서 민족 지도자의 역할을 수용하도록 설득해야 했다. 보수 성향의 시인 알렉산드르 시시코프Alexander Shishikov 제독에 의해 작성되었던 그의 칙서는 "백성의 애국적, 종교적 감정에 호소했다."[14] 이 시기에 작가들은 차르를 "신의 천사",

이반 테레베네프I. I. Terebenev, 〈러시아 헤라클레스가 프랑스군을 몰아내다〉, 1813년경. 이 그림은 러시아인 헤라클레스가 "상남자처럼[kak muzhik] 숲속에서 프랑스군을 무찌르고 때렸다." 자그마한 프랑스 병사들은 도망치며 숨고 있고, 거대한 러시아 농민은 거대한 손을 이리저리 휘두르며 아무렇지도 않게 그 사이를 활보하고 있다.

"우리의 아버지"라고 묘사했으며, 그는 신민에게 깊은 애정을 품고, 신민 또한 그를 사랑한다고 서술되었다.[15] 시시코프가 '사랑받고, 사랑하는' 차르라는 이미지를 홍보하고 있던 바로 그 시점에, 러시아 당국은 이 대승을 국민의 승리로 묘사하는 것을 거부하고, 그 대신에 전제군주가 헌신적인 국민의 지원을 받아 신이 정해놓은 승리라고 강조했다. 리처드 워트먼Richard Wortman의 말에 따르면, "제국 시나리오에 국민이 연루되는 것은 초월적 힘으로서의 차르에 대한 이미지에 위협을 가했다. 그의 칭호는 외부 혹은 위로부터, 그리고 신의 명령이나 이성의 발현에서 비롯된다고 생각되고 있었다."[16]

러시아의 지배자들과 그들의 충실한 추종자들에게 있어서, 국민과 국가, 충성스러운 국민과 제국에 대한 헌신 사이에는 어떠한 구분도 존재하지 않았다. 유럽, 특히 18세기의 프랑스에서 이미 나타나기 시작한 사상, 즉 국민은 군주 및 그의 국가와는 다르며, 스스로 주권을 주장할 수 있다는 사상은 알렉산드르 1세 치세의 러시아 당국자들이나 사상가들에게 결코 수용될 수 없었을 뿐만 아니라, 오히려 전제정에 대한 사악한 위협으로 생각되었다.

그럼에도 불구하고 전쟁이 절정에 달했을 때, 러시아 관료들은 특정한 형태의 민속적 애국심의 역할을 인정했으며, 나폴레옹에 대한 승리의 공적을 '소박한 러시아 무지크'(농민 남성)라는 조작된 인물과 공유했다. 이반 테레베네프Ivan Terebenev, 이반 알렉세예비치 이바노프Ivan Alekseevich Ivanov, 알렉세이 가브릴로비치 베네치아노프Aleksei Gavrilovich Venetsianov 등 러시아 예술가들이 제작한 민중 판화, 곧 '루복'(복수형 lubki, 단수형 lubok)에서는, 정직하고 친근한 러시아 무지크들이 나약한 프랑스 적병들을 아무런 증오심 없이 손쉽게 무찌르는 모습이 묘사되었다. 좀 더 어두컴컴한 테레베네프의 다른 작품들에서는 러시아인들의 용기 및 멈출 수 없는 헌신적인 태도가 보인다. 그 중 "러시아인 스카이볼라A Russian Scaevola"라는 작품에서, 테레베네프는 고대 로마의 용감한 군인 가이우스 무키우스 스카이볼라Gaius Mucius Scaevola[4]의 전설을 러시아적 문맥으로 재구성했다. 스카이볼라는 로

---

4 가이우스 무키우스 스카이볼라 : 기원전 6세기 초에 로마가 외적의 침략을 받아 위기에 빠졌을 때 적들 앞에서 자신의 오른손을 불속에 넣어 용맹함을 보여준 로마인이다. 이 일로 그는 왼손잡이라는 뜻의 '스카이볼라'라는 칭호를 받았다.

이반 테레베네프, 〈러시아판 스카이볼라〉, 1813년. 테레베네프는 자신의 1813년 판화에서, 로마인의 용기를 에트루리아인들에게 입증하고자 자신의 팔을 자른 가이우스 무키우스 스카이볼라의 전설을 러시아 방식으로 재구성하고 있다.

마인의 용기와 헌신을 입증하고자 자기 팔을 불 속에 집어넣음으로써 에트루리아인들을 공포 속으로 몰아넣었다. 러시아판에서는 또 다른 미천한 '무지크'가 망설임 없이 자기 팔을 도끼로 잘라내고 있다. 스티븐 노리스Stephen M. Norris의 해석에 따르면, 테레베네프와 동료 '루복' 예술가들은 "1812~1813년 동안 민간에 유포된 한 전설"에서 영감을 받았다. 그 전설에 따르면, "포로로 잡혀 온 어떤 러시아 농민이 (나폴레옹을 뜻하는) 'N' 자가 팔에 낙인찍히자, 모욕을 참지 못하고 도끼로 자신의 팔을 잘랐다."[17] 이에 깡마른 프랑스 병사들은 공포에 질려 비틀거리며 뒤로 물러서고 있다.

해당 판화의 덧붙여진 해설에서는, 이 농민이 "조국의 적인 나폴레옹을 섬기지 않기 위하여" 기꺼이 자기 팔을 자르는 것을 선택했다고 설명되어 있고, 이어서 "1812년에 프랑스가 러시아를 침공했을 때 러시아인의 영광"을 찬양하는 문구가 나온다.[18] 노리스는 테레베네프와 동료 판화가들이 자기들이 훈련받은 엄격한 아카데미 양식이 아닌 '루복' 장르―소박한 판지에다가 시장에서 판매할 목적으로 대량 생산된 소박한 민속 양식의 작품―를 선택한 점은 '민중'의 예술 형태를 기리기 위한 의도적인 결의를 보여 준다고 지적하고 있다. 동시에 이것은 광범위한 '국민' 대중의 감성과 의식에 영향을 미치려는 계획적인 노력을 반영하고 있기도 하다.

정권에 의해 직접 의뢰되지는 않았으나 승인되었고, 소비 시장의 수요에 의해 뒷받침된 이러한 민중 예술 양식에서는, 소박한 민중이 러시아에서 최상의 모든 것을 의인화한다. 해설문이 분명히 밝혀주듯이, 이러한 선량하고 강인하며 순박한 남녀는 러시아, 러시아성 그리고 "조국"을 구현하고 있다. 통치자와 그의 지지자들은 이와 같은 민중의 공헌을 조금은 인정하고자 했다. 왜냐하면 이것은 헌신적인 민중이 황제와 그의 대의를 위하여 충성스럽게 싸우는 국가적 애국심의 비전과 양립할 수 있었기 때문이다. "국민과 차르는 분리되지 않고 합해져 있다. 러시아적 애국심이 표현된 전쟁 '루복'에서는 … 관람자들이 '교활한' 나폴레옹과 대조할 수 있는 '신성한' 황제가 있다. 더욱 중요한 사실로서, 1812년의 이미지들이 보여 주는 애국심은 개별 러시아인의 행위만이 아니라, 그 위에 군림하는 차르의 영향력과 지배력을 강조했다."[19] 알렉산드르 자신도 결국 국민과 자신의 인격이 개념적으로 융합되었음을 인정했다. 그리하여 그는 "신이 우리에게 맡기신 민중의 강건한 용기"가 승리에 아주 결정적으로 기여했다고 하면서, 그에 대해 감사의 뜻을 표현했다.[20]

러시아의 승리 원인에 대한 허용 가능한 표현을 둘러싼 불안감은 차르와 국민 간의 관계에 대한 해결책을 찾는 과제가 당대의 핵심 관계자들에게 얼마나 중요한 일이었는지를 강조하고 있다. 국가적 애국심을 민족적, 국민적 정서와 혼합한 이와 유사한 형태의 이념적 합성은 130년 후, 소련이 '제2차 위대한 조국전쟁the Second Great Patriotic War'이라 부른 제2차 세계대전에서도 재현될 터였다.

태아기에 있던 민족적 정체성national identity과 국가적 애국심state patriotism은 주로 상류층 — 곧 제국 궁정과 귀족 계층, 일부 도시 주민, 그리고 지식인층 — 에 국한되었다. 그러한 정서가 일반 민중에게까지 널리 그리고 깊이 확산되었을 가능성은 낮다. '루복'에 등장하는 애국적 '무지크muzhik'는 도시 소비자들의 상상력을 자극했을 수는 있으나, 프랑스와의 전쟁에 대해 농민들 사이에 광범위한 열의가 존재했다는 증거는 전혀 없다. 농민들은 외세의 침입자뿐만 아니라 약탈을 일삼는 자국 병사들에도 맞서서 자기 마을을 수호할 준비가 되어 있었다. 프랑스의 침공 직전, 전쟁부 장관 바클레이 드 톨리는 황제에게 서신을 보내어, 대중의 민족 감정을 고양할 필요성이 있음을 강조한 바 있다.

우리는 러시아인들의 사기와 정신을 일깨우고, 그들의 전쟁 참여 의지를 북돋우기 위해 노력해야 합니다. 이 전쟁의 결과에 따라 러시아의 구원과 생존이 좌우될 것입니다. 감히 덧붙이자면, 지난 이십 년 동안 우리는 참으로 민족

적인 것이라고 할 수 있는 모든 것을 억압하기 위해 할 수 있는 모든 일을 해 왔습니다. 그러나 자기 관습과 가치를 하룻밤 사이에 바꾸는 민족은, 만일 정부가 이런 과정을 중지시키고 민족 부흥을 위한 조치를 취하지 않는다면, 위대한 민족이라고 하더라도 급속히 쇠퇴의 길로 들어설 것입니다. 그리고 주권자와 조국에 대한 사랑, 마음과 영혼이 러시아인이라는 생각에 대한 자부심보다 이 과정을 더 잘 도울 수 있는 것이 있을까요? 이러한 감정은 정부가 이 문제를 주도할 때만 생겨날 수 있습니다.[21]

바클레이 드 톨리는 국민들이 "성스러운 신앙과 조국의 국경"[22]을 수호해야 한다고 말하고 있었다. 황제 자신도 어떤 핀란드 장교에게, 러시아인들을 프랑스에 대항하여 결집시키기 위해서는 나폴레옹을 침략자로 인식시키고 전쟁을 러시아 토양 내에서 수행하는 것이 필수적이라고 말한 바 있다.[23] 일반 국민들을 동원하고 전투에 참여하도록 고무할 수 있는 모든 수단이 사용되었다. 보로디노에서 쿠투조프와 성직자들은 스몰렌스크 성모 성상화를 들고 군대 앞에서 행진했다.

그럼에도 불구하고 페테르부르크 사회 내에서는 러시아 농민들이 나폴레옹을 지지하여 들고 일어날 수 있다는 두려움이 존재했다. 어쨌든지 나폴레옹은 앞서 바르샤바공국에서 농노제를 폐지한 사람이었다. 러시아군은 일반적으로 징집된 농민들로 구성되어 있었는데, 그들은 고향과 가족을 떠나 25년간 복무하도록 강요받았다. 자원입대한 농민은 존재하지 않았다. 농민 병사들은 귀족 장교들로부터 종종 냉소적인 멸시와 함께 가혹한 대우를 받았다. 러시아 사회 내 상류층과 하류층 간에 존재하던 사회적 구분과 차별은 군대 내에서도 그대로 재현되었다. 그럼에도 불구하고 병사들은 수만 명 단위로 싸우고 죽어 갔다. 그 동기는 오랜 시간 함께 복무한 전우들에 대한 충성심에서부터, 훈련과 사회화를 통해 내면화된 복종심, 나아가 원초적인 자기보존 본능에 이르기까지 다양했다. 1812년에 농민들의 애국심이 급상승했다고 보기는 어려우나, 그렇다고 하여 농노들이 주인에 대항하여 반란을 일으킨 일도 없었다.[24]

제국적 보수주의

러시아는 나폴레옹전쟁을 거치며 18세기보다 훨씬 더 제국적인 성격을 띠게 되었다. 전쟁에서 승리한 것은 동원된 국민이 아니라, 전제군주와 토지 귀족이 지배하고 대다수가 농노 혹은 국가 농민(즉, 사적 지주가 아니라 국가에 봉사해야 했던 농민)이었던 '구체제'의 러시아 제국이었다. 차르는 자기 국민과는 구별되고 그들 위에 군림하는 존재였으며, 국민은 민족, 종교, 사회적 지위에서만이 아니라 통치 제도 측면에서도 여전히 다양한 모습으로 남아 있었다. 새로이 대공국으로 지정된 핀란드에서는, 러시아정교회 신자인 전제군주가 핀란드대공국의 공법을 준수하는 입헌군주로 군림했다. 그는 폴란드왕국(1815~1832)에서 '폴란드 차르Tsar Polskii'라는 칭호를 가지고, 폴란드의 입헌군주로 통치했다. 동시에 1832년에 성문화된 '기본법'에 따르면, "러시아 황제는 '전제적samoderzhavnyi'이며 '제약받지 않는neogranichennyi' 군주이면서도", 그는 자기의 영토가 법에 의해 책임감 있

게 통치되고, 동양의 폭정과는 다른 법치국가Rechtsstaat라고 선포했다.[25]

프랑스혁명의 이념에 대항하는 보수주의의 보루로서 승전국 러시아는 다른 나라를 의식하면서 민족주의의 정반대 자리를 차지했다. 알렉산드르 1세는 이 점을 전후 '신성동맹' 구상에서 개인적으로 표명했는데, 이 동맹에서 유럽의 다양한 국가들은 스스로가 "그리스도인의 전제군주이신", 예수 그리스도에 의해 지배되는 "단일한 기독교 민족"의 일원으로 생각하게 될 것이었다.[26] 프랑스의 위협이 존재하던 시기에 러시아의 대외정책은 단순히 방어적인 성격을 지닌 데 그치지 않고, 기회를 엿보아 몰다비아와 왈라키아로 영토를 확장하고, 핀란드를 병합하는 등 "제국적인" 모습을 보였다. 알렉산드르 1세는 콘스탄티노폴리스를 정복하고, "슬라브 제국 또는 그리스 제국"을 건설하겠다는 자기 조모의 꿈을 결코 포기하지 않았다.[27] 알렉산드르는 1815년 빈회의에서 다른 유럽 열강들의 견제에 의해 폴란드 전역을 확보하는 데에는 실패했으나, 나폴레옹전쟁을 통하여 유럽 대륙에서 가장 강력한 국가의 군주로 부상했다.

1812년 이후에, 러시아는 세계에서 전혀 다른 위상을 갖게 되었다. 윌리엄 풀러의 표현을 빌리자면, "러시아는 대륙에서 최고의 육상 강국으로 간주되었으며, 러시아 전제정과 80만 대군은 유럽 질서의 중재자이자 정통성, 보수주의, 안정성의 보루로 여겨지게 되었다."[28] 불법적인 나폴레옹 — 여러 면에서, 예를 들어 『나폴레옹 법전』으로 프랑스혁명의 보편적 원칙을 대변한 인물 — 의 신흥 제국주의를 꺾은 승리자로서 알렉산드르 1세는, 1813년 무렵이 되자 초기의 자유주의적 경향으로부터 이탈하여 정통 군주제와 종교적 보수주의를 수호하는 입장으로 선회했다. 19세기 1/4

분기의 보수주의는 어떤 일관성 있는 운동이나 심지어 체계적인 사상 체계라기보다는, 프랑스혁명의 유물론과 합리주의를 거부하고, 질서와 전통, 검증된 관행에 대한 충성 및 급격한 개혁보다는 점진적이고 유기적인 발전을 선호하는 성향에 가까웠다. 애국적 역사가 니콜라이 카람진Nikolai Karamzin이 지적했듯이, 프랑스혁명은 "우리의 생각을 명료하게 해 주었다. … 행복한 사회의 기둥은 종종 재앙을 초래하는 자유가 아니라, 질서와 정의, 그리고 안전이다." 그는 전제정을 러시아를 해체의 위기에서 여러 차례 구원한 제도라고 보면서, 그 제도의 아주 헌신적인 옹호자가 되었다. 황제 알렉산드르 1세에게 비밀리에 제출한 비망록인 『고대 및 근대 러시아에 관한 회상』(1811)에서 카람진은 전제정과 강력한 국가야말로 러시아의 위대함을 가능케 한 원천이라고 주장했다.[29] 그는 적기를, "러시아에서 군주는 살아 있는 법이고, … 우리의 정부는 아버지와도 같고 가부장적이므로, 가족의 아버지는 절차 없이 심판하고 처벌할 수 있다. 또한 군주는 특수한 상황에서는 오직 자신의 양심만 따라야 한다."[30] 차르의 절대 권력은 논박의 대상이 아니었으나, 카람진은 황제가 러시아의 전통과 고유한 관습을 항상 소중하게 생각하고, 귀족들과 계속 긴밀히 접촉하며, 그들의 특권과 고유 권한을 존중해 줄 것을 기대했다.

데카브리스트

황제는 생애 말년까지도 입헌주의에 관하여 계속 언급했으나, 폴란드와 핀란드에 헌법을 부여한 이후 러시아 본토에는 그와 유사한 제도를 도입하는 것을 거부했다. 그 대신, 그는 선동과 반란을 우려하여, 국내 관료들의 행동을 감시할 목적으로 점차 경찰력에 의존하게 되었다. 알렉산드르 재위의 마지막 10년은 잔인하지만 충직한 그의 부하 아락체예프Arakcheev 장군의 이름을 따서 '아락체예프시나Arakcheevshchina'[5]라고 알려져 있다. 그는 "나는 차르의 친구이며, 나에 대한 불만은 오직 신神에게만 말할 수 있다."[31]라고 거만하게 선언했다고 알려져 있다. 젊은 장교들과 귀족들은 점점 더 보수주의와 신비주의로 기울어 가는 알렉산드르의 태도에 좌절하고, 약속된 입헌 개혁이 끝내 실현되지 않은 데에 실망하며, 나폴레옹전쟁 중 유럽에서 얻은 경험에서 자극을 받아 비밀 정치결사체를 조직하여 개혁, 심지어 쿠데타에 관하여 논의하기 시작했다. 그들이 꾼 청년 특유의 꿈은 그들의 경험의 형태를 만들어 준 제국 세계만이 아니라, 그들이 도입하고자 희망했던 급진적인 혁신을 반영했다.

가장 급진적인 계파의 지도자 파벨 페스텔Pavel Pestel은 자신의 논문을 "러시아Rossiia는 하나이며 불가분의 국가이다."라는 단언으로 시작했으나, 곧장 러시아를 구성하는 온갖 다양한 민족, 사회적 신분, 그리고 기능적 단위들을 열거했다. 그는 러시아인들과 같은 대大 민족들이 향유하는 '민족성의 권리the right to nationhood'와, 러시아와 같은 거대한 국가들이 자국의 안전을 위해 발동해야 하는 '편의의 권리the right of convenience'를 대비시킨다.

---

5 아락체예프시나(Arakcheevshchina): 러시아어로 '~shchina'가 단어 뒤에 붙으면, 방식, 운동, 현상 등을 의미하지만, 특정 인명이나 대상이 붙으면 대체로 부정적인 뉘앙스를 담고 있다. 아락체예프시나 역시 아락체예프의 강압적인 통치 방식을 의미하며, 그에 대한 부정적인 평가가 담겨 있다.

… 핀란드, 에스토니아, 리브란트, 쿠를란트, 백러시아[소러시아], 신러시아[노보로씨야], 베사라비아, 크림, 그루지야 및 기타 우리나라 안에 거주하는 여러 부족들은 과거에도 독립을 향유한 적이 없으며, 앞으로도 결코 그것을 누릴 수 없을 것이다. 그들은 항상 러시아 … 혹은 일반적으로 어떤 강력한 국가에 속해 있었다. 그들은 약하기 때문에 미래에도 별도의 국가를 결코 구성할 수 없을 것이다. 이러한 이유로, 그들은 '편의의 권리'에 복속되며, 독립된 민족이 되고자 하는 권리를 영원히 포기해야만 한다.[32]

다른 한편으로, 과거에 독립국이었던 폴란드는 "영광스러운 러시아 민족의 관용을 통해" 별도의 국가적 지위를 부여받아야 하지만, 거기에는 러시아의 안전과 안보를 보장한다는 조건이 달려 있었다.[33] 페스텔의 사상적 민족주의와 국민 정부에 대한 신념은 전제적이지는 않지만, 러시아 민족에 의해 통치되는 위대한 다민족국가라는 제국적 비전 안에서 유효한 것이었다.

이 젊은이들은 자기들 나라와 사회에 봉사하고, 그것을 개선하고자 하는 헌신적인 열정을 표현했다. 그들은 전쟁 이후 외국에서 목격한 것, 대학에서 읽고 배운 것, 혹은 단순히 러시아 내에서 자유의 부재에 대한 인식에 의해 활동 동기를 얻었다. 지하조직 중 하나인 통합 슬라브회Society of United Slavs의 공동 창립자 표트르 보리소프Petr Borisov는 "나는 언제나 인류에게 유익한 존재가 되고자 하는 열망으로 가득 차 있었다."라고 증언했다. 그는 "누구도 나에게 자유로운 사고와 자유주의적 이념을 주입한 적은 없었다. 다만 어릴 적부터 읽은 그리스와 로마의 역사책들이 … 내 안에 자유와 국민주권에 대한 사랑을 심어 주었을 뿐이다."라고 설명했다. 이러한 열망은 그 시대의 억압적인 현실 속에서 어떠한 제도적 출구도 찾기 어려웠다. 승인받지 않고 하는 어떠한 개혁 논의도 위험한 것으로 간주되었고, 심지어 엘리트 계층의 일원조차도 자신의 걱정을 발언할 수 있는 합법적인 기회를 전혀 갖지 못했다. 검열은 전제 체제 내에서 건설적으로 활동하려는 시도를 침묵시켰으며, 결국 이들 특권층 출신의 젊은 장교들조차 자기들의 직접적인 이해관계에 반하는 음모 속으로 내몰리게 되었다. 보리소프는 "지휘관들이 부하에게 가하는 잔인한 행위에 의하여" 마음이 움직였으며, " ⋯ 나는 군대를 떠나, 설령 목숨을 잃는 한이 있더라도, 이런 종류의 처벌을 폐지시키겠다고 맹세했다."[34]라고 적었다. 이들 중 보다 급진적 인물들은 정당한 황제 살해와 농노해방을 주장하기도 했으나, 북부 결사와 남부 결사의 공모자들은 대중적인 혁명을 선동하기보다는 정부 형태의 변화를 열망했다.

알렉산드르 1세의 갑작스럽고 예기치 못한 죽음[6)으로 그들에게 기회가 찾아왔다. 1825년 12월 14일, 상트페테르부르크의 원로원 광장에 집결한 제국의 군대는 새로운 황제 니콜라이 1세에 대한 충성을 맹세하고자 했으나, 반란군 측 장교들은 그 대신에 "콘스탄틴[7)과 헌법!Konstantin i Konstitutsiia!"

---

6   알렉산드르 1세의 ⋯ 죽음: 알렉산드르 1세는 1825년에 사망한 것이 아니라 제위를 버리고, 시베리아로 가서 표도르 쿠즈미치라는 성인 은둔자로 여생을 보냈다는 설도 있다.

7   콘스탄틴: 알렉산드르 1세에게는 아들이나 손자가 없었고, 그 대신 콘스탄틴과 니콜라이라는 남동생들이 있었다. 다음 계승권은 콘스탄틴에게 있었으나, 그는 알렉산드르 1세의 사망 몇 년 전에 폴란드 귀족과 결혼했을 때 이미 제위 계승을 포기했다. 이 사실은 당시 공개되지 않았다가 알렉산드르 1세 사후에야 니콜라이가 공개하였다.

을 외치며 그의 형 콘스탄틴의 즉위와 헌법 제정을 요구했다. 니콜라이는 자신에게 충성하는 군대가 반란군에 맞설 때, 공포로 창백해진 얼굴을 한 채 경직된 모습으로 말 위에 앉아 있었다. 그런 다음, 그는 군인들에게 발포 명령을 내렸고, 여러 명이 사망했으며 수백 명이 체포되었다. 잡힌 사람들은 혹독한 심문을 받았고, 그중 "죄가 가장 무거운 자들" 몇 명은 처형되었으며, 나머지는 시베리아 종신형에 처해졌다. 일부 생존자들의 회그록에는, 이 특권층 청년 귀족들이 어릴 적부터 알고 지내던 차르의 관리들로부터 그토록 무자비한 형벌을 받았다는 데 대하여 매우 놀란 감정이 표현되었다. 무라비요프A. M. Murevev[8]는 자신의 회고록에서 시련으로 상처받은 이러한 감정을 다음과 같이 전했다. 그는 "더럽고 습기가 많으며 어두우며 비좁은 감방"에 수개월 동안 감금된 후, 심문받기 위해 수힌Sukhin 장군에게 끌려갔다.

그는 내가 어린 시절에 알았던 나이 많은 퇴역 군인이다. 그는 책상에 앉은 채 나를 맞이하며, 일부러 나를 알아보지 못한 척하며 나의 이름을 물었다. 나는 무라비요프라고 하며, 기병 근위대 장교라고 대답했다. 이에 그는 다음과 같이 말하는 것이 예의라고 여겼던 듯하다. "존경받던 그대의 부친께서 너 같은 범죄자를 아들로 두셨다니 매우 유감이다." 나는 이 말을 듣고 치를 떨었으나, 곧 이 불쌍한 노인에 대한 연민의 감정이 밀려왔다. 그는 노예근성으로 둔감해진 채, 자신과 견해가 다른 누군가의 고통을 보고도 완전히 무감각한 모습

---

8   무라비요프: 니키타 미하일로비치 무라비요프(1796~1843)를 일컫는다. 북부 결사의 핵심 단원으로서 데카브리스트 운동의 핵심 문서인 「헌법」을 기초하였다.

을 보이고 있었다.[35]

데카브리스트들은 커다란 대가를 치른 끝에, "자신과 견해를 달리하는 자"가 설 자리가 급속히 사라지고 있음을 알게 되었다. 사상의 표현과 비판의 기회는 "이솝식Aesopian(위장되고 암호화되며 우의적인 표현 방식)" 언어로 혁명 음모가 논의되는 어두컴컴한 지하의 구석 자리로 내몰리고 있었다.

무라비요프와 그의 동지들은 급변하는 세계 속에서 성장기를 보냈다. 그들은 궁정 신하들과 근위 연대로 구성된 화려한 내부 서클이 주도하던 궁정 쿠데타 시대의 끝자락에 태어나서, 군주란 생존을 위한 실용적인 본능뿐만 아니라 은혜와 사적 관계에 의해서라도 엘리트의 목소리에 귀를 기울이고, 적어도 이것을 진지하게 받아들이는 체라도 해야 한다는 인식을 간직하고 있었다. 그러나 동시에, 그들은 "모든 계층의 통합과 … 러시아의 시민적 재편"에 관한 "자유로운 사상과 자유주의적 관념"에 둘러싸인 채 성장했다. 그들은 신문과 "마키아벨리, 몽테스키외, 루소의 『사회계약론』과 같은 다양한 정치 서적들"을 탐독했으며, "공화정 체제의 우월성" 덕분에 "미국의 행복이 증진"되고 있음을 배웠다.[36] 정치 생활에 대한 그들의 개념은 특권 지배계급으로서의 익숙한 권리의식, 그리고 국민주권에 기반한 국민적 권리의식 사이의 어딘가에 위치한 혼란스러운 중간 지대에서 방황하고 있었다.

데카브리스트 봉기는 손쉽게 진압되었으나, 복합적인 유산을 남겼다. 혁명이라는 악몽은 새로운 황제를 끊임없이 괴롭혔고, 그로 하여금 그의 형(알렉산드르 1세)이 말한 헌법에 관한 경솔한 언급, 그리고 서구의 자유 및 국민주권 사상과의 접촉을 통해 촉발된 개혁의 열망을 억제하게끔 만든 요인이 되었다. 다른 한편으로, 반란 자체는 쉽게 진압되었음에도 불구하고, 이 운동은 억압적이고 폭압적인 국가에 맞서 국민을 수호하고자 하던 순교자들과 이타적인 희생에 관한 항구적인 신화를 낳았다. 기묘한 반전으로서, 시베리아 유형지로 보내진 이들은 상트페테르부르크에 남은 친구 및 가족과 서신을 교환할 수 있었으며, 이를 통해 자신들의 고귀한 순교 전설을 구축할 수 있었다. 또한 다수의 아름다운 "데카브리스트의 아내들"이 남편을 따라 황량한 변방으로 자진하여 감으로써, 이 신화는 고귀하고 헌신적인 선택이라는 홍보 효과를 얻었다. 데카브리스트들과 그 아내들의 비극적이면서도 감동적인 모습을 본보기로 삼아, 다음 세대의 교육받은 남녀들은 인민을 대상으로 한 "공익"을 위해 봉사할 길을 모색했으나, 당시의 폐쇄적인 사회는 합법적으로 이런 희망을 실현할 기회를 거의 제공하지 않았다. 시베리아는 고귀한 고난과 유형의 공간으로서, 국가의 억압과 궁정의 천박함으로부터 멀리 떨어진 장소로서, 진정한 '러시아성'에 대한 꿈의 초점이 되었다.

관제 국민성

니콜라이 1세(재위 1825~1855)의 치세는 극히 모순적인 성격을 가지고 있었다. 그것은 전제정을 쓰러뜨리고 헌정 체제를 수립하고자 희망하던 근위대 장교들의 쿠데타 실패와 함께 막을 열었으며, 구시대적 사회·정치체

바실리 골리케Vasilii Golike, 〈니콜라이 1세의 초상화〉, 1843년.

제에서 과감한 개혁이 절실히 요구되는 가운데 러시아가 19세기의 근대전
쟁인 크림전쟁에 돌입하며 막을 내렸다. 이 시기에는 러시아 인텔리겐치
아가 출현했고, 농노제 개혁에 관한 진지한 논의가 진행되었으며, 국가 주
도의 경제 및 산업 발전이 활발하게 추진되었다. 러시아 최초의 철도가 부
설되었고, 경찰의 견고한 감시 체계가 구축되었다. 정치적 억압은 경제성
장 및 지적 활기와 병존했으나, 전제 권력은 그 어떤 방식으로도 타협하지
않았다.

이 정치적 모순의 중심에는 황제 자신의 성격이 자리하고 있었다. 니콜
라이는 키가 6피트가 넘는 위풍당당한 인물로, 어떤 역사가에 의해 "유럽
에서 가장 잘생긴 남자"로, 또 당대의 외국 관찰자에 의해 "신체적으로 보
아 유럽 전체에서 가장 완벽한 인간 표본"으로 묘사되기도 했다.[37] 그는 일

단 권좌가 확고해지자, 명령할 때 근엄하고, 단호하며, 위엄 있는 모습을 보였으나, 그의 용기란 실상 공황에 가까운 긴장과 흥분을 감추고 있었던 것이라고 전해지고 있다. 깊은 종교심을 가지고 있던 그는 신이 러시아 편에 서 있다고 절대적으로 확신했다. 국가란 신을 섬기기 위해 존재하는 것이며, 신이 국가를 섬기는 것이 아니라는 것이 그의 신념이었다. 그가 가장 사랑한 것은 군대였으며, 그는 군대에 각별한 애정을 쏟고 보상도 아끼지 않았으며, 군대와 관련하여 사소한 세부 사항에도 특별히 신경 썼다. 그는 진심으로 규율을 중시하는 사람이었으며, 제복은 그 시대의 유행이 되었다. 그가 추구한 것은 잘 운영되는 군대에서 볼 수 있는 질서, 복종, 그리고 의무감이었다.

교육받은 대중이 점차 성장하고, 작가들이 독자층을 확보하게 되자, 정권은 점점 확대되는 공적 담론 공간 속에서 형성되어 가는 반정부적 경향에 대응하고자, 그 자체의 합성적인 이념 체계를 구축했다. "관제 국민성Official Nationality"이라고 알려진 국가 프로그램은 보수 성향의 교육부 장관 세르게이 우바로프Sergei Uvarov에 의해 정교하게 만들어졌다. 그것은 차르와 인민 간의 밀접한 유대를 강조했는데, 그 유대 관계는 먼 과거에 뿌리를 두고 있는 것으로 설명되었다. 이 주장에 따르자면, 러시아인들은 외래 지배자인 바랑기아인들을 선택했고, 그 후계자들을 섬겼다. 러시아는 전제군주에 대한 인민의 사랑과 교회에 대한 헌신이라는 점에서 독특했다. "관제 국민성" 이념은 "정교회, 전제정, 국민성(Orthodoxy, Autocracy, Nationality [narodnost'])"이라는 공식 구호로 요약되었다. 언론인 표도르 불가린Fedor Bulgarin은 전제정과 정교회, 그리고 인민 간의 역사적 결속은 러시아가 생겨났을 때부터 존재했다고 주장했다.

> 신앙과 전제정은 러시아 국가를 창조했으며, 러시아 슬라브인들을 위한 하나
> 의 공통된 조국을 창조했다. … 이 거상巨像과도 같은 러시아, 모든 기후와 인
> 류의 모든 종족을 품고 있으며 거의 별도의 대륙과도 같은 이 나라는 오직 신
> 앙과 전제정에 의해서만 균형을 유지할 수 있다. 바로 이런 이유 때문에, 정교
> 회와 전제정에 기초한 국민성 이외에, 러시아에서는 어떤 다른 국민성도 과
> 거에 결코 존재할 수 없었고, 지금도 존재할 수 없다.[38]

'관제 국민성'의 중심에는 러시아를 "통치자가 아버지요, 신민들은 자
녀인 하나의 가족"으로 보는 이미지가 자리 잡고 있었다. "아버지는 자녀
들에 대해 절대적인 권위를 지니되, 동시에 그들에게 완전한 자유를 허락
한다. 아버지와 자녀 사이에는 어떠한 의심이나 배반이 있을 수 없으며,
그들은 운명과 행복, 그리고 평화를 공유한다."[39] 니콜라이는 워트먼이
"권력의 시나리오"라고 부른 공식화된 광경 속에서 가족적인 측면을 선전
했는데, 여기서 니콜라이는 자신을 "첫 번째 아버지"로, 자신의 가족을 국
가의 첫 번째 가족으로 삼았다. 이 감상적이고 자연스러운 권력의 표현으
로써 니콜라이는 자신이 의도했던 바대로 청중의 마음을 움직이는 데 어
느 정도 성공을 거두었다. 그가 자기의 어린 아들이자 후계자를 사람들에
게 소개했을 때, 목격자들은 사랑스러운 아버지와 아들의 모습에 군중 가
운데 감동의 눈물을 흘리지 않은 사람이 없었다고 보고했다.
군주제가 연출한 "사랑이 넘치는 가족"이라는 이미지는, 공식 기획자

들이 기대했던 것보다도 더욱 심오한 방식으로 러시아 사회에 영향을 미쳤다. 이것은 감수성 높은 신민들의 애정 어린 충성심을 끌어냈을 뿐만 아니라, 아내, 딸, 누이, 그리고 물론 농노들을 향한 자비로운 아버지의 역할을 내면화했던 가부장적 지주들에게도 하나의 모범을 제시했다. 이러한 가족 모형은 권력에 대한 인식에 깊이 파고들었으며, 서구화된 러시아 지주들에게 그들의 특권을 도덕적이고 친밀하며, 나아가 고유의 러시아적인 방식으로 상상할 수 있는 틀을 제공했다. 가족애로 채색된 가부장제는 때로는 농노들과 그들을 자식처럼 여긴 지주들 간의 관계를 부드럽게 하기도 했으나, 존 랜돌프John Randolph의 지적처럼, 동시에 그것은 주인과 농노 간의 "로맨틱한" 연결 관계를 정당화하는 역할도 수행하여, 심각하게 불평등한 관계 위에 매혹적 외피를 덧씌웠다.[40] 반세기 전의 푸가초프반란에 대한 기억과 지방 영지 내에서의 실제적인 상호작용은 단순하고 순수하며 목가적인 농민이라는 상징적 이미지를 흔들어 놓았으나, 19세기 초 민족주의의 강력한 흐름은 경험적인 현실에도 불구하고 그러한 이미지를 뒷받침하였다.

관제 3요소 중 가장 모호하고 논쟁의 여지가 많았던 "국민성nationality"은 복종, 순응, 충성 등의 개념과 긴밀하게 연관되어 있었다. 이것은 근대적 의미의 국민 개념과는 유사하지 않았으며, 오히려 러시아 인민이 어떠한 존재인가에 대한 일종의 희망 섞인 상상에 가까웠다. 정통적 기독교 민족으로서 러시아인들은 자기를 부정하고 희생을 감내하며, 군주에 대한 깊은 애정을 지니고 있고, 혁명에 대해서는 단호히 저항하는 성품을 지니는 특징을 가졌다고 생각되었다. 니콜라이는 국민주권에 관한 담론을 억누르고자 시도함과 동시에, 군주국가를 더욱 강력하게 러시아화하는 정책을 추진했다. 대관식 이후 개최된 무도회에서 귀족들은 민족의상을 입고 모스크바국 양식으로 장식된 공간에서 춤을 추었다. 궁정에서는 러시아어 사용이 의무화되었고, 러시아어와 러시아 역사가 대학에서 필수 과목으로 지정되었다. 교회는 러시아—비잔티움 양식으로 건축되었으며, 황제의 감독하에 국가國歌인 "신이시여, 차르를 지켜주소서"가 작곡되었다. 동시에 러시아의 문인들과 음악가들은 진정으로 러시아적 주제라고 자기들이 믿었던 것을 추구했다.

비록 최초의 "러시아" 오페라는 아니었으나, 미하일 글린카Mikhail Glinka의 〈차르에게 바친 목숨〉(1836)은 진정으로 러시아적인 작품으로 널리 찬사를 받았다. 당시 어떤 평론가는 "'차르에게 바친 목숨'을 처음부터 끝까지 무대에서 감상했을 때, 러시아 민요 곡조를 자연의 보석으로 승화시키려는 그 깊이 있고 방대한 구상에 경탄을 금치 못했으며, 이전까지 러시아어 대본으로 작곡된 모든 음악은 유치한 웅얼거림에 지나지 않는 것처럼 느껴졌다."[41]고 회고했다. 이 오페라는 '동란의 시대'를 배경으로, 미래의 차르의 은신처를 폭로하지 않고, 그 대신에 폴란드군을 잘못된 길로 인도한 애국 농민 이반 수사닌Ivan Susanin의 이야기를 중심으로 전개된다. 오페라에 반영된 공식적인 시나리오에 따르면, 인민은 차르를 열렬히 흠모했으나, 그의 통치 권한을 승인하거나 정당화한 것은 아니었다. 니콜라이 1세는 "인민"의 목소리에 귀 기울이는 척하는 제스처조차 취하지 않았으며, 자신이 백성들을 충분히 알고 이해하고 있으며, 그들 또한 기꺼이 자신에게 통치의 짐을 맡기고 있다고 (비록 오류이기는 하지만) 마음 편하게 가정하고 있었다. 통치 권한은 신의 뜻과 정복, 세습적 권리에 의해 부여된다고 여겨졌다. 주권이 "민중" 집단에 귀속된다는 어떠한 개념도 단호히 배격되었다.

"관제 국민성"은 서유럽에서 '국민'이라는 정치 공동체가 개념적으로나마 국가로부터 분리되어 정당성의 독자적인 원천으로 급부상하던 시기에, '민족'에 대한 서구의 담론을 우회하여 국가, 군주 및 국교에다가 민족을 재봉합하고자 했던 이데올로기적인 고안물이었다.[42] 민족과 민족 정체성 이론의 선도적인 이론가인 베네딕트 앤더슨은 러시아의 사례를 일반화하여, "관제 민족주의official nationalisms"를 대중적 언어 및 문화적 민족주의의 초기 형성 이후에 등장하는 특정 유형의 민족주의로 정의했다. 이것은 "(반드시 그렇지는 않지만, 주로 지배 가문과 귀족으로 구성된) 권력 집단이 인민의 상상된 공동체에서 배제되거나 주변화가 될지 모르는 위협을 감지하고 보인 '대응'"이다. 관제 민족주의는 "민족과 왕조의 영지 간의 불일치를 은폐"했으며, 귀족제와 군주제가 자신들의 제국을 유지하기 위해 기울인 노력과 밀접하게 연결되어 있었다.[9][43] 관제 국민성 이데올로기는, 민족 담론이 내포한 요구와 유럽식 국민 형태가 지닌 파괴적 힘에 적응하기 위한 제국의 시도의 일부였다. 러시아 제국은 서구의 경쟁국들에 의해 정의된 근대성이라는 도전에 직면하여, 상당한 공포심을 느끼며, 자체적으로 독특

---

9 앤더슨 저서가 언급된 부분은 우리 말 번역본을 부분적으로만 참고했다. 번역본에서는 nationality(러시아어 nationalnost')가 '민족성'으로 번역되어 있으나, 우리나라의 러시아 역사책에서는 '국민성'으로 번역되는 경우가 많다. 베네딕트 앤더슨, 『상상된 공동체: 민족주의의 기원과 보급에 대한 고찰』, 서지원 역 (길, 2018), 140, 170-171쪽.

한 방식으로 그에 맞서고자 했다.

19세기의 2/4분기 무렵에, '국민'이라는 개념은 누구에게나 적용될 수 있게 되었다. 군주들, 귀족들, 그리고 신흥 중산층(즉, "부르주아지")과 같은 여러 사회집단은 대담해진 지식인들에 맞서, 자신들이 국민이라고 주장했다. 분명히, 차르 체제의 공식적인 국민 개념은 서구에서 대두된 대립적 개념들에 의해 도전받고 있던 기존의 국가 형태를 유지하고자 한다는 점에서, 아주 보수적 성격을 띠고 있었다. 니콜라이 1세는 백성과 군주 간의 조화가 실현되었던 이상화된 과거를 회고하며, '신성한 루스Holy Rus'라는 개념을 무신론적이며 혁명적인 유럽에 대조시켰다. 동시에, 군주정은 슬라브주의자 콘스탄틴 악사코프Konstantin Aksakov와 같이, 턱수염을 기르고 러시아 전통 의복을 착용함으로써 소박한 '인민narod'과 동일시하고자 했던 국내의 민족주의자들 또한 경계했다. "니콜라이의 서구적 사고 틀 안에서 턱수염은 러시아인이 아니라, 유대인이나 급진주의자를 상징했다. 공식적 관점은 민족을 지배 세력인 서구식 엘리트와 동일시한 것이지," 인민 대중이 아니었다.⁴⁴

니콜라이는 제국 전역을 순시하며 백성들에게 자신을 드러내는 데 많은 시간을 할애했는데, 이것은 (그 자신과) 그들에게 자신이 지닌 특별한 권력을 확인시키는 행위였다. 1830년 콜레라가 창궐했던 시기에, 그는 질병 퇴치를 진두지휘하는 듯한 모습으로 모스크바에 등장했다. 그의 충성스러운 비서 알렉산드르 벤켄도르프Aleksandr Benkendorff는 "모든 사람에게 질병 자체도 그의 전능함 앞에 항복할 것처럼 보였다."라고 말했다. 니콜라이는 데카브리스트반란 당시에 보여 주었던 냉철한 결연함을 다시 한번 드러내며, 콜레라로 인해 격앙된 폭도들을 제압했다. "그는 자신의 외투를 벗어 던지면서, 폭도들에게 무릎 꿇고 성호를 긋도록 명령했다. 그리고는 그들을 꾸짖으며 말했다. … '너희가 무슨 일을 저질렀는지 기억하라. 너희는 프랑스인도, 폴란드인도 아닌 러시아인임을 잊지 말라.'"[45]

인 텔 리 겐 치 아

　많은 면에서 1830년대에 등장한 비판적이고 사회 참여적인 사상가 집단인 "인텔리겐치아"의 등장은 "인민"이 누구인가를 둘러싼 사회적 대화를 의미했다. 다양한 계층 출신으로 구성된 인텔리겐치아는 한편으로는 상류사회로부터, 또 다른 한편으로는 인민narod으로부터 분리되어 살아갔다. 인텔리겐치아는 공식적인 러시아로부터 소외되고 이질적인 존재였으며, 정치 질서와 종교의 근본을 의문시하면서도, 동시에 인민에게 가까이 가고 또 그들을 섬기고자 갈망했다. 앨런 폴라드Alan Pollard가 지적했듯이, "여기에 바로 인텔리겐치아의 딜레마가 있었다. 의식을 형성한 요소들이 대체로 서구의 산물이었기 때문에, 인텔리겐치아에게 이해력을 부여하고 나아가 그 존재 근거 자체를 구성한 바로 그 특성들이, 동시에 인텔리겐치아를 민족의 삶과 유리되도록 함으로써 민족의 삶을 대변한다는 본질적인 사명을 인텔리겐치아가 감당하지 못하도록 만들었다. 그러므로 인텔리겐치아의 중심 문제는 인민과의 접촉점을 마련하는 것이었다."[46]

　데카브리스트들이 일반 병사들과 농민들을 위하여 음모를 꾸미고 행동하는 데 만족했던 반면에, 그들의 후계자들은 고통받는 대중을 위해 일하는 데 그치지 않고, 점차 그들과 어떠한 방식으로든 연결하고자 열망했다. 러시아의 청년 지식인들은 1830년대에서 1860년대 사이에 세계를 관조하던 태도에서 벗어나, 실천을 통한 변혁을 시도하는 방향으로 나아갔다. 인텔리겐치아가 나눈 대화의 출발점은 1836년에 나온 표트르 차다예프Petr Chaadaev의 『철학 서간』Philosophical Letter으로서, 알렉산드르 게르첸Aleksandr Herzen은 이 글이 "어두운 밤에 울려 퍼진 총소리"처럼 충격적이었다고 말했다. 철저히 반反민족주의적 성격을 띠고 있었던 이 서간은 러시아가 전통도 역사도 없다는 점에서 독특한 국가이며, 새로운 사상과 제도를 써넣을 수 있는 '백지tabula rasa'라고 선언했다. 이러한 급진적인 입장은 서구의 부패와 대조되는 러시아의 건전한 통합성을 찬미하던 '관제 국민성' 이데올로기에 정면으로 배치되는 것이었다. 차다예프는 정신 이상자로 비난받고 가택 연금에 처해졌으나, 그 이후에 『광인의 변명Apology of a Madman』을 발표하여, 러시아의 후진성이야말로 "대부분의 사회문제를 해결하고, 오래된 사회에서 제기된 대부분의 사상들을 완성할 수 있는"[47] 독특한 가능성을 제시한다고 주장했다.

그 이후에 전개된 논쟁은 인텔리겐치아를 서구주의자들westernizers과 슬라브주의자들slavophiles로 구분했다. 서구주의자들은 러시아에 합리주의적이고 계몽주의적인 의제議題를 제시하며 일반적으로 근대주의적인 유럽의 방향으로 개혁을 실시해야 한다고 했고, 슬라브주의자들은 보수적이고 향수에 찬 입장에서 러시아의 전통적 구성 요소들을 복원시킬 것을 주창했다. 일부 서구주의 자유주의자들은 민족 정체성이라는 쟁점에 무관심하거나 심지어 적대적인 입장을 취하기도 했던 반면에, 슬라브주의자들은 '러시아 민족'을 찾고, 그 성격을 규정하며, 그들의 많은 덕성들을 발전시키는 일에 몰두했다. 그들은 유럽 낭만주의자들을 뒤따라, 대체로 농민과 동일시되던 인민narod 안에서 러시아 혹은 슬라브인의 본질적 특성인 민족성narodnost'를 찾고자 했다. 알렉세이 호먀코프Aleksei Khomiakov에 따르면, 민족적 성격은 종교 혹은 특정한 형태의 종교성 안에 담겨 있었다.[48] 슬라브인은 지구상에서 매우 고도로 영적이며, 매우 예술적이고 재능이 뛰어난 민족이었다. 평화를 사랑하고 형제애를 중시하며, 자발적이고 애정 어린 성향과 자유를 중히 여기는 슬라브인들은 '사랑과 자유 안에서 모두가 유기적으로 결합된 상태'에서 자신들의 완전함을 실현했다. 호먀코프는 그런 상태를 '소보르노스트sobornost'[10](대략, 정교회 안에서의 영적 집단성 내지 공동체라는 뜻)라고 불렀다. 러시아인들은 슬라브인들 가운데서도 가장 위대한 민족으로서, 넘치는 생명력과 유기적 에너지, 겸손함, 그리고 형제애를 지니고 있었다. 표트르 대제 이전에 러시아인들은 자유롭고 조화로운 삶을 영위했으나, 표트르가 러시아에 이질적인 서구의 이성주의, 법률주의, 형식주의를 도입함으로써 러시아 민족의 유기적 조화를 파괴했다. 이러한 낭만주의적인 시각에 따르면, 경직된 규범과 비인격적인 절차들은 모스크바국을 사랑과 신앙의 공동체로 만들었던 자비의 성질과 인간적 요소를 짓밟고 말았다.

---

10 '소보르노스트(sobornost')': 모임(sobor)을 의미하는 러시아어에서 파생된 단어이다. 그리스어인 '코이노니아'(사귐)와 비슷한 뜻으로서, 그리스도와 맺어진 사람들 사이의 자유로운 연합 내지는 공동체적 일체성을 의미한다.

콘스탄틴 악사코프와 다른 슬라브주의자들에게 있어서, 정교회 신앙
은 슬라브적 본성의 핵심이었을 뿐만 아니라, 농민 공동체(마을의 공동체 조
직)는 "이기심과 개별성을 포기하고, 공동의 합의를 표현하는 인민의 연합
체"라고 생각되었다. 그들은 새롭게 승리를 거두고 있는 서구의 자본주의
에 비판적인 태도를 보였으며, 사유재산과 함께 도래하는 인간관계의 비
인격화와 인간에 대한 사물의 지배를 우려했다. 안제이 발리츠키Andrzej
Walicki의 통찰력 있는 분석에 따르면, 슬라브주의는 공동체를 사회의 해체
적 영향으로부터 방어하고자 했던 "보수적 유토피아주의"였다.[49]

슬라브주의Slavophilism는 비록 그 기원 면에서 "고대 러시아의 사회생활
과 문화 속에서 토착적이며 주로 슬라브적인 요소를 계발하려는 것"에서
비롯되었으나, 이 보수적 민족주의는 이후 러시아의 민족적인 성격에 초
점을 맞춘 발전에 머무르지 않고, 범슬라브주의Pan-Slavism라는 보다 광범
위한 슬라브 세계 전체에 대한 관심과 혼합되었다. 슬라브주의를 지지하
는 러시아인들은 오스만제국의 지배하에 있는 슬라브 민족들의 해방을 주
장했다. 그러나 그것이 범슬라브주의 단계에 들어선 이후에는, 슬라브 형
제애에 대한 요구는 러시아의 슬라브계 이웃들, 특히 명백하게 우월한 러
시아인들의 지배를 마땅히 받아야 하는 가톨릭적인 폴란드인들에 대하여
추악하고 공격적인 입장을 드러냈다.[50]

국가 당국과 서구주의자 지식인들은 양쪽 다 슬라브주의적 비전을 거
부했다. 전제정에게 있어서, 표트르 대제의 개혁을 부정하는 것은 용납될
수 없는 도전이었으며, 인민을 존중하는 태도는 전제정의 이념적 토대를
훼손시킬 위험이 있었다. 반면에, 서구주의자들에게 있어서, 러시아의 과

거에 대하여 슬라브주의자들이 내린 해석은 자아도취적인 허구에 지나지 않았다. 폴 부시코비치는 이러한 사상의 흐름들, 심지어 슬라브주의 철학조차도, 국가와는 별개의 주권적인 러시아 민족이라는 비전을 제시하지 않았다고 지적한다.[51] 러시아의 정치 및 사회사상에 대한 이들의 기여는 다른 성격을 지니며, 상이한 해결책을 향해 나아가는 것이었다. 서구주의자들 내에서도 의견이 분열되어, 자본주의 발전과 의회 민주주의를 지지하는 자유주의자들과, 자본주의를 배제하고 농민의 집산주의 정서를 바탕으로 독자적인 미래를 건설하고자 하는 러시아 특유의 사회주의를 주장한 급진주의자들로 나뉘었다. 알렉산드르 게르첸의 "러시아적 사회주의"와 농민 공동체에 대한 찬미에서부터, 1870년대의 혁명적 인민주의에 이르기까지, 러시아의 좌파 인텔리겐치아는 서구 자본주의의 폐단을 극복하고, 곧바로 새로운 공동체주의로 나아갈 수 있다는 러시아 예외론Russian exceptionalism적 사고에 지배되었다.

당시의 역사가들도 러시아 민족의 본질과 표트르 대제의 개혁이 초래한 영향에 대한 논쟁을 시작했는데, 대체로 슬라브주의적 해석에 반대하는 편이었다. 1843년부터 1844년에 걸쳐 이루어진 일련의 강연에서 티모페이 그라놉스키Timofei Granovskii는 인민을 이상화하는 슬라브주의자들을 강하게 비판했다. 그러나 보다 지속적인 영향을 끼친 것은 소위 '국가주의 학파statist school'에 속한 러시아 역사가들, 즉 콘스탄틴 카벨린Konstantin Kavelin, 보리스 치체린Boris Chicherin, 세르게이 솔로비요프Sergei Solovev 등의 주장이었다. 이들은 러시아 국가를 역사 발전의 주된 동인으로 제시함으로써, 이후의 역사적 토론에서 국가 중심의 서사가 지배적인 위치를 점하도록 했다. "민족"이라는 개념은 일종의 팔림프세스트palimpsest[11)처럼 항상 배경에 존재했으나, 보다 긴급한 다른 사회적·정치적 주제들에 의하여 오버레이overlay 되었다.

보수적 민족주의자이자 영향력 있는 언론인이며 정치 평론가인 미하일 카트코프Mikhail Katkov(1818~1887)조차도 러시아의 정체성을 본질적으로 국가 중심적으로 이해했다. 러시아 사회는 민족적으로 동질적이지 않았으며, 그러한 조건은 변화되어야 했다. 국가는 러시아화를 통하여 아래로부터 적절하게 통합된 종족적 민족ethnic nation을 가지게 될 터였다. 그가 발행한 신문《모스크바 통보Moskovskie Vedomosti》는 아주 큰 인기를 끌었으나, 그의 민족주의적 견해가 지닌 호소력은 제한적일 따름이었다. 단순히 러시아만이 아니라 "모든 슬라브인의 차르"에 의해 영도되는 범슬라브적 통일이라는 (누구보다도 시인 표도르 튜체프Fedor Tiutchev에 의해 표현된) 이념은 다른 슬라브 민족들의 저항으로 인해 끊임없이 약화되었다. 그중에서도 폴란드인들의 반발은 가장 뚜렷했는데, 그들은 러시아인처럼 정교회를 신봉하지도 않았을 뿐만 아니라, 러시아의 지배에 대한 저항 자체가 폴란드 민족 정체성의 핵심을 이루고 있었기 때문이다. 더 가깝게는, 범슬라브주의는 물론이고, '러시아 민족'을 "대大러시아인Great Russians"만이 아니라, "소小러시아인Little Russians(우크라이나인)"과 "백白러시아인White Russians"을 모두 포함하는 보다 온건한 개념마저도, 우크라이나인들 사이에서 별도의 민족적 정체성이 대두되면서 심각한 타격을 입게 되었다. 정부는 1847년에,

---

11 팔림프세스트(palimpsest): 사본에 기록되어 있던 원래의 문자 등을 갈아 내거나 씻어 지운 후에, 다른 내용을 그 위에 덮어 기록한 양피지 사본을 일컫는 용어이다.

농노해방과 슬라브 민족 연방을 주장하던 '우크라이나 키릴과 메토디우스 형제단Ukrainian Brotherhood of Cyril and Methodius'이라는 단명한 우크라이나의 급진적 범슬라브 단체를 탄압한 이후에, 범슬라브주의를 위험하고 체제 전복적인 신조라고 공개 비난했다.[52]

"인민"에 대한 이러한 온갖 관심은 교육을 받은 계층 내의 일부 지도적 인물들로 하여금 다음 단계로 나아가게 만들었는데, 그것은 곧 밖으로 나가서 "인민"에 대해 공부하는 것이었다. 18세기에는 농민의 순수성에 대한 감상적 이미지가 유포되었으나, 이러한 목가적 전원시는 현실에 근거하고 있다기보다는 상상의 산물임이 명백했다. 1830년대에는 '제국 러시아 지리학회Imperial Russian Geographic Society'가 설립되었고, 다수의 민속학자들이 제국 내의 다양한 민족들의 복식과 관습을 목록화하는 작업에 착수했다. 이들 신사 학자들은 자신들이 접하게 될 민속문화에 대한 선입견을 지닌 채 현지로 향했지만, 그럼에도 불구하고 상당량의 정보를 수집할 수 있었다. 그들은 애초에 제국 전역을 아우르려고 했지만, 곧 제국의 어떤 다른 주민들보다도 러시아 농민층에 관심의 초점을 두게 되었다. 국가가 건설하고 유지 관리하며 국가 마부가 운행하는 노선을 따라야 했기 때문에, 러시아의 도로를 여행한 그들의 경험은 과장된 통일성과 미화된 이미지를 보여 주었다. 민속학자들은 자신들이 본 것을 이해할 때 마부들의 설명에 의존해야 했고, 애가哀歌를 부르면서 긴 여정의 시간을 보냈다. 이러한 마부들과 그들이 다녔던 도로는, 지식인 조사자들이 귀환하여 전달한 러시아에 대한 인상에 큰 영향을 미쳤다.[53]

러시아 농민층과 그들의 풍부하고 다양한 민속 관습에 대한 관심이 점차 고조되었는데, 이것은 특정 지역 — 가령 A 혹은 B 주써의 특정 농민 관습에 대한 애착심 — 에 대한 지역적 충성심을 북돋거나, 보다 거시적인 민족적 비전과는 대조되는 지방에 대한 열정을 고무할 수도 있었을 것이다. 그러나 앤 라운스베리Anne Lounsbery는 러시아 문학 텍스트 안에서 전개된 양상은 오히려 이와 정반대였다고 지적한다. 러시아 본토 내에서 지방은 지식인들의 충성심을 얻지 못했다. 이 용어는 실제로 농민들의 농촌 생활을 가리킨다기보다는, 도리어 답답한 지방 소도시의 세계를 의미했다. 라운스베리는 문학작품에서 지방이 동질적이며 분간되지 않는 무의미한 장소로 변하고 있으며, "수도가 아닌" 곳, 그리고 "수도가 가지는 의미와는 반대쪽에서 음울하게 획일화된 장소"라는 특징을 지닌다고 생각하고 있다. "사라토프인가, 프스코프인가? 아무거나 골라라. 대개 별 차이는 없다. 중요한 것은 지방과 수도라는 대립 구도이며, 러시아 문학 속에서 지방은 문화적 결핍의 구현체로서, 단순히 칙칙하거나 후진적이거나 속물적인 데 그치지 않고, … 오히려 악惡의 경지에 이를 정도로 진부함이 극대화된 일종의 지옥으로 그려질 수 있다." 이러한 현상을 설명하기 위해 라운스베리는 러시아가 서구에 비해 후진적이라는 인식으로 다시 돌아간다. 유럽에서 작가들은 지방민들이 파리를 모방하려는 행태를 조롱할 수는 있어도, 파리가 진정한 문화 수도라는 점에 대해서는 의심하지 않는다. 그러나 "러시아에서는 지방성이 심각한 문제로 인식되는데, 이것은 지방의 후진성이 곧 국가 전체의 후진성, 나아가 '비정통성inauthenticity'을 반영하는 것으로 받아들여질 수 있기 때문이다."[54] 다시 말해, 러시아의 수도들조차도 유럽의 대도시에 비추어 보면, 실제 지방과 마찬가지로 지방적일 수 있다는 불안감이 있었던 것이다.

　지금까지 우리는 정치 권위자들과 다양한 부류의 식자 엘리트들이 제시한 사상들에 대해 논의해 왔다. 그러나 '민족성' 혹은 '정체성'에 관한 인민의 사상을 파악하는 일은 훨씬 더 어렵다. 하층 인물들은 자신들의 관점을 기록으로 거의 남기지 않았기에, 역사가들은 그들의 신념에 접근하기 위해 창의적인 방법을 동원해야만 한다. 제프리 브룩스Jeffrey Brooks는 평범한 러시아인들이 무엇을 읽었는지를 고찰함으로써 이것을 시도하며, 독서를 위한 선택사항을 그들의 관점에 대한 지표로 삼는다. 그는 "러시아인이 된다는 것이 무엇을 의미하는지에 대한 인민의 생각에 대해 우리가 아는 바가 거의 없다."고 인정하며, "공동의 충성심을 가진 민족이라는 개념이 잘 발달되지 않았다."[55]는 의견을 제시한다. 브룩스는 그 단서를 민중용 인쇄물인 '루복'에서 반복되는 주제에서 찾는다. 이 '루복'은 일관되게 "19세기 내내 정교회, 그리고 그보다 적은 정도로는 차르"를 "러시아성의 최우선 표상"[56]으로 내세웠다고 그는 지적한다. 그러나 이 '루복' 속의 "민중적" 내용이 위로부터 전파된 메시지와 어떻게 분해될 수 있는지는 여전히 난제이다. 게다가 러시아성에 대한 이와 같은 정교회적인 개념은 제국 전체 인구 중에서도 일부 집단에게만 호소력을 가졌을 것이다. 이 당시에 보다 넓은 범주의 제국적Rossiiskii 정체성 의식이 형성되었는지를 판단하는 문제는 더욱 난해하며, 이것은 결국 러시아 제국 내 비러시아적 피지배 민족들의 복잡한 지위라는 문제로 귀결된다.

확대, 정복, 그리고 반란

나폴레옹과의 치열한 싸움은 19세기 전반기 러시아의 대외 분란 가운데 아마도 가장 극적인 사건이었으나, 러시아 제국은 다른 방향으로도 지속적으로 팽창했고, 그로 인한 후속적 결과들과 끊임없이 마주했다. 시베리아는 종종 러시아의 최초 식민지로 지칭되며, 결국에는 대대적인 슬라브인 정착지로 변모했다. 니콜라이 1세는 저명한 정치가 미하일 스페란스키를 시베리아로 파견하여 해당 지역을 시찰하고, 그 방대한 영토에 질서와 선정을 도입할 수 있는 개혁안을 마련하도록 했다. 1822년의 개혁 법령은 보다 투명한 행정 체계를 구축하고, 총독들의 자의적인 통치를 (어느 정도) 억제했으며, 시베리아 원주민들을 국가 농민으로 분류하고, 씨족 및 선출된 원로들을 중심으로 하는 자치제도를 부여했다. 이 법령은 시베리아 토착민들이 종교를 자유롭게 신봉하고, 공적 업무에서 자기들의 언어를 사용할 수 있으며, 자기들의 관습에 따라 분쟁을 해결할 수 있도록 허용했다. 비록 이 법률들이 실제가 아니라 서류에 그친 면이 많았고, 최종 권한은 여전히 러시아인 총독과 관료들에게 귀속되어 있었지만, 스페란스키의 개혁은 제국 말기까지 원주민들의 생활양식을 일정 정도 보호하는 규칙과 관행을 수립했다.[57]

동시에, 원주민들은 언어와 라벨링labeling이라는 민족지학적 함정에 얽매이게 되었다. '이노로드치inorodtsy'[12]라는 애매모호한 용어는 문자 그대

---

12 이노로드치(inorodtsy): 특별한 법적 지위를 가진 종족 집단을 일컫는 용어이다. 이노로드치에는 시베리아, 중앙아시아, 남캅카스의 토착 부족들이 포함되었다. 예를 들어, 스텝 지대에서 유목 생활을 하던 칼

로는 '다른 혈통 혹은 씨족의 사람들'을 의미하나, 러시아인의 관점에서는 특히 이질적이고 원시적인 민족을 지칭하는 표현으로 사용되었다. 이 용어는 "이노로드치 통치에 관한" 1822년의 '규정Ustav'에서 엄격한 법적 정의를 부여받았다. "이 규정은 이노로드치라는 범주 안에 다양한 '동방' 민족들, 즉 대부분 유목 혹은 반유목 생활을 영위하며 목축, 수렵, 어업을 생계의 기반으로 삼는 시베리아 토착민들을 포함시켰다. 19세기 동안 제국의 남부 및 동부로의 확장이 지속되면서 새로운 민족 집단들이 제국 영토 내로 편입되었고, 해당 민족이 이노로드치 범주에 포함되어야 하는지를 둘러싼 판단이 필요했다."⁵⁸ 이 용어는 그 민족지학적 의미가 변화함에 따라 법적 결과로 굳어지면서 과도한 중요성을 띠게 되었으며, 그 변동성은 결국 그러한 범주의 고정 가능성 혹은 가변성에 대한 의문을 불러일으켰다. 존 슬로컴John Slocum이 지적하듯이,

러시아의 유대인들은 정착 생활을 영위하고 있었으며 아시아가 아닌 유럽적 환경에 거주하고 있었다는 사실에도 불구하고, 1835년에 이노로드치로 지정되었다. 유대인을 이노로드치로 분류한 것은 이 범주의 기저에 놓인 논리 자체의 근본적인 모호성을 드러낸다. 이 범주는 특정 집단의 문명화된 발전 수준을 나타내는 지표였는가, 혹은 인종적 차이를 규정하는 법적 표식이었는가? 만일 전자가 맞다면, 계몽주의 시대의 사회진화 개념에 비추어 보아, 이노로드치로 분류된 집단은 원칙적으로 일정한 발전을 거쳐 이 지위에서 벗어

미크족, 키르기스족, 그리고 아르한겔스크 지역의 사모예드족, 유대인 등이 이노로드치에 속했다.

나 '승격'될 수 있었을 것이다.[59]

만일 후자가 맞다면, 그리고 그 차이가 생물학적·생리적 성격의 것이라면, 이노로드치의 특성은 본질적으로 불변의 것으로 이해될 것이다. 일반적으로 러시아인은 인종이라는 범주에 무관심했다고 평가되지만, 슬로컴은 이러한 안일한 가설에 도전하며, 이 문제들이 19세기 초에 활발히 논의되었으며, 시간이 흐를수록 더욱 첨예한 성격을 지녔음을 우리에게 상기시킨다.

비록 일부 우수한 연구들이 성과를 내고 있기는 하지만,[60] 이 시기 시베리아 원주민들의 경험에 접근하며, 또 그들이 제국에 대해 가진 인상을 평가하는 일은 쉽지 않다. 이에 비해 보다 접근이 용이한 것은 제국의 변경지에서 봉직한 러시아 행정 및 지식 엘리트들의 기록이다. 시베리아의 특이한 점 중의 하나는, 훗날 중앙아시아에서도 반복되었듯이, 이 지역의 관청을 담당하고 총독으로 부임하거나 개혁을 감독했던 핵심 인물 중 다수가 유배자로서 파견되었다는 사실이다. 마크 소더스트롬Mark Soderstrom은 이들 중 일부 인물의 방대한 저작물을 분석했는데, 이들 중에는 유배된 이도 있었고, 단지 출세의 기회가 차단되어 수도의 아주 세련된 동료들이 머나먼 지방민에게 보여 준 경멸적인 처우의 대상이 된 이들도 있었다. 그는 이들 가운데 당대의 "계몽된 관료"의 전형으로서 아주 교양 있는 인물들을 찾아냈다. 그들은 영토를 발전시키는 일에 크게 헌신했으며, 동시에 전제주의의 원칙과 니콜라이 1세라는 인물 자체, 즉 러시아 역사상 가장 전제적이고 억압적인 통치자로 악명이 높은 황제에 대하여도 뚜렷한 충성심을 보였다. 그들은 저술 속에서, 계몽에 이르는 길이자 모든 피치자의 은혜로운 수호자로서 거의 종교적 헌신에 가까운 태도를 이 불가능해 보이는 인물에게 보여 주었다.

학계는 오랫동안 제국 정권이 스스로의 이미지를 정교하게 만들어 내는 데 주력했음을 주목해 왔으나, 소더스트롬의 연구는 그 이미지가 '수용reception'되는 방식이라는 보다 난해한 문제를 조명하고 있다. 반세기 전에 안나 랍지나가 그러했듯이, 이 시베리아 관료들은 자신들의 저술 속에서 전제정 이념을 러시아에 가장 적합하고 유일한 길로 완전히 내면화했음을 보여 준다. 특히 표트르 슬롭초프Peter Slovtsov의 경우는 아주 흥미로운 사례이다. 그는 아주 많은 동시대인처럼 유배되어 수도에서의 봉직 기회로부터 차단되어 있었다. 그러나 그는 제국 정권에 지속적인 충성심을 표명했으며, 또한 자신과 후배 이반 칼라시니코프Ivan Kalashnikov가 시베리아에 대한 지식을 바탕으로 제국의 사명을 진전시키는 일에 중요한 기여를 할 수 있으리라고 확신하고 있었다. 그들은 제국에 대한 강렬한 헌신적 태도와 시베리아 자체에 대한 깊은 애착심을 결합했다.[61] 그들의 정치적 충성심은 이 시기에 목소리를 내기 시작한 시베리아 문학에서 대응 사례를 발견했다.[62]

그들의 지역주의regionalism는 제국과 국민국가라는 이분법을 복잡하게 만드는 또 다른 소속 방식을 강조한다. 라운스베리는 이런 종류의 지역주의가 거의 문학작품에서만 나타나며, 그 배경은 거의 예외 없이 "국경 지대—즉 시베리아, 우크라이나, 캅카스, 크림, 아시아 스텝 지대, 심지어 발트해 지역과 같은 비러시아적 혹은 반非러시아적인 공간들"이라는 점을 지적한다. 이들 지역의 특수성은 해당 작품의 영향력을 증대시킨다. 아래에서 논의될 알렉산드르 푸시킨Alexander Pushkin의 『캅카스의 포로』나, 고골의 우크라이나 단편들은 이러한 경향의 전형을 보여 주는 사례이다. "러시아의 상상력 넘치는 문화 속에서, 제국의 다양한 변경과 전초지들은 종종 '러시아' 그 자체와 '대립되는' 공간으로 그려지기 때문에, 이처럼 통일된 제국 내에 온갖 '준準러시아적' 공간이 공존하는 현실은 오히려 유럽 러시아 내의 이질적인 지역들을 '지방'이라는 개념 속으로 와해시키는 경향을 강화했을지도 모른다."[63]

19세기는 캅카스 남부로의 성공적인 진출로 시작되었으며, 그로써 그루지야와 페르시아령 아르메니아가 제국에 편입되었다. 그 이후 수십 년에 걸쳐, 그루지야와 아르메니아, 그리고 훗날 아제르바이잔이 될 저지 평야에 안정적으로 자리 잡은 러시아는 그 시선을 보다 험준하고 도전적인 캅카스 북부로 돌렸고, 그곳에서 "산악 민족mountain people"이라 불린 이들과 진흙탕 싸움을 벌이게 되었다. 이 투쟁의 여파는 체첸과 다게스탄에서 오늘날에도 여전히 메아리치고 있다. 제국의 서부 국경에서는, 1816년에 알렉산드르 1세가 폴란드 국민들에게 말했던 유망한 제안은 이후에 좋지 않은 방향으로 흘러가다가, 1830년 폴란드의 11월 봉기로 이어졌다. 이른바 "배신"으로 간주된 이 사건은 결국 제국이 우크라이나, 루테니아, 발트 지역 등 이질적인 인구 집단을 향해 취한 이후의 정책에도 심대한 영향을 미쳤다.

러시아는 오랜 기간 캅카스 남부의 그루지야 및 아르메니아 인구 집단과 접촉을 유지해 왔으며, 대체로 이 지역의 기독교인들을 페르시아와 오스만의 억압으로부터 지키는 보호 세력으로 간주되었다. 1801년에 그루지야가, 그리고 1828년에 예레반 칸국이 러시아에 병합되었을 때, 그것은 새로운 신민들에 의하여, 적어도 기독교 주민들 사이에서는 환영받았던 것으로 보인다. 일부 무슬림들은 탈주를 선택하여 오스만제국 혹은 페르시아제국으로 이주했으며, 또 다른 이들은 충성을 맹세하고 정교도 황제의 통치 아래 남기를 선택했다. 공식 문서들은 러시아가 이 지역에 초청받아 들어왔다는 점을 강조했다. 러시아 관리들은 항상 서방 제국들의 눈치를 보고 자기들을 다른 제국과 비교하고 있었기 때문에, 자기들이 캅카스에서 환영받았다는 점은 스스로 해방자로 자처하고, 러시아가 보다 인도적이고 관대한 제국이라고 자화자찬할 수 있는 근거가 되었다. 아르메니아인들에게는 지역 공동체 내에서 상당한 수준의 자치가 허용되었고, 아르메니아 교회의 수장인 카톨리코스Catholicos[13]는 종교적·정신적 사안을 감독할 권한을 부여받았으며, 제국 전역에서 출판되는 아르메니아어 저작물에 대한 검열권, 종교 학교 설립 및 운영권, 그리고 자신의 결정을 집행하기 위한 국가권력의 지원 요청 권한까지도 행사할 수 있었다.

동시에, 러시아의 수사修辭 속에서는 새로이 복속된 이들을 폄하하고, 심지어 악의적인 고정관념이 유포되었다. 그러나 아르메니아인들은 제국에 편입됨으로써, 그리고 심지어 러시아인들이 진실이라고 믿었던 그들에 대한 문화적 고정관념으로부터 여러 면에서 이익을 얻었다. 특히 아르메니아인을 유능한 상인 및 무역상으로 간주하는 뿌리 깊은 인식은 그들

---

13 아르메니아 … 카톨리코스(Catholicos): 아르메니아는 로마제국에 앞서 기원후 4세기 초에 기독교를 국교로 정했다. 아르메니아 정교회 혹은 사도교회의 수장은 그리스어로 가톨릭('보편적인')을 의미하는 카톨리코스라고 불린다.

에게 유리하게 작용했고, 이에 따라 예카테리나 2세 및 알렉산드르 1세는 그들에게 세금 면제 및 제국 내외를 자유롭게 왕래할 수 있는 특권을 부여했다. 아르메니아 및 아르메니아인에 대한 이러한 파격적인 처우에서는 다시금 권리의 차등이라는 양상이 지속되고 있음을 확인할 수 있다. 앤 스톨러Ann Stoler가 일반적인 현상으로서 제국에 대해 말한 것처럼, "제국이라는 구성체는 예외의 창출 및 예외의 불균등하고 변화무쌍한 확산을 통해 작동하는 통치의 기술이 널리 사용되는 거대 정치체macropolities이다."[64]

아르메니아인들은 오랜 세월에 걸쳐 인도에서 이탈리아에 이르는 세계 각지에 흩어져 정착지를 일구며 살아왔다. 수 세기에 걸친 이산離散의 결과, 그들은 민족—종교적 공동체와는 다른 하나의 민족으로서의 통일된 감각을 가지고 있지 않았다. 그러나 새롭게 설치된 아르메니아 오블라스트Armianskaia oblast'[14]는 페르시아와 튀르키예로부터 거의 10만 명에 달하는 아르메니아인들을 끌어들였으며, 이로써 재결집한 디아스포라 구성원들 간의 교류와 상호작용이 활발히 이루어지게 되었다. 이러한 인구 응집 현상은 19세기 초, 민족 정체성에 대한 사유와 저술이 급증하던 시기와 일치하여 발생되었다. 민족성에 대한 개념은 아르메니아인들의 지적 활동의 지도적 중심지 중의 한 곳인 베네치아에서 교육받은 아르메니아인들의 저술을 통해 러시아령 아르메니아로 유입되었다. 그러나 아르메니아 민족

---

14 아르메니아 오블라스트(Armianskaia oblast): 오블라스트는 주(州, 구베르니야)에 해당되는 행정단위이다. 19세기에는 캅카스, 중앙아시아, 동시베리아, 그리고 극동에 오블라스트가 설치되었다. 유럽 러시아 지역에는 돈 카자크인들의 돈 보이스코 오블라스트만이 있었다. 아르메니아 오블라스트는 1828년에 설치되었다.

사상가들은 민족 주권이나 독립을 위한 투쟁에 나설 수 있는 위치에 있지 않았고, 무슬림 지배자로부터 새롭게 "해방"되었다는 인식과 러시아 제국 내에서 향유하게 된 호의적인 지위를 감안할 때, 그러한 열망 자체도 그리 크지 않았다. 그 대신, 다른 사례들에서 볼 수 있듯이, 그들은 제국에 대한 확고한 충성심과 아르메니아 정체성에 대한 헌신적인 마음을 결합시켰다. 로널드 수니는 아르메니아 역사에 대한 자신의 연구에서 그들을 "아르메니아의 애국적 인텔리겐치아Armenian patriotic intelligentsia"[65]라고 명명했다. 이 경우에 그들의 애국심은 자신들을 보호해 준 국가와 그들의 관점에서 볼 때 서구식 교육, 출세 기회, 부유해질 수 있는 길 등 매력적인 혜택을 제공해 준 문화를 향한 것이었다.

아르메니아인들과 그루지야인들은 종교적인 이유로 러시아의 지배를 환영했다. 그러나 보다 놀라운 사실은 18세기 후반에서 19세기 초에 이르기까지 러시아가 스텝 지대, 크림, 캅카스, 중앙아시아로 지속적으로 침투해 들어가는 과정에서 일부 무슬림 인구 역시 러시아에 동조했다는 점이다.

예카테리나 대제가 만든 선례를 따라, 러시아는 제국 통치의 도구로서 정부가 직접 설치하고 지원한 이맘직imamate 제도와 구조에 의지했다. 그러나 19세기 초, 특히 1830년의 폴란드 봉기 이후, 러시아 당국은 정교회 소속이 아닌 성직자들에 대해 경계심을 키우게 되었고, 일반 무슬림들과 성직자들 간의 분쟁에 개입하였다. 우리가 앞서 아르메니아인들 사이에서 보았던 제국에 대한 특별한 형태의 애착 현상과 유사하게, 러시아 내의 일부 무슬림들 또한 제국에 대해 일종의 충성심을 표명했다. 그들은 공동체적 종교 정체성을 분명히 유지하는 동시에, 제국의 신민이라는 더 넓은 공동체에 속한다는 자긍심 어린 소속감을 주장하였다.[66]

대체로 제국의 권력은 다양한 피지배민들의 종교 제도에 맞서기보다는 그것을 매개체로 활용했다. 개종은 여전히 고려 대상이 아니었다. 로버트 크루스가 쓴 바에 따르자면, "수백만의 차르 치하 신민들에게 국가란 단순히 타 종교를 관용하는 수준을 넘어서, 이슬람교, 유대교, 불교, 개신교 및 기타 신앙의 특정 형태들을 옹호하는 존재로 다가왔다."[67] 그러나 이후에 러시아—오스만제국 간의 연이은 전쟁들, 특히 크림전쟁(1853~1856)과 1877~1878년의 전쟁,[15] 그리고 폴란드인들과 기타 피지배 민족들 사이에서 민족주의가 대두되면서, 러시아는 제국 내의 무슬림들의 충성심에 의구심을 가지기 시작했다. 미하일 카트코프나 소설가 표도르 도스토옙스키Fyodor Dostoevsky 같은 보수 성향의 러시아 민족주의자들은 관용 정책에 의문을 제기했다. 범슬라브주의 작가들이 모든 슬라브인의 단결을 꿈꾸었던 것처럼, 범튀르키예주의Pan-Turkism나 범이슬람주의Pan-Islamism와 같은 병행 이념들이 러시아 내의 무슬림들을 유혹하여 오스만제국을 지지하게끔 만들 수 있다고 우려하는 사람들도 있었다. 관용 정책은 제국이 붕괴될 때까지 유지되었지만, 유력 인사들은 종교적 다양성이 제국을 약화시키며, 러시아도 유럽의 국민국가들이 나아가는 길을 본받아 국민의 동질화에 힘써야 한다고 주장했다. 그럼에도 불구하고 심지어 1905년 혁명과 1905년부터 1917년까지 이어진 입헌군주정 시기에도, 무슬림들은 국가

---

15 1877-1878년의 전쟁 : 튀르키예와의 전쟁을 가리킨다.

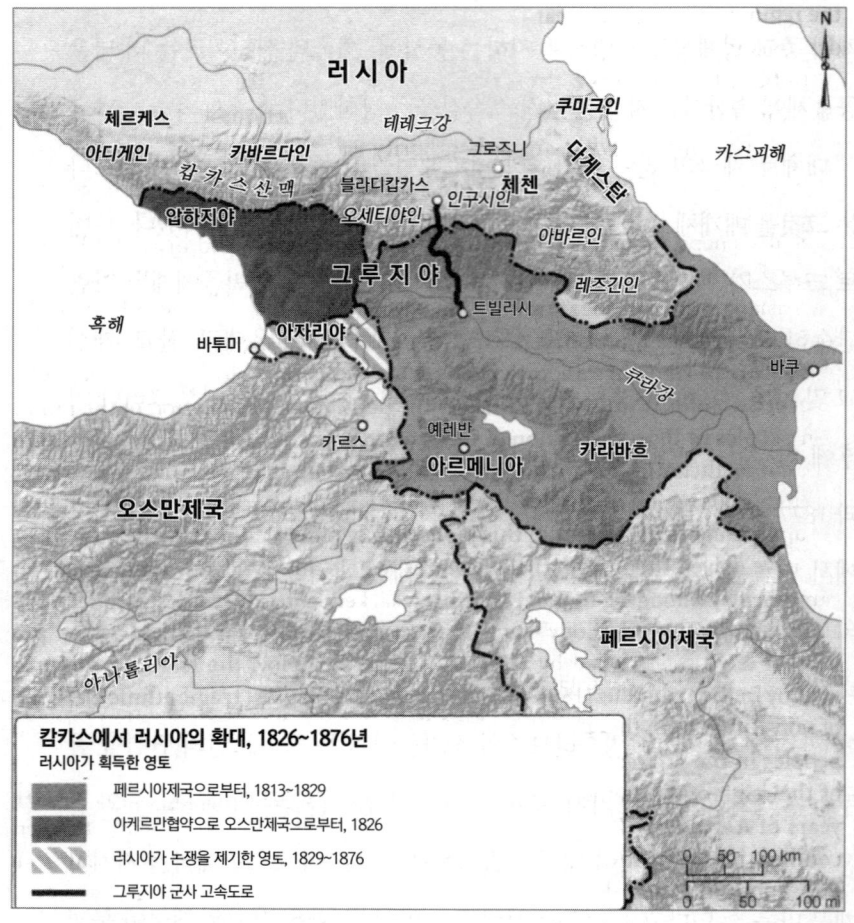

러시아

체르케스
아디게인   카바르다인   테레크강   그로즈니   쿠미크인   카스피해
칸카스산맥   블라디캅카스   체첸   다게스탄
압하지야   오세티야인   인구시인
그루지야   아바르인
레즈긴인
흑해   바투미   아자리야   트빌리시   쿠라강   바쿠

오스만제국   카르스   예레반   카라바흐
아르메니아

페르시아제국

아나톨리아

캅카스에서 러시아의 확대, 1826~1876년
러시아가 획득한 영토

　　　페르시아제국으로부터, 1813~1829
　　　아케르만협약으로 오스만제국으로부터, 1826
　　　러시아가 논쟁을 제기한 영토, 1829~1876
　━━━　그루지야 군사 고속도로

0   50   100 km
0   50   100 mi

지도 6.2. 캅카스에서 러시아의 확대

두마State Duma에 대표를 선출하고 시민의 권리 및 평등한 대우를 요구하는
탄원을 제기하는 등 체제 내에서 가능한 정도로 활동을 계속했다.

　　의미심장하게도, 러시아는 오직 '특정 형태'의 종교의 보호자로만 자처
했다. 보호의 범주에서 명백히 배제된 사례 중의 하나는 북캅카스 지역 민
족들―체첸인, 체르케스인, 아바르인, 쿠미크인, 카바르다인, 아디게인

등—이 러시아의 침략에 대항하는 무장 단체를 결성하는 데 결정적인 역할을 했던 수피즘Sufism[16]이었다. 유럽에서 가장 높은 산맥인 캅카스산맥은 그 언어와 민족의 다양성으로 인해 '언어들의 산Mountain of Tongues'이라고 알려져 있다. 북캅카스의 대부분 사람은 무슬림이지만, 기독교인이거나 토착적인 종교의식을 실천하고 있는 사람들도 많았다. 캅카스인들은 칸과 족장, 이맘imam[17]과 셰이크sheiks[18] 등의 지배를 받았으며, 16세기 초부터는 명목상 오스만제국의 통치 아래 있었다. 이와 거의 같은 시기에 이반 뇌제는 남쪽으로 영토를 확대하여, 카스피해 인근의 아스트라한에 이르렀고, 캅카스산맥 바로 북쪽에 있는 테레크강 유역에 카자키를 정착시켰다. 러시아인들이 1780년대부터 본격적으로 이 지역으로 침투하기 시작하자, 일련의 수피즘 지도자들은 침략자들에 맞서 성전을 선포했다. 18세기 후반에 러시아인들은 지지를 서약한 그루지야 왕국들과 러시아를 연결하기 위해, 산맥을 관통하는 '그루지야 군사 고속도로'를 건설했다. 1820년대에 이르러, 이 지역에서 전통적으로 영향력을 행사해 온 두 강국인 페르시아와 오스만제국이 약화된 틈을 타서 러시아는 더욱 강력하게 이 지역으로 조금씩 진입하기 시작했고, 이것은 오랜(끝없는) 기간 진행된 무시무시한 전쟁을 촉발했다.

러시아가 늘 그래왔듯이, 초기에는 지역 엘리트를 선발하여 통치하는

---

16 수피즘: 개인이 현세를 살아가는 동안 신의 존재를 직접 느끼고 확인하기 위하여 추구한 삶의 방식을 일컫는 말로서, 주로 이슬람의 신비주의 계열의 종파를 가리킨다.

17 이맘(imam): 이슬람교에서 지도자를 일컫는 용어이다.

18 셰이크(sheiks): 이슬람권에서 가장이나 족장을 일컫는다.

방식을 시행하려고 했으나, 그 지역은 극심하게 분열되고 파편화되어 있었음이 밝혀졌다. 실질적인 권위를 가진 엘리트 집단을 식별하는 것 자체가 어려웠고, 단일하고 통합된 정치체가 없는 탓에 통상적인 접근 방식은 실행 불가능했다. 러시아 제국은 산악 지대에서 교묘히 잘 빠져나가는 부족들을 상대로 한 원정에서, 기존에 선호하던 '차등을 통한 통치' 원칙을 내려놓고, 박멸이라는 끔찍한 방식을 채택했다. 북캅카스인들을 대상으로 지시된 "특별 거래"는 측정 불가할 정도로 냉혹한 것이었다. 1829년에, 러시아가 페르시아군에 대한 중대한 승리를 거두고 진격로를 확보하자, 니콜라이 1세는 파스케비치Paskiewicz 장군에게 "[러시아에] 직접적 유익이 되는 영광스럽고 아주 중대한 과업, 즉 산악 민족들의 항구적인 평정 혹은 복종하지 않는 자들의 절멸을 목표로 하라."[68]라고 퉁명스럽게 지시했다. 그들이 복종하지 않자, 전멸시키는 것이 러시아의 정책이 되었다. 위대한 시인 알렉산드르 푸시킨은 1829년에 이 산악 지역을 지나간 후, 이 피에 굶주린 정책의 결과를 짧고 단호한 문장으로 전했다. "체르케스인들은 우리를 증오한다. 우리는 그들을 목초지에서 쫓아냈고, 그들이 소유한 아울auls[19][촌락, 거주지, 야영지] 전체를 약탈했으며, 친족 전체를 죽였다."[69]

　러시아가 토착 민족들과 벌인 이 처절하고 유혈로 점철된 전쟁은 차르가 캅카스에 전권을 부여하고 파견한 총독 알렉세이 예르몰로프Aleksei Ermolov 장군(재임 1816~1827)이 시행한 "공포 정책policies of terror"으로 드러났다. 알렉산드르 1세 치세 중반부터 니콜라이 1세의 전 기간을 거쳐 알렉산

---

19 아울(auls): 캅카스, 중앙아시아, 남우랄 등지에서 촌락, 거주지, 야영지를 일컫는다.

샤밀, 1860년경.

드르 2세 초반기에 이르기까지(대략 1817년부터 1864년까지) 이어진 장기적인 산악전에서 북캅카스 민족들이 패배당한 뒤에, 차르 제국에서 자행된 최대 규모이자 가장 비극적인 비러시아인에 대한 인종 청소가 실시되었다. 체첸인 및 다른 산악 민족들과 러시아 간의 폭력적인 충돌은 심지어 오늘날까지도 지속되고 있다고 말할 수 있다.[70]

산악 지역의 주민들은 러시아의 정복에 거듭 저항했으며, 마침내 강력하고 카리스마적인 이슬람 지도자들을 중심으로 단결했다. 이맘들은 엄격한 '샤리아' 법[20]을 설교하고 강요하면서, 음주, 흡연, 춤, 무질서한 남녀 관계와 같은 악덕을 금지했다. 이들은 지역 부족들을 효과적으로 조직하

---

20 '샤리아' 법: 이슬람교의 법체계이다. 알라가 무함마드에게 내린 종교 규칙이다.

여 수십 년간 침입자들과의 투쟁을 이끌었다. 그중 가장 인상적인 지도자는 샤밀Shamil로서, 그는 크림전쟁 기간에 심지어 러시아의 캅카스 수도 트빌리시를 위협하기도 했다. 캅카스의 반란자들은 사실상 차르 제국의 적인 오스만제국의 동맹 세력이었다. 유럽 열강은 캅카스를 침공하여 반反러시아 저항 세력과 합류할 계획도 세웠으나, 크림전쟁이 종결되면서 러시아는 캅카스인들을 제압할 수 있었다.

1860년대 초에, 러시아 당국은 캅카스 국경 지역의 취약성을 줄이기 위하여 특정 민족들을 해당 지역에서 제거하기로 결정했다. 그들은 먼저 아디게 및 체르케스 부족들을 축출하고, 그들의 땅에 카자키를 정착시켰다. 이러한 정책으로 수십만 명에 이르는 북캅카스 주민들이 남쪽의 오스만제국으로 대거 이주했다. 알렉산더 크니시Alexander Knysh는 다음과 같이 서술하고 있다.

> 망명자들에게는 다양한 동기가 작용했다. 러시아 당국의 이주 정책과 억압적인 통치가 초래한 주거지 박탈과 이에 대한 분노, 아나톨리아에서 우호적인 이슬람 통치 아래에서 행복한 삶을 살 수 있다는 희망(이것은 부분적으로는 오스만제국의 선전에 의한 것임), 그리고 무슬림 종교 당국이 공포한 종교적 판결—즉, 선택의 여지가 있음에도 불구하고 이교도의 지배하에 거주하는 것은 모든 무슬림에게 중대한 죄악이라는 선언—등이 그것이었다. 이주민들은 오스만령 튀르키예로 향하는 선박에 승선하자마자, 오스만 노예상들과 탐욕스러운 선원들의 손쉬운 먹잇감이 되었다. 이들은 승객 수에 따라 운임을 책정했기에 가능한 한 많은 사람들을 각 선박에 빽빽이 실어 날랐다.[71]

50만 명 이상의 캅카스인들이 탈출했는데, 그중 절반 정도가 도중에 목숨을 잃었다. 또 다른 수십만 명은 러시아 정부가 카자키에 의해 밀착 감시가 가능한 지역으로 강제 이주시켰다. 산발적으로, 특히 1877~1878년의 러시아–튀르키예 전쟁 중에 반란이 계속되었다. 캅카스 지역은 비록 결코 완전히 평정되거나 제국의 행정 체계에 실질적으로 통합되지는 못했으나, 본질적으로 러시아 제국의 일부가 되었다.

이 충돌 기간의 전선戰線은 "성전聖戰"이나 "문명 충돌"과 같은 설명이 시사하는 바만큼 명확하지는 않았다. 러시아인들과 산악 주민들 사이의 백여 년에 걸친 다양한 상호작용으로 인하여, 의무와 소속감, 충성심이 혼합된 사람들이 생겨났는데, 이것은 제국 권력과 식민지 피지배민 사이의 관계를 간단하게 규정지을 수 없도록 만들었다. 레프 톨스토이가 1904년에 발표한 중편소설의 주인공이 된 아바르족 전사 하지 무라트Hadji Murat는 저항 세력과 러시아군 사이를 오가며, 엄격한 문화적 애착심보다는 개인 경험에 의해 동기를 얻고, 또 자신의 명예 및 가족에 대한 공격에 반응하여 행동했다. 또 다른 단편소설 「카자크 사람들」에서, 톨스토이는 북캅카스 방어선에 배치된 카자키의 세계를 묘사했는데, 여기서 그들의 삶은 세련된 러시아 장교들보다는 오히려 적군인 부족 사람들과 더 많은 공통점을 가지고 있었다. 그곳에서는 카자크와 아디게인, 기독교도와 무슬림, 침략자와 저항자의 언어와 행위 사이의 경계가 점차 흐려지고 있었다.

상트페테르부르크에 있는 정교회 당국으로부터 "배교자"로 간주되었던 기독교 분파 집단들 또한 산악 국경 지대로 이주함으로써 편의적 범주를 뒤흔들었다. 1830년대부터 두호보르파Dukhobors[21], 몰로칸파Molokans[22], 수보트니크파Subbotniks[23]처럼 이단으로 선고된 분파들은 북캅카스와 남캅카스 전역에 대규모로 정착했다. 박해로 인해 러시아의 고향집에서 내몰린 그들은 신앙의 자유를 찾아 망명하거나 도망쳤지만, 국경의 산악 지역에서 살게 된 새로운 주거지로 인하여 많은 면에서 변화를 겪게 되었다. 상트페테르부르크의 시각에서 보면, 과거의 이단자들은 이제 모범적인 식민지 개척자이자 러시아성의 전형이 되었다. 그러나 새로운 생태 환경과 낯선 지형에서 근근이 생계를 유지해야 하는 가혹한 현실에 직면하여 살아가야 했던 정착민들 입장에서는 원주민 이웃들과의 관계가 생사의 문제가 되었다. 역사가 니콜라스 브레이포글Nicholas Breyfogle은 이들 분파들이 이웃 원주민들과 어떻게 상호작용하고, 그들로부터 배우고, 그들과 경쟁하고, 때로는 충돌하며, 전혀 새로운 환경 조건에 적응해 나갔는지를 면밀하게 추적했다. 그들이 누구인지 정의 내리고, 그들을 추방에 이르게 했던 기존의 범주적 구분들은 평지와 고산지대라는 상황 속에서는 일시적으로만 유효했음이 판명되었다.[72]

---

21 두호보르파(Dukhobors): "영혼"을 의미하는 "dukh"와 "씨름하는 자"를 의미하는 "borets"를 합한 말로서 "성령의 씨름꾼들"이라는 뜻이다. 이들은 평화주의에 따른 양심적 병역거부와 이단 혐의로 차르와 러시아정교회로부터 박해받았다. 레프 톨스토이가 『부활』을 쓴 동기는 이들 두호보르파를 캐나다로 이주시키기 위한 자금을 마련하는 것이었다.

22 몰로칸파(Molokans): "유제품을 먹는 사람들"이라는 뜻으로서 육류를 섭취하지 않지만, 우유나 계란은 먹는 러시아정교회의 한 분파이다. 18세기 후반에 성립되었는데, 종교의식을 부정하고 성경만을 신앙의 기반으로 삼았다. 성직자 제도가 없고 '장로'로 불리는 지도자가 성직자 역할을 대신하며, 이단으로 간주되었다.

23 수보트니크파(Subbotniks): 히브리어 성경에 따라 토요일(subbota)을 안식일로 지킨 데서 유래되었다. 18세기 말에 등장했고, 러시아정교회에서는 이단으로 간주되었다.

역사의 재구성 작업에서 마이클 호다르콥스키는 바로 이러한 모호한 경계 위에서 살아가며 "쓰라린 선택"을 강요받았던 한 역사적 인물, 즉 세묜 아타르시치코프Semyon Atarshchikov의 생애를 추적했다. 체첸 부모에게서 태어났으나 러시아의 카자크로 자라난 아타르시치코프는 하지 무라트와 놀라울 만큼 유사할 정도로 왔다 갔다 하는 궤적을 밟았으며, 러시아인 동료들과 무슬림 뿌리 사이에서 충성심을 바꿔가며 위험하기도 하고 결국 치명적이었던 삶을 게임처럼 살았다.[73] 반러시아 저항운동의 위대한 지도자 샤밀도 경계를 넘나들었던 또 다른 인물이었다. 그는 체포된 후 상트페테르부르크에서 중요한 인물로 대우받으면서 호기심 많은 상층 사람들의 방문을 받으며 여생을 보냈다. 대중은 패배한 샤밀을 숭고한 전사로 환대하며, 향수 어린 마음으로 찬사를 보냈다. 그는 아르메니아 여성 포로와 결혼했는데, 그녀는 이슬람으로 개종한 뒤 평생 그와 애정 관계를 지속했다. 제국의 가장 치열한 전선에서도, 충성과 적의가 얽히고설켜 침략자와 피지배자 사이의 경계를 무너뜨리고 있었음은 놀라운 사실이다. 제국이란 본질적으로 민족 간의 차이를 구획하기도 했지만, 다른 한편으로 식민지 개척자와 피식민지인의 혼종적 결합을 산출하는 코스모폴리탄적 융합의 공간이기도 했다.

제국의 정복이라는 격동의 소용돌이에 휘말린 사람들만이 혼종화 과정에 대해 양가적 감정을 드러낸 것은 아니었다. 다수의 피지배 민족의 통합을 둘러싼 공식적인 국가정책 또한 계속해서 양가성과 우유부단함의 흔적을 남겼다. 많은 역사가들은 니콜라이 1세 치하 정권이 통일된 정책을 시행하고, 제국의 모든 영토와 인민을 하나의 명확한 러시아적 전체 안으로 통합하는 노선을 강하게 추진했다고 말했다. 그러나 우리가 논의해 온 바와 같이, 마지못해 진행하는 동질화 시도와 함께 여전히, 그리고 어쩌면 은밀하게, 차등에 의지하는 정책이 지속되고 있었다.

정착 구역의 유대인들은 이러한 상황을 잘 보여 주는 대표적인 사례이다. 유진 아브루틴Eugene Avrutin은 1830년대 초에 러시아 정권이 18세기 말 폴란드−리투아니아로부터 흡수한 대규모 유대인 인구로 생겨난 문제에 직면했다고 지적한다. 유대인들은 "식별legibility"의 문제에서 특히 어려움을 제기했다. 기독교인의 출생은 세례라는 공식적 절차에 따라 쉽게 기록되었고, 이름 역시 체계적으로 추적 가능했으나, 유대인들은 출생에 관한 어떠한 공식 기록도 남기지 않았다(사망 기록은 다른 문제였다). 게다가 그들은 생애 동안 온갖 가지 다양한 이름과 별칭을 사용했기 때문에, 국가 당국이 개인을 정확하게 식별하기 어려웠다. 그러므로 국가는 정착 구역의 유대인들을 등록하고 "문명화"하고, 러시아식 예절과 청결 기준에 맞추기 위해 양면의 노력을 전개했다. 유대인들은 출생 등록을 하고, 고정된 이름과 성을 기록하며, 전통 복식을 버리고 도시적인 최신 의복 양식을 받아들여야 했다.

그러나 여기서 러시아 정부의 계획은 중대한 걸림돌에 부딪혔다. 만일 유대인 피지배자들이 국가의 요구에 응하여 러시아식 이름을 선택한다면 어떻게 할 것인가? 생선 장수 모이셰가 이반 이바노비치 이바노프로 개명하고, 검은 외투를 벗어 던지고 구레나룻을 깎아버린다면, 그가 유대인이라는 사실을 어떻게 식별할 수 있겠는가? 유대인을 진정으로 "러시아화"하는 것에 대해 복잡한 감정을 지니고 있었던 당국은 이러한 가능성에 대해 불안감을 가졌다. 그래서 당국은 구분을 확실히 하기 위해 계속해서 정책을 이리저리 만지작거렸다. 유대인들은 성姓을 취해야 했으나, 그것은 반드시 유대인임을 식별할 수 있는 성이어야 했다. 새로운 형태의 복식 구분도 도입되어, 누가 무엇을 입을 수 있는지를 세밀히 규제하는 현대판 사치금지령sumptuary laws이 시행되었다. 유대인들 스스로도 이러한 얽히고설킨 규제망에 대하여 복합적인 반응을 보였다. 어떤 이들은 등록과 서류 작업을 통한 속박을 회피하려 했으며, 다른 이들은 순응하는 척함으로써 얻는 이점을 인식하고 자발적으로 체제 내에서 등록 방법을 모색했다.[74]

러시아가 "유대인 문제"를 마주하게 된 것은 폴란드 분할로 인하여 유대인들이 대규모로 갑자기 러시아 통치권 안으로 들어왔기 때문인데, 이것은 제국의 아주 중대한 관계 중의 하나였던 폴란드와의 복잡한 상호작용의 결과였다. 앞서 살펴본 바와 같이, 나폴레옹전쟁기 동안 여러 야심찬 제국들이 폴란드 지역을 무대로 전쟁을 벌이며, 이곳을 서로 쟁취하고자 했다. 나폴레옹의 패배 이후에 러시아의 지배가 다시 확립되자, 알렉산드르 1세는 폴란드에 헌정 질서를 허용하고, (명목상으로는) 독립 군주국의 지위를 부여했다. 이 조치는 비록 잠시 달콤한 허니문 시기를 가능케 했으나, 곧 러시아 통치가 그다지 매력적이지 않다는 현실이 드러나면서 양쪽의 관계는 급격히 틀어졌다. 1830년에, 일군의 젊은 폴란드 사관생도들이 민족주의적 수사와 입헌주의적 열망에 고무되어, 점점 더 억압적으로 변모하던 러시아의 통치에 대항해 봉기를 일으켰다. 이제 폴란드인들에 대한 헌법적 보호조치는 무시되었고, 저술가들은 러시아 검열관들에 의해 침묵을 강요당했으며, 주요 대학교는 폐쇄되었다. 폴란드인들은 광범위한 대중 봉기를 조직했으나, 러시아군에 의해 손쉽게 진압되었다. 니콜라이 1세는 폴란드 독립의 모든 흔적을 지워버리고, 폴란드가 러시아 제국의 일부로 완전히 통합되었다고 선포했다.

이 반란의 의미는 자명해 보일 수도 있다. 곧, 열정적인 민족주의와 국민주권에 대한 헌신이 중요시되던 시대에 일어난 민족주의적 봉기라는 해석이다. 그러나 폴란드 민족주의자들의 충성심 역시 캅카스의 전사들 못지않게 복잡하고 다층적일 수 있었다. 반란자들은 자신들의 운동을 폴란드와 러시아 간의 근본적인 대립이 아니라, 헌법상의 특권을 회복하려는 투쟁으로 묘사했다. 그들은 자유에 대한 헌신을 공유했던 데카브리스트들로부터 영감을 얻었다. 그들의 구호인 "그대들의 자유, 우리들의 자유"[24]는 러시아 민중이 함께 봉기하리라는 근거 없는 신념을 반영한 것이었다. 봉기 지도자 중의 한 사람인 아담 차르토리스키 공은 반란이 진행 중이던 시기에 다음과 같이 썼다. "어느 민족도 다른 민족, 특히 강대한 러시아 민족에게 자기 견해를 강요할 권리는 없다. 그러나 [러시아 민족은] 우리가, 곧 폴란드인들이 그들의 행복을 바라고, 그들의 형제애를 소중히 여기며, 슬라브인들 간의 연합이 실현되기를 열망한다는 사실을 알아야 한다."

이 장에서 앞서 언급된 아담 차르토리스키는 제국의 국민을 억압자 혹은 피억압자, 식민주의자 혹은 식민지 주민, 심지어 폴란드인 혹은 러시아인이라는 이분법으로 구분하는 것이 얼마나 불가능한지를 단적으로 보여

---

24 "그대들의 자유, 우리들의 자유": 1830년 11월에 시작된 폴란드반란에서 제창된 슬로건이다. 역사가 요아힘 렐레벨이 만든 것으로 알려져 있다. 차르 체제를 무너뜨림으로써 러시아와 폴란드의 인민들이 다 함께 자유를 되찾자는 의미이다. 이에 관해서는 다음 단행본을 참고하시오. 임지현, 『그대들의 자유, 우리들의 자유: 폴란드 민족해방운동사』(아카넷, 2002).

주었다. 폴란드의 귀족 가문에서 태어난 그는 젊은 시절에, 1795년의 반러시아 봉기에 가담했다. 그러나 이 봉기가 패배하고 폴란드가 제3차 분할을 당한 직후, 그는 상트페테르부르크로 거처를 옮겼다. 그는 귀족 신분과 세련된 교양 덕분에, 러시아 궁정 내에서 그와 마찬가지로 귀족이며 교양 있는 젊은이들 서클에서 따뜻한 환대를 받았고, 곧 다름 아닌 젊은 알렉산드르 1세의 절친이 되었으며, 이후 비공식위원회의 일원이 되었다. 이윽고 교육제도 개혁을 위임받아 폴란드로 돌아간 그는 폴란드 자치 왕국에 대한 개혁적 열망이 니콜라이 1세의 억압적 통치 아래에서 점차 잠식되어 가는 현실을 마주하였다.

차르토리스키는 1830년에, 다소 우연한 기회에 반러 저항의 지도자로 부상했으나, 폴란드인과 러시아인이 위대한 슬라브 "민족"으로서 통합되어 자유가 훼손되는 현실에 맞서 함께 싸울 수 있으리라는 희망을 쉽사리 포기하지는 못했다. 당대의 다른 인물들과 마찬가지로, 그 역시 단호하게 반反러시아 입장을 취했을 것으로 예상하겠지만, 그는 오히려 열렬한 폴란드 애국자이자 제국의 충성스러운 신민이라는 이중 정체성을 가능한 만큼 오래 고수했다.[75] 시베리아의 외딴 지역에서 제국을 위해 충직하게 복무하던 유배자들, 캅카스의 고향 마을에서 강제로 떼어 내어 통역관이 된 이들, 국가의 관료로 봉직하던 발트 지역 독일인들과 그리스인 외교관들 등도 역시 모두 각기 복합적인 정체성을 지닌 채 제국에 충성을 바쳤다. 그러나 바로 이 동일한 사람들이 제국의 배타성에 좌절하여, 자신들의 "민족적" 열망을 실현할 적절한 방식을 찾지 못한 끝에, 마침내 반란이라는 길로 나아가기도 했다. 당시의 복잡하고 변화무쌍한 환경 속에서 끊임없이 바뀌는 충성심을 고려하자면, 오늘날 우리에게 자명하고 분명해 보이는 범주들, 그리고 우리가 역사적 행위자들에게 일방적으로 부여하고자 시도하는 구분은 틀렸음이 입증되었다.

러시아 "민족"을 상상하기: 동과 서 사이에서

러시아의 작가들과 사상가들은 유럽으로부터 흘러들어온 새로운 정치 언어들에 많은 관심을 갖게 되었으며, 이미 18세기와 19세기 초에 이르러서는 민족들의 중세적 기원을 탐구하려는 유럽의 흐름에 동참했다. 사람들은 고대 켈트족 음유시인 오시안Ossian의 작품으로 알려진 고대 서사시에 매료되었다. 이 작품은 3세기에 저술된 것으로 전해졌으나, 초창기부터 발견자인 제임스 맥퍼슨James Macpherson이라는 스코틀랜드 작가의 교묘한 위작이라는 의심을 받아왔다. (실제로 그것은 위조된 것이었음이 밝혀졌지만) 그 인기는 유럽 전역으로 퍼져나갔다. 오시안의 작품은 1788년, 그리고 또 다시 1792년에 러시아어로 번역되었다. 그러나 이보다 더 중대한 사건은 1800년에 『이고리 원정기Slovo o polku Igoreve』[25]가 출판된 것이었다. 이 작품은 루스 땅을 방어하는 영웅적인 전투와 비극적 인명 손실을 노래한 중세의 장엄한 무용담이었다. 이 이야기는 생동감 넘치는 서술 덕분에 당시 유행하던 많은 민속 서사시와 어깨를 나란히 했으며, 진실되고 활기찬 러시

---

25 『이고리 원정기(Slovo o polku Igoreve)』: 이 책은 우리나라에서 다음과 같이 번역·출간되었다. 『이고리 원정기: 중세 러시아의 영웅 서사시』, 최정현 역(뿌쉬낀하우스, 2020).

아의 과거를 포착한 듯한 인상을 주었다. 그 필사본은 과거 러시아의 문학적 유산들을 발굴하여 널리 알리고자 하던 캠페인의 일환으로서, 지방의 한 수도원에서 발견되었다. 이 작품은 알렉세이 무신−푸시킨Aleksei Musin-Pushkin 백작에 의해 출판되었는데, 그는 유일한 필사본이 1812년 모스크바 대화재 때 유감스럽게도 자신의 서재가 불타버렸으며, 후대에 남겨진 것은 흠결 있는 사본뿐이라고 주장했다. 너무나도 좋아서 믿기지 않는 이 국보의 진위에 대해서 수 세기 동안 의심과 추측성 논란이 끊이지 않았으며, 오시안의 경우처럼 12세기의 서사시라는 이 작품의 진본성 또한 의문시되고 있다. 그럼에도 불구하고 이 작품은 진실하고 독특한 러시아의 과거를 탐구하는 과정에서 고대성과 진본성에 대한 갈망을 충족시켰다.[76]

  프랑스혁명 이후 유럽의 여러 민족과 국가들에서 그랬던 것처럼, 러시아에서도 지식인들, 특히 역사가들은 어떤 의미에서 사유를 통하여 민족을 만들어 내거나, 적어도 외형과 특징, 상징과 기호를 정교하게 만들고 전파함으로써 폭넓은 대중에게 민족 개념이 익숙하도록 했다. 카람진의 방대한 『러시아 국가사Istoriia gosudarstva rossiiskogo, 1816~1826』를 필두로 하여, 세르게이 솔로비요프Sergei Solovev와 바실리 클류쳅스키Vasilii Kliuchevskii의 위대한 종합적 저술에 이르기까지, 역사가들은 루스의 초창기로부터 러시아를 지속적이고 식별 가능한 정치체, 곧 일종의 민족국가nation−state라고 간주했다. 그들은 비록 러시아가 가진 독특한 다민족적 구성을 인정하고, 심지어 강조하기는 했지만, 그들이 러시아에 대해 가진 개념은 많은 면에서 서유럽의 역사서술 방식에 부합했다. 카람진의 기여는 매우 중요했다. 왜냐하면 그의 저술은 교양층 독자들 사이에서 대단한 인기를 얻었으며,

동란의 시대까지의 러시아 과거를 생생하고 애국적인 서사로 풀어냈기 때문이다. 시인 알렉산드르 푸시킨은 "콜럼버스가 아메리카를 발견했던 것처럼, 카람진은 고대 루스를 발견했다."[77]라고 주장했다. '민족'으로서 러시아의 과거를 향한 이러한 탐색은 제국주의 이데올로기의 발전 및 러시아 민족지학과 지리학의 러시아 학파의 등장과 병행되었으며, 시와 장편 및 단편 소설, 음악 그리고 시각 예술을 통하여 굴절屈折되었다.[78]

러시아 지식인들과 정치인들은 제국 남부 및 동부 변경 지역에 거주하는 비러시아 민족들에 대해, 물질적 우월성은 물론, 문화적 우월성에 대한 확신을 지니고 있었다. 그들은 법령, 규제, 통계조사 및 인구조사를 통하여 국경 지대의 비러시아 민족들을 발전시키고, 문명화하고, 분류하고, 합리화하려는 근대적 프로그램을 개발했다. 러시아인들이 유럽, 특히 독일인이나 영국인에 대해 어떤 열등감을 느꼈다고 하더라도, 그들은 자신들의 피지배 민족들에 대해 생색내는 행동을 함으로써 그런 열등감을 상쇄시키고도 남음이 있었다. 그러나 때때로, 문명화 사명의 방대함은 그 확장에 가장 열성적인 옹호자들조차 압도하기도 했다. 예컨대, 미하일 오를로프Mikhail Orlov는 녹초가 되어 (그리고 예언적으로) 언급하기를, "체첸인들과 이 지역의 다른 민족들을 복종시키는 일은 캅카스산맥을 평지로 만드는 것만큼이나 어렵다. 이것은 총검으로 달성할 일이 아니라, 시간과 계몽 정신을 통해 이루어져야 할 일이다. 그러나 이 두 가지는 우리나라에 턱없이 부족하다."[79]

19세기 2/3분기에 러시아군대가 그루지야의 여러 공국과 무슬림 칸국들, 그리고 아르메니아로 진군해 들어가면서, 러시아를 하나의 민족국가인 동시에 제국으로 상상하는 개념적 작업은 더욱 강화되었다. 러시아가 캅카스 지역을 식민지로 삼던 시기와 동시에, 인텔리겐치아 사이에서는 러시아의 위치를 유럽과 아시아 사이 중 어디에 위치시킬 것인가를 두고 치열한 논쟁이 벌어졌다. 19세기 초의 수십 년 동안 학자들은 러시아판 오리엔탈리즘[26]의 기초를 놓았고, 아시아적 "타자"에 대한 인식을 통해 러시아인들은 스스로의 정체성을 개념화했다. 서구에 비해서는 종종 열등한 것으로 간주되었던 러시아 "문명"은, 적어도 캅카스 산악 민족들이나 중앙아시아 유목민들의 "야만성"보다는 우월한 것이었다. 보상적인 자부심은 캅카스 지역의 오리엔트에 대한 복잡하고 모순적인 태도와 이미지로 나타났는데, 이곳에서 러시아 작가들은 정서적인 강렬함과 원초적 시를 마초적 폭력과 혼합하여 표현했다.

러시아 작가들은 자신들만의 "문학적 캅카스"를 창조했는데, 이것은 러시아의 제국 담론과 민족 정체성 담론의 형성에 기여함으로써, 이제 거꾸로 19세기 러시아 엘리트들의 지각과 자아 인식에 영향을 미쳤다. "고귀한 야만인들Noble Savages"의 본능적 자발성에 대한 찬탄은 그들의 자유가 지나치게 방종하며, 본질적으로 폭력 및 무법성과 결부되어 있다는 인식과 짝을 이루었다. 이 점을 단적으로 보여 주는 사례가 바로 알렉산드르 푸시킨의 영감 넘치는 시 작품인 『캅카스의 포로The Prisoner of the Caucasus』

---

26 오리엔탈리즘: 이 용어는 원래 서구의 동양학이나 동양 스타일, 동양인의 특징을 지칭했다. 그러나 1978년에 에드워드 사이드의 『오리엔탈리즘』이 출간된 이후, 오리엔탈리즘을 제국주의 체계에서 "동양을 지배하고 재구조화하고 동양에 대한 권위를 갖기 위한 서양의 스타일"로 보는 관점이 생겨났다. 이 문장에서는 후자의 의미로 이해할 수 있다.

(1822)이다. 이 작품은 로맨스이자, 여행기이며, 민족지학서이자, 지리서이며, 심지어 전쟁 서신이기도 하다. 이 시는 체르케스 부족에게 포로로 잡힌 러시아 병사 이야기를 중심으로 전개된다. 포로 신세인 이 러시아인은 이 산악 민족의 생명력 넘치는 문화에 매료되어, 환멸을 느낄 정도로 지친 도시의 삶에서 거의 다 꺼져가던 생기를 회복하게 된다. 그는 짙은 눈동자의 체르케스족 소녀와 사랑에 빠지며, 그녀 역시 그의 열정적인 감정에 응답한다. 그녀는 그가 탈출할 수 있도록 도운 뒤, 그가 없이 살아가기보다는 강물에 몸을 던짐으로써 자신의 열렬한 사랑을 증명한다.

이 시는 그 이후 나온 수많은 캅카스를 다룬 문학작품의 원형과 표현법을 제공했다. 시는 장엄한 자연 풍광에 대하여 찬사를 보낸다. "얼마나 장엄한 광경인가! 그 봉우리가 덮인 영원한 백설의 왕관은 미동도 없는 구름의 사슬처럼 보였고 그들 사이에 우뚝 솟은 쌍두의 거상, 숭엄하고 거대한 옐브루스산은 얼음 화관을 빛내며 창공에 새하얀 음영을 드리웠다." 이 시는 "그 유럽인이 아주 매혹적으로 여겼던 그 지방의 이국적인 사람들"을 주목한다. "그는 그들의 소박한 생활과 후한 손님 접대와 호전성을, 민첩하고 분방한 움직임과 가벼운 걸음과 억센 주먹을 사랑했다." 그리고 이 시는 그 "유럽" 러시아인을 "선량한 포로"이자, 고귀한 희생자, 포로가 된 정복자로 그리면서, 사나운 사람들에게 매혹되었지만, 결국 그들을 사나이답게 제압하고, 소녀와 전투 모두에서 승리한다는 기이한 자리에 위치시키고 있다.

인류학자 브루스 그랜트Bruce Grant는 푸시킨의 서사시를 통찰력 있게 조명하며, 이 작품이 러시아 제국의 정복 문학에서 자기 정당화의 중요한 수사적 표현법을 창시했다고 지적한다. "선량한 포로"는 야만적인 산악 민족에게 문명의 "선물"을 가져다주며, 부족민들 가운데 가장 뛰어난 인물들, 즉 체르케스족 여주인공처럼 섬세한 영혼의 소유자들은 그 선물을 고맙게 생각한다. 정복당한 민족은 러시아인의 관대한 문명화 사명에 감사할 줄 알아야 하며, 그에 대한 저항은 배은망덕함을 드러내는 것이다.[80] 푸시킨의 에필로그는 그랜트의 해석을 뒷받침한다. 시의 마지막 구절은 캅카스의 군사적 정복을 찬양하면서, 산악 민족의 순수함, 관대함, 자유로움에 대한 명상 안으로 불협화음을 집어넣었다.

> 오, 코틀라렙스키, 캅카스를 치는 채찍이여!
> 그대가 뇌우처럼 어디로 돌진하든,
> 그대의 진군은 흑사병처럼
> 종족들을 죽이고 파멸시켰다. …[81]

푸시킨의 절친한 친구이자 낭만주의 시인 표트르 뱌젬스키Petr Viazemskii는 푸시킨이 캅카스인들을 난폭하게 진압한 러시아 장군들인 코틀랴렙스키Kotliarevskii와 예르몰로프Ermolov를 찬양한 데 대해 경악을 금치 못했다. "만약 우리가 그 부족들을 교육시켰다면, 노래할 무언가가 있었을 것이다. 시는 사형 집행자들에게 협력할 수 없다. 그들은 정치적으로 필요할 수는 있으나, 그 정당성 여부는 역사의 심판에 맡겨야 한다. 그러나 시인의 찬가는 결코 학살을 노래하는 추도사가 되어서는 안 된다."[82]

젊은 미하일 레르몬토프Mikhail Lermontov는 그의 시 「이즈마일-베이Izmail-Bey(1832)에서 이와 같은 양가성과 비판의 정서를 드러냈다. "그리고 그 골짜기들에 사는 부족들은 야만적이며,/ 그들의 신은 자유이고, 그들의 법은 전쟁이다."[83] 어떤 사람들에게는, 러시아의 남부와 동부에 대한 "문명화 사명"이 최고로 가치 있는 일이었던 반면에, 지원병으로 나선 다른 사람들에게는 모험과 "살인 허가증"이야말로 그들이 추구하던 바였다. 「이즈마일-베이」와 엘리자베타 간Elizaveta Gan의 오리엔트 이야기에서, 산악민들은 성적 가해자이자, 무섭기도 하고 매력적이기도 한 "상남자"이며, 좀 더 자제력 있는 러시아인들의 상처 입은 남성적 자존감을 위협하는 존재이다. 오리엔트 지방은 성gender적 질서의 교체에 대한 러시아인들의 환상을 불러일으키기도 했다. 급진적인 문학평론가 비사리온 벨린스키Vissarion Belinskii에게, "여성은 본래 사랑을 위해 창조되었으나," 캅카스인들은 이 경계를 넘어서, 여성을 오직 욕정의 대상으로만 만들었다. 러시아 작가들은 그루지야를 살인조차 감행할 수 있는 위험한 여성으로서 그녀 자신을 위해서라도 제압되어야 할 대상으로 묘사했다. 러시아 남성들과 동침한 후 "복수심에 불타는 그루지야 여인들"이라는 확고히 뿌리내린 수사적 표현은 심지어 제국주의에 수반된 에로티시즘 및 위험에 대한 일종의 자유로운 연상으로 삽입된 푸시킨의 『캅카스의 포로』의 에필로그에서조차 등장하고 있다. 문학은 제국의 확장에서 동반된 공포, 폭력, 욕망의 흐름을 표현했으며, 전장에서 침실에 이르기까지 캅카스인의 육체적 용맹스러움에 대한 러시아인의 두려움을 언어화했다.

우리가 이미 강조한 바 있듯이, 제국의 결속은 단순한 강압만으로 유지된 것이 아니었다. 북캅카스의 '아울들'이 초토화되고, 폴란드와 리투아니아에서의 반란이 잔혹하게 진압된 사실은 제국이 무제한적인 폭력을 행사할 의지를 가지고 있었음을 입증하지만, 제국과의 대부분의 접촉에서는 주변부 사람들도 제국 중심부와의 연결로부터 일정한 혜택을 얻을 수 있었다. 차르의 제국과 소비에트 제국 양자에서, 우리는 알렉산드르 옛킨트가 "뒤집어진 제국의 언덕"이라고 부른 현상, 즉 주변부 주민들의 삶의 질이 중심부 주민들보다 나은 경우를 때때로 목격하곤 한다.[84] 문화 역시 러시아 제국 전역을 잇는 일종의 연결 끈을 제공했다. 정치 질서는 제복 입은 러시아 장교들과 함께 도래했을지 모르지만, 러시아 문학, 회화, 그리고 나중에 사진술은 실제로 그들과 함께 도착했다. 옛킨트는 우리에게 말하기를, "장기적으로 볼 때, 러시아문학은 문화적 패권의 수단으로서 대단히 성공적인 도구였음이 판명되었다. 고전들과 이단들, 그리고 비평가들과 함께, 러시아문학은 제국의 그 어떤 다른 노력보다도 더 많은 러시아인과 비러시아인, 그리고 러시아의 적들까지 정복했다."[85] 그러나 동시에 "불편한 변증법"이 존재했다. "문학 텍스트가 패권의 기계장치에서 더 생산적일수록, 지배의 위계에서는 더 파괴적인 결과를 낳게 되었다."[86] 사상, 텍스트, 역사적 신화와 기억의 유통은 제국 지배의 위험한 부산물임이 판명되었다. 러시아의 반란자들인 데카브리스트들이 의도치 않게 폴란드의 반란자들에게 영감을 주었듯이, 인도주의적 가치와 도덕적 갈등을 담은 러시아 문학 고전들은 바로 그것들이 창작된 억압적 제국에 반대하는 세력의 씨앗을 심어 주었다.

러시아군주 체제는 영토를 확장하고 전제정 및 정교회의 전통 원칙을 고수하면서도, 러시아를 근대적인 서구 국가로 상상했다. 그러나 표트르의 시대 이후에 "서구"는 이미 변모했다. 진보적 유럽(러시아 지식인들이 매료된 그 유럽)은 절대주의를 더 이상 수용하지 않고, 국민성과 국민주권, 산업주의와 자유노동, 입헌주의와 대의 정부의 원칙들을 점차 찬양하였다. 19세기 중엽에, 제국 이데올로그들이 직면한 과제는 러시아를 "근대적"으로 새롭게 구상하고, 자국이 상상해 온 "서구"와의 관계를 재정립하는 일이었다. 보수적 성향의 모스크바대학 교수 스테판 셰비료프Stepan Shevyrev는 장차 끝없는 논쟁의 서막이 될 논지를 제시하며, 1841년에 다음과 같이 썼다. "서구와 러시아, 러시아와 서구 — 여기에 과거 전체로부터 도출된 결론이 있다. 여기에 역사의 마지막 말이 있다. 그리고 여기에 미래를 위한 두 가지 사실이 있다."[87]

미래의 시점에서 과거를 되돌아보는 관찰자들은 19세기의 거대 제국들이 결국 국민국가로 대체될 운명에 처해 있었다고 믿을지도 모르나 — 그리고 실제로 많은 경우 그렇게 되었지만 — 제국주의자들 자신은 그들의 제국이 지속 가능하며, 나아가 피지배 민족을 다스리고 문명화시키는 숭고한 통치 형태라고 확신하고 있었다. 그들은 민족주의에 굴복할 준비도 되어 있지 않았고, 제국이 시대에 뒤떨어진 체제라는 주장을 받아들일 준비도 되어있지 않았다. 그러나 국민국가들과의 세계적인 경쟁 속에서, 거대한 대륙 제국들 — 러시아, 오스만, 오스트리아·헝가리 — 의 엘리트들은 자기들이 더 이상 기존 방식대로 통치를 지속할 수 없음을 깨닫게 되었다. 그들은 유럽의 경쟁국들 및 미국이 제기하는 도전에 마주하고, 근대화 — 그 의미가 무엇이든지, 그리고 앞에 놓인 그 길이 얼마나 불확실하게 보이든지 간에 — 를 실시해야 할 필요성을 가지고 있었다.

제7장

전쟁, 개혁, 반란
그리고 반동

러시아는 전쟁에서의 승리와 패배를 통하여 '민족' 개념과 명확한 관계를 맺게 되었는데, 그중에서도 19세기는 이 과정을 가장 선명히 보여 주는 시기였다. 1812년에 나폴레옹에 대한 승리는 군주제가 자신의 공으로 삼았으며, 일반인들의 역할은 마지못해 인정되었을 뿐이었다. 캅카스전쟁은 러시아의 문학적 상상력 속에서, 문명화된 러시아인들과 야만적인 타자들을 구분 짓는 장치로 작용했으나, 실제 경험 속에서는 그 경계가 흐릿하고 구멍이 많았다. 워털루전투와 파리 점령 이후에 세계 무대에서의 역할에 자신감을 얻은 러시아 당국은 국외의 민족 반란에 과감히 개입했다. 러시아는 그리스인들의 독립을 고무하고, 헝가리인들의 반란을 진압했으며, 오스만제국 내의 동료 정교도를 보호하기 위한 특권을 자신만만하게 주장했다. 프랑스 황제 나폴레옹 3세가 팔레스타인의 성지에서 프랑스인과 가톨릭 신도의 보호권을 인정하도록 술탄을 압박하자, 니콜라이 1세는 대응책으로서 그 당시에 오스만제국의 일부였던 몰다비아공국과 왈라키아 공국 쪽으로 병력을 파견하여 정교도에 대한 자신의 보호권을 주장했다. 자존심과 권력 다툼은 크림전쟁으로 이어졌는데, 불필요했던 이 전쟁은 유혈사태를 불러오고 막대한 비용을 치르도록 만들었다. 거의 80만 명이 사망했는데, 그중 절반이 러시아 측이었던 것만 보더라도 이 전쟁이 어리석었음을 확인시켜 준다. 전쟁의 책임은 많은 국가 지도자에게 분산될 수 있지만, 데이비드 골드프랭크David Goldfrank는 "이 전쟁의 발발은 특히 자만심과 어리석은 판단만이 아니라, 특히 '악한 의지'를 충분히 보여 준 전제군주의 권력, 정책, 그리고 그의 인성의 결과였다."¹라고 적었다. 니콜라이 1세가 가장 큰 책임을 져야 할 인물일 수 있으나, 올랜도 파이지스Orlando Figes는 "이 전쟁은 — 역사상 최초로 — 언론과 여론의 압력에 의해 야기된 전쟁이었다."²라고 지적한다.

어리석은 전쟁

1853년 11월 말 니콜라이 1세 휘하의 러시아군이 아나톨리아 해안의 시노프에서 오스만 함대를 격파한 직후에, 세 제국 — 영국, 프랑스, 오스만 제국 — 과 하나의 야심 찬 국민국가인 사르데냐는 러시아에 대항하여 동맹을 맺었다. 당시 러시아는 크림반도의 세바스토폴항을 기반으로 흑해를 지배하고 있었는데, 이에 연합국은 이 항구 요새를 포위하기로 결정했다. 레프 톨스토이Lev Tolstoy의『세바스토폴 이야기』, '경기병 여단의 돌격Charge of the Light Brigade'¹⁾, 래글런 소매Raglan sleeve²⁾, 카디건³⁾, 그리고 플로렌스인 나이팅게일을 낳은 이 전쟁은 크림전쟁 혹은 동방전쟁으로 알려져 있으나, 보다 정확하게는 '발칸-크림-캅카스-발트해-백해 전쟁'이라고 불려야 할지도 모른다. 이 전쟁은 동유럽으로부터 캅카스, 그리고 북쪽 백해에서도 벌어졌고, 태평양에서도 몇 차례 소규모 충돌이 발생했다. 폭발성 있는 해군 포탄과 같은 새로운 기술은 무능한 지휘관들 및 열악한 의무 상황과 맞물려, 막대한 인명 피해를 초래했다. 크림전쟁은 전쟁 특파원, 전신, 증기선, 사진술, 그리고 막 시작된 신문 보급 덕분에 대중이 거의 실시간으로 전황을 추적할 수 있었던 최초의 대규모 국제적 충돌이었다. 1855년 2월 18일(그레고리력 3월 2일)에 황제 니콜라이 1세가 사망하고, 오랜 포위 공격 끝에 그해 9월 세바스토폴이 함락되자, 새로 즉위한 황제 알렉산드르 2세(재위 1855~1881)는 화평을 요청하기로 마음을 굳혔다. 유럽 열강은 파리에서 회동하여, 오스만제국의 영토 보전을 보장하기로 합의했다. 러시아는 치욕을 맛보았으며, 다뉴브 공국들과 아나톨리아 동부의 카르스 요새로부터 철수할 것을 강요받았다. 로마노프가문의 통치자들은 시선을 안으로 돌려, 어떤 일이 일어났으며 자기들이 그에 대해 어떠한 일을 해야 했는지 평가했다. 패배는 개혁에 영감을 주었다.

다음 세대의 러시아인들에게는, 굴욕적인 패배보다는 오히려 평범한

---

1 경기병 여단의 돌격: 크림전쟁 중인 1854년 10월 25일에 영국 경기병 여단이 발라클라바에서 지휘관들의 잘못되고도 무모한 판단으로 참패한 전투를 일컫는다. 자살에 가까운 돌격을 소재로 하여 알프레드 테니슨이 서사시를 남겼다.

2 래글런 소매(Raglan sleeve): 래글런 경(Lord Raglan)은 워털루전투에서 팔 하나를 잃었다. 그래서 팔을 덜 움직이고도 입고 벗기 쉽도록 목둘레부터 겨드랑이까지 대각선으로 이어진 소매가 필요했다. 여기에서 유래되어 군복 디자인에 반영된 것이 래글런 소매이다. 래글런 경은 영국군 총사령관으로서 발라클라바전투 등 여러 작전을 지휘했다.

3 카디건: 카디건 경(Lord Cardigan)은 발라클라바전투에서 경기병 여단을 직접 지휘했다. 그는 부상병들이 쉽게 입고 벗을 수 있도록 앞을 단추로 여미는 니트 스웨터를 고안했다. 여기서 카디건이라는 니트 의류가 유래되었다.

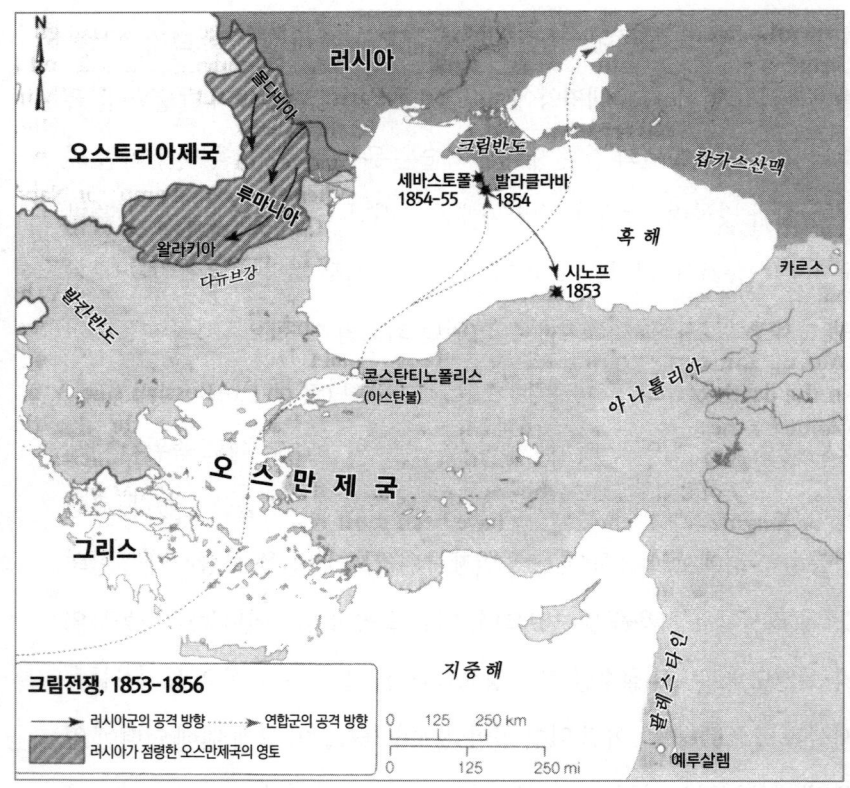

지도 7.1. 크림전쟁, 1853~1856

러시아 병사들의 영웅적 희생과 용감하지만 실패로 돌아갔던 세바스토폴 방어가 민족적 자부심의 요점이 되었다. 차르와 귀족들은 공적을 주장할 수 없었다. 특히 젊은 톨스토이에게 이 전쟁은 러시아 민족 특유의 무언가를 드러내는 증거로 보였다. 그는 전장戰場에서 쓰기를, "사람이 이토록 참혹한 상황을 견디는 것은 십자가 훈장이나 명예 때문도, 위협을 받아서도 아니다. 그보다 더 높은 동기가 있어야 한다. 이 동기는 러시아인에게서 자주 드러나지는 않지만, 그 영혼에 깊이 새겨진 것이니, 곧 고향 땅에 대한 사랑이다." 그가 함께 복무한 병사들은 "그 도시를 위해서가 아니라 자기들의 고향 땅을 위하여 기꺼이 죽음을 각오하고" 있었으며, "러시아는 오래도록 이 세바스토폴 서사시의 위대한 흔적을 간직할 것이며, 그 서사의 영웅은 바로 러시아인들이었다."[3]

대개혁: 국민, 신민, 그리고 시민

알렉산드르 2세의 36년 통치 기간에, 러시아 제국의 통치를 지탱해 온 기본 전제 중 많은 것은 급변하는 시대 상황으로부터 도전받게 되었다. 가장 심대한 변화를 불러온 것은 농노해방이었는데, 이것은 제국에 속해 있다는 의미를 단번에 바꾸어 놓았다. 농노해방 및 그에 수반된 다른 통치 분야의 개혁들(토지소유, 법과 재판, 징병제, 교육, 보건, 지방행정, 경제)은 제국의 피지배자들이 자기 자신들 및 그들이 제국과 맺은 집단적 관계를 근본적으로 새롭게 상상할 수 있는 길을 열어 놓았다. 정치 담론 속에서는 새로운 범주들이 소용돌이쳤으며, 개별적 합의를 통해 제국 통치를 재창출하려는 새로운 가능성은 시민의 수평적 평등과 보편적인 권리 보장을 지향하는 보다 급진적인 새로운 개념들과 충돌했다.

19세기 중엽의 대개혁은 일견 수수께끼처럼 보이는 질문을 제기한다. 자유주의와는 거리가 멀고 자의식이 강하며, 자신의 무제한적인 권한의 약화를 경계하고, 가장 애국적인 민족주의조차도 공개적인 의심의 눈초리로 바라보았던 전제군주 체제가, 왜 이처럼 사회 전반에 걸쳐 잠재적으로 불안을 일으킬 수 있는 대규모 개혁을 단행했는가? 이러한 결정에는 여러 요인이 작용했지만, 가장 간단한 대답은 크림전쟁(1853~1856)의 치욕적인 패배로부터 체제가 배운 교훈 때문이라는 것이다. 근대 전쟁에서는 부자유 신분의 징집병에 의존해서는 승리를 거둘 수 없었고, 농노 노동을 기반으로 하는 삐걱대는 경제로는 산업자본주의 세계와 경쟁할 수 없었다. 니콜라이 1세와 그의 아들 알렉산드르 2세의 통치를 연결하며 전개된 크림전쟁은 러시아가 영국, 프랑스, 오스만제국의 연합군과 충돌하도록 했으며, 모든 참전국이 막대한 인명 피해를 입었음에도 불구하고, 결국 러시아는 철저하고 굴욕적인 패배를 인정하지 않을 수 없었다.

심지어 이 패배 이전에, 완고하고 보수적인 성향으로 널리 알려진 니콜라이 1세는 이미 주요 분야의 개혁을 고려하고 있었는데, 이것은 주로 농민들의 처지를 개선하고, 징병 제도를 간소화하며, 국가의 재정 파탄 없이 군대의 효율성과 전투력을 극대화하고자 하는 의도에서 비롯된 것이었다. 그는 농노해방의 가능성을 조사하기 위한 위원회를 설치했으나, 이를 단기적이거나 실행 가능한 과제로 보지 않고 장기적인 목표로 간주했다. 따라서 그의 개혁은 부분적이며 단편적인 조치에 그쳤다. 1842년 국무회의에서 그는 다음과 같이 선언했다. "'현재의' 시점에서 이와 같은 시도를 고려하는 것은 가정의 평온과 국가의 안녕을 침해하는 범죄 행위나 다름없을 것이다. 푸가초프반란은 폭도의 소란이 어떤 일을 초래하는지를 여실히 보여 주었다."⁴ 그럼에도 불구하고, 농노제 종식의 필요성은 크림전쟁의 참패 이전부터 분명히 인식되고 있었으며, 또한 다른 발전들에 의해서도 부각되고 있었다.

전쟁 패배에 다양한 — 경제적, 군사적, 사회적, 문화적 — 요인들이 각각 어느 정도로 기여했는지를 계량적으로 산출하는 일은 어렵지만, 이 모든 것이 각각 역할을 했음은 부인할 수 없다. 러시아가 군사적으로 참패했다는 논란의 여지 없는 사실 외에도, 동시대 사람들의 마음속에는 다른 요소들이 크게 자리 잡고 있었던 듯하다. 개혁에 참여한 이들은 경제적 필요성을 지적했다. 세계 시장에서 경쟁할 수 있도록 경제를 근대화하고, 자유로운 산업 노동력의 저수지를 마련함과 동시에, 농민들이 자신의 토지를 경작할 수 있도록 함으로써 보다 의욕적이고 생산적인 농업 인력을 육성할 필요가 있었다. 최근의 역사 연구들에 따르면, 19세기 중엽 러시아 경제는 성장세를 보이고 있었다. 수확량이 낮은 농업 조건 아래에서도 농업은 국제 곡물 시장에서 막대한 수익을 창출했고, 체제는 예속 노동력이라는 비합리적인 제도에 적응하면서, 농민들의 제한된 이동성을 우회할 수 있는 방법을 개발했다. 그럼에도 불구하고, 농노제가 경제적 부담으로 작용하고 있다는 '인식'은 정치 지도자들로 하여금 위험을 무릅쓰고 개혁의 길로 나아가게 하는 요인이 되었다. 마찬가지로, 실제로 봉기의 위협은 미미했던 것으로 보이나, 농민반란이 증가하고 있다는 보고로 인하여 지주들과 정책 결정자들은 불안에 떨었고, 1773~1775년 푸가초프의 반란에 대한 기억은 그들 마음속에서 결코 사라지지 않았다. 푸가초프의 그림자가 니콜라이 1세로 하여금 사회 전반의 질서를 뒤흔드는 개혁을 미루게 만들었다면, 20여 년 후에는 바로 그 반란의 공포가 해방으로 나아가는 결단을 밀어붙이는 원동력이 되었다. 알렉산드르 2세가 모스크바 지방의 귀족 대표들과의 회합에서 "농노제를 아래로부터 직접 폐지하려는 움직임이 일어나는 것보다 위로부터 폐지 작업을 시작하는 것이 더 낫다."고 단언했을 때, 바로 그 두려움이 환영처럼 그들 모두의 마음을 짓누르고 있었다.[5]

군대 및 경제개혁의 필요성과 사회적 교정을 위한 필요성이 인식된 것에 덧보태어, 개혁의 시대에는 문화적 흐름이 휘몰아쳤다. 앞을 내다보는 유럽 제국들이 자국 내에서 노예제를 폐지하는 가운데, 폐지론의 도덕적 권위는 사회사상의 저울추가 기울도록 만들고 있었다. 러시아(이 문제가 격화되어 내전을 치르고 있던 미국과 더불어)는 이 점에서 국외자였으며, 잔혹한 지주들과 피폐한 농노들로 이루어진 국가라는 평판은 러시아가 모범적인 기독교 군주국으로 간주되기를 원했던 열망을 훼손했다. 인간을 예속시키는 관념에 대한 이러한 극도의 혐오감은 매우 강력하여, 그것 자체가 러시아의 농노해방을 추진하는 하나의 적극적 동인, 즉 실질적 행위자로 작용했다고 평가할 수 있다. 심지어 강경한 보수주의자이자 니콜라이 1세의 이념적 지지자이며, '관제 국민성' 정책의 입안에 기여한 역사가 포고딘M. P. Pogodin조차도 "낡은 제도는 이미 그 수명을 다했다."[6]고 선언한 바 있다. 이처럼 거대한 사상적 조류의 힘은 19세기 중엽에 이르러, 농노제를 "그저 자신들에게 수입을 안겨주는 신뢰할 만한 장치 이상도 아니고 이하도 아니다."라고 생각하던 귀족들조차도 더 이상 그 제도의 도덕적 근거를 옹호할 수 없게 만들었다. "그들에게서조차도 농노제는 생명력도, 그 자체의 도덕적 정당성도 전혀 가지고 있지 못했다."[7]

전쟁의 전개 양상을 보며 깊은 실의에 빠졌던 니콜라이 1세는 결국 폐렴으로 생을 마감했고, 근본적인 개혁을 실천에 옮기는 임무는 그의 아들 알렉산드르 2세에게 맡겨졌다. 알렉산드르가 처음으로 시도한 개혁은, 우리가 앞서 죽 지적한 바와 같이 제국 통치의 특징이라고 할 수 있는 국지적이고 단편적인 접근 방식을 반영했다. 그는 반동 성향의 장군 나지모프 V. I. Nazimov를 이미 자유민으로 전환된 농민들이 존재하던 지역인 발트해 인근의 북서 지역에 파견하여, 그곳의 지주들로부터 의견과 구상을 수집하게했다. 제국 정부는 폴란드 귀족 지주들로부터 값싼 노동력을 박탈하는 일이 러시아 지주들의 경우보다 더 용이하다고 판단했기에, 이 지역을 출발점으로 선택했다.

1857년 1월, 알렉산드르 2세는 "농민 문제"에 관한 비밀위원회를 설립함으로써 전면적인 농노해방에 한 걸음 더 다가갔으나, 그 위원회를 현상유지 지지자들로 채웠다. 위원회의 존재는 곧 외부에 알려졌는데, 이것은 부분적으로 알렉산드르가 이미 착수한 검열 완화 조치 덕분이기도 했다. 이에 따라 황제는 개혁이 진행 중이라는 사실을 공개적으로 발표하는 것이 바람직하다고 판단했다. 그해 말 발표된 「나지모프 칙서 Nazimov Rescript」는 대단히 소극적인 방안을 제시한 것이었으나, 본격적인 논의의 단초를 제공했고, 사회 전반에 공포와 기대를 불러일으켰다. 그 이후에, 더 이상 비밀 기구가 아닌 '본本위원회 Main Committee'로 개칭된 이 위원회는 각 지방의 지주 집회를 소집하여, 농민 문제에 관한 이들의 의견을 수렴하도록 요청했다. 이러한 방식으로 제국 정부가 지주 계층에게 국가의 중대한 제도개편 논의에 참여할 기회를 제공한 것은, 비록 그 역할이 제안 수준에 그쳤다 하더라도, 역사학계에서는 제국 정치의 중대한 전환점으로 평가 되어왔다. 물론, 모스크바국 시기의 젬스키 소보르나 18세기의 입법위원회

등 앞선 시기에 유사한 회의가 개최된 바 있다. 어쨌든, 19세기 기준으로 보자면 이것은 중요한 제안이자, 엘리트 사회에 의견 제시의 기회를 열어 준 것이었다.

전국 각지의 지주들로부터 보고서가 쇄도했으나, 그 대부분은 농노해방이라는 전체 구상 자체에 격렬히 반대하거나, 토지소유권으로부터 신체적 자유에 이르기까지 모든 것에 대해 과도한 보상을 요구하는 내용이었다. 그러나 일부 보고서, 특히 트베리주州의 자유주의 성향 귀족들은 넉넉한 토지 분배를 수반한 완전한 해방을 지지한다는 입장을 표명했다. 이처럼 뒤얽힌 제안들을 정제하여 일관성 있는 법안으로 구성하는 임무는, 본래 강경 보수주의자였으나 이후 농노해방의 열렬한 지지자로 변모한 야콥 로스톱체프Iakov Rostovtsev의 주도하에 있던 본本위원회에 맡겨졌다. 1861년 2월 19일에, '차르-해방자'는 농노해방 칙령을 공포했는데, 이 칙령은 온갖 내용을 담은 잡동사니 상자와도 같았음이 밝혀졌다.

"해방"은 농민들이 기대했던 바의 즉각적이고 전면적이며 관대한 해방, 곧 "금인칙서Golden Charter"4)와 같은 조치는 아니었다. 오히려 그것은 네 지역(러시아 본토, 우크라이나 동부와 서부, 북서 지역)에 따라, 그리고 농업생산성에 따른 구획에 따라, 서로 상이한 규정을 적용하는 복잡하고도 정교하게 구분된 일련의 법령으로 구성되어 있었다. 나아가, 해방 이전의 다양한 예속 형태에 따라 또 다른 유형적 구분이 이루어졌는데, 국가 농민(사적

4　금인칙서(Golden Charter): 서신에 인장을 찍을 때 쓰던 밀랍이나 왁스 대신에 금을 사용한 데서 유래되었다. 동로마제국에서 처음 사용되었는데, 나중에는 다른 나라의 군주들도 지배층 간의 타협의 결과로 종종 반포되었다.

지주가 없는 자), 사유 농노 혹은 영주 농노, 가내 농노 등 각각의 집단은 서로 다른 조건과 합의 방식을 부여받았다. 차르가 과거에 언급했던 바와 같이, "각자가 자신의 정당한 노동의 열매를 평화롭게 누릴 수 있도록 모든 이에게 평등한 정의와 평등한 보호를 보장하는" 단일하고 보편적인 자유를 부여하겠다는 이상은 실제 입법 과정에서 전혀 의제에 오르지 못했다.[8] 자유는 허용되는 한도 내에서 차등적으로 배분되었다.

해방의 조건은 구체제의 나머지 수십 년에 걸쳐, 농민과 지주 양 계층의 삶을 결정지었다. 산업화된 서유럽에서의 인클로저 운동이 초래한 불행한 결과, 그리고 보다 가까운 지역인 발트해 연안 지방에서 토지를 수반하지 않은 해방이 낳은 문제들을 목도한 러시아의 입안자들은, 새로이 해방된 농민들에게 소규모라도 토지를 제공하는 것이 중요함을 인식하고 있었다. 나아가, 앞서 살펴본 바와 같이, 러시아식 농노제는 농민을 토지에 긴박했을 뿐만 아니라, 토지 또한 농민에게 묶어 놓았기 때문에, 이러한 토지 중심의 해결책을 모색하는 것을 용이하게 했을 수 있다. 그러나 이러한 방침은 필연적으로 지주계급으로부터 토지 수용을 요구하는 것이었으며, 이것은 지배계급에 의해, 그리고 지배계급을 위하여 통치되던 체제 내에서 쉽게 해결될 수 있는 문제가 아니었다. 몇 년 후에, 미국은 전혀 다른 방향으로 나아가게 된다. 남북전쟁 중에 셔먼Sherman 장군이 약속한 "40에이커와 노새 한 마리"[5)]는 결국 허상에 불과했으며, 400만에 달하는 해방

---

5 "40에이커와 노새 한 마리": 미국 남북전쟁 중이던 1865년 1월 윌리엄 셔먼 장군이 노예노동에 대한 물리적 배상 차원에서 특별야전명령 15호로 명시한 약속이다. 그러나 전쟁 말기에 잠깐 시행되었던 이 명령은 링컨 대통령 암살 후 곧 폐지되었다. '40에이커와 노새 한 마리'는 흑인들이 마땅히 받아야 했던 배

노예들은 토지 한 평조차 제공받지 못한 채 자유를 맞이하게 되었다.

한편으로는 토지와 노동력을 잃을 수 있다고 불안해하는 귀족과, 다른 한편으로는 폭발력을 가진 무토지 농민들이 양산될 수 있다는 위험 사이에서 균형을 맞추기 위해, 당국은 절충안을 만들어 냈다. 농민들은 인신의 자유와 일정량의 토지를 부여받게 되었으나, 이 두 가지는 모두 단계적으로, 그리고 상당한 대가를 치른 뒤에야 실현되는 것이었다. 해방에는 2년간의 유예 기간이 있었는데, 그동안 지방의 "평화조정관들peace mediators"이 각 영지의 실태를 조사하고, 토지 분배 및 대금 지불 조건을 정했다. 공식적인 토지 대금 지불 절차가 시작될 때까지, 농민들은 여전히 "잠정 의무 상태", 즉 사실상 연장된 농노 신분으로 남아 있었다. 상환금은 49년에 걸쳐 분할 납부해야 하지만, 국가는 농민들에게 신용을 확대하여 농민들이 지주에게 상환금을 선불로 지급하고 국가 은행이 농민 부채를 떠안도록 했다. 이러한 해방 조치는 토지 배분과 상환 조건을 계산하는 데 있어 복잡한 방식으로 설계되었으며, 양측 모두의 지속 가능성을 최대화하는 것을 목표로 했으나, 현실에서는 지주와 농민 양측 모두 불만을 품고 속았다는 느낌을 가졌다. 최근에 역사가 스티븐 호크는, 이처럼 모든 당사자가 동일하게 불행하다는 감정을 가졌다는 사실 자체가, 불가능에 가까운 문제를 명민하게 해결함에 있어서 실용적이고 선의에 기반한 공평성을 보여주는 결과라고 평가하기도 했다.⁹

당국은 해방 농민들에게 토지를 확보해 주겠다는 약속과 더불어, 해방

_____

상의 상징이자 백인들에 대한 배신감을 상징하는 문구로 이해되고 있다.

에 관한 두 번째 기본 원칙을 슬그머니 집어넣었다. 농민들은 개별적으로가 아니라 집단적으로 해방되어야 했다. 그들은 토지를 받고, 마을에서 공동체의 다른 주민들과 함께 상환금에 대한 연대 책임을 져야 했다. 지역에 따라 다양한 공동체 형태가 있었지만, 고전 형태인 재분배형 공동체는 전통적으로 남성 가장들에 의해 운영되었는데, 그들은 지역 사회 내에서 상당한 권력을 행사했다. 주거지와 텃밭, 농기구, 가축 등은 대단위 확대가족 별로 소유되었으나, 경작지는 공동체 전체가 집단적으로 소유했고, 일정한 시차를 두고 필요와 노동력에 따라 각 가구에 재분배되었다. 경작지는 공동 소유였으나, 각 가족은 자신들에게 임시로 배정된 토지를 따로따로 경작함으로써 농촌은 낮은 수확량을 내는 구조에 갇혀버렸다. 재분배 공동체는 소규모 농업의 빈약한 수익성과 결부하여, 단기간 배정된 토지를 개선하기 위한 투자 의욕을 꺾어 버렸다.

"연대 책임Krugovaia poruka"이라는 교묘한 전략을 통해, 지주들과 국가 당국은 수 세기 동안 농민들로 하여금 동료들의 행동에 대해 책임지도록 만들었으며, 이로써 부족한 인력과 국가 통제 자원을 확대하고, 주민들 스스로가 감시자가 되도록 유도했다. 이러한 집단주의적 관행은 러시아 제국의 통치의 핵심이었는데, 농노해방 이후에도 국가는 이런 관행을 따라 농민들을 예전처럼 집단적 존재로 생각하고, 또 그렇게 대했다. 상환금은 공동체 단위로 부과되었고, 그 책임은 구성원 모두가 공동으로 졌기 때문에, 새롭게 해방된 농민 경작자들은 독립적인 소농이 아니라, 집단화된 농민층으로 편입된 셈이었다. 1861년 농노해방 이전이나 이후나, 농업 구조는 본질적으로 변화하지 않았다. 농민들은 여전히 공동체 경제 내에서 활동했고, 지주들 또한 더 집약적이고 대규모적인 농업에 투자하기보다는, 사실상 소작농에 불과한 농민들로부터 받는 지불금에 계속 의존했다. 다니엘 필드Daniel Field가 쓴 바대로,

> 혼란을 최소화하기 위하여, 개혁 담당자들은 농노제의 경제적 특성을 출발점으로 삼았다. 예를 들어, 법령에 의해 정해진 분여지의 규모는 농노제 하에서의 분여지의 규모를 기초로 했다. 개혁 담당자들은 농업 발전에 장애가 된다고 판단하면서도 공동체를 유지했는데, 이것은 농노 소유자들이 그러했던 것처럼, 국가가 이천이백만 명에 달하는 해방 농노들과 직접적으로 접촉하지 않고도 지배를 유지할 수 있는 중간 매개체로서 공동체를 활용하는 것을 선호했기 때문이다.[10]

자발적으로 마을을 떠나 성장하고 있던 도시나 공장에서 일자리를 구한 농민들조차, 이전의 신분에 있을 때와 마찬가지로 출생지 공동체에 계속 '등록prikreplenie'되어 있었다. 이것은 빈곤하고 뿌리 없는 위험한 계층이 형성되어 폭력적 성향을 띠게 되는 것을 방지하기 위한 조치였다. 또한 개혁에 관심을 가진 인사들은 공동체가 농민들을 투기꾼과 착취자들의 약탈로부터 보호해 줄 수 있을 것이라고 기대했다. 이러한 두 가지 우려는 모두 러시아 및 러시아와 서구의 차이점에 대한 근본적인 확신에서 비롯된 것이었다. 러시아 농민들은 순박하고 이타적인 집단정신을 지닌 존재로 간주되었기 때문에 간계에 취약하다고 여겨졌던 반면에, 매연을 뿜어내는 유럽의 공장 도시에서 대규모로 살아가는 프롤레타리아계급은 서구의

비정한 자본주의와 아노미anomie를 상징하는 존재로 인식되었다.[11] 전자는 보호되어야 했고, 후자는 어떠한 대가를 치르더라도 피해야 할 대상이었다. 이처럼 공동체의 보존은 농노해방 이후의 시대에도 집단주의와 압박의 또 다른 형태로 남아 있게 되었다.

공동체의 보존은 정부가 사회 통제를 유지하기 위해 취한 유일한 조치가 아니었다. 주인과 농노 사이의 소유관계가 단절됨에 따라, 국가는 더 이상 영지 법정이나 지주들의 자의적 권위에 의존하여 농촌을 통제할 수 없게 되었다. 이에 따라, 국가는 극도로 통치가 미치지 않던 인구를 다스려야 하는 힘겨운 과제에 직면하게 되었다. 예를 들어, 1857년 야로슬라블Iaroslavl 주에서는 단 244명의 경찰이 거의 1만 4,000제곱마일에 걸친 지역에 흩어져 사는 95만 명의 인구를 담당하고 있었다.[12] 일련의 필수적인 개혁 조치들이 뒤따랐다. 이 조치들 안에서는, 법적 차등을 두는 범주에 의존하는 경향과 국가의 '시민들'이 가지는 수평적 평등과 보호권을 향한 막 시작된 추동력이 충돌했다. 러시아 당국은 앞의 경향에 대해서는 익숙했으나, 뒤의 경향은 불편하게 생각했다. 기안위원회Editing Commission의 의장이 1859년에 기록한 바에 따르면, 농노해방은 "지금까지 우리 조국에는 결코 존재한 적 없던 새로운 인민을 러시아에서 창출하도록"[13] 차르가 허락한 것과 같았다.

가장 먼저, 급진적으로 평등화를 향한 조치는 군대 개혁이었다. 크림전쟁은 러시아군의 문제점을 적나라하게 드러낸 바 있었다. 병력은 지나치게 방대하여 그 유지비가 어지러울 정도로 막대했고, 동시에 다수의 현역 병력을 예비역으로 전환하는 것은 매우 위험한 일이었다. 징집으로 인해 본래의 마을과 가족으로부터 떨어져 나온 퇴역 군인들은 돌아갈 곳이 없었고, 따라서 빈곤한 사람들이 소속 없이 무기를 지닌 채 돌아다니는 악몽 같은 일이 벌어질 수 있었다. 게다가 과거의 징집 절차의 특수성에 따라, 군대에는 탐탁지 않다고 생각된 자들이 세심하게 선별되어 징집되었다. 의무적인 징병 할당 몫을 앞두고, 지주, 토지 관리인, 농민 가장은 전통적으로 은밀히 결탁하여 병약자나 말썽꾼을 징집 대상자로 지목함으로써, 부양해야 할 부담스러운 존재들을 국가에 떠넘기는 방식으로 자신들의 짐을 덜어왔다. 이렇게 차출된 불쌍한 병사들에 대한 처우는 매우 열악했으며, 훈련은 최소한도에 불과했고, 군수품과 보급은 만성적으로 부적절했으며, 그 결과 군사적 성과도 불만족스러웠다.

농노해방과 함께, 군대는 새로운 도전에 직면하였다. 더 이상 농노 징집자들에게 의존할 수 없게 되자, 전쟁부 장관 드미트리 밀류틴Dmitrii Miliutin은 급진적인 변화 조치를 실시했다. 1874년 징병제는 제국 내에서 가장 평등하고 보편적인 제도가 되었다. 20세가 되면, 귀족이든 농민이든 거의 모든 남성이 징집 대상이 될 수 있었다. 그러나 심지어 가장 평등한 개혁에서도 제국의 비전에 따라 수많은 예외가 있었다. 중앙아시아의 부족민들은 1916년까지 징병에서 면제되었는데, 제1차 세계대전이 진행 중이던 그해에 이들을 노동 대대에 강제 동원하려는 시도는 격렬한 저항을 불러일으켰다. 캅카스 지역의 무슬림들은 징집되지 않았으나, 자원입대는 허용되었다. 핀란드인은 복무 의무가 있었으나, 복무 지역은 핀란드 내로 한정되었다. 유대인들은 장교가 될 수 없었다.[14] 밀류틴은 신병 및 병사들에 대한 가혹한 처우를 폐지하고, 보다 품위 있는 제도를 도입했으며, 처음으로 군인 교육 및 훈련을 위한 진지한 프로그램을 개발했다. 그의 지휘하에서 군대는 진보적인 교육 지지 세력이 되어, 심지어 여성들에게도 고등교육과 의학교육의 문을 개방했다.[15]

참여 정치와 차등의 범주

과거에 농노였던 인구를 마주한 정부는 새로운 통치 방식과 통치 조직을 창출하고자 모색했다. 농민들은 일부 새로운 행정 기구에 포함되기는 했으나 일반적으로는 별도의 대우를 받았고, 그들 자신의 특별한 기구를 부여받았다. 공동체 너머의 가장 기초적인 지역 단위에서는, 농민들을 위하여 '볼로스트volost'(복수형은 volosti)라는 행정단위가 설치되었다. 이것은 농민들 스스로에 의해, 그리고 농민들로부터 선출된 인물들에 의해 운영되었으며, 농민들이 평등한 시민권 제도 안으로 통합되고 있다는 인상을 사전에 차단하는 기능을 했다. 보다 넓은 주州 차원에서는, 주의 행정과 기반 시설에 대한 책임이 모든 계층의 주민을 포함하는 새로운 기구로 이양되었다. 이 기구는 '젬스트보zemstvo'(복수형은 zemstva)라 불렸는데, 그 명칭은 "땅"을 의미하는 러시아어 단어인 "제믈랴zemlia"에서 유래했다. 전국 회의인 '젬스키 소보르'라는 명칭도 같은 어근을 가지고 있다. 이 어원에서 암시되듯이, 젬스트보 제도는 "인민"을 행정 활동 속으로 끌어들이려는 의미를 가지고 있었다.

모스크바국 시기의 회의체와 다른 역사적 사례들(모스크바국의 "선출된"

장로들, 카자키의 '크루그krug'⁶⁾, 예카테리나 대제의 입법위원회Legislative Commission, 그리고 1785년에 설치된 지방 회의 및 귀족 의회)을 돌이켜보면, 대중을 행정 혹은 통치 과정에 참여시키려는 시도는 러시아의 경험에서 결코 낯선 것이 아니었다. 심지어 농민들조차도, 농노해방 이전에 공동체의 '스호드skhod', 혹은 촌락 회의 내에서 자체적인 선거 정치와 정책 결정의 맛을 경험한 바 있었다.**16** 그럼에도 불구하고, '젬스트보'에 위임된 권한의 규모, 범위, 실질적 권한은 유례없는 것이었다. 정부는 이 새로운 기구에 지역 치안, 기반 시설의 건설 및 유지, 주민의 건강과 복지, 경제 상태, 그리고 초등교육에 이르기까지 결코 사소하지 않은 책무들을 맡겼다. 젬스트보는 이러한 사업들을 수행할 재원을 마련하기 위하여, 지역적으로 세금을 부과할 수 있는 권한을 부여받았다.

러시아가 철저한 전제정 국가이자 억눌리고 침묵하는 사람들을 가진 나라로 인식되어 온 점을 감안할 때, 이러한 참여 형태들이 존재했고 또 그것들이 일정한 연속성을 띠며 연결되었다는 사실은, 제국의 지배자들조차 적어도 일부의 사람들에게게라도 자기들의 생각을 표현할 수 있는 일정한 공간을 허용하는 것이 중요하다는 점을 인식하고 있었음을 상기시킨다. 이후에 살펴보게 되겠지만, 이러한 공간들이 점차 축소되고 표현 통로가 차단되었을 때, 사회의 중요한 구성원 일부는 체제를 포기하고, 규칙 따르기를 중단했으며, 체제 전복, 테러, 혁명 쪽으로 방향을 전환할 수밖에 없게 되었다.**17**

---

6 '크루그(krug)': 문자 그대로는 동아리를 뜻한다. 돈 카자크 군단과 동남 러시아 및 러시아 동부의 카자크 공동체의 회의를 가리킨다.

'젬스트보'는 두 수준에서 설립되었다. 하나는 군郡, district 수준(농민만으로 구성된 볼로스트보다 크고 사회적으로 더 포괄적인 단위)이었으며, 그보다 상위의 다른 하나는 주州, province 수준의 '젬스트보'로서 이 기구의 대표는 군 수준의 젬스트보의 대표들에 의해 선출되었다. 볼로스트 수준 및 전국 수준에서의 추가적인 회의체를 구성하라는 요구는 상부에 의해 단호히 거부되었다. 볼로스트 수준의 젬스트보가 구성된다면, 그것은 농민들에게 그들의 "윗사람들betters"의 통제도 받지 않고, 전례 없는 권한을 부여하는 셈이 되었을 것이다. 마찬가지로, 전국 수준의 '젬스트보' 또한 논외라고 간주되었다. 그것은 의회와 유사한 기구로서, 차르의 권위에 끼어드는 것으로 생각되었다.

제국 인구의 동질화와 차등화라는 상반된 경향 사이의 줄다리기 속에서, '젬스트보'는 정중앙에 위치했다. 개혁 담당자들은 자치제도의 도입을 시도하면서도, 차등의 범주를 넘어서 사고할 수 없거나 넘어서기를 주저했다. 군 수준의 대표자들은 세 개로 구별된(그러나 잠재적으로 중첩될 수 있는) 범주—지주, 도시의 부동산 소유자, 그리고 ('볼로스트'에서 선출된) 농민—에 의해 각각 별도로 선출되었다. 여성 부동산 소유자들은 남성 친족을 통해 권리를 행사하는 간접 투표 방식으로 참여할 수 있었다. 일정 수준 이상의 재산을 축적하여 농촌이나 도시의 토지를 구입한 농민은 상위의 두 "쿠리아curia"[7] 의원을 선발하는 투표 자격을 얻을 수 있었다. 그러나, 일반적으로 농민은 받아들이기 어려운 범주 안에 머물러 있었으며, 그 자체로 별도

---

7 '쿠리아(curia)': 쿠리아는 원래 고대 로마에서 시민을 분류하는 단위 중의 하나였다. 19세기의 러시아 젬스트보 선거에서도 이 용어가 도입되어, 귀족, 도시민, 농민이 각각 쿠리아를 가지고 있었다.

의 대표 기구가 있어야 했다. 대체로 제국의 차등적이며 위계적인 구분은 온존되었으며, 평등한 시민권에 대한 어떠한 개념도 단호히 배제되었다.

동일한 유형적 구분은 사법 개혁에도 그대로 이어졌다. 1864년에 실시된 사법제도의 근본적인 재정비에 따라, 배심 재판 및 전문 변호사에 의한 피고의 변호 제도가 도입되었다. 법정은 대중에게 개방되었으며, 판사는 정치적 또는 자의적 이유로 면직되지 않는 종신 임기를 부여받았다. 군 수준에서는 경범죄를 관할하는 법정이 설치되었고, 여기에는 교양 있는 지주 주민들 가운데서 군 '젬스트보'가 선출한 치안판사들이 배치되었다. 법정은 모든 계층을 대상으로 했다. 그러나 볼로스트 법정은 여전히 별도로 존재하는 독립된 재판정으로서, 농민들이 일반 사법체계 외부에서 자신들의 법적 분쟁을 처리할 수 있었다. 개혁 담당자들은 이것을 일종의 보호 조치라고 정당화했다. 지도적인 개혁가 블라디미르 체르카스키Vladimir Cherkasskii 공은 "오직 그러한 질서('소슬로비예' 혹은 사회 신분에 기반한 농민 행정 체제)만이 모든 농민을 세습적인 행정적 종속 상태 혹은 최소한 경제적 종속 상태 안에 묶어두려는 귀족들의 시도에 저항할 수 있을 것이다."[18]라고 말한 것으로 전해지고 있다. 제인 버뱅크는 농민들이 이들 법정을 얼마나 적극적으로 활용했는지를, 그리고 법의 약속과 함정을 얼마나 예리하게 체득했는지를 보여 준다.[19]

특별 대우를 받은 이질적 집단은 농민뿐만이 아니었다. '젬스트보' 제도는 러시아 제국의 핵심 유럽 지역에 국한되었다. 발트 3개 주 및 과거 폴란드-리투아니아연방의 영토에 속했던 9군데의 서부 주는 '젬스트보'를 부여받지 못했다. 이들 지역은 '러시아성'이 부족하다는 이유로 배제되었다. 1887년 국무협의회는 발트 지방에 '젬스트보'를 설치하자는 제안을 거부했는데, "그 어떤 정교한 방식으로 자치를 조직한다고 하더라도," 그 기구는 그 지역에서 우세한 지주 집단인 "독일계 귀족의 수중에 전적으로 들어가게 될 것"이라는 이유 때문이었다.[20] 독일계 귀족들은 그 집단적 정체성만을 근거로 해서도 의심의 대상이었다. 폴란드계 귀족이 지배할 가능성이 있는 제도를 만들기를 꺼린 태도 역시 서부 변경 지역에서의 '젬스트보' 설치를 어렵게 만들었다. 돈 지역의 카자키는 1876년부터 1882년까지 잠시 '젬스트보' 행정을 경험했으나, 정확하게 범주 문제가 쟁점이 되어 그 기구가 해체되었다. 카자키는 자신들의 특권적 군사 계층으로서의 독자적 지위가 젬스트보에 의해 위협받는다고 인식하고 저항했다.[21] 시베리아에는 별도의 행정 체계가 존재했기에 '젬스트보' 제도가 확장되지 않았다. 이제 막, 그리고 불완전하게 "평정"되었을 뿐인 캅카스에서는 그러한 구상이 아예 논의조차 되지 않았다. 개혁이 시행되던 바로 그 시기에 제국이 활발하게 팽창해 나가던 중앙아시아에서, 국가는 전통적인 식민지 방식으로 지배권을 행사하고자 했다. 정부는 20세기 초에 여러 주에 '젬스트보' 제도를 확대했으나, 그 제도를 확대하려는 논거는 차등을 향한 경향과 매번 맞붙어 싸워야만 했다. 통일된 일체성과 구분에 기반한 지배 사이의 익숙한 밀고 당기기가 아주 명확하게 보였다. 많은 지식인과 일부 개혁 성향의 관료들은 시민권과 법 앞의 평등이라는 새로운 공동체 개념에 매력을 느꼈다.[22] 그러나 다른 사람들은 민족적·언어적·문화적 "러시아성"—그 개념이 어떠했든 간에—에 깊은 애착심을 가지며, 어떤 민족이 다른 민족에 대해 가진 특권적 지위를 유지하기를 원했다.

우리는 누구인가? 민족 정체성에 대한 더 많은 질문들

　황제와 그의 신민들, 혹은 국가와 시민들 간의 관계가 변화함에 따라, 19세기 초의 사상가들을 끊임없이 괴롭혔던 질문, 즉 누가 혹은 무엇이 "민족"을 구성하느냐에 관한 질문은 한층 더 첨예한 문제로 부상했다. 제국이라는 맥락 속에서 집단 정체성의 일관된 기초를 규명하는 일은 극히 논란을 일으키는 문제임이 판명되었다. 문화사학자 올가 마요로바Olga Maiorova는, 크림전쟁에서의 참담한 패배 이후에 러시아의 지식인들과 정치 지도자들이 '민족'을 절실히 필요해진 대상, 즉 창립되거나 재창립되거나 복원되어야 하며, 인간들이 조치를 취하고 개선할 수 있는 대상으로 바라보기 시작했다고 주장한다. "진정한 러시아"에 대한 탐구는 여러 가지 결과들을 낳았다. 향수에 젖은 슬라브주의자들에게 그것은 표트르 대제 이전의 과거에 존재했던 러시아였다. 그보다 약간 뒤에 글을 쓴 톨스토이에게 있어서, 그것은 카자키에 의해 대표되었다. 그들은 자연에 가까우며, 용감하고, 다소 무모하고, 영적이며, 허세를 부리지 않았다. (그가 카자크를 전형적인 러시아인으로 찬미한 것은 다소 아이러니하다. 그 이전 수 세기 동안 카자키는 자신들을 '자유인'으로 규정하며, 예속되고 농노화된 러시아인들과는 명확히 구별된다고 생각했기 때문이다.) 서구주의자 알렉산드르 게르첸에게, 진정한 러시아성은 마을 평의회를 가지고 있고 주기적으로 토지를 재분배하는 농민 공동체에 있었다. 그는 이 집산주의적 공동체 속에서 일종의 소박한 사회주의를 보았는데, 그것은 러시아뿐만 아니라 유럽 전체를 구원할 수도 있었다.

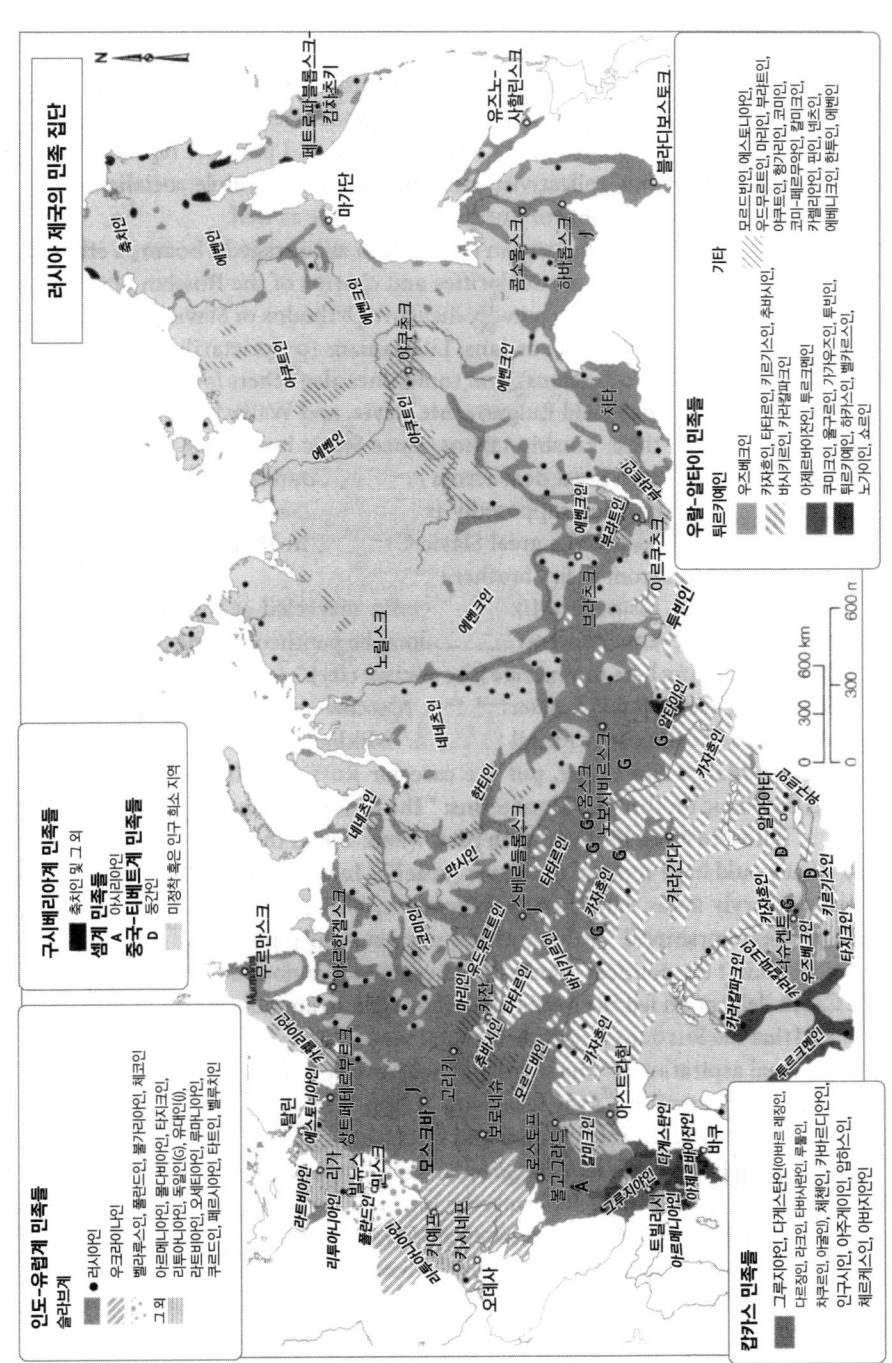

지도 7.2 러시아 제국의 민족 집단

특정한 러시아적 민족주의를 주창하는 사람들은 러시아 농민들, 즉 '나로드narod'의 고유한 특성과 매력을 민족지학적으로 연구하는 붐을 일으켰다. 보다 포괄적으로 정교회적인 또는 슬라브적인 민족주의를 지지하는 사람들은 우크라이나인, 벨라루스인, 리투아니아인(이들은 각각 '소小러시아인', '백白러시아인', '적赤 혹은 흑黑 러시아인'이라는 전매특허 같은 명칭으로 불렸다)을 포용했으며, 때로는 지리적으로 더 멀리 떨어진 집단들― 오스만제국 치하에 살고 있던 불가리아, 몰다비아, 왈라키아의 정교회 슬라브인들― 까지도 포함했다. 이러한 친족 관계의 주장에 민족지학은 논거를 제공했다. 왜냐하면 슬라브 언어들, 민속 전승, 물질문화 등은 명목상의 국경을 넘어 다수의 요소를 공유하고 있었기 때문이다. 슬라브 민족 가운데 이러한 불가피한 연결성을 공고히 하기 위한 웅대한 의사표시로서, 열성적인 사람들은 1867년 '슬라브 대회Slavic Congress'를 조직하여, 자기들의 "형제 민족들"의 대표들을 초청했다.

보수 성향의 역사가 미하일 포고딘은 열정적인 슬라브 민족주의자들이 대회에 몰려드는 모습에 놀라며 다음과 같이 썼다. "모스크바는 슬라브 세계의 판테온이 되었다. 슬라브인들이 [이 고대 도시를] 경배하기 위해 이곳으로 모여들고 있다." 슬라브주의자 이반 악사코프Ivan Aksakov 역시 유사한 어조로, 모스크바는 "모든 슬라브 세계Slavdom의 도덕적[그리고 정치적] 에너지가 집중되는 중심지가 되었다."고 주장했다. 보수적 민족주의 언론인이자 편집자 미하일 카트코프는 러시아가 슬라브 형제들 가운데 정치적 우위를 점해야 하는 이유를 다음과 같이 직설적으로 피력했다. "모스크바의 역사는 가혹한 역사다. … 그러나 그 가혹한 과거가 없었다면, 슬라브 세계는 지금 어디에 있었겠으며, 슬라브의 대의는 어떻게 되었겠는가?"[23] 이 대회에 대한 분석에서, 마요로바는 이들 러시아 저자들이 존경의 대상인 일부의 "동생들"로부터 자기들의 정치적 야망에 대한 반발이 터져 나왔다는 사실을 빠뜨렸음을 씁쓸한 투로 지적하고 있다. "대회에서 러시아인들의 정치적 지배욕이 너무나도 분명히 드러났기에, 체코 대표단은 독립된 미래에 대한 권리를 주장하고, 러시아가 폴란드 봉기를 야만적으로 진압한 것에 대해 참회할 것을 요구해야 할 필요성을 느꼈다."[24] 이처럼 좀 더 작은 슬라브 민족들의 민족적 열망은 자기들의 제국 및 그 문명화 사명과 자신들의 민족적 위대함을 동일시했던 자칭 "대러시아인들"의 제국적 민족주의와 정면으로 충돌하고, 또 거기에 도전했다.

대개혁과 더불어 지방자치를 도입하고 검열을 완화했음에도 불구하고, 제국 정권은 마요로바의 지적처럼 대중의 정치 참여를 위한 경로를 차단했다. 전국 수준의 '젬스트보' 설치에 대한 정권의 신경질적인 태도가 보여 주듯이, 정권은 어떤 형태로든 정치화된 대중 동원의 가능성을 두려워했다. 소수의 교수와 몽상가들이 모인 회의는 용인될 수 있었고, 충성스러운 신민들이 국가의 각본에 따라 마련된 공식 의식에서 모이는 것은 오히려 바람직하게 여겨졌으나, 담론이 일단 정치적 목적을 향해 동원된 활기찬 추상적 존재로서의 "인민"이라는 개념으로 옮겨가면, 황제는 뒷걸음쳤다. 슬라브 대회를 조직한 보수적 애국자들은 자신들을 열렬한 충신이라 여겼으며, 경건한 러시아/슬라브 인민이라면 차르에게 경건한 마음으로 헌신한다고 생각했다.

그러나 그들이 당황하며 실망감을 느끼게도, 황제는 그들이 마치 혁명의 깃발을 흔들고 있는 것처럼 의구심을 가지고 그들의 노력에 반응했다. 국가가 대중의 열광에 힘입어 전쟁에서 승리를 거두었던 군사적 모험에 대해 애국적인 지지를 표명할 때에만, 혹은 집단적인 예배 의식에서만, 대중 동원이 허용되었다. 마요로바는 이러한 대중 참여 및 표현의 통로가 협소해진 데 따른 불길한 결과를 강조한다. 공격성, 군국주의, 그리고 의롭다는 명분 아래의 폭력만이 국가에 의해 용인된 민족적 행동주의의 형태가 되었다. 군국주의와 정교회는 함께 "대중 참여의 상징적인 대체물이 되었다." 개혁기의 민족주의는 "전쟁에 대한 지지와 러시아 인민에 대한 권한 부여 사이에 뜻깊은 연결점"을 구축하고, 또 강화했다고 그녀는 주장한다.[25]

크림전쟁의 패배로 인해 러시아의 국제적 이미지만이 아니라, 열강들과 함께 제국으로서의 활동에 참여할 수 있는 능력 또한 손상되었다. 황제 알렉산드르 2세는 유럽 및 오스만제국 내에서 러시아의 이해관계를 다시 주장하고자 결심했고, 1876년에 발칸반도에서 오스만제국이 기독교도 피지배민들을 잔혹하게 탄압한 이른바 '불가리아 학살 사건[8]'을 계기로 개입의 기회를 포착했다. 범슬라브주의자라 불리는 슬라브 초국가주의자들은 러시아 내에서 점차 영향력을 확대하던 신문 및 저널을 활용하여, 발칸반도에 대한 러시아의 개입을 지지하는 여론을 불러일으켰다. 오스만제

---

8 '불가리아 학살 사건': 원서에는 1875년으로 되어 있으나, 1876년이 옳다. 불가리아인들은 1876년 4월에 오스만 튀르키예 정부에 대항하여 대규모 봉기를 일으켰다. 이 봉기를 진압하는 과정에서 튀르키예 정부에 의해 학살당한 불가리아인들은 3만 명이 넘었는데, 이로써 유럽 열강은 튀르키예의 비인도적 탄압에 대한 대책을 강구했다. 1877~1878년의 러시아─튀르키예 전쟁도 이 학살 사건으로 촉발되었다.

국의 술탄 압둘하미드 2세(재위 1876~1909)는 유럽의 압력을 무마하기 위해 헌법을 반포했으나, 알렉산드르는 만족하지 않았다. 1877년 4월 24일, 알렉산드르 황제는 다음과 같이 선언했다. "오스만 정부[9]는 기독교도 신민들의 안전을 보장하는 모든 실질적 조치를 완강히 거부하고 있다. … 이로써, 튀르키예는 우리로 하여금 무력을 사용할 수밖에 없는 상황에 처하도록 하고 있다."[26] 전쟁은 단기간에 결판났다. 모두가 무슬림이었던 오스만제국의 병사 수십만 명(왜냐하면 오직 무슬림들만 입대 자격이 있었기 때문이다)이 사망했다. 러시아군은 서부에서는 이스탄불, 동부에서는 에르주룸에 놀랍도록 가까운 거리 안으로 신속히 진격했다.

승리에 고무된 러시아는 오스만제국에게 가혹한 조건을 담은 산스테파노조약을 강제로 체결하게 했으며, 발칸반도의 대부분의 영토를 포기하도록 오스만인들에게 강요했다. 세르비아, 몬테네그로, 그리고 루마니아는 독립국이 되었고, 불가리아는 기독교 군주 아래에서 자치권을 부여받았다. 그리고 보스니아-헤르체고비나는 오스트리아의 보호령이 되었다. 러시아는 캅카스 지역에서 영토를 획득했는데, 바투미, 카르스, 아르다한 등의 시 및 인근 마을들이 거기 포함되었다. 조약의 제16조는 오스만 정부the Sublime Porte로 하여금 "아르메니아인들이 거주하는 주州에서 지방의 요구에 부응하는 개선 조치와 개혁을 시행하고, 쿠르드인들 및 체르케스인들로부터 그들의 안전을 보장할 것"[27]을 강요했다. 러시아는 해당 개혁이 실제로 시행되기 전까지는 이 지역들을 계속 점령하고자 했다.

---

9   오스만 정부(the Sublime Porte): '숭고한 문(Sublime Porte)'은 오스만 튀르키예 정부의 궁정이나 정부를 지칭하는 용어이다.

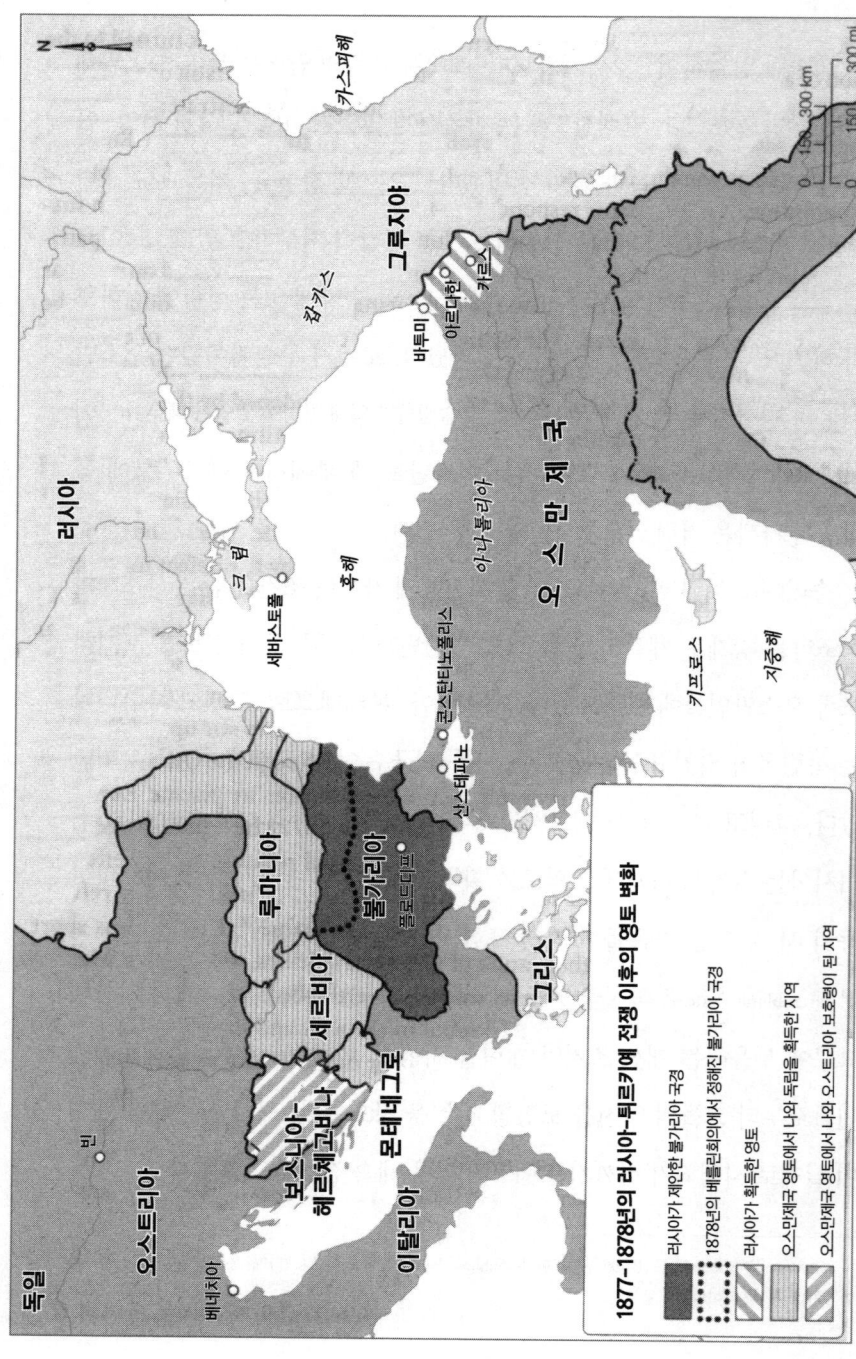

1877~1878년의 러시아-튀르키예 전쟁 이후의 영토 변화

러시아가 제안한 불가리아 국경

1878년의 베를린회의에서 정해진 불가리아 국경

러시아가 획득한 영토

오스만제국 영토에서 나와 독립을 획득한 지역

오스만제국 영토에서 나와 오스트리아 보호령이 된 지역

지도에 나타난 지명

독일

베네치아

오스트리아
빈

러시아

크림
세바스토폴

카스피 해

그루지야

바투미
아르다한
카르스

캅카스

흑해

아나톨리아

오스만 제국

루마니아

세르비아

보스니아-
헤르체고비나

몬테네그로

이탈리아

불가리아
플로브디프

콘스탄티노플리스

산스테파노

그리스

키프로스

지중해

0   150   300 km
0   300 ㎖

지도 7.3. 1877~1878년의 러시아-튀르키예 전쟁 이후의 영토 변화

러시아 제국주의는 자국의 팽창을 정당화하기 위하여 동료 슬라브인 및 기독교인들의 보호와 해방, 나아가 다른 종교를 가진 "덜 계몽된" 민족들에 대한 문명화 사명을 내세웠으나, 유럽의 경쟁 열강들은 차르 체제를 고집스럽게 팽창주의적이며 유럽 대륙의 세력균형에 대한 중대한 위협으로 간주했다. 러시아는 비록 전쟁에서는 승리를 거두었으나, 평화 협상에서는 패배했다. 산스테파노조약은 러시아에 지나치게 유리한 조건이었으므로, 여타 유럽 열강이 이를 용인할 수 없었다. 오스만제국은 최소한 수년간은 영국이라는 강력한 후원자를 얻게 되었으며, 1878년 6월 4일에는 불명예스러운 '키프로스협약'을 비밀리에 체결했다. 이에 따라, 영국은 키프로스섬을 획득하는 대신, 차르가 동부 아나톨리아에서 정복지를 유지하려 할 경우 러시아에 대항해 싸우겠다는 약속을 했다.[28] 국제적으로 고립된 알렉산드르 2세는 "정직한 브로커" 독일 수상 오토 폰 비스마르크가 소집한 베를린회의에 대표단을 파견하는 데 동의했다. 이 회의는 러시아와 오스만제국 간의 최종 조약을 체결하는 자리로서, 러시아의 영토적·정치적 이득을 축소했다. 베를린조약 제61조는 오스만제국 내에서의 개혁을 촉구했으나, 그 이행을 보장할 일정표나 러시아군의 주둔에 대해서는 전혀 언급되지 않았다. 동부 아나톨리아에 거주하던 아르메니아인들은 더 이상 러시아가 아니라 유럽 열강 전체의 보호를 받게 되었는데, 이것은 그들이 실질적으로 오스만 당국의 처분에 맡겨진 것을 의미했다.

베를린회의는 "유럽 협조Concert of Europe"[10]하에서 개최된 마지막 주요

---

10 "유럽 협조(Concert of Europe)": 이 용어는 1830년대부터 사용되기 시작하여 1870년대에 유럽에서 크게 유행했다. 유럽 문제는 유럽의 주요 열강이 정기적으로 회동하여 합의로써 해결해야 한다는 국제정

국제회의로 간주되는데, 왜냐하면 곧이어 열강들은 상호 적대적인 동맹 체제로 분열되었기 때문이다. 결국 러시아는 삼국협상으로 영국 및 프랑스와 한편이 되었고, 독일 및 오스트리아–헝가리로 구성된 "중앙 동맹국"은 오스만제국에 점점 더 가까워졌다. 이것은 최종적인 결합으로서, 열강 간에 1914~1918년의 "대전" 곧 양차 세계대전 중 첫 번째 대전으로 이어졌다.

러시아화, 다양성, 그리고 제국

19세기의 마지막 4/4분기 무렵이 되면, 강경한 러시아 민족주의 — 민족적 러시아와 그 제국적 야망에 대한 열렬한 애정 — 는 보수 성향의 지식인들과 많은 국가 관료에게 영감을 주었다. 그러나 이와 같은 제국적 민족주의(혹은 민족적 제국주의)는 상이하고 종종 상충하는 형태로 나타났다. 가장 해악을 끼치는 방식으로, 그것은 외국인 혐오증 및 반유대주의로 표현되었으며, (적어도 권력자와 특권층의 시각에서) 보다 온건한 방식으로는 덜 발전하고, 덜 행운을 누린 이들에게 학문과 진보를 선사하는 후견자 역할을 맡았다. 차르 체제 후기의 민족 정책에 대한 가장 일반적인 이미지는 그 정책이 '러시아화Russification'에 전념했다는 것이다. 그러나 행정의 체계화에서부터 민족운동에 대한 억압까지 모든 조치를 일괄적으로 해석하여

치적인 관행을 일컫는다.

일관된 프로그램이 있었던 것처럼 보는 이러한 이미지는 중대한 결함을 가지고 있다. 러시아화는 러시아 제국 내에서 적어도 세 가지 상이한 의미를 지녔다. 예카테리나 2세 및 니콜라이 1세에게 있어서 러시아화는 제국의 행정 관행을 통일하고 획일화하는 국가정책이었다. 둘째, 러시아 제국의 생활양식 및 언어 규범에 대한 피지배 민족들의 자발적인 적응이라는 자생적 과정이 있었는데, 이것은 계획된 것이 아닌 '러시아화'로서, 볼가강 유역의 민족들과 서부 슬라브계 민족들 사이에서 두드러지게 나타났고, (폴란드인과 우크라이나인을 제외하면) 제국이 포용적이고 비교적 관용적이었던 19세기 중반 수십 년간 특히 강력하게 지속되었다. 줄타기—언어적으로, 실용적으로—를 익히는 것은 비러시아인들에게 유럽의 계몽과 진보에 이르는 전망 있는 길, 혹은 제국의 환경에서 단순히 출세와 생존을 위한 수단으로 매력이 있었다. 셋째 유형의 러시아화는 문화적 의미에서 "러시아인을 만들려는" 노력이었다. 문화적 러시아화는 차르 국가 형성 전략의 무기고에 비교적 늦게 추가된 수단이었는데, 이것은 비非러시아 민족들의 민족주의 운동에 대한 반작용이었다. 알렉산드르 3세와 니콜라이 2세 정부는 이러한 민족주의 운동들의 실제 위협 수준을 과장하여 대응했다.[29] 정부는 모든 슬라브인을 잠재적 혹은 실질적 러시아인으로 간주했으며, 이러한 신념에 힘을 실어 주기 위하여 당국은 폴란드의 고등교육을 제한하고, 우크라이나어 사용을 억압했다.[30] 빌뉴스의 폴란드 대학은 1830~1831년의 반란 이후 폐쇄되었으며, 이후에 키예프에서 러시아 대학으로 다시 문을 열었을 따름이었다. 알렉산드르 3세의 고문들 드미트리 톨스토이Dmitrii Tolstoi와 콘스탄틴 포베도노스체프Konstantin

Pobedonostsev[11]는 '러시아성'과 정교회를 동일시했고, 특히 가톨릭교도들과 유대교인들에 대하여 적대적인 태도를 보였다. 정교회 신자 대학생들조차도, 자신이 우크라이나인, 벨라루스인, 그루지야인, 베사라비아인이라고 자처하든 그렇지 않든, 반드시 러시아어로 교육받아야 했다.

비러시아인에 대한 차르 체제의 정책은 일관성과 모순이라는 두 가지 상반된 특징을 동시에 가지고 있었다. 러시아 식민 당국은 제국 내의 모든 사람을 "러시아인"으로 만들기보다는, "시민성grazhdanstvennost"이라는 개념을 채택하였다. 이것은 제국의 문명화 사명을 표현함과 동시에, "타자"를 다민족 러시아 세계로 통합하는 시민적 덕성을 지향하는 방식이기도 하였다.[31] 그러나 동시에, 19세기의 러시아는 민족화 정책과 차등적 정책을 병행하는 제국 국가로서, 러시아인과 비러시아인, 정교도와 비非정교도, 그리고 사회의 여러 신분 간의 본질적인 구분을 유지했다. 이노로드츠inorodtsy('이민족') 및 이노베르츠inovertsy('이교도')로 분류된 민족은 전체적으로 여전히 특별 법령의 적용을 받았으며, 그 대상에는 유대인, 북캅카스의 민족들, 칼미크족, 유목민, 사모예드족 및 기타 시베리아 지역 민족들이 포함되었다. 러시아어를 구사하며 많은 교육을 받았고, 사회적 상승을 도모하던 비러시아인들은 제국 사회에 어느 정도 동화되었음에도 불구하고, 관료 체계나 사회 상층부에 진입하는 데 있어 일정한 제약에 직면했다. 이러한 좌절된 사회적 이동성으로 인하여, 변방 엘리트들 사이에서는

---

11 콘스탄틴 포베도노스체프(Konstantin Pobedonostsev): 1827~1907. 보수주의 성향의 정치가이다. 모스크바대학 교수를 거쳐, 신성종무원장으로 20년 이상 재임했다. 황태자 시절의 알렉산드르 3세와 니콜라이 2세의 교육을 담당하여, 이 두 황제에게 사상적으로 큰 영향을 미쳤다.

민족주의가 성장했다.[32] 규모의 크고 작음을 불문하고 각 민족 집단은 자신들의 민족적 정체성 혹은 종교적 특성이 국가적 지위에 대한 특권적 접근을 정당화한다고 주장했으며, 동시에 다른 민족들의 배제를 요구하기도 했다. 차르 체제는 종말에 이르기까지 민족문제에 관하여 양면적 태도를 보여 주었다. 그러나 이와 같은 양면성은 교육을 받은 비러시아인들에게 일정한 기회를 제공하기도 했다. 제국은 다양한 방법으로—차등과 구분을 강제하고, 비러시아인을 교육하며, 노골적인 민족주의 표현을 억압함으로써—민족의식을 단련시키는 도가니가 되었다.

신에 대한 신앙과 연계된 보수적 가치를 중시했던 국가로서, 차르 정부는 사람들이 각자의 신앙에 따른 종교교육을 받을 수 있도록 하는 데 관심을 기울였다. 이에 따라 가톨릭, 개신교, 아르메니아 사도교회, 이슬람교, 유대교 등의 학교 설립이 허용되었으며, 비非정교도 교육에서 러시아어 이외의 언어 사용이 때때로 허용되기도 했다. 또한 비기독교계 종교학교에서는 다른 언어로 교육하도록 허용되었으나, 비기독교계의 국립학교에서는 러시아어 사용이 의무화되었다. 정교 교육개혁가 니콜라이 일민스키Nikolai Ilminskii는 이교도들에게 반드시 그들의 자국어로 복음을 들려주어야 한다고 설득력 있게 주장했으며, 이에 따라 1870년에는 소위 일민스키 체제Ilminskii system하에서 지역 언어로 운영되는 선교 학교망이 구축되었다. 이것은 비러시아계 개종자들의 삶 속에서, 나아가 그들을 가르치던 정교도 교사들 자신에게서도 "어떤 심오한 영적 변화"를 야기하기 시작했으며, 그들이 신앙의 내면성에 대해 성찰하도록 장려했다.[33] 종종 러시아화 정책으로 비판받았던 이 체제는 사실상 "소수민족들"의 언어를 홍보했다.

중세의 연대기 작가 모세스 호레나치Movses Khorenatsi에 따르면, 하이크Hayk 혹은 하이그Haig는 노아의 후손이라고 전해지는 인물인데, 아르메니아의 전설적인 건국자이자 아르메니아인들의 시조 영웅이다. 이 신화에 따르면, 강력한 힘을 가진 하이크는 강한 활로 쏜 화살로 거인 벨(Bel)을 쓰러뜨림으로써 자신의 민족을 해방시켰고, 그들을 이끌고 아라라트산(아르메니아어로 마시스, Masis) 주변의 땅으로 이주했다고 한다. 하이크의 형상은 19세기 이래로, 타 민족에 의해 거듭 정복당하면서도, 자기들의 민족종교적 본질을 유지했던 아르메니아인들의 독립 정신을 상징적으로 드러내는 강렬한 표상으로 부각되었다.

언어는 제국과 민족적 열망이 충돌하는 전장이었다. 그루지야의 민족주의 시인이자 사상가 일리아 차브차바제Ilia Chavchavadze(1837~1907)는 자기 민족을 위하여 조국, 언어, 신앙이라는 삼박자를 제시했으며, 여성의 의무는 아이를 출산하고 그들에게 모국어를 가르치는 일이라고 역설했다.[34] 1880년대에, 젊은 아르메니아인들은 차르 정부가 자기들의 학교를 폐쇄하고 자기들의 언어로 된 교육의 기회를 박탈하자, 저항했다. 사람들을 정치적 범주로 분류할 때, 종교적 기준으로부터 언어 및 민족적 정체성으로 기준을 변경한 조치는 국가의 종교 정책의 의도치 않은 귀결이었다. 1897년에 실시된 최초의 러시아 인구조사에서는 사람들이 언어와 종교 양 측면에서 분류되었다. 러시아의 초등 교육생이 1856년에서 1885년 사이에 5

배 증가하고, 1914년까지 다시 4배 가까이 증가함에 따라, 교육에서의 언어 문제가 정부의 중대한 관심사로 부상했다. 비러시아성Non-Russianness은 점점 더 언어와 긴밀히 연관되었으며, 제국 정부는 러시아어로 된 교육을 지지하는 방향으로 더욱 빈번하게 개입했다.[35] 예를 들어, 1887년 발트 지역에서는 초등학교가 초기 2년 동안은 러시아어, 에스토니아어, 혹은 라트비아어로 수업할 수 있었으나, 마지막 학년에서는 종교 및 교회 성가를 제외한 전 과목을 러시아어로만 교육해야 했다. 20년 후인 1910년경에는 "'민족성nationality'이 제국 러시아 내에서 정치적으로 핵심적인 범주가 되었다. … 러시아성과 비러시아성을 결정할 때 종교가 주요 기준이던 종래의 공식적 정의를 뒤집어엎고, 언어를 기반으로 하는 민족성이 러시아인과 비러시아인(그리고 비러시아인들 집단 사이)을 구분하기 위한 주요 기준이 되었다."[36] 러시아는 (전적인 것은 아니지만) 주로 종교를 기반으로 한 차등의 정치로부터, 그 어느 때보다도 민족성이 중요한 의미를 지니는 정치로 넘어가게 되었다.

주변부를 "평정하기"

제국적 지배자로서 러시아에 대한 평판은 관점에 따라 크게 다르다. 일반적으로 러시아의 행정가들과 군사 지도자들은 자신들을 자애로운 식민지 통치자, 즉 서구 열강의 경우보다 온건하고 관대한 대체자라고 자처하기를 좋아했다. 러시아의 대표적인 시인 표도르 튜체프가 1870년에 〈두 결합The Two Unions〉에서 쓴 바에 따르면, 비스마르크의 독일은 "철과 피로 결합된 연합"이며, "그러나 우리는 사랑으로 우리를 결속시키려고 노력할 것이다. ―그리고 우리는 어느 쪽이 더 오래가는지 보게 될 것이다."[37] 이 와는 대조적으로, 많은 비러시아 민족들과 그들의 연대기 작가들이 전하는 전통적인 서사는 제국의 러시아화 정책에 맞서서 반대하는 특정 민족성을 그리고 있다. 이 이야기는 애절한 투로 말해지는 억압에 대한 비극적인 서사일 수도 있고, 혹은 정당한 자율성을 지키기 위한 영웅적 저항의 서사시일 수도 있다. 어떤 풍미를 가졌든지, 이들 저항의 이야기는 초창기의 민족적 본질의 불변성과 신성함에 대한 확신에 기반을 두고 있다. 그러나 지식인들과 운동가들 사이에서는 민족이란 무엇이며 그것이 제국과 어떠한 관계를 맺어야 하는지에 대한 인식이 여전히 불확실했다.

사실상 차르 정부는 제국에 대한 충성심을 더욱 북돋우기 위해 일정 시기에 하위 제국적 민족문화sub-imperial national cultures를 장려하기도 했다. 예를 들어, 1863년에 알렉산드르 2세는 핀란드대공국에서 공식어인 스웨덴어와 동일한 지위를 핀란드어에 부여했다. 이러한 양보 조치는 핀란드인들을 스웨덴으로부터 멀어지게 하고, 러시아에 충성스럽게 만들기 위한 것이었다. 2년 뒤에, 로카솝스키Rokassovskii 총독은 핀란드 내에 분리주의적 열망이 존재한다고 황제에게 보고했으며, 새로운 양보 조치는 "급진파를 만족시키기보다는 오히려 실현 불가능한 새로운 요구 사항을 낳을 뿐"[38]이라고 우려했다. 그렇지만 피지배 민족을 러시아화하려는 캠페인에 크게 공감하던 알렉산드르 3세는 1886년에 핀란드어 관련 칙령을 다시 강화했다.

19세기 중엽에, 차르의 군대와 관료들이 산맥 너머에 구축한 '러시아의 평화Pax Russica'의 혜택을 입은 캅카스 지역의 아르메니아 상인들은 기꺼이 러시아식 성씨 형식을 받아들였다. 한 세대 전만 해도 러시아의 강압적 권력과 그루지야 군주국 및 자신들의 특권 폐지에 반발하여 반란을 일으켰던 그루지야의 귀족들 역시 러시아의 충신들이 되었다. 1844년부터 1853년까지 이어진 미하일 보론초프Mikhail Vorontsov 공의 총독 통치 시기에, 국제도시 트빌리시(당시 명칭 티플리스)는 공식적으로 장려된 유럽 예술, 오페

트빌리시(티플리스)는 남캅카스(러시아인들에게는 자캅카스)의 국제적인 수도였다. 동그루지야왕국의 수도인 카르틀리였던 이곳은 차르의 정복 이후 이 지역의 행정 수도였다. 동서양의 요소가 혼합된 이 도시는 1922년부터 1936년까지 자캅카스소비에트연방사회주의공화국ZSFSR의 정치 중심지, 1921년부터 1991년까지 그루지야소비에트사회주의공화국(1921-1991)의 수도였으며, 1991년 이래로는 독립국 조지아[12]공화국의 수도이다.

라 극장, 유럽식 복식 등을 향유했으며, 그루지야 및 아르메니아 엘리트들은 제국 당국이 제공하는 이익에 쉽게 적응했다. 이전 세기 동안 오스만 및 페르시아 침입자들로부터 겪었던 위협은 점차 사라졌고, 젊은이들이 러시아에서 유학하기 위해 북쪽으로 여행할 기회가 열렸다. 유럽은 러시아를 거쳐 캅카스에 도착했다. 제국주의는 태동기의 민족적 인텔리겐치아를 육성시켰는데, 그들은 러시아가 통치하는 현실에 수십 년 동안 순응했다.

그러나 민족적인 것과 제국적인 것 간의 친화 관계는 영원히 지속되지 않았다. 1870년대에 이르러, 다수의 비러시아계 지식인들은 자신들이 러시아인들과 다르다는 점을 강조하며, 제국을 민족적 열망의 억압자는 아닐지라도 그것을 제약하는 존재로 보았다. 그루지야에서는, 한때 제국을 위해 충성스럽게 싸웠던 바로 그 귀족들 중 일부가 이제 체제에 주요 비판자가 되었다. 드미트리 퀴피아니 백작Count Dmitri Qipiani의 구불구불한 인생 여정은 그루지야인들의 태도 변화를 구체적으로 보여 준다. 이 애국적 그루지야인은 1830년대에 차르 체제에 반기를 들었던 반란자였으나, 농노해방 시기에는 러시아의 충실한 봉직자가 되었고, 그 이후인 1870년대에 이르러서는 러시아의 그루지야어 교육 제한 정책에 반대하면서 다시금 제국에 저항했다. 1885년에서 1886년에 걸쳐 퀴피아니는 총독의 정책을 공개적으로 규탄하고, 그루지야어를 "개들의 언어"라고 폄하한 러시아정교회의 그루지야 담당 총대주교 대리Exarch가 그 지역을 떠날 것을 요구함으

---

12 조지아: 1991년 독립 이전까지는 그루지야라고 불렸다. 이 책에서도 독립 이전과 관련된 내용에서는 그루지야, 그리고 독립 이후와 관련된 내용에서는 조지아로 표기하였다.

로써 체제와의 관계를 최종적으로 단절했다. 정부는 퀴피아니를 스타브로폴로 추방했고, 그곳에서 그는 정체불명의 사람들에 의해 암살당했다.

1860년대 초반과 1870년대 사이에 비非러시아인과 러시아인 모두에게 변화한 것은 정체성에 대한 경쟁, 즉 '러시아성'의 본질에 대한 논쟁이 격화되었고, 제국 정부가 비러시아 민족주의 정서에 대해 점점 더 큰 두려움을 갖기 시작했다는 점이다. 1863년 1월의 폴란드반란은 종종 중대한 전환점으로 간주되고 있다. 이 반란은 오랫동안 누적된 불만과 치욕, 새로운 황제가 폴란드의 옛 자치를 회복시켜 줄 것이라는 희망의 좌절, 그리고 폴란드 청년들을 차르 군대에 징집하려는 계획 등이 한데 겹쳐 폭발한 것이었다. 곧 폴란드 임시정부가 수립되었으나, 이것은 토지를 농민에게 넘겨 줄 준비가 되어있던 급진적 '적군Reds' 세력과 광범위한 토지 개혁에 반대했던 온건한 '백군Whites' 세력으로 분열되었다.[13] 전투는 참혹했고, 러시아 측의 탄압은 가혹했다. 반란군은 러시아혁명가들과 유럽 열강 — 영국, 프랑스, 프로이센, 오스트리아-헝가리 — 의 지원을 기대했으나, 결국 아무도 도와주러 오지 않았다. 심지어 가장 진보적이었던 러시아인들조차 이 반란을 러시아 지배자들에 대한 배신이자 배은망덕한 행위로 간주했다. 러시아 민족을 정의하고 찾는 과제(혹은 보다 정확히 말해 창조하는 과제)를 붙들고 씨름하고 있던 러시아의 그 동일한 문화인들은 (민족적 단결과 헌신에

---

13 '적군(Reds)'과 … 분열되었다. : 1863년 폴란드반란에서 적군과 백군은 봉기의 주도권을 놓고 분열되었다. 적군은 농업혁명의 강령을 분명히 하고 민중봉기로 나가고자 했고, 백군은 사회혁명의 성격을 제거하고자 했다. 봉기 초 불과 두 달 사이에 봉기 지도부는 급진파에서 온건파로, 또 다시 급진파로 옮겨갔다. 이런 대립에서 폴란드 민족운동의 축이 '귀족-민족'으로부터 '민중-민족'으로 옮겨가는 계기가 마련되었다고 평가되기도 한다.

대한) 부러움과 공포심이 섞인 시선으로 폴란드 봉기를 바라보았다. 러시아 작가들은 민족 동원에 대한 중요한 교훈을 얻었으며, 폴란드 민족운동에 반발하면서 새롭게 활발해진 연대감을 표현했다. 조금 엉뚱하게도, 시인 튜체프는 1863년의 폴란드인들을 죽음에서 되살아나 무고한 러시아인의 피를 탐하는 흡혈귀에 비유했다. 그들은 1830년에 이미 참패한 바 있으므로, 차라리 죽음 상태로 남아 있는 것이 예의 바른 행동이었을 것이라는 의미였다.

> 무시무시한 꿈이 우리를 짓눌러 왔구나,
>
> 무시무시하고, 기괴한 꿈이,
>
> 피에 흠뻑 젖은 채, 우리는 죽은 자들과 맞붙고 있구나
>
> 일어섰으나, 다시 묻혀야 할 자들과 말이다.[39]

미하일 돌빌로프Mikhail Dolbilov는 1830년의 반란 이후 러시아인들의 대對폴란드 인식에서 놀라운 전환이 일어났다고 설명한다. 그때 러시아인들은 군사적 승리를 기념하며, 적을 철저히 패배시켰다고 자축했다. 그러나 1863년 이후, 러시아인들은 전혀 다른 그림을 그렸는데, 이 점은 튜체프의 흡혈귀 은유에서도 명확히 드러나 있다. 러시아인들은 새로운 반란자들을 제압하면서, 오히려 오랫동안 자신들을 짓눌러 왔던 "폴란드의 멍에"를 벗어던졌다고 주장했다. 그들은 고대의 러시아 영토를 해방시키고, 폴란드의 "독"이나 "전염병"으로부터 자신들을 방어하고 있었다. 농노해방의 상황 속에서, 그들은 폴란드 '귀족층'의 억압으로부터 폴란드 농민을

해방시켰다고 자축했다. "1861년의 개혁이 없었다면 이러한 담론상의 전환은 전혀 생각할 수 없었다. 실제로 농노해방은 제국 권력이 자신의 '혀'를 풀 수 있게 했으며, 그 '혀'는 경쟁이 매우 치열했던 서부 지역에서 러시아성 개념을 홍보하는 데 아주 강력한 무기였다."[40] 개혁기의 표현 방식에서는 농민을 무고한 존재, 귀족 착취의 희생자, 진정한 민족의 구현체로 보는 개념이 내포되어 있었다. 러시아가 반란을 진압한 것을 정당화하는 글에서는 폴란드 귀족의 부패, 천박함, 위선, 그리고 거짓됨이 당연한 것으로 간주되었다. 특히 그 농민들이 정교를 믿는 루테니아인일 경우, 귀족에게 짓밟힌 농민들의 곤궁한 처지는 더욱 처참한 비극으로 이해되었다.

결국 수천 명의 폴란드인들이 시베리아로 유형을 떠났고, 수백 명은 교수형을 당했다. 제국 당국은 농민층에 대항하여 지역 엘리트들과 계급적 친연 관계를 맺는 평소의 정책과 폴란드 귀족들이 특별한 혁명적 잠재력을 가졌다는 판단 사이에서 갈등을 겪었다. 이번 경우에 당국은 귀족과의 연대 원칙과 상호 지지의 원칙을 깨뜨렸다. 제국이 지속적으로 실행해 왔던 특별한 거래의 일환으로서, 주로 정교도이자 우크라이나어를 사용하는 농민들은 "러시아인"으로 분류되었고, 패배한 폴란드 귀족들에게서 몰수한 넉넉한 양의 토지를 배분받고 권리를 가진 상태에서 신속히 해방되었다.

폴란드가 제국 내에서 차지한 어색한 위치는, 러시아가 특권을 부여하든지 억제하든지 구분을 통하여 통치하려는 끈질긴 경향을 여실히 보여 준다. 폴란드는 1832년에, 니콜라이 1세가 폴란드를 러시아 안으로 "영원히 병합"한다고 선언하고, 폴란드인들을 다스릴 군사 총독을 임명했을 때, 왕국으로서의 지위를 박탈당했다. 이 두 가지 조치와 함께, 제국 체제는 이중적이면서도 모순적인 접근법을 채택하고자 했다. 즉, 남아 있는 자율성을 근절하는 동시에, 이 반항기 있는 지역을 일정 거리에 두고 그곳의 차별성을 분명히 드러내 보여 주고자 했던 것이다. 1863년 반란의 영향으로, 추가적인 억압 조치가 취해져서, 대학 강의실과 인쇄 매체를 중심으로 꽃을 피우고 있던 정치적·학술적 담론의 장은 침묵을 강요당했다. 중등학교에서 폴란드어로 된 정치 선동이 위험성을 명확히 드러내자, 1869년에는 러시아령 폴란드에 있던 중등학교에서 폴란드어 사용이 금지되었다. 수십 년 동안 재정적 이유로 지연되었던 폴란드와 러시아 경제의 통합 시도는 마침내 결실을 맺게 되었으며, 폴란드의 통화였던 즈워티는 루블화로 대체되었다. 예카테리나 프라빌로바는 재무성이 "국가 전체에 걸친 단일 통화 체계"를 구축하려 했던 이 시도를 가리켜, "그렇지 않았더라면 다양했을 러시아의 제국 정치의 플랫폼" 안에서 동일화를 향한 비정형적인 기동력을 대표했다고 지적하고 있다. 그러나 제국의 화폐 통합이라는 명확한 목표에도 불구하고, 국제금융의 변동성으로 인해 폴란드에서 통화 단일화를 달성하는 데는 30년이 넘는 시간이 걸렸다. 나아가 프라빌로바는 1860년 봄에, 재무성이 마침내 폴란드 통화를 제국의 개편된 화폐 체계 안으로 의기양양한 태도로 흡수하기 직전에 발생한 재정 위기가 러시아로 하여금 핀란드에 별도의 화폐를 부여하도록 만들었다고 지적한다. 그녀는 쓰기를, "새로운 핀란드 통화의 도입은 재무성이 비록 '보편 원칙'을 열망하고 또 심지어 열성적으로 추진했을지라도, 지역 재정 정책에 있어서 완전히 일관된 개념화를 한 번도 달성하지 못했다는 사실을 생생하게 상기시킨다."⁴¹ 이런 통찰력 있는 관점을 제국 전체에 적용해 볼 때, 러시아 제국은 어떤 영역에서도 "완전히 일관된 개념화"를 염원할 수 없었음이 분명해진다.

1863년의 반란은 우크라이나의 우안(즉, 서부)에서가 아니라 주로 구舊 폴란드 입헌왕국Congress Kingdom of Poland¹⁴⁾ 지역에서 일어났음에도 불구하고, 차르 정부와 러시아의 사회참여 지식인들은 이 사건을 계기로 소러시아 및 우크라이나 민족운동 전반에 등을 돌렸다. 1863년 7월, 내무부 장관 표트르 발루예프Petr Valuev는 악명 높은 회람문을 발표했는데, 그 안에서 우크라이나어는 폴란드어로부터 악영향을 받아 변질된 단순한 러시아 방언에 불과하다고 주장했다. 그는 "특별한 소러시아어란 존재한 적도 없고, 현재도 없으며, 앞으로도 존재할 수 없다."고 선언했는데, 이 발언은 "우크라이나는 자체의 역사도, 자체의 정부도 결코 가진 적이 없으며, 우크라이나인은 순전히 러시아인이다."라고 말한 영향력 있는 러시아 언론인 미하일 카트코프의 더욱 극단적인 주장의 메아리와도 같았다.⁴²(우리는 19세기적 요소를 지닌 이러한 오만한 발언에 대해 이디시어 언어학자인 막스 바인라이히Max Weinreich가 말했다는 다음의 격언으로 응수할 수 있을 것이다. "언어란 육군과 해군을 가진 방언이다.") 발루예프의 회람문이 발표된 이후에, 러시아 제국 내에서 우크라이나어로 된 출판 활동은 거의 완전히 중단되었다. 잠재적인 분리주의자들에 대한 적개심은 심지어 제국 내에서 우크라이나어 사용자

---

14 구(舊) 폴란드 입헌왕국(Congress Kingdom of Poland): 1815년 빈회의의 결과, 폴란드는 러시아 황제가 통치하지만 헌법을 부여받아 폴란드 입헌왕국으로 불리기도 했다. 1830년의 반란이 실패로 돌아간 후, 1815년의 폴란드 헌법은 1832년에 '유기령'으로 대체되었다.

들을 다른 러시아인들과 사실상 통합시키려 했던 자칭 "소러시아주의자들Little Russianists" 서클에게까지 확대되었다. 소러시아주의적 이상에는 추한 측면이 있었다. 그 이상理想은 우크라이나인과 러시아인의 통합의 근거를 긍정적으로는 그들의 공통된 정체성에, 부정적으로는 폴란드인 및 유대인에 반대하는 공통된 대의에 두고 있었기 때문이다.

　서방을 주시하던 차르 정부는 핀란드, 폴란드, 우크라이나 등지에서 분리주의 운동이 야기할 수 있는 잠재적인 위협을 감지했다. 1863년 이후, 서부 주들을 제국의 통제하에 두기 위해 두 가지 상반되는 정책이 시도되었다. 발루예프와 카트코프 두 사람은 아직 구상 단계에 있던 '젬스트보'와 도시 평의회처럼 신분에 기반한 기구 안에서 민족이나 종교를 불문하고(심지어 유대인까지도!) "최상의 인물들"인 엘리트들과 협력하는 것을 지지했다. 그들의 신념은 민족적 충성심을 약화시키기 위하여 계급 노선을 이용하자는 데 있었다. 그들은 제국에 충성을 바쳤던 수많은 폴란드 귀족들의 사례, 그리고 정부와 긴밀히 협력하여 그로부터 이득을 취하고 남부 지역에서 사탕무 산업의 확장에 힘입어 큰 수익을 얻은 유대인 상인들의 사례를 강조했다. 그러나 다른 일군의 관료들은 "러시아인들"과만 협력할 것을 지지했다. 그들이 생각하는 러시아인이란 정교회를 신봉하는 동슬라브인들로서, 반란을 일으킨 폴란드인들로부터 몰수한 영지를 배당받은 적이 있었다. 발루예프파 인물들이 보기에, 이러한 방안은 성공한 기업인들 및 상인들을 배제함으로써 해당 지역의 경제적 번영을 저해할 뿐만 아니라, "소러시아인들" 사이에서 잠재적으로 위험한 정치적 행동을 부추길 수 있었다. 결국, 내무부 장관은 서부 주들에서 '젬스트보' 제도를 실시하지 않기로 결정했는데, 이 휘발성 있는 문제를 수 세대 동안 미루어둠으로 써 제1차 세계대전 직전의 시기에 체제에 새로운 위기를 낳았다.

지방 문화를 장려하든 억압하든, 그 어느 쪽도 정부로 하여금 폴란드인들 사이에서 응집력을 갖추어 가는 대중적 민족주의나 우크라이나인 사이에서 성장하는 자의식을 제거하는 데 성공을 거두지 못했다. 1876년 알렉산드르 2세는 우크라이나어로 된 거의 모든 출판물을 금지하는 엠스 칙령Ems Decree을 공포했으나, 효과가 없었다. 이 칙령에는 "소러시아 방언으로 된 모든 연극 공연과 강연만이 아니라, 악보와 함께 인쇄되는 텍스트는 금지된다."는 내용이 포함되어 있었는데, 이것은 오히려 차르 체제에 대한 반감을 더욱 부추기는 결과를 낳았다. 국경 너머에 있는 오스트리아령 갈리치아에서는 우크라이나 민족주의자들이 '모스칼레'(모스크바인들)[15]는 물론, 폴란드인과 유대인을 상대로 하여 지속적으로 우크라이나 정체성을 고취하는 활동을 이어 갔다. 유대인들이 키예프의 자본주의적 발전과 수익성 높은 사탕무 산업에서 두각을 드러내기 시작하면서, 반유대주의적 정서는 사회적 불만 및 "외국인들"에 의해 축출될 수도 있다는 두려움과 혼합되었다. 폴란드 및 우크라이나 민족주의 양쪽 모두, 그리고 제국주의에 우호적인 소러시아주의 또한 유대인을 이질적 착취자라고 표적으로 삼고 공격했다. 1840년대에서 1860년대에 이르는 기간 동안, 우크라이나 지식인들과 사회운동가들은 소러시아 농민들을 정통적인 루스의 전통을 수호하는 자들로 묘사했으며, 그들이 폴란드인과 유대인처럼 자기

---

15 '모스칼레'(모스크바인들): 단수는 '모스칼'이다. 우크라이나, 벨라루스, 폴란드 지역에서 우크라이나 민족주의의 대의를 공유하지 않는 대러시아인 및 그 병사에 대한 멸칭이다.

들의 문화를 파괴하려 한다고 추정된 세력들과 벌인 투쟁을 찬미했다.[43] 1881년 3월 1일 알렉산드르 2세가 암살된 이후, 키예프, 키시뇨프 등지, 그리고 다른 도시들, 특히 제국의 남서부에서 반유대인 포그롬pogrom[16]이 발발했다. 노동자들은 반유대주의적 정서와 반자본주의적 감정을 결합하여 격렬한 대중적 유혈사태를 일으켰다.

대다수 인구가 무슬림인 지역들에서는, 러시아의 정책이 때로는 유연했고 때로는 서투르기도 했으나, 절차적 혹은 원칙적 통일성에 대한 일관된 집념에 따라 추진된 경우는 드물었다. 예를 들어 크림반도의 경우, 예카테리나 2세 시기인 1783년에 정복한 이래, 러시아는 필연이자 의도에 따라 어느 정도 유연하게 현지 관행에 대응했다. 물이 농노의 노동보다 더 높은 가치를 지니는 크림반도의 물질적 현실과 개념 체계로 인해, 부와 재산에 대한 러시아인들의 선입견은 혼란을 겪었다. 토지에 가치를 부여하는 것이 노동이라 믿었던 러시아의 뿌리 깊은 사고방식은 힘을 잃었다. 토착 귀족층을 제국 체제에 통합하고자 하는 통상적인 제국 정책은, 타타르족과 러시아의 귀족 개념(그 자체로도 모호하다)이 서로 양립할 수 없다는 점에서 크림에서는 복잡한 양상을 띠었다.[44] 선교 활동은 금지되었는데, 그 지역의 지정학적 상황으로 인해, 지역 무슬림들은 물론이고 흑해 건너 오스만제국의 무슬림들을 자극하는 위험을 초래할 수 있었기 때문이다. 흥미롭게도 이러한 개종 금지 조치와 상충되게도, 러시아의 이념가들은 특히 크림전쟁 전후에 이 아름다운 크림 땅의 기독교화가 중요하다고 생

---

16 포그롬(pogrom): 소수자 집단에 대한 폭력적인 테러 행위를 지칭하는 것으로서, 러시아 동유럽 지역 유대인에 대한 현지인들의 테러에서 비롯된 용어이다.

각했다. 러시아의 지도자들은 블라디미르 대공이 크림의 케르소네소스 Khersonesos에서 개종했다는 중세 연대기 이야기를 끌어와서, 이 지역을 러시아 기독교의 발상지이자 성지라고 재구성함으로써, 크림에 대한 자신들의 영유권 주장을 강화하고자 했다. 그러나 그들의 캠페인은 모스크바국 시기의 시베리아에서와 마찬가지로, 전면적인 기독교화라기보다는 교회 건축과 성소 축성을 통해 점묘화처럼 공간을 성화하는 방식으로 전개되었다.[45]

크림전쟁 전후의 시기에 차르 정권은 타타르족에 대하여 점차 강한 의심을 하게 되었고, 종교적 이유가 아니라 정치적인 명분을 내세워 가혹한 억압 정책을 도입하기 시작했다. 크림 타타르족이 제국의 끝없는 전쟁에서 충직하게 복무한 이력에도 불구하고, 상트페테르부르크 당국은 이들이 제국을 배반하고 있다는 의심을 품게 되었으며, 어떠한 항변도 이 불신을 해소하지 못했다. 크림 타타르인들은 나폴레옹전쟁 기간에 병역 이력을 기록으로 남겼고, 이슬람법 권위자mufti는 신도들에게 "차르와 고향 땅에 충성할 것"을 명령했다. 크림 지역 내의 증언은 거의 예외 없이 타타르인들을 절대적으로 신뢰할 수 있음을 확인해 주었다. 그러나 수도로 돌아온 알렉산드르 2세는 "이 불필요한 사람들로부터 그 지역을 해방하는 것"이 "유익한 조치"가 될 것이라고 언명했다. 이 사례에서처럼, 피지배 민족에 대한 러시아 당국의 감정적 성향으로 인하여 위협을 가한다는 느낌이 생겼고, 표적이 된 민족은 그런 위협의 근원이라는 의구심을 떨쳐 버릴 수 없었다. 미래의 예상된 위협에 근거를 둔 통치자의 감정적인 태도는 그렇지 않았다면 충성을 바쳤을 백성들을 반대 세력으로 만들거나, 이주를 선

스웨덴

상트페테르부르크
(21,000)

프스코프호

노브고로드
(4,700)

일멘호

발트해

모스크바
(9,000)

독일

민스크

모길레프

스몰렌스크
(10,500)

툴라
(2,700)

비알리스토크

바르샤바

러 시 아

스타로두프

우쯔

고멜

쿠르스크
(14,000)

보로네슈
(2,700)

볼리니아

코노토프

지토미르

나진

키예프

페레야슬라프

하리코프
(14,000)

오스트리아-
헝가리

스멜라

루
마
니
아

N

발타

엘리사베트그라드

예카테리노슬라프

키시네프

아나나예프

니콜라예프

로스토프

0   100   200 km

0   100   200 mi

멜리토폴

오데사

아조프해

반反유대인 포그롬, 1871-1906

유대인 정착 구역

심페로폴

흑해

반(反) 유대인 포그롬, 1871-1906

정착 구역 외부에서 유대인 주민이 있는 도시(1897년 수치)

지도 7.4. 반(反)유대인 포그롬, 1871-1906

택하도록 만들었다. 타타르족에 대한 적대 정책은 정도가 매우 심하여,
1860년에서 1861년 사이에 전체 타타르 인구 30만 명 중 약 20만 명이 튀

르키예로 이주한 것으로 추산된다. 러시아의 토틀레벤Totleben 장군이 보고하기를, "타타르인들은 무리를 지어 계속 이주했으며, 눈물을 머금고 고향 땅과 작별했고, 조상들의 무덤에서 흙을 가져가기도 했다."[46]

중앙아시아 정복

지식인들과 정부 관료들은 러시아 민족이 서구의 혼란스럽고 비도덕적인 무질서와는 구별되며 본래적으로 우월한 특수성을 지니고 있다고 믿었다. 이러한 우월감은 러시아 제국이 동방으로 확대해 가고 시베리아 및 중앙아시아의 "텅 빈 공간"을 식민화하는 데 정책 결정자들에게 동기와 정당성을 부여했다. 예를 들어, 카람진을 매우 존경하고 모스크바 대학교에서 러시아사 분야의 최초의 교수직을 맡았던 역사가 미하일 포고딘과 같은 보수적 민족주의자의 방대한 저술은 러시아의 예외성, 범슬라브주의, 그리고 동방에 대한 문명화 사명 등 이 모든 주제를 포함했다.[47] 러시아군대는 중앙아시아 안으로 이동해나가면서, 독립적이고 자율적인 정치체들을 정복하고 무력으로 식민 지배를 확대했다. 러시아는 서쪽 방향에서 반발 — 크림전쟁과 베를린조약(1878년) — 과 반란(폴란드의 두 차례 봉기, 1831년, 1863년)에 직면한 반면에, 동방은 기회를 제공해 주었다. 북캅카스에서 이맘 샤밀을 패퇴시킨 후, 전투 경험이 풍부한 병력이 동쪽으로 재배치될 수 있었다. 제국의 팽창은 여러 동기가 혼합되어 추진되었다. 중앙아시아에서 러시아가 가진 주요 관심사는 경제적인 것도, 종교적인 것도 아니었고, 초기에는 전략적인 성격이 강했다. 일단 국경을 설정하면 그곳을 방어해야 했으며, 변경의 불안한 정세는 국경을 동쪽과 남쪽으로 더 밀어낼 동인을 제공했다. 야망을 품은 군인들은 기회를 포착했고, 무슬림 국가들 내부의 불안정은 오히려 그들의 모험심을 자극했다.[48] 아프가니스탄과 중앙아시아를 둘러싼 러시아와 영국 간의 국제적 경쟁과 첩보전, 즉 이른바 "그레이트 게임Great Game"[17]이라는 드라마 같은 상황 속에서, 러시아는 부하라와 사마르칸트, 그리고 투르키스탄 전역으로 진격했다. 에너지 넘치는 미하일 체르냐예프Mikhail Cherniaev 장군은 1865년에 타슈켄트를 점령하여, 해당 지역의 세력 판도 변화를 기정사실로 만들어 버렸다. 신중한 성격의 외무장관 알렉산드르 고르차코프Alexander Gorchakov 공은 코칸드 칸국Khanate of Khokand[18]의 병합에 반대했으나, 그 칸국의 자치권을 폐지하려는 움직임은 결국 정부 내에서 강력한 지지세를 얻게 되었다. 부하라 토후국Emirate of Bukhara[19]은 해당 지역에서 자체적인 야심을 품고 있었으며, 인도의 영국 세력 또한 일부 사람들에게는 중앙아시아에서 러시아의 패권을 위협하는 존재로 인식되었다.

---

17 "그레이트 게임(Great Game)": 중앙아시아의 패권을 차지하기 위해 대영제국과 러시아의 로마노프 제국 간에 벌어진 전략적인 경쟁을 일컫는 용어이다. 일반적으로 1813년의 러시아–페르시아조약에서부터 1907년의 영러협상 사이를 가리킨다. 자세한 내용을 위해서는 다음 책을 참고하시오. 피터 홉커크, 『그레이트 게임: 중앙아시아를 둘러싼 숨겨진 전쟁』, 정영목 역(사계절, 2008).

18 코칸드 칸국(Khanate of Khokand): 1709년부터 1876년까지 코칸드시를 중심으로 페르가나 계곡 동부에 존재했던 우즈베크 군주국이었다. 우즈베크족의 밍 부족 출신 샤흐룩이 부하라 칸국으로부터 독립하여 건국했다.

19 부하라 토후국(Emirate of Bukhara): 부하라 칸국을 이어, 1785년부터 1920년까지 중앙아시아에 존재했던 국가이다.

새로운 지배자들은 무력을 통해 영토를 병합했으며, 일부 지역은 직접적인 군사 통치하에, 다른 지역은 토착 지도자들을 통하여 간접적으로 식민지화하였다. 콘스탄틴 폰 카우프만Konstantin von Kaufman이 부하라와 히바를 격파한 이후, 이들 지역은 러시아 차르의 속령이 되었으나 자치권은 유지하도록 허락받았다. 이러한 "간접 통치" 방식은 다수의 제국들에서 흔히 볼 수 있는 통치 형태로서, 전통적인 토착 엘리트들의 권력과 특권을 강화하고, 관습적인 사회적, 정치적 질서를 유지해 주었다. 새로운 인프라를 구축하지 않고도 외부 민족을 효과적으로 평정하는 방법으로서 간접 통치는 효율적이었으나, 장기적으로는 그에 따른 대가를 치러야 했다. 그것은 구태의연한 권력관계를 공고히 했고, 위계질서를 고착시켰으며, 급변하는 세계 속에서 변화를 방해했다. 러시아가 직접 통치한 지역에서조차, 군인들이 실질적인 권한을 장악하고 있었으며, 온갖 엄격함과 권위주의를 그대로 드러냈다. 1886년 이후에 중앙아시아에서 군인 아닌 사람들의 영향력이 증대되기는 했으나, 행정 조직은 대부분 하급 출신의 저학력 관료들로 구성되어 있었고, 이들은 지역 주민들에게 냉담하고 방자한 태도를 보였으며, 부정부패가 만연했다. 러시아 관리들과 정착민들은 문화적·계급적으로 무슬림 민족들과 단절되어 있었다. 교육받은 무슬림들은 이슬람 성직자가 되거나, 러시아어를 매개로 유럽의 지식을 수용했다. 신지식인들Jadidists("새로운 방법"의 추종자들)[20]로 알려진 무슬림 개혁가들은 중

---

20 신지식인들(Jadidists): 이들이 추구한 것은 "새로운 방법(new method, usul-i jadid)"이다. '자디디즘(Jadidism)' 혹은 '자디디즘 운동(Jadidist movement)'이라고 하는데, 러시아 제국의 무슬림들이 전개한 개혁 운동을 가리킨다. 이 운동에 대해서는 다음 논문을 참고하시오. 오재완, 「중앙아시아 문화운동

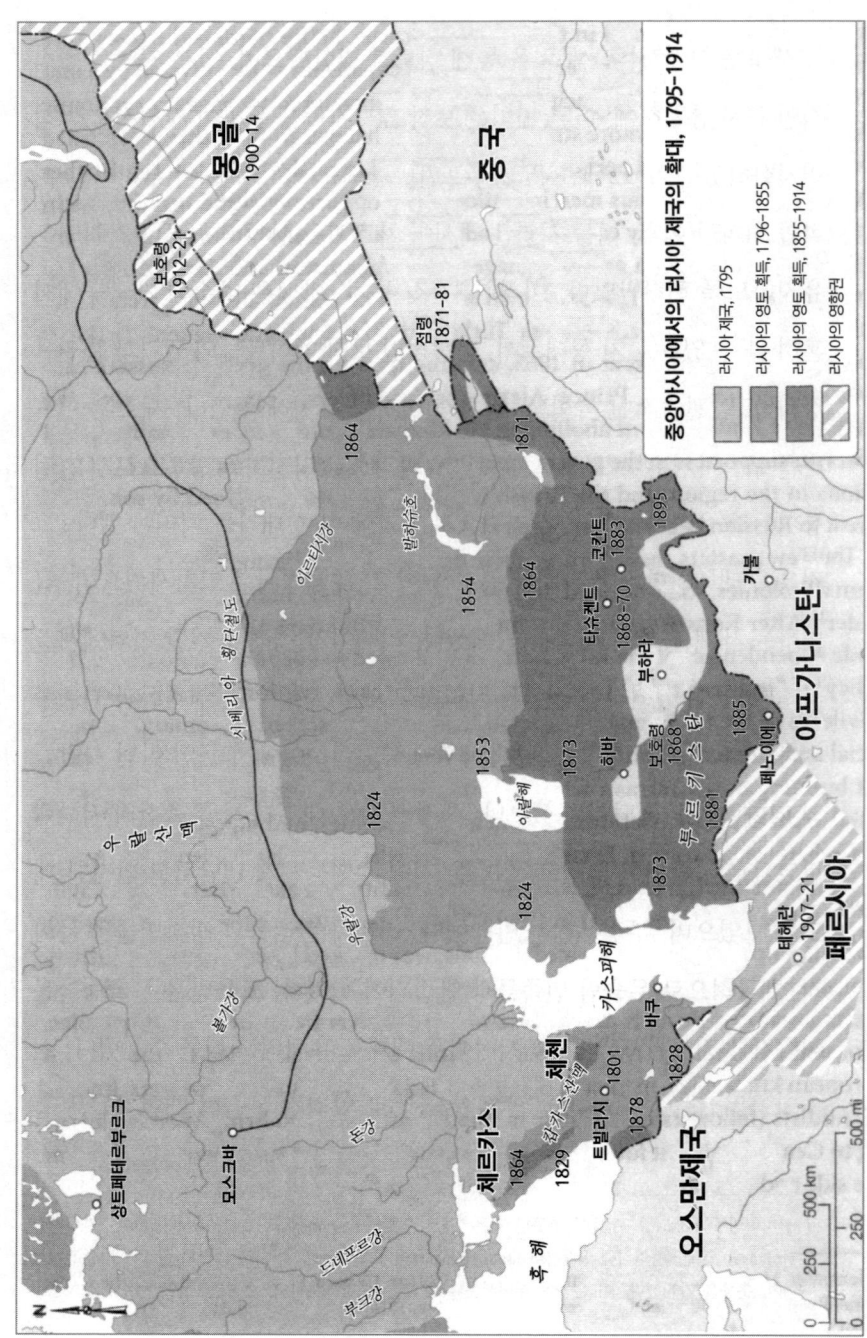

지도 7.5. 중앙아시아에서의 러시아 제국의 확대, 1795-1914

중앙아시아에서의 러시아 제국의 확대, 1795-1914

러시아 제국, 1795

러시아의 영토 획득, 1796-1855

러시아의 영토 획득, 1855-1914

러시아의 영향권

몽골
1900-14

중국

보호령
1912-21

점령
1871-81

1864

1871

1854

1864

1895

1824

1853

1873

타슈켄트
1868-70

코칸트
1883

부하라

1824

1873

보호령
1868

1885

히바

무르키스탄

1881

1873

메르이에

카불

아프가니스탄

태헤란
1907-21

페르시아

바쿠
1828

1878

1829

체르카스
1864

제첸

트빌리시

1801

체첸

카스피해

우랄산맥

시베리아 황단철도

아르티강

우랄강

발하슈호

아랄해

볼가강

돈강

상트페테르부르크

모스크바

드네프르강

부크강

흑해

오스만제국

N

0   250   500 km

0   250   500 mi

앙아시아에 서구 학문을 도입하고자 했으나, 한편으로는 의심의 눈초리로 대하는 러시아 당국과 다른 한편으로는 적대적인 태도를 보이는 무슬림 성직자들 사이에서 곤경에 처했다.[49]

러시아의 중앙아시아 정복에 대해 우리가 가지고 있는 이미지는 부분적으로 위대한 종군 화가 바실리 베레샤긴Vasilii Vereshchagin(1842~1904)의 강렬한 작품에서 비롯되었다. 지방의 유복한 지주 가문에서 태어난 그는 농노 출신 유모 안나Anna의 손에서 주로 자라났는데, 그는 친부모보다도 그녀를 더 사랑했다. 그는 많은 러시아 인텔리겐치아처럼 평민에게 관심을 품게 되었고, 결국 자신의 부모가 원했던 군 경력을 포기하고 그림그리기를 배웠다. 그는 급진 언론인이자 사회운동가 니콜라이 체르니셉스키Nikolai Chernyshevskii의 리얼리즘 철학에서 영향을 받아, 예술은 현실을 반영하고 인류의 계몽과 해방을 지향해야 한다는 신조를 열광적으로 수용했다. 상트페테르부르크와 파리에서 미술교육을 받은 그는 여러 차례 캅카스를 여행하며, 이국적인 복장을 한 그 지역 민족들을 스케치했는데, 이것은 "오리엔트적인" 것에 관심을 가졌던 당대의 흐름과도 맞았다. 그러나 그의 가장 유명한 작품들은 중앙아시아에서 카우프만 장군의 과업에 동참하여 활동하던 시기에 제작되었다. 그는 투르키스탄[21]에서 러시아의 "문명화 사명"을 신념으로 받아들이고 있었으나, "내가 읽고, 들었고, 캅카스에서 근접했던 전쟁의 진정한 본질"을 알리는 호기심을 가졌다.[50] 1867년

(Jadidist movement)」, 『평화연구』 제14권 1호(2006) : 247~274.

21 투르키스탄: '뷔르키예인의 땅'이라는 뜻에서 명칭이 유래되었다. 카자흐스탄, 키르기스스탄, 우즈베키스탄, 투르크메니스탄, 타지키스탄 등을 포함한 중앙아시아 지역을 일컫는다.

그는 사마르칸트의 러시아 요새를 방어하는 전투에 참전했으며, 육박전의 참혹한 실상을 몸소 체험했다. 이 시기에 그려진 작품으로 그는 명성을 얻었고, 심지어 차르의 관심도 끌게 되었다. 그는 런던에서 자신의 작품들을 전시하며, 도록에 다음과 같은 글을 남겼다. "중앙아시아 사람들의 야만성은 너무도 분명하며, 그들의 경제적, 사회적 상태는 지극히 열악하므로, 유럽 문명이 어느 방향에서든 조속히 그 지역에 침투하면 침투할수록 더 낫다."[51] 그의 작품들은 당시에 유럽 전역에서 유행하던 오리엔탈리즘[22] 양식에 따라, 토착 무슬림들이 아편을 흡입하고, 전쟁에서 승리한 뒤 러시아인들의 시신을 참수하며, 작은 어린아이들을 성적 대상으로 거래하는 이질적인 존재로 묘사했다.

이런 이국적인 묘사에도 불구하고, 베레샤긴의 그림들은 중앙아시아 정복을 미화하지 않았다. 아름다움과 야만성이 공존하는 장면들을 통해 전쟁의 참혹함을 드러냈던 그의 투르키스탄 연작은 모스크바의 사업가이자 미술 수집가였던 파벨 트레차코프Pavel Tretiakov[23]가 자기 화랑을 위해 구입했다. 1877~1878년에, 베레샤긴은 발칸반도에서 다시 한번 러시아군과 동행했고, 이번에도 러시아의 군사력을 찬양하기보다는 생생하고도 추악한 전쟁의 실상을 보여 주었다. 그가 그린 전쟁 장면도場面圖 중에서도 가장 충격적인 작품은 〈전쟁의 신격화Apotheosis of War〉(1871)인데, 햇볕

---

22 오리엔탈리즘: 앞의 365쪽 역자주에서 이 용어가 지닌 두 가지 의미를 살펴본 바 있다. 이 문장에서 이 용어는 원래 서구의 동양학이나 동양 스타일, 동양인의 특징을 지칭하고 있다.

23 파벨 트레차코프(Pavel Tretiakov, 1832~1898): 상인으로 부를 축적한 파벨 트레차코프는 19세기 중반부터 동생 세르게이와 함께 미술품을 수집하여 미술관을 개관했다. 이 미술관을 제정러시아 시기에 국가에 기증하였다. 현재 모스크바에 있는 트레차코프미술관은 세계적인 명성을 얻고 있다.

에 바싹 말라버린 황량한 사막에서 까마귀들이 해골 무더기를 쪼아대는 장면을 보여 주고 있다.

차르와 그의 후계자, 그리고 전쟁부 장관 드미트리 밀류틴은 베레샤긴의 그림을 보고 경악했으며, 그를 비애국적 인물이자 혁명적 선동가, 허무주의자로 간주했다. 그에 대한 반응으로, 베레샤긴은 전쟁 주제를 포기하기로 결심했다. 우선 그는 종교화로 관심을 돌렸고, 그다음에는 1812년의 중대한 역사적 사건들을 다룬 연작에 착수했다. 그러나 그는 또다시 애국적 흐름에 역행하여, 알렉산드르 1세를 승리의 설계자로 묘사하기를 거부했다. 아이러니하게도, 전쟁의 참상을 증언하며 여러 차례 죽음을 피해 왔던 이 화가는 1904~1905년의 러일전쟁 중 일본군에 의해 격침된 페트로파블롭스크 전함[24]에 타고 있다가 죽음을 맞이했다.

캅카스와 마찬가지로, 중앙아시아 또한 러시아의 식민지로 간주할 수 있다.[52] 양 지역 모두에서 슬라브계 정착민들이 유입되었는데, 특히 중앙아시아의 비옥한 계곡 지대에서는 이주민들이 최상의 토지 및 부족한 수자원에 대한 접근권을 놓고 현지 주민들과 경쟁했다. 러시아 관리들은 남캅카스와 중앙아시아를 극히 중요한 면화의 잠재적 공급처로 구상했고, 이를 통해 러시아 중부의 섬유 공장에 필요한 "흰색 금"을 공급할 수 있을 것으로 기대했다. 1833년 캅카스의 어떤 총독은 목화 재배자들을 "우리의

---

24 페트로파블롭스크 전함: 러일전쟁 초기에 니콜라이 2세는 뤼순항에 정박하고 있던 러시아 태평양함대의 지휘를 스테판 마카로프 제독에게 맡겼다. 마카로프 제독은 기함인 페트로파블롭스크를 타고 항구 밖으로 나왔다가 기함이 기뢰와 충돌하여 침몰하는 바람에 전사했다. 베레샤긴은 당시 이 배에 함께 타고 있다가 사망했다.

바실리 베레샤긴, 〈어린이 노예의 판매〉, 1872년.

바실리 베레샤긴, 〈전쟁의 신격화〉, 1871년.

니그로들"이라고 지칭한 바 있으나, 러시아 제국의 중앙아시아에 대한 지배가 안정 단계에 이르고, 미국 내 남북전쟁으로 인해 미국산 면화 수출이 중단된 1860년대와 그 이후에 이르러서야, 러시아 국내의 제국적 면화 생산이 본격화되었다. 1880년대에 이르자, 투르키스탄은 러시아 산업에 필요한 면화의 4분의 1을 공급했으며, 1909년이 되면 그 비율은 절반을 상회했다.[53] 목화 재배는 "투르키스탄 자체 내에서 소규모 자영농, 상인, 기업가 등 수천 명의 경제 주체들"에 의해 주도되었는데, 이들은 국가로부터 세금 감면과 보조금의 지원을 받았다.[54] 중앙아시아의 유목 및 정착 무슬림들을 환금성 작물의 생산자로 전환시키는 일은 제정러시아 시기에는 하나의 구상에 불과했으나, 이후 소비에트 시기로 넘어가면서까지 지속되어, 그에 수반된 사회적 변화와 생태적 재난[25]을 발생시켰다. 야심 차고, 자신만만했으나, 근시안적이던 제국주의자들은 이러한 부작용을 미처 예상하지 못했다.[55]

반反개혁과 정치적 양극화

대개혁은 비록 제한적이기는 했지만, 러시아 역사상 유례없는 방식으로 정치 생활과 공적 영역을 개방했다. 검열법의 개정으로 활발한 대화가 가능했으며, 대학에 관한 보다 자유로운 입법으로, 향학열을 가진 비非귀

---

25 생태적 재난: 우즈베키스탄과 카자흐스탄에 걸쳐 있는 아랄해는 면화 재배를 위한 과도한 관개(灌漑)로 인하여 사막화되어 환경 재앙을 불러일으키고 있다.

족, 비非러시아인, (분리된 강좌에서) 여성들, 그리고 장학금 수혜 학생들이 개방된 강의실로 대거 유입될 수 있었다. 새로운 대학 헌장은 대학 내에서의 실질적인 자율성을 보장했고, 학생 및 교수진이 경찰의 개입과 괴롭힘으로부터 보호받을 수 있도록 했다. 학과장 및 학장의 선임은 교수단의 권한으로 귀속되었으며, 이것은 고등교육을 급격하게 민주화하였다. 새롭게 개방된 법정은 수많은 청중을 끌어모았으며, 떠들썩한 재판들은 막 생겨나던 신문과 이른바 "두꺼운 잡지들"—대중적인 학술 논고, 논평, 문학작품 등을 아우르는 대중적 종합 간행물—에서 대대적으로 보도되었는데, 그 보도가 항상 호의적인 투는 아니었다. 부정적인 언론 보도에도 불구하고, "배심원 제도는 제정러시아에서 가장 민주적 제도였다." 비록 모든 배심원이 남성이기는 했으나, 이들은 사회 각 계층에서 선출되었으며, "어제까지 농노였던 자들이 자신들의 전前 주인의 운명을 결정할 수 있었다."[56]

이러한 격변의 한복판에서, 개혁의 동력은 오래가지 못했다. 불과 10년이 채 지나기도 전에 정권은 시계를 거꾸로 돌리고, 이미 열린 문들을 쾅 닫거나 최소한 거의 닫아 버리려고 했다. 사법제도의 궤적은 이러한 반동적 흐름을 단적으로 보여 준다. 일련의 재판들이 국가의 시각에서 보기에 불행한 결과로 귀결되자, 공개 재판이 보장하던 많은 권리와 보호 장치들이 철회되었다. 국가는 어떠한 위험도 감수하려고 하지 않았다.

자백한 살인범들에 대한 충격적인 무죄 판결은 정부로 하여금 사법제도에 대한 후퇴를 결심하게 만들었고, 교양층에게는 환멸감을 안겨 주었다. 새롭게 등장한 변호인들은 의뢰인을 변호하는 임무를 매우 중요하게 생각하면서, 그를 통해 사회의 병폐를 드러냈다. 예를 들어, 1878년에 뛰어난 변호사 블라디미르 스파소비치Vladimir Spasovich는 자신의 의뢰인 크로넨베르크S. L. Kronenberg가 딸을 잔혹하게 구타한 혐의로부터 무죄를 받아내는 데 성공했다. 그는 분명 유죄였음에도 불구하고(소녀의 피 묻은 옷가지와 회초리가 증거로 제시되었고, 어떤 목격자는 "지금 아이는 혼자 앉아 있고 아무와도 말하려 하지 않는다."라고 증언했다), 스파소비치는 연극 공연과 같은 변론을 통해 그 아버지가 다만 잔혹한 사회의 산물일 뿐이라고 주장했다. 그는 크로넨베르크가 자신이 속한 폭력적인 가부장 사회의 풍습을 따랐다는 이유만으로 처벌되어서는 안 된다고 강변했고, 이 논리는 배심원들을 설득했다. 그러나 이와 같은 판결은 표도르 도스토옙스키를 포함한 많은 이들에게 충격을 안겨 주었는데, 그들은 이 사건을 심각한 법정 조작이라고 보았다. 위대한 작가 도스토옙스키는 당대의 많은 지식인들처럼, 법정을 실제 인간의 고통에 대한 관료적 무관심과 타락의 장소로 바라보았으며, 법정에 대한 비판을 자신의 소설 속에서 영원한 기록으로 남겼다. 『카라마조프가의 형제들』에서 그는 판사와 배심원들의 냉랭함, 옹졸함, 무관심에 대해 분노했는데, 드미트리 카라마조프의 재판이 끔찍하게 잘못되고 있는 것은 도스토옙스키가 "구조적 오류", 즉 형식적이고 법률엄격주의적이며 무자비한 정의(불의)의 근본적인 부패라고 본 것 때문이었다.[57]

스파소비치와 같은 변호인들이 조용한 법정의 청중 앞에서 웅변술을 연마하고, 사람들의 비참한 삶을 암울하게 묘사할 수 있는 기회를 갖게 되자, 당국은 이에 대해 경계심을 갖게 되었다. 법정이 혁명가들과 정치적 테러리스트들에게 급진적 신념을 전파할 수 있는 공개 연단을 제공함에 따라, 비난은 더욱 거세졌다. 예를 들어, 1878년에 고학력에다가 고결한 신념을 지녔던 젊은 혁명가 베라 자술리치Vera Zasulich는 상트페테르부르크의 총독 표도르 트레포프Fedor Trepov 장군의 사무실에 조용히 걸어 들어가서, 어떤 대학생이 권리를 침해당한 채 모욕적으로 구타당한 일에 대한 보복으로 그에게 총격을 가했다. 그녀의 변호인 또한 스파소비치였으며, 그는 배심원들에게 트레포프야말로 진정 책임을 져야 할 인물이며, 자술리치는 오로지 순수한 이타심에서 인민의 복리를 위하여 자신을 희생한 것이라 주장하여 무죄 평결을 끌어냈다. 자술리치의 무죄 방면의 여파로 정치 재판이 비공개로 전환되고, 배심원 재판이 대폭 축소되었으며, 판사들이 종신직 지위를 상실하여 국가의 요구에 더욱 고분고분한 태도를 보이게 된 것은 결코 놀라운 일이 아니다.

자술리치는 "인민"이라는 이름으로 많이 논의되는 사람들을 대상으로 한 헌신적인 봉사와 희생을 통해 배심원들의 마음을 사로잡았으며, 이러한 헌신은 교양 사회 내에서 깊은 공명을 불러일으켰다. 러시아에서 급진주의와 테러리즘이 대두되었다는 것은 바로 지난 한두 세기 동안 정부가 기울인 노력이 성공했음을 어느 정도까지는 입증한다. 표트르 대제 이래로, 러시아의 통치자들은 귀족들에게 국가에 대한 봉사를 장려했고, 그러한 봉사는 점차 교육을 필수 요건으로 삼게 되었다. 또한 관등표를 통한 사회적 상승 경로가 마련됨에 따라 비귀족 출신조차 국가 봉사에 참여하여 신분 상승이 가능해졌고, 각종 학교와 대학의 개방을 통해 점점 더 많은 인구가 유럽식 교육을 접하게 되었다.

데카브리스트들의 사례에서 이미 이러한 유형의 교육이 지닌 잠재적 위험성이 드러났다. '나로드narod'(인민)에 대한 관심이 점차 고조되던 시대에 급진 성향을 지닌 이들에게, 전통적인 봉사 대상에 대한 강조점은 더 이상 맥 빠진 개혁에 관한 실망스런 정책만 내놓는 영혼 없는 국가에 대한 봉사가 아니라, 오랫동안 고통받고 가혹하게 착취당해 온 사람들에 대한 봉사로 급격히 방향을 틀게 되었다. 정치적으로 민감한 시민권, 권리, 존엄, 평등에 관한 개념들 및 낭만적 민족주의의 흐름은 봉사와 희생에 대한 인텔리겐치아의 헌신적 태도와 결합되었다. 여기에다가, 철저히 세속적인 유물론자들에게서조차도 기독교적 순교 정신이 추가되었다. 자술리치는 쓰기를, "모든 연령의 사람들에게 가시 면류관이 가장 아름답고, 가장 가지고 싶은 때가 있다. 그 가시관은 죽어 간 이들에게로 나를 이끌었고, 그들에 대한 나의 열렬한 사랑을 불러일으켰다. … 나는 그들을 찾아 나섰고, 그들의 투쟁에 나 자신이 도움이 되도록 노력했다."[58] 이러한 폭발적인 결합은 매우 급진적인 함의를 지니고 있었다. 달리 말해, 민족주의의 대두를 두려워했던 정권의 우려는 결코 근거 없는 것이 아니었다. 그간 러시아 엘리트와 군주 사이를 묶고 있던 상호성의 고리는 약화되었고, 양심 있는 남녀 청년들에게 더욱 의미 있는 유대는 오히려 '인민'과의 관계였다. 많은 사람들은 자신들이 누리는 안락과 부, 특권을 '인민'에게 빚지고 있었다. 덕성과 자기희생에 대한 교훈을 내면 깊이 새긴 여성들은 급진 운동에서 두드러진 역할을 수행했다. 온갖 검열과 성별에 따른 침묵으로 여성들을 위축시킨 사회에서, 급진 운동은 여성들에게 자기표현과 진지한 사유를 위한 공간과 의미 있는 활동 기회를 제공했다. 이들 중 상당수는 회고록을 남겼는데, 이것은 억압받는 사람들의 해방이라는 고결한 이상을 좇는 과정에서 그들이 겪은 고통을 감동적으로 증언하고 있다. 이러한 운동을 위해 그들이 선택한 수단 중의 하나는 세심하게 계획된 암살이었다.

급진적 학생운동은 수많은 우여곡절을 겪으며 혁명으로 향한 길로 방향을 잡았다. 19세기 중반의 급진주의자들은 정치적·철학적으로 다양한 입장을 견지했다. 1874년 일군의 학생들과 급진주의자들은 "인민 속으로To the People" 운동의 일환으로 농촌으로 향했는데, 농민들에게 혁명 사상을 전파하거나, 반대로 그들로부터 배움을 얻고자 했다. 이들 중 일부는 "제3요소"라 불리는 직능 집단, 즉 교육받은 전문가—의사, 의료보조자, 교사, 농업기술자, 통계가—로서 주州 '젬스트보'에서 일자리를 얻었으며, 또 다른 이들은 전업 선전 활동가로 헌신했다. 농민들은 대체로 이 무신론적인 혁명가들에게 호의적이지 않았고, 이 운동권 청년들은 매우 냉혹한 대우를 받았다. 많은 청년이 구타당하고, 고발당하고, 체포되어 재판을 받았다. 결과적으로 "인민 속으로" 운동은 실패했으나, 그 이후의 운동들은 다양한 경로를 따라 전개되었다. 일부는 수적으로 증가하고 있는 도시 노동자 계층의 교육, 의식화, 동원을 위해 활동했고, 다른 일부는 암살과 테러를 통한 국가조직 및 사회의 전복이라는 좀 더 비밀스러운 의제를 추구했다.

이전 세기들, 그리고 19세기 중엽에 이르기까지 러시아 제국은 엘리트 및 정부 관료의 충원에서 비교적 국제주의적 성격을 지니고 있었다. 그러나 1863년 폴란드반란에 대한 반작용으로, 세기 후반부에 들어서면서 차르 정권은 비러시아적 민족주의—아르메니아인, 핀란드인, 우크라이나인 등—에 대한 경계심을 점점 더 강하게 품게 되었고, 국가 및 군대의 직책에서 민족으로서의 러시아인을 선호했다. 이 시기의 가장 영향력 있는 비러시아계 관료는 동화된 아르메니아인 미하일 로리스-멜리코프Mikhail Loris-Melikov 백작이었는데, 그는 알렉산드르 2세 말기에 내무장관으로 봉직했다. 로리스-멜리코프는 개혁과 탄압을 병행하는 정책을 추진했는데, 한편으로는 혁명가들을 추적·박해하면서도, 다른 한편으로는 황제가 새로운 법령을 제정할 때 도움을 받을 수 있는 자문회의의 설치를 제안했다. 차르의 재가를 받을 가능성이 있는 전국 차원의 대의기구에 가장 근접했던 이 순수 자문회의는 강제력을 가지고 있지는 않았지만, 개혁을 지향하는 러시아인들의 중심적인 열망 중의 하나를 충족시킬 수는 있었을 것이다. 이 계획은 정권과 사회 사이에 단절된 관계를 복구시키고, 제국의 통치를 유지하는 데 매우 중요한 상호주의와 교류의 틀을 설정한다는 희망을 일시적이나마 제공해 주었다. 그러나 이 계획은 끝내 실현되지 못했다. 1881년 3월 1일 차르가 해당 제안서에 서명할 예정이었던 바로 그날, 소위 "마음의 독재Dictatorship of the Heart"는 급작스러운 종말을 맞이했다. 왜냐하면 급진 인민주의자 집단 "인민의 의지Narodnaya Volya"가 차르를 암살하는 데 성공했기 때문이다. 차르의 마차를 겨냥하여 조심스럽게 숨겨온 폭약이 폭발했다. 농노해방자 알렉산드르 2세 자신은 상처를 입지 않았고, 마차 밖으로 나와 마부의 상태를 살피고자 했다. 그는 두 번째 폭발로 목숨을 잃고 말았다.

테러리스트들은 차르를 암살하고 유혈이 낭자한 그의 시신을 통해 차르의 불완전성과 약함을 드러냄으로써, 인민이 지니고 있던 차르에 대한 순박한 신앙 — 신과도 같은 존재로서 군주의 통치권을 의심 없이 받아들이는 믿음—을 깨뜨릴 수 있으리라 기대했다. 그러나 교양층 사람들은 매력적인 청년 급진주의자들에게 품고 있던 동정심을 철회했고, 평민들 또한 경악을 금지 못했던 것으로 보인다. 카나치코프S. I. Kanatchikov는 경건한 농민으로부터 급진 성향의 노동자로 변화한 자신의 삶을 기록한 회고록에서, 자신의 아버지가 차르 암살에 대해 보인 적대적인 반응(비록 잘못된 정보 때문일지라도)을 회상했다. 유대인들과 "허무주의자들", 지주들과 대학생들이 "해방자—차르를 죽였지. 왜냐하면 그가 농민들에게 자유를 주었기 때문이지." 그는 덧붙이기를, "그들은 전부 '프리메이슨'이야. 그들은 신도, 차르도 믿지 않지."[59]

알렉산드르 2세의 아들이자 후계자 알렉산드르 3세(1881~1894)는 개혁을 위한 계획을 철회하고, 로리스—멜리코프를 "진짜 러시아인"으로 교체해야 한다고 주장한 러시아 민족주의 성향의 자문관들의 의견에 귀를 기울였다. 제국의 제도들은 심지어 엘리트 계층에 속한 이들에 대해서조차 비러시아인들에 대한 차별적인 성격을 반영했다. 우리가 앞서 살펴보았듯이, '젬스트보'는 제국의 변경(폴란드, 발트 지역, 캅카스, 이슬람권 지역)에는 확대 적용되지 않았는데, 이들 지역의 상류층은 대개 비러시아인들로 구성되어 있었다. 러시아인과 폴란드인의 반유대주의(그리고 알렉산드르 3세 자신이 "내 영혼 깊은 곳에서는 사람들이 유대인들을 두들겨 패는 것을 보면 항상 기쁘다. 그래도 우리는 그것을 허용해서는 안 된다."라는 발언으로 악명이 높았다.)로 인하여, 유대인들은 소위 '정착 구역' 안에 갇혀 살았으며, 법적으로 활동을 제한당하고, 지방정부에 대한 참여 기회는 원천적으로 봉쇄되었다.[60] 군중들이 도시를 배회하며 유대인들을 구타하거나 살해할 때, 당국은 아무런 조치

미콜라 피모넨코Mykola Pimonenko의 〈광신의 희생자〉(1899년 작). 러시아~우크라이나인 미술가가 그린 이 회화는 유대인 포그롬의 피해자들에게 동정심을 표하는 것이 아니라, 오히려 도덕적 시선을 뒤집어엎고 있다. 이 작품은 어떤 유대인 여성이 사랑하는 사람과 결혼하기 위해 정교회로 개종한 후, 유대인 이웃들로부터 박해를 받는 장면을 묘사함으로써 유대인들의 비관용적인 태도를 묘사하고 있다.

도 취하지 않거나, 살인만 막는 정도로 늑장 대응을 했다.

제국과 혁명운동

새로운 통치자로서 덩치 큰 곰과도 같았던 알렉산드르 3세는 모든 급진주의의 흔적을 철저히 소탕하고자 했다. 그럼에도 불구하고, 마지못해 허용된 사회 활동과 마찬가지로, 국가의 억압이 납덩이처럼 짓누르는 가운데에서도 지하의 혁명운동은 계속되었다. 1891년에 참혹한 기근이 발생하자, 정권은 이 사태에 제대로 대처할 능력이 없음이 드러났고, '젬스트보' 및 다른 자발적 구호단체들에 도움을 요청할 수밖에 없었다. 자유주의자 및 보수주의자 남녀들을 막론하고 양심적인 귀족들은 구호 활동에 헌신적으로 뛰어들면서, 인민을 위한 엘리트 봉사의 전통을 다시 활성화시켰다. 절박한 필요의 규모에 고무된 귀족들은 전국 차원에서 구호 활동을 조정할 수 있는 기구의 설치를 요구했으나, 이런 요청을 전국 단위의 '젬스트보' 설치를 겨냥한 간접 시도로 해석한 전제군주의 의심을 불러일으켰다. 계몽된 귀족들은 차르와 의견을 교환할 때 의미 있는 참여 정치의 맛을 경험했으나, 곧 반동적인 전제정치라는 쓴맛을 보았다.

보수주의자들은 대체로 기존의 전제정과 사회적 위계질서를 지지했던 반면에, 자유주의자들은 혁명이 아닌 개혁을 희망했다. 그러나 그들에게는 과거의 전례처럼 개혁은 오직 위로부터, 곧 차르로부터만 가능하다는 근본적인 딜레마가 있었다. 그런데 19세기 말 무렵에는 마지막 두 명의 차르는 개혁을 포기하고, 전제정 체제를 최대한 유지하고자 했다. 한편, 급진적인 정치 운동은 지하조직을 통해 점점 더 활력을 얻고 있었다. 독일의 철학자이자 경제학자 카를 마르크스(Karl Marx, 1818~1883)의 중요한 저작인 『자본론』은 1872년에 검열의 망을 피해 러시아어로 번역되어 독자들의 관심을 끌었다. 농민층을 대상으로 사회주의자들이 벌인 선전 활동과 병행하여, 마르크스주의 그룹은 급속히 팽창하던 도시 산업노동자 계층을 상대로 선동하며, 그들을 독서 서클과 연구 조직으로 끌어들였고, 억압자들을 떨쳐 내기 위한 계급 해방과 혁명의 교리를 확산했다. 보수주의자들과 혁명주의자들은 두 정치 활동의 흐름을 갈라놓는 거대한 간격에도 불구하고, 인민을 위해 봉사한다는 깊은 헌신적 태도, 나라의 정치 생활에 참여하려는 권리의식 혹은 심지어 의무감, 그리고 자신들을 어떻게든지 지배와 의사결정에서 배제하려는 전제 정권에 대한 점증하는 좌절감을 공유하고 있었다. 주류 엘리트들이 '나로드narod'—즉 민중 또는 국민으로 이해된—의 삶의 개선을 지향하고 있었던 반면에, 급진주의자들은 점차 "인민"을 계급적 개념으로 정의했다. 새로운 집단 정체성으로 인하여, 기존의 불분명했던 사회적 지형이 재정리되었다. 20세기로 접어들면서, 러시아의 정치사상가들과 사회운동가들은 집단 정체성과 연대 및 소속을 재구상했지만, 계속해서 차등의 범주를 통하여 사람들을 규정하고 동원했다. 사람들은 점점 더 새로운 사회 구분인 계급, 곧 경제적 지위에 기반한구분—노동자 대 자본가, 농민 대 지주—에 대해 이야기하게 되었다. 이러한 계급 개념은 신분, 민족, 언어, 종교 등 기존의 집단 구분들과 경쟁했다. 마르크스의 혁명적 메시지에 고무된 사회운동가들에 의해 널리 전파된 이 계급적 정체성은 수많은 보통 사람에게 가장 두드러진 자아 인식 중의 하나가 되었다.

1890년대에 이르러, 민족주의적 연대에 대한 주요한 대안이 보다 널리 확산되기 시작했다. 그것은 계급적 충성 및 모든 민족과 종교를 포괄하는 운동을 강조하는 다양한 형태의 국제사회주의였다. 러시아 제국의 여러 주변 지역—남서부, 폴란드, 발트 지역, 캅카스 등—에서는 노동자 운동이 활발히 전개되었다. 농촌 마을로부터 출발하는 광범위한 농민 사회주의를 주창한 사회주의자들—나로드니키Populists—과 도시 노동자

계층을 중시한 사회주의자들―마르크스주의자들 또는 사회민주주의자들―은 하층계급의 지지를 놓고, 민족주의자들과 경쟁했다. 사회 정체성보다 민족 정체성이 항상 우위를 점했다고 가정해서는 안 되며, 반대로 사회주의가 항상 승리했다고 단정할 수도 없다. 마르크스주의의 강력한 근대화 메시지는 수만 명의 그루지야 노동자들과 농민들을 그루지야 민족주의자들보다는 사회민주주의자들에게 동조하게 만들었다. 핀란드에서도 노동자들은 아주 열렬한 민족주의자들보다는 사회민주주의 쪽으로 기울었다. 주로 민족주의적 성격을 지닌 운동은 몇몇 주요 민족들―폴란드인들과 특히 아르메니아인들―사이에서 지지를 얻었으나, 이들 민족에서조차 민족주의와 사회주의는 뒤섞여 있었다. 제국 내 비러시아인들 사이에서 가장 성공적인 반정부 운동은 종종 체제에 대한 사회적 저항과 반자본주의적 태도를, 제국주의에 대한 민족적 투쟁의 정서 및 언어와 결합한 것이었다. 예를 들어, 사회주의와 폴란드 애국주의적 요소를 상당한 정도로 결합한 폴란드 사회주의당PPS은 인기가 높았던 반면에, 보다 정통적이고 국제주의적 성향의 마르크스주의 정당인 폴란드·리투아니아 왕국 사회민주당SDKPiL은 소수 분파로 남아 있었다.

러시아의 교육제도는 비러시아인들에게 상반된 효과를 초래했다. 당국은 러시아어로 수업을 진행하는 '엘리트 고전 중등학교gymnazii'를 설립했다. 그 목표는 러시아화된 전문 인력을 양성하는 것이었으나, 보수적이고 러시아화를 위한 교육과 비러시아인에 대한 실질적인 차별 및 모멸적 태도가 결합하면서, 종종 자유주의 혹은 혁명적 반체제 진영에 마음이 끌리는 소외된 지식인들을 배출했다. 그루지야의 구두 수선공과 재봉사 사이에서 태어난 청년 이오시프 주가시빌리Iosif Jughashvili는 트빌리시(당시 티플리스)의 그루지야 정교회 신학교에 입학했는데, 당시 이 신학교는 그루지야적인 모든 것에 적대적이었던 러시아 제국의 국수주의적 행정 조직 아래 있었으며, 젊은 신학생들을 교회와 차르에 충성하는 성직자로 양성하고자 했다. 그러나 많은 학생은 신학교를 떠나 차르 체제 반항자가 되었다. 주가시빌리 역시 과정을 마치지 않고, 마르크스주의 성향의 러시아 사회민주노동당RSDRP에 입당했으며, 그 이후 "스탈린Stalin"이라는 가명을 채택했다. 신분 상승을 한 그는 곧 자신이 그루지야계 프롤레타리아가 아니라, 국제주의적인 전체 러시아 인텔리겐치아의 일원이라고 생각하게 되었다.

20세기 초에 이르러, 사회-정치적 운동과 민족주의 운동은 더욱 강해졌다. 자본주의적 산업 근대화가 야기한 불안, 가혹한 도시로 이주한 농민 출신자들이 직면한 불확실성, 그리고 그들이 동료 노동자들과 맺은 새로운 연대로 인하여, 새롭게 프롤레타리아가 된 수만 명의 농민 출신자들은 민족이나 종교보다 계급을 훨씬 더 명백하고 의미 있는 정체성의 기준으로 삼았다. 그러나 러시아 본토는 물론 제국의 주변 지역에서, 사회적으로 학대당한 사람들은 어려운 시기에 마치 자기들의 고통이 민족적 적들과 종교적 적들이 저지른 소행이라고 종종 말했다. 1905년 혁명기에, 동캅카스 지역에서 아제르바이잔계 튀르키예인과 아르메니아인 간의 충돌이 발생했고, 트빌리시에서는 정교회 러시아인들이 그루지야인 사회주의 노동자들을 공격했다. 그리고 반유대주의가 휘몰아치던 우크라이나에서는 차르가 1905년 10월 17일에 신민들에게 기본적인 시민의 권리를 허용했을 때, 자유주의자들과 사회주의자들의 승리의 축하 행사가 증오에 찬 포그롬으로 바뀌고 말았다. 이후 12일간, 차르 당국이 묵인하고 지원한 가운데, 우익 및 반유대주의 단체들이 자극한 폭력 사건이 거의 700건에 달하는 폭동으로 폭발했으며, 이 과정에서 3,000명 이상의 유대인이 학살되고, 1만 5,000여 명 이상이 부상당했으며, 수천 채의 건물이 잿더미가 되었다. 민족주의자들과 군주주의자들은 유대인을 체제 전복을 꾀하는 혁명가들이자, "진정한 러시아인들"을 착취하고 약하게 만드는 외국인들이라고 보았다. 그들은 "옛다, 너희들의 자유다, 옛다. 너희들이 헌법이다. 옛다. 너희들이 혁명이다."[61]라고 소리쳤다. 니콜라이 2세는 자기 어머니에게 다음과 같이 적었다. "선언문 발표 직후, 불순한 무리들이 대담하게 고개를 들었으나, 곧 강력한 반발이 생겨났고, 충성스러운 인민대중은 용기를 얻었습니다. 그 결과, 우리에게는 늘 그렇듯이, '인민'(나로드)은 혁명가들과 사회주의자들의 오만함과 무례함에 분노하게 되었고, 그들은 십중팔구 '이디들Yids'[26]이었기에, 인민의 온갖 분노가 그들을 향했습니다. 포그롬은 그렇게 발생한 것입니다."[62] 사회민주주의자들은 많은 노동자가 포그롬에 참여했다는 사실에 경악을 금치 못하며, 반유대주의 폭력 사태를 비판했다.[63] 그들은 "반유대주의는 바보들의 사회주의이다."라고 선언했으나, 유대인을 한편으로는 좌파와 동일시하는 인식, 그리고 다른 한편으로는 자본주의와 동일시하는 인식은 놀라울 정도로 오래 남아 있었다. 모순되지만 정서적으로 폭발력을 가진 바, 유대인을 자본과 공산주의의

---

26 '이디들(Yids)': "Yid"는 유대인들에 대한 멸칭으로 사용되기도 했다. 이디시어와 같은 어원을 가지고 있다.

앞잡이로 낙인찍는 목소리는 20세기 전반부의 양차 세계대전 사이에 내내 엄청난 힘을 보여 준 파시즘 운동 속에서도 메아리치게 될 터였다.

　러시아 제국 말기의 초상화는 종종 쇠퇴와 실패의 이미지로 점철되어 왔으나, 이것은 실상 급속하고도 심대한 변화를 겪으면서 요동치며 역동적인 사회상을 은폐하는 것이다. 1890년대 초부터 1917년 혁명에 이르기까지, 러시아는 급속한 산업화의 시기를 거쳤는데, 이런 흐름은 때때로 경제적 하강으로 중단되었다. 자본주의사회에서 흔히 그러하듯이, 경기 호황은 침체로 이어졌고, 그 후 가장 취약한 계층이 실업과 물자 부족 사태를 겪은 고통의 시기 이후에 경기가 회복되곤 했다. 전통적이고 안정적인 농촌 생활에 대한 기대감은 서서히 등장하고 있던 자본주의 시장경제가 지닌 예측 불가능성과 불안정성에 의해 흔들렸다. 마르크스가 『공산당 선언』에서 말했듯이, 많은 사람들에게 있어서 "견고한 모든 것은 대기 속에 녹아 버린다."[27]고 할 수 있었으며, 농촌에서 인구가 밀집된 낯선 도시로 새로이 이주한 이들은 새로운 영향들에 노출되었다. 자본주의경제의 노동시장은 본질적으로 불안정성에 기초하고 있었고, 일자리를 찾을

27　"견고한 … 버린다.": 이 유명한 구절은 『공산당 선언』 제1장 "부르주아지와 프롤레타리아트"에 나온다. 우리나라의 일부 번역서에서는 다음과 같이 의역되어 있다. "모든 신분제와 기존의 모든 사물이 연기처럼 사라지고." 이건일, 『마르크스주의의 이해: 공산당 선언』(삼화, 2021). 25쪽; "확고하게 정립돼 있는 것들은 모두 허공으로 사라져 버리고," 『공산당 선언』, 권혁 역(돋을새김, 2010), e-book; "신분적인 것, 항상적인 것은 모두 연기처럼 사라지고," 『공산당 선언』, 김기연 역(새날, 2005). 19~20쪽; "딱딱한 것은 모두 녹아 사라지고," 『공산당 선언』, 남상일 역(백산서당, 1989). 59쪽; "신분적인 요소와 정체된 것은 모두 사라지고,"(https://www.marxists.org/korean/marx/communist-manifesto/ch01.htm: 참조 일자: 2025년 8월 12일). 마샬 버만(Marshall Berman)은 이 구절을 제목(*All That Is Solid Melts into Air: The Experience of Modernity*)으로 하여 현대성의 본질을 탐구하는 책을 펴냈다. 이 책은 우리나라에서 다음 제목으로 번역·출간되었다. 마샬 버만, 『현대성의 경험』, 윤호병 역(현대미학사, 2004).

수 있으리라는 보장도 없었으며, 설령 구했더라도 그것을 유지할 수 있으리라는 보장 또한 없었다.[64] 노동자들은 가족, 친척, 동향인, 혹은 같은 민족 출신의 사람들로부터 어느 정도의 위안과 지지를 받았다. 그들은 '향우회zemliachestva'를 결성했고, 동족이나 동료 노동자들의 '협동조합(arteli)'에서 일했으며, 나이 많은 숙련 노동자나 사회주의 선동가들이 전하는 메시지에 노출되었다.

이러한 역동적인 변화로 인하여 동일한 계급에 속한 이들은 공장 작업장, 노동자 기숙사, 혹은 비위생적인 하층민 거주지로 모이게 되었다. 자발적이지는 않았지만 가까이 지내게 된 효과는 때로는 민족적 유대감을 강화하는 것으로 나타나는 한편, 또 다른 경우에는 동일 민족 내의 사회적 차이를 도리어 부각하기도 했다. 유대인, 아르메니아인, 우크라이나인 중 일부는 빠르게 상향 이동하여, 문해력을 갖추고 의사, 변호사, 농학자 등과 같은 자유 전문직에 진출했으나, 다른 이들은 재단사, 제화공, 혹은 소상인 등 본래의 직업과 비슷한 처지에 남아 있었다. 특정 지역의 마을 출신이거나, 제국의 변경 지역 출신의 비러시아계 농촌 주민으로서 도시로 이주한 1세대 노동자들은 새로운 삶에 걸맞은 새로운 정체성을 가지게 되었다. '사회적 신분soslovie'이나 종교에 기초한 과거의 위계 범주는 계급, 직업, '민족성narodnost'을 중심으로 한 새로운 정체성의 범주로 꾸준히 대체되었다. 많은 이들이 다른 민족의 배우자와 혼인했으나—예컨대 유대인이 러시아인 또는 우크라이나인 여성과 혼인하고 그 반대의 경우도 있었으나—아래쪽 사회계층 사람과 결혼하는 일은 드물었다.[65] 정치 활동가들은 그들에게 자신의 운동에 동참해 줄 것을 호소했다. 유대인의 '분트Bund'[28]는 이디시어를 사용하는 유대인 노동자 계층을 중심으로 활동했고, '다쉬나크추툰Dashnaktsutiun'[29]은 오직 아르메니아인들만을 대상으로 조직되었다. 그러나 20세기 초에 다민족으로 구성된 제국의 상황 속에서, 마르크스주의 사회민주당과 같이 다민족 계급 연대를 호소하는 운동이 민족주의 정당들보다 더 효과적으로 지지자를 확보할 수 있었다.[66]

주요 혁명운동인 '인민주의narodnichestvo'와 마르크스주의적인 사회민주주의는 그것들이 등장한 제국적 상황을 반영했다. 차르 체제에 대한 많은 항의는 민족국가 건설을 목표로 하는 민족주의 운동보다는, 농민과 노동자 운동을 통하여, 혹은 중산층과 전문직 계층 사람들 사이에서 자유주의를 통하여 표현되었다. 계급과 민족성은 상호 배타적으로 작용하기보다는, 오히려 중첩되고 서로를 강화했다. 이처럼 사회적 측면과 민족적 측면의 합성 현상은 사회민주당이나 사회혁명당처럼 계급에 기반한 운동의 언어를 통해 강력하게 표출되었는데, 그들은 제국을 구성하는 각 민족의 문화적 차이와 권리를 존중하는 보편주의적, 평등주의적, 차별 없는 정치 질서를 자기들의 목표로 내세웠다. 20세기 초의 러시아 사회주의는 자신이 태동한 국가의 다민족 현실을 수용했고, 계급 차별은 없지만 별개의 상이

---

28 '분트(Bund)': 리투아니아, 폴란드, 러시아에서 활동한 전(全) 유대인, 사회민주주의 조직으로서 1897년에 빌뉴스에서 창설되었다. 시오니즘을 거부하고 유대인의 독자적인 사회민주주의 조직을 주창했고, 러시아사회민주노동당에 참여해서는 주로 멘셰비키로 활동했다. 러시아에서는 1920년대 초까지 존재하다가 공산당에 합류하거나 탄압을 받아 소멸되었다. 다음 논문을 참고하시오. 고가영, 「러시아혁명기 유대인 사회주의 운동: 분트의 활동을 중심으로」, 『역사와 문화』 23호(2012) : 203~234.

29 다쉬나크추툰: 1890년대에 결성된 아르메니아 민족주의 정당이다. 1918년 4월에 성립된 자캅카스연방공화국이 분열하자 아르메니아공화국의 독립을 선언하였다. 1921년에 소비에트 권력에 대해 반란을 일으켰으나 실패로 끝나고, 지도부는 망명하였다.

한 문화를 존중하는 미래 사회를 제시했다.[67] 혹은 역사사회학자 릴리아나 리가Liliana Riga가 지적한 것처럼, "그들의 사회주의적 보편주의는 일정한 긴장 상태를 내포했다. 그것은 차르 전제정에 대한 계급적 공격에서는 급진적이었으나, 제국을 보존하기 위한 바람에서는 보수적이었다."[68]

표 7.1. 제정 후기 및 소비에트 초기의 러시아의 정당들

우파		
러시아의 우파와 민족주의자		러시아의 우파와 민족주의자들은 여러 소규모 정당 집단—러시아 인민연합, 러시아 회의, 미하일 대천사 연합—으로 구성되었으며, 종종 "흑색백인대(Black Hundreds)"라고 지칭되었다. 그들은 공개적으로 반유대주의적 성향을 드러냈으며, "러시아인들을 위한 러시아"를 주장했다. 그들은 전제군주제를 지지하고, 황실과 밀접한 관계를 유지했으며, 어떠한 의미 있는 자유화 개혁에도 반대했다. 그들의 사회적 기반은 부유한 지주 계층과 도시 내에서 불만을 품은 하층민들의 혼합으로 구성되어 있었다. 그들의 영향력은 혁명기 동안 일시적으로 사라졌으나, 내전기(1918~1921)에 백군 운동으로 부활했다.
10월당 (10월 17일 동맹)		10월당(10월 17일 동맹)은 알렉산드르 구치코프(Alexander Guchkov)가 지도한 보수적 개혁주의 정당으로서, 전제정이 점진적 개혁을 통해 입헌군주제로 이행하기를 바랐다. 10월당은 귀족, 관료, 사업가들의 지지를 받았으며, 혁명이나 급진적 변화에 대해서는 강한 반감을 드러냈고, 1910년까지는 표트르 스톨리핀(Petr Stolypin)의 개혁 정책을 지지했다. 이 정당은 제3대 및 제4대 국가 두마(State Duma)에서는 상당한 영향력을 행사했으나, 제1차 세계대전이 발발한 이후로는 대체로 입지를 상실하게 되었다.
중도파		
카데트 (입헌민주당)		도시 중산층과 지식인층을 주요 지지 기반으로 삼은 대표적인 자유주의 정당으로, 입헌군주제를 지지했다. 카데트는 역사학자 파벨 밀류코프(Pavel Miliukov)의 지도하에 활동했으며, 특히 초대 및 제2대 국가 두마에서 중요한 역할을 수행했다. 그 이후 정부는 선거법을 개정하여 하층계급과 좌파 세력에게서 선거권을 박탈했다. 1917년 혁명 당시, 카데트는 임시정부에서 주도 정당으로 활동하며 민주적 국가의 수립을 위해 노력했으나, 사회주의 세력이 영향력을 확대함에 따라 꾸준히 우파 측으로 옮겨갔다.
좌파		
사회혁명당 (SRs)		사회혁명당(SRs)은 1860년대와 1870년대의 인민주의 운동의 후예이자 농민층에 지지를 호소했던 주요 정당으로서, 농민에 의한 민주적 사회주의혁명을 신념으로 삼았다. 인민주의자들과 마찬가지로, 그들은 개인에 대한 테러를 혁명 전술로 이용했고, 농민 공동체를 기반으로 한 사회주의를 선호했다.
	사회혁명당 우파 (Right SRs)	사회혁명당 우파(Right SRs)는 1917년에서 1918년 사이의 혁명기 동안, 온건 사회민주주의자들인 멘셰비키와 제휴했으며, 사회주의혁명으로의 즉각적인 이행보다는 부르주아 민주주의혁명을 지지했다. 그들은 1917년 말 제헌의회 선거에서 승리했으며, 내전기 동안 볼셰비키(공산당)에 대항하여 싸웠다.
	사회혁명당 좌파 (Left SRs)	사회혁명당 좌파(Left SRs)는 보다 급진적인 친농민 사회주의자들로서, 온건파 동지들과 결별하고 볼셰비키와 손잡고 소비에트 권력을 지지하며 사회주의혁명으로의 신속한 전환을 주장했다. 사회혁명당 좌파는 1917년 11월부터 1918년 3월까지 볼셰비키와 연립정부를 구성했으나, 1918년 3월에 브레스트-리톱스크조약(Treaty of Brest-Litovsk)에 반대하며 소비에트 정부에 대한 반란을 일으켰다.

		사회민주당 또는 러시아 사회민주노동당(RSDRP)은 러시아 내 주요 마르크스주의 정당이었다. 그들은 1917년 이전에는 부르주아 민주주의혁명을 선호했으나, 당의 조직 원칙과 사회주의혁명으로의 이행 속도를 둘러싼 이견으로 인해 두 개의 분파, 나아가 서로 독립된 정당으로 분열되었다.
사회민주당 또는 러시아 사회민주노동당 (RSDRP)	멘셰비키 (Mensheviks)	멘셰비키(Mensheviks)는 사회민주당 내의 온건파로서, 주로 율리 마르토프(Julii Martov)의 지도하에 활동했으며, 1917년 혁명기와 내전 기간 내내 부르주아 민주주의혁명을 지지했다. 그들은 일반적으로 당내에서 전투적인 볼셰비키 분파보다는 좀 더 포용적이고 민주적인 정치 노선을 따랐다. 내전기 동안 멘셰비키는 공산주의자들에 대한 비폭력적 반대 세력으로 존재했으나, 결국 당 조직의 해산을 강요받았다. 많은 지도자는 외국으로 망명했다. 멘셰비키는 특히 그루지야에서 인기를 얻었는데, 그곳에서 그들은 1918년부터 공산주의자들에 의해 축출된 1921년까지 독립 공화국을 통치했다.
	볼셰비키 (공산당)	볼셰비키(공산당)는 블라디미르 레닌이 이끈 사회민주당 내의 급진파로서, 1917년에 재빨리 입장을 바꾸어, 소비에트 권력과 사회주의혁명으로의 신속한 전환을 주장했다. 레닌은 노동자들에게 마르크스주의의 메시지를 전달하고 그들의 혁명 의식을 발전시킬 수 있도록 긴밀하게 조직된 정당을 선호했다. 그들은 10월혁명으로 정권을 잡은 다음, 1918년에 공산당으로 당명을 바꾸고 일당 독재 체제를 구축하여, 1991년까지 러시아와 소비에트연방을 통치했다.
아나키스트		아나키스트들은 특히 농민과 선원들 사이에서 영향력이 컸으며, 국가 없는 사회주의를 선호했다. 아나키스트들은 비록 사회혁명당이나 사회민주당만큼의 인기를 누리지는 못했지만, 내전기에 우크라이나의 농민들, 그리고 1921년 3월에 공산당에 반기를 든 크론시타트의 선원들 사이에서 지지받았다.

제8장

제국의 불안감

1905-1914

어떠한 정치체제도 영원히 지속되지는 않는다. 그러므로 많은 역사가와 사회과학자들은 제국이 왜 쇠퇴하고 붕괴하는지를 탐구하는 데 깊은 관심을 가져왔다. 몇몇 사람들은 제국의 위기와 붕괴가 그 존재 방식 자체에 내재된 것이라고 결론 내렸다. 알렉산더 모틸Alexander J. Motyl이 생각하는 바에 따르자면, "제국의 쇠퇴는 필연적인 것으로 보인다. … 한마디로, 제국은 본질적으로 모순된 정치적 관계이다. 그것은 자기파괴적인 성격을 지니고 있는데, 그러한 파괴는 결코 우연이 아니고, 명확히 정치적이고 매우 특별한 방식으로 이루어진다." 붕괴는 "국가의 쇠퇴를 중단시키기 위해 제국의 엘리트들이 채택한 정책들"로부터 비롯된다. 합스부르크, 로마노프, 오스만제국의 경우처럼 전쟁이 중앙 권력을 붕괴시킨 경우든지, 혹은 미하일 고르바초프의 소련처럼 위로부터의 혁명이 붕괴를 야기한 경우든지, 중심부의 파열은 종속된 주변부로 하여금 "자신들의 문제에 대한 독자적인 해법"을 모색하게 만든다.[1] 그러나 제국이 패배할 전쟁에 필연적으로 휘말리게 된다는 가정(이런 일은 어떤 국가에서도 일어날 수 있다), 혹은 고르바초프의 지도자 선출이나 그가 선택한 특정한 개혁 노선과 같은 사건이 우연이 아닌 필연이라는 전제가 아니라면, 제국의 붕괴는 정책 선택에 따라 달라지는 것이지 결코 불가피한 운명은 아니다. 로마노프가의 제국이나 오스만제국과 같은 경우는 수 세기 동안 상당한 생명력을 입증했으며, 소련공산당 정권 또한 내전과 제2차 세계대전에서 직면한 엄청난 위협과 외부 침입을 견뎌 낼 정도로 충분한 결속력을 보여 주었다.[2]

여기서 우리는 제국들이 장기간에 걸쳐 수많은 내적 문제와 외적 위협에 효과적으로 대응해 왔음을 제시하고자 한다. 그러나 근대에 이르러 세 가지 주요 도전은 특히 극복하기 어려운 것으로 드러났다. 그중 두 가지는 점차 강력해진 '민족' 담론에서 비롯된 것이었다. 첫째로, 민족 담론은 국가가 보다 동질적이고 응집력 있는 인구, 즉 스스로를 '민족'이라 명명하는 집단을 대표할 것을 요구했으며, 그 통치자는 반드시 해당 민족으로부터 나와야 한다고 보았는데, 그러한 요구는 제국의 구조와 본질적으로 상충하는 것이었다. 둘째로, 민족 담론은 보다 평등하고 대표성을 지니며 민주적인 통치 형태를 요구했는데, 그것은 제국의 정당성을 심각하게 훼손시켰다. 민족 담론은 과거에 신민들을 주권자에게 결속시키던 자비와 포용의 의례적 형태를 훨씬 넘어서는 참여의 방식을 요구했다. 마지막으로, 우리가 "제국의 딜레마"라고 부를 수 있는 현상이 있었다. 이것은 국민국가 이념이 제기한 이데올로기적, 정치적 도전에 대응하고자 제국이 기울인 노력이 예상치 못한 결과를 초래한 경우이다. 프랑스 제국이 아프리카와 아시아의 원주민을 계몽하고자 내세운 '문명화 사명mission civilisatrice'이나, 기독교 선교사들과 제국주의자들이 이교도라 간주한 이들에게 기독교를 전파하고자 했던 "백인의 짐White Man's Burden"처럼, 제국이 새로운 정당화 명분을 고안하고자 시도했을 때, 그러한 제안은 그 자체로 제국 체제를 전복하는 결과를 낳았다. 제국은 자신들이 유능한 문명 전달자이자 근대화 추진자로서 미개한 민족을 진보시켜 준다고 주장했으나, 실제로 제국이 자국의 기준에 따라 피지배민을 교육시켜서, 능력 있는 기업가, 유능한 행정관, 사유 능력을 가진 지식인을 배출하고, 그들에게 자치를 가능하게 하는 수단들을 부여함에 따라, 식민주의자들 자신의 논리로써 변방 민족들에 대한 제국적 종속 관계를 지속하는 것이 더 이상 필요하지 않게 되었다. 피지배민의 눈에, 그러한 관계는 위선적일 뿐만 아니라, 더 이상의 발전을 가로막는 장애물로 보이게 되었다. 몇몇 다른 제국과 마찬가지로 러시아 제국의 경우에, 그 붕괴를 초래한 것은 차르 제국이나 소련 제국의 실패라기보다는, 오히려 제국이 자임한 제국적 사명의 성공이었다.

20세기 제국들의 운명

제국들은 전근대 역사에서 아주 장기간 존속한 정치체 중의 하나였으나, 국민국가의 패러다임과는 완전히 다르게, 정복의 권리, 신이 임명한 통치자, 그리고/혹은 지배 가문의 연속성을 통하여 부여된 명령에 기반한 정당화 패러다임 속에서 작동했다. 우월한 사람으로 지정된 이들은 열등한 자들을 통치할 권리를 가지고 있다고 믿었으며, 오랜 세월에 걸쳐 열등한 자로 규정된 이들 역시 어느 정도까지는 그러한 불평등을 삶의 본질적 조건으로 수용했다. 물론 제국의 역사 전반에 걸쳐, 저항운동과 반란이 제국의 지배를 위협했다. 우리는 이미 16세기에 볼가강 유역 민족들, 17세기 및 18세기의 바시키르족과 카자키, 18세기와 19세기의 폴란드인들의 격렬한 반란을 언급한 바 있으며, 다른 전근대 제국들의 역사 또한 이와 유사한 격렬한 저항의 사례들을 담고 있다. 그러나 18세기 후반에서 19세기를 거치며 근본적인 변화가 발생했는데, 이전에는 수용 가능하다고 여겼던 세습적 위계를 피지배자들이 더 이상 용납할 수 없는 것으로 생각했던 것이다.

그러나 오늘날의 시점에서 제국이 국민국가 및 좀 더 민주적인 통치 형태로 불가피하게 대체된 것으로 보일지라도, 이러한 관점은 19세기와 20세기 대부분에 걸쳐 제국 당국에 의해 수용되지 않았다. 19세기 후반과 20세기 초에 존재했던 유럽의 주요 제국들 — 러시아, 오스만제국, 오스트리아-헝가리제국, 독일 — 중 그 어느 나라도 불가항력적인 쇠퇴를 수동적으로 받아들이지 않았다. 육지로 연결된 광대한 영토를 기반으로 한 동유럽과 중동의 제국들 — 러시아, 페르시아, 오스만제국 — 은 민주화에 저항했는데, 이것은 민중에게 양보하게 되면 제국을 지배하는 엘리트 계층의 통치권과 제국 내 중심부와 주변부 간의 위계적이고 불공평한 관계가 약화될 것이라는 두려움에서 비롯된 것이었다. 이들 제국은 가능한 한 서구로부터 '근대성modernity'이라 불리는 모델을 차용했으며, 수많은 신생 국민국가에 적응하고자 노력했다. 또한 그들은 자기들의 제국 구조를 개혁하고, 자기들의 이데올로기적 기반을 재구성하며, 자기들 나름대로 대안적인 "근대성"을 규정하고자 시도했다. 대다수 인구에게 사회적 이동성이 제한되어 있고, 성취보다는 출신에 기반한 특권이 지배하며, 차르의 신민으로부터 권력층에 이르는 제도적 소통 경로가 부재한 전제적 정부가 통치하는 사회 속으로, 서구의 기술, 산업화, 자본주의적 관계가 도입되었다.

제국의 근대화론자들은 미개한 민족들을 번영하고 안전한 미래로 이끄는 진보적 문명화의 동력으로서의 제국을 상상했다. 심지어 스스로를 반민족주의자이자 반제국주의자로 자처한 카를 마르크스와 프리드리히 엥겔스조차도 인도에서의 영국과 멕시코에 대한 미국의 행위가 부르주아 문명을 도입하는 진보적 기획이라는 견해를 수용했다.[3] 거대한 영토를 지닌 대륙 제국들은 내부 통치 문제를 해결하기 위해 전혀 다른 방식들을 사용했다. 러시아는 억압, 양보, 그리고 러시아화 정책을 각각 다른 시기에 시도했으며, 오스만제국은 입헌 개혁, 중앙집권 강화, 오스만주의Ottomanism라 불리는 다문화주의적 접근을 시도하다가, 결국 특정 민족 집단의 물리적 제거라는 절박하고도 파국적인 정책으로 방향을 전환했다.[4] 오스트리아–헝가리제국은 다양한 비非독일계 민족들에게 일정한 양보를 함으로써 비교적 관용적인 방식으로 제국 내부의 구성 민족들을 다루었다. 제국의 이러한 생존 전략들은 제1차 세계대전이라는 대재앙에 의해 결국 좌절되었지만, 본질적으로는 단일한 민족국가가 아닌 다민족 혹은 다종교적 정치 공동체—시민적 "제국 국가"—를 수립하려는 일종의 제국적 쇄신 시도였으며, 동시에 대의제도, 대중 동원, 그리고 서구 국민국가들의 효율적인 관료제의 도전에 대응할 수 있는 좀 더 근대적인 국가를 구축하고자 한 노력이었다.

합스부르크, 오스만, 제정러시아, 소련과 같은 대륙 제국들은 제국 내부에 명확한 경계선을 두고 있지 않았으며, 그러므로 이주로 인하여 인구가 섞이고, 경제 체제는 긴밀히 통합되며, 역사적 경험과 문화적 특성이 공유되었다. 이 모든 것은 제국이 완전히 붕괴되지 않는다면, 중심부 혹은 주변부 중 어느 한 곳이라도 제국으로부터 분리되는 것을 극히 어렵게 만들었다. 네 제국 중 세 경우—합스부르크, 오스만, 제정러시아—에서 제국의 종말에 앞서 전쟁에서의 패배가 선행된 것은 지극히 당연한 일이었다. 그리고 주변부가 분리됨으로써 이들 제국이 약화되었지만, 네 제국 중 두 경우—오스만제국과 소련 제국—에서 과거 제국에 결정적인 타격을 가한 것은 제국의 중심부 자체가 분리된 일—아나톨리아의 무스타파 케말Mustafa Kemal의 민족주의적 튀르키예, 그리고 보리스 옐친의 러시아—이었다.

제국 정권은 정기적인 인구 정책을 실시하면서, 어떤 사람들을 제자리에 고정하고, 다른 사람들을 이리저리 이동시켰다. 루이스 지겔바움Lewis H. Siegelbaum과 레슬리 모크Leslie Moch가 쓴 바에 따르면, "차르 체제의 관료들은 농민들이 마을을 영구히 이탈하는 것을 지연시키기 위해 공동체의 권한을 강화하는 한편, 계절노동을 위한 이주를 가능하게 하고, 온정주의적으로 재정착을 지도했다. 제1차 세계대전으로 수십만 명의 유대인들을 동쪽으로 줄지어 보내기 이전까지, 정착 구역은 유대인들을 러시아 내지內地에서 멀리 떨어뜨려 놓는 데 기여했다. 유사한 제한 조치로서 중국계 이주민들은 극동의 국경 지역 안에 거주지가 제한되었다. 고위 관리에서부터 하급 병사에 이르기까지 많은 이들이 고향에서 멀리 떨어진 곳에 배치되었으며, 수천 명의 혁명가와 일반 범죄자들은 북극권, 시베리아 및 그 너머로 유형을 떠났다."[5] 슬라브계 농민들은 종종 시베리아나 중앙아시아 스텝 지대를 개간하려는 헛된 희망을 품고 동쪽으로 대규모 이주했다. 제국은 피지배 민족을 구획하고 차등화함으로써 사람들을 원하는 장소로 이동시키는 능력을 강화했다. 오스만제국의 '강제 퇴거 정책surgun'[1]이든지, 영국이 아일랜드에 영국인을 정착시킨 정책이든지, 또는 체로키족과 다른 원주민 부족을 "눈물의 길Trail of Tears"[2]로 몰아낸 잭슨 행정부의 조치이든, 특정 인구 집단을 제국의 식민화 실시의 처리 대상으로 삼기 위한 첫 단계는 그들의 차등화였다.

1914년부터 1918년까지의 세계대전으로 동유럽 및 중동 지역에서 대륙 제국들이 패배하자, 승전국들은 우드로 윌슨Woodrow Wilson 미국 대통령의 주도로 민족자결주의 원칙을 새로운 정통성의 기반으로 강요했다. 1917년 10월 러시아에서 권력을 장악한 급진 정당의 지도자 블라디미르 레닌Vladimir Lenin은 윌슨보다 앞서 민족자결권을 주장했으며, 민족주의에 어떠한 양보도 해서는 안 된다고 보았던 몇몇 가까운 국제주의적 마르크스주의자 동지들과 논쟁을 벌이기도 했다. 마르크스주의적 반反식민주의는 이후에 소련의 대외정책의 일부가 되었으며, 반제국주의, 민족해방, 그리고 사회주의 운동을 진전시키고자 했다. 소련의 이러한 입장은 피식민지 민족들의 마음을 얻으려는 문제를 놓고, 자유주의적 반식민주의를 표방

---

1 '강제 퇴거 정책(surgun)': 'surgun'은 튀르키예어 단어로서, '추방'이나 '유배'를 의미한다.

2 "눈물의 길(Trail of Tears)": 1830년에 미국에서 제정된 「인디언 이주법」에 의하여 미국 내의 아메리카 원주민 부족들이 경험한 일련의 강제 이주를 말한다. 체로키족, 촉토족 등이 조상의 땅을 떠나 미시시피강 서부 지역으로 이주해야 했다.

나데즈딘스크 정착촌의 이주 농가 건물 옆에 선 일군의 농민들. 선도적인 칼라 사진작가인 세르게이 미하일로비치 프로쿠딘-고르스키(Sergei Mikhailovich Prokudin-Gorskii)가 찍은 카자흐스탄의 골로드나야 스텝 지대('굶주린 스텝 지대') 모습. 출전은 그의 앨범인 『러시아 제국 중앙아시아의 풍경』(1911년 촬영)

한 미국과 경쟁했다. 이와 관련된 미국의 입장은 유럽 식민 제국의 해체와 자유무역, 자본주의, 민주주의에 세계를 개방하는 것을 목표로 하고 있었다.[6]

대륙 제국들이 붕괴된 이후에 새롭게 등장한 다수의 신생 국민국가들은 자기 영토 내에 단일한 민족—보통 명목 민족(확대된 폴란드에서는 폴란드인, 남아 있는 헝가리인들의 땅에서는 헝가리인, 아나톨리아에서는 튀르키예인)—에게 권한을 집중하려는 이상주의적인 야심을 가졌다. 그에 따라, 이러한 국민 형성 과정에서 소수민족이 생겨났고, 이들은 종종 차별, 강제 동화, 혹은 심지어 물리적 절멸의 위협에 시달렸다. 근대 제국들이 국민국가의 부상과 더불어 나타난 제도적, 담론적 변화에 대응하기 위하여 국민화와 근대화를 시도했듯이, 새로이 등장한 국가들도 제국적 야망을 품었다. 제국을 수호하던 이들과 마찬가지로, 민족주의자들 또한 자신들을 일종의 진보와 문명의 전달자로 자임했다. 국가 형성 과정에서 강제적이며 비자발적인 동화정책은 오랜 역사를 지니고 있으며, 동화를 강요하는 지배적 위치의 "민족"과 열세에 놓인 "소수민족들" 사이의 불균형을 고려할 때, 이것은 극히 제국적인 성격을 지녔다고 할 수 있다. 동화된 자들은 비록 국민 안에 포섭되었으나, 여전히 구별과 열등함이 지속되는 세계 속에서 살아간다. 에른스트 겔너의 지적대로, 민족주의자들의 동질화 프로젝트는 "과거에는 인구의 대다수, 경우에 따라서는 거의 전부의 삶을 구성하던 저급한 문화들이 지배하던 사회에 대해, 고급문화를 전면적으로 강제적으로 부과하는 과정"을 의미한다는 점에서, 민족주의가 실행한 근본적인 속임수이자 자기기만"이다.[7]

따라서 제국들이 자기들 인구, 특히 주변부 민족들을 "국민화"할 수 있는 것과 마찬가지로, 민족주의도 쉽게 식민화의 형태를 띨 수 있다. 명령과 강제에 의한 동화정책은 어떤 면에서는 다양성과 구분이라는 제국의 핵심적 특성에 거스르는 것이기는 하지만, 제국 통치의 기술로서 채택될 수 있었다. 소수민족 사람들이 민족적인 "우리"에 편입되기 위해서 자기들의 언어와 문화를 버리도록 강제되는 국민화 프로젝트에서, 동화의 요구조건을 제국적으로, 혹은 적어도 오만하게 강요당하게 되었을 때, 포용에 응하고자 하는 충동이 약화되었다. 그런 경우의 결과는 종종 분노와 저항이며, 지배 민족과 주변부에서 예속되고 동화된 민족들 사이의 구분은 지속된다.

1914년 유럽, 북아프리카, 중동

0   200   400 km
0   200   400 mi
N

노르웨이
스웨덴
북해
덴마크
발트해
영국
네덜란드
벨기에
룩셈부르크
독일
러시아 제국
프랑스
스위스
오스트리아-
헝가리
대서양
카스피해
이탈리아
몬테네그로
세르비아
루마니아
불가리아
흑해
에스파냐
알바니아
포르투갈
지중해
그리스
오스만제국
에스파냐령
모로코
페르시아
모로코
(프랑스에게)
알제리
(프랑스에게)
튀니지
(프랑스에게)
도데카니사제도
(이탈리아에게)
키프로스
(영국에게)
리비아
(이탈리아의 침공,
1911)
이집트
아라비아

1919년 유럽, 북아프리카, 중동

0   200   400 km
0   200   400 mi
N

핀란드
노르웨이
스웨덴
북해
덴마크
에스토니아
발트해
라트비아
리투아니아
아일랜드 공화국
(1932년 이후)
영국
네덜란드
벨기에
룩셈부르크
독일
폴란드
소비에트사회주의
공화국연방
대서양
자르
체코슬로바키아
스위스
오스트리아헝가리
프랑스
유고슬라비아
루마니아
카스피해
이탈리아
세르비아
불가리아
흑해
그루지야
에스파냐
알바니아
아르메니아
아제르바이잔
포르투갈
지중해
그리스
튀르키예
에스파냐령
모로코
트란스요르단
(영국 위임통치령)
시리아
(프랑스
위임통치령)
이라크
(영국
위임통치령)
이란
모로코
(프랑스에게)
알제리
(프랑스에게)
튀니지
(프랑스에게)
팔레스타인
(영국 위임통치령)
리비아
(이탈리아에게)
이집트
사우디아라비아
(1932년 이후)

지도 8.1. 1914~1919년 사이의 유럽, 북아프리카, 그리고 중동

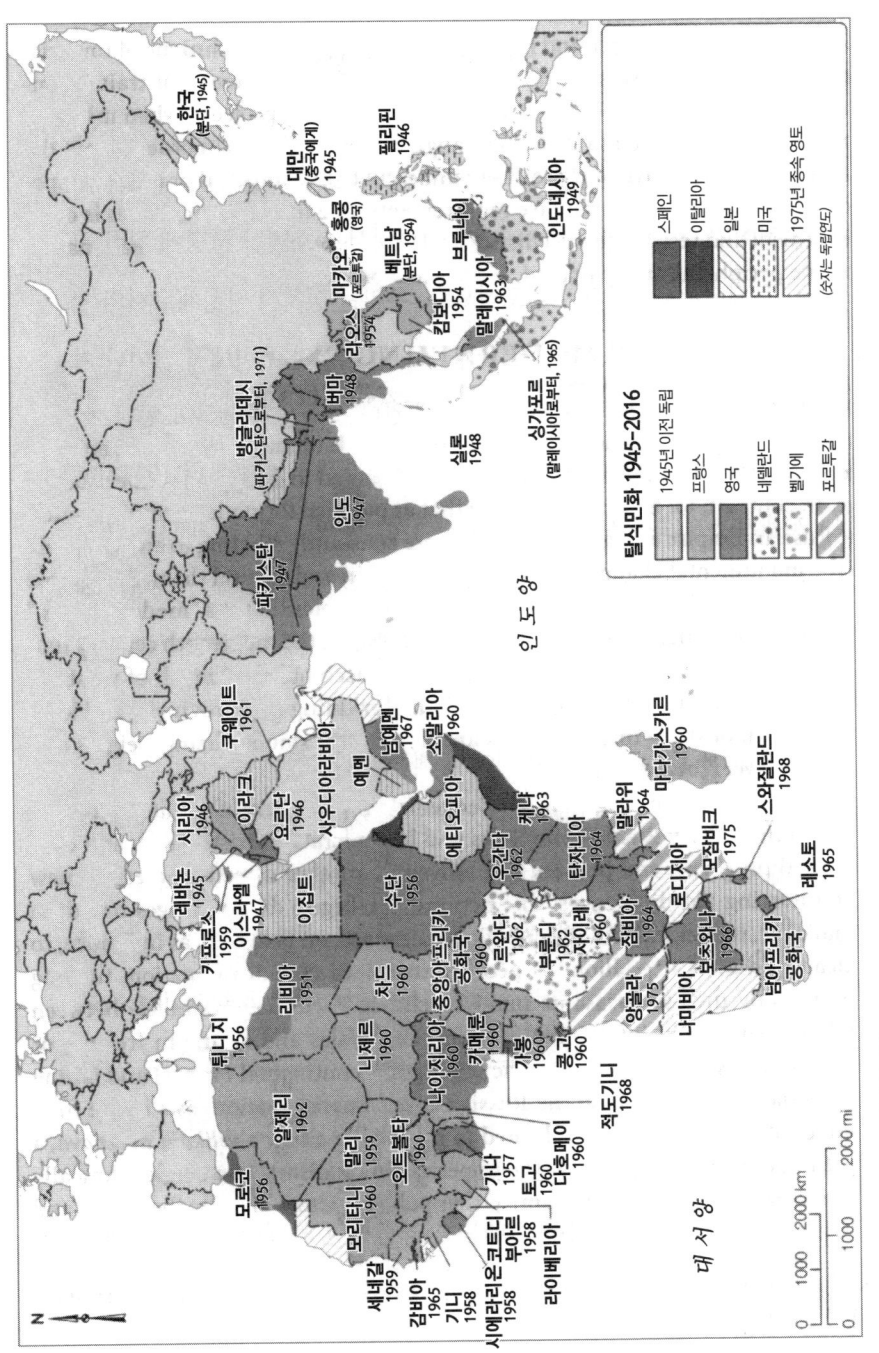

지도 8.2 1945~2016년의 탈식민화

탈식민화 1945-2016

1945년 이전 독립	스페인
프랑스	이탈리아
영국	일본
네덜란드	미국
벨기에	1975년 종속 영토
포르투갈	(숫자는 독립연도)

한국
(분단,1945)

대만
(중국에게)
1945

필리핀
1946

홍콩
(영국)

마카오
(포르투갈)

베트남
(분단,1954)
1954

라오스
1954

캄보디아
1953

인도네시아
1949

브루나이

말레이시아
1963

미얀마
(버마)
1948

방글라데시
(파키스탄으로부터, 1971)

인도
1947

실론
1948

싱가포르
(말레이시아로부터, 1965)

파키스탄
1947

인 도 양

쿠웨이트
1961

이라크
1946

요르단
1946

사우디아라비아

남예멘
1967

예멘

소말리아
1960

시리아
1946

레바논
1945

키프로스
1959

이스라엘
1947

이집트

수단
1956

에티오피아

마다가스카르
1960

케냐
1963

우간다
1962

탄자니아
1964

말라위
1964

스와질란드
1968

모잠비크
1975

레소토
1965

모로코
1956

알제리
1962

리비아
1951

차드
1960

니제르
1960

나이지리아
1960

중앙아프리카
1960

카메룬
1960

콩고
1960

가봉
1960

르완다
1962

부룬디
1962

자이레
1960

잠비아
1964

로디지아

남아프리카
공화국

보츠와나
1966

남서아프리카
(나미비아)

앙골라
1975

적도기니
1968

튀니지
1956

말리
1959

오트볼타
1960

기니
1958

토고
1960

다호메이
1960

세네갈
1959

감비아
1965

기니
1958

라이베리아

모리타니
1960

시에라리온
1961

가나
1957

코트디부아르
1960

대 서 양

0   1000   2000 km
0   1000   2000 mi

N

근대화 중인 제국과 그 불만

많은 역사가의 저술에서만이 아니라 대중의 상상 속에서도, 제국은 시대에 뒤떨어지고, 전통적이며, 근대에 이르러서는 소멸할 운명에 처한 것으로 간주 되고 있다. 이와는 대조적으로, 우리는 정치적 형성체로서의 제국― 러시아 제국을 비롯한 여러 제국들 ―이 내부와 주변에서 일어난 거대한 변화들에 끊임없이 반응하고 적응해 왔다는 점을 주장하고 있다. 이점은 통상적으로 '근대'라 불리는 시기인 프랑스혁명 이후부터 19세기를 지나 20세기에 이르는 시기에 아주 뚜렷하게 드러났다. 차르 체제는 그 보수성에도 불구하고, 주州 및 지방의 특권을 제거하고, 내국세와 관세를 폐지하며, 표준화된 도량형의 적용 지역을 확대하는 등 구체제 프랑스를 대상으로 프랑스혁명이 이뤄 낸 많은 것을 성취했다.

그러나 18세기와 19세기의 러시아 황제들과 관료들이 추진한 "근대화" 및 동질화 작업은, 정반대 방향에서 사회계층, 지역, 민족, 혹은 종교에 근거하여 새로운 차등, 구분, 특권과 불이익을 만들어 내거나 과거의 것들을 강화하는 정책들 및 프로그램과 공존하기도 했고, 충돌하기도 했다. 프랑스에서처럼, 수백만의 사람들을 국민이라는 이념 아래 교육하고 소속감을 부여하여, 언어적으로 이질적인 "농민들을 프랑스인으로"⁸ 만드는 프로그램은 전혀 존재하지 않았다. 잉글랜드가 스코틀랜드와 웨일스를 통합하는 데 성공했으나 아일랜드에서는 실패한 사례, 또는 프랑스가 "육각형"³)(대륙 프랑스)을 국민화하는 데는 성공했지만 알제리에서는 실패한 사례는 러시아의 경우에 시사하는 바가 크다.⁹ 차르 체제 말기에 러시아 민족주의자들은 (우리가 제국적 민족주의라고 부르는) 대제국인 '강대국velikaia derzhava', 혹은 민족적으로 단일한 러시아 국가(단일민족주의, ethnonationalism)를 헌신적으로 추구했다. 반면에 보통 자유주의자들 및 혁명 세력과 같은 다른 정치 주체들은 제국 내의 모든 민족이 포괄되는 다문화적 정치 공동체(시민적 민족주의)를 주창하고 있었다.

서구의 보편적인 평등권 담론에 매료된 지식인들과 개혁가들이 체제 전환을 시도했음에도 불구하고, 러시아 관료들은 제국의 피지배민들에게 권리, 특권, 혹은 책임에서 차등을 부여하는 체제에 반복적으로 의존했다. 역사가 제인 버뱅크가 지적한 바에 따르자면, "러시아 제국의 권리 체제는 구분된 집단들에 대하여 국가가 권리와 의무를 부여하는 방식에 기초했으며, 이로써 하층 신민조차도 기본적인 통치 실무에 포함될 수 있는 조건이 조성되었다. 제국의 법과 행정 체계는 신분, 종교, 민족의 차등을 사회 및 정치 생활의 정상적 요소로 인정했다. 차등에 기초한 이러한 통치 행위는 엘리트 계층으로 하여금 그 반대 — 일반적이고 보편적인 법 —를 요구하도록 자극했으나, 19세기 중반 이후에 남을 의식하며 실시한 개혁과 표준화의 희망이 대두된 시기에도, … 관료들은 실무에서 여전히 조작 가능하고 불평등한 권리에 대한 습관을 버리지 못했다."[10]

오랫동안 뿌리박힌 제국의 통치 관행으로, 러시아를 동질적인 시민 간의 수평적 평등을 이상으로 삼는 서구의 국민국가와 유사한 형태로 탈바꿈시키려는 여러 번의 시도가 좌절되었다. 권리는 주권을 지닌 국민으로

---

3 "육각형": 프랑스 본토 모양이 육각형을 닮았다고 하여 프랑스를 육각형이라는 별칭으로 부른다.

부터 생겨나지 않았으며, 다만 특정 민족이 과거로부터 물려받은 전통으로서 인정받을 수 있을 뿐이었다. 제인 버뱅크의 표현에 따르면, "권리는 국가를 통하지 않고서는 가질 수 없었으며, 하나의 집단 또는 다른 유형의 집단 구성원으로서의 공식적인 신분 인정을 통해서만 부여될 수 있었다. '자연적인' 사회집단을 인정한다는 것은 집단에 권리를 부여하는 제국의 정책과 밀접하게 연결되어 있었다. 국가는 제국 인구를 구성하는 집단들로부터 권리, 의무, 특권을 부여하고, 재배분하고, 박탈할 수 있는 권한을 보유했다."[11] 최고위층 출신조차도 그 권리는 자연적인 것이 아니라 부여된 것이었으며, 귀족들은 자신들의 "권리"가 국가로부터 유래되었으며, 철회될 수 있음을 이해했다.

차등을 통한 통치는 러시아 제국 지배의 일반적인 동인이었으나, 특정 시기에는 보다 큰 통일성을 도모하려는 시도 또한 존재했다. 19세기 초에 그루지야의 여러 왕국과 공국들이 병합된 이후, 그리고 기존의 법전과 관습법을 승인하고 인정한 후, 제국 관료들은 그루지야의 농노제와 토지소유제를 러시아의 제도와 조화시키려고 시도했다.[12] 모스크바와 상트페테르부르크의 지식인들과 관료들은 러시아를 보다 통일적이며, 당국이 더 명료하게 이해하도록 만들려는 야망을 주기적으로 고려해 보곤 하였다. 19세기 중엽에, 국가주의statist 사상가 니콜라이 우스트랼로프Nikolai Ustrialov는 "서로 다른 요소들이 점진적으로 융합되어 하나의 전체, 하나의 무한한 국가로 형성됨"으로써 러시아의 힘이 강해지며, "거기서 모든 사람이 단일한 러시아 법에 복종하고, 러시아어가 최고 위치에서 지배하며, 정교회가 승리한다."[13]고 보았다. 비록 차등화가 러시아 제국 지배의 기본 원리로 남아 있었지만, 1905년 혁명 이후 니콜라이 2세가 공포한 일종의 제한적 헌법인 '기본법'은 러시아를 "통일되고 불가분의 국가"로 규정하고, 러시아어를 "국가의 공용어"로 명시했다. 그럼에도 불구하고, 해당 법령은 국가 및 공공 기관 내에서 타 언어의 사용에 관한 "특별법"의 존재를 허용했다. 1906년에는, 농민에게도 귀족과 동일한 국가 봉직에 진입하는 권리가 부여되었으나, 소위 '이노로드츠', 즉 "토착 이방인"이라 불리며 원시적인 존재로 간주된 집단에게는 이 권리가 부여되지 않았다.[14]

제국의 외연 확장: 제정의 근대화 및 팽창

19세기 후반은 제국주의적 경쟁이 격화된 시기였다. "아프리카 분할Scramble for Africa"과 더불어, 그리고 인도 대륙과 아시아에서 새로운 식민지를 빠르게 획득해 나가면서, 유럽 제국들은 서구의 과학과 기술의 최신 성과를 도입함으로써 자국 영토의 광대한 변방에 대한 물리적 지배를 확장했다. 서유럽 제국들과 마찬가지로, 러시아 제국과 오스만제국에서도, 엄청난 노력을 기울여 광대한 거리를 연결하는 전신을 통해 시공간의 장벽이 최초로 극복되었다. 철도와 증기선이 그 뒤를 이었다. 러시아 당국은 철도가 제국의 통합과 통제를 위한 도구로 활용될 수 있다고 확신했으며, 그 광대한 영토를 보다 신속히 이동할 수 있다는 가능성에 매료되었다. 훗날 러시아 최초의 통신부 장관이 된 어떤 젊은 기술자는, 철도가 "유럽의 어느 나라보다도 러시아를 위해 발명된 것"[15]이라고 외쳤다. 철도는 제국 권력을 변방에까지 확립하고, 더 나아가 국경 너머로 영향력을 확장하는 데 핵심적인 수단이었다. 러시아령 폴란드의 바르샤바는 모스크바보다 라인강에 더 가까웠으며, 두 도시를 잇는 도로 상태가 열악했기에 철도 개통 이전까지는 실질적 거리감이 아주 컸다.[16] 1849년 니콜라이 1세는 헝가리혁명을 진압하기 위해 철도를 이용하여 군대를 파견했고, 그의 아들 또한 1863년의 폴란드 봉기를 진압하는 데 같은 방식을 사용했다. 재무부 장관 세르게이 비테Sergei Witte가 태평양까지 이어지는 시베리아 횡단철도를 계획했을 때, 그는 만주를 관통하는 동청철도Chinese Eastern Railroad 노선[4]을 추진했는데, 이것은 니콜라이 2세 치하에서 동방 팽창에 대한 환상에 용기를 북돋우어 주었다.[17] 러시아는 곤란에 처한 오스만제국 내의 영향력을 둘러싸고, 대영제국, 프랑스, 그리고 오스트리아—헝가리와 경쟁했다. 독일은 오스만인들과 협력하여 베를린에서 바그다드에 이르는 제국 간 철도 부설 프로젝트를 추진했고, 러시아는 오스만제국이 캅카스 국경 인근에 철도를 부설하는 것을 저지하기 위해 온갖 수단을 동원했다.

러시아의 철도는 국가적 목적을 위하여 추진된 국가 프로젝트였다. 1900년 무렵이면, 러시아 제국은 세계에서 두 번째로 큰 철도망을 보유하게 되었으나, 그 거대한 규모에도 불구하고 철도 연결의 밀도는 독일, 스위스, 네덜란드와 같은 작은 국가들에 한참 못 미쳤다. 러시아의 기술적

---

4 동청철도(Chinese Eastern Railroad) 노선: 러시아의 치타에서 만주 북부를 관통하여 블라디보스토크에 이르는 철도 노선이다. 삼국간섭 이후 러시아는 1896년에 동청철도 부설 협약을 청 정부와 체결하고 1903년 무렵에 대부분의 공사를 완료했다. 러시아 영토로 우회하는 것보다, 1,000킬로미터 이상의 거리를 단축하는 효과를 가졌다.

진보는 서구식 정치 개혁으로 이어지지 않았다. 반체제 서구주의자 알렉산드르 게르첸은 알렉산드르 2세에게 보내는 공개서한에서, 러시아가 서구의 가장 진보적인 요소들을 차르 전제정의 강화에 이용할 것이며, "칭기즈칸 체제 위에 전신과 기선, 철도를 갖춘 무언가"를 만들 것이라고 불길한 투로 경고했다.[18] 인구의 이동과 혼합은 모순적인 결과를 가져왔다. 한편으로, 러시아인들이 시베리아, 카자흐 스텝 지대, 그리고 극동지역 등에 정착함으로써, 오지로 이주한 사람들은 제국을 보다 단단하게 결속시켰다. 다른 한편으로, 철도가 제국을 통합하고 공고히 할 것이라는 예상은 여행자들에 의하여 반박되었다. 그들은 광활한 국토를 가로지르며, "영토적 통합의 이미지"를 체감하기보다는 "오히려 이 광대한 나라가 지닌 다민족적, 다종교적 특성을 더 강하게 의식하였다."[19] 그들은 동승자를 제외하고는 러시아어를 거의 들을 수 없었고, 특히 서부 국경 지역에서는 내부의 영원한 "타자"인 유대인들의 존재를 실감하였다.[20] 500만 명의 이주민들이 철도를 이용하여 러시아 서부 주들에서 시베리아와 극동지역으로 이주했다. 토착민들과 앞서 정착한 사람들은 시베리아가 유럽 러시아에 의해 착취 받는 식민지가 될까 두려워하며, 새로운 정착민들이 오는 모습에 당황했다.[21]

농민의 재정착 규모는 실로 방대하여 인간 지형과 자연 지형 둘 다를 변화시켰다. 윌러드 선덜랜드는 이 대규모 이주에 대해 논하며, 시베리아에 대한 농민 식민화는 "제국주의의 문제"[22]라고 규정한다. 제국의 기술적 통합은 정치적 자유화에 저항하는 국가와 근대화하고 있던 사회의 근본적인 정치적·사회적 모순을 드러냈을 뿐만 아니라, 새로운 문제들을 야기했다. 1863년에 폴란드로 차르의 군대를 수송하던 동일한 철도 노선은, 역방향으로는 폴란드 민족주의 문헌과 "폴란드의 대의를 위한 운동가들"의 이동 통로가 되었다.[23] 철도는 철도 노동자를 필요로 했고, 철도 노동자는 조직화되어 있고 전략적으로 배치된 노동 집단 중 아주 큰 집단 중 하나로서 제정러시아 통치의 안정성에 심대한 영향을 미쳤다. 철도 노동자들은 1880년대에 반유대주의 포그롬에 적극적으로 가담했다.[24] 1905년 10월에 철도 노동자들이 총파업에 동참한 것은 황제로 하여금 10월 선언에서 약속한 자유화 개혁을 수용하도록 강제하는 데 핵심적인 역할을 했다. 1917년과 러시아내전 기간에 레닌이 입증했듯이, 혁명가들 역시 전신과 철도를 이전의 국가 당국만큼이나 효과적으로 활용할 수 있었다.

러시아의 근대화 ―행정개혁과 산업화― 는 세계에서의 위상 및 제국적 성격과 밀접히 연관되어 있었다. 러시아 제국은 경쟁 중인 제국주의 열강들 사이에서 존재했으며, 1860년대 이후 열강으로서의 지위를 회복하고자 분투했다. 19세기의 마지막 1/3분기는 유럽 열강들의 제국주의적 욕망이 오직 더 약한 국가들을 희생시키거나 경쟁 열강들과의 충돌을 통해서만 충족될 수 있었던 시기였다. 아프리카의 "텅 빈" 공간은 악명 높은 "아프리카 분할"의 표적이 되어, 영국, 프랑스, 독일은 대륙 곳곳에 가능한 곳마다 자기들의 국기를 꽂았다. 20세기 전환기에, 논란으로 남아 있는 지역은 발칸반도, 중동에 있는 오스만제국의 다른 부분, 그리고 중국과 한국을 희생으로 삼는 극동지역이었다. 1897년 러시아는 중국의 뤼순을 차지했다. 1900년에 중국에서 유럽의 이권에 반발한 의화단 봉기가 발발하자, 러시아는 자신들이 건설 중이던 동청철도를 보호한다는 표면상의 명분을 들어, 만주를 점령했다. 영국과 일본은 러시아군 철수를 강요하고자 했으나 실패했고, 결국 러시아의 추가 팽창을 저지하기 위해 동맹을 체결했다.

이후 몇 년간 극동지역에서 긴장은 더욱 고조되었다. 일본과 다른 열강들은 만주에 대한 저마다의 이해관계를 가지고 있었으며, 미국은 중국이 모든 국가의 상업 활동에 개방되어야 한다는 입장을 견지했다. 1903년 4월 키시뇨프에서 발생한 반유대인 폭동 소식과, 조지 케넌George Kennan의 『시베리아와 유형 제도Siberia and the Exile』에서 묘사된 암울한 수용소에 대한 이야기가 전해지며, 세계 여론은 러시아에 등을 돌렸다. 이제 러시아는 잔혹하고, 침략적이며, 팽창주의적인 국가라고 생각되었다. 상트페테르부르크에서는 호전적인 분위기가 점점 고조되었고, 강력한 권한을 가진 내무부 장관 뱌체슬라프 폰 플레베Viacheslav von Plehve는 "러시아는 외교가 아니라, 총검으로 만들어진 국가이다. … 우리는 중국과 일본과의 현안도 외교관의 펜이 아니라 총검으로 해결해야 한다."[25]라고 선언했다. 러시아 외교관들은 "단기간의 승리하는 작은 전쟁"을 꿈꾸면서, 아시아 국가에게 패배한다는 것은 상상조차 할 수 없었다. 이전의 모든 군사 충돌 때와 마찬가지로, 러시아는 국내의 언론과 시각 매체에서 군도를 휘두르고 가슴을 쾅쾅 두드리면서, 자신들이 가진 대의의 정당성과 승리에 대한 자신감을 내보였다. 몇몇 익숙한 이미지들이 다시 등장했다. 눈에 띄는 어떤 풍자만화에서는 지난 세기의 나폴레옹 침략자들처럼 귀찮게 하는 작은 상대를 처리했던 바로 그 유쾌하고 침착한 카자키가 다시 등장했다. 이번에 그가 상대하는 작고 우스꽝스러운 적敵은 어린이 크기의 꼭두각시 인형으로

〈바닷가에 앉아서, 좋은 날씨를 기다리자〉. 러일전쟁(1904~1905) 때 제작된 러시아의 어떤 정치 포스터.

그려진 일본과 중국이었는데, 그 인형은 덩치만 약간 더 큰 존 불John Bull과 엉클 샘Uncle Sam 같은 인물들이 조종하고 있었다. 이 전쟁은 전혀 걱정거리가 아니었다.

그러나 이번 전쟁에서 나온 이미지는 전쟁을 이상하게 뒤틀면서, 적을 단순히 무시하거나 희화화하는 것만이 아니라, 섬뜩할 정도로 인종화하여 짐승이자 인간 이하의 모습으로 표현했다.[26] 일본인은 "'짐승', '몽골인', '치켜 올라간 눈꼬리를 가진 사람', 그리고 '노란 얼굴을 한 난쟁이'"[27] 등 괴물로 묘사되었다. 더 자주 사용된 방법으로서, 일본인은 "원숭이"로 불렸고, 또 그렇게 그려졌다.

여기에서 러시아는 비록 다른 열강들의 정당한 반감에 역행하여 행동

《자명종》지 커버에 그려진 이 풍자화는 일본 해군 총사령관 토고 제독을 원숭이로 묘사하고 있다.

하였으나, 제국적 수사修辭의 공통된 자산을 활용함으로써, 제국 경쟁에 휘말린 세계에 러시아가 전면적으로 참여하고 있음을 드러냈다. 시각 매체는 새롭게 형성되고 있던 인종주의적 담론에서 에너지를 얻고 이를 강화했으며, 이 담론은 러시아인들의 세계 인식 속으로 점차 스며들고 있었다. 앞서 살펴본 바와 같이, '인종'이 러시아 담론에서 전적으로 부재했던 것은 아니나, 이전에는 그것이 인간의 본성, 능력, 혹은 덕성의 차이를 생리적 특징이나 피부색에 기반하여 '귀속된' 이해로 굳어지지는 않았었다. 이것은 인종이라는 개념이 교육받은 러시아인의 상상 속에서 세계를 조직하는 다른 범주의 차등에 편입된 초기의 명확한 징후 중의 하나였다. 비록 국내의 범주 체계 내에서 인종 문제가 아직 전면에 부각되지는 않았지만,

그것은 전쟁에 대한 열정을 고취했다.

1904년 1월 26–27일 밤에, 일본군은 아무런 경고 없이 뤼순을 기습 공격했으며, 이로써 러시아 함대는 심각한 손상을 입고 항구는 봉쇄되었다. 일본군은 대한제국[5](몇 년 후에 이 나라를 합병했다)과 만주를 침입했다. 1년 후인 1905년 5월에, 7개월 동안 지구 반 바퀴를 항해해 온 러시아 발트함대는 쓰시마해협에서 일본군에 궤멸당했다. 굴욕적인 패배를 당한 차르 정부는 어쩔 수 없이 시어도어 루스벨트Theodore Roosevelt 미국 대통령의 중재를 받아들이고, 포츠머스조약에 서명하여 극동지역에서 자신의 이익을 포기했다. 이 전쟁은 러시아를 고립시키고, 굴욕을 안겨 주었다. 훨씬 더 불길하게도, 이것은 국내의 거대한 불만에 기름을 부어, 혁명적 폭력으로 폭발했다.

제1차 러시아혁명, 1905년

러시아의 마지막 황제인 니콜라이 2세는 1894년에, 강력한 부친 알렉산드르 3세의 뒤를 이어 제위에 올랐다. 니콜라이는 젊고 잘생겼으나, 크지 않은 키에 자신감이 부족했으며, 나약하고 우유부단한 인물로 널리 생각되었다. 그가 통치한 거대한 제국은 수백 개의 민족으로 구성되었고, '소슬로비예'(사회 신분)에 의한 위계질서를 가지고 있었으며, 계급 라인에

5　대한제국: 원서에는 대한제국(Korean Empire)이 아니라, 한국왕국(The Kingdom of Korea)으로 나와 있다. 필자들의 논지에 따르자면, 대한제국은 "제국"으로서의 특성을 가지고 있지 못했다.

따라 점점 더 양극화 되어 가고 있었다. 사회는 한편으로는 특권층,—귀족, 지주, 자본가, 기업가, 많은 전문직 및 지식인들—그리고 다른 한편으로는 인구의 절대다수를 차지하는 노동자들과 농민들 사이에서 편 가르기가 진행되고 있었다. 사회와 경제는 점점 더 자본주의화, 산업주의화 되어 가고, 더 유동적이고 계층적으로 분화되어 가는 반면에, 국가는 여러 면에서 귀족, 관료, 황실 가문이 지배하는 시대착오적인 구조를 유지하고 있었다. 그들 대부분은 하층민과 중간계층, 농민, 노동자, 심지어는 부르주아 계층에게 참정권을 부여하고 권한을 확대하는 것을 저지하고자 결심했다. 서구로부터 유입된 새로운 사상들—우리가 앞서 살펴본 민족주의만이 아니라, 자유주의, 입헌주의, 그리고 특히 마르크스주의적인 사회주의—은 사회 구성원들에게 새로운 언어와 새로운 열망을 제공했고, 이것은 전제적이고, 위계적이며, 반평등주의적인 사회적·정치적 질서를 유지하는 것을 점점 더 어렵게 만들었다.

제국 내에서 다양한 신분, 공동체, 교파 집단에 소속됨으로써 전통적으로 부여되었던 소소한 수준의 보호 장치가 붕괴되자, 사회 전반에 걸쳐 새로운 형태의 권리에 대한 요구가 거세졌다. 지난 몇 세기 동안 차르 체제를 지탱해 주었던 포용과 상호성의 방식은 더 이상 제국 백성들의 열망을 잠재우기에 충분하지 않았다. 17세기에 상호성의 형태로 유효했던 가부장적 수사修辭와 이따금 주어지던 자비의 표시, 그리고 18세기에 엘리트 계층과 군주 사이의 유대를 강화하는 수단으로 기능했던 애정의 표명과 관대함의 과시, 이 중 어느 것도 이제는 실질적인 권리와 책임 있고 반응하는 통치에 대한 새로운 요구를 제대로 만족시키지 못했다. 사람들이 법정이라는 공간을 활용하여 자신의 이익을 방어하는 방식에 점점 더 능숙해짐에 따라, 농민으로부터 교양층에 이르기까지 모든 사회계층에서 법의식이 강화되었다. 전문직 및 직능 집단은 자신들의 생업 활동과 이익 추구를 가능하게 할 권리와 보호조치를 요구하며, 합법적이고 법을 준수하는 정부를 요구하는 목소리를 높였다. 자유주의 지식인들은 러시아에서 일종의 시민권을 성립시킬 수 있는 가능성을 모색했다. 그러나 전제정체제, 당시의 법체계, 그리고 국가가 용인하던 허약한 시민권 개념 등을 고려해 보면, 개혁을 향한 희망적인 출구는 거의 보이지 않았다. 에릭 로어Eric Lohr가 결론 내린 바에 따르자면, "제정 후기 러시아의 특수성은 아마도 당시 사람들 가운데서 현존하는 법, 제도, 전통을 통하여 권리 없는 시민으로부터 권리를 부여받은 시민으로 점진적으로 이행할 수 있는 기반이 제공될 수 있다는 신뢰감의 부재에 있었다. 좋든지 나쁘든지 과거의 유용한 사례가 없는 상황에서, 러시아의 많은 자유주의자들은 이상적인 시민 개념을 정의하기 위해 정언명령categorical imperatives[6]과 보편적인 도덕 원천으로 눈길을 돌렸다."[28] 자유주의자들의 경우에, 이러한 보편자普遍者, universals[7]는 실효성 있는 법률과 모든 인간이 가지고 있는 "자연권"에 대한 옹호라는 형태를 띠었다. 급진주의자들은 아나키즘, 허무주의, 사회주의 등 보다 투쟁적인 철학들에 의지했다. 급진 인텔리겐치아 및 자유주의 인텔리겐치아가 명확하게 정리하고 선전한 바대로, 사회와 국가 사이의 긴

---

6 정언명령(categorical imperatives): 칸트의 도덕 철학에서 어떤 조건이나 결과와 상관없이 행위 자체가 선하므로 절대적이고 의무적으로 따라야 하는 도덕 법칙을 의미한다.

7 보편자(普遍者, universals): 여러 개별 사물에 공통적으로 존재하는 추상적인 성질이나 개념을 의미한다.

아마도 1894년 11월 26일에 니콜라이 차르와 알렉산드라 황후의 결혼식 직후에 만들어진 듯한 작은 브로치이다. 현재 워싱턴 D. C.의 힐우드 에스테이트 장식예술 박물관 소장품.

〈처형〉, 이바노프(S. V. Ivanov) 그림, 1905년. 차르의 군인들은 1905년 혁명 동안 노동자 시위대에 발포하고 있다.

장, 그리고 도시에서 등장하고 있던 자본주의적 산업사회와 전제권력 사이의 모순관계는 일련의 혁명적 격변으로 폭발했다.

역사적인 의미에서 1905년은 신년이 시작된 지 9일 뒤에 시작되었다. 수천 명의 노동자들은 급진 성향의 성직자 가폰Gapon 신부의 인솔하에, 성상을 들고 "신이여, 차르를 구하소서"를 노래하면서 상트페테르부르크에 있는 차르의 겨울궁전으로 엄숙한 분위기에서 행진해 갔다. 이들의 청원을 맞이한 것은 소총탄 일제사격이었고, 그 결과로 적어도 130명이 사망하고, 299명이 중상을 입었다.[29] 러시아 수도에서 내린 1월의 눈이 붉게 물들었기 때문에, 이 사건은 러시아와 전 세계에 "피의 일요일Bloody Sunday"로 알려지며 큰 반향을 불러일으켰다. 1905년을 연구한 어떤 역사가의 설명에 따르자면, "군주에게 '정의와 보호'를 청원하고자 했던 비무장 인민에 대한 무차별적인 총격은 통치자와 다수의 피통치자 간의 심리적 유대 관계를 단절시켰다. 이러한 유대 관계는 형태를 가지고 있지 않았지만, 질서 유지에 없어서는 안 되는 것이었다. 러시아 대중은 이제 신과 전통에 의하여 신성시된 권력을 부여받은 군주의 명령에 따라야 한다는 의무감을 더 이상 가지지 않게 되었다."[30]

그해가 흘러가면서, 파업과 시위, 반란과 노동자와 경찰 사이의 무력 충돌, 농민과 기병 사이에 벌어진 전투로 인해, 3세기 동안 이어 온 군주제가 거의 붕괴될 지경에 이르렀다. 훗날 이러한 산발적인 격변은 "1905년 혁명"이라 불리게 되었으며, 거리 위에 있었던 이들이나 궁정 안에 있었던 이들 모두가 자신들이 혁명의 중심에 있다는 사실을 뚜렷이 느꼈다. 레프 트로츠키Lev Trotsky는 "1905년은 모든 사람의 입술을 개봉했다. 천 년 동안 침묵해 온 나라가 마침내 처음으로 말하기 시작했다."[31]라고 적었다. 1905년 10월에, 노동자, 중산층, 지식인 등으로 구성된 광범위한 연합체는 대규모 총파업을 단행했고, 이를 통해 황제로 하여금 중대한 개혁을 단행하도록 압박했다. 이 개혁은 황제의 전제권력을 심각하게 훼손했으며, 러시아 역사상 처음으로 일종의 준準입헌적 체제가 도입되는 계기를 마련했다. 마지못해하는 황제로부터 이끌어 낸 '10월 선언'은 집회, 언론, 결사의 자유를 포함한 중대한 정치적 양보를 담고 있었으며, 입법 권한을 지닌 전국적 대의기구인 두마Duma의 설립도 허용했다. 지방자치기구인 주州 '젬스트보'의 화룡점정으로서 전국 차원의 대의기구를 수립하려는 개혁자들의 오랜 염원이 마침내 실현될 수 있게 되었다.

개혁을 요구하며 사회의 여러 계층이 한목소리로 결집하게 만든 이 희귀한 이해관계의 수렴 현상은 불과 수개월 만에 막을 내렸다. 12월에 이르러, 모스크바를 비롯한 여러 도시의 노동자들이 좀 더 급진적인 입장으로 나아가며 자신들만의 평의회(소비에트)를 주장하자, 황제의 마지못한 양보이지만 그것에 대체로 만족하던 중산층과 결별하게 되었고, 그 결과 계급을 초월한 거대한 국민 연합은 분열되었다. 혁명의 기세는 점차 소진되었고, 정치 활동은 두마 선거를 위한 조직 작업으로 전환되었다.

그러나 러시아 사회와 통치 체제의 근본적 모순은 해결되지 않았다. 산업화로 인해 공장 노동자, 경영자, 산업자본가의 수가 증가하며 새로운 산업 경제가 형성되었으나, 이것은 여전히 전제정치의 굴레에 얽매인 체제 속에서 어색하게 작동했다. 혁명적 충돌은 특히 제국의 주변부인 폴란드, 발트 지역, 캅카스 등지에서 그 이후 2년간 계속되었다.

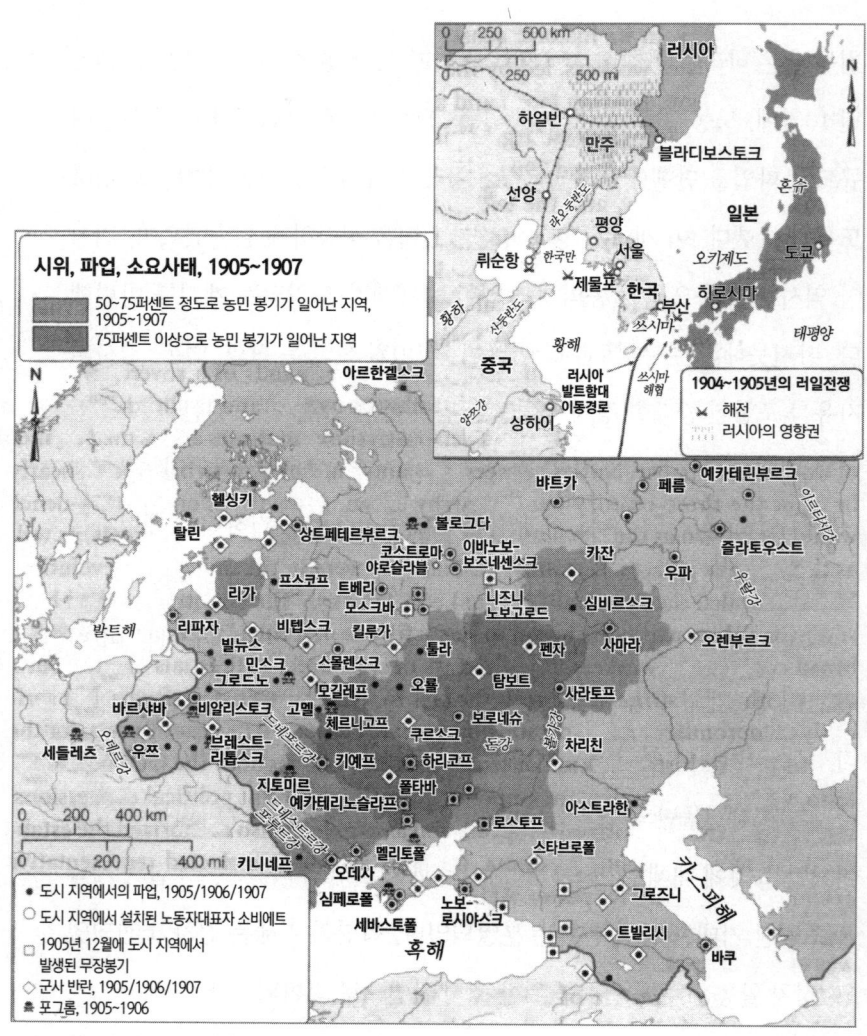

지도 8.3. 시위, 파업, 소요사태, 1905~1907

러시아 제국 정부는 마지막 12년 동안 일종의 "입헌적 전제정constitutional autocracy" 형태를 취했는데, 이것은 군주가 자신의 전제권력을 포기하지 않는 가운데, 실질적으로는 군주의 자의적이고 절대적인 지배에 제약을 가하는 일정한 규제하에서 의회와 함께 운영되는 체제였다. 이러한 정부 형태에 담긴 원천적인 모순은 12년 동안 흡사 황제 및 그가 마지못해 승인한 선출된 기구 사이의 적대적인 춤과도 같은 모습을 드러냈다. 제국의 권위에 정반대된다고 생각한 입법의회를 떠안은 셈이 된 황제는, 두마의 주도권 장악을 차단하고, 선거법에 개입했으며, 그 활동을 제한할 수 없는 경우에는 회기를 연기하거나 해산했다. 마찬가지로, 자신이 발표한 선언에 대한 황제의 양면적 태도로 인하여, 새로운 "헌법"에 의하여 부여된 자유를 약화하려는 가혹한 조치들이 뒤따랐다. 실세 총리 표트르 스톨리핀의 치하에서 정권의 탄압은 극에 달했으므로, 사람들은 혁명 운동가들을 교살하기 위해 사용된 올가미를 "스톨리핀의 넥타이"라고 불렀다.

정권이 마지못해 인정해 준 개혁들에 적대적 태도를 유지했음에도 불구하고, 러시아인들은 1905년부터 제1차 세계대전 발발에 이르기까지의 시기 동안 자신들에게 허용된 단편적 자유나마 적극 활용했다. 이 역동적 시기는 문화적으로 '은의 시대'라는 명칭을 얻었다. 위대한 화가, 소설가, 시인, 작곡가, 극작가, 무용수, 안무가 등은 자기들의 전위적 작품들로 세계의 찬사를 받았다. 작가들인 안드레이 벨리Andrei Belyi, 알렉산드르 블로크Alexander Blok, 안나 아흐마토바Anna Akhmatova, 안무가 세르게이 댜길레프Sergei Diaghilov, 무대 및 의상 디자이너 레온 박스트Leon Bakst, 작곡가들인 세르게이 프로코피예프Sergei Prokofiev와 알렉산드르 스크랴빈Alexander Skriabin, 무용수들인 바슬라프 니진스키Vaslav Nijinsky와 안나 파블로바Anna Pavlova 등 그 목록은 일일이 열거하기 어려울 정도이다.

철학자들은 신비주의, 강신술, 그리고 데카당스의 미학을 파고들었고,

이반 빌리빈 작, 〈차르 다돈, 셰마하 황후를 만나다〉(알렉산드르 푸시킨의 『작은 황금 수탉 이야기』 삽화), 1906년.

사회적 전위예술가들은 노골적이거나 은유적인 방식으로 대안적인 성적 취향을 탐구했다. 활기찬 무성 영화 산업이 막 태동하기 시작했으며, 매우 활기찬 소비 시장은 값싼 신문에서부터 가족사진, 기성복에 이르기까지 상상할 수 있는 모든 것을 구매자에게 제공했다. 수집가들은 심지어 제국 내의 여러 민족의 전통 의상을 입은 장식용 도자기 인형 풀 세트를 구매할 수도 있었다. 그런 물건들을 자신의 골동품 장식장에서 전시하고 보여주는 것보다 더 좋은 일이 뭐가 있었겠는가?[32] 러시아 역사상 그 어떤 시기 이상으로 시민사회가 확실한 모습을 드러냈으며, 사람들은 1905년 이전과는 비교할 수 없을 정도로 자유롭게 공개적으로 서로 어울릴 수 있었다.

공식적인 불만이 있었음에도 불구하고, 공인된 정치 활동이든 혁명 활동이든, 정치 생활 역시 새로운 활력을 띠었다. 1906년에는 초대 국가 두마 선거가 실시되었는데, 놀라울 정도로 폭넓고 포용적인 참정권이 부여되었다. 25세 이상의 거의 모든 남성이 투표권을 가졌다. 그러나 '차등을 통한 통치'라는 제국의 전통에 충실하게도, 참정권의 자격 요건은 지역과 사회적 지위에 따라 달랐다. 여성에게 가장 먼저 투표권을 부여한 유럽 국가는 러시아 제국의 반半 자치 지역이었던 핀란드대공국이었다. 제국 전체에 걸쳐 투표는 사회계층별로 분리하여 진행되었고, 모든 표가 동등한 가치를 지닌 것은 아니었다. 1905년 이후에도 '소슬로브노스트Soslovnost'(신분제)는 여전히 제국의 통치 방식으로 유지되었다. "신분"(소슬로비예)은 제국 내의 모든 개인이 출생 시 자동적으로 귀속되는 법적 범주였다. 차르의 신민들은 귀족, 농민, 성직자, 혹은 도시민 등 특정 신분으로 태어났다. 생애를 거치며 다른 신분으로 상승(혹은 하강)할 수는 있었으나, 신분 이동은 자본주의적 서구의 유동적인 계급제도와 달리 제한적이었다. '소슬로브노스트'를 폐지하려는 모든 시도는 실패로 돌아갔고, 모든 신분을 아우르는 제국의 대체 질서를 구축하려는 노력 역시 좌절되었다.

이 중대한 첫 번째 선거운동과 뒤이은 1907년, 1908년, 1912년의 선거에서, 정당들은 유권자들의 지지를 얻기 위해 계급적 불만과 민족적 불만 모두에 호소하며 경쟁했다. 과거에 지하조직으로서 공장 노동자들과 급진적 지식인들 사이에서 영향력을 확대해 나가던 마르크스주의 정당인 러시아 사회민주노동당은 대체로 민족에는 구애받지 않고, 러시아인만이 아니라, 유대인, 그루지야인, 라트비아인, 우크라이나인 등의 운동가들을 대열 안으로 끌어들였다. 캅카스를 제외한 러시아 대부분 지역에서, 레닌이 이끌던 사회민주당 급진파(볼셰비키)는 초대 두마 선거를 보이콧 했고, 이로써 자유주의 성향의 입헌민주당(카데트), 친농민적인 운동가들, 그리고 민족주의자들에게 자리를 내주었다. 그루지야에서는 사회민주당 온건파(멘셰비키)가 압승을 거두었지만, 키예프에서는 자유주의자들이 승리를 거두었으면서도 "유대인들과 교수들"[33]을 선호한다는 비판에 직면했다. 역사가 미하일로 흐루셰우스키Mykhailo Hrushevskyi와 같은 우크라이나 지식인들과 운동가들은 점진적 개혁과 민주주의의 확대를 지지하면서도 국가로서 승인받으려는 열망에 무관심해 보이는 자유주의자들에게 분노했다. 우크라이나 민족주의자들이 자치권을 요구한 데 반해, 러시아 내 주요 자유주의 정당인 카데트는 모든 민족에 대한 평등한 권리와 단일한 국가로서의 러시아를 요구했다. (정당 목록은 표 7.1 참고)

제국 전역에서 처음으로 실시된 선거에서, 자유주의자 대표와 노동계 대표만이 아니라, 유대인과 무슬림을 포함한 다양한 성향의 의원들이 선출되었다. 가장 왼쪽에는 사회민주주의자들과 농민 대표들이 위치했고, 중도에는 카데트 및 그와 연계된 자유주의자들이, 그리고 오른쪽에는 보수적인 군주주의자들과 러시아 민족주의자들이 자리했다. 그러나 국가두마가 황제에게 지나치게 급진적인 개혁안을 제출하자, 황제는 수개월 만에 그것을 해산시켰다. 두 번째 선거에서는 이전보다 더 급진적인 대표들이 대거 당선되었다. 진저리 친 황제와 스톨리핀 총리는 제2대 두마를 해산하고, 이른바 '6월 3일의 쿠데타'(1907년)를 단행하여, 일방적으로 선거법을 전면 개정했다. 이 새로운 법에 따라, 노동자와 농민은 과소 대표되

'러시아인들'과 '중앙아시아 민족들'의 도자기 인형. 출전: 『상트페테르부르크의 제국 도자기 공장에서 제작된 러시아의 민족들, 1909~1913』 시리즈.

었고, 귀족 및 유산층은 과대 대표되었다. 이후 수년간 국내 전역에서 불만과 저항이 계속되었으나, 정권은 결국 황제의 의향에 보다 순응적인 두마를 구성하는 데 성공했다.

바쿠의 한 전문 사진관에서 세심한 자세를 취한 모습으로 촬영된 이 사진은 부르주아적이고 소비지향적인 사회가 러시아의 두 수도뿐만 아니라 주요 지방 중심지에서도 발달하고 있었음을 우리에게 상기시켜 준다. 1895년 말 바쿠의 전형적인 중산층 가정처럼 보이는 이 모습에는 많은 비밀이 숨겨져 있다. 엄격한 인상의 아버지는 사실 독일인 기술자 빌헬름 리하르트 조르게Wilhelm Richard Sorge이며, 그의 아내는 러시아인 니나 세미오노브나 코비엘레바Nina Semionovna Kobieleva이다. 뒷줄에서 머릿수건을 쓴 나이 많은 여성은 니나의 어머니 아니면 하녀일 것이다. 이 국제적인 가정에서 8개월 된 아기로 사진에 함께 찍힌 리하르트 조르게Richard Sorge는 자라서 훗날 소련의 유명한 첩보원이 되었다. 독일에서 공산주의자로 전향한 그는 나치당에 침투하여, 제2차 세계대전 중 도쿄 주재 독일 대사관에 파견되었다. 조르게는 그곳에서 소련으로 보낸 보고에서 독일의 침공이 임박했음을 스탈린에게 알렸다. 스탈린은 조르게의 경고에 주의를 기울이지 않았다. 1941년 일본과 독일에 의해 첩보 활동이 발각된 조르게는 1944년에 교수형에 처해졌다. 그의 비범한 활동을 바탕으로 수많은 소설과 영화가 제작되었다.

민족주의가 공적 영역으로 드러날 때: 제국을 재구성하기

1905년부터 1907년까지의 혁명기는 민족주의에 대한 지식인들의 관심이 폭발적으로 증가한 시기였다. 정치에 많은 관심을 가진 교육받은 대중이 늘어남에 따라, '민족' 개념은 제국을 새롭게 상상할 수 있는 매혹적인 방식을 제공했다. 다양한 성향의 민족주의 신문들이 대거 출현했고, 민족주의 위원회가 조직되었으며, 민족적 의제를 표방하는 "정당들"이 출범했다. 서부 주州들, 우크라이나, 혹은 남캅카스처럼 민족으로 보아 비러시아인 지역에 거주하는 러시아인들은 아주 흔히 극단적인 민족주의 성향을 보였다. 그들은 서부 주들에서 세력을 확장하던 (러시아)민족주의당에 의해 대변되었으며, 아르메니아인에 대한 독설을 날린 바실리 벨리치코Vasilii Velichko와 같은 쇼비니즘 성향의 언론인들은 캅카스에서 영향력을 가지게 되었다.[34] 비러시아 민족들 사이에서도 유사한 적대감이 민족주의 정서에 불을 붙였다. 많은 그루지야인과 캅카스 지역의 무슬림들은 아르메니아인들을 특권을 가진 부르주아 계층으로 간주하고, 자기들의 전통적인 생활방식을 위협한다고 보았다. 서부 주들에서 많은 폴란드인과 우크라이나인들이 유대인을 바라본 모습—이질적이고 탐욕스러운 자본주의의 앞잡이—은 흡사 그루지야인들이 아르메니아인들을 바라본 것과 같았다. 혁명의 물결이 가라앉고 정부가 정치 운동가들을 진압하자, 사회적·정치적 문제에 대한 민족주의적 해결책에 대한 대중의 관심은 줄어들었다. 그럼에도 불구하고, 제국 내부의 "민족" 쟁점은 반복해서 공론화된 바 있었으며, 결연한 의지를 지닌 지식인들과 활동가들은 민족적 권리의 문제를 계속 제기했다.

통찰력을 지닌 사상가들과 정치인들은 제국이 붕괴하고 해체될 가능성이 있음을 깨달았다. 독일, 오스트리아, 오스만제국과 같은 외국의 적대적인 열강은 물론이고, 자유주의자, 인민주의자, 마르크스주의자 등 국내의 반체제 세력들 또한 제국과 전제정 체제에 실질적인 위협을 가했다. 영향력 있는 작가들과 관료들은 시민 통합의 문제, 즉 국민 사이에서 어떻게 연대감을 창출할 것인지의 문제에 대해 깊이 고민했다. 총리에서 강제로 퇴임했으며 전제정 체제를 사려 깊게 분석했던 세르게이 비테 백작S. Iu. Witte은 전통적인 제국들이 20세기에 접어들면서 직면한 주요 난제들을 지적했다. 그는 회고록에서 군주가 "부적절할 뿐만 아니라 치명적으로 잘못된" 행동을 저지르며, "해방운동"에 의해 양육된 인민대중이 점점 더 정치적으로 각성하고 있던 시기에, "전제정을 유지하는 것"이 얼마나 어려웠는지에 대해 고뇌했다.[35] 비테는 중앙 권력과 대중의 정치적 동원의 이러한 실패에 덧보태어, 제국에 속한 피지배 민족들 사이에서 점차 고조되고 있던 민족주의가 가한 위협도 거론했다.

> 변경 지역들은 … 오랫동안 지속되어 온 실질적 차별에 대해, 그리고 전적으로 정당했으나 '피정복 집단'(이노로드츠)의 '민족 감정natsional'noe chuvstvo'에 수용되지 못한 정책들에 대해 보복하기 시작했다. … 수십 년간 지속된 우리의 정책이 범한 중대한 오류는, 오늘날에 이르기까지 우리가 표트르 대제와 예카테리나 대제 이래 '하나의 러시아'가 아직도 존재해 왔다고 착각하고 있다는 데에 있다. 실상 존재했던 것은 러시아 제국이었다. 제국 인구의 35퍼

센트 이상이 소수민족으로 구성되어 있고, 러시아인조차 대러시아인, 소러시아인, 백러시아인으로 나뉘는 상황에서, 19세기와 20세기에 접어들어 여전히 제국 내의 타민족의 '민족적 특성natsional'nye svoistva', 종교, 언어 등을 … 무시하는 정책을 고수한다는 것은 불가능한 일이다. 그러한 제국의 표어가 "나는 그들 모두를 진정한 러시아인으로 만들겠다."는 식일 수는 없다. 이것은 러시아 황제의 모든 신민에게 영감을 주거나, 인구를 통합하거나, 정치적 일체감을 형성해 줄 수 있는 이상理想이 되지 못한다.[36]

제국을 구하기 위한 방법으로서 아주 흥미로운 구상 중의 하나는 전쟁부戰爭部와 군사 개혁가들이 추진한 '시민적 국민' 형성 프로그램이었다. 이것은 제국 내의 모든 민족을 포괄하고, 그들을 법 앞에 평등하게 하며, 인종이나 종교에 기반한 어떠한 차별도 종식시키려는 구상이었다. 이 부처는 이미 대개혁 이래로 상당히 진보적인 의제들을 발전시켜 왔는데, 전쟁부 장관 드미트리 밀류틴은 자유민에 기반한 개혁된 군대 창설의 긴요함을 주장하고 여성 의사를 군의관으로 받아들인 바 있었다. 1904~1905년 러일전쟁에서의 참패 이후 엄청난 충격을 받은 일부 군사 사상가들은 그 뒤에 발생된 혁명을 하나의 기회로 보았다. 개혁가들은 "러시아 제국은 민족적으로 이질적이고, 사회적으로 계층화되어 있으며, 공동체 의식이 결여된 상태에 있다."라는 전반적인 자각을 출발점으로 삼았다. 게다가 "그들은 전제정 체제가 반反국민적이다."[37]라는 점을 명확히 인식하고 있었다. 군사 개혁가들에게 있어서, 러일전쟁의 패배는 러시아가 서구 및 일본이 이룩한 '국민성國民性' 수준에 도달하지 못했음을 입증한 사건이었다. 특히 내무부를 중심으로 한 보수파는 민족주의 및 민족주의가 암시하는 대중 동원을 두려워했던 반면에, 군사 개혁가들은 나라를 위해 싸울 준비가 된 통합된 정치 공동체 의식을 가진 능동적인 시민을 창출하기를 원했다. 보수파는 1905년에 동원된 대중에게서 느낀 자기들의 두려움에 초점을 맞추면서, 그런 대중이 군주정을 거의 비틀거리게 만든 엄청난 위험이라고 생각했다. 그들 역시 국민이라는 개념이 가진 애국적 의무감을 중시했으나, 국민성에 수반되는 자유주의적·민주주의적 결말을 두려워했다. 전쟁부 장관이자 러일전쟁 당시 총사령관 알렉세이 니콜라예비치 쿠로팟킨A. N. Kuropatkin 장군은, 이전에 "교육받지 못한 농민들을 … 두려움 없고 복종적인 존재"로 만들었던 "신에 대한 믿음, 차르에 대한 충성, [그리고] 조국에 대한 사랑"은 이제 사라지고 없다고 초조한 투로 말했다. "최근 들어 인민 사이에서 이러한 원칙들은 아주 많이 흔들렸다."[38]

1905년에서 1907년에 이르는 혁명기와 그 이후의 시기 동안, 제국의 미래를 둘러싸고 여러 가지 상이한 비전이 경쟁적으로 제시되었는데, 그중 가장 극단적인 것은 남서 러시아 지역에서 특히 강력한 영향력을 행사하던 "진정한 러시아인" 민족주의자들의 구상이었다. 그들은 제국이 정교회를 신봉하는 동슬라브 민족 전체를 우대하고, 역사적으로 가톨릭 폴란드인 및 유대인에 맞서 싸워 온 투쟁에서 그들을 적극적으로 지원해야 하며, 선거법을 개정하여 러시아 민족을 다른 민족들 위에 올려놓아야 한다고 주장했다. 그들은 귀족과 유산층을 선호하는 신분 원칙으로부터, 특정 민족 즉 그들의 시각에서 "진정한 러시아인"인 동슬라브인들을 선호하는 민족 원칙national principle으로 옮겨갈 준비가 되어있었다.

세 번째 비전은, 온갖 모순을 그대로 둔 채 신분 원칙에 입각하여 제국을 지속시키고자 하는 구상이었다. 이것은 무엇보다도 지주 계층의 이익을 우선시하되, 점차 강한 목소리를 내기 시작한 다른 집단, 즉 중산층 기업가, 노동자, 농민의 이해 또한 일정 부분 고려한다는 입장이었다. 신분 원칙은 수 세기 동안 제국 통치의 기초였는데, 1905년 위기 당시에 차르의 초대 수상 비테는 이 원칙을 강력히 지지했다. 그러나 민족주의가 성장하고 있던 시대에, 신분 원칙을 넘어서고자 하는 사람들은 1905년 이후 아주 능수능란하고 영향력 있는 제국 정치인 표트르 스톨리핀을 강력한 후견인으로 보았다. 스톨리핀은 러시아 민족주의자들의 견해에 공감하며, 마침내 서부 변경 지역에 '젬스트보'를 설치할 것을 제안했다. 그는 이 '젬스트보' 대표들이 '민족성'을 기준으로 선출되기를 원했는데, 이렇게 되면 정교도 러시아인에게 유리하고 폴란드 귀족에게 불리했다. 1910년에 "서부 젬스트보 위기"라고 불리는 사태에서, 하원 격인 국가 두마는 스톨리핀의 법안을 통과시켰으나, 그 법안이 국무협의회에 제출되었을 때 귀족 출신 의원들이 반대했다. 이들 귀족은 이 새로운 원칙이 많은 이들에게 제국 체제의 근본 원칙으로 작용하고 있는 '소슬로비예'에 기반한 차등 원칙을 심각하게 훼손할 것이라고 (정확하게) 이해하고 있었다. 법안은 통과되지 못했다. 그러자 스톨리핀은 차르의 동의를 받아 두마가 휴회 중인 틈을 타, 이 법안을 일방적으로 시행했다. 이와 같은 고압적인 조치로, 두마 내에서 스톨리핀의 중도 우파 지지 기반이었던 10월당이 정부 지지를 철회했고, 스톨리핀은 암살되기 전인 마지막 해에 연약하고 취약한 상태에 놓이게 되었다. 이 무모한 도박에서, 스톨리핀은 민족성을 우선시한다는 전투에서는 승리했으나, 전쟁에서 승리한 측은 '사회적 차등'(소슬로브노스트)을 지지한 사람들이었다.

네 번째 비전은 비러시아계 민족주의자들의 관점으로서, 그들은 자기 민족이 지닌 문화와 역사에 비추어 볼 때 국가적 권리를 부여받을 자격이 있으며, 일정 수준의 자치와 독자적인 영토를 보장받아야 한다고 주장했다. 우크라이나의 주요 대변자 흐루셰우스키는 러시아를 "민족들의 제국imperiia narodov"이라고 칭하면서, 미래에는 제국에 속한 여러 피지배 민족에게 민족적-영토적 자치권을 부여할 필요가 있다고 주장했다. 민족주의자들의 서사 속에서, 민족주의는 인류 역사에서 자연스럽고 필연적으로 도달하게 되는 귀결로서, 오랫동안 제국 권력에 의해 억압되어 온 민족적 본질이 마침내 드러난 모습이었다. 그러나 러시아 제국 말기까지도, 제정 치하에 있던 대부분의 비러시아계 민족들은 통합된 대중적 민족운동을 만들어 내지 못했으며, 제국 안에서 계속 살아가는 길 대신에 민족적 진로를 선택하는 것이 이롭다는 점을 잠재적 지지자 대중에게 충분히 납득시키는 데도 성공하지 못했다.

민족주의는 보통 어떤 특정 집단이 공통된 특징, 즉 언어, 문화, 역사, 민요, 나아가 생물학적 기원까지도 공유한다는 사상으로서, 지식인들 사이에서 최초로 대두되었다. 이러한 관념은 신문, 학교교육, 그리고 정치운동 등을 통하여 광범위한 대중에게 알려지게 되었다. 그러나 민족이라는 관념이 일반 대중 속에 뿌리내리기까지는 운동가들과 교육자들이 기울인 각고의 노력이 필요했다. 제정러시아에서 대부분의 민족에게 있어서, 세 차례 민족의식의 대중적 단계는 제1차 세계대전과 혁명, 1918~1921년

의 내전, 그리고 소비에트 국가 초기에 이르러서야 나타났다.[39]

보수적 러시아인들과 비러시아계 운동가들은 둘 다 제국 내에서 민족, 문화, 그리고 민족적인 정치 표현의 위치에 대하여 불안한 시선을 거두지 못했다. 제정 정부 역시 세계대전 직전에 민족문제를 다루는 일련의 회의를 개최할 정도로 여기에 관심을 기울였다. 그런 회의 중의 하나는 범뛰르키예주의Pan-Turkism[8], 그리고 다른 하나는 '이노로드치' 즉 문화적으로 특히 후진적이라고 지정된 민족들의 교육을 주제로 했다. 후자의 회의 조직자들은 '이노로드치'를 러시아어 중심의 국립학교 교육체계에 편입시키고자 했으며, "국어"로서의 러시아어 사용을 장려하려고 했지만, 강제적 러시아화는 회피되어야 했다. 이것은 앞 장에서 논의된 일민스키 방식의 명백한 폐기를 의미했다. 왜냐하면 이제 초등학교의 첫 해, 어쩌면 둘째 해를 제외하고는, 수업이 러시아어로 진행되어야 했기 때문이다. 교육의 목표는 더 이상 비러시아계 민족들이 고유의 문화를 바탕으로 정교正教와 함께 발전하도록 유도하는 것이 아니라, 가능한 한 최대한 그들을 동화시키는 데 있었다. 이 회의는 "문화 발전 수준과 인구 규모로 보아 독자적 문화를 창출할 수 없는 개별 '나로드노스트'(소수민족)들 사이에서 인위적으로 자의식을 일깨우는 것"에 반대했다.[40] 회의 보고서가 내린 결론에 따르자면, "국가 통합의 관점에서 볼 때, 제국의 모든 소수민족을 위한 통일된 학교, 곧 국어로 교육하는 학교가 이상적이다. 이것은 개별 소수민족을 억압

---

8 범뛰르키예주의(Pan-Turkism): 19~20세기에 뛰르키예족의 통합을 추구한 범국민주의 운동의 이념이다. 그 대상이 되는 민족은 볼가 타타르인, 크림 타타르인, 카자흐인, 투르크멘인, 우즈베크인, 키르기스인, 아제르바이잔인 등이다.

하려는 것이 아니라, 러시아어를 모국어로 하는 사람들과 마찬가지로 그들 안에서 러시아에 대한 사랑과 그 통일성, '전체성tselost', 그리고 불가분성에 대한 의식을 함양하기 위한 데 목표를 두고 있다."⁴¹ 통합을 향한 이러한 촉구의 목소리는 공식 기관 내에서는 큰 반향을 얻지 못했다. 국가는 정교 개종과 러시아어 확산을 위해 자원을 투입할 준비는 되어있었으나, "제국 인구의 대다수가 러시아인이 아니며, 앞으로도 결코 진정한 의미의 러시아인이 되지는 않을 것"⁴²임을 깨닫고 있었던 듯하다. 러시아 관료들의 시각에서 볼 때, 종교적 경계는 실재하는 것이며 반드시 강제되어야 하는 것이었던 반면에, 민족주의와 분리주의는 억제해야 했다. 앞서 인용된 회의의 목표에서 표현된 바와 같이, 행정부가 수용할 수 있었던 가장 현실적인 구상은 제국이라는 "전체"에 대한 소속감을 바탕으로 통합 의식을 형성함으로써, 만화경처럼 다양한 종교 및 민족 집단을 결속시키는 것이었다. 각 민족 집단은 고유의 특색을 유지하면서도, 분리주의나 민족주의적 야심에는 물들지 않은 상태로 제국에 충성하는 신민이 되어야 했다.

민족주의자들은 대중의 지지를 놓고, 지식인 및 중산층과 거의 동일시된 자유주의자들, 인민주의자인 농민 지향의 사회주의자들, 그리고 친노동자 노선을 추구한 마르크스주의자들과 경쟁해야 했다. 궁극적으로는 러시아를 혁명으로 이끈 것은 민족적 연대가 아니라, 계급적 연대에 대한 호소였다. 시간이 흐르면서 사회민주당의 끈질긴 활동 덕분에, 노동자들은 노동자계급이라는 상상의 공동체에 대한 정체성을 갖게 되었다. 농민들은 흔히 자신을 특정 마을이나 지역의 구성원으로 생각했고, 주로 민족 공동체보다는 종교적 소속감으로 자기들의 정체성을 삼았다. 제정러시아에서는 민족으로서의 러시아인 사이에서든 비러시아계 중산층 사이에서든 의미 있는 수준의 "부르주아 민족주의"는 전혀 존재하지 않았다. 러시아에서 실제로 "부르주아지"에 해당하는 사람들은 주로 기업가와 제조업자들이었는데, 이들은 반정부 운동으로부터 떨어져 있었고, 자본과 투자 기회를 제공하는 국가와 긴밀히 연결되었다.

러시아에서는 도시 중산층의 규모가 지극히 작고 정치적으로도 미미했기 때문에, 1640년대의 영국이나 1790년대의 프랑스에서와 같은 이른바 중산층 주도의 "부르주아혁명"을 일으키려면, 노동자계급 및 노동자계급의 마르크스주의 지도자들에게 희망을 걸 수밖에 없었다. 마르크스주의자들이 1917년 이전까지 벌인 투쟁의 목표는 민주주의의 실현과 자본주의 발전 가능성의 확대에 있었으며, 사회주의로의 즉각적인 이행에 있지 않았다. 그들의 시각에서 볼 때, 농민이 다수인 러시아에서 사회주의는 아직 요원한 미래의 과제였다. 자유주의의 허약함은 러시아 내 민족주의의 제한된 영향력에 원인이 있기도 했다. 민족 담론은 잠재적으로 강력한 힘을 지니고 있었으나, 그것이 일반 민중 속에 깊이 뿌리내리기 위해서는 수십 년의 세월에 걸쳐 시인, 정치가, 그리고 교육자들의 지속적인 노력이 있어야 했다. 역설적이게도, 민족을 만들어 내기 위한 지적, 정치적 작업의 상당 부분은 표면상 반민족주의적이며 스스로 국제주의자라고 자처한 소비에트 체제하에서 수행되게 될 터였다.[43] 국가와 사회 간의 균열에도 불구하고, 제국은 여전히 건재했다. 사실 일부 사람들의 눈에는 제국 정권이 근대적 압력에 성공적으로 적응한 듯이 보였을 수도 있다. 러시아는 제대로 작동하는 입법기관인 두마, 활기찬 문화적 성과, 그리고 번창하는 소비

시장 등으로써, 근대적이면서도 근대화되어 가는 제국처럼 보였다. 20세기 전환기와 제1차 세계대전에 이르기까지, 제국의 지배자들뿐만 아니라 서구의 많은 관찰자들 또한 러시아 제국이 그 마지막 시기에 진입하고 있었다고는 상상하지 못했다.

제9장

제국들의 충돌과 붕괴

1914-1921

역사가들은 1914년 여름에 예상치 못하게 발발한 제1차 세계대전의 발발 원인을 두고 논쟁을 벌여 왔다. 오스트리아-헝가리제국의 황태자 프란츠 페르디난트Franz Ferdinand 대공 부부의 암살 사건은 국가 간에 누적된 정치적, 경제적 경쟁 관계라는 불쏘시개에 불을 붙인 도화선이었다. 빈 측은 즉시 세르비아가 암살에 공모했다고 비난하며, 베오그라드에 최후통첩을 보냈다. 독일은 오스트리아에 대한 지지 의사를 표하며, 암살에 대해 복수할 수 있다는 악명높은 "백지 수표"를 제공했다. 러시아와 프랑스는 독일을 견제하기 위해 동원령을 내렸고, 영국도 협상국의 일원으로 합류하여 중앙동맹국들에 대항했다. 오스만제국의 '청년 튀르키예' 정권은 몇 달간 머뭇거린 끝에, 독일의 재촉을 받고 러시아를 공격함으로써 전쟁을 중동 지역으로 확산시켰다. 유럽 전역의 온건한 사회주의자들은 전쟁 노력에 동참하며 자국 정부의 입장을 지지했으나, 러시아 사회민주당의 대다수, 특히 레닌과 볼셰비키는 이번 전쟁을 시장, 식민지, 전략적 우위를 차지하기 위한 제국주의적 투쟁으로 간주하며, 차르에 대한 지지를 거부했다. 수년에 걸친 대규모 살상과 협상국[1]과 중앙동맹국[2] 사이의 해결 기미 없는 교착 상태가 지속된 끝에야, 유럽 좌파와 일반 대중은 전쟁에 찬성하는 이전의 열정을 포기하고 지친 표정으로 종전을 갈망하게 되었다.

세 계 대 전

전쟁의 위협으로 인하여, 제정러시아 정권은 심지어 아주 애국적인 민족주의에 대해서조차 보내던 의심의 눈초리를 마침내 거두고, 그것을 활용할 방안을 모색하게 되었다. 임박한 전쟁을 예상할 때나, 그리고 1914년에 동원령을 발동했을 때에나, 러시아군 당국은 러시아인들의 애국심과 민족의식에 호소했다. 그것은 그들이 발견하기를 바랐던 것인 동시에, 새롭게 창출하고자 한 무언가이기도 했다. 그들이 가장 두려워한 것은 분열, 불화, 그리고 국토의 파편화였다. 그들의 희망은 통합이었고, 보수주의자들에게 그러한 통합의 구심점은 최근까지 차르였다. 보수 성향의 10월당 소속으로 제4대 국가 두마 의원 미하일 로잔코Mikhail Rodzianko는 1915년 1월에 다음과 같이 자랑스럽게 선언하여, 큰 박수갈채를 받았다. "러시아 차르는 예민한 마음으로 인민의 감정을 알아채셨고, 이 점에서 하나 되고

---

1 협상국: 삼국협상(영국, 프랑스, 러시아)를 중심으로 하여 중앙동맹국에 대응한 국가들로서, 연합국이라고도 한다.

2 중앙동맹국: 삼국동맹(독일, 오스트리아, 이탈리아)을 중심으로 지리적으로 유럽의 중앙에 위치한 국가들로서 1차 세계대전에서 협상국에 대응하였다.

조화로운 러시아 가족의 응답을 들으셨습니다. … 그리고 이제, 전례 없는 반년 동안의 유혈사태에도, 러시아는 … 분열되지 않고, 의지 면에서 견고하며, 정신 면에서 강인한 모습으로 서 있습니다."[1] 이것은 어디까지나 그의 희망 사항이었으나, 실제로 전쟁으로 인하여 상당 부분의 국민은 어느 정도는 자발적으로 진심 어린 듯이 보이는 연대감을 표현했고, 군 당국은 이런 분위기를 조장하기 위해 할 수 있는 일을 다했다.

러시아인들 사이에 일종의 민족 감정을 심어 주고, 특히 병사들 간에 정서적 유대를 형성하기 위하여, 가족에 관한 은유와 언어가 사용되었다. 조슈아 샌본Joshua Sanborn은 서술하기를, "민족은 가족과 같았다. 군대도 마찬가지였으며, 병사가 속한 1차 전투 부대 역시 마찬가지였다."[2] 가족에 대한 충성은 우리가 "민족"이라고 부를 수 있는 상상의 공동체에 대한 충성보다 훨씬 더 중요한 것으로 이해되었다. 징집관들과 선전원들은 나라를 위해 싸우는 사람들을 불러 모으고자, 농민 출신 병사들에게 조국 방어가 곧 가족 방어와 동일하다는 믿음을 심어 주어야 했다. 제1차 세계대전 중 군부가 활용한 가족 이미지는 변화를 겪었다. 초기에는 지휘관을 아버지로 강조하는 가부장적 가족상이 강조되었으나, 이것은 병사들을 일단의 전우 형제로 보는 형제애적 이미지로 변모되었다. 지휘관과 병사는 상호 신뢰와 사랑으로 연결되어야 했다. 이 정치적인 은유는 18세기의 수사修辭를 떠올리게 했지만, 18세기의 감성적인 정서는 제거되었고, 그 대신에 남성적이고 군사적인 어조를 띠었다.

전쟁이 발발하자, 애국적 열기가 분출되었고, 독일계 상점들에 대한 공격이 벌어졌다(심지어 독일어처럼 들린다는 이유로 사실 미국계 회사 싱어 재봉틀

미국계 기업인 싱어 재봉틀 회사The Singer Sewing Machine Company는 고조되는 러시아 민족주의에 대응하여 전통적인 모스크바 복장을 갖춘 재봉사를 내세운 광고를 선보였다. 그러나 이것은 전쟁 발발 당시 이 회사가 "독일계" 회사라는 공격을 피하는 데 도움이 되지 못했다.

도 공격 대상이었다). 도시의 이름 또한 변경되었는데, 원래 네덜란드어에서 유래했으나 독일어처럼 들린다는 이유로 상트페테르부르크는 페트로그라드로 개칭되었다. 이 명칭은 "도시"를 의미하는 슬라브어 어근을 '표트르Peter'라는 이름에 결합한 것이었다. 군인들은 차르와 조국에 대한 충성을 맹세했으며, 만약 그 맹세를 저버릴 경우에는 "러시아의 아들이자 동료 형제답지 못한 자"로 간주되었다. "러시아는 어머니였고, 모든 장교와 사병은 '동료 형제'였다."[3] 가족과 조국에 대한 이러한 이미지는 광범위한 담론의 일부가 되었고, 비非러시아 민족들 또한 이를 차용하여 정부에 대한 호소의 수사로 활용했다. 징집되기를 원치 않았던 키르기스 대표들이 두마에 청원할 때, 그들은 공동의 가족적 유대를 강조하는 언어로 호소했다. "우리 키르기스인들은 우리 자신이 통합된 러시아의 아들과 같다고 생각하며, 이번 전쟁의 승리가 우리 조국의 법치 도입과 조국의 복리를 위해 필요한 개혁 조치의 통과, 그리고 다양한 부족 출신의 조국의 아들들 사이에 형제애를 확립하는 자극제가 되기를 진심으로 희망합니다."[4]

학자들은 20세기 초의 수십 년간 러시아의 이러한 "민족성nationness" 문제를 두고 서로 다른 해석을 제기한 바 있다. 제1차 세계대전 시기의 애국심을 다룬 자신의 연구에서, 허버투스 얀Hubertus F. Jahn은 다음과 같이 서술하고 있다. "애국적 이미지들은 러시아인들이 전쟁에서 누구와 싸우고 있는지를 아주 명확히 인식하고 있었음을 보여 준다. 그러나 누구를 위하여, 무엇을 위하여 싸우는가에 대해서는 그러하지 못했다. 베네딕트 앤더슨Benedict Anderson이 설득력 있게 주장하듯이, 만약 민족이 구성원들에 의해 상상된 공동체라면, 제1차 세계대전 당시의 러시아는 민족이 아니었다."[5] 다른 한편으로, 조슈아 샌본은 제국 러시아, 그리고 결국에는 소련이 '민족적 결속'을 이루어 냈거나, 혹은 적어도 군부 지도자들 등은 위로부터의 개혁을 수행할 때 분명한 민족적 프로젝트를 염두에 두고 있었다는 결론을 내렸다.[6] 스미스S. A. Smith 역시 "전쟁은 민족 정체성을 약화시켰다기보다는 오히려 강화했다."고 인정하면서도, "1916년 이후 민족, 제국, 계급이라는 세 힘이 서로 다른 방향을 지향하는 정도를 과소평가"해서는 안 된다고 보고 있다. "1917년 여름 무렵에, 정치는 특권층과 교육받은 계층이 주로 사용하는 '제국적 국가 언어', 비러시아 민족 엘리트들이 주로 사용하는 반反제국적 언어, 그리고 서발턴 계급들subaltern classes이 주로 사용하는 계급 언어 사이에 분극화되었다."[7] 일단 국가 권위가 무너지고 1918년에 내전이 발발하자, 이 3분 현상은 다시 변화했다. 궁극적으로는, 계급 정체성보다 민족 정체성이 훨씬 더 견고한 것으로 드러났는데, 특히 비러시아계 인민들 사이에서 그러했다.[8] 제프리 호스킹은 이 주제에 대해, 소련 시기, 특히 나치 독일의 침공에 대한 저항 과정에서 아주 극적으로 비로소 국가와 당이 "민간과 군대, 제국과 지역 공동체"를 결합할 수 있었는데, 이것은 차르들이 성취해 낼 수 없었던 일이었다고 아주 일관되게 주장했다. "제2차 세계대전은 그 어떤 사건보다도 러시아 민족성nationhood을 구체화하는 데 큰 역할을 했다."[9]

두마 선거와 민족 정치에 대한 관심을 통해 새로운 공적 영역이 생겨나면서, 민족에 대한 표현과 수사修辭는 1905년으로부터 널리 확산되어, 제1차 세계대전 기간 동안에는 거의 모든 곳에서 나타났다. 그러나 실제로 러시아에서 민족 공동체의 결속력은 여전히 미약했다. 군악대가 애국심을 고취시키던 바로 그 시점에도, 전국 곳곳에서는 징집에 대한 저항이 일어났다. 여성들은 자기 남편들의 동원령에 항의했고, 전쟁 기간 내내 탈영은 심각한 문제로 남아 있었다. 전쟁 상황이 악화될수록, 제국을 지지하는 애국적 정서는 점점 더 약화되었다. 전쟁의 마지막 수단으로서 1916년에 카자흐인들을 노무대에 소집했을 때, 전통적으로 병역을 면제받아 왔던 그들은 여기에 저항했다. 유목민들의 땅에 러시아 농민들이 침범해 온 것에 이미 분노하고 있던 카자흐인들과 기타 무슬림 민족들은 반란에 가담했다. 수십만 명이 거주지를 떠나거나 중국으로 도피했다. 배후에서 인민 봉기가 일어나자, 정부는 군부대를 전선에서 빼돌려, 징집, 전쟁, 러시아 정착민들에 반대하는 대규모 반발을 진압해야 했다.[10] 여러 전선에서 전사자가 증가하고 패전이 거듭되자, 전쟁은 점점 더 인기를 잃어 갔다. 차르 정권은 국가의 적들이 독일 태생의 황후를 통하여 조종하고 있었으므로, 외래적이며, 부패하고, 타락한 체제로 생각되었다. 전쟁이 아주 무능하게 수행되었기 때문에, 자유주의 정치인들조차 정권이 반역을 저질렀다고 비난했다.

형제애fraternity의 이념은 강력한 것이었으나, 평범한 병사들이 실제로 복무 중 경험한 현실은 시민–병사의 형제애가 아니라, 위계와 가부장제가 지배하는 체제였다. 샌본은 민족이 "유형적인 힘"이었다고 주장한다. "7년 동안의 총력전이 끝나게 되었을 때, 이러한 민족 정체성은 새롭고 불안정한 것이었으나, 지역을 초월하는 그 어떤 호소보다도 더 강력했다."[11] 그러나 일단 차르가 타도되자, 사병과 장교들 간에 존재하던 깊은 간극이 적나라하게 드러났다. 장교들은 새로운 자유주의 정부 편에 섰던 반면에, 사병들은 노동자, 사병, 농민들이 선출한 평의회인 소비에트에 마음이 끌렸다. 현실은 수사적 표현을 이겼다. 형제애는 온건한 사회주의자들이 바라던 바와 같이 "민족의 생명력"과 연결되기보다는, 오히려 '데모크라티야demokratija', 즉 정치 형태로서의 "민주주의"가 아닌, 하층계급—농민, 노동자, 사병—간의 연대라는 개념과 연결되었다. 군대가 배양하던 민족의식의 새싹은 사회의 양극화와 계급, 지역, 마을, 그리고 종족적 정체성의 등장으로 시들었다. 그러한 정체성은 시민적 러시아 민족의 계급 초월적인 연결성을 압도했다.

　비록 우리가 자본주의의 필연적인 붕괴를 모면하기 위하여 영토와 식민지를 확보하려는 열강 간의 "제국주의 전쟁"으로 본 레닌의 제1차 세계대전 개념에 동조하지는 않더라도, 이 전쟁이 각 제국이 경쟁 제국에 패배할지도 모른다는 두려움 속에서 벌인 일종의 다원주의적 생존 투쟁이었다는 점은 명백해 보인다. 참전한 제국 각국 내부에서, 피지배 민족들은 독자적으로 행동하고, 정체성과 충성심의 대상을 선택할 수 있는 기회를 포착했다. 그들은 자신들이 속한 기존 정치체제를 수용할 수도 있었고, 아니면 민족주의 지식인들과 활동가들을 따라 미지의 길로 갈 수도 있었다. 동부전선과 캅카스 전선에서는 네 개의 제국과 한 무리의 소규모 국민국가들이 전쟁을 시작했는데, 전쟁이 종식된 이후에는 12개가 넘는 새로운 국민국가가 등장했다. 그중 일부는 역사상 처음으로 국가를 이루었고, 몇몇 국가는 최종적인 전후 처리에서 살아남지 못했다. 경쟁적인 민족주의 운동은 오래된 제국 체제를 유지하고자 했던 자유주의자들, 보수주의자들, 사회주의자들의 노력을 훼손했다. 교전국들에서만이 아니라, 분해되고 있던 러시아 제국 내에서 벌어진 사회적, 계급적 갈등으로 인하여, 제국이 붕괴함에 따라 제국주의 전쟁이 내전으로 전이될 것이라는 레닌의 예언이 확인되는 것처럼 보였다.

　제국 차원에서, 이 전쟁은 형제간 경쟁, 혹은 사촌간의 잔혹한 싸움으로 생각할 수 있었다. 그러나 초점을 군주와 외교 및 전쟁 부처로부터 평범한 사람들의 움직임으로 전환하면, 궁극적으로 기존 국가 구조를 무너뜨리게 되는 심층적인 과정들이 진행되고 있었음을 알 수 있다. 외교 살롱의 벽 너머에는, 식량 공급 및 이주 노동이라는 유동적인 세계, 그리고 이미 세계화된 자본주의경제가 만들어 낸 복잡한 상호 연결망이 존재했다. 견고한 모든 것은 다시 한번 대기 속에 녹아버리고 있었다. 일부 분석가들은 시장이 통합되어 전쟁이 불가능할 것이라고 믿었지만, 레닌과 로자 룩셈부르크Rosa Luxemburg와 같은 사람들은 당대의 자본주의 단계가 오히려 충돌을 거의 필연적인 것으로 만들 것이라고 확신하였다.

거시사巨視史의 차원에서, 제1차 세계대전은 제국 간의 경쟁이 유럽 대륙 제국들의 붕괴로 이어진 순간이었다. 제2차 세계대전은 해양 제국들에게 이와 유사한 결과를 초래하게 될 터였다. 19세기와 20세기 대부분의 시기 동안, 대륙과 해양 제국 모두는 아주 잔인한 "평정" 방식 — 추방, 인종 청소, 제노사이드 — 에 의존했음에도 불구하고, 민족주의를 길들이는 데 실패했다. 그러나 세계대전이라는 잔혹한 유혈사태 속에서, 제국들은 민족주의적 흐름을 일관되게 억압하기보다는, 오히려 종종 그것을 의도적으로 조장했다. 민족주의에 굴복하거나 포기할 생각이 없었던 제국들은 오히려 그러한 정서를 자국의 제국적 과업을 추진하기 위한 수단으로 활용하고자 했다. 1914년부터 1918년까지 격렬한 전쟁이 벌어지는 동안, 참전 제국들은 민족들의 열망을 교묘히 조작하거나, 심지어 그것을 장려했다.[12]

제1차 세계대전은 적들을 희생시키고, 자국의 국경을 재조정할 수 있는 절호의 기회였다. 오랫동안 논쟁을 벌이며 미해결 상태에 있던 '동방 문제Eastern Question' — "유럽의 병자"인 오스만제국에 대한 처리 — 는 유럽 내 세력균형을 무너뜨린 방아쇠였으며, 전쟁을 갈망하던 야심 찬 정치인들과 군인들은 탐욕스러운 시선으로 이웃 국가들을 바라보았다. 중부 유럽 국가들은 오스만제국만이 아니라 러시아도 병자로 간주하면서, 보다 건강하고 활력 있는 열강들이 이익을 얻을 수 있으리라고 보았다. 제국 정부들뿐 아니라 굶주린 민족주의자들 또한 자신들이 바라는 전리품의 향연에 대비하고 있었다. 자칭 국민국가였던 루마니아는 러시아 제국의 일부였던 베사라비아 지역의 루마니아어 사용 주민들을 자국 편으로 끌어들이려고 시도했다. 전쟁 이전의 시기, 그리고 그보다 훨씬 더한 정도로 전쟁 중의 시기는 자국의 지도를 새롭게 상상할 수 있는 순간이었다. 국경은 신성한 것이기도 했으나, 조정할 수도 있었다. 새로운 조국은 여전히 민족 신화, 공통 언어, 서술된 역사 등을 중심으로 결속되어 가던 "민족"을 향하고 있다고 생각되고 있었다.

제국들은 유동적이고 예측 불가능한 세계 속에서 어떻게 번영할 수 있을지를 다시 모색하고 있었다. 더 이상 세력균형의 유지에 신경 쓰지 않게 된 경쟁 국가들은 보다 고위험의 이익을 위한 대결에 돌입했다. 제국들은 기존 권력을 유지하고 영토를 확장하기 위해 싸웠고, 야심을 가진 민족들은 독립과 국제적 인정을 받기 위해 투쟁했다. 당시 의제의 핵심은 격렬한 승자독식의 제로섬 경쟁 속에서 생존하는 것이었다. 방해가 되는 민족들—유대인, 아자르인(그루지야의 무슬림), 아르메니아인—은 제거되어야 했으며, 그들을 짓밟는 행위는 특정 인종이 타 인종보다 우월하다는 확신에 찬 새로운 과학으로 정당화되었다. 이미 존재하던 국민국가들과 국가 없는 민족들도 자기들의 영토를 확장하거나, 고대의 영토를 회복하거나, 심지어 오래전에 사라진 제국의 수도인 콘스탄티노폴리스나 빌뉴스를 다시 손에 넣으려는 자기들 나름의 야망을 품고 있었다. 계급에 대한 충성심이 민족에 대한 충성심에 강하게 도전했던 러시아에서조차, 전쟁이 초래한 직접적인 위험으로 인하여, 애국심의 물결이 솟아올랐다. 좌파 진영에서는, 1914년에 애국적 관심 앞에서 사회주의적 국제주의가 유럽 전역에서 붕괴되었다. 유명한 예외로는, 순교자나 다름없는 프랑스의 장 조레스Jean Jaurès[3], 러시아의 볼셰비키 및 사회민주주의 국제파, 불가리아의 "협소파Narrows"[4]가 있었는데, 이들은 전쟁 피로가 누적되어 초국가적 계급 연대가 부활하기까지 기다려야 했다. 기독교와 이슬람처럼 종교 역시 민족적 경계를 넘는 데 실패했고, 같은 종교를 가진 자들끼리도 신과 나라를 위한다는 정의로운 명분을 가지고 서로를 살해했다.

악명을 떨칠 정도로, 제국들은 민족들의 희망 영토 구성에 맞도록 자기들의 국경에 제한을 가하지 않았다. 제국들은 어떠한 이유든지 적절하다고 생각되는 곳이면 어디든지 무차별적으로 영토를 확대했다. 때로는 전략적 고려가 우선되었고, 다른 경우에는 "민족" 통합이라는 명분이 외교적 혹은 군사적 침략을 정당화하는 수단으로 동원되었다. 러시아 통치자들은 우크라이나인을 "소러시아인"으로 간주하며 러시아 민족의 불가분한 일부로 보았고, 이에 따라 옛 폴란드왕국의 일부였으나 당시에 오스트리아제국이 지배하던 갈리치아 지역을 "되찾으려는"(알렉세이 브루실로

---

3 장 조레스(Jean Jaurès, 1859~1914): 프랑스의 사회주의자로서 제1차 세계대전이 발발하자 전세계 노동자들의 단결을 통하여 전쟁을 막을 것을 호소하다가 극우파 인물에 의해 암살당했다.

4 불가리아의 '협소파(Narrows)': 불가리아 사회민주노동당 내의 분파이다. 이 당은 1919년에 코민테른에 가입하면서 불가리아공산당이 되었다.

프Aleksei Brusilov 장군의 표현) 열망을 품었다. 갈리치아는 "비록 오스트리아—헝가리제국의 구성 영토이기는 하나, 어쨌든 러시아인이 거주하는 러시아 땅이다."[13] 이처럼 제국은 표면적으로 오랫동안 잃어버린 영토의 회복을 내세우는 민족 원칙을 명분 삼아 팽창을 정당화하였다. 제국은 러시아 "민족"에 대한 편의적이고 자기중심적인 정의를 통해, 영토의 강탈을 마치 행복한 재통합, 역사적 오류의 시정, 그리고 형제들을 정당한 혈통의 품 안으로 되돌리는 행위로 포장했다. 오스만제국 역시 캅카스 지역으로의 진격 과정에서 유사한 논리를 적용했다. 그들은 그 지방의 "타타르인들"(오늘날의 아제르바이잔인들)이 튀르키예계와 가진 연관성을 발견하고, 캅카스의 무슬림들이 아제르바이잔의 독립을 선언하도록 고무했다.

그러나 편의에 따라, 제국주의적인 요구는 민족 원칙뿐만 아니라 종교적이거나 국가 안보상의 이유로도 제기되었다. 러시아 제국이 갈리치아 지역의 우크라이나인을 오스트리아로부터 "되찾아" 러시아 진영에 편입시키고자 했던 것과 마찬가지로, 빌헬름 체제하의 독일과 그 오스트리아 동맹국들 또한 동일한 전략을 구사했다. 그들은 우크라이나인들에게 자신들과 연대할 것을 권유하며, 로마노프 제국의 서부 변경 지역을 차르의 지배로부터 분리하고자 했다. 1916년 11월 5일 두 황제는 전쟁이 끝난 뒤에 러시아 제국의 일부 영토에 자치적인 폴란드를 수립하겠다고 약속했다. 중앙동맹국들은 러시아 제국의 지배에 반대하는 잠재적인 민족주의 세력으로 활용하기 위해 전쟁 포로들을 집결시켰고, 러시아의 총참모부 역시 오스트리아—헝가리제국 출신의 슬라브계 전쟁 포로들을 무장 부대로 조직하는 것을 허용했다. 동부전선에서의 전쟁포로 숫자는 실로

1914년 8월의 탄넨베르크전투 패배 후의 러시아군 포로들. 1만 명 이상의 독일군이 전사했으며, 러시아군 전사자는 거의 8만 명에 달했다. 9만 명 이상의 러시아군인들이 포로로 잡혔다. 러시아군 사령관 알렉산드르 삼소노프Alexander Samsonov 장군은 수치심을 이기지 못하고 자살했다.

어마어마했다. 적의 수중에 놓인 러시아 병사 수는 334만 3,900명에 달했고, 반대로 러시아에 억류된 중앙동맹국들 병사는 거의 200만 명에 다다랐다.[14] 의도치 않은 결과를 초래한 명백한 사례로서, 오스트리아의 슬라브계 포로들로 구성된 체코슬로바키아 군단이 러시아 정부하에서 조직되어, 몇 년 뒤에 러시아내전을 촉발하는 데 도움을 주는 사건으로 이어졌다. 요제프 피우수트스키Józef Piłsudski와 요시프 브로즈 티토Josip Broz Tito를 포함하여, 미래의 동유럽 국가들의 지도자들도 러시아군 수용소에서 수감 생활을 한 적이 있었다.

민족주의자들 또한 제국들과 기회주의적으로 협력하면서, 독일과 러시아 간의 경쟁 관계를 이용하고자 했다. 폴란드인들은 자국을 1세기 이상 분할 지배해 온 열강들 사이에 전쟁이 일어나기를 꿈꾸었다. 그루지야의 민족주의자들은 독립을 위한 노력의 일환으로 독일의 지원을 구했으며, 심지어 일부 온건파 사회주의자들조차 독일 지향적인 노선을 모색했다. 전쟁 말기 및 종전과 더불어 우후죽순처럼 등장한 "국민국가"들은, 민족자결의 구호 아래 기대되었던 것처럼 민족적으로 동질적인 국가가 아니라, 대부분 다민족국가들이거나 심지어 국민국가의 외양을 띤 작은 제국들에 불과했다. 종전 이후의 폴란드만 보더라도, 우크라이나인, 벨라루스인, 독일인, 유대인이 거주하는 방대한 지역을 포함하고 있었기 때문에, 폴란드 국민을 "만들어 내는 것"은 일부 집단, 예컨대 슬라브계 민족을 동화시키고, 다른 집단, 예컨대 유대인과 독일인을 배제하는 것을 의미했다.[15]

한때 루스의 영향권 안에 있었고, 이후 폴란드령이 되었다가 다시 오스트리아의 지배를 받았으며, 훗날에는 소련에 의해 우크라이나에 병합된 갈리치아에서는 민족 정체성 이야기가 특히나 복잡하게 얽혀 있었다. 전쟁 이전에 합스부르크제국은 자국 내의 우크라이나인들을 러시아로부터 떼어 놓고자 우크라이나 민족주의를 장려했으나, 전쟁이 발발하자 오스트리아 당국은 친러 성향을 의심하며 수만 명의 우크라이나인을 체포했다. 그들은 과밀 상태로 강제노동수용소에 갇혀있다가, 그중 수천 명이 목숨을 잃었다.[16] 1914년에, 러시아군은 진격하여 르보프(독일어: 렘베르크, 우크라이나어: 르비우)를 점령했으며, 러시아의 적으로 간주된 수천 명을 찾아서 체포했다. 전쟁 첫해 동안 러시아군은 점령지에서 50만 명에 이르는 유대인을 추방했고, 카자키 및 폴란드인들이 유대인의 상점과 가옥을 약탈하는 것을 방조했다. 러시아령 폴란드에 거주하던 수만 명의 독일인들 또한 유사한 운명을 맞이했으며, 그 결과 그들은 러시아 제국의 신민이라는 그때까지의 정체성보다 독일인으로서의 자의식을 더욱 강하게 갖게 되었다. 1915년에, 독일군이 러시아군을 격퇴하자, 독일 및 오스트리아 당국은 지역 농민들을 러시아로부터 떼어 내기 위한 방편으로 우크라이나의 정체성을 장려하는 정책을 추진했다. 차르 정부는 '우크라이나성Ukrainianness'에 대한 반대를 완화시키는 방향으로 대응했다.[17]

민족성nationality은 경쟁 중인 제국들이 국경 지대에 거주하는 민족들의 마음과 정신을 얻기 위해 사용하는 도구가 되었다. 이 전쟁은 팽창주의적인 야망을 지닌 거대 제국 국가들 간에 생존을 걸고 벌어진 투쟁, 곧 제국주의적 갈등이었을지 모르나, 그 과정에서 제국들은 아주 불쌍한 어떤 신민들의 피를 흘리고, 다른 이들을 투옥하거나 추방하면서, 오히려 가운데 낀 신세에 처한 사람들이 민족적이거나 국가 중심의 애국적 정체성을 새롭게 모색하도록 자극했다. 이러한 관용 없는 폭력과 강요된 차별 정책은 종교와 민족 집단 간의 구분을 더욱 날카롭게 만들었는데, 특히 러시아 서부 변경 지대라는 균열 지대shatter zone에서 그러했다. 나중에 일부 사람들에 의해 특정 독재 정권들의 결과물이라고 주장되고 있는 "피의 땅Bloodlands"이 되기 오래전부터, 경쟁 제국들이 서로 다투던 이 지역은 온갖 종류의 차등과 권리에 대한 주장들이 충돌하는 전쟁터였다.[18]

제1차 세계대전 이전 그리고 전쟁 동안에, 러시아의 정치 분석가들은 다민족국가로서의 러시아 제국이 미래에 처할 상황에 대해 토론했다. 자

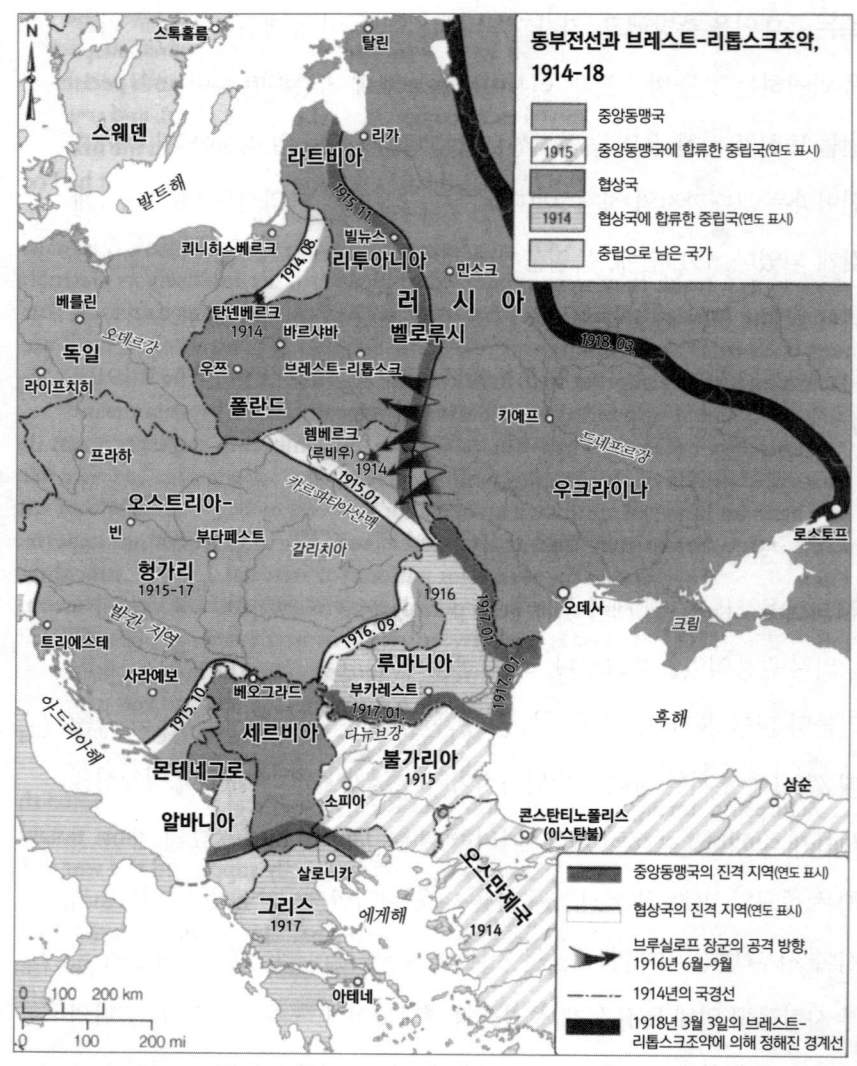

지도 9.1. 동부전선과 브레스트-리톱스크조약

유주의 지식인들, 특히 입헌민주당의 지도자 파벨 밀류코프는 러시아 제
국의 전쟁 목표를 지지했다. 밀류코프는 제국을 확장하여 폴란드 전역과

오스만제국의 아나톨리아 동부 지방을 포함시킬 것을 주장했는데, 이로써 차르의 홀 아래 폴란드인과 아르메니아인에게 통합적인 민족자치 구역을 만들어 주고자 했다. 그러나 그는 단순히 제국을 민족 개념과 결합한 데 그치지 않고, 제국 미래의 필수사항으로서 콘스탄티노폴리스와 해협(보스포루스 및 다르다넬스)의 정복을 지지했다. 러시아 제국의 유지를 위한 또 다른 자유주의적 비전은 러시아 지식인들이 대영제국의 역사에 친숙한 데서 비롯되었다. 사회민주주의자였다가 자유주의자로 전향한 표트르 스트루베Peter Struve는 케임브리지 대학교의 역사학자 존 로버트 실리John Robert Seeley의 저술을 읽은 덕분에, 대영제국 모델에 매료되었다. 실리는 그의 영향력 있는 저서인 『잉글랜드의 팽창The Expansion of England』(1883)에서, 제국은 자치령과 식민지들의 집합체로서 엄연히 잉글랜드라고 쓴 바 있었다.

영국의 저술가들은 "자유주의적 제국주의liberal imperialism"라는 비전을 제시했다. "자유로운 민족"이 제국의 피지배 민족을 전제적으로 지배한다는 근본적 모순을 해소하기 위해, 제국은 식민지 민족들의 복리를 향상시키는 선한 정부를 수립해야 한다.[19] 러시아의 대표적 사회학자이자 진보 블록Progressivist Bloc의 주요 지도자 막심 코발렙스키Maxim Kovalevskii 또한 대영제국(혹은 그 제국의 정화되고 이상화된 형태)을 러시아가 본받아야 할 제국 모델로 보았다.[20] 전쟁, 혁명, 그리고 식민지에서의 반식민 운동은 곧 제국이 지닌 딜레마를 적나라하게 드러내게 될 터였다. 이제 제국이 선의의 개혁을 하더라도 그것은 식민지인들의 자치 요구 혹은 완전한 독립 투쟁의 열망을 키워줄 뿐이었다.

비러시아계 민족주의자들만이 아니라, 러시아 좌파는 주도적인 입헌민주당 및 진보주의자들보다 더 나아가서, 러시아가 제국 내의 모든 민족의 문화적 발전을 온전히 인정하는 동시에, 제국의 모든 신민에게 제국의 보편적 시민권을 부여하는 민족 정책을 수립해야 한다고 주장했다. 좌파 시온주의자 아브람 카스텔란스키Abram Kastelianskii는 민족이야말로 미래의 정치 형태라고 주장하며, 제국을 역사의 쓰레기통으로 집어던져야 한다고 선언했다. 국가 두마에서는 변경 지역 출신 의원들이 러시아 식민주의의 실패에 대해 논의했다. 그루지야의 사회민주당원 니콜라이 츠헤이제Nikolai Chkheidze는 정부가 이른바 "해방주의적" 군국주의를 추구한다고 질타하며, 수사법을 사용하여 다음 질문을 던졌다. "여러분이 갈리치아를 점령했을 때, 그곳에 과연 어떤 해방을 가져다주었습니까? … 아르메니아의 해방은 또 무엇을 가져다 주었습니까? 살아남은 튀르키예계 아르메니아인은 과연 몇 명이나 됩니까?" 무슬림 의원 마메드 유시프 자파로프Mamed Iusif Jafarov는 차르 정부가 중앙아시아의 무슬림들을 노무대로 징발한 뒤 그들의 봉기를 잔혹하게 진압했을 때, 중앙아시아 민족들과 체결했던 사회계약을 파기한 것이라고 비판했다. 그는 사라토프 출신의 러시아인 의원 알렉산드르 케렌스키Alexander Kerensky와 함께, 중앙아시아 반란에 관한 공식 보고서를 1916년에 제출했으며, 케렌스키는 러시아 제국의 식민지 정책이 제국의 사명이 지닌 명예를 심각히 실추시키고 있다고 우려했다. 이제 러시아는 "문명화된 유럽 국가에서는 물론이고 어떤 종류의 동방 전제정 국가에서도 용납될 수 없는 계획적이고 체계적인 테러"로 인하여, "토착민들"이 보기에 문명의 풍모를 상실한 것으로 보였다. "세미

레치예Semirechie의 산악지대에서 벌어진 일(1916년에 벌어진 중앙아시아의 카자 크 반란)은 그 이전에는 있어 본 적이 없었던 사건임을 감안해 본다면," 러 시아인들은 "이제 아르메니아에서 튀르키예인들이 저지른 만행에 관하여 말하기도" 어렵고, "벨기에에서 독일이 저지른 만행을 언급하기도 매우 어렵게 되었다."[21]

사회민주당 급진파인 볼셰비키의 지도자 레닌은 전쟁의 잔혹함과 어리 석음에 경악하고는, 전쟁을 마르크스주의적 관점에서 이해하고자 필사적 으로 노력했다. 그에게 있어 이 전쟁은 제국주의적인 것으로서, 영토 합병 을 추구하고 약탈과 착취를 꾀하며, 세계의 분할을 위한 전쟁이며, 식민지 의 분할과 재분할, 그리고 영향력과 금융자본의 영역 다툼을 위한 전쟁이 었다. 레닌은 1917년 10월에 권력을 장악한 후, 만약 러시아가 촉발시키고 자 했던 국제사회주의혁명에 유럽이 도움을 준다면, 자신의 당이 이 모든 것을 근본적으로 바꿀 것이라고 확신에 찬 모습으로 공언했다.

제정러시아는 제국의 주변부에서 분출한 민족주의 때문이 아니라, 중 심부의 점진적인 약화와 분열로 인하여 붕괴했다. 전제정과 제국 건설 사 업에 정당성을 부여하던 기반은 1917년 무렵이면 상당 부분 소멸했다. 엘 리트들은 군주정에 대한 지지를 철회했고, 보다 넓게 보자면 정권은 전략 상 대도시에 있던 노동자들과 인텔리겐치아로부터 소외되었다. 1905년 이후의 제한적 개혁과 산업화 정책으로 인하여, 차르 사회에서 새로운 선 거구민들이 생겨나서 차르가 허용하지 않으려고 했던 정치적 대표권을 요 구했다. 로마노프가는 말기에 점점 더 무능하고, 심지어 반역을 저지르는 것처럼 보였다. 러시아인들이 제1차 세계대전에서 패배와 엄청난 인명 손실을 겪게 됨에 따라, 황제와 황후에게 허약하나마 남아 있던 정통성의 아우라aura마저 사라지고, 그들은 러시아와 거리가 멀며, 심지어 이질적인 존재라고 널리 인식되었다. 엘리트적인 애국심, 비러시아계의 좌절된 민족주의, 노동자들의 불만, 일반 사병들의 불안감, 그리고 자신들이 동의할 수 없었던 대의를 위해 감내할 수 없는 희생을 강요받던 농민들의 피로감 등이 결합되어, 군주정은 치명적으로 약화되었다. 차르 체제가 전쟁이라는 테스트를 통과하지 못했을 때, 마지막 남은 인민의 애정과 정당성이 사라졌다. 그리고 1917년 2월의 결정적인 테스트에서, 니콜라이 2세는 인민의 저항을 진압할 수 있는 군사적 지지를 단 하나의 도시에서조차 확보하지 못했다.

혁명적 단절을 넘나드는 민족성과 계급

300년 동안 지속된 로마노프가 군주정의 몰락은 수도 페트로그라드에서 며칠 만에 일어났다. 2월 말, 어둡고 추운 날씨 속에서 여성 노동자들이 식량과 연료의 부족에 항의하며 거리로 나섰고, 남성 노동자들도 여기에 동참했다. 군대와 경찰이 시위대를 향해 무기를 사용했음에도 불구하고, 시위 인원은 날이 갈수록 증가했다. 곧 군인들마저 시위에 가담하였고, 전선에 있던 차르는 수도로 복귀하지 못했다. 고위 관리들과 장교들은 그에게 제위를 구하는 것이 더 이상 불가능하다는 점을 납득시켰고, 니콜라이 2세는 3월 초에 퇴위했다. 곧이어 공화정이 선포되었다. 1917년 2월혁명

"군주정 타도, 공화정 만세," 1917년 2월혁명 동안 벌어진 시위 모습

은 그해에 이어질 일련의 혁명 중 첫 번째 사건에 불과했다.

　페트로그라드에서는 즉시 두 개의 경쟁 권력이 등장했다. 하나는 자유주의자 및 보수 성향의 두마 의원들로 구성된 임시정부였으며, 다른 하나는 도시의 일반인들에 의해 선출된 노동자 및 병사 대표평의회(소비에트)였다. 임시정부는 외국 열강으로부터 승인받았으며, 군 장교들은 물론이고 중산층과 상류층의 지원을 얻었던 반면에, 페트로그라드 소비에트는 병사, 노동자, 하층민들의 지지를 받았다. 형식적인 권력은 임시정부에 있었으나, 실질적인 권력은 소비에트의 수중에 있었다. 5월경, 임시정부는 단독으로 국정을 운영하는 것이 불가능하다는 판단하에 소비에트의 주요 인사들을 내각에 포함하기 시작했다. 그러나 정부는 구체제를 최대한 보존하려는 세력과 개혁을 추진하려는 진보 세력 사이에 분열되었다. 지주들은 자신들의 영지를 보전하고자 했으나, 농민들은 토지를 빼앗고 귀족들을 저택에서 쫓아냈다. 산업자본가들은 급등하는 물가를 따라 임금을 계속 인상하는 것이 불가능하다고 생각했고, 노동자들은 고용주들이 혁명을 방해하려는 음모를 꾸미고 있다고 의심했다. 사병들은 패배가 확실시되는 전쟁에서 더 이상 싸우기를 원하지 않았으나, 장교들은 정부의 명령에 따라 6월에 공세를 개시했다가 파국을 맞았다.

국가는 분열되고 있었다. 하층계급 — 농민, 노동자, 그리고 일반 병사 및 수병(이들은 '데모크라티야demokratiia'로서 일체감을 가졌다) — 은 (부르주아 혹은 유산층tsenzovoe obshchestvo이라고 불리었던) 중산층 및 상류층에 대해 점점 더 적대적인 태도를 보이게 되었다. 혁명의 중심에서 사회적 정체성의 기본 소재지는 계급 집단이었다.

차르 체제가 붕괴되기 이전에는, 민족적 "러시아성"을 강조하는 집단뿐만 아니라, 다른 민족의 정체성을 자각한 이들 사이에서도, 민족주의 운동은 여전히 주로 민족적 인텔리겐치아, 학생들, 도시의 하층과 중산계층을 중심으로 전개되었으며, 더 폭넓은 계층의 지지는 기껏해야 일시적인 현상에 그쳤다. 벨라루스인, 리투아니아인, 아제르바이잔인의 경우에, 민족성보다는 오히려 사회적, 종교적 공동체성을 공유하는 이웃 사람들과의 유대가 정체성의 주요한 근거였다. 그들의 경우에, 민족주의나 사회주의 중 어느 것도 미래를 좌우할 정치적 투쟁에 대규모 대중을 동원하는 데 성공하지 못했다. 라트비아인과 그루지야인과 같은 일부 민족에게는 계급에 기반한 사회주의 운동이 민족주의 정치 운동보다 훨씬 더 강력한 영향력을 행사했다. 우크라이나인 및 에스토니아인과 같은 민족의 경우에는, 민족적 정체성과 계급 의식이 노동자들 및 농민들의 1차적 충성심을 놓고 경쟁했으나, 어느 쪽도 압도적인 위치를 확보하지는 못했다. 아르메니아인의 경우, 사회주의와 민족주의를 결합한 정당인 '다쉬나크추튠'이 우위를 점했다. 특히 오스만 튀르키예의 수중에서 절멸의 위기에 직면했던 아르메니아인들은 초계급적이며 포용적인 민족주의를 둘러싸고 결속했다.[22]

칼카스 및 중앙아시아의 무슬림 인구에게 있어서, 종교는 가장 강력한 집단적 소속감의 근거이자 동원 요인이었다. 도시 거주 기독교인들로부터 '촘니예temnye'(몽매한 자들)라 불리며, 교양층으로부터 계몽되지 못한 어리석은 사람으로 간주되었던 이주 무슬림 농민들은 러시아인과 다른 기독교인이 지배하는 도시 속에서 살아가야 했다. 남칼카스 지역에서 "타타르족"이라 불린 그 지역 무슬림들은 기독교 지배계층 및 부르주아에 의해 겪은 열등감과 피해의식으로 인해 비무슬림인들과 떨어져 지냈다. 1902년까지 미국 전체와 맞먹는 석유 생산량을 기록했던 바쿠Baku 시에서는 러시아인과 아르메니아인이 도시 중심부에 거주하고, 무슬림들은 특정 구역에 집단적으로 모여 사는 방식으로 거주 구역이 철저히 분리되었다. 무슬림 빈민 노동자들은 대부분 기독교인이었던 숙련 노동자 및 고용주에 대한 반감을 키워 나갔다. 아르메니아인들과 러시아인들은 무슬림들의 관심사에 대해 아무 신경을 쓰지 않거나, 거들먹거리는 태도를 보였다. 재산 보유 여부와 무슬림 대표권에 대한 법정 할당제로 인해, 바쿠의 도시 두마는 부유한 아르메니아인들과 러시아인들이 장악하고 있었다. 교육받은 무슬림들은 러시아 제국으로 편입될 수 있는 새로운 출구를 갖게 되었고,

그중 일부는 자신들이 받은 종교교육의 영향으로부터 벗어나서 좀 더 세속적인 관점을 갖게 되었음에도 불구하고, 사회적 불만은 특히 정치적 불안정의 시기에 더욱 깊어져 갔다. 1905년과 1918년에 벌어진 캅카스 무슬림들과 지역 아르메니아인들 간의 유혈 충돌에서 전선戰線을 결정한 것은 민족 및 종교적 차이였다. 관찰자들은 정치나 계급적 이해관계에 대해 말할 때, 의식이나 합리성처럼 남성적인 것으로 부호화된 언어를 사용했던 반면에, 민족적 충동에 대해 말할 때의 언어는 좀 더 본능적이고 비합리적이며 여성적인 것을 대상으로 하였다. 예를 들어, 1917년 가을에, 바쿠의 시위에 대해 보도한 어떤 기자는 청중에게 다음과 같이 말했다. "바쿠 및 산업지구(주민 대다수가 무슬림인 지역)의 주민들은 식량 공급 문제에 대해 극도로 예민하다. 합리적인 태도는 소수에서만 감지된다. 어둠의 세력은 잠들지 않고, 깡패들이 선동을 통해 만들어 내는 상황을 이용하고 있다. … 지각없는 무슬림 군중은 아무도 자기들에게 신경 쓰지 않는다고 비난하고 있는 것으로 보인다. 그들 뒤에는 마찬가지로 지식 없는 러시아 여인들은 [당국이] 신경 쓰는 대상이 대부분 무슬림이라고 항의하고 있다."[23] 여기서 정치적으로 "지식 없는"에 해당되는 러시아어 단어는 보통 'nesoznatel'nyi'였는데, 문자 그대로는 "의식이 없다"는 뜻이다.

1917년 2월혁명으로 제국은 종말을 맞았고, 형식적으로는 평등한 여러 민족으로 구성된 다민족 공화국이 출범했다. 제국과 제국주의는 그 억압적이고 강제적이며 반평등주의적인 속성으로 말미암아, 혁명 세력과 그 지지자들에게 증오의 대상이 되었다. 그러나 러시아를 구성하는 각 민족에게 어떠한 권리를 부여할 것인가에 관한 실제적인 결정을 해야할 때, 권력을 잡은 이들은 민족적 열망에 쉽게 양보할 수 없었다. 권력을 잡게 된 자유주의자들과 온건 사회주의자들은 곧 전쟁과 평화, 토지개혁, 그리고 새로운 국가 체제를 결정지을 근본적인 과제들과 마주했을 때, 법적 해결책을 통해 뿌리 깊은 사회적 갈등 및 민족적 갈등을 완화할 수 있다는 데 엄청난 자신감을 보였다. 여성들에게 참정권이 부여되었고, 유대인 및 다른 소수민족에 대한 법적 제약은 폐지되었다. 계급 및 민족 간의 적대감으로 이어진 악폐들은 전적으로 차르 체제에 그 원인이 있다고 간주되었고, 서구의 자유주의적 방향의 적절한 입법을 통해 이러한 문제들 역시 해결될 수 있을 것이라고 주장되었다. 차르가 퇴위한 지 불과 몇 주 뒤, 신문들에는 정부가 종교, 민족, 그리고 "계급"(여기서 "계급"은 주로 '소슬로비예soslovie'와 '관등chin'을 지칭함)에 기반한 모든 법적 제약을 폐기할 것이라고 보도되었다. 3월 20일에, 르보프Lvov 임시정부 수상이 해당 법안에 서명하자, 보수 성향의 신문 《노보예 브레먀》(새로운 시대)는 사설을 통해, 한편으로는 "러시아를 구성하고 있는 민족들의 분리주의적인 원심력의 열망이 증가"하여 "국가가 서서히 지역별로 해체될 것이라는 실질적인 위험"이 들이닥칠까 두렵기도 하고, 다른 한편으로는 "러시아 각 민족 간 상호 이해를 가로막던 장애물들이 이제 나라 위로 떠오른 자유의 빛 속에서 힘을 잃었다."는 희망이 보이기도 한다고 적었다. "자유가 통합을 이끌 것"이라는 이러한 낙관론은 법적 해결에 대한 신뢰감을 보여 주는 것이었을 뿐만 아니라, 민족과 관련된 문제가 상상 이상으로 다루기 힘든 것임이 판명되었을 때 갖게 될 쓰라린 실망감을 위한 근거를 준비해 주기도 했다.

3월 말경, 임시정부가 지방자치제도의 세부안을 마련하는 과정에서,

민족성nationality의 원칙은 두 가지 방식으로 고려되었다. 첫째는 특정 집단의 집합적 권리 주장을 어느 정도는 인정해 주는 방식이며, 둘째는 민족적 특성으로 여겨진 것을 근거로 하여 권리를 제한하는 방식이었다. 예를 들어, 에슬란트와 리플란트 주州를 구성하는 과정에서는 양 지역 간의 "자연적 경계선"은 민족에 따라 획정되어야 했다. 그러나 시베리아 및 아르한겔스크 지역에 '젬스트보'를 확대할 때에는 유목민인 사모예드족, 다른 여러 '이노로드츠inorodtsy', 그리고 카자키가 거주하는 지역을 제외시켰다. 그들에 대해서는 별도의 규정과 제도를 적용할 계획이 있었기 때문이다. 투르키스탄(이곳의 지역 당국은 다양한 구역과 민족에게 '젬스트보'가 적절한지 결정하게 되었다), 칼미크 스텝 지대 및 키르기스 내부 오르다Kyrgyz Inner Horde[5]의 땅에 대해서는 특별법이 공포되었다. 남캅카스 및 러시아 남부의 카자크 지역에 '젬스트보'를 확대하려는 계획이 준비 중인 상황에서, 임시정부는 수립 7개월 만에 전복되었다. 이처럼 다양한 민족 집단마다 별개의 해법을 마련하고 개별적으로 분리된 정치적 협상을 전개하는 방식은, 제국의 전복이라는 혁명적인 단절을 뛰어넘어, 제국 시기의 악행을 완전히 변화시키겠다고 공언했던 임시정부의 정책 속에서도 지속되었다.

민족성은 정책 형성 과정에서 분명히 고려 사항이었으나, 임시정부와 주요 정당들의 최대 관심사는 심각한 위기의 시기에도 국가 통합을 유지하는 것이었다. 주도적인 자유주의 정당 입헌민주당 즉 카데트는 민족에 따른 영토적 자치, 새로운 러시아에 대한 연방제 구조, 그리고 어떠한 형

---

5 키르기스 내부 오르다(Kyrgyz Inner Horde): 19세기 카자흐 평원과 시베리아 남부 지역의 키르기스 집단 가운데 하나를 가리키는 용어이다. "내부"라는 말은 러시아 국경과 가깝다는 의미이다.

태의 분리주의에도 반대했다. 이 정당은 '민족'이라기보다는, 평등한 권리를 가진 '국민'을 중심으로 단일한 러시아 국가를 구성해야 한다고 강력히 주장했다. 대표성은 민족에 기반하지 않고, 지리적 기준에 따라 정해져야 했다. 카데트는 "하나이며, 불가분의 러시아"를 선언하면서, 민족주의의 표현을 친독일적인 징후라고 간주했다. 파벨 밀류코프가 5월에 동료 카데트 당원들에게 한 발언에 따르자면, "인민의 자유당(카데트)은 러시아의 다양한 지역들이 자치 입법 원칙에 따라 지방자치를 실현할 수 있는 기회를 제공하되, 동시에 러시아 국가의 통일성을 훼손하지 않는 해결책을 모색할 것입니다. 러시아 국가의 통일성 유지야말로 우리 당의 결정 사항을 조건 짓는 제한인자制限因子입니다. 우리 당은 주권을 지닌 독립 단위로 나라를 분할하는 일을 결코 용납할 수 없는 것으로 간주하고 있습니다." 비러시아인들에게 있어서, 자유주의자들은 자기들이 무너뜨린 군주정 체제와 마찬가지로, (비록 민족들의 권리에 대해서는 제약을 가하지 않았더라도) 거의 제국 마인드를 가지고 있는 것으로 보였다. 결국 1917년 가을 무렵, 지도적인 카데트 인물들이 러시아 국체國體의 전통적인 수호자인 카자키와 정치적 동맹을 맺게 된 것은 결코 놀라운 일이 아니었다.

임시정부 내의 여러 정당이 민족문제와 연방제에 관한 각자의 입장을 정교하게 조율하고 있기는 했지만, 그들이 가진 실질적인 권한은 매우 제한적이었다. 1917년의 대부분의 시기 동안, 두 개의 경쟁적 정치권력, 즉 임시정부와 페트로그라드 소비에트는 서로 대립하고 있었다. 소위 '데모크라티야demokratiia'(하층계급)의 지도 기관이었던 페트로그라드 소비에트는 대부분의 노동자와 농민의 눈으로 보기에 유산계급과 동일시되던 정부와 합의에 이르기가 거의 불가능했다. 점점 파멸을 향해 치닫는 전쟁, 불확실한 러시아의 총체적 미래, 불만을 품은 병사들과 굶주린 농민들 및 노동자들의 빈번한 파업과 무력 행동, 좌우 양 진영의 당파적 투쟁 속에서, 대부분의 운동가들에게 "민족문제"는 주요 관심사가 아니었다. 그러나, 이 문제는 각 정치 집단이 혼돈 이후 등장하기를 바라는 러시아의 미래상과 결코 분리할 수 없었다. 소비에트를 대표하던 좌파 정당들 중의 하나로서 인민주의에 뿌리를 두고 있던 사회혁명당은 1917년에 자기들의 슬로건 안에서 요약한 "평화, 토지, 그리고 빵!"—나중에 볼셰비키에 의하여 채택됨—이라는 세 가지 쟁점을 알리는 데 대부분의 에너지를 쏟았다. 사회혁명당은 1917년에 연방제를 계속 지지했으나, 이제 분리주의에 반대했다. 1917년 5월에 개최된 제3차 당대회에서, 사회혁명당 보고자 비시냐크M. V. Vishniak는 국가조직에 관해 러시아를 스위스의 확대판으로 상상했다. 그것은 합의제로 운용되는 집행 기구를 가진 연방제 국가이지만, 그럼에도 불구하고 단일한 국가였다.

사회혁명당과는 대조적으로, 노동자들의 권리를 대변하는 마르크스주의적인 사회민주당은 민족자결을 확고히 지지했다. 그리고 레닌은 이 구호를 가장 멀리까지 밀고 나가서, 자신의 실용적인 국가 계획 안에서 제국으로부터 자발적인 분리권을 구상하기에 이르렀다. 민족 정당들, 특히 유대인의 '분트Bund'와 아르메니아의 '다쉬나크추툰'은 민족들에게 영토를 초월한 민족—문화적 자치를 허용해야 하며, 각 민족이 거주지에 관계 없이 민족적 의결권 블록으로서 의회 내에서 대표권을 부여받아야 한다고 주장했다. 이와 대조적으로, 볼셰비키는 민족—영토 단위로 구획하지 않

볼셰비키당(나중에 공산당)의 지도자인 블라디미르 레닌이 모스크바의 붉은 광장에서 병사들과 군중에게 연설하고 있다.

은 채, 지역자치권만을 지지했다. 혁명의 해에 볼셰비키는 민족들에게 냉혹한 선택을 하도록 할 것인지 고려한 바 있었다. 하나는 나머지 러시아로부터 분리되어 완전히 독립할 것인지, 다른 하나는 장차 수립될 단일 사회주의 국가의 일원이 되어, 노동자들이 문화적, 시민적 권리를 보장받을 것인지의 선택이었다. 레닌은 만약 러시아인들이 한편으로는 완전한 민족적 독립을 할 것인가, 아니면 다른 한편으로 러시아 국가에 계속 남아 있을 것인가 사이에서 선택할 수 있는 아량 넘치는 권리를 제공한다면, 비러시아인들이 사실상 독립을 선택할 가능성은 낮아질 것이라고 믿었다. 레닌은 1917년 4월에 개최된 제7차 볼셰비키 대회에서 수사적인 표현을 사용하며 다음과 같이 질문했다. "누구보다도 더 많은 민족을 억압해 온 우리 대러시아인들은 왜 폴란드, 우크라이나, 혹은 핀란드에게 분리해 나갈 권리를 주지 말아야 하는가?" 그는 분리주의 운동에 대한 볼셰비키의 태도는 "무관심하며, 중립적"이어야 한다고 선언했다. "우리는 핀란드가 완전한 자유를 획득하는 것을 지지한다. 왜냐하면 그런 경우에야 러시아 민주주의에 대한 신뢰감이 커질 것이고, 핀란드인들도 분리해 나가지 않을 것이기 때문이다."[24] 레닌은 러시아가 힘을 쓰며 거들먹거리는 것이 지닌 위험성을 아주 예리하게 이해하고 있었다. 그는 동지들에게 구체제의 "대러시아 쇼비니즘"이 범한 과오를 반복하지 말고, 제국 내의 비非러시아 민족에 대한 불평등의 유산을 단념할 것을 경고했다.

레닌은 민족주의가 지닌 힘을 인식하기도 했고(그는 심지어 그것을 프롤레타리아혁명에 활용하기를 바랐다), "부르주아 민족주의자들"과의 제휴 필요성 또한 기꺼이 인정했다. 니콜라이 부하린Nikolai Bukharin과 게오르기 퍄타코프Giorgii Piatakov와 같은 그의 많은 동지들은 더 급진적인 입장을 견지하며, 민족주의에 대한 양보에 일체 반대했다. 그들은 폴란드계 유대인 마르크스주의자로서 널리 알려지고 영향력 있는 로자 룩셈부르크와 마찬가지로, 민족주의를 철저히 계급적 고려 사항을 선동하는 일에 종속시켜야 한다는 입장을 일관되게 고수했다. 그녀는 "계급사회에서 '민족'은 동질적인 사회정치적 실체로 존재하지 않는다. 오히려 각 민족 내부에는 이해관계와 '권리'가 상충하는 계급들이 존재할 뿐이다."[25]라고 서술한 바 있다. 레닌에게 있어서, 민족주의는 다만 부르주아계급의 이익을 반영할 뿐이었다. 프롤레타리아의 진정한 이해관계는 민족을 초월했다. 식민지주의가 종식되면, 민족주의적 정서가 지닌 힘도 약화될 것이다. 민족주의와 분리주의는 자연적인 것도 아니고, 필연적인 것도 아니었으며, 다만 민족들이 제국주의로부터 당한 억압의식에 따른 부산물이었을 따름이었다.

앞서 논의된 민족주의 이론의 관점에서 볼 때, 레닌은 시대를 앞선 "구성주의자constructivist"였다. 당내 좌파 동지들과는 달리, 레닌은 핀란드, 폴란드, 우크라이나의 독립에 반대하지 않았다. 그는 이러한 분리를 가급적 피할 수 있기를 바랐으며, 특정한 독립 움직임에 대해 원칙적으로 반대할 가능성도 열어두었지만, "무력으로 편입되거나 억지로 국경 안에 강제로 합병되어 차르 체제로부터 억압받은 모든 민족과 소수민족에게 러시아로부터 분리할 수 있는 완전한 권리"를 부여해야 한다고 공개적으로 천명하는 데에는 조금도 주저하지 않았다. 동시에 그는 프롤레타리아 정당의 목표가 가능한 한 최대 규모의 국가를 건설하고, 민족 간의 '접근sblizhenie'과 궁극적인 '융합sliianie'을 이루는 데 있다고 주장했다. 이러한 목표는 강제가 아니라, 노동자들의 자발적 의지에 의해 실현될 것이라고 그는 낙관적으로 예견했다.[26] 그러나 의문은 남아 있었다. 비非러시아 민족들이 러시아로부터 이탈하기로 선택할 경우, 레닌과 볼셰비키는 실제로 어떤 행동을 취할 것인가?

러시아혁명 첫해는 계급의 언어로 표현된 사회적 쟁점들이 민족의 특수한 관심사를 압도한 시기였다. 바쿠의 유전 노동자들은 임금 인상을 요구하며 산업자본가들에게 조직적으로 압력을 가했고, 설득이 실패하자 산업별 파업에 돌입하여 결국 승리를 거두었다. 트빌리시에서 새로이 구성된 시市 두마에서는 그루지야인들이 기존의 지배층이었던 아르메니아 중산층을 대체하면서 민족 간의 긴장이 표면화되었으나, 이것은 고질적으로 제기되는 이 문제에 대하여 민주적 해결을 약속하는 정치적 틀 안에서 해소되었다. 튀르키예에서 대량 학살당하고 추방당한 트라우마를 안고 있던 아르메니아인들은 헌정 개혁을 통해 민주적 러시아 내에서 일정 수준의 자치와 자결권을 얻을 수 있으리라고 희망하면서, 자기들만의 별도의 의제를 유지하였다. 이제 소멸해 버린 러시아 제국에 속했던 대부분의 민족은 새로운 민주적 러시아 안에 남는 데 관심을 표했으나, 동시에 민족적 권리만이 아니라 개인적 권리의 보장을 요구했다. 1917년 당시에 그들은 내전기(1918~1921년)에 그러하게 될 것처럼, 새로운 민주주의 국가로부터 분리하려고 결심하지 않았다. 그들은 전쟁 시기에 독자노선을 택하여 위험을 감수하기보다는, 새로워진 다민족국가 안에서 헌정적 해법을 찾고자 했다.

임시정부는 출범 직후에 취한 조치 중의 하나로서 핀란드대공국의 헌법을 복원하고, 그곳의 "내부 독립"을 승인했다. 그러나 핀란드 의회에서 다수당을 차지하고 있던 핀란드 사회민주당은 한 걸음 더 나아가, 핀란드 의회에 주권을 귀속시키는 법률을 추진했다. 그러나 임시정부와 페트로그라드 소비에트는 폴란드에 대해 형식상으로 완전한 독립을 지지하면서도, 핀란드나 우크라이나와 동일한 성격의 독립을 승인하고자 하지 않았다. 1917년 초에 독일이 이미 폴란드 영토의 대부분을 점령하고 있었기 때문에, 폴란드의 독립을 지지하는 것은 전쟁 수행에 별다른 위협이 되지 않았다. 그러나 폴란드에 대한 양보는 오히려 핀란드와 우크라이나의 독립 열망을 자극했고, 자결권 원칙과 러시아 국가의 통합을 유지하려는 주요 정치 세력들의 입장 사이에 내재되어 있던 대립은 혁명 초반 몇 주 만에 노골적인 정치 투쟁의 형태로 표출되기에 이르렀다.

키예프에서는 지역에서 선출된 의회인 라다Rada[6]가 제1차 선언First Universal을 공표하고, 우크라이나의 자치와 아울러 이 기구가 최고의 정치적 권위를 보유한다고 선포했다. 6월 말, 임시정부 대표단이 키예프를 방문하여 라다 대표들과 협의를 진행했고, 격렬한 논쟁 끝에 페트로그라드에서 온 대표들은 제헌의회가 소집되기 전까지 우크라이나에서의 개혁 입안 및 행정 운영에 있어 라다에게 권한이 있음을 인정하기로 마지못해 동의했다. 선거로 구성되는 제헌의회는 러시아의 새로운 정치체제를 마련하기 위한 임무를 담당하기로 약속되어 있었다. 그러나 자유주의 정당의 지도자들은 수도로 돌아간 직후, 우크라이나에 자치를 허용해 주기로 한 양보에 대해 뒷걸음질 쳤다. 우크라이나와의 타협 시도는 곧 임시정부 내부의 위기로 이어졌으며, 특히 입헌민주당의 여러 인사들이 우크라이나에 대한 정치적 양보에 항의하며 사임했다.

핀란드에서는 페트로그라드 당국의 태도가 오히려 독립에 대한 지지 분위기를 더욱 고조시키는 결과를 낳았다. 5월과 6월에 걸쳐, 핀란드 사회민주당은 거의 완전한 주권을 핀란드 의회에 귀속시키는 '권력법valtalaki'을 추진하여, 7월 중순에 통과시켰다. 이로써 페트로그라드에는 외교 및 군사 정책에 대한 권한만 남게 되었다. 그러나 러시아의 사회주의자들은 제헌의회 소집까지 핀란드의 최종 지위에 관한 결정을 미루기를 희망했다.

---

6 라다(Rada): 우크라이나어나 폴란드어로 집회, 평의회 등을 의미한다. 2월혁명 직후에, 키예프에서는 우크라이나 중앙라다가 성립했고, 러시아의 임시정부와 대립했다. 현재 우크라이나 국회를 "최고 라다"라고 부른다.

제1차 전全러시아 소비에트 대회에서는 민족문제에 관한 포괄적인 결의문이 채택되었고, 국가의 분권화 및 민족적·사회경제적으로 상이한 지역들에 대한 폭넓은 정치적 자치를 지지한다는 입장이 선포되었다. 이 대회는 모든 민족에게 분리를 포함한 자결권을 인정한다는 선언을 정부가 공포할 것을 촉구했으나, 각 지역에 대한 최종 처리는 제헌의회와의 협약을 통해 확정하도록 남겨두었다. 임시정부는 존속의 마지막 순간까지도 핀란드의 완전한 독립을 인정하기를 거부했고, 정책을 강제하기 위해 무력 사용도 불사한다는 태도를 보였다.

전쟁으로 국내 경제는 더욱 심각하게 붕괴되었고, 대부분의 병사는 급진화되어 무의미한 전쟁에서 더 이상 싸우기를 원하지 않았다. 가장 급진 세력인 볼셰비키는 이 소용돌이 속에서 지지자들을 늘렸다. 서방 연합국을 만족시키고 중앙동맹국에 맞선 전쟁 수행에 기여하기 위하여, 전쟁부 장관 알렉산드르 케렌스키는 6월에 대규모 공세를 단행했으나, 파국으로 끝났다. 러시아군의 패전 소식이 수도에 전해지자, 노동자, 수병, 병사들은 반전과 반정부 시위에 나섰고, 심지어 소비에트가 자체의 이름으로 권력을 장악하고 이중권력 체제의 불안정하고 무기력한 타협 상태를 끝낼 것을 요구했다. 온건한 사회주의자들은 이런 요구를 거절했다. 한 번은 격앙된 군중이 농업부 장관으로서 온건한 사회주의자 빅토르 체르노프Victor Chernov를 억류하기까지 했다. 그는 중앙의 통제가 미약했던 멘셰비키당에서 이탈하여 최근에 레닌의 볼셰비키당에 합류한 레프 트로츠키에 의해 겨우 구출되었다. "7월 위기"(7월 3~5일, [16~18일]²⁷)의 혼란 가운데, 볼셰비키를 지지하는 전투적인 세력—노동자, 사병, 급진파 운동가—은 임시정부로부터 권력을 탈취하고자 밀어붙였다. 레닌은 이 시점에서 무력에 의한 권력 장악이 시기상조라고 믿었으므로, 이 급진적 움직임에 반대했다. 정부와 소비에트에 충성하는 병력에 의해 질서가 회복되었을 때, 레닌은 핀란드로 숨어들 수밖에 없었다. 자유주의 성향의 수상 르보프 공은 사임했고, 온건파 사회주의자 케렌스키가 새로운 연립정부를 구성했다.

1917년 여름 내내, 노동자들과 병사들은 즉각적인 종전, 산업의 "노동자 관리"[7], 그리고 "모든 권력을 소비에트로!All Power to the Soviets!"라는 볼셰비키의 강령에 점점 더 마음이 끌렸다. 농민들은 정부의 공식 승인 없이 토지를 장악함으로써 자체적으로 토지개혁을 실시했다. 자유주의 세력과 보수주의 세력은 하층계급에 대해 점점 더 경계심을 갖게 되었고, 질서 회복을 위한 권위주의 정부의 수립을 요구했다. 잠시, 입헌민주당, 군 장교들, 중산층 및 상류층 중 많은 사람들은 둔중한 라브르 코르닐로프 장군General Lavr Kornilov — 그의 상관인 브루실로프 장군은 코르닐로프를 두고 "사자의 심장을 가졌지만, 두뇌는 양과 같다."고 주장한 바 있었다. — 에게 희망을 걸었는데, 코르닐로프는 군 기강 회복, 후방에서의 사형제 부활, 소비에트와 혁명위원회의 권한 축소를 촉구했다. 그는 케렌스키의 지지를 받고 있다고 (잘못) 믿고서 페트로그라드로 진격했으나, 무장한 노동자들과 병사들의 저항에 부딪혀 체포되었다. 이 반혁명적인 "군사 폭동"

---

7   "노동자 관리" : 1917년 러시아 혁명기에 등장한 개념으로서 원래는 '감시', '감독'에 더 가까웠으나, 혁명의 급진화함에 따라 산업 생산관리와 분배에서 노동자가 직접 참여하여 주도한다는 의미를 띠게 되었다. 이 주제와 관련해서는 다음 논문과 단행본을 참고하시오. 류한수, 「혁명 러시아 노동자 조직의 이란성 쌍둥이: 러시아 혁명·내전기(1917~1921) 노동조합과 공장위원회의 관계」, 『동국사학』 제44집 (2008) : 135~156. 이정희, 『러시아 혁명과 노동자 : 기대와 갈등의 역사 1917-21』 (느티나무, 2003).

이후에, 하층계급은 재빨리 볼셰비키 쪽으로 이동했고, 9월 초에는 페트로그라드와 모스크바 소비에트 양쪽 선거에서 볼셰비키가 다수파가 되었다. 케렌스키와 그 무리가 노동자와 병사들이 이룬 혁명적 성과를 되돌리려 한다는 볼셰비키의 경고는 '코르닐로프 사건Kornilovshchina'[8]을 통해 확인된 것처럼 보였다.

제2차 소비에트 대회의 소집을 위한 준비가 시작되었는데, 거기서 다수파인 볼셰비키와 그들의 동맹 세력, 특히 사회혁명당 좌파가 "소비에트 권력"을 선언하고, 케렌스키 정부를 제거할 것이라고 예상되었다. 여전히 불법자 신분으로 핀란드에 숨어 지내던 레닌은 동지들에게 대회 개최를 기다리지 말고, 즉각 정권을 장악하라고 독촉했다. 그는 케렌스키가 볼셰비키에 대해 선수를 칠 것을 우려했다. 그는 동지들에게, "우리가 지금 권력을 잡지 않는다면, 역사는 우리를 용서하지 않을 것이다."라고 말했다. 10월 후반부에, 트로츠키가 지휘하던 페트로그라드 소비에트 산하의 군사혁명위원회는 시내 주둔군에 대한 권한을 장악하기 시작했다. 10월 24일(11월 6일) 아침에, 케렌스키는 모든 사람이 임박하다고 알고 있던 봉기를 사전에 막고, 볼셰비키를 진압하기 위하여 행동에 나섰다. 그러나 결정적인 시점에 그는 자신의 지지 기반이 취약하거나 아예 존재하지 않는다는 사실을 알아챘다. 심지어 카자키도 그를 버렸으며, 겨울궁전에 있는 정부

---

8 '코르닐로프 사건(Kornilovshchina)': 라브르 코르닐로프(1870~1918)는 1917년 독일군에 대한 7월 공세가 실패로 돌아간 후 러시아군 총사령관에 임명되었다. 그가 권력을 장악하기 위해 군대를 수도로 파견했다가 실패한 사건을 '코르닐로프 사건'이라고 한다. 러시아어에서는 "-shchina"가 특정 인명이나 대상에 붙는 경우가 있는데, 푸가초프시나, 아락체예프시나 등과 같이 부정적인 뉘앙스를 가지고 있다.

와 소비에트 병력 사이에는 여성 결사대밖에 없었다. 비록 노동자들이 이번 봉기에 적극적으로 참여하지는 않았지만, 볼셰비키는 정권 장악에 충분한 무력을 확보하고 있었다. 10월 25일(11월 7일) 새벽에, 페트로그라드는 군사혁명위원회의 수중에 들어갔고, 레닌은 제2차 소비에트 대회 연단에 올라 권력이 소비에트로 이양되었음을 선포했다. 볼셰비키와 그 동맹세력에게 있어 10월혁명은 2월혁명의 논리적이고도 필연적인 연장이었다. 자유주의자들, 보수주의자들, 그리고 온건파 사회주의자들에게, 그것은 8개월 전에 자기들이 희망했던 것의 곡해曲解였다.

소비에트 권력

페트로그라드와 모스크바처럼 혁명의 주요 무대가 되었던 도시들에서는 민족주의가 동원 이데올로기로서 작동되지 않았다. 민족주의는 아마도 패색이 짙은 전쟁을 지속하려는 잘못된 애국적 헌신의 형태로서, 임시정부의 몰락을 초래하는 데 일조했을 뿐이다. 혁명운동을 활성화시킨 것은 다른 형태의 연대, 특히 계급적 연대, 그리고 평화, 토지, 빵이라는 다른 우선 사항들이었다. 우리가 이 책 전체를 통해서 추적해 온 민족 정체성과 제국 정체성은 복잡하게 밀고당기기를 했지만, 그 '어느 것'도 승리자가 되지도 못했고, 노동자, 병사, 농민, 혹은 사회주의혁명가들에게 영감을 주지도 못했다. 민족이라는 형태는 20세기를 지배하는 정치 모델로 제국을 대체할 태세를 갖춘 듯 보였지만, 러시아는 그와는 다른 길을 걸었다. '데모크라티야'(하층계급)는 민족 담론이 담고 있던 많은 민주주의적 원칙을 흡수하면서도, 노동 인민에게 주권이 있다고 이해했다. 노동자들은 —노동 인민을 위한—존엄과 평등, 그리고 참여할 수 있고 응답하는 정부를 열망했다. 그들은 경제적 권리, 그리고 보다 구체적으로는 토지와 공장에 대한 관리 권한을 추구했다. 그러나 그들은 대개 민족주의의 호소에는 반응하지 않았다. 구체제로부터 근대 국가로 이행하는 길은 일방통행로가 아니라, 다양한 소속감과 정치적 사고방식이 공존하는 여러 갈래 길이었다.

10월 봉기로 인해 중산층 및 상류 계층은 정치 참여에서 배제되었다. 소비에트 권력은 오직 노동 인민만이 새로운 대의기구에 대한 선거권을 가질 수 있다는 것을 의미했다. 이러한 급진적으로 새로운 질서로 인하여, 계급에 기반하여 차등과 배제의 원칙을 새롭게 뒤집어 버린 체제가 수립되었다. 온건파 사회주의자들인 멘셰비키와 사회혁명당 우파가 볼셰비키의 권력 장악에 항의하여 소비에트 대회에서 퇴장했을 때, 사실상 가장 왼쪽에 자리 잡은 볼셰비키와 사회혁명당 좌파만이 새로운 정부를 구성할수 있게 되었다. 사회혁명당은 자신들이 인구의 대다수를 차지하고 있는 농민을 가장 잘 대변하는 정당이라고 여겼으나, 1917년을 거치며 볼셰비키에 가까워진 좌파와 멘셰비키와 연대한 우파로 분열되었다. 실제로 10월혁명을 지지한 노동자, 병사, 그리고 당 운동가들은 모든 사회주의 정당들이 참여하는 다당제 정부를 선호했지만, 레닌은 볼셰비키가 단독으로 정부를 구성하기를 희망했다. 그러나 한 달도 채 지나지 않아 볼셰비키 지도부는 사회혁명당 좌파에 상당수의 자리를 양보할 수밖에 없었으며,

1918년 3월까지 소비에트러시아는 좌파 사회주의 연립정부 형태를 가졌다.

볼셰비키와 사회혁명당 좌파는 하층계급의 정부 수립, 종전, 농지의 농민 분배를 내용으로 하는 강령으로써 1917년 늦여름부터 가을 사이에 걸쳐 광범위한 지지를 얻게 되면서 권력을 잡을 수 있었다. 사회는 갈기갈기 찢어졌고, 임시정부에 대한 신뢰감은 증발했다. 소비에트 정부는 즉각 주요 공약의 이행에 착수했다. 정부는 러시아를 전쟁에서 철수시키고, 농민들이 토지를 넘겨받아 재분배한다고 공포했다. 그러나 새로운 소비에트 정부는 페트로그라드, 모스크바 및 몇몇 다른 대도시를 제외하고는 여전히 약하고 불안정한 상태에 놓여있었다. 1917년 11월, 신생 공화국의 헌정질서를 마련할 제헌의회 선거가 실시되었다. 선출된 이 의회는 정당한 대의 절차를 거쳐 새로운 형태의 정부를 설계할 것으로 예정되어 있어서, 많은 사람들이 기대감을 가지고 있었다. 볼셰비키는 다수표 확보에 실패했고, 총투표의 24%만을 얻는 데 그쳤던 반면에, 농촌 지역에서 압도적인 지지를 얻은 사회혁명당 우파가 40%를 득표하며 최대 세력으로 떠올랐다. 그러나 레닌은 자신이 어렵게 얻은 지위를 양도할 의사가 없었고, 소비에트 정부는 단 하루(1918년 1월 5일 [18일])만 회의를 허용한 뒤, 제헌의회를 해산시켰다. 제헌의회는 1990년대 초반까지 러시아에서 가장 자유롭게 선출된 의회 기구였다.

이러한 조치에 의하여, 1918년에 자신들을 공산주의자라 칭하기 시작한 레닌주의자들은 1917년 2월혁명을 지지했으나 볼셰비키와 사회혁명당 좌파처럼 10월혁명을 지지하지 않았던 모든 세력에 대해, 10월에 있었던 권력 장악 이상으로 선전포고를 했다. 10월혁명 직후부터 사회혁명당은 볼셰비키 정부에 대한 무력 공격을 시도했다. 남부 러시아에서는 코르닐로프와 다른 장군들을 중심으로 결집한 카자키는 전면적인 내전으로 번지게 되는 일을 시작했다. 남캅카스, 우크라이나, 벨라루스, 중앙아시아, 핀란드 및 발트 지역에서는 러시아 본토와는 달리 민족주의가 새로운 볼셰비키 정부에 격렬한 저항을 일으키는 데 기여했다. 비非러시아 민족주의 (그리고 종종 사회주의) 정당들은 러시아로부터 분리하여 독립국을 구성했고, 독일이나 오스만제국, 혹은 서방 연합국의 지원을 받았다. 레닌 정부에 맞선 적대 세력들은 반동적 군주주의자부터 자유주의자, 온건 사회주의자, 농민 아나키스트에 이르기까지 매우 다양했다. 독일군은 우크라이나, 벨라루스, 발트 지역을 점령했고, 오스만제국은 남캅카스로 진군했다. 영국, 프랑스, 일본, 미국 등 연합국은 러시아를 전쟁에 다시 끌어들이거나, 볼셰비키 정권을 전복시키기 위해 군대를 파병했다.

내전에서의 전선은 볼셰비키와 그 동맹 세력인 "적군Reds"과, 군주주의자부터 자유주의자에 이르는 "백군Whites", 그리고 이합집산을 거듭한 다양한 농민 무장 세력인 "녹군Greens" 간의 대결로 형성되었다. 적군에게 유리했던 점은 그들이 대략 근대 초 모스크바국의 핵심 영토였던 곳과 모스크바와 페트로그라드라는 두 수도를 장악하고 있었다는 데 있었다. 백군은 불리하게도, 북서부에서는 발트해 연안, 우크라이나, 크림반도, 남부에서는 돈강 유역, 동쪽으로는 시베리아 등 서로 분리되고 분산되어 있었다. 민족주의 및 분리주의 운동 역시 남캅카스, 우크라이나, 폴란드, 핀란드, 발트 지역, 중앙아시아 등 구제국의 주변부에서 전개되었다. 적군은 상대적으로 짧은 보급선과 두 수도를 장악했다는 명분을 가지고 있었던 반면에, 백군은 다양한 군대를 연결하여 힘을 모아 두 수도로 진격하기에는 전선이 너무 멀리 떨어져 있었다.

공산주의자들은 중앙집권적인 당과 트로츠키가 이끄는 500만 명 규모의 적군Red Army을 조직하고, 러시아 중심 지역의 광범위한 지지를 바탕으로 하여, 1921년 초에 이르러 내전에서 승리를 거두었다. 폭풍우 속에서 배를 건조하는 것에 비견될 만큼 어려운 과업이었으나, 공산주의자들은 온갖 악조건 속에서 적들을 격파하고, 소비에트 국가를 수립하는 데 성공했다. 산업 경제가 거의 가동을 멈추어 노동자들이 곧 실업 상태에 처했고, 많은 사람들이 공산당에 점점 더 비호감을 가지게 되었음에도 불구하고, 대다수의 노동자들은 여전히 소비에트 권력을 지지했다. 사병들은 전선에서 탈영하는 방식으로 "발로 투표"했지만, 남아 있는 다수는 계속해서 공산주의자들을 지지했다. 농민들은 볼셰비키의 토지 포고령에 기뻐했는데, 그로써 지주에 대한 보상 없이 농민들이 토지를 완전히 소유하고, 근본적으로 평등주의적인 토지 재분배가 시행되었기 때문이다. 그러나 내전 기간에 공산주의자들이 적군과 도시민들을 부양하기 위해 농민들에게서 곡물을 강제로 징발하자, 농민들은 소비에트 정권에 등을 돌렸다. 그럼에도 불구하고, 농민들은 자신들에게 토지를 부여한 적군과 그것을 다시 빼앗으려는 반볼셰비키적인 백군 사이에서 선택을 강요받았을 때, 일반적으로 공산주의자들을 차악次惡으로 간주하고 그들을 지지했다.

러시아의 노동자들, 농민들, 사병들이 대체로 새로운 사회주의 정부에 긍정적인 태도를 보였다고 한다면,―혹은 최소한 그 통치를 묵인하고자 했다고 한다면 — 제국의 비非러시아 인구에 대해서는 같은 말을 할 수 없다. 바쿠와 같은 산업 중심지를 예외로 하면, 다수의 비러시아 지역에서 볼셰비키는 수가 많지 않았고, 그들의 갑작스러운 권력 장악과 급진적인 메시지는 소규모 도시나 농촌 마을에서 공감을 얻지 못했다. 소비에트 정부가 1918년 3월에 브레스트-리톱스크조약을 통해 철군을 공식화하기도 전에 일방적으로 전쟁에서 철수하자, 캅카스와 서부전선에 배치되어 있던 러시아군인들은 귀향했다. 국경 지대에서는 계급 라인을 따라 진행되던 사회 투쟁은 급속히 민족 간의 충돌로 전환했다. 캅카스 지역에서 오스만제국의 침공 위협은 일부 민족(아르메니아인과 그루지야인)에게는 생존의 위기로, 다른 민족(아제르바이잔인)에게는 기회로 인식되었다. 1917년 말 러시아군이 캅카스를 포기하자, 1914년 말부터 캅카스 전선에서 싸워온 아르메니아인 자원 부대는 이 지역에서 아주 강력한 군사 세력 중의 하나가 되었다. 아르메니아인들에게 주요 위협은 오스만 튀르키예와 아제르바이잔인이라는 민족적·종교적 적대 세력으로부터 비롯되었는데, 이러한 절박한 위기감으로 인하여 아르메니아인들은 지난 20여 년 간의 민족주의 선전으로 이루고자 한 바를 완성했다. 그것은 캅카스의 아르메니아인들이 자기들의 지도적 정당인 다쉬나크추툰이 규정한 민족의 미래에 대해 찬성표를 던지고, 또 그것을 위해 싸우기 위해 효과적으로 동원된 일을 말한다. 이 정당은 러시아 제국 내의 거의 모든 다른 민족주의 운동과 마찬가지로, 1917년 동안에는 완전한 독립이 아니라, 러시아 국가 내의 자치를 요구했다.

그러나 10월혁명이 일어나자, 비非러시아 민족들은 중심부와의 미래

N
체르케스
소치
흑해
수후미
쿠타이시
바투미
아르트빈
트라브존
시바스 ○
에르주룸
무쉬
오스만제국

러시아소비에트
사회주의공화국연방
블라디캅카스
테레크강
칼 카 스 산 맥
그루지야공화국
고리 텔라비
트빌리시
시그나히
카르스
알렉산드라폴
아르메니아공화국 예레반

카스피해
산악공화국
데르벤트
다게스탄
쿠바
아제르바이잔
공화국 바쿠
간자
카라바흐
나히체반
아르다빌
반
페르시아

남캅카스, 1918-1921
아르메니아와 아제르바이잔 사이의 분쟁지역
아르메니아와 그루지야 사이의 분쟁지역
아제르바이잔과 그루지야 사이의 분쟁지역
아제르바이잔과 북캅카스 산악공화국 사이의 분쟁지역

0   50 100 km
0   50   100 mi

지도 9.2. 남캅카스, 1918-1921

관계를 다시 생각하게 되었다. 러시아는 독립국가들로 분해되기 시작했다. 1918년 중반에 내전이 발발하자, 변경 지역에서는 반#독립적인 정부들이 속속 등장했다. 그루지야의 멘셰비키는 트빌리시에 주둔하고 있던 러시아 수비대를 신속히 무장 해제하고, 지역 소비에트 정부를 수립했다. (현지의 볼셰비키를 제외하고) 남캅카스의 사회주의 정당들은 페트로그라드의 볼셰비키 정부를 인정하지 않았으며, 그 지역을 나머지 러시아로부터 점차 분리하기 시작했다. (1918년 2월에서 4월까지) 단기간의 남캅카스 자치 실험이 있었고, 그 뒤를 이어 훨씬 더 단기간(4월에서 5월까지)에 독립된 남캅카스 연방공화국이 존재했으며, 마침내 세 개의 분리된 공화국이 수립되었다(1918년 5월부터 1920-1921년까지). 그러나 이러한 단기간의 독립국가 단계는 적군이 아제르바이잔(1920년 4월), 아르메니아(1920년 12월), 그리고 그루지야(1921년 2월)를 차례로 점령함에 따라 종식되었다.

혁명과 내전은 수백만의 러시아인들 및 비非러시아인들을 제국의 붕괴와 사회혁명이라는 공동의 소용돌이 속으로 몰아넣었다. 공산주의자들은 비러시아계 운동가들에게 모든 곳에서 적으로 인식된 것은 아니었으며, 오히려 많은 사람들은 소수의 민족주의 엘리트가 농민 대중의 이름으로 추진하던 민족 독립보다 더 선호하는 대안으로 여기기도 했다. 레닌주의자들에 의해 새롭게 정의된 혁명과 소비에트 중앙정부를 지지할 것인가, 아니면 제각기 이해관계를 가지고 있으며 신뢰하기 어려운 외국 세력과의 동맹 속에서 불안하게 살아갈 것인가 하는 문제는 러시아인과 비러시아인 모두에게 어려운 선택이었다. 러시아의 백군은 비러시아인들에게 매력적인 대안을 제시하지 못했다. 적군赤軍이 "민족자결권"을 지지했던 반면에, 군주주의자들과 그 동조자들은 단일한 러시아 국가를 주장했다. 비러시아인들은 가능한 옵션으로부터 얻게 될 상대적인 이익을 계산해 보았는데, 이런 옵션은 역으로 자기들의 이해관계를 누가 지지할지에 대한 현실적인 판단으로부터 영향을 받았다. 발트해 지역, 핀란드, 폴란드, 남캅카스와 같이 격렬한 전투가 벌어진 지역에서는 반공주의적 민족주의자들이 외국의 간섭주의자들과 동맹을 맺었다. 북서부와 우크라이나에서는 독일, 캅카스 지역에서는 오스만제국과 영국이 그러한 외세였다. 내전은 민족 간의 전쟁과 중첩되었고, 이것은 다시 경쟁하는 제국들 사이의 국제적 충돌과 중첩되었다. 이러한 복잡한 정세 속에서, 무력에 의하여 전복될 수 있는 위협에 직면한 공산주의자들은 테러, 선전, 설득, 약속 등 자기들이 느끼기에 모든 필요한 수단을 다 사용하며, 최대한 큰 국가를 유지하기 위해 싸웠다. 그들은 수백만 명을 동원하고, 또 궁극적으로 온갖 어려움 가운데서 전쟁에 승리함으로써 국가를 건설하게 될 터였다.

자유주의자들이나 온건파 사회주의자들과 마찬가지로, 공산주의자들 역시 위대한 러시아 국가를 보존하고자 했다. 그러나 이데올로기적이면서도 실용적 이유에서, 레닌과 소비에트 신정부의 민족문제 인민위원 이오시프 스탈린은 소비에트 국가의 비非러시아 민족들에게 러시아로부터의 분리를 포함한 민족자결권 및 완전한 문화적, 정치적 권리를 부여한다는 정책을 공포했다. 레닌은 분리를 허용함으로써 오히려 분리주의를 억제할 것이라는 기대를 품었으나, 그런 희망은 옳지 못함이 증명되었다. 혁명의 행복감과 내전에서 생존했다는 자신감으로, 레닌과 볼셰비키는 매우 유토피아적인 희망을 품었다. 세계는 곧 국제 혁명에 의해 새로운 모습을 갖게 될 것이고, 국경은 완전히 사라지고, 인류 사회의 새로운 조직이 자본주의와 부르주아 의회주의를 점차 대체할 것이었다. 이미 1917년 11월에, 볼셰비키가 권력을 장악한 직후 발표된 "러시아와 동방의 모든 무슬림 근로자들에게"라는 호소문 속에서, 민족자결, 해방, 독립, 반제국주의라는 강력한 수사적 언어는 식민주의적 억압과 민족적 억압에 맞선 투쟁의 통일성을 표현했다.

이제 전쟁과 황폐함이 구질서의 기둥들을 무너뜨리고, 전 세계가 제국주의적 강도들에 대한 분노로 불타오르며, 아주 미세한 불만의 불씨가 거대한 혁명

의 불길로 타오르는 이 시점에, … 우리는 침묵할 수 없다. 당신들 땅의 옛 압제자들의 멍에를 하루빨리 벗어던져라! 그들이 더 이상 당신들의 가정을 더럽히지 못하게 하라! 당신들 스스로 당신들 땅의 주인이 되어야 한다! 당신들의 삶을 당신들 스스로에게 맞도록 조정해야 한다! 당신들은 이렇게 할 권리를 가지고 있다. 왜냐하면 당신들의 운명이 당신들 손안에 있기 때문이다!

동지들이여! 형제들이여!

정의롭고 민주적인 평화를 향하여 굳건하고 단호하게 나아가자!

우리는 세계 피억압 민족의 해방을 우리의 기치 위에 새겨 넣는다!

러시아의 무슬림들이여!

동방의 무슬림들이여!

우리는 세계를 재생시키는 이 위업에서 당신들의 공감과 지지를 기대한다![28]

공산주의자들은 전쟁에서 승리하고 비非러시아 영토를 신생 국가 안으로 다시 통합하기 위하여, 심지어 자신들의 통치에 저항하는 농민들과 노동자들에 대해서도 폭력과 테러를 서슴지 않고 사용했다. 전국적으로 전투가 격화됨에 따라, 1917년 혁명이 약속했던 민주적 약속의 많은 부분이 소실되었다. 양측 모두에 의해 끔찍한 만행이 자행되었고, 적색 테러Red Terror와 백색 테러White Terror는 서로 맞붙었다. 공산주의자들은 성직자, 귀족, 부르주아지 및 자기들이 계급의 적으로 규정한 다른 이들을 죽였다. 백군은 자기들이 공산주의자와 똑같다고 생각했던 유대인들을 특히 표적으로 삼았고, 숫자 자체로만 보면 적군보다 더 많은 민간인을 살해했다. 갓 태어난 소비에트 국가는 1918년부터 1921년까지 3년에 걸쳐 군주주의자, 온건파 사회주의자 및 자유주의자, 농민 반군, 그리고 외국 간섭주의자들에 맞서 싸워야 했다. 공산주의자들은 비러시아인들의 지지를 획득하기 위해, 아주 급진적인 열망에서 한 걸음 물러나 중대한 정책적 양보를 했다. 새로운 정부는 소비에트러시아로부터의 분리를 포함한 민족자결권을 선포했을 뿐만 아니라, 단일국가가 아니라 민족을 단위로 하는 연방국 형태로 새 공화국을 수립하는 데에도 동의했다.

소비에트 러 시 아 의 민족 정책

볼셰비키가 구상한 소비에트러시아는 제국이 아님은 물론이고 보통의 국민국가도 아니었고, 미래의 국제주의적 사회주의 건축물에 놓이게 될 머릿돌이었다. 러시아혁명의 도달 범위에는 한계가 있을 수 없었다. 최근의 승리에서 비롯된 자신감과 마르크스주의적 종말론에 대한 신념에 힘입어, 공산주의자들은 국제 혁명이라는 꿈을 실현하기 위해 가능한 모든 수단을 동원했다. 내전기의 공산주의자들에게 있어서, 국제주의란 소비에트 국가들을 위한 수단이라기보다, 오히려 소비에트 국가들이 국제주의에 봉사해야 했다. 레닌은 러시아를 국제 혁명이 밟고 뛰어오를 수 있는 도약대로 간주했다. 그 후에 다른 국가의 노동자들은 후진적이고 농업 중심의 러시아가 사회주의사회를 건설하도록 도와주어야 했다. 그러나 혁명의 행복감이 사라진 후에, 공산주의자들은 권력을 장악하고 국제 체제 안에서 국정을 운영해야 한다는 불가피함 때문에, 곧 다른 강대국들과 외교 관계를 수립하고 소련의 국가적 이해관계에 국제 혁명을 종속시키는 등 정상적인 국가처럼 행동할 수밖에 없었다.

혁명 이전에, 볼셰비키는 민족문제에 관하여 자율적인 민족—국가 단위와 연방제에 반대한다는 입장을 견지했으나, 정권을 장악한 이후에 이러한 입장은 유지되지 못했다. 소비에트 정부는 변경 지역에서 자신의 의지를 실질적으로 강제할 수 있는 능력을 거의 가지고 있지 못했기에, 자치 지역의 증가라는 현실에 대응하여 전략적 전환을 단행하고, 1918년 1월 무렵이 되면 연방제 원칙을 수용했다. 레닌은 초기에 민족 단위가 소련 국가로부터 완전히 이탈하여 독립국가를 세우거나, 혹은 소비에트 국가에 편입되어 자기들의 (쓸모없는) 분리주의를 포기하는 이분법적 선택지를 제시했으나, 이후 개정된 당의 입장으로 세 번째 가능성이 추가되었다. 이제 폭넓은 국가 구조 내에서 상당한 자율성을 지닌 민족—영토적 하위 구획이 허용되었다. 이 실용적인 해법은 비록 사회주의적 외양으로 새롭게 포장되었지만, 차르 체제가 차등을 통한 통합을 시도하며 기울였던 노력과 상당히 많은 공통점을 가지고 있었다. 새로운 소비에트 국가는 적어도 명실상부하게 연방적이기도 했고, 민족적 정치 단위에 기반을 두기도 했다. 각 민족은 러시아 소비에트연방사회주의공화국 내에서 각자의 영토적 고향territorial homeland을 가질 수 있게 되었다. 심지어 지정된 민족 영토 바깥에 거주하는 디아스포라 공동체조차도 문화 및 교육기관을 부여받고, 그리고 많은 경우에 자체적인 정치 단체를 설립할 수 있었다. 제국 체제가 정교도 및 해외 슬라브족에 대한 치외법권적 권리를 내세워 이웃 국가들의 내정에 간섭했던 것과 달리, 소비에트 체제는 자국 영토 내의 디아스포라 민족들에게 치외법권적 권리를 부여했다. 실제로 내전 이후 10년 이상 동안 유대인, 아르메니아인, 러시아 내의 우크라이나인과 같은 소수민족들은 제국 말기 이래로 요구해 오던 치외법권적 특권을 향유했다. 그들은 다른 소수민족 공화국 내에서도 자신들의 학교와 소비에트를 운영할 수 있는 권한을 부여받았다. 소비에트의 정책은 러시아의 쇼비니즘에 대한 투쟁과 같은 이데올로기적 당위성과 국가 통합이라는 현실적 고려를 결합했다. 그 목표는 분리주의적 민족주의를 약화시키는 동시에, 계급 충성심을 육성하는 데 있었다. 그러나 민족 원칙에 양보함으로써 레닌이 기대했던 것처럼 민족의 문화적 소속감이 소멸하는 것이 아니라, 오히려 민족성이 공고화되는 결과가 초래되었다. 소련은 용광로가 되기보다는, 새로운 민족들을 배양하는 인큐베이터가 되었다.

그러나 내전과 외국의 군사적 간섭이라는 혼란의 와중에서 소비에트 국가가 조립되고 있었다. 민족의 권리와 독립을 인정한다는 표방된 목표와는 달리, 협력과 무력 사용에 관한 결정은 실용적으로, 때로는 기회주의적으로 이루어졌다. 볼셰비키는 적군, 백군, 녹군(농민), 아나키스트, 외국군 등이 권력을 두고 각축을 벌이던 우크라이나에서 군사작전을 개시하면서, 자신들의 혁명에 가장 공감을 나타내는 세력을 지지했다. 그들은 우크라이나 소비에트 중앙집행위원회를 "우크라이나 최고의 권위 기구"로 인정한다고 선언했고, "러시아와의 연방적 결합 및 대내외 정책의 완전한 통일"을 수용했다. 1918년 1월 말이 되면, 제3차 소비에트 대회는 다음과 같이 결의했다. "소비에트러시아공화국은 자유로운 민족들의 자유로운 동맹을 기반으로 하여, 소비에트 민족 공화국들의 연방으로 수립된다."[29] 연방주의와 민족—영토 자치의 원칙은 둘 다 1918년 7월에 채택된 최초의 소비에트 헌법에서 명문화되었다. 리처드 파입스Richard Pipes가 지적한 바에 따르자면, "소비에트러시아는 … 민족 원칙을 연방 구조의 기반 위에 놓은 최초의 근대 국가가 되었다."[30]

우크라이나는 1918년 초에 브레스트—리톱스크조약을 통해 독일과 오스트리아—헝가리제국이라는 중앙동맹국에 종속됨으로써, 러시아로부터 잠시 독립할 수 있었다. 볼셰비키는 우크라이나에서 축출되었으며, 독일과 오스트리아군은 우크라이나의 제한된 주권을 보장했다. 많은 우크라이나 민족주의자에게 있어서, 최초의 전후처리 조약인 브레스트—리톱스크조약은 우크라이나 국가 형성사에서 긍정적인 발걸음으로 간주 되어 왔다. 러시아인들에게 있어서, 이 조약은 알렉산드르 1세가 나폴레옹에게 치욕적으로 양보했던 또 다른 "틸지트조약"이었다. 우크라이나, 벨라루스, 발트 지역을 포함한 러시아 제국의 방대한 서부 영토가 독일의 지배권 안으로 넘어갔고, 독일은 그 지역의 반反볼셰비키 민족주의자들을 지원했다. 러시아 민족주의자들(그리고 오늘날 블라디미르 푸틴)에게 있어서, 브레스트—리톱스크조약은 막 태어난 볼셰비키 정권이 저지른 반역 행위였다. 오늘날에도 많은 러시아인은 이 조약을 유럽 제국주의가 항상 러시아로부터 국경 지대를 빼앗아 러시아를 약화시키려고 열망하고 있다는 증거로 보고 있다.

비록 외국군의 총검에 의존하고 있었지만, 우크라이나 민족주의자들은 자신들의 국가를 가지게 되자, 이제 보다 완전한 우크라이나인들을 만들어서, 우크라이나어를 장려하고, 러시아어를 사용하는 도시들을 새

로운 우크라이나 국가 안으로 통합시켜야 했다. 게트만[9]의 통치Hetmanate
와 오스트리아가 후원한 "붉은 왕자" 빌헬름 폰 합스부르크Wilhelm von
Habsburg[10]의 아래에서만이 아니라, 우크라이나 의회인 라다 아래에서, 온
건한 우크라이나화Ukrainization 프로그램이 실행되었는데, 이것은 나중에
소련의 토착화 정책indigenization의 기반을 놓았다. 볼셰비키(적어도 레닌)도
이에 뒤지지 않고, 소수민족들이 스스로의 미래를 결정할 권리를 부여받
아야 한다고 설파했다. 레닌은 정권을 장악한 지 불과 한 달 뒤에, 아주 중
요한 비非러시아 민족인 우크라이나인들에 대한 소비에트의 민족 정책에
대해 대담한 발언을 했다.

> 우리는 지금 우크라이나에서 일어나고 있는 민족운동을 목도하고 있습니다.
> 그리고 우리는 다음과 같이 말합니다. 즉, 우리는 우크라이나 인민의 완전하
> 고 무제한적인 자유를 무조건 지지하는 바입니다. 우리는 자본주의 억압자들
> 의 러시아가 다른 민족의 처형자 역할을 했던 때의 피로 물들고 더럽혀진 과
> 거와 단절해야 합니다. … 우리는 우크라이나인들에게 말합니다. 우크라이나
> 인으로서 여러분은 여러분이 원하는 대로 삶을 영위할 수 있습니다. 그러나
> 우리는 우크라이나 노동자들에게 형제애의 손을 내밀며, 다음과 같이 말하고

---

9 게트만: 16세기 말부터 우크라이나 카자크인들의 군사 지도자로서 폴란드의 대게트만(hetman koronny)
   휘하에 있었다. 보그단 흐멜니츠키 지도하에서 카자크-우크라이나 혁명이 일어나고, 또 1654년에 페
   레야슬라블협정이 체결된 이후, 게트만은 카자크군의 최고 지휘관이자 우크라니아에서 민사 행정의 수
   장으로 인정받았다.
10 '붉은 왕자' 빌헬름 폰 합스부르크(Wilhelm von Habsburg, 1895-1948): 오스트리아-합스부르크가의 황
   족이었지만, 우크라이나 민족주의자들과 협력하고 우크라이나의 독립을 지지했다.

자 합니다. 당신들과 함께, 우리는 당신들의 부르주아지와 우리의 부르주아지에 맞서 싸울 것입니다. 오직 만국의 노동자들의 사회주의적 연대만이 민족적 박해와 싸움의 모든 근거를 제거할 수 있습니다.[31]

1919년 말경, 레닌은 1917년 볼셰비키의 승리를 가능케 한 요인들을 되돌아보다가, 다시 우크라이나 문제로 시선을 돌리며, 민족 정책에서 관용의 중요성을 강조했다. 그는 제헌의회 선거 결과를 검토하면서, 우크라이나 사회혁명당 및 사회주의자들이 우크라이나 유권자들 사이에서 러시아 사회혁명당보다 더 많은 지지를 받았다는 사실에 주목했다. 그래서 그는 지적하기를, "1917년 만큼이나 이른 시기에, 러시아 사회혁명당과 우크라이나 사회혁명당 사이의 분열은 결코 우연한 일일 수 없다." 레닌은 민족 감정이 고정되거나 영구불변한 것이 아님을 전제하면서도, 국제주의자들은 비非러시아인들의 민족의식의 변화에 관용적인 태도를 보여 주어야 한다고 다시 한번 주장했다. 그는 내전기 내내 농민층의 특징으로 드러난 소부르주아적 동요의 원인이 바로 이러한 민족의식의 변화에 있다고 확신했다.

우크라이나가 별개의 국가가 될 것인지의 문제는 [프롤레타리아독재의 기본적인 이해관계, 적군赤軍의 통일, 혹은 농민과 관련하여 프롤레타리아의 지도적 역할에 비하면] 훨씬 덜 중요한 사안이다. 우리는 우크라이나 노동자와 농민들이 다양한 체제를 시험해 보려 하고, 이를 통해 말하자면 수년간 러시아 사회주의연방소비에트공화국RSFSR과의 동맹을 실제로 테스트해 보거나, 혹은 그로부터 분리되어 독립적인 우크라이나 소비에트사회주의공화국, 혹은 그와 유사한 형태의 가까운 연합 등을 형성하려 한다고 할지라도, 전혀 놀라거나 두려워해서는 안 된다. …

이러한 문제에 대하여 비非프롤레타리아 노동 인민이 동요하는 것은 지극히 자연스럽고, 심지어 불가피하며, 프롤레타리아트에게 있어서 전혀 두려운 일이 아니다. 비非프롤레타리아 대중이 그들 자신의 경험을 통하여 이러한 동요를 '스스로 처리하도록' 맡겨두는 것이 … 진정으로 국제주의자 자격을 갖춘 프롤레타리아의 의무이다.[32]

앞서 살펴본 바와 같이, 차르 체제는 자치와 차등화의 여러 형태를 실험해 보기는 했으나, 실제적인 분리를 용인한 적은 단 한 번도 없었다. 레닌의 입장은 수 세기에 걸쳐 차르 체제가 채택해 온 정책들과 극명하게 대조되었다.

격렬한 내전 중에, 많은 공산주의자들, 특히 제국 주변부에 위치하거나 비非러시아 출신의 공산주의자들은 단일국가의 해체를 두려워하고 있었기 때문에, 레닌이 주장한 민족자결에 관한 수사적 표현에 반대했다. 일찍이 1917년 12월에, 스탈린은 민족자결의 자유가 부르주아지가 아니라, 오직 노동계급에게만 부여되어야 한다고 주장했다. 1919년 3월에 개최된 제8차 당대회에서, 당시에 볼셰비키 내부 서클에서 강성 좌파 성향의 니콜라이 부하린은 스탈린의 입장을 지지하며, 식민지 문제로부터 민족문제를 분리하려 했다. "민족자결"이라는 구호는 오직 그 나라의 프롤레타리아가 스스로의 계급적 이해를 부르주아지로부터 분리하지 못하는 민족에

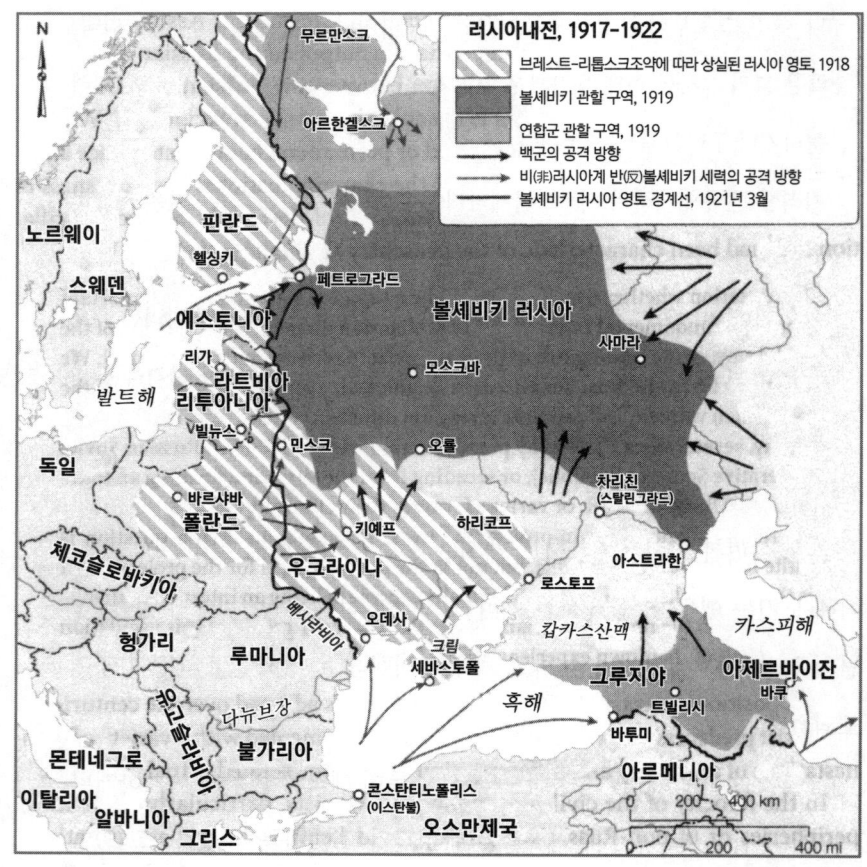

지도 9.3. 러시아내전, 1917-1922

게서만 적용되어야 한다. 이에 대해 레닌은 부하린을 신랄하게 반박했다. 그는 모든 민족이 자결권을 가지며, 볼셰비키가 이 원칙을 지지하는 것은 노동계급의 자결권에 도움을 주는 것이라고 재차 역설했다. 레닌은 각 민족이 "중세적 형태로부터 부르주아 민주주의를 거쳐 프롤레타리아 민주주의에 이르기까지" 이동하는 단계가 고려되어야 한다고 지적하면서도,

러시아 본토를 제외하고는 프롤레타리아와 부르주아지의 이해관계를 명확히 구분하기 어렵다고 언급했다.[33]

당대회의 최종 결의안은 레닌의 민족주의에 대한 관용적 입장과 이에 강경하게 반대하는 입장 간의 혼란스러운 절충의 산물이었다. 볼셰비키는 민족 정책에 관하여 어떠한 합의에도 이르지 못했다. 레닌처럼 비非러시아인의 민족적 의제를 중시한 사람들과, 스탈린처럼 민족적 의제를 "프롤레타리아 의제"에 종속시킨 사람들 사이의 갈등은 레닌이 사망하고, 스탈린이 당내에서 권력을 장악할 때까지 계속되었다. 현장에서, 실제로 민족의 의지를 대표하는 주체가 누구인가에 대한 판단은 공산주의자들 스스로의 몫이었다. 핀란드, 폴란드, 발트 3국 및 (일시적으로) 그루지야에 대한 독립 승인이라는 초기의 조치 이후에, "분리주의자들"에 대한 추가적 양보는 없었다.

러시아 국경 지역에 대한 최종적인 처리는 편의, 기회, 그리고 물리력에 의해 결정되었다. 예를 들어, 베사라비아인들은 처음에는 1세기 이상 속해 있었던 러시아 제국과 주로 동질감을 느꼈다. 혁명의 해인 1917-1918년에 이르러, 사회주의자들이 지역 정치를 장악하자, 민족주의 운동가들은 연방적 민주국가 내에서 자치를 요구했다. 그러나 페트로그라드에서 볼셰비키가 승리하고 러시아 경제가 붕괴하자, 민족주의자들은 절박한 선택을 해야 하는 입장에서 대부분의 베사라비아인(몰도바인)과 언어를 공유하던 루마니아와 통합하기로 결정했다. 리투아니아인들은 러시아와 독일 사이에서 의견이 분열되었다. 그들의 주적인 폴란드는 빌뉴스를 비롯한 여러 도시를 지배하고 있었으며, 리투아니아의 전통적 수도인 빌뉴스를 자국의 부활한 국가에 포함하려는 야망을 품고 있었다. 1920년 빌뉴스가 폴란드에 넘어간 이후, 그곳 인구의 대부분이 폴란드인과 유대인이었음에도 불구하고, 리투아니아 민족주의자들은 자기들에게 보물과도 같은 그 도시를 되찾는 데 주력했다. 소련은 1939년에 빌뉴스를 리투아니아에 되돌려주었으나, 점령이라는 값비싼 대가를 지불해야 했다.

광활한 중앙아시아 지역에서는 러시아 정착민들이 토착 무슬림들에 대항하여 식민지적 반혁명 활동을 수행했다. 식량과 사회질서를 둘러싼 투쟁 속에서, 더 큰 자율성을 얻고자 하던 무슬림들은 중심부에 대한 복속을 추진하던 소비에트 세력과 대결을 벌였다. 타슈켄트의 공산주의자들은 다양한 무슬림 세력과 치열하게 충돌했는데, 어떤 경우에는 아르메니아 민족주의자들과 동맹을 맺기도 했다. "비적匪賊"과 적군赤軍 사이에 동맹이 맺어졌다가, 결국 볼셰비키 모스크바가 상당한 지방 권한을 부여하기에는 투르키스탄의 무슬림들을 신뢰할 수 없다고 판단했을 때 그 동맹은 파기되었다.

러시아가 벌인 모든 전쟁과 마찬가지로, 내전은 복잡하고 혼합된 혈통, 그리고 지리적·사회적 유동성으로 인하여 제국의 산물이라고 할 수 있는 남녀들이 수행한 전쟁이었다. 역사가 윌러드 선덜랜드는 로만 표도로비치 폰 운게른-슈테른베르크Roman Feodorovich von Ungern-Sternberg 남작이라는 개인의 생애를 통해, 러시아 제국의 황혼기에 발생한 개인적·민족적·종교적·국가적·이념적·국제적 소용돌이를 추적했다. 운게른은 두 거대 육상 제국(오스트리아-헝가리제국과 러시아 제국)의 접경지대에서 성장했으며, 훗날 그가 가진 야망으로 인하여 또 다른 두 대국(러시아와 중국)의 경계 위에 있게 되었다. 성장 과정, 교육, 군 복무, 그리고 그 자신의 정치적, 이념적 운동 등이 원인이 되어, 그는 유라시아 대륙의 대부분을 포괄하는 러시아 제국의 광대한 영토를 이리저리 이동했다. 그의 생애는 이러한 제국적 흐름이 초래한 인구 이동과 혼합 과정을 집약적으로 보여 준다. 발트 지역 독일계 남작인 그는 에스토니아와 상트페테르부르크에서 교육을 받은 이후, 카자크로 변모하여, 제1차 세계대전 시기에 시베리아와 몽골, 그리고 러시아 서부 국경에서 황제를 위하여 복무했으므로, 제국의 산물이자 옹호자였다. 볼셰비키가 임시정부를 무너뜨렸을 때, 자바이칼 지역(동부 시베리아)에 주둔하고 있던 그는 반혁명 진영에 합류하여 잔혹한 전투에 참여했고, 외몽골에 근거지를 구축하여 군벌이자 통치자로서 러시아 제국과 중국 제국을 재건하려는 거창한 계획을 세웠다. 그는 엄청나게 대담한 성격을 통하여 단기간이나마 권력을 차지하여, 극동지역에서 아무런 제약도 받지 않고 학살 충동을 실행에 옮겼을 뿐만 아니라, 반유대주의적이고 반사회주의적인 폭력을 정당화하는 반#신비주의적 정치철학을 전개하기도 했다. 1921년 볼셰비키에 체포되어 총살당함으로써, 그의 짧은 제국적 모험은 끝이 났다. 운게른은 제국이 만든 전형적인 산물로서, 첫 번째 제국을 섬겼고, 세 번째 제국을 꿈꾸던 도중에 두 번째 제국의 손에서 죽었다.[34]

　1920년 여름에 이르러 볼셰비키 및 그 동맹 세력의 전략적 상황이 호전되자, "민족–식민지 문제"가 본격 의제로 떠올랐다. 영국은 러시아의 주변부에서 철수하고 있었고, 공산주의자들은 4월에 비교적 손쉬운 아제르바이잔의 소비에트화Sovietization로 인해, 남캅카스 지역에서 최초의 교두보를 확보하였다. 비록 그루지야와 아르메니아가 그 이후 거의 1년 동안 독립 상태를 유지하기는 했지만, 중앙아시아와 남캅카스 지역에서 세력의 균형추는 명백히 소비에트에 유리하게 기울었다. 소비에트는 아나톨리아에서 케말 아타튀르크Kemal Atatürk 하에 있던 튀르키예의 세속적 민족주의자들과 직접적인 연계를 맺음으로써, 자기들 사이에 낀 남캅카스 공화국들을 효과적으로 압박할 수 있었다. 4월 26일, 케말은 모스크바에 공식 서한을 보내어 제국주의에 맞선 모스크바의 투쟁에 감사의 뜻을 표하고, "제국주의적인 아르메니아 정부에 대한 군사작전"을 책임지겠다는 의사와 함께 아제르바이잔이 "볼셰비키 국가 동맹"에 가입하도록 독려하겠다는 뜻을 밝혔다.[35] 5월에는 소비에트군과 페르시아의 혁명가 쿠축 칸Kuchuk Khan이 카스피해 남부 연안에 길란 소비에트공화국[11]을 수립했다. 비록 페르시아 내의 정세는 여전히 극도로 유동적이었으나, 테헤란 정부는 영국과 거리를 두고 소비에트와 공개 협상에 나설 준비가 되어있는 것처럼 보였다. 반反볼셰비키 세력인 "백군"의 장군 안톤 데니킨 장군이 패배하고, 시베리아에서 적군과 싸우던 반동적인 콜차크 제독이 사망했으며, 붉은 군대가 요제프 피우수츠키Józef Piłsudski의 폴란드에 대항하여 진군하는 상황 속에서, 1920년 하반기에는 혁명 열기가 최고조에 이르렀고, 볼셰비키는 동방에서 혁명을 직접 추진했다.

새롭게 해방된 소비에트 아제르바이잔의 수도 바쿠에서 1920년에 개최된 "동방민족대회"는 혁명적 천년왕국설의 전형적인 행사로 간주되어 왔

---

11 길란 소비에트공화국: 1920년 5월부터 1921년 9월까지 이란 북서부 길란주에 존재했던 소비에트공화국이다.

느데, 애초부터 비현실적이고 계획이 제대로 되지 않은 채 진행되었다. 과도하게 수사적 표현이 많았던 이 대회에서는, 주요 기획자로서 레닌의 측근 그리고리 지노비예프Grigorii Zinoviev의 열정과 스타일이 그대로 드러났다. 이 대회는 주로 미국의 공산주의자 존 리드John Reed[12]에게 미친 치명적인 영향 때문에 워렌 비티Warren Beatty의 영화「레즈Reds」에서 생생하게 기념되었다. 이 대회에는 압도적으로 무슬림으로서 주로 캅카스에서 온 2,000명 이상의 대표자들이 참석했다.[36] 지노비예프가 행한 열정적인 개회 연설은 제국주의와 자본주의 모두에 맞서는 "진정한 인민의 성전聖戰"에 대한 촉구로 마무리되었다.[37] 공산주의자들과 반제국주의 민족주의자들 사이에는 편의에 따른 동맹이 맺어져서, 혁명을 중동과 아시아로 확산시키고자 했다.

제1차 동방민족대회로 개최된 바쿠 회의는 마지막 대회이기도 했다. 혁명을 수출하는 것은 생각보다는 훨씬 더 어려운 과업으로 판명되었다. 레닌은 공개적으로 이 대회를 칭찬했으나, 개인적으로는 지노비예프가 민족주의자들에게 무한한 열정을 보인 데 실망했다. 그는 "민족주의를 붉게 칠하지 말라."라고 훈계했다.[38] 몇 개월도 지나지 않아, 케말주의자 튀르키예인들의 침공에 직면한 아르메니아 공화국은 국경에 주둔한 공산군을 차악으로 간주하고, 공산군에게 항복했다. 1921년 2월, 적군은 그루지야에서 멘셰비키를 축출했다. 이들 남캅카스의 두 "혁명"은 1920년 4월에

---

12 존 리드(John Reed, 1887-1920): 언론인으로서 러시아혁명을 직접 보고 기록한『세계를 뒤흔든 열흘』의 필자이다. 그는 1920년에 개최된 동방민족대회에 미국 대표이자 코민테른 인사로 참가한 직후인 1920년 10월에 장티푸스에 걸려 사망했다. 그래서 필자는 "치명적인 영향"이라고 표현했다.

두 명의 무슬림 남성이 '동방민족대회'를 위한 현수막을 준비하고 있다. 국제 혁명운동의 일환으로서, 공산주의자들은 식민지 세계에서 반제국주의 투쟁을 조직하는 데 도움을 주도록 1920년 9월에 바쿠로 오라고 좌파 운동가들에게 호소했다. 이 호소는 "페르시아, 아르메니아, 튀르키예의 억압받는 대중"을 대상으로 했다.

있었던 독립 아제르바이잔의 붕괴보다는 훨씬 더 인위적이고 외부로부터 영향을 받은 사건이었다. 아제르바이잔에서는 공산주의자들이 바쿠의 노동자들로부터 상당한 지지를 받았던 반면에, 아르메니아와 그루지야에서는 공산주의에 대한 의미 있는 지지 기반이 전혀 없었다. 따라서 이 두 곳에서 공산당은 시간이 흘러, 타성과 강압에 의해 주민들이 마지못해 묵인할 때까지 고립된 정치 세력으로 남아 있었다.

코민테른Comintern이 동방 민족들과 관계를 맺은 최초의 단계는 1921년 말 무렵에 사실상 종료되었다. 혁명의 물결은 잦아들었고, 비록 역사적 역할은 다를지라도, 소비에트 정부가 자신을 여러 국가 중의 하나로 인식하기 시작하면서, 소련 내부의 민족문제와 대외적인 반反제국주의 투쟁 사이의 연계 관계는 점차 약화되었다. 소련 지도부는 국내의 민족 정책과 반제국주의적인 대외정책 양면에서, 이념을 현실에, 열망을 필연에, 이데올로기를 실용주의에 맞추어 조정하며, 줄줄이 양보하는 경험을 했다. 볼셰비키는 특정 사회 계급—산업 노동자들—을 대변하는 소수 정당이었는데, 내전기에 이 계급은 거의 소멸 상태에 있었다. 산업이 붕괴하자, 도시에서 굶주리던 노동자들은 조상들이 살던 농촌 마을로 떠났다. 다른 노동자들은 적군에 합류하여, 적어도 군량미 보급은 기대할 수 있었다. 광범한 농민 대중에게 정치적, 혹은 문화적 헤게모니를 전혀 가질 수 없었고, 비러시아 지역에서는 특히 취약한 상황에 처했던 공산당은 사회주의로 도약한다는 입장을 약간 조정하였다. 신경제정책 시기(1921-1928)는 러시아 및 각 민족 공화국에서 농민 계층과의 전략적 타협의 기간으로서, 국제 혁명이 지연되는 가운데 후퇴하며 인내해야 했던 때였다. 또한 이 시기는 주변부의 비러시아 민족들의 형편을 더 감안해야 했던 시기이기도 했다. 민족 문화는 장려되었고, 민족 언어가 교육되었고, 지역 관료들이 권력의 지위로 올라가서, 시간이 지남에 따라 러시아인들을 대체했다.[39]

레닌은 마지막 활동기까지 비非러시아인들에 대하여 신중하고 세심한 태도를 견지할 것을 계속 역설했으나, 그의 많은 동료들, 특히 스탈린과 그의 그루지야인 측근 세르고 오르조니키제Sergo Orjonikidze는 심지어 온건한 민족주의자들조차 받아들이려고 하지 않았다. 레닌은 자신의 마지막 투쟁에서 신생 소비에트사회주의공화국연방USSR의 체제 형태를 둘러싸고 스탈린과 다투었다. 레닌은 느슨한 연방제를 주장하는 초기 전투에서는 승리했으나, 더 강력한 중앙집권을 밀어붙이던 스탈린과의 전쟁에서는 패배했다.[40] 무엇보다 불길하게도, 예상되었던 바대로 공산주의로의 필연적인 이행이 교착 상태에 빠진 듯이 보이면서 반대 분위기가 생겨난 현실 속에서, 볼셰비키의 실제 정책과 그것을 은폐하는 과장된 수사적 표현 사이의 간극은 더욱 벌어졌다. 민족해방과 반제국주의라는 언어는 여전히 강력한 담론적 은폐 수단으로 남아 있었으며, 그 아래에서는 종속된 민족들로 구성된 제국이 서서히 생겨나고 있었다.

제10장

소련 스타일의 민족 만들기

1921-1953

20세기 초반 수십 년 동안, 서구 세계의 많은 지역에서 영국, 프랑스, 네덜란드, 포르투갈, 독일 등의 제국들은 자국의 제국적 위상에 대해 자부심을 가지며, 여전히 찬란히 빛나고 있었다. 그러나 탈식민화가 진행되는 과정에서, 레닌 등의 사람들이 이미 분명한 목소리를 냈듯이, 제국 권력이 피정복 민족의 권리를 유린했다는 사실에 대한 뒤늦은 깨달음으로 "제국"이라는 개념 자체는 더럽혀지고 불명예를 얻었다. 유럽 제국들이 자기들의 공식적인 식민지를 하나둘씩 포기하자, "제국"이라는 단어는 비난의 용어로 전환되었고, 민족들의 파괴자이자 감옥으로 소련에 적용되기 시작했다. 로널드 레이건Ronald Reagan은 1983년에, 소련을 "악의 제국Evil Empire"이라고 비난하며 그 꼬리표를 대중의 기억 속에 각인시켰다.

소련을 제국적 억압자이자 민족 파괴자로 보는 이러한 시각은 매우 강력한 지속력을 지녔다. 소련 후기 및 그 이후의 민족주의적 자결 운동에 관한 담론에서, 소련에 의한 오랜 통치 경험은 많은 비러시아 민족들을 파괴한 과정으로 종종 묘사되곤 했다. 억압과 강제적인 러시아화, 강요된 근대화와 민족 전통의 억제, 전통적인 농촌 마을의 파괴, 심지어 자연에 대한 공격 등이 결합하여, 소련 권력을 민족의 적으로 보여 주는 강력한 일련의 이미지가 생겨났다. 이와 같은 강렬한 민족주의적 수사 속에서는, 공산당 통치의 길고도 험난한 시기가 실제로는 혁명 이전부터 이어져 온 "민족들 만들기making of nations"의 연장선에 있다는 점이 가려져 있었다. 소비에트 체제하에서 "소수민족들"은 공식적으로 사회주의 연방을 구성하는 부분으로 안착했다. 소련이라는 경험은 비록 그 자체의 모순과 역설이 없지는 않았지만, 소수민족들이 초창기에 연방에 들어왔을 때보다 더 강하고, 더 일관성 있고, 판단력을 갖추게 된 결과를 낳았다.

계급 이데올로기를 전제로 하여 최초의 노동자 국가로 자신을 홍보했던 소련은, 동시에 역사상 최초로 민족적 정치 실체로 정의된 영토 단위에서 생겨난 국가이기도 했다. 이 유사 연방pseudo-federal union은 민족들에게 영토적 정체성, 자기 언어로 된 교육 및 문화 기관을 보장해 주고, 토착 간부들을 권력의 지위로 승진시켜 주면서도, 정치적 주권은 박탈했다. 레닌이 장려하고 스탈린이 지지한 "토착화korenizatsiia, nativization" 정책은 문자 체계가 없던 민족에게는 문자를 창제해 주고, 차르 체제하에서 학교를 가지지 않았던 민족에게는 학교를 설립해 주었으며, 민족 지역 외부에 사는 민족들을 위하여 수백 개의 민족 소비에트(자치 평의회)를 설치해 주었다.

지방 소수민족 출신 인사들은 꾸준히 지도자로 임명되어 러시아 민족 출신의 관료들을 대체했고, 1920년대에는 많은 공화국에서 미래로 향하는 다양한 경로로서 "민족 공산주의national communisms"가 성장했다. 아르메니아의 공산주의자들은 훗날 제노사이드라고 명명될 비극의 잿더미로부터 아르메니아의 부흥을 말했으며, 반反볼셰비키 민족주의자들을 축출하거나 체포하면서도, 소련의 다른 지역 및 세계 각지에서 아르메니아인 난민들이 이주해 올 수 있는 아르메니아 국가의 재건 작업을 시작했다. 그루지야와 아제르바이잔의 국제적 수도들은 이제 토착 공산주의자들의 권력소재지가 되었고, 이들은 민족 오페라, 민족 학술원, 민족 영화 스튜디오, 그리고 민족어로 실시하는 교육체계가 완비된 민족국가의 기초 인프라를 마련했다. 역사는 근대 소비에트 민족들이 형성된 이야기를 말하도록 다시 서술되었다. 카자흐인들과 러시아계 정착민들 간의 충돌이 벌어졌던 카자흐스탄에서, 소비에트 정부는 1921년부터 1922년까지 카자흐인에게 유리한 방향으로 토지개혁을 단행하고, 수천 명의 슬라브계 주민과 카자키를 추방했다. "중앙은 토지개혁의 통제권을 급속히 상실했다. … 러시아인 마을 전체가 24시간 내에 … 혹한 속으로 쫓겨났으며", 정부는 개혁을 종식시켰다. 카자흐스탄 내의 러시아계 인구는 거의 20퍼센트 감소했고, 전체 토지의 절반을 상실했다.[1] 비록 잔혹하기는 했지만, 이러한 정책들은 민족 간의 갈등을 완화하고, 자기들 민족의 고향으로 지정된 영토에서 토착민들의 입지를 강화하려는 의도를 가지고 있었다.

국민국가는 민족 구성원으로 정체성을 가진 모든 사람을 모으면서 국가의 민족적 동질성을 증대하고자 열망했지만, 제국들은 좀 더 양가적인 정책을 채택한다. 제국은 집단적 차등의 원리에 입각하며, 특정 민족을 특정 영토와 연관시키려는 경향을 종종 보이기도 하지만, 동시에 방대한 국제주의적 공간 안에서 인구가 혼합되고, 민족들이 이리저리 옮겨 다니면서 정착하는 것을 특징으로 한다. 소련의 경우에, 이주는 해당 공화국의 명칭을 부여받도록 승인된 집단인 '명목민족[1]'의 입지를 강화했고, 민족과 영토를 확고히 동일시하도록 했다. 그러나 대도시, 특히 모스크바와 레닌그라드, 그리고 (1944년에 합병된 이후에) 발트 3국과 같은 지역에는 온갖 민족 사람이 일자리와 더 나은 삶의 조건을 찾아 떼로 몰려들었다. 1930년대에 소련이 농업을 집단화했을 때, 농민들은 출신 지역과 일터에 묶이게 되었고, 이로써 제2의 농노화라는 불만 섞인 웅성거리는 소리가 터져 나왔다. 그러나 동시에 급속하고 강제적인 산업화로 인하여, 각 민족 출신 사람들은 텅 빈 스텝 지대에 건설되고 있던 새로운 도시와 건설 현장으로 이동했다.[2] 소련은 그 이전의 제국들과 마찬가지로, 민족의 혼합을 허용했고, 심지어 장려하기까지 했다. 반면에 동시대의 국민국가는 대개 인구의 동질화, 통합, 혹은 심지어 '비혼합'을 지향했다.[3]

혁명 이전 수 세기 동안 남캅카스 지역은 부족과 민족들이 끊임없이 한 지역에서 다른 지역으로 옮겨가는 이동성 높은 지역이었다. 러시아−페르시아 전쟁 및 러시아−튀르키예 전쟁 이후, 무슬림들은 남쪽 제국들로 이주했고, 아르메니아인들은 예레반 주 및 트빌리시와 바쿠 같은 주요 도시로 북상했다. 도시의 인구는 혼합되었으며, 아르메니아인들이 세 민족 중에서 가장 도시화된 집단이었다. 그러나 소련 시기의 높은 도시화율로 인해, 바쿠에서는 아제르바이잔인이, 트빌리시에서는 그루지야인이 확고히 다수를 차지하게 되었다. 그러나 민족별 결집 현상이 강화되는 가운데에서도, 변칙적으로 다수 민족 지역 안에 소수민족 거주 지역이 남아 있었

---

1 '명목민족(titular nationalities)': 어떤 지역이나 땅 이름의 어원이 되는 민족을 일컫는 용어이다. 소련의 공화국들의 명칭은 명목민족의 이름을 따서 지어졌다.

다. 아제르바이잔 내의 자치 지역인 산악 카라바흐(나고르노-카라바흐)에서는 인구의 4분의 3 이상이 아르메니아인이었고, 그루지야의 자치 공화국인 압하지야에서는 그루지야계 인구가 증가함에 따라 압하스 소수민족이 위협받았다. 그루지야와 아르메니아에는 수십 개의 아제르바이잔계 마을이 남아 있었고, 아제르바이잔에는 아르메니아 및 그루지야계 마을이 존재했으며, 그루지야에는 아르메니아계 농촌 및 도시 거주민들이 있었다. 1920년대에 소련의 중앙정부는 모든 민족의 문화적 특수성을 보호하는 데 전력을 다하고자 했으나, 민족의 영토화가 진행되고, 명목민족의 권력이 강화됨으로써 소수민족에게 별다른 보장책을 내놓지 못했다. 세 공화국의 주도 민족은 자기 주민들을 "민족화"하기 위해 부지런하게 노력했다.

혁명 직후 수년간 "민족문제"를 담당한 인물은 민족문제 인민위원 이오시프 스탈린이었다. 그 자신이 그루지야계로서, 비러시아계 민족문제에 대한 공산당 내의 권위자로 인정받았던 스탈린은 민족문화와 민족 엘리트의 육성을 지지했던 레닌의 견해를 공유했다. 강제적인 러시아화나 민족적 차이를 제거하는 방식이 아니라, 민족주의 없는 민족성, 즉 정치적 자율성에 대한 열망을 가지지 않는 민족성이 추구되었다. 다양한 민족문화는 형식으로는 민족적이지만, 내용은 사회주의적인 것이어야 했다. 이것은 민족문화를 장려할 뿐만 아니라 민족 출신 간부들을 육성하는 동시에, 사회주의 미래를 향하여 인민을 교육하고 이끌고 가는 단계였다. 1930년대 초까지 러시아인이 아닌 인구가 상당수 존재하는 지역에는 어디든지 민족 학교가 설립되었다. 러시아 내의 우크라이나인들, 우크라이나 내의 유대인이나 아르메니아인들은 각자의 언어로 교육을 받았다. 심지어는

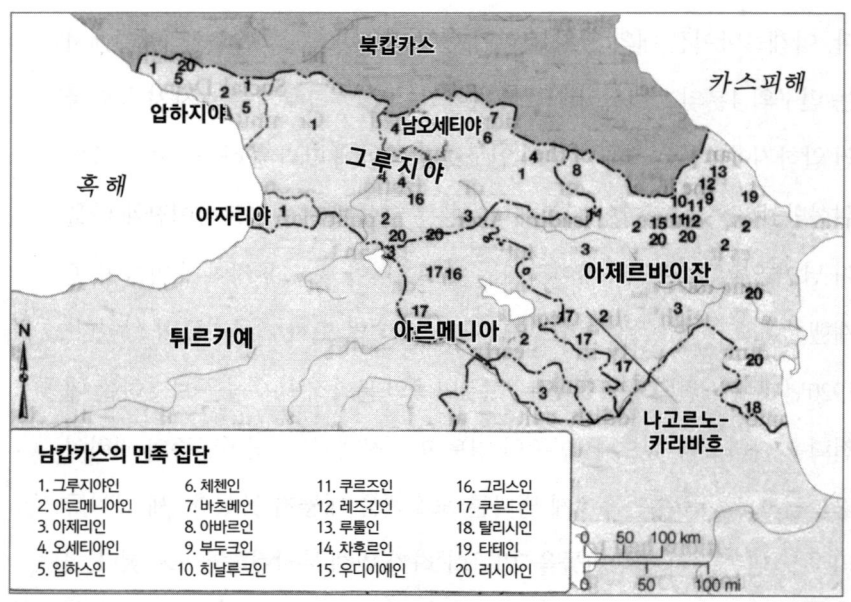

남캅카스의 민족 집단

1. 그루지야인	6. 체첸인	11. 쿠르즈인	16. 그리스인
2. 아르메니아인	7. 바츠베인	12. 레즈긴인	17. 쿠르드인
3. 아제리인	8. 아바르인	13. 루툴인	18. 탈리시인
4. 오세티아인	9. 부두크인	14. 챠후르인	19. 타테인
5. 압하스인	10. 히날루크인	15. 우디이에인	20. 러시아인

0 50 100 km

0 50 100 mi

지도 10.1. 남캅카스의 민족 집단

민족 마을들에는 민족 소비에트가 조직되었다. 러시아인들만 의도적으로 제외한 채, 민족성은 모든 사람에게 장려되었다. 마르크스주의자들이 보기에, 러시아인들은 쇼비니즘적 제국주의자들이었으며, 이제 재갈을 물릴 필요가 있는 사람들이었다.

 사회계급의 중요성을 강조하는 마르크스주의와, 동일한 민족에 속한 구성원 전체를 하나의 공동체로 묶는 민족성 개념의 결합은 결코 순조로운 것이 아니었다. 스탈린은 그의 멘토 레닌의 말년기(1922~1924)에, 보다 느슨한 소비에트연방 구성을 제안한 레닌의 구상에 반대했다. 비러시아계 민족들의 민족주의적 경향에 의구심을 품었던 스탈린은 중앙집권적인 연방을 선호했으며, 레닌이 비러시아계에 지나치게 유화적인 태도를 보인다고 판단했다. 공산당은 소비에트사회주의공화국연방USSR이라는 레닌의 계획을 따라갔으나, 레닌이 여러 차례의 뇌졸중으로 일할 수 없게 되고 결국 1924년 1월에 사망하자, 스탈린은 자신이 구상한 공화국들에 대한 중앙집권적인 통제 프로그램을 점차 실행에 옮길 수 있었다. 그는 당 지도자들로서 중앙에 대항하여 자신들의 민족성을 열정적으로 추구하던 "민족 공산주의자들"에 맞서 싸웠다.

타타르인 공산주의자 미르사이드 술탄–갈리예프Mirsaid Sultan-Galiev는 민족문제 인민위원부Narkomnats에서 스탈린과 긴밀히 협력했던 인물로서, 민족화된 무슬림 공산주의라는 문제를 놓고 고심하다가 자신의 파멸을 자초했다. 러시아 제국 내의 무슬림 지역들에는 산업도시가 극히 드물었으며, 본격적인 프롤레타리아계급으로 간주할 만한 노동자도 별로 없었기 때문에, 술탄–갈리예프는 모든 무슬림 민족들이 식민지 억압을 경험했다는 점에서 프롤레타리아 민족들이라고 주장했다. 그는 무슬림 공산주의자들의 지도를 받아, 러시아혁명을 동방으로 수출해야 한다고 역설했다. 이러한 급진 사상 때문에 그는 반공주의적 무슬림 세력과 협력했다는 혐의로 기소되었고, 여러 차례 체포된 끝에 1940년에 결국 처형되었다.[4]

1920년대 내내, 각 공화국의 다양한 민족 공산당들은 '볼셰비키화Bolshevization'되어 모스크바에 복속되었고, 민족주의 성향이 강한 간부들은 제거되었다. 많은 비러시아계 공화국들에서는 토착 공산주의자들이 거의 없었기 때문에, 신규 당원들은 민족 정당이나 다른 사회주의 정당 출신 인사들로 충원되었다. 우크라이나에서는 '스필카'(우크라이나 사회민주연합)와 우크라이나 사회혁명당 출신 인사들이 우크라이나 공산당에 입당했다. 아제르바이잔에서는 좌파 성향의 아제르바이잔 정당 '히멧Himmet' 당원들이 지역 공산당 조직의 주축을 이루었으며, 그 지도자 중 한 명인 나리만 나리마노프Nariman Narimanov는 아제르바이잔의 지도자급 정치인이 되었다. 그러나 그가 계급 기반의 사회주의혁명보다 무슬림 혁명을 선호한다는 입장이 아주 분명해지자, 이 "민족 공산주의자"는 모스크바에서 일하도록 "승진"되었다. 인접한 그루지야에서는 1920년대 초반까지 민족 공산주의가 공화국의 공산당을 장악하고 있었으나, 그 이후에 스탈린과 그의 현지 측근 세르고 오르조니키제에 의해 당 조직이 숙청되었다.

이디시 문화가 장려되고 반유대주의를 처벌하는 법이 제정되자, 소련 내부는 물론 해외에 거주하던 많은 유대인은 공산주의의 대의에 매력을 느꼈다. 공산당 내에는 유대인 문제를 전담하는 특별 부서인 '예베크치야Evektsiia'가 설치되었다.[5] 그러나 시온주의와 유대교는 공격당하였다. 민족은 고유한 영토를 가져야 한다는 스탈린의 견해에 따라, 1931년에 소련은 유럽 중심지로부터 멀리 떨어진 중국 국경 근처의 황량한 지역인 비로비잔Birobidzhan에 유대인 자치주Jewish Autonomous Region를 설치했다. "유대인의 고향"은 다음과 같은 여러 쟁점을 해결하려는 의도에서 기획되었다. 즉, 전략적으로 중요하지만 인구가 희박한 국경 지역에 사람들을 이주시키고, 상인 및 중간계층으로 여겨지던 유대인들을 공산주의 이념에 보다 부합하는 범주인 농민들로 전환하며, "고향" 없는 "민족"이라는 유대인 문제를 깔끔하게 정리하려는 것이었다. 일부 유대인들은 학교뿐 아니라 공공기관에서까지 선택어로서 이디시어를 사용하는 지역에 대한 호소에 응했으나, 이주 인원은 많지 않았다. 소련 정권은 토착 언어와 문화를 장려하고, 각 민족 출신 공산주의자를 성장시키려고 했을지라도, 민족주의가 지닌 잠재적인 위협에 불안한 감정을 가졌다. 이디시어 학교와 공공 생활을 허용해 준다는 명확한 약속하에 설치된 비로비잔에서, 지방정부 수장 요세프 리베르베르크Josef Liberberg는 "유대인 자치주를 소련 내의 유대 문화의 중심지로 만들고자" 했다는 이유로 1938년에 체포되었다. 이런 시도는 확실히 문제였던 것처럼 보였을 법하다. 그 지방 당 수장의 아내는 그 지역을 방문한 스탈린의 측근 라자르 카가노비치Lazar Kaganovich를 "집에서 만든 유대 요리gefilte fish"로 독살하려 했다는 혐의로 체포되었다. 그녀와 그녀의 남편은 노동 수용소 형을 언도받았다.[6]

공화국들을 보다 민족적이고 동질적으로 만드는 '토착화nativization' 정책은 인구의 이동성과 혼합을 장려한 소련의 경제 개발 및 사회 근대화 프로그램으로부터 도전받았다. 다수의 공산주의자에게 있어서, 첫 번째 우선순위는 경제, 곧 원기 왕성한 대규모 프롤레타리아를 가진 산업사회의 건설에 있었다. 경제 분야에서는 효율성에 강조점이 맞추어져 있었고, 이에 따라 민족문화적 요소들은 아주 종종 무시되었다. 새 정부는 광범위한 문화적 특권을 부여하는 민족별 영토 단위를 설립하는 한편, 새로운 다민족 연방국을 통합된 경제 단일체로 만드는 데 엄청난 관심을 가졌다. 이 점에 있어서는 어떠한 타협도 있을 수 없었다. 경제 정책은 전체 국가 단위로 수립되었으며, 각 연방 단위는 서로 간에, 그리고 중앙정부와 경제적 유대로 긴밀히 연결되어야 했다. 1920년대에 공산당 내에서는 경제와 민족 문화 사이에 우선권을 놓고 격렬한 논쟁이 벌어졌다. 보다 경제 중심적 입장을 취한 아벨 예누키제Avel Enukidze와 같은 인물은 국가를 경제적 합리성에 따라 '행정구획화raionirovanie'할 것을 주장한 반면에, 민족문제 인민위원부의 관료들과 다양한 비러시아계 민족 대표들은 민족적 경계를 기준으로 행정구획을 설정할 것을 지지했다.[7]

적어도 1920년대에는 지역적, 문화적 특수성에 상당한 관심이 기울여졌으나, 시간이 흐르면서 경제 구획화는 민족적 구분을 넘어선 관행이 되었다. 실제로 1920년대에서조차 당원들 가운데 간부를 선발할 때, 민족적인 자격 요건보다, 전문성, 교육 수준, 훈련 여부를 고려하도록 꾸준히 권장되었다. 그루지야에서 스탈린의 측근 오르조니키제는 경제 담당 관료 선발 기준으로서 민족보다 전문 지식이 훨씬 중요하다는 점을 동지들에게 말했다. "우리나라의 경제적 부흥을 위해 일해야 하며, 그러기 위해서는 단지 그루지야인이라는 사실만으로는 부족하고, 자신의 업무를 잘 알기도 해야 한다."[8] 물론 이러한 발언이 반복적으로 강조되었다는 사실 자체는 '토착화korenizatsiia' 정책에 의해 강조된 민족적 편파주의가 경제적 효율성과 상충한다고 생각되고 있었음을 가리키고 있다.

스탈린 시대: 1928~1953

스탈린의 "위로부터의 혁명revolution from above"과 그가 주도한 소련 국가 및 사회의 급진적 변혁은 혁명이자 동시에 반혁명이었으며, 소련 인민에게는 영웅적인 시대이기도 했고 비극적인 시대이기도 했다. 농민들은 집단농장으로 강제 편입되었고, 산업은 급속히, 그리고 우발적으로 건설되었으며, 시장경제 체제는 국가 주도의 계획경제로 대체되었다. 이러한 거대한 사회 변동은 경찰의 엄격한 감시하에 이루어졌다. 생활 수준은 하락하고, 사람들이 먹고 쓸 수 있는 양은 줄어들었으며, 주거 환경과 소비재의 질 또한 악화되었다. 스탈린이 "동지들이여, 생활은 점점 더 즐거워지고 있다."라고 선언했을 때, 사실 일상생활은 대다수 사람에게 절망적일 정도로 어려웠다. 농업 집단화와 현대적인 도시 산업사회의 건설을 향한 광적인 돌진 속에서, 그리고 1930년대 후반의 피비린내 나는 대테러Great Terror[2] 속에서 수백만 명이 목숨을 잃었다. 혁명 초기에 이루어졌던 평등주의적 개혁들은 스탈린에 의해 철회되었고, 사회는 특권을 가진 숙련 노동자 및 전문직 계층과 평범한 노동자 및 농민 사이의 엄격한 위계 구조로 나뉘었다. 예술, 영화, 문학 등에서 혁명 러시아를 아방가르드의 반열에 올려놓았던 급진적 실험들도 폐기되었고, 그 자리를 "사회주의 리얼리즘"이라는 관제官制 사조 아래 선전식의 진부한 내용과 전통적인 사실주의 양식이 대체했다. 1920년대에는 여성들이 새로운 자유—이혼이 쉬워지고 낙태가 합법화되었으며, "사생아"에게도 권리가 부여되었다—를 향유했으나, 1930년대에 들어서는 이혼과 낙태가 어렵게 되었고, 동성애는 처벌 대상이 되었다. 이 모든 것은 소련 가족 제도를 강화하고, 가능한 한 많은 자녀를 낳도록 하려는 출산 장려 정책의 일환이었다. 스탈린 시대의 보수적이고 전통적인 사회로의 이러한 전환은 1917년 혁명과 1920년대의 급

---

2 대테러: 대숙청이라고도 하며, 1930년대 후반에 스탈린 통치하의 소련에서 공산당 간부와 군인, 지식인, 대중에 대한 대규모 국가 테러를 의미한다. 이 주제에 관해서는 다음 비평 논문을 참고하시오. 김남섭, 「스탈린 대테러의 배경과 원인에 관한 재고찰」, 『서양사연구』 57호(2017) : 251~283.

진적 열정으로부터의 "대후퇴Great Retreat"로, 혹은 프랑스혁명에서 우측으로 전환된 것과 비견되는 소련판 '테르미도르'³⁾로 여겨졌다.⁹

1930년대 초반 무렵에 스탈린이 일단 자신의 독재 권력을 공고히 하자, 민족 정책은 다시금 급격하게 방향을 전환했다. 주요 사안에 대한 결정 권한이 꾸준히 중앙 당국에 집중되고 있었던 바로 그 순간에도, 10여 년 이상 동안 소련의 국제주의에 가장 큰 위협은 소수민족의 민족주의가 아니라 러시아의 "대국 쇼비니즘"이라고 간주되고 있었다. 대략 1932년 경부터 소련의 민족 정책은 이러한 반러시아 중심적 기조에서 벗어나, 러시아 민족과 소련 국가 프로젝트를 동일시하는 방향으로 서서히 이동하기 시작했다. '토착화' 정책은 축소되었고, 자신들의 민족을 적극적으로 대변하던 많은 민족 공산주의 지도자들은 숙청, 투옥, 혹은 처형당하였다. 러시아의 영웅들과 역사는 새로운 국가적 애국심의 모범으로 찬양되었다.¹⁰

러시아인들은 제2차 세계대전을 겪으면서 진정한 의미에서 국가를 지탱하는 민족으로 자리매김했다. 스탈린의 사고 속에서 "조국rodina"의 방위가 최우선 과제로 부상함에 따라, 소련은 새로운 "상상된 공동체"인 소련 인민에 기초하여 정체성과 안보를 확립하고자 하는 국가주의적 제국으로 변모했다. 그러나 수십 개에 달하는 민족과 소수민족으로 구성된 이 새로운 인민은 이제 제국 러시아의 과거로부터 유래한 관행과 가치관을 자기

---

3 테르미도르: 보통 "테르미도르의 반동"이라고 불린다. "테르미도르"는 "열월(熱月)"이라는 뜻으로서, 프랑스혁명 중 1794년 7월에 공포정치를 주도한 로베스피에르가 축출되어 단두대에서 처형되었다. 이 사건 이후 프랑스혁명은 온건화되고, 총재정부가 수립되었다.

들의 것으로 동일시하도록 요구받았다. 민족적 이해관계는 경제적 효율성과 생산성에 대한 고려에 한층 더 철저히 종속되었다. 5개년 계획에 도움이 되는 것 ─ 산업화의 높은 목표치, 불가능한 곡물 징발 목표 ─ 은 잔인할 정도로 강제되었던 반면에, 이전에 장려된 민족적 문화 진흥책은 축소되었다.

소수민족들은 자신들의 특별학교와 소비에트를 잃었으며, 좀 더 큰 민족으로의 동화작업에는 가속도가 붙었다. 소수민족에 대한 이러한 강제 동화 정책은 소련 말기까지 계속되었다. 예를 들어, 아제르바이잔에서 페르시아어를 사용하는 탈리시족[4]은 결국 튀르키예어를 사용하는 아제르바이잔 민족에 공식적으로 통합되었으며, 1959년에는 인구조사 항목에서 아예 제거되어 마치 존재하지 않는 집단처럼 취급되었다. 1930년대 초반의 집단농장 캠페인은 수십만 농민의 저항에도 불구하고 강행되었으며, 비非러시아 지역에서는 전통적인 가부장적 마을 공동체의 지도 체제에 엄청난 타격을 입혔다. 그와 동시에 교회와 모스크도 공격 대상이 되었다. 아제르바이잔과 중앙아시아에서는 여성들이 베일을 벗도록 강요받았다.[11] 아르메니아에서는 민족 교회의 수장이 살해당했다. 남캅카스와 중앙아시아 지역에서는 산업화가 진행되어 사회적·지리적 이동성을 증대시킴으로써, 전통적인 권위 구조와 문화 관습은 더욱더 붕괴되었다. 교육은 국가에 의해 실시되고 세속화되었으며, 기존의 엘리트들은 제거되고, 그 자리는 공산주의자들과 그들의 협력자들로 대체되었다. 스탈린은 비

---

4   탈리시족: 아제르바이잔 내에서 소수에 속한 이란계 민족이다.

러시아공화국의 거의 대부분의 지도자들을 계획적으로 체포하여, 유배 보내거나 처형했다. 그들 중에는 중앙당의 명령에 따라 그전에 진행된 숙청을 지휘했던 자들도 있었다. 1938년에 아제르바이잔 당서기 및 카자흐스탄 공산당 제1서기를 역임한 아르메니아인 레본 미르조얀Levon Mirzoyan은 소비에트 고려인의 카자흐스탄 강제이주와 비밀경찰의 활동에 관해 항의하는 서신을 스탈린에게 보냈다가, 체포되어 1년 뒤에 총살당했다. 민족 공화국의 정상급 지도자 중에 살아남은 자로는 그루지야의 무자비한 라브렌티 베리야Lavrenti Beria와 그의 추종자 아제르바이잔의 미르 자파르 바기로프Mir Jafar Bagirov가 있었다.

소련의 마르크스주의 담론은 금지된 민족주의 담론을 대체했고, 소련 문화와 러시아 문화 간의 경계는 희미해졌다. 1930년대 말까지는 러시아어 교육이 모든 학교에서 의무화되었다. 비록 모국어 교육도 병행되었으나, 그것만으로는 정치나 과학 분야에서 성공적인 경력을 쌓기에 충분하지 않다고 종종 생각되었다. 1920년대의 '토착화' 정책이 이후 수정되고, 스탈린 체제하에서는 러시아어 및 러시아 문화가 진흥 되었음에도 불구하고, '토착화' 정책이 작동시킨 인구 및 문화적 발전은 계속되었으며, 1960년대에 이르면 비러시아 지역과 공화국들에서 대체로 그 목표가 달성되었다. 대부분의 공화국은 인구 구성뿐만 아니라 정치적, 문화적으로도 민족적인 성격을 띠게 되었다. 사실상 "차별철폐" 프로그램이라 할 수 있었던 정책에 따라 명목민족 출신의 간부들을 적극적으로 등용했는데, 이것은 (아제르바이잔과 그루지야, 아르메니아에서는) 더 도시화되고 교육 수준이 높은 러시아인들에게 피해를 주었다.[12] 영토에 기반한 민족들이 형성되기는

"그림 그리기, 음악, 노래 수업. 의심할 바 없이 이것들은 학생들의 문화 수준을 끌어올리고 있다." 예술 교육이 지닌 장점을 극찬하는 소련의 어떤 포스터.

했으나, 그들에게 정치적 표현을 할 수 있는 완전한 권한은 부여되지 않았다. 톰 네어른Tom Nairn이 "유보 문화Reservation culture"라고 말한 것이 성립되었다. 즉, 그것은 정치적 민족주의 없이 언어민족적 문화만이 유일하게 허용되는 "건전한" 민족성nationhood이었다.[13] 국가는 다민족 연방의 형식을 취하고 있었으나, 실질적인 주권은 개별 공화국들로부터 모스크바로 이양되었으며, 러시아 소비에트연방사회주의공화국RSFSR을 포함한 모든 공화국은 중앙당 기구에 철저히 종속되었다. (러시아인을 포함한) 민족들과 사회계급(아주 중요하게도 농민층)을 공산당 엘리트에 종속시키고 차별하는 정책과 함께, 중심부가 주권—즉 모든 중요한 의사결정—을 탈취한 것은 소련 지배의 본질 그 자체였다.

이 유사 연방제는 많은 면에서 제국의 새로운 형태였다. 모든 권력을 모스크바에 넘겨준 데 성공한 것 자체로서, 국가는 조각난 제국으로부터 단일하고 중앙집권화된 "유사 연방"으로 변모되었다. 이런 체제는 구성 부분의 자율성을 인정한다는 입에 발린 말을 했지만, 크렘린의 명령을 모든 구성 부분에 명령처럼 강요했다. 스탈린 치하의 소련은 이전의 통치 형태들이 실패한 중앙집권적 국가 건설에 성공했으며, 권력은 중심으로부터 발원하여 외곽 지역까지 깊숙이 침투했는데, 그 영향력은 거리가 멀어짐에 따라 다소 약화되었을 뿐이었다. 당이 전면적이고 독재적으로 통치함에 따라, 상당한 자율성을 부여한 상태에서 간접 통치를 실시하는 관행과 지역적 차등화라는 과거 제국의 특징들은 어떤 면에서는 불필요하게 되었다. 수사적으로 말하여, 소련은 평등과 민주주의를 천명하며, 전통적 제국 개념에 정반대되는 수평적 동질성을 지향한다는 의지를 표명했다. 그러나 실제에 있어, 국가는 민족·계급·지역 간의 제국적 구분에 계속 의존했다. 소련의 다양한 민족들은 마르크스주의적인 진화 계산법에 따라 상이한 지위를 부여받았는데, 그에 따르자면 일부 민족은 다른 민족보다 더욱 발전했고, 보다 프롤레타리아적이며, 사회주의의 실현에 더 가까운 것으로 평가받았다.

국민 전체는 법적으로 제도화된 구분을 몸에 지닌 채 살아갔는데, 이것은 때로는 이익을, 때로는 위험을 초래하는 차별로 이어졌다. 1932년 이후에, 사람들이 항상 소지해야 했던 국내 여권에는 계급과 민족이 기재되었고, 그에 따른 꼬리표는 그들의 삶의 의미를 담고 있었다. 계급과 민족으로 코드화된 이 체계 속에서, 일부 집단은 단체로 충성스럽고 신뢰할 수 있다고 간주되었던 반면에, 다른 집단은 반역과 파괴 행위에 기울기 쉽다고 선포된 셈이었다. 인구를 개념화하는 제국적 방식은 여전히 작동되고 있었고, 종종 치명적인 결과를 가져왔다. 그러나 동시에 소련은 제국주의와 식민주의의 주요 반대자로 자처했다. 스탈린 치하에서, 반제국주의적인 소련은 자기 부정적인 제국의 성격을 지니고 있었다.

폭력으로 강제된 농민의 복종

스탈린의 농업 집단화 캠페인 기간에 소련 전역에서는 수많은 사람들이 사망했는데, 그중 가장 많은 희생자 ─ 4백만 명 이상으로 추산됨 ─ 는 1932~1933년에 홀로도모르[5](대기근)가 일어난 우크라이나에서 나왔다. 기근이 우크라이나와 소련의 다른 지역을 황폐화시켰다는 주장은 사건 발생 당시부터 부정되었고, 그런 입장은 소련 말까지 유지되었다. 어떠한 기근도 발생하지 않았다는 단호하고도 전적으로 허위인 주장은 그 당시에 언론을 통해 선전되었는데, 가장 악명 높은 일은 《뉴욕 타임스》의 윌리엄 듀런티William Duranty가 명백한 사건조차 그저 보도하지 않았던 것이다. 《맨체스터 가디언》의 말콤 머거리지Malcolm Muggeridge와 가레스 존스Gareth Jones

---

5　홀로도모르: 굶주림을 뜻하는 "골로드(golod)"와 "탈진하여 죽인다"라는 뜻의 "모르"를 합한 단어로서 '골로도모르'가 영어로는 '홀로도모르'로 표기된다. 발음의 유사성으로 유대인 대학살을 일컫는 홀로코스트를 연상시킨다.

와 같은 기자들은 사람들이 굶주리고 있다는 사실을 정직하게 기록했다. 듀런티는 퓰리처상을 수상했고, 존스는 소련에서 추방당했다. 그때 이후 줄곧, 역사가들은 홀로도모르가 곡물 징발 정책의 실패이자 일반 농민에 미치는 영향을 노골적으로 무시한 결과였는지, 아니면 민족으로서 우크라이나인을 파괴하기 위한 고의적인 국가 프로그램이었는지를 두고 의견을 달리해 왔다.

오늘날 대량 사망 사건이 발생했다는 사실에 이의를 제기하는 사람은 거의 없다. 그러나 어떤 측은 이 사망 사건이 우크라이나인들을, 혹은 최소한 우크라이나 농민층에 깊이 뿌리내린 우크라이나 민족주의를 분쇄하기 위한 의도적인 목표를 가지고 있었다고 주장한다. 그러므로 이것은 제노사이드였다. 다른 측은 산업화 및 외화 획득이라는 목표를 위해 국가가 할당량을 필요로 했기 때문에, 소련 독재자가 곡물 징발 목표의 달성에 크게 집착했다고 주장한다. 1991년 이후 소련 기록관이 공개됨으로써 역사가들이 밝혀낸 바에 따르면, 스탈린은 우크라이나 농민들이 우크라이나당 간부들과 함께 터무니없이 비현실적으로 부과된 할당량에 저항하고 있다고 설득당했다(혹은 확신했다). 그는 우크라이나의 반항을 소련 권력에 대한 민족주의적 저항으로 간주했고, 수백만 명이 죽게 될 것을 알면서도 최후의 곡물 비축량까지 징발하도록 명령했다. 이 기근은 자연재해가 아니라, 철저히 인위적이고 계획적으로 만들어 낸 인간의 소행이었다. 정권은 사람들이 굶어 죽어 가는 모습을 냉담하게 지켜보기만 했으며, 위기로 인하여 많은 우크라이나인을 포함한 소련 군인들의 충성심이 위협받게 된 1933년이 되어서야, 정부는 우크라이나로 곡물을 수송하고 파멸적인 정

책을 중단했다.[14]

우리가 주장한 바와 같이, 국민국가는 시민 간의 동질성과 평등, 그리고 국가를 결속시키며 타국과 구별 짓는 형제애적 유대를 강조하는 반면에, 제국은 대조적으로 민족들 사이의 제도화된 차등 및 지배자와 피지배자 간의 위계적 거리 위에서 권력을 구축한다. 만약 그렇다고 한다면, 소련 농민층의 파괴와 '홀로도모르'는 제국적 지배 개념 속에서 어떻게 해석될 수 있는가? 집합적인 "우리"가 정부 혜택을 누릴 자격이 있는 이들을 정의하는 국민국가와는 달리, 제국은 체계적이고 법적으로 일부에게 특권을 부여하고 다른 이들에게는 불이익을 가하는 차등을 설정한다(심지어 만들어 낸다). 차등은 불평등을 낳으며, 일부 사람들의 우월성과 다른 사람들의 열등함을 정당화하는 근거로 이용된다. 거대한 국가가 일부 민족을 다르다고 구획하고, 이로써 우월 집단(혹은 국가의 핵심이자 진정한 국가 구성원)으로부터 어떤 방식으로 착취받도록 만든다면, 그러한 차별적 제국 관계는 특권층의 권력과 번영의 길에 방해가 되는 다른 이들을 파멸시킬 수 있는 정책을 용이하게 한다. 오스만제국 말기의 청년 튀르키예 정권이 특정 민족, 종교 집단인 아르메니아인과 아시리아인을 추방, 학살 대상으로 지목했고, 영국이 인도에서 자급 농업을 강제로 수출용 면화 재배로 전환시킴으로써 다수의 식민지 신민들을 굶주리게 만들었던 것처럼, 스탈린 치하의 소련 제국 또한 수백만 명의 사람들을 말살의 대상으로 지목했다.[15]

스탈린주의자들은 자체의 곡물 생산자들의 죽음을 불사하고서라도 어떤 대가를 치르든지, 소련 농민, 특히 우크라이나 농민들을 곡물의 추출 근원으로 선별했다. 그들의 정체성은 표시되었다. 그들은 별도의 집단으로 눈에 띄었고, 제국 지배자들에 의하여 이방인이라는 꼬리표를 얻고, 제거되었다.[16] 그들의 이질성은 민족성과 계급 양 측면에서 규정되었고(우크라이나인들은 압도적으로 농민이었다), 그들의 정치적 입장 때문에(우크라이나 농민들은 집단화를 거부했다) 공격받았다. 민족적·계급적 차등을 통한 사회적 분리는 농민들을 국가정책의 희생양으로 만드는 주요한 구분 표시였다.[17] 마을 내에서는 고정된 사회적 지위보다는 나이와 생애주기를 반영하여 농민들 사이에서 계급 구분이 명확하지 않았으나, 소련 정권은 쿨라크(문자 그대로는 '주먹'이라는 뜻이지만, 부농을 지칭)라는 꼬리표를 만들어 위험한 반동이라는 고정된 정체성을 부여했다. 쿨라크로 규정된 사람들은 대규모로 체포되어 추방되었다.[18] 스탈린은 그들을 처벌하고, 더 이상 저항할 수 없게 하고, 굶주림을 통하여 따끔한 맛을 보여 주고자 했다.

기근을 제노사이드로 보는 해석에 의문을 제기한 일부 역사가들이 보여 주었듯이, 그러한 처벌은 우크라이나를 훨씬 넘어서 러시아의 볼가강 유역과 다른 지역에까지 확대되었다. 카자흐스탄에서는 곡물을 수탈하고 전통적인 생활양식을 변화시키며, 엘리트를 제거하고 유목민을 강제로 정착시키는 혹독한 캠페인이 실시되었는데, 이로 인한 1인당 사망률은 우크라이나보다도 더 높았다.[19] 스탈린은 우크라이나인이나 농민을 완전히 제거하거나, 이들이 자식을 낳지 못하도록 만들 의도를 가진 것은 아니었다. 오히려 농민, 유목민 출신자. 카자크, 그리고 우크라이나인을 순종적인 소비에트 인민으로 만들고, 공산주의자들이 민족주의라고 낙인찍은 성질을 잃도록 만드는 것이 목표였다. 기근은 곡물을 수탈하여 도시민들과 군인들을 먹이고, 곡물을 수출하여 외화 확보를 하기 위해 농민들을 굶주리도록 하는 선택의 결과였다.[20] 따라서 '홀로도모르'와 소련 전역에서 발생한 다른 기근들, 그리고 카자흐인들의 참혹한 희생은 제노사이드라 기보다는, 멀리 있는 권력 엘리트가 고압적이고 제국적 방식을 사용하여 목표를 달성하고자 국가적 억압을 자행한 극히 치명적인 사례였다.

제국으로서의 국가와 국민국가

1930년대 중반에 이르러, 이오시프 스탈린은 레닌의 후계자이자 소련의 최고 지도자로서만이 아니라, 그 어떤 차르보다도 더 강력한 전제자로서의 입지를 확고히 했다. 그가 4반세기 동안 사실상 반대 없이 집권한 시기는 통상적으로 스탈린주의라는 꼬리표를 달고 있는데, 사회적·인구학적 위기가 연속된 격변의 시대였다. 농업 집단화, 70만 명 이상이 처형된 치명적인 정치 숙청, 2,700만 명 정도의 소련 시민이 희생된 제2차 세계대전이 있었다. 그리고 국경지대의 비러시아계 주민들을 강제 이주시킨 정책 등으로 수백만 명의 사람들이 이동하게 되었는데, 그들은 자신들의 고향에서 추방당하거나, 전쟁 중 전진하는 군대를 피해 도망치거나, 산업·농업·안보상의 필요에 따라 국가가 지정한 지역에 "자발적으로" 혹은 강제적으로 정착하였다.

국경 지대와 그곳의 혼합된 인구는 잠재적인 반역의 온상으로 간주되었으며, 그 결과 대규모 강제이주라는 특별히 강력한 정책이 적용되었다. 1939~1940년의 겨울 전쟁 이후 핀란드계 주민들과 카렐리야인들이 서쪽의 핀란드로 도피하자, 새로운 국경 지대에 정착시키기 위해 "러시아인들"(여기에는 우크라이나인과 다른 민족이 포함되었을 수도 있다)이 이주해 왔다. 전쟁이 끝난 뒤, 새로 병합된 발트 3국에서 독일계 주민들이 추방되자, 수만 명의 "러시아인들"이 이 지역으로 이주하여 카렐리야인, 라트비아인, 에스토니아인 등 토착민들의 인구 비율을 낮추었다. 또한 전간기 폴란드의 일부 지역이 소비에트 벨라루스와 우크라이나에 병합되었을 때, 의심을 받은 현지 주민들은 시베리아나 카자흐스탄으로 추방되었다. 1940년대 후반에서 1950년대 초반에 걸쳐, 스탈린 정권은 아르메니아인들을 아르메니아, 그루지야, 아제르바이잔에서 추방했고, 아제르바이잔인들을 아르메니아에서 추방했으며, 그리고 그루지야의 튀르키예 국경 지대에 거주하던 메스헤티아계 튀르키예인과 같은 소수민족도 추방당했다. 소수민족들은 때로는 자기들이 한 번도 살아본 적 없는 명목공화국titular republic으로 "귀환되기도" 했고, 보다 가혹한 경우에는 날조된 혐의로 우랄, 중앙아시아, 시베리아 등 동쪽 지역으로 추방되기도 했다.[21]

스탈린 치하에서 국가는 통제 범위 안으로 이주를 제한하려고 했으며, 동시에 노동자와 농민이 필요한 지역으로 그들을 이주하도록 유도하고자 했다. 지겔바움과 모크는 "제정러시아 시대의 이주 정책 중 일부는 소련 시기에 다시 나타났다."고 하면서 다음과 같이 지적했다.

… 국가는 계속하여 군인, 죄수, 행정관료 등을 고향에서 멀리 떨어진 곳으로 조직적으로 이주시켜 배치했고, 도시에 새로이 유입된 사람들은 농촌을 떠나는 것뿐만 아니라 도시에서 주거지를 정하기 위해서도 승인을 받아야 했

다. 여권 제도는 다시금 국내 이주를 통제하는 수단으로 기능했다. 소련 시기, 특히 스탈린 체제하에서 인구 이동을 통제하려는 국가의 시도는 전례 없는 규모로 확대되었다. 예를 들어, 대조국전쟁 당시 적군에게 점령되어 민간인들에게 가해지는 위협에 대처하는 소련 정부의 방식은 제1차 세계대전 당시 차르 정부의 대응 방식보다 기본적으로 더 야심 찬 것이었다. 스탈린 체제하에서 국가의 목표는 천연자원의 분포에 따라 인구를 합리적으로 재배치하는 것이었는데, 이것은 사람들이 마구잡이로 이리저리 이동하는 부르주아 사회의 모습과는 대조되는 것이었다. '통제 도시'regime city와 그렇지 않은 도시nonregime city로 정교하게 계층화된 도시 체계는 그에 따른 등록 절차를 가지고, 자본주의 주택 시장의 가격 구조를 대체하여, 어떤 부류의 사람들을 제한하고, 또 어떤 부류는 허용할 수 있었다. 스탈린 시대 말기에 가서야, 이러한 강제이주와 추방 정책은 도덕적 설득과 물질적인 유인책으로 대체되어 그 이후 수십 년간 우위를 점했다.[22]

지겔바움과 모크가 상기시켜 준 바와 같이, 이러한 인구 이동의 상당 부분은 강제적인 성격을 띠었으며, 이에 더하여 스탈린 체제하의 국가는 경제적 합리성과는 거리가 먼 목적을 위해서도 인구를 임의로 이동시켰다는 점을 덧붙일 수 있다. 그 대표적인 사례가 농민들의 대규모 강제 추방이다. 1920년대에는 디아스포라 폴란드인, 한인(고려인)[6], 그리고 소련 국

---

6   한인(고려인): 소련 지역에 거주하는 한인(韓人)들은 고려인(高麗人) 혹은 고려사람이라고 지칭된다. 러시아어로 한인은 '코레이츠'이지만, 고려인은 '까레이스키'라는 형용사로 널리 불리고 있다. 1860년대 전반에 일부 조선인들이 러시아 연해주로 건너가서 농사를 지으며 살기 시작한 것이 기원이며, 1920년

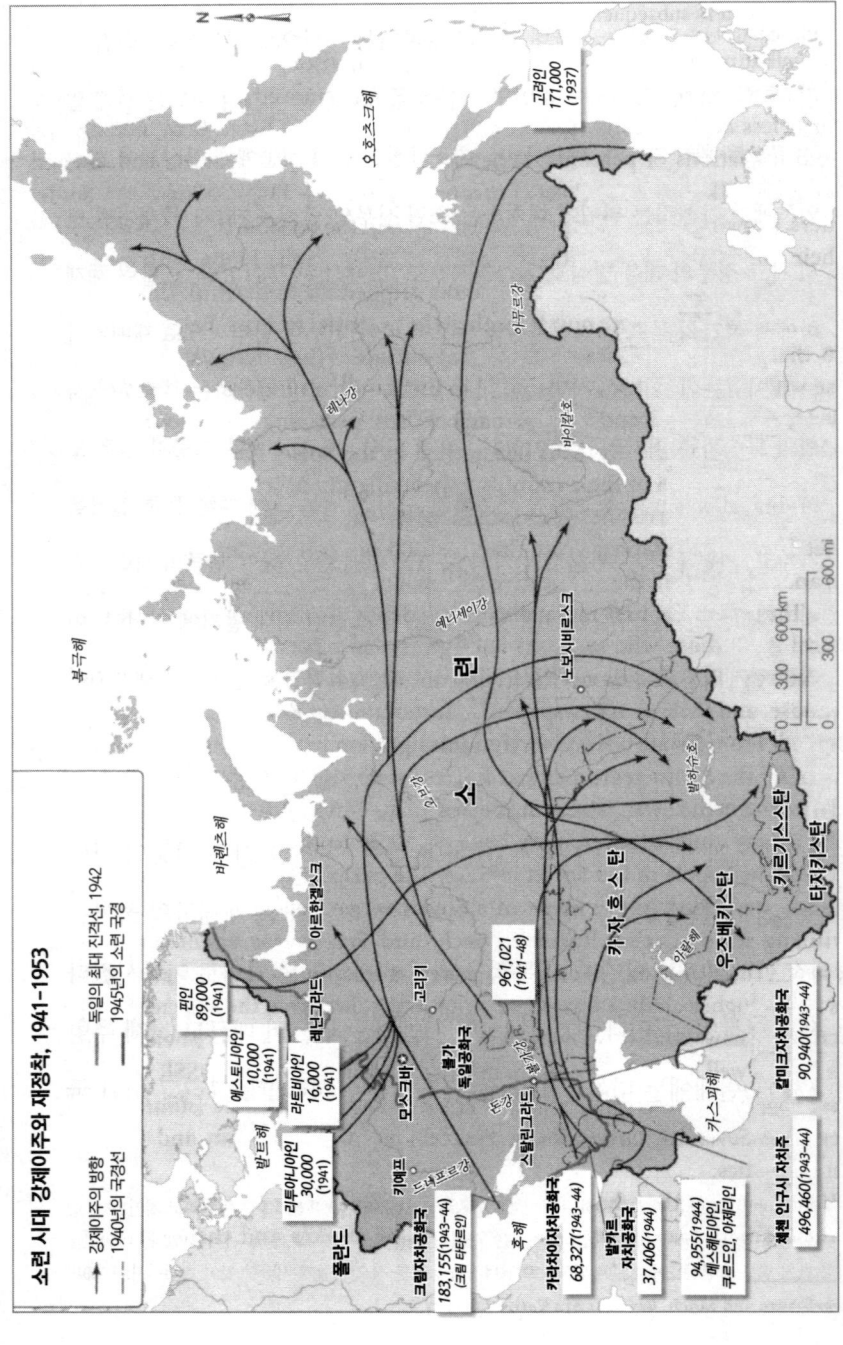

소련 시대 강제이주와 재정착, 1941-1953

→ 강제이주의 방향
┄┄ 1940년의 국경선
── 독일의 최대 진격선, 1942
── 1945년의 소련 국경

- 폴란드
- 키예프
- 드네프르강
- 발트 해
- 에스토니아인 10,000 (1941)
- 라트비아인 30,000 (1941)
- 핀인 89,000 (1941)
- 리투아니아인 16,000 (1941)
- 레닌그라드
- 이르한겔스크
- 바렌츠 해
- 북극해
- 모스크바
- 고리키
- 볼가 독일공화국
- 스탈린그라드
- 크림자치공화국 183,155(1943-44) (크림 타타르인)
- 흑 해
- 돈강
- 카라차이자치공화국 68,327(1943-44)
- 발카르 자치공화국 37,406(1944)
- 94,955(1944) 메스헤티아인, 쿠르드인, 이제리인
- 카스피 해
- 칼미크자치공화국 90,940(1943-44)
- 체첸 인구시 자치주 496,460(1943-44)
- 소 련
- 예니세이강
- 오비강
- 노보시비르스크
- 우즈베키스탄
- 타지키스탄
- 키르기스스탄
- 카자흐스탄
- 발하슈호
- 961,021 (1941-48)
- 레나강
- 바이칼호
- 아무르강
- 오호츠크 해
- 고려인 171,000 (1937)

0   300   600 km
0   300   600 mi

지도 10.2 소련 시대 강제이주와 재정착, 1941-1953

584

경 지대에 거주하던 다른 민족들은 소비에트 체제의 혜택을 외부 동족들에게 과시하기 위한 긍정적 사례로 선호되었으나, 1930년대에 들어와 전쟁의 위기가 고조되면서, 소련 지도부는 편집증적 공포에 휩싸이게 되었다. 이제 소련 내부의 디아스포라 민족들은 잠재적 반역자로 간주되었다. 1935년부터 1938년 사이에, 디아스포라 민족들—지정된 공화국 바깥에 살거나, 혹은 소련 내에 독립된 공간을 배정받지 못한 민족 사람들—은 무자비하게 체포되어 중앙아시아와 시베리아로 추방되었으며, 그들 중 다수는 이주 도중 사망하거나 즉결 처형되었다.[23] 고려인들은 본래 일본의 식민 통치를 피해 소련의 극동으로 이주한 사람들이었으나, 농업 집단화 캠페인 과정에서 현지 러시아인들과의 민족 간 충돌이 발생했다. 1937년에, 17만 명 이상에 달하는 소련 고려인 전체가 카자흐스탄과 우즈베키스탄으로 강제이주되었고, 그들의 집단농장은 동원 해제된 소련의 군인들에게 넘겨졌다. 고려인들은 소련에서 민족 전체가 추방된 최초의 사례가 되었다. 중앙아시아에서 재정착한 생존자들에게는—레닌주의의 민족 정책을 삐딱하게 모방하는 방식으로—고려인 집단농장, 고려인 학교, 출판사, 그리고 자체적인 신문이 부여되었다.[24] 지도급 고려인 공산주의자들 중 대부분은 처형당했다. 신경제정책NEP 시기에 외국 이민자들에게 열려 있었던 소련은 스탈린 시대에 들어서면서 철저히 국경을 통제하는 폐쇄적인 요새 국가로 변모했고, 외국에 충성한다고 의심되는 자국 시민들을 공격 대상으로 삼았다.

대에는 그 수가 10만 명을 상회했다.

모든 다른 제국과 마찬가지로, 주권은 오직 중심부에만 속했다. 중심부란 소비에트 제국의 수도首都와 공산주의자 엘리트 계층이었다. 러시아인이든 비非러시아인이든, 주변부는 소련판 '문명화 사명'의 이름 아래 통치되었다. 그 사명이란 영국, 프랑스, 포르투갈 제국이 그들의 해외 식민지에서 추구한 것으로서, 미개한 민족들을 상위 문명으로 끌어올리겠다는 오만한 논리였다. 그러나 볼셰비키는 한층 더 야심 찬 목표를 품고 있었는데, 그것은 새로운 인간 유형인 '소비에트 인간Sovetskii chelovek', 곧 소비에트 남녀와 공동의 문화를 창조하고, 그런 문화 안에서 소련의 모든 민족이 서로 가까워지고sblizhenie, 궁극적으로는 민족주의와 민족적 특성으로부터 자유롭게 되어 통합된 '소비에트 인민Sovetskii narod'으로 '융합sliianie'하게 될 것이었다.

우리가 소련의 민족 정책의 전체 역사로 눈을 돌려보면, 제국적 성격과 민족주의적 프로젝트 사이의 중대한 모순과 긴장이 소련 권력 70년 전체를 관통하고 있음을 알 수 있다. 소련의 프로젝트에서 소련의 모든 민족이 점차적으로 성장하여 하나의 새로운 근대 소련 인민으로 섞여 들 것이라고 공언되는 바로 그 순간에도, 민속과 민속문화를 장려하는 정책에 따라 각 민족의 고유하고 독특하며 진정한 정체성이 강조되고 있었다. 이와 유사한 양면성은 제정 시절에 소수민족에 대한 공식적인 태도에서 드러난 특징이기도 했다. 제정은 제국의 다양성을 찬양하면서도, 민족을 초월한 제국의 통합을 이룰 것을 열망했다. 차르 체제하에서는 아무도 이와 같이 꼬인 가닥을 정리할 시간을 내려고 하지 않았고, 전 영토에 적용되는 단일한 전략을 수립하려는 노력도 기울이지 않았다. 소련 시기에는 이 모순적

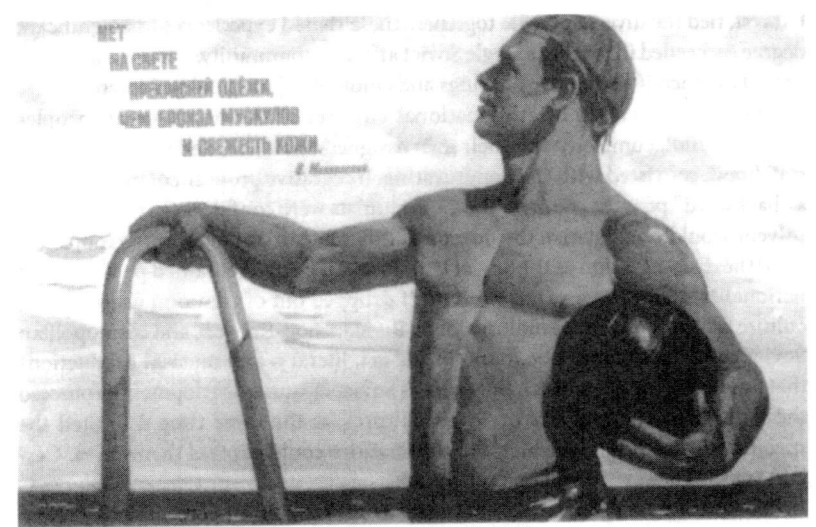

1955년에 테레셴코(N. Tereshchenko)가 제작한 이 소련 포스터는 건강한 소비에트 인간이라는 이상을 선전하고 있다. 건장하고 운동선수처럼 탄탄하며, 낙관적이고 근육질인 소련 남녀는 타인의 모범이자, 사회주의 건설에 헌신하는 존재로서, 미래에 대해 확신에 찬 모습을 하고 있다. 포스터의 문구는 위대한 시인 블라디미르 마야콥스키(Vladimir Mayakovsky)의 말을 인용하고 있다. "청동빛 근육과 건강한 피부보다 더 아름다운 옷은 세상에 없다."

인 저류低流가 명확한 정책으로 굳어졌다. 각 민족은 서로 구별되는 존재로 정의되고 설계되었다. 문학, 회화, 음악은 "민족적"이라고 판단되는 모티프나 선율을 바탕으로 창작되어야 했다. 여기서 "민족적"이라는 것은 대개 과거의 전통이나 민속 예술과 관련되는 것을 의미했다.

소련의 민족 정책은 각기 구별되는 민족 및 소수민족의 고유한 문화가 이들이 소속된 민족 공화국 사람들 사이에 뿌리를 내리게 하고, 또 그것이 여권 제도와 각종 정책을 통해 정체성을 확고하게 하는 데 초점을 맞추었다. 이처럼 민족 구분을 구체화하게 됨으로써, 소련의 정체성에 대한 공통된 감정이 형성되는 속도가 느려졌을 가능성이 있다. 그러나 수십 년의 시간이 흘렀다. 또 다른 참혹한 세계대전이 벌어졌고, 시간이 흐름에 따라, 역사적 트라우마의 공유, 관료제적 형식주의, 공적 의례를 통한 축하와 애도, 청소년 여름 캠프, 추수 작업 등을 통하여 서로 다른 민족들은 정서적 유대감으로 결속력을 갖게 되었다. 이와 같은 경험을 공유함으로써, 계산된 이해관계보다도 주로 감정과 정서에 의하여 연결된 단일한 정서적 소련 공동체가 상당한 정도로 성립될 수 있었다.[25]

각 민족에게 각자의 영토와 국가적 외양이 올무처럼 완비된 채 진행된 비러시아계 민족들에 대한 민족문화 장려정책(토착화, korenizatsiia)은 "후진적"인 농업 국가를 근대화하려는 문화적 통합 프로그램과 함께 실시되었다. 공산주의자들은 사회주의라는 용제溶劑를 통하여 수십 개에 달하는 사회적·민족적 집단들이 동질화될 것이라고 확신했다. '토착화'(코레니자치야)라는 용어 자체는 일상 용법에서 사라졌으나, 소련이 해체될 때까지 이것은 소련의 민족 정책의 일부로 남아 있었다. 소련 문화는 다민족적 성격을 띠는 것으로 간주되었다. 소련 인민이 향유한 예술, 문학, 음악 작품에서는 러시아적 요소, 비러시아 요소, 그리고 소련적인 요소가 혼재했다. 그러나 소련의 문화가 발전하여 소련 문화의 다양성과 다원성이 촉진되는 바로 그 순간에도, 각 민족이 자신들의 고유한 민족적 어법으로 표현할 수 있는 범위에는 제약이 가해졌다. 어떤 전통들은 퇴행적인 것이라고 간주되었다.

마르크스주의자들은 종교를 일종의 미신이자, 현실 인식을 흐리게 하는 마약으로 간주했다. 카를 마르크스가 쓴 바에 따르면, "종교적 비참함은 현실적인 불행의 표현이자 현실적 불행에 대한 항의이다. 종교는 곤궁한 피조물의 탄식이며, 무정한 세계의 심정이고, 또한 정신 없는 상태의 정신이다. 종교는 인민의 아편이다."[26] 종교가 전면적으로 금지되지는 않았고, 사적인 영역에서의 종교 행위는 지속되었으나, 국가는 때때로 성직자들을 가혹하게 탄압했으며, 종교 행사를 조직적으로 방해하거나 심지어 박해하고, 전도를 금지했으며, 교회 건물을 창고 또는 영화관으로 바꾸기도 했다. 수일에 걸쳐 거행되던 결혼 의식, 그리고 각종 축제 및 명절은 비판받았고, 무슬림 여성의 베일 착용은 지속적으로 공격 대상이 되었다.

지식인들과 관료들은 일종의 민족 경찰 역할을 수행하며, 각 민족 집단에게 허용되는 것과 허용되지 않는 것을 규정하고 강제했다. (1970년대 소련 아르메니아를 방문한 로널드 수니가 목격한 바에 따르면) 아르메니아의 농촌 주민들이 바쿠 라디오를 통해 접한 아제르바이잔 노래를 부르자, 지역 지식인들은 크게 분노했다. 그들은 아르메니아의 '인민zhoghovoord'이 마땅히 불러야 할 노래를 부르지 않으며, 아르메니아 인민답게 행동하지 않는 것에 실망감을 표했다. 여기서 좀 더 소련적인 문화를 공유한다는 입장은 "진정으로" 민족적인 것의 경계를 수호하려는 지역민이 선호하는 바와 대립했다. 여전히 공식 이데올로기에서는, 과거와 동일시된 민속적 요소들은 궁극적으로는 사회가 사회주의로 이행하는 과정 속에서 극복되어야 할 대상으로 간주되었다. 그러나 소련 민속 예술에 관한 어떤 작가의 표현을 빌리자면, 당분간 "공인된 일정 수준을 넘어서지 않는 한, '좋은' 공산주의자이면서 동시에 자신의 민족 정체성에 대해 자부심을 느끼는 것은 전혀 문제가 되지 않았다."[27]

소련에 대한 소속감을 공유하는 것은 직선적인 과정을 따르지 않았다.

민족 간의 통합과 연대는 강화되기도 했고, 약화되기도 했다. 열성적인 공산당 지지자들을 제외하면, 소비에트 정권의 초기 10년은 민족을 초월한 소련의 국민적 정체성이 효과적으로 형성된 시기라기보다는, 오히려 복구와 재건의 시기였다. 1930년대에, 스탈린은 단일한 소련 정체성을 창출하고 소련에 대한 배타적 충성심을 고양시키려는 통합적인 기획에 착수했다. 그는 급격한 정책 전환을 통해, 레닌주의 및 신경제정책(1921~1928) 시기에 뚜렷이 나타났던 언어 및 문화적 특수성의 강조, 비러시아 민족들을 위한 학교 및 출판 기관의 지원 등 지나친 방식을 중단시켰다. 그 대신 그는 지방 민족주의 및 부르주아 민족주의라고 자신이 명명한 양상들에 대한 공격을 개시했다. 반민족주의적 캠페인 속에서 그는 제1세대 민족 공산주의자들을 숙청했고, 국가권력을 모스크바로 집중시키며, 국가 전체에 특별히 '러시아적인' 소련 애국심을 강요했다. 그것은 형태로는 소련이지만, 내용은 러시아적인 것이었다. 집단화로 인한 격변, 참혹한 기근, 대숙청으로 인하여, 사람들은 수많은 패자와 소수의 승자로 분리되었으며, 충성심은 대조적이고 충돌하는 양상을 보였다.

소련은 제국적 성격과 평등한 민족들로 구성된 다민족국가라는 표면상의 목표 사이의 긴장을 결코 극복하지 못했다. 소련은 제국인 동시에, 민족들의 국가였으며, 연방의 외형을 지닌 단일국가였다. 스탈린 시기와 그 이후의 소련은 둘 다 제국의 속성을 분명히 나타내는 한편, 비러시아계 민족들에 대하여 민족성을 장려한 다민족 국민국가multinational nation-state와 비슷한 특성을 유지했다. 국제주의 이데올로기와 세계 사회주의 건설이라는 자칭 역사적 프로젝트로 인하여, 어떠한 직설적 라벨을 붙이는 과제는 복잡하게 되었다. 국제사회주의 및 세계 노동자들에 대해 소련이 이념적으로 헌신하는 태도는 시간이 지남에 따라 점차 미지근해졌음에도 불구하고, 제국이 내포한 비대칭성과 불평등, 그리고 국민국가의 협소한 배타성과 정반대되는 것이었다.

제국으로부터 국민국가로 이행하는 과정은 단순한 목적론적 경로를 따르지 않았으며, 이러한 두 극단은 소련의 경험 속에서 주도권을 다투었던 수많은 가능성과 순열順列을 포함하지 못했다. 아마도 이로 인한 긴장감은 소련의 마르크스주의자들이 "변증법적인" 것이라고 일컬었을 법한 것이었는데, 여기서 모순되는 요소들—한편으로는 민주주의, 평등, 국제주의, 공통된 소련 공동체에 대한 수사적 표현이 있었고, 다른 한편으로는 일상에서 접하는 차별, 참정권 박탈, 민족공동체에 대한 강조 현상이 있었다—은 무언가 새로운 것 안으로 융합되기는 했으나, 결코 완전히 용해될 수는 없었다. 그러나 이런 것들은 소련의 경험의 특징을 이룬 뿌리 깊은 구조적 문제 및 종잡을 수 없는 혼란의 원인이 되었다. 제국으로서의 러시아의 오랜 역사는 비제국적 대안을 창출하고자 했던 소련의 노력에 큰 부담이 되었다. 소련의 민족적 하위 단위들은 공식적으로는 구분되며 권한이 박탈된 채, 서로 다른 법적 권리와 지위를 부여받았는데, 새로운 언어와 약속에도 불구하고 제국적인 통치 형태는 여전히 뚜렷한 모습을 지니고 있었다.

우리는 이 지점에서 잠시 멈추고 다음과 같은 질문을 던져야 할 것이다. 이러한 민족적 구분에 따른 특수한 형태의 차등이 제국 시대의 유산이었는가, 아니면 쉽게 벗어날 수 없었던 사고 습관과 관행에서 비롯된 것이었는가, 아니면 마르크스주의적 논리에 의해 새롭게 창출된 것이었는가? 그에 대한 대답은 이 모든 요소가 다 부분적으로 작용했다는 것이라고 말할 수 있다. 레닌이 민족적 쟁점에 대해 민감했던 것은 단지 그의 마르크스주의적 신념에서만 비롯된 것이 아니라, 제국에서 자신이 겪었던 경험, 그리고 자신의 동료 대러시아인들이 나머지 민족 위에 군림하려는 태도에 대한 혐오감에서도 기인했다. 그리고 레닌은 소련에서 이와 관련된 발전의 중요한 선례들을 남겼다.

민족은 소련이 집단적 구분과 위계를 상상하던 유일한 축도, 심지어 주요한 축도 아니었다. 차르 체제하에서와 마찬가지로, 다른 형태의 집단 또한 민족과 함께 우위를 두고 경쟁했는데, 이제는 계급이 중요한 요소로 부각되었다. 소련 정권은 계급을 정체성의 중요한 근거로 강조했고, 제2차 세계대전 이후 소련 이민자들과 인터뷰한 서방 학자들은 민족적 정체성과 더불어 사회적 정체성의 중요성을 확인했다.[28] 당시 하버드 대학교에 있던 알렉스 인켈레스Alex Inkeles, 레이먼드 바우어Raymond A. Bauer, 클라이드 클럭혼Clyde Kluckhohn은 다음과 같은 사실을 밝혀냈다.

응답자들의 기본적인 사회적·정치적 가치관, 소련 체제에 대한 태도, 그리고 삶의 경험은 대체로 두드러지게도 그들의 민족보다, 사회적 출신이나 소련 체제 내의 계급적 지위에 더 크게 결정되었다. 대부분의 질문에서 우크라이나인이나 그루지야인인 변호사 혹은 의사는 우크라이나나 그루지야 농민들이 아니라, 러시아인 변호사나 의사와 유사한 반응을 보였다. 러시아인 인텔리겐치아가 러시아인 농민에 대해 보인 태도도 마찬가지였다. … 따라서 우리는 소련 체제 내에서 어떤 사람의 소속 민족은 그의 일반적인 사회적·정치적 태도를 예측하는 데 유효한 지표가 아니며, 이러한 태도는 직업적 지식이나 사회계급으로부터 더 잘 예측될 수 있다고 결론지을 수 있다.[29]

그러나 우크라이나인들은 직업적으로 자신들이 러시아인보다 덜 성공했다고 보고했으며, 결혼과 가족생활에 있어서 민족이 중요하다고 응답한 비율도 러시아인보다 더 높았다. 반소비에트적이라기보다는 반러시아적 성향이 더 강했던 고령층 우크라이나인들은 젊은 세대보다 우크라이나의 문화와 민속에 대해 더 많은 지식을 가지고 있었는데, 젊은 세대는 "우크라이나 민족이 체제로부터 부당한 대우를 받았다고 비난할 가능성이 그다지 높지 않았다."[30] 소련을 떠난 우크라이나인들은 러시아인들보다 두 배 이상 높은 비율로 모스크바에 원자폭탄을 투하하자는 의견을 제시했다.[31]

하버드 프로젝트의 연구자들이 주목한 바에 따르면, "비교적 덜 발달된 지역에서 온" 난민들은 "인종 평등을 향한 긍정적 성취, 교육 기회의 확대, 기술 및 산업의 진보"를 지적했다. 그들은 또한 소련 정권이 "의료 시설의 향상, 문해율의 증가, 연극 및 영화 산업의 성장, 그리고 다른 발전"에 기여한 바가 있다고 인정했다.[32] 그러나 무슬림들은 다른 어떤 비러시아계 집단보다도 "자신들의 문화유산을 박탈당했다."고 느꼈으며, "많은 무슬림 집단이 중심으로부터 상대적으로 고립되어 있고, 그들의 문화와 유럽계 러시아인의 문화 사이의 간극이 심대한 점 때문에, 농촌 지역의 무슬림 하위사회가 비교적 오래 존속할 수 있었다. 이 하위사회는 실질적으로나,

잠재적으로나 소련 및 러시아의 침투에 대한 소극적 저항의 원천이 되었다.”[33]라고 생각했다. 그럼에도 불구하고, 연구자들은 대체로 소련이 비교적 안정된 사회이며, 민족문제는 그러한 안정성을 위협하는 요인이 아니라고 결론지었다.

> 민족문제에 관한 한, 시간은 대체로 정권의 편에 서 있다고 할 수 있는데, 특히 앞서 언급한 청년층의 경향으로 인해 그렇다고 볼 수 있다. 민족적·정치적·문화적 지도층에 대한 인구 이동과 숙청으로 인하여, 민족 집단 내에서 표현력이 있는 사람들의 불만이 증대되었음에도 불구하고, 그들이 정권에 대항하여 효과적인 반정부운동을 일으킬 가능성은 훨씬 줄어들었다. 소수민족이 거주하는 여러 접경 지역 대부분은 경제적 전문화가 점점 더 진행될수록 모스크바에 대한 의존도가 더 높아진다. 어떤 경우에는 (예를 들어, 튀르키예인들에 대한 아르메니아인들의 공포 및 강력한 그루지야에 대한 질투심) 지역 상황에 의하여 중심부와의 유대가 강화되기도 한다. 무엇보다도, 시간이 흐를수록 도시화, 산업화, 그리고 소련 전체에서 러시아어 문해율이 상승함으로써 이러한 경향은 가속화되었다. 프로젝트 자료는 이미 10여 년 전부터 사회계층에 따른 태도가 민족 정체성보다 훨씬 더 동질화되어 있었음을 극적으로 보여 준다. 그러나 소련 내에서 민족 간의 차이를 최소화하려는 바로 그 과정 자체로 인하여, 특히 당시의 문제 지역에서 불만이 생기기도 한다.[34]

많은 경우에 민족적 소속감이 매우 강한 지속력을 가졌음에도 불구하고, 사회적 지위는 정체성의 원천으로서 민족적 소속감과 경쟁하여 승리했다. 이후에 탈스탈린 시기에 이르러, 정부가 소련 내에서 계급투쟁이 종식되었음을 선언한 한참 뒤에는, 계급 표기가 국내 여권에서 삭제되었다. 민족성은 여전히 구분과 정의定意의 핵심 요소로 남아 있었으며, 소련 애국심 및 소련적 가치 수용과 병존하거나 때로는 그것들과 경쟁하기도 했다.

민족 볼셰비즘의 구축

프롤레타리아에게는 조국이 없다고 주장했던 마르크스와 엥겔스를 수정하며, 스탈린은 1931년에 이제 프롤레타리아는 소련이라는 조국을 갖게 되었다고 선언했다. 스탈린주의적인 1930년대는 (이론파 공산주의자 마르테미안 류틴Martemian Riutin의 표현을 따라) 데이비드 브랜덴버거David Brandenberger가 "민족 볼셰비즘National Bolshevism"이라고 부른 시대였다. 이때 소련 이데올로기에 "새로운 실용주의"가 도입되었는데, 이것은 "궁극적으로 국가 건설과 정권에 대한 대중의 충성심을 아주 효과적으로 촉진하기 위한 수단으로서, 러시아인 중심의 국가사회주의etatism 형태 위에 자리 잡았다."[35] 토착주의적이며 심지어 민족주의적 경향마저 띠었던 이 새로운 방향은 "러시아 민족의 이익을 증진시키기 위한 것이라기보다는, … 오히려 러시아인 중심에 대한 호소를 도구로 활용하여 대중에게 최대한 접근 가능한 소련식 사회 정체성을 조성하기 위한 것이었다."[36] 스탈린과 스탈린주의자들의 의도는 당과 국가에 대한 애국적 충성심을 고취시키는 데 있었으나, 그들은 의도치 않게 "소련 사회 내부에 러시아 민족 정체성에 대한 대중적 자각"이 생겨나도록 했고, 이것은 "소련 자체의 붕괴 이후에도 살아남을 만큼 지속력이 강함이 입증되었다."[37]

레닌이 "대★러시아인 쇼비니즘"을 적극적으로 억제하고자 했던 데 반해, 스탈린은 러시아 민족 정체성의 격하 흐름을 반전시키고자 했다. 스탈린의 명령에 따라 새롭게 집필된 소련의 역사책은 모범이 될 영웅들과, 국가의 적에 대한 투쟁적인 적개심과 국가에 대한 자부심을 고취하는 사건들로 가득 채워졌다. 그러나 러시아 민족주의에 호소하는 데에는 어려움이 없지 않았다. "프롤레타리아"나 "노동자와 농민"과 같은 추상적 집단에 대한 정체성을 형성하는 것과 마찬가지로, "러시아"라고 불리는 실체에 정서적 일체감을 갖도록 하기 위해서는 여전히 세심한 작업이 필요했다. 사라 데이비스Sarah Davies는 1930년대의 여론에 대한 연구에서, 일반 노동자와 농민 사이에서 러시아 민족성Russian nationness에 대한 의식이 취약했으며, 이것이 주로 유대인이나 아르메니아인과 같은 타자들과의 접촉의 경계 지점에서야 비로소 표현되었음을 지적한다.[38] 러시아인들은 속담과 노래, 혹은 유대인 등 타자에 대한 본능적인 적대감을 통해 민족적 자부심이나 독특한 러시아적 특성을 표현하긴 했지만, 추상적인 '민족'으로서의 광범위한 정체성은 여전히 모호한 상태로 남아 있었다. 그러나 1932년 이후 국내 여권에 민족이 고정적으로 표기되면서, 이전에는 보다 유동적이었던 정체성은 구체화되었다.[39]

역사가 테리 마틴Terry Martin은 "민족들의 우호Friendship of the Peoples"가 1920년대에서 1930년대 초(1923~1933)에 걸쳐 시행되었던 '차별 철폐의 제국Affirmative Action Empire' 정책을 대체하여 소련 국가가 상상한 공동체의 공인된 형태가 되었다고 주장한다.[40] "민족들의 우호Druzhba narodov"라는 구호는 1935년 12월에 소련의 공식 어휘에 도입되었는데, 이것은 부분적으로는 좀 더 급진적 평등주의가 지배적이었던 초기 소비에트 통치 시기의 용어였던 "형제애bratstvo"를 보완하는 역할을 했다. 우호와 형제애라는 이 두 용어는 서로 다른 목적에 따라 다양하게 사용되었으나, 우호로의 이행은 공식적인 수사적 표현에서 중요한 정서적 이동을 의미했다는 것이 아주 중요하다. 형제애는 더 큰 친밀감을 암시하는 동시에, 형과 아우 간의 위계질서를 내포하고 있었는데, 소련 시민들은 어떤 민족이 곧 "맏형"이 될지를 명확히 인식하고 있었다.[41] 우호라는 표현은 소련 내 여러 민족 간의 평등을 강조하는 데 유리했다. 결국 친구란 서로 동등한 존재이며, 그 관계는 신뢰, 헌신, 의지, 애정, 그리고 상호성에 기반한다. 게다가, 친구는 선택하는 대상이다. 우정은 혈연이나 운명에 의해 결정되는 것이 아니라, 자율적이고 감정적인 주체들의 의식적인 행위이다. 이러한 평등과 위계질서는 스탈린이 1938년 10월혁명 기념일을 맞아 말한 건배사 속에서 (변증법적으로) 통합되었다. "옛 러시아는 오늘날의 소련으로 변모했다. 소련에서는 모든 민족이 동등하다. … 그러나 소련의 동등한 민족들, 국가들, 나라들 가운데에서, 가장 소비에트적이며, 가장 혁명적인 민족은 러시아 민족이다."[42]

열전에서 냉전으로: 방어를 위한 제국의 외부적 팽창

많은 역사가들은 제2차 세계대전 기간에, 포괄적인 소련 애국주의의 고양된 형태인 소련주의Sovietism가 러시아 민족주의의 이름에 의해 밀려났다고 주장해 왔다. 그러나 이러한 서술은 당시의 특징, 즉 민족주의와 소비에트 애국주의가 결합된 독특한 혼합 양상을 간과하고 있다. 1941년에 볼셰비키 혁명 기념일 연설에서 스탈린은 "당신들은 우리의 위대한 조상들의 영웅적인 모범으로부터 영감을 받아야 한다."라고 "민족"에게 말한 다음에, 알렉산드르 넵스키, 드미트리 돈스코이, 쿠즈마 미닌, 드미트리 포자르스키, 알렉산드르 수보로프, 미하일 쿠투조프 등 조상들의 이름을 열거했다. 이들 모두는 분명 러시아인이었지만, 조국을 수호한 인물들이었다. 여기서 이 군사 지도자들을 "우리의 조상들"이라고 부른 사람은 외국인 억양이 있는 러시아어로 말한 그루지야인[7]이었다. 그들은 단지 러시아 민족의 조상만이 아니라, 소련 인민 전체의 조상이었다. 전시戰時의 수사적 표현에서 러시아의 과거 이미지들은 소련의 과거 및 현재와 뒤섞였다. '쿠크리닉시Kukryniksy'라는 그래픽 예술가 집단이 그린 유명한 소련 포스터에서, 중세의 러시아 전사 알렉산드르 넵스키, 18세기의 러시아 장군 알렉산드르 수보로프, 그리고 평범한 붉은 군대 지휘관 바실리 차파예프Vasilii Chapaev[8]의 유령들이 등장하여 붉은 군대의 군인들에게 전진을 외

---

7   러시아어로 말한 그루지야인: 스탈린을 가리킨다.

8   바실리 차파예프(Vasilii Chapaev, 1887-1919): 제1차 세계대전에 육군 상사로 참전하여 3개의 게오르기 십자훈장을 받았다. 10월혁명 이후에 볼셰비키의 연대지휘관, 그리고 1918년에는 니콜라옙스크의 군

〈우리는 수보로프의 손자요, 차파예프의 자식으로서, 열정적으로 싸우고 대담하게 총검을 찌른다〉 유명한 풍자화가들인 쿠크리닉시(쿠프리아노프 M. Kurpriiianov, 크릴로프 P. Krylov, 소콜로프 N. Sokolov)가 그린 전시 포스터(1941년)인데, 이것은 중세 러시아의 전사 알렉산드르 넵스키 공, 제정 시대의 장군 알렉산드르 수보로프, 그리고 적군 사령관 바실리 차파예프를 묘사하면서, 러시아 민족주의와 소련 애국주의를 연결하고 있다.

치고 있다.[43] 민족을 초월하면서도 러시아화된 애국주의는 레닌주의적 국제주의 위에 접목되었고, 계급적 요소는 새로운 우선순위를 차지한 러시아의 과거로 대체되었다. 어느 정도까지는, 이와 같이 러시아 및 러시아 역사에 대하여 다시 강조한 것은 전쟁 이전까지 억눌려 있었던 민족성에 대한 지속적인 충성심을 일정 부분 활용한 것이었다. 남녀 병사들은 "조국

사위원으로 임명되었다. 1919년에는 동부전선에서 콜차크부대와 전투하여 많은 공을 세우고, 그해 9월에 전사했다. 그의 생애는 푸르마노프에 의해 소설화되었고, 그에 기반하여 1934년에 바실리예프 형제에 의해 영화로 제작되었다. 푸틴 대통령은 영화 〈차파예프〉를 자신이 가장 좋아하는 영화라고 말한 바 있다.

을 위하여, 스탈린을 위하여!"를 외치며 전투에 뛰어들어 전사했다. 당 지도자 알렉산드르 셰르바코프Aleksandr Shcherbakov는 언론인−소설가 일리야 에렌부르크Ilya Ehrenburg에게, "보로디노가 파리코뮌보다 가깝다."라고 말했다. 이것은 나폴레옹에 대항한 제국 러시아의 전투가 계급 투쟁사의 서사시적 장면보다 훨씬 더 깊은 감정적 반응을 불러일으킨다는 뜻이었다. " 공산주의 이데올로기에 20년간 노출되었음에도 불구하고, 러시아 조국의 역사는 특히 동원된 농민들 사이에서, 노동계급의 행군으로는 다다를 수 없는 깊숙한 감정을 건드렸다. 여기에는 중요한 역설이 존재한다. 앞선 장들에서 논의했듯이, 러시아는 19세기 동안 유럽의 다른 많은 민족 집단들이 구축한 것과 같은 비교적 단순한 민족적 정체성을 결코 발달시키지 못했다. 그러므로 이와 같은 러시아 조국과의 자연스러운 동일시, 그리고 그에 대한 애정을 향한 "회귀적" 입장은 어떤 본연의 순수한 상태로의 복귀였을 뿐만 아니라, 새로운 창조 행위를 반영했다.

소련 인민들은 1941년 6월 22일에 나치 독일의 침공을 받고, 거의 4년에 걸쳐 독일인, 오스트리아인, 핀란드인, 헝가리인, 루마니아인 및 히틀러와 동맹을 맺은 다른 민족들과 싸웠다. 수백만 명의 사람들이 난민이 되거나, 전투에서 사망하거나, 침략자들에게 학살되었다. 홀로코스트에 의한 유대인 대량 학살의 상당 부분은 과거 러시아 또는 소련 영토였던 지역에서 발생했다. 2,700만 명 정도의 소련 시민들이 생명을 잃었고, 수백만 명이 부상당하거나 불구가 되었다. 나치 독일은 현지의 반유대주의자 및 반공주의자들이 경멸하고 증오하던 이들에게 복수하도록 허용했을 뿐만 아니라, 조장하기까지 했다. 독일군은 수백만 명의 소련군 포로들을 조직적으로 굶겨 죽였다. 동부전선에서의 나치 전쟁은 서부전선에 비해 훨씬 더 잔혹했다. 그러나 인명 손실은 부분적으로는 스탈린의 오판과 그 자신의 무자비함에 기인했다. 훗날 '대원수Generalissimus'로 불리게 되는 그는 1941년에 독일의 침공이 임박했다는 첩보원들의 경고를 받아들이지 않았다. 그는 히틀러가 1939년 8월에 소련과 체결한 악명 높은 독소불가침조약을 준수할 것이라고 믿었던 것으로 보인다. 스탈린은 자신의 장군들이 제시한 타당한 조언을 거부했으며, 이것은 막대한 영토적 손실과 인명 피해로 이어졌다. 그는 특정 민족 전체가 적과 협력하거나 반역에 가담했다고 확신하고, 수십만 명의 볼가강 유역 독일인, 체첸인, 인구시인, 칼미크인 등을 시베리아와 중앙아시아로 강제이주시켰다. 이 과정에서 수만 명에 달하는 사람들이 생명을 잃었으나, 그 수는 정확히 집계되지 않았다.

소련의 경험에서, "대조국전쟁Great Fatherland War"으로 불리는 제2차 세계대전은 중단이자 가속이었으며, 참을 수 없는 희생이자 초월적인 승리였다. 나치 독일은 그 지도자의 이상 속에서 동유럽과 러시아의 정복을 통해 독일 주도의 제국을 실현하려 한 이념적이며 제국주의적인 국가였다. 아돌프 히틀러는 반공산주의, 반자본주의, 반슬라브주의와 반유대주의적 입장을 동시에 가지고 있었다. 그는 "열등한" 인종을 말살하고, 그 생존자들을 노예화하여 독일의 지배권을 확립하고자 했다. 전쟁 이전에 소련은 공식적으로 반유대주의를 규탄했는데, 나치의 시각에서 볼 때 공산주의자와 유대인은 피를 나눈 형제였다. 폴란드, 우크라이나, 리투아니아 등지에서, 나치는 볼셰비키와 유대인을 동일시하는 동조자들을 발견했는데, 그들은 반공의 광기에 사로잡혀 소련 관리, 공산당원, 그리고 유대인을 학살했다. 중부 유럽에서 팽창하던 잔인한 인종주의 제국은 결국 또 다른 잔인한 제국[9]에 의하여 패배당했다. 그러나 뒤의 제국은 인종 간의 우열이 아니라, 평등주의적이며 국제주의적인 사회주의를 표방하였다.

티모시 스나이더Timothy Snyder는 히틀러와 스탈린이 권력을 장악하고 있던 시기에, 동중부 유럽East Central Europe(그가 '피의 땅'이라 부른 지역), 특히 우크라이나에서 아주 극악하게 자행된 대규모 학살로 인해 1,400만 명에 달하는 희생자가 발생했다고 산정한다. 그는 이 끔찍한 참극이 독일과 러시아 사이의 접촉 지대를 장악하려는 두 제국주의 세력 — 나치와 소련 — 의 경쟁적인 식민지화 기획의 산물이었다고 강력하게 주장한다.[45] 이들 양쪽의 군사행동을 비교하고 하나인 것처럼 살펴보는 입장이 비록 흥미로운 사실을 보여 주기는 하지만, 역사가들은 동시에 두 제국의 야망 사이에 심대한 차이가 있음을 지적해야 한다. 나치 제국은 본질적으로 절멸주의적exterminationist[10] 성격을 띠었으며, 유대인과 슬라브인을 제거하고 그 지역을 독일인으로 채워 넣으려는 진정한 식민 프로젝트를 추진하였다. 이에 반해 소련은 개발주의적developmentalist 입장을 가졌으며, 자칭 "사회주의" 체제 안에서 민족문화를 증진시키는 근대 산업사회의 건설을 목표로 했는데, 이것은 제국의 문명화 사명을 아주 닮은 프로젝트였다. 나치의 실행 방식은 자기들의 절멸주의적, 팽창주의적 이념과 아주 정확히 부합했

---

9 또 다른 잔인한 제국 : 소련을 가리킨다.

10 절멸주의(exterminationist): 특정 집단이나 사람들을 사회로부터 완전히 제거하거나 파괴해야 한다고 믿는 사상 또는 태도를 말한다. 단순히 차별하거나 배제하는 수준을 넘어 물리적으로 제거하거나 말살을 목표로 한다.

으나, 소련의 실행 방식은 평등과 사회주의적 민주주의라는 계몽주의적 이념에 부응하지 못했다.

초기의 볼셰비키가 러시아 제국의 이탈 영토들을 재통합하고 신생 소비에트연방 내에 예속시키려 했던 시도에서 제국주의의 냄새만 풍겼다면, 제2차 세계대전 종전 이후에 동중부 유럽을 대대적으로 편입시킨 일은 논란의 여지 없는 제국주의 그 자체였다. 서방은 소련군이 나치로부터 동중부 유럽 국가들을 "해방시켰다"는 사실을 마지못해 인정했다. 1945년 2월에 개최된 얄타회담에서 프랭클린 루스벨트 미국 대통령, 윈스턴 처칠 영국 총리, 그리고 스탈린은 소련이 자국의 서부 국경 인접국들에서 우호적인 정권을 기대할 수 있으며, 전쟁으로 폐허가 된 소련의 복구를 돕기 위하여 패전국으로부터 물질적 배상을 요구할 수 있다는 데 합의했다. 소련은 유럽 대륙에서 주요 군사 강국으로 부상했으나, 동시에 그 나라에는 폐허가 된 도시와 마을 풍경만 보였다. 스탈린은 소련에 적대적 세력이 다시 대두하여 국경 인근 국가들을 지배하는 사태를 결코 용납하지 않겠다고 결심했다. 개별 동유럽 국가들의 편입 과정은 상이했으며, 그러한 처리에 대한 국내 지지의 정도도 달랐지만, 전후의 지도를 놓고 볼 때 그것은 명백히 제국적 구도라 할 수 있다. 원래 독립국이었던 정치체들은 군사적 정복을 통해 예속된 다음, 그 지배는 차등적인—다소 간접적인—통치, 공포, 그리고 무력에 의하여 유지되었다. 스탈린 말기에는, 동중부 유럽 위성 국가들의 정치적 선택과 대외정책을 모스크바가 실질적으로 좌우했다.

이와 같이 주변부에 대한 간접 통치 형태는 최초의 소련 "위성국"이라 할 수 있는 몽골에서 이미 예고된 바 있었다. 몽골은 1921년부터 70년 동안 형식상 독립국의 지위를 유지했으나, 실질적으로는 소련의 지배 아래에 있었다. 소련은 폴란드처럼 한때 차르 체제하에서 지배되었거나, 베사라비아(몰도바)처럼 차르의 야망의 대상이었거나, 혹은 동독이나 체코슬로바키아처럼 역사적으로 차르 국가의 영향권 밖에 있었던 지역으로 통치 영역을 확대해 나가면서, 40년 동안 동유럽과 동중부 유럽 국가들을 제국 방식으로 자국의 영향권 안으로 포함시켰다.

(국가를 공식적으로 병합하든지 병합하지 않든지, 대내외 정책에 대한 통제권을 행사하는) 이러한 새로운 형태의 제국은 제국 모델의 스펙트럼을 한층 확장시킨다. 여기서 제국주의는 패권, 즉 미국과 같은 다른 강대국들이 행사하는 방식과는 구분되어야 한다. 다른 나라에 대한 패권은 느슨하지만 강력한 영향력을 행사하는 방식으로서, 내정에는 크게 개입하지 않으면서도 외교정책에 있어서는 패권국에 대한 충성을 요구했다. 라틴아메리카 국가들은 북쪽에 있는 강력한 이웃 국가의 이해관계를 자신들의 외교 노선, 정책 결정, 동맹 선택에 반드시 고려해야 한다는 교훈을 체득했다. 마찬가지로 소련은 '핀란드화Finlandization'로 알려진 바에 따라 핀란드에 대한 패권을 행사했다. 핀란드는 독립국으로서 민주주의와 자본주의 체제를 유지했지만, 그 국제적 행보는 크렘린의 엄중한 시선을 의식하며 조율되어야 했다. 20세기는 또한 제국주의의 외양을 피한 새로운 형태의 종속 관계들이 창출되는 시기이기도 했다. 보호령, 자치령, 괴뢰 정부 등 표면적으로는 비제국적 형태를 띤 정치 단위들이 다수 등장했으며, 이것은 냉전 시대의 대리전proxies으로 귀결되었다. 이런 유형의 전쟁은 서로 다른 진영에 연계된 군사 세력들 사이에서 벌어졌다.

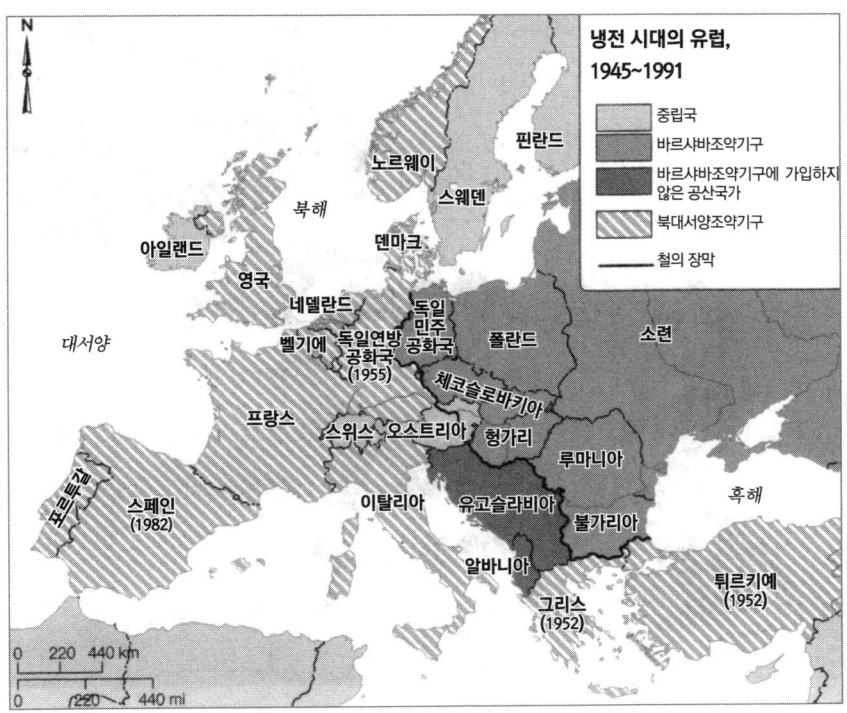

지도 10.3. 냉전 시대의 유럽, 1945~1991

　제2차 세계대전은 제국주의의 역사에 중대한 전환점을 가져왔다. 전쟁 이후 살아남은 두 초강대국 — 미국과 소련 — 은 유럽의 해외 식민 제국들에 대한 탈식민화와 반제국주의를 약속했으나, 이 원칙은 자국의 영향권에는 적용되지 않았다. 유럽은 미국이 주도하는 서방과 소련이 지배하는 동방으로 양분되었다. 소련이 동중부 유럽의 위성국들을 포함하여 창설한 바르샤바조약기구는 결국 보다 강력한 나토NATO 및 경제적으로 부유한 유럽연합EU과 마주하게 되었다. 유럽의 해양 식민 제국들이 단계적으로 해체되면서, —그 마지막은 1975년 포르투갈의 아프리카 철수였다 — 전 세계는 새로운 형태의 두 제국이 서로 대치하는 양상을 띠게 되었다. 소련의 외부 제국은 육지로 인접한 7개 국가들—동독, 폴란드, 체코슬로바키아, 헝가리, 루마니아, 불가리아, 몽골—을 포섭한 예속 구조를 가졌는데, 이것은 시간이 지남에 따라 대외 및 국내 정책에 대한 직접적인 식민 지배보다는 점점 더 소련의 패권처럼 보이는 느슨한 국가 체계로 다양하게 진화했다. 동중부 유럽 국가들은 모스크바의 감시 아래, 점차 각자의 "사회주의로 가는 길"을 추구했다. 소련은 1953년에 동독, 1956년에 헝가리, 1968년에 체코슬로바키아에서와 같이, 휘하의 국가들이 너무 멀리 벗어나게 되면, 군사적으로 개입했다. 전 세계 대부분의 지역에서 미국의 군사적, 경제적 지배력은 훨씬 느슨하고 덜 강압적이었으며, 동맹국들이 자발적으로 받아들였다. 그러나 미국의 영향력은 매우 강력했으며, 모든 다른 나라들은 이에 맞서면서 타협할 수밖에 없었다.

수십 년 동안, 소련 당국은 자국의 위성국들에서 다양한 정책 실험을 감행했다. 스탈린은 처음에는 서부 국경 인접 국가들을 대상으로, 소련이 패권을 장악하지만 전면적인 공산화를 실시하지 않는 구상을 해 보았다. 그러나 1947년 이후에 냉전이 본격화되자, 그는 동독, 폴란드, 체코슬로바키아, 헝가리, 루마니아, 불가리아 등지에 무자비하게 공산당 독재 정권을 수립했다. 유고슬라비아와 알바니아 또한 공산주의자들에 의해 통치되었으나, 이들 정권은 대체로 소련의 지원 없이 권력을 장악했기에, 소련의 통제에서 벗어나 독립을 유지할 수 있었다. 에스토니아, 라트비아, 리투아니아는 소련에 직접 병합되어 소비에트사회주의공화국SSR으로 편입되었다. "민족 공산주의자들"에 대한 숙청이 단행되었으며, 1953년의

노동자들의 봉기를 소련이 진압한 데 저항하는 동베를린의 독일인들, 1953년 6월.

스탈린 사망 직전의 마지막 몇 해 동안은, 소련에 의해 밀착 감시된 경찰 체제로 인하여 소련 진영은 서방과 차단되었다. 1950~1960년대에 소련은 자국 내의 소수민족들에게 허용한 바와 같이, 완전한 자치권은 부여하지 않은 채 상당한 정도의 문화적 독립(헝가리에 대한 니키타 흐루쇼프의 "굴라시 공산주의")[11]을 허용하기도 했다. 그러나 다른 시기나 다른 지역에서는, 소련

---

11 "굴라시 공산주의": 굴라시는 파프리카와 각종 야채, 그리고 쇠고기로 만든 헝가리의 전통요리이다. 굴라시가 여러 재료를 섞어서 요리하듯이, 사회주의 입장을 고수하면서도 시장경제 요소와 다당제 등 정치 민주화를 도입한 헝가리식 개혁을 '굴라시 공산주의'라고 한다. 1956년 혁명 후 헝가리 수상 카다르가 추진했다고 하여, 카다리즘이라고도 불린다. 이 주제에 관해서는 다음 논문을 참고하시오. 김지영, 「헝가리의 공산주의 변용—'카다리즘(Kàdàrism, 굴라시 공산주의)' 연구」, 『서양사론』 144호(2020)：46~69.

은 엄격한 감시와 탄압 정책을 시행했다.

모스크바로부터의 통제 양상에 다소 차이가 있었다 하더라도, 소련이 위성국들에게 행사한 지배가 제국주의적 성격을 지녔다는 점은 부인하기 어렵다. 그러나 20세기 중반의 이러한 제국주의는 19세기의 선례들과는 다른 색채를 지녔으며, 다른 언어를 말했다. 단순한 무력 정복만으로는 더 이상 지배를 정당화할 수 없었고, 민족자결 원칙을 존중해야 한다는 이념적 명제로 인하여 상황은 더 복잡해졌다. 위성국들은 소련 공산주의에 이념적으로 순응했고, 자기들 영토 내부 혹은 가까운 지역에 주둔한 군대로 인하여 소련 중심의 국제질서 내에 머물렀다. 동중부 유럽 국가들은 표면상으로는 무력이 아니라, 자발적으로 소련 진영에 합류했고(각국의 상황은 달랐다), 결과적으로 더 커진 소련에 편입되지는 않았다. 이들 국가는 독립국으로서의 지위를 유지했지만, 소련은 모스크바에서 이 국가들을 면밀하게 감시했다.

국내의 냉전 : 내부를 향한 제국적 통치

대조국전쟁에서 소련 인민들이 감내한 희생은 전쟁의 승리가 스탈린주의의 가혹한 면모들을 완화시켜 줄 것이라는 희망을 불러일으켰다. 아마도 집단농장이 해체되고, 농민들은 토지를 되돌려받을 수 있을 것이다. 아마도 검열이 완화되어, 작가들과 예술가들이 자기 영감을 따라 작품활동을 할 수도 있을 것이다. 아마도 서방에 대한 문호가 개방되어, 해외에서 유입되는 물자와 사상을 통하여 복구와 재건의 짐이 가벼워질 수도 있을 것이다. 그러나 이러한 희망은 곧 무너져 내렸다. 노쇠하고 병약해진 스탈린은 서방 열강, 귀환 포로들, 그리고 심지어 전쟁에 동원되어 승리를 거둔 자국민들까지 의심하기 시작했다. 서방 역시 소련과 "공산주의의 위협"으로부터 문을 걸어 잠갔고, 크렘린은 이제 최근의 동맹이었던 유럽과 미국을 해로운 위협 세력으로 간주했다. 레닌그라드 당서기 안드레이 즈다노프Andrei Zhdanov의 이름을 따서 "즈다노프시나Zhdanovshchina"[12]로 알려진 문화 캠페인에서, 검열관들은 새로운 열의를 가지고 업무에 복귀했다. 주요 예술가들 — 누구보다도 시인 안나 아흐마토바, 풍자 작가 미하일 조셴코Mikhail Zoshchenko, 작곡가들인 드미트리 쇼스타코비치Dmitrii Shostakovich, 세르게이 프로코피예프Sergei Prokoviev, 아람 하차투리안Aram Khachaturian 등 — 은 동료 작가 및 음악가들에게 보내는 경고의 의미로 혹독한 비판을 받았다.

일기, 서신, 공식 보고서들을 보면, 전쟁이 러시아인과 비러시아인을 막론하고 민족 감정을 고조시켰으며, 민족적 자긍심이 종종 다른 민족에 대한 적대감으로 이어졌음을 알 수 있다. 전쟁 동안과 그 직후에는 반유대주의에 대한 새로운 표현과 좀 더 관용적인 입장이 등장했으나, 이것은 저

---

12 "즈다노프시나(Zhdanovshchina)": 안드레이 즈다노프(1896~1948)는 키로프 암살 이후 레닌그라드 당서기가 되었고, 사회주의 리얼리즘을 주창했다. 제2차 세계대전 이후에는 스탈린주의적 문화 정책의 중심에 서서 문화인들과 지식인들을 억압했다. 즈다노프가 중심이 되어 당 중앙이 문화, 예술 분야에 대해 이데올로기적 통제 움직임을 가리켜 즈다노프시나라고 한다. 러시아어로 '~shchina'가 단어 뒤에 붙으면, 방식, 운동, 현상 등을 의미하지만, 특정 인명이나 대상 뒤에 붙는 경우에 대체로 부정적인 뉘앙스를 담고 있다.

명한 유대인 지식인들을 겨냥한 반코스모폴리탄 캠페인[13] 및 주로 유대인 의사들을 대상으로 하여 날조된 사건인 이른바 "의사들의 음모"[14]에 대한 탄압으로 변하였고, 체포와 처형으로 이어졌다.[66] 제2차 세계대전 이전까지 유대인들은 소련 권력에 의해 고통을 받는 동시에, 상당한 혜택을 누리기도 했다. 소련 통치 초기 10년 이상 동안, 대다수의 유대인은 제정러시아에서처럼 서부 국경지대에 국한된 '정착 구역'의 '유대인촌shtetls'에서 살았으나, 1939년이 되면 소련 유대인의 약 90퍼센트는 도시, 특히 상위 11개 대도시에 거주하게 되었다. 그들의 종교는 환영받지 못하고 시온주의는 박해받았으나, 유대인들은 "소비에트 부르주아지"의 크고 영향력 있는 부분을 구성하며, 당 지도부와 비밀경찰, 지식인층, 예술계, 고등교육 기관, 외교부, 첩보 조직 등에서 높은 비율로 활동했다. 그들은 1950년대 중반까지 아주 충성스러운 공산주의자들 축에 속했다.

매우 흥미롭고 도발적인 연구에서, 유리 슬료즈킨은 소련 유대인들이 다른 소련 사람들에게 "근대성과 국제주의를 대표"했으며, 유대인들이 볼

---

13 반코스모폴리탄 캠페인: 코스모폴리타니즘은 세계시민주의로 번역되기도 한다. 반코스모폴리탄 캠페인은 소련에서 즈다노프시나의 일환으로서 진행된 반유대주의 운동을 일컫는다. 특히 1949년 1월에 당 기관지인 《프라우다》 등에 '코스모폴리타니즘과의 투쟁'이란 글이 게재되었다. 여기서 주로 공격의 대상이 된 사람들은 유대계 지식인들이었다. 이들은 사회 조건이나 민족적 전통을 무시한 것으로 널리 비판의 대상이 되었다. 이 주제에 관해서는 다음 논문을 참고하시오. 고가영, 「부르주아 민족주의'와 '뿌리 없는 코스모폴리타니즘'과의 전쟁: 전후 스탈린 시기 반유대주의(1945~1953)」, 『역사문화연구』 49집 (2014) : 251~294.

14 "의사들의 음모": 스탈린 사망 직전에 공산당 및 군부 요인에 대한 암살 기도 혐의로 유명한 의사들이 체포된 사건이다. 체포된 9명 중 6명이 유대계로서, 국제 유대인 조직의 지령을 받아 파괴 활동을 했다고 언론에 보도되었다. 대숙청이 재현될 수도 있다는 우려가 있었으나, 이 발표 직후 스탈린이 사망했다. 이 사건은 날조된 것으로 밝혀졌고, 관련자들도 석방되고 명예도 회복되었다.

셰비즘 내에서 두드러진 존재였기 때문에 많은 비유대인들이 볼셰비즘을 유대인들과 동일시하게 되었다고 주장한다.[47] 세계의 대부분은 아닐지라도 많은 사람들처럼, 소련 사람들은 민족성을 고정적이며 선천적으로 주어진 것이자, 개인의 도덕성, 성격, 능력을 나타내는 지표로 이해했다. 이러한 인식은 역사주의와 구성주의에 강조점을 두는 마르크스주의와는 반대되는 것이었으나, 1930년대에 이르러 소련의 민족 정책은 민족성의 본질화essentialization, 나아가 생물학적 속성화biologization의 방향으로 꾸준히 이동하였다. 유대인들은 유대인촌, 유대교, 그리고 이디시어를 벗어나서 자기들이 좋아하는 러시아 문화에 동화된 이후에도, 여전히 유대인이라는 꼬리표를 달고 있었으며, 그들의 정체성은 여권에 명시되었다. 나치 침공은 유대인의 정체성을 더욱 공고히 했고, 전쟁 중의 경험과 1947년의 이스라엘 국가 성립[15]은 러시아 사람들이 보기에 소련 유대인들을 더욱 민족적 존재로 인식하는 결과를 낳았다.

  1940년대 후반의 반코스모폴리탄 캠페인을 설명하고자 할 때, 통상적으로 스탈린과 그의 타고난 반유대주의를 출발점으로 삼고 있지만, 이것은 전쟁 이전의 스탈린주의 전성기 동안에 유대인들이 경험한 사회적 상승 이동을 설명하지 못한다. 슬료즈킨의 주장에 따르자면, 민족성이 중요해짐에 따라(소련 초기 15년 동안처럼, 계급은 더 이상 중요하지 않게 됨), 러시아인들과 다른 민족들이 진입을 열망하던 영역에서 유대인이 우세한 것을 더 이상 용인할 수 없었던 상황에서, 유대인들의 성공은 교육받은 러시아인

---

15 1947년의 이스라엘 국가 성립: 이스라엘은 1947년 11월 29일에 유엔 총회에서 팔레스타인 분할안이 통과되었고, 이듬해인 1948년 5월 14일에 독립선언과 함께 공식적으로 국가로 출범했다.

들의 부상과 충돌하게 되었다. 홀로코스트와 이스라엘 건국 이후에, 민족성을 강조하고 소련 유대인들이 민족으로 다시 부각됨으로써, 반유대주의가 강화될 수밖에 없었다. "두 가지 흐름 ― 소련의 민족화, 그리고 유대인들의 민족 정체성 회복 ― 은 서로를 지속적으로 강화했고, 마침내 스탈린과 새로 임명된 선전선동부Agitprop 관료들은 두 가지 전율할 만한 사실을 깨닫게 되었다. 첫째, 소련의 민족 중 하나로서의 유대인은 이제 적대적인 외국에 충성을 바칠 수 있는 잠재력을 가진 디아스포라 민족이었다. … 둘째, 소련의 새로운 민족 소속 및 정치적 충성 개념에 따르면, 스탈린 동지가 창조하고 육성한 러시아의 소비에트 인텔리겐치아는 실제로는 러시아적이지 않았으며, 그리하여 충분히 소련적이지 않았다. 유대인 혈통의 러시아인들은 가면 쓴 유대인들이었고, 가면 쓴 유대인들은 두 번이나 반역한 자들이었다."[48]

본질적으로 스탈린은 체제의 중추로서 신분 상승을 이룬 신흥 러시아 교양층의 이해관계를 대변했다. 그는 소련의 새로운 지배 엘리트와 "큰 거래Big Deal"를 체결했다. 과거에 했던 사회주의 대의에 대한 호소를 대신하여, 소련 체제는 기술 및 전문 인텔리겐치아와 관리 계층에게 ― 손목시계, 자전거, 장식 달린 전등갓, 휴가 등 ― 소비재 혜택을 제공했다. 이 새로운 사회 협약으로 체제의 온도 조절 장치가 재설정되었으며, 물질적 안락과 보상으로 확보되는 안정과 스탈린주의에 대한 좀 더 지속가능한 헌신적 태도는 대체로 볼셰비키 1세대 및 대체로 전시에 모든 사람에게 요구되었던 영웅적 희생을 대신했다. 행정, 관리, 기술 인력에 동기를 부여하기 위해, 계획경제는 서서히 방향을 전환했고, 이전까지는 하찮으며 소시민적이라고 비난받았던 소비재 생산이 제한적이나마 허용되었다. 수많은 저급한 문학에서는, 안락과 가정적 삶에 대한 이러한 새로운 찬사가 정당화되었고, 새로 부상하는 관리 계층이 어떤 삶을 살아야 하는지에 대한 모범이 제시되었다. "큰 거래"는 충직한 봉사자들에게 단지 전등갓이나 손목시계를 제공하는 데 그친 것이 아니라, 구舊 엘리트의 대규모 축출을 통해 새로운 엘리트가 등장할 수 있도록 해 주기까지 했다.[49] 비록 스탈린 사망 이후 유대인들은 어느 정도 회복세를 보였으나, 슬료즈킨의 다음과 같은 묘비명은 시사하는 바가 크다. "러시아혁명과 유대인 혁명은 태어났을 때와 마찬가지로 함께 죽었다." "공산주의는 자유주의와 민족주의 모두에게 패배했으며, 마침내 탈진한 끝에 사망했다."[50]

제1차 세계대전과 마찬가지로, 두 번째 세계대전 또한 민족주의를 자극하고, 반제국주의적 충동을 불러일으켰다. 전쟁 이후에 소련에 새롭게 편입된 서부 우크라이나나 발트 지역과 같은 특정 지역에서, 비러시아인들의 민족주의는 소련 체제를 향한 반감을 표출하였다. 국경 지대에서는 반공反共 게릴라 운동이 1950년대까지 지속되었으며, 미국 중앙정보국CIA의 비밀 지원을 받기도 했다.[51] 수만 명의 소련 관리 및 군인들과 그에 맞선 반소反蘇 운동가들이 사망한 이후에, 소련은 결국 발트 지역의 "숲의 형제들Forest Brothers"[16]의 저항과 서부 우크라이나의 반데라Bandera[17] 운동을 진

---

16 "숲의 형제들(Forest Brothers)": 발트 3국에서 전개된 반소 운동 세력이다. 1940년대 후반부터 1950년대 초중반까지 게릴라 활동을 전개했다.

17 반데라(Bandera): 스테판 반데라(1909~1959)는 주로 서부 우크라이나에서 활약하던 독립운동가이자 극우 민족주의 조직(OUN)의 지도자였다. 반데라를 추종하던 과격한 우크라이나 민족주의자들은 우크라이나에서 비우크라이나인들을 최대한 무자비하게 탄압했다. 2014년 유로마이단혁명에도 반데라주의

볼고그라드(Volgograd)시에 세워진 스탈린그라드 전승 기념비. 검을 높이 치켜세운 거대한 크기의 '어머니 러시아'를 배경으로 하여, 어떤 소련 군인을 영웅적으로 묘사한 모습은 파시즘에 대한 승리가 1945년 이후에 소련의 중심 신화가 되는 과정을 보여 주는 기념비적인 사례였다. 이것은 많은 면에서 1917년의 10월혁명의 중요성을 대체했다. 정치적 신화는 반드시 거짓은 아니지만, 사회와 국가의 권력 구조를 정당화하기 위하여 정치적인 목적으로 활용된다.

압했다. 수십만 명의 우크라이나인들은 새로 합병된 지역으로부터 추방되었다. 그러나 소련의 많은 다른 지역에서는, 전쟁으로 소련 정체성과 민족 정체성이 정치적·정서적으로 통합되는 지속적인 효과가 생겨났다. 많은 이들에게 있어서, 소련은 "조국otechestvo"이자, 심지어 "모국rodina"이 되었다. 고난과 희생을 함께 겪은 이후, 이러한 소련과의 감정적 유대는 내

자들이 활약했고, 이것은 2022년에 푸틴이 우크라이나를 침공할 때 '반파시스트 운동'을 목표로 내걸었던 주된 이유 중의 하나가 되었다.

면화된 실재實在로 자리 잡았다. 전쟁의 승리는 소련 체제와 스탈린을 굳게 하고 신성화했으며, 역사는 진실로 그들의 편인 것처럼 보였다.

소련의 동중유럽 확장을 비난하는 핵 무장한 자본주의 서방에 의해 승리의 결실이 도전받게 되었을 때, 불안과 공포, 자부심과 신념은 "위기에 처한 조국patrie en danger"에 대한 많은 사람들의 감정을 고조시켰다. 1940년대 후반에 스탈린 체제 지도부는 이전에 보였던 인터내셔널리즘과의 거리를 강조라도 하듯이, 외국인 혐오증을 사회주의 조국에 대한 충성의 징표로 삼았다. 러시아의 과거에 대한 토착적 자부심은 서방에 대한 깊은 적대감과 결합했다. 전후戰後의 통합 과정에는 비러시아인들의 민족주의 흐름을 강하게 억제하는 입장이 포함되었는데, 소련 체제는 이런 것이 잠재적으로 반소련적이라고 간주했기 때문이다. 스탈린은 영화감독인 세르게이 예이젠시테인Sergei Eisenstein에게, "우리는 지금 모든 [비러시아] 민족들과 함께 경험하고 있는 민족주의의 부활을 극복해야 한다."[52]라고 말한 것으로 전해지고 있다. 러시아의 제국적 역사 내러티브는 소비에트 애국주의의 토대로 제시되었고, 대조국전쟁에서의 투쟁과 승리는 소련과의 범민족적 일체감을 공고히 하는 데 활용되었다. 그 이후 수십 년 동안, 심지어 소련 해체 이후에도, 2차 대전에서의 승리는 혁명이나 내전보다 충성심과 깊은 애착심의 더 강력한 원천으로 남아 있었다.[53]

스탈린 통치 시기 내내, 소련 역사가들과 당 관료들 사이에서는 소비에트 애국주의와 용납 가능한 민족주의에 대한 "올바른" 공식적 해석을 놓고 격렬한 논쟁이 벌어졌다. "유럽의 헌병"이자 "민족들의 감옥"으로 간주된 제정러시아는, 적어도 즈다노프가 1936년에 제시한 해석에서는 비러시아인들에게 있어서 "차악次惡"으로 묘사되었다. 러시아의 과거에 대한 자부심은 신성불가침의 영역이 되었다. 당 이데올로그들은 다양한 민족들의 지역 문화를 수용하는 데 때때로 문을 조금 열어 주기도 했으나, 그러한 개방은 모호하고 일관되지 않았으며, 결국에는 관련자들에게 끔찍한 결과를 가져오며 쾅 하고 닫히곤 했다. 레지널드 젤닉Reginald Zelnik이 "강요된 반체제운동가constrained dissent"[18]라고 불렀던 조건 속에서도, 역사가 안나 판크라토바Anna Pankratova와 같은 일부 용기 있는 인물들은 비러시아 민족들의 역사적 성취를 기록하고, "민족적 권리"를 확대하라고 주장했다. 판크라토바 자신의 생애는 스탈린 시대에 민족문제를 끄집어내는 도전 과정을 그림처럼 보여 주고 있다. 역사학계에서 큰 영향력을 가졌던 판크라토바 자신이 유배를 경험한 바 있었다. 그녀는 카자흐스탄으로 추방되었을 때, 카자흐의 역사와 문화에 대한 관심을 발전시켰고, 남편의 체포를 견뎌 냈다.[54]

전쟁 기간에, 민족 공화국들에 소재한 영화 제작소들은 예이젠시테인의 반反독일 대서사극으로서 넵스키 공이 튜턴 기사단에 맞서 싸운 이야기를 기념하는 "알렉산드르 넵스키Aleksandr Nevskii"에 상응하는 자신들의 작품을 내놓았다. 비러시아공화국들 또한 외세의 침입에 맞서 자기들 땅을 방어한 민족 영웅들을 다룬 유사한 서사 영화를 제작했다. 아르메니아의 "다비트 벡David Bek", 그루지야의 "기오르기 사아카제Giorgi Saakadze", 우

---

18 "강요된 반체제운동가(constrained dissent)": 반체제운동가란 과거 소련 시대에 단지 국가가 요구하는 세계관에 동의하지 않을 뿐만 아니라, 좀 더 공개적이고 집단적이며, 행동으로 저항을 표현한 사람들을 일컫는다. 반체제운동에 대해서는 다음 졸고를 참고하시오. 조호연, 「소련에서의 반체제운동의 기원과 성격」, 『경대사론』 11집, 경남대학교 사학회(1999) : 95~116.

크라이나의 "보호단 흐멜니츠키Bohdan Khmelnytsky" 등이 그러한 예이다. 그러나 궁극적으로, 각 민족의 역사와 러시아 제국의 서사를 조화롭게 통합하려는 과제는 실현 불가능한 것으로 드러났다. 우크라이나 역사서술에 대한 연구에서 세르히 이케우치크Serhy Yekelchyk는 다음과 같이 결론짓고 있다. "이 병존倂存의 피해자는 많았다. 역사가들은 거의 아무 성과를 내지 못했고, 이데올로그들은 역사서술과 교육을 완전히 통제하지 못했으며, 교사들 또한 학생들에게 자기들 민족의 과거에 대한 자부심과 러시아 제국의 권위에 대한 존중심을 동시에 심어 주려 애쓰는 데 큰 어려움을 겪었다."[55] 그러나 "일단 1941~1943년의 긴박한 전시 상황이 지나가자, 당 이데올로기는 1937년 이후의 극단적인 노선으로 회귀하여, 소련 사회 내에서 러시아 민족의 우월성을 강조하는 방향으로 나아갔다. … [그것은] 전쟁에서 겪은 경험으로부터, 전쟁 발발 이전보다 훨씬 더 러시아 중심적이고 국가사회주의적인 형태로 등장했다."[56]

1945년 5월에, 스탈린은 유명한 축배 연설에서 러시아 인민을 "소련 내의 모든 민족 가운데 가장 걸출한 민족", "우리나라의 모든 인민 가운데 선도적 역할을 수행하는 소련의 중심 세력"이라고 말하며, 그들이 "명석한 두뇌, 강인한 성격, 그리고 인내심"을 지녔다고 찬양했다.[57] 레닌이 임종 자리에서 러시아 국수주의자들 — 비록 그들이 다른 민족 출신이라 할지라도 — 을 경계하라고 한 경고는 폐기된 지 이미 오래되었다. 〈인터내셔널가〉를 대체하여 1944년에 새로 채택된 소련 국가國歌[19]는 스탈린주의 방

---

19 소련 국가(國歌): 1944년의 소련 국가는 원작사자 세르게이 미할코프의 개사(改詞)를 거쳐 2000년에 현재 러시아연방의 국가로 채택되었다.

식으로 민족주의와 애국주의의 통합을 깔끔하게 요약했다.

> "자유로운 공화국들의 굳건한 단합을 위대한 루스가 영구히 이룩하였도다
> 인민의 의지로 만들어진 유일하고 강대한 소비에트연방!
> 찬양하라, 우리의 자유로운 조국을,
> 민족들의 우애는 견고한 성채일새,
> 소비에트의 깃발, 인민의 깃발이 승리에서 승리로 이끌어 주리라!"[58]

전후 러시아의 우월성에 대한 이와 같은 찬사 분위기 속에서, 비러시아 민족들의 다양한 역사는 러시아 중심의 서사에 냉혹하게 예속되었다. 1948년 아르메니아공산당은 "아르메니아의 역사적 과거를 이상화하였다."는 이유로 학자들을 비판했다. 3년 뒤에, 아르메니아공산당은 민족주의 작가 라피Raffi[20]의 19세기 소설인 『카이체르』(불꽃)를 규탄했는데, 이 작품은 불과 4년 전까지만 해도 아르메니아공산당에 의해 재출간이 승인된 바 있었다. 스탈린의 러시아/소련 — 이 두 단어는 1940년대 후반에서 1950년대 초에는 서로 바꾸어서 사용되었다 — 은 민족들의 제국으로 규정될 수 있었는데, 거기서 특권을 가진 제국 민족은 러시아인들이었다. 공화국과 자치 지역의 구분이라는 공식적인 민족 구성 체계 속에서, 소련은 제국 시대의 유산인 민족-영토 구획을 유지하고 발전시켰다. 러시아인을 첫 번째 민족으로 하고, 모스크바를 본국의 중심축으로 우위에 올려놓음으로

---

20 라피(Raffi): 하콥 멜리크 하코비안(1835~1888)은 아르메니아 작가로서 필명인 라피로 더 잘 알려져 있다. 그는 애국심과 조국 수호를 자신의 의미로 여긴 낭만적인 민족주의자였다.

소련의 선전 포스터는 민족 간의 행복한 결합의 모습, 곧 민족들의 우호(Friendship of Peoples)의 모습을 보여 주고 있다. 소련 지도를 배경으로 하여, 다양한 민족의 대표들이 각기 전통 의상을 입고 이오시프 스탈린을 향해 밝게 미소 짓고 있다. 그 뒤편에는 수많은 동료 소련 군중이 희미하게 보인다. 이 포스터는 1950년, 이스쿠스트보(Iskusstvo) 출판사에 의해 제작되었으며, "위대한 스탈린의 영도 아래 – 공산주의로 전진!"이라는 표제가 적혀 있다.

써, 제국의 특징인 권력의 불균등한 배분 구조는 명확하게 지속되었다.

그러나 차르 제국과는 달리, 소련은 스탈린 치하에서 통합적인 정서적 소련 공동체를 창출하고자 부단하고도 일관된 노력을 기울였으며, 이러한 초민족적 공동체의 형성에 어느 정도 성공을 거두었다. 이와 같은 캠페인을 통해, 소련은 뚜렷한 국민화nationalizing의 충동을 드러냈는데, 그에 따라 차등을 말소하고 동질적인 전체를 창조하고자 했다. 혁명 이전의 러시아는 러시아화를 오직 될 대로 되라는 식으로 산발적으로 시도했을 따름이었다. 소련 정권은 훨씬 더 효과적인 선전 수단을 갖추고 있었기 때문에, 국가가 통제하는 라디오와 텔레비전 등을 통하여 의무 교육, 대규모 징병 등 자기들이 선택한 이념을 확산했고, 당黨이 미래로 향한 찬란한 길을 시각적으로 제시하며, 사람들은 자기 손을 씻어야 한다는 것 등을 어디서나 환기시킬 수 있었다. 공산당은 심지어 소련 인민이라는 개념을 발전시켜 나가는 순간에도, 차르들과 마찬가지로 민족 간, 특권층인 엘리트와 일반 사람들 사이의 차등을 유지하거나, 심지어 벌려 나갔다.

계급 구분은 시간이 흐름에 따라, 특히 스탈린 사후에 어느 정도 완화되었으나, 여전히 뚜렷하거나 은밀한 방식으로 사람들의 삶에 흔적을 남기고 있었다. 일부 사람들은 특별 상점을 이용할 수 있었고, 또 다른 사람들은 지정된 의류 보관실에 외투를 맡길 수 있었으며, 또 다른 사람들은 해외로 여행하거나 비공개 도시에서 거주하도록 허용되기도 했다. 법률상으로는 평등이 존재했으나, 일상생활에서는 아니었다. 자본주의사회에서 평등의 수단이자 동시에 격차의 원인이 되는 돈은 소련 사회에서는 상대적으로 덜 중요한 요소였으며, 그보다 "당신은 누구인가", 그리고 "당신은 누구를 아는가"의 여부가 더 큰 영향력을 발휘했다. 민족 집단 간의 구분, 중심부와 주변부 및 당 엘리트와 대중 간의 불평등한 권력 분배로 인하여, 그 체제에는 여전히 제국적인 냄새가 풍겼다. 소련 사람들은 근대적으로 재구성된 제국의 형태 속에서, 민족들과 거북한 공존 관계를 이어 갔다.

소련의 산만한 권력

스탈린 체제하의 소련은 극도로 중앙집권화된 국가였으며, 독재자 스탈린은 혁명 이전의 어떤 전제군주보다도 강력한 권력을 행사했다. 표트르 대제를 예외로 한다면, 어떤 차르도 피지배자들에 대해 스탈린만큼의 통제력을 갖지 못했는데, 설령 표트르 대제조차 스탈린처럼 국민 내부 깊숙이, 그리고 국경 너머까지 영향을 미칠 수 있는 수단들을 가지지는 못했다. 어떤 반대 세력도 오래 생존하지 못했으며, 국내외의 공산주의자들은 스탈린이 가진 비전에 헌신했다. 전쟁 승리로, 스탈린은 흡사 신도들에게 비판의 대상이 되지 않는 신적 존재가 되었다. 물질적으로 풍요롭지 못한 나라에서, 정권은 공포와 선전을 통해 국민을 통제하고 동원했다.

냉전 초기(1945~1953)에, 서방 학자들은 소련이 구조와 야망 면에서 패망한 나치 정권과 유사한 전체주의 체제라고 개념화하였다. 전체주의 모델에 따르면, 시민들은 전능한 국가에 의해 조작되는 원자라고 생각되었으며, 실질적인 저항 능력을 갖지 못한 채 정치적으로 수동적인 존재라고 간주되었다. 국가와 사회 간의 사회계약은 생존에 필요한 최소한의 재화와 서비스, 그리고 안전을 제공받는 대가로 일반 사람들이 국가에 바치는 집단적 충성에 기반을 두고 있었다. 일탈 행위는 신속하게 처벌되었다. 전체주의 모델은 스탈린이 사회를 최대한 철저히 통제하고자 했던 의도를 어느 정도 포착하는 데는 성공했으나, 스탈린 사후 실제로 그랬던 것처럼, 소련이 대중적 테러로부터 선전과 설득 중심의 통치로 변화할 수 있었다는 점을 간과함으로써 서방 분석가들을 잘못된 길로 인도했다. 전체주의론은 소련 역시 나치 독일과 마찬가지로 전쟁을 불사하고 지속적으로 팽창을 지향한다는 예측으로 이어졌으나, 실제로 소련은 동유럽에서 자국의 영향권을 확보한 이후에는 영토 획득에 대해서는 비교적 만족했다. 영국의 유화정책은 히틀러의 야욕을 부추기고 세계대전으로 이어지게 되었는데, 서방의 지도자들과 대중은 역사로부터 잘못된 교훈을 얻은 결과, 크렘린과 협상하는 것이 유화정책과 동일하다고 생각하게 되었다.

소련의 사회와 정치는 전체주의적 시각이 허용하는 관찰 범위보다 훨씬 더 복잡했다. 사실 그것은 무질서하고 혼란스러웠다. 사회의 최상층에서 최하층에 이르기까지, '작은 스탈린들'이 공화국, 지방, 공장, 농장 등을 통치하고 운영했다. 모스크바로부터 멀리 떨어져 있던 지방 당과 국가 지도자들은 절대적이고 자의적인 권력을 행사될 수 있었으나, 고위층 보스들, 특히 스탈린의 노여움을 살지 모른다는 위협을 위로부터 계속 받았다. 아래로부터는 불만을 품은 주민들이 소요를 일으킬 가능성이 있었고, 경쟁 파벌과 인물들이 사방에서 도전했다. 예를 들어, 소련의 리비에라Riviera[21]라고 할 수 있는 흑해 연안의 압하지야공화국에서 권세와 인기를 누리던 공산당 서기장 네스토르 라코바Nestor Lakoba는 스탈린과의 우정이 손상되지 않는 한, 자신의 자리를 안전하게 지킬 수 있었다. 그러나 야심 찬 그루지야계 공산주의자인 라브렌티 베리야가 그에게 등을 돌리자, 그의 운명은 정해진 것이나 다름없었다. 베리야 부부의 만찬에 초대받아 트빌리시를 방문한 라코바는 병을 얻어 사망했는데, 독살이었을 것으로 추정된다. 압하지야에 있던 그의 부하들은 곧 몰락했고, 그들의 자리는 베리야의 부하들로 채워졌다.[59]

당 엘리트 아래에는, 스탈린이 "작은 나사들vintiki"이라고 불렀던 사람들

---

21 리비에라(Riviera): 프랑스 동남부와 이탈리아 서북부의 지중해 연안 지역에 대한 명칭이다. 기후가 따뜻하고 풍경이 아름다워 관광 및 휴양지로 널리 알려져 있다.

이 있었는데, 그들은 다양한 방식으로 어떻게든 일이 되도록 하고, 자기들이 필요한 것을 얻어 냈다. 시민들은 권력자들에게 청원을 올림으로써 자기들의 고통을 완화하거나 욕구를 충족시킬 수 있었다. 역사가 올렉 흘레브뉴크Oleg Khlevniuk는 라브렌티 베리야가 자신의 고향 공화국의 주인으로 인정되자마자 시민들이 그에게 의존하는 모습을 다음과 같이 묘사했다.

> 그루지야 주민들은 온갖 문제를 해결해 달라고 베리야에게 간청했다. 농민들은 산사태의 위협으로 인해 이주를 요청했고, 집단농장 노동자들은 흉작으로 인한 기아에 대해 불평하거나 마을에 학교를 세워 달라고 요청했다. 어떤 기술자는 철도 건설 문제를 제기했으며, 그루지야의 어떤 극작가는 자신의 희곡이 모스크바 극장에서 상연될 수 있도록 도움을 요청했다. 실명 혹은 익명으로 제출된 진정서들 가운데는 그루지야 관료들의 부패를 고발하는 내용도 있었다. 이와 같은 수많은 진정서는 베리야가 그루지야 사회의 광범위한 계층으로부터 공화국의 보호자로 인식되고 있었음을 보여 준다. 그에게 청원하면 특수한 관계망 덕분에 성과가 나올 가능성이 높았다. "정치적 친밀성political intimacy"에 대한 이러한 인식(어떤 편지에서 베리야는 "그루지야 인민의 사랑스런 사람"이라고 언급되었다)은 많은 편지가 그루지야어로 작성된 뒤, 베리야의 비서실에서 러시아어로 번역되었다는 것에 의하여 사실로 확인된다. 그루지야 시민들은 대체로 "자신들의" 보호자에게 자신들의 언어로 호소했기 때문이다.[60]

여기에서 서술된 청원의 모습은 모스크바국 및 제국 시기부터 익숙하

정치경찰의 수장 라브렌티 베리야와 그의 무릎에 앉은 스탈린의 딸 스베틀라나 알릴루예바Svetlana Allilueva 의 모습. 스탈린은 뒤에서 업무를 보고 있다. 1930년대.

게 행해지던 형식의 반복이다. 혁명 이전의 선조들이 사랑의 언어로 개인 적인 감정을 표현하고, 후견인의 보호 의무를 상기시켰던 것처럼, 소련 시 민들은 자신들이 개인적으로 연결될 수 있을 것이라는 사람에게 편지를 보냈다. 베리야의 경우, 연결 끈은 민족이었다. 후원과 의뢰의 관습적 형 식을 통해 전달된 상호성은 스탈린주의가 절정에 달했던 시기에도 여전히 체제가 작동하는 데 계속 중요한 역할을 맡았다.

물론 스탈린 시대가 단순히 과거의 관행을 반복한 것만은 아니었다. 이 시기에는 새로운 이데올로기와 새로운 형태의 사회적 결속 또한 중요 한 역할을 했다. 특히 이데올로기의 변화는 공적이고 제도적인 차원의 변 모뿐만 아니라, 개인들 측에서의 내부적 적응에도 영향을 미쳤다. 최근의 학자들은 전체주의 모델이 허용하는 분석의 한계를 넘어, 소비에트 주체성Soviet subjectivity[22]에 대해 보다 미묘하고 복합적인 관점을 제시하고 있으며, 소련 사람들이 자신들과 자신을 둘러싼 세계 및 소련의 공식 담론과의 관계를 어떻게 인식했는지를 면밀하게 탐구하고 있다. 일부 학자들은 마르크스주의 이데올로기를 소련인들의 경험에서 결정적인 요인으로 강조하고 있는 반면에, "주체성주의자들subjectivists"은 "이데올로기는 특정 개인의 주관적인 삶과 상호작용하면서, 개인 내면에서 발효되어 수많은 변이를 낳는 효소酵素라고 이해하는 것이 더 낫다."[61]라고 믿고 있다. 이데올로기는 하향식 — 어떤 의미에서 공식적인 도그마는 죽은 이데올로기였다 — 일 뿐만 아니라, "이데올로기의 주체로서 자신과 세계에 관여하는 살아 있는 사람들 속에서" 작동되는 "생동력과 적응력을 갖춘 힘"이었다.[62] 소련 시민들은 자신들의 열정과 신념을 일상적인 스탈린주의의 명백한 결함 및 억압과 조화시켜야 했다. 역사가 요헨 헬벡Jochen Hellbeck의 견해에 따르면, 소련 시민들은 "불가해한 국가정책들을 합리화하는" 과정을 통해, "당과 국가의 지도자들과 동등한 수준의 이데올로기적 에이전트"[63]가 되었다. 적어도 헬벡이 분석한 이데올로기에 동조한 일부의 일기 작가들diarists의 사례가 입증하듯이, 헬벡의 소비에트형 남녀는 내성적이었으

---

22 소비에트 주체성(Soviet subjectivity): 1990년대 이후에 스탈린 시대에 대한 전체주의적 해석이나 수정주의 해석을 넘어 포스트 수정주의적 해석을 추구하는 학자들이 등장했다. 이들은 푸코의 "주체성"으로부터 영향을 받아, "소비에트 주체성"이라는 개념을 사용하여 거대 담론 속에 파묻힌 "주체"를 발굴하고자 했다. 이를 위해 그들이 관심을 기울인 것은 민중 및 민족문화, 일반인들의 일상생활 등이었다. 이 주제를 위해서는 다음 논문들을 참고하시오. 황동하, 「소련 역사 속의 '스탈린 시대': 이를 바라보는 몇 가지 시각들」, 『서양사학연구』 제7집(2002) : 89~122; 조호연, 「수정주의적 러시아혁명 해석과 그에 대한 논의」, 『슬라브학보』 제26권 3호(2011) : 155~188.

며, 고통스러운 자기 형성의 노력을 통하여 자신을 정치적으로 의식 있는 시민으로 리메이커하고, 혁명 및 사회주의 건설의 대의와 한 몸이 되고자 했다. 소련의 사회주의적 주체성은 개인의 자율성이나 사적 가치를 중시하지 않았다. 이런 것들은 근절되어야 하는 부르주아 의식, 자유주의적 개인주의의 징표로 간주되었다.

헬벡의 일기 작가들은 권위주의 정권과 이데올로기적 개념의 강제, 그리고 사고와 활동이 제약되는 산만한 구조가 지닌 두꺼운 망으로 조직된 환경 속에서 살았다. 헬벡은 이들이 진정성 있는 소비에트 주체성을 진지하게 탐구했다고 주장하지만, 소비에트 주체성 학파에 대한 어떤 비판자는 그러한 탐구 행위가 다양한 선택의 여지가 존재하는 공간에서 이루어진 것이 아니었음을 지적하고 있다. "그들은 진지했지만, 자유롭지는 않았다."[64] 우리의 관점에서 보건대, 소련의 산만한 권력은 널리 작용했으나, 전체적이지는 않았으며, 균열과 자기모순을 내포하고 있어서 주관성의 변이가 생겨날 여지를 열어두고 있었다. 스탈린 치하의 소련에서도, 볼셰비즘 이전에 성장한 세대가 여전히 존재했고, 다양한 종류의 종교 신자들, 도시를 기반으로 얕게 퍼진 정권의 영향에 전혀 노출되지 않았거나 겨우 스치기만 한 수백만 명의 사람들, 범죄자들, 반체제 인사들, 고집 센 아웃사이드들, 그리고 신념에 따른 반정부 인물들이 존재했다.[65]

전후 키이우(키예프)에 거주하던 우크라이나인들에 대한 연구에서, 역사가 세르히 이케우치크는 정권이 의례, 기념 행사, 선거, 언론매체 등의 수단을 활용하여 소련 시민들의 행동과 태도를 어떻게 형성했는지, 그리고 공식 담론의 급격한 전환으로 궁극적으로는 정권에 대한 신뢰가 어떻게 훼손될 수 있었는지에 대해 증명했다.[66] 독일군으로부터 키이우가 해방된 직후에는, 증오와 복수의 언어가 확산되었다. 처음에는 그 대상이 나치였다가, 그다음에는 우크라이나 민족주의자 같은 "내부의 적들"이었고, 마지막으로 반코스모폴리타니즘 캠페인 동안에는 암묵적으로 유대인들이었다. 스탈린 사망 이후에, 유대인 의사들에 대한 혐의가 갑작스럽게 철회되면서, 사람들은 소련의 공식 발표의 신뢰성에 의문을 품기 시작했다. 신뢰성에 대한 침식의 속도는 몇 년 뒤에 흐루쇼프가 스탈린을 공격한 "비밀 연설"을 계기로 더욱 빨라졌다. 견고해 보이는 공식 이데올로기 블록은 매우 열렬한 사회주의 신봉자조차도 경쟁적이고 모순적인 입장 중에서 선택할 수 있는 여지를 남겨 놓았다.

제11장

제국의 난국

: 개혁, 반발, 혁명

1953년에 스탈린이 사망하자, 진심 어린 통곡 소리가 터져 나왔다. 대부분의 서구 독자에게는 놀라운 일이지만, 모스크바에 안치된 그의 관을 보기 위해 엄청난 수의 조문객들이 운집했고, 거리마다 비탄에 젖어 어찌할 바 모르는 인파로 가득 찼다. 경찰은 이들을 통제하려 했으나 역부족이었고, 압사 사고로 수백 명이 목숨을 잃었다. 스탈린의 죽음을 애도할 필요를 느끼지 않았던 이들도 상당수 있었음에 틀림없지만, 그들은 자기들의 견해를 말하지 않았다.[1]

권력 다툼이 벌어졌고, 단기간의 삼두 체제를 거쳐 니키타 흐루쇼프가 공산당 제1서기(재임 1953~1964)로 떠올랐다. 흐루쇼프는 특히 1956년 2월에 개최된 제20차 당 대회에서 행한 "비밀연설"에서 전임자의 파괴적 폭력성과 극악한 잔혹함을 비판한 이후로, 급격한 정책 전환을 주도했다. 오랫동안 비밀로 남아 있을 수 없었던 이 연설에서, 흐루쇼프는 스탈린이 "개인숭배"를 조장한 데 대해 강도 높게 비난했고, 대숙청의 참상, 강요된 자백, 조작된 증거, 그리고 만인을 적으로 간주하게 만든 파괴적인 불신의 실태를 폭로했다. 그는 네 시간에 걸친 연설을 통해, 스탈린이 소련 인민을 설득하여 자신의 통치안으로 포섭하지 않고, 오히려 두들겨 패서 복종하게 만들었다는 점을 지적했다.

> 스탈린은 설득, 설명, 그리고 인내심 있는 인민과의 협력을 통해서가 아니라, 자신의 생각을 강요하고 자신의 의견에 대한 절대적인 복종을 요구하는 방식으로 행동했다. 이런 생각에 반대하거나, 자신의 관점과 자기 입장의 올바름을 입증하려 한 자는 누구든지 지도부에서 축출되고, 그 이후에 도덕적으로나 육체적으로 소멸당하는 운명에 처하게 되었다. 이것은 특히 제17차 당 대회(1934년) 이후에 사실이었는데, 그때 수많은 저명한 당 간부들과 일반 당 일꾼들, 즉 공산주의 대의에 충실하고 헌신적인 이들이 스탈린의 폭정에 희생되었다.[2]

이 구절에서 흐루쇼프는 우리의 분석의 중심 주제 중의 하나, 즉 (비록 두드러진 예외의 시기가 있었으나) 러시아 제국의 성공적인 통치에서 상호성이 중요하다는 인식이 지속되어 왔음을 가리키고 있다. 이 부분은 반응을 보이는 정부에 대한 기준을 매우 낮게 설정하고 있다. 그것은 대의제의 부재나, 심지어 아래로부터의 소통 경로의 부재를 비판하지 않는다. 그것은 단지 당이 이미 결정한 사항일지라도 강압적으로 강요하지 말고, 정중하게 설명할 것을 주장하고 있다. 그럼에도 불구하고, 이 연설에서 흐루쇼프는 개인숭배를 비판하고, 잔혹 행위들을 폭로하며, "혁명적 사회주의의 합법성"으로 돌아갈 것을 호소하면서, 지배자와 피지배자 사이에 보다 호의적인 관계가 지닌 중요성을 강조하고 있다. 그는 "사회변혁을 위한 혁명적 투쟁에 있어서 마르크스주의 정당의 결정적인 역할"을 언급함과 동시에, "인민이야말로 역사의 창조자이며, 인류의 모든 물질적, 정신적 재화의 창조자"임을 인정했다. 비록 이 연설의 핵심적 의의는 스탈린 및 스탈린주의에 대한 공격에서 비롯되었지만, 동시에 그것은 우리가 계속해서 다루어 온 질문들, 즉 "국민" 혹은 민족을 어떻게 생각할 것인가, 그리고 국가와 사회는 어떻게 상호 작용해야 하는가에 대해 암묵적인 문제를 제기하고 있다.

스탈린의 경찰국가 체제가 종식되면서, 흐루쇼프 치하에서는 중앙의 통제가 다소 완화되었고, 이로 인해 민족적 표현에 대한 극단적인 제약도 어느 정도 완화되었다. 그러나 그 과정은 굴곡 많고 복잡한 길이었다. 모스크바와 각 공화국 당 지도부 사이에서는 일종의 줄다리기가 시작되었으며, 공화국의 민족 정치 엘리트들은 모스크바가 용납할 수 있는 한계를 시험하기 시작했다. 아제르바이잔과 라트비아에서는 1956년에 공산당 지도자들이 자기 공화국의 민족 언어 교육을 강화하려 했으나, 곧장 자리에서 축출되었다. 1958년에는 흐루쇼프가 교육개혁을 통해 비러시아 언어 지지자들에게 반격을 가했다. 이 개혁으로 학부모가 자녀의 수업 언어를 선택할 수 있게 됨으로써, 공화국의 민족 언어 학습을 의무화하던 기존 원칙을 사실상 무력화하였다.[3] 우크라이나에서는 페트로 셸레스트Petro Shelest(1963~1972)가 당 서기로 재직하던 시기에 우크라이나의 민족의식에 대한 표현이 잠시 용인되었으나, 크렘린이 민족주의가 지나치게 빠르게 확산된다고 우려하자, 중앙당 정책을 강경하게 집행하는 볼로디미르 셰르비츠키Volodimyr Shcherbytsky(1972~1989)가 키예프에 임명되었다. 그 이후에 벨라루스와 마찬가지로, 우크라이나에서는 러시아어 교육 및 보급이 한층 강화되었다.

당 관료들이 때때로 '메스트니체스트보'(지방주의)라 일컬은 현상과의 투쟁은, 중앙정부에게 지속적인 골칫거리로 남아 있었다. 남캅카스 및 중앙아시아 지역에서, 장기 집권한 지역의 당 엘리트들은 부패한 후원제도, 명목민족에 대한 정실주의, 그리고 널리 퍼진 뇌물 수수 및 금전거래 관행을 만들었다.[4] 보호인과 피보호인으로 이루어진 복잡한 네트워크, "가족 서클", 그리고 악명 높은 비공식적 사경제("제2경제")가 등장함에 따라, 흐루쇼프의 총애를 받던 당 지도자들조차도 캅카스와 중앙아시아의 정치 및 경제생활을 특징짓는 부패와 정실주의에 깊숙이 연루되었다. 1970년대 초 무렵이 되면, 지역의 민족 감정에 어느 정도 양보를 해 주고, 상당한 정도로 경제적으로 관대한 조치를 통해 지역 주민들을 달래던 강고한 지방 엘리트들에 대해 모스크바가 의심을 품기 시작했다. 전형적인 제국 통치의 긴장된 역학 관계 속에서, 지역의 '총독들satraps'은 중앙이 자기들을 제어하기 위해 사용하던 속박 장치를 느슨하게 했다. 결국 모스크바는 그들에게 재갈을 물리거나, 대부분의 경우에 해임했다.

1960년대 말 무렵까지는, 대체로 기득권 당 관료들을 지지했던 레오니드 브레즈네프Leonid Brezhnev(재임 1964~1982) 정권은 더 이상 자국의 경제계획이 지속적으로 좌절되는 상황, 특히 소련 남부 지역 공화국들에서의 실패를 묵과할 수 없게 되었다. 지역당 보스들이 구축한 친구, 피보호인, 친족 간의 복잡한 네트워크를 돌파해 나가기 위해, 중앙당 지도부는 당 기구 바깥에 있는 새로운 인물들에게로 관심을 돌렸다. 1969년 7월, 국가보안위원회KGB 경력을 가지고 있던 헤이다르 알리예프Heidar Aliev가 아제르바이잔공산당 제1서기로 임명되었다. 3년 뒤인 1972년 9월에는 그루지야 보안 당국 출신으로 그의 동료인 에두아르트 셰바르드나제Eduard Shevardnadze가 그루지야 공산당의 지도자가 되었다. 같은 해, 아르메니아에는 러시아인들이 중앙위원회 제2서기 및 국가보안위원회 수장으로 파견되었고, 1974년 11월에는 아르메니아 바깥에서 교육받은 젊은 아르메니아인 공학자 카렌 데미르챤Karen Demirchian이 아르메니아공산당의 수장으로 임명되었다. 이들에게 부여된 임무는 모두 동일했다. 즉, 경제 및 정치 부패를 척결하고, 경제성장에 자극을 주며, 민족적 정실주의를 종식시키고, 노골적인 지방 민족주의의 표출을 억제하며, 공산당 정책을 수행할 수 있는 새로운 통치 엘리트를 육성하는 것이었다.

전통적으로 가족, 친구, 지인, 친족 간의 밀접한 유대에 의존해 온 남부 캅카스 및 중앙아시아 지역에서는, 지하경제와 정치적인 부패 관행으로 인하여 개혁이 먹히지 않음이 입증되었다.[5] 사회적·정치적 관계에서 통용되는 화폐는 호의를 주고받는 것이었고, 호의와 인맥을 통해 구축된 네트워크는 국가의 공식 경제 체제나 법적인 정치 행위의 틀을 우회할 수 있는 수단이 되었다. 이러한 관행은 흔히 이들 변방의 남부인들에게 특유한 것으로 간주되었으나, 그 지역에만 국한된 것이 아니라, 소련의 많은 지역에서 고질적 현상일 수 있었다.[6] 정치 및 경찰 기구 또한 이러한 사적 네트워크에 의해 잠식되었기에, 처벌로부터 면제받는 것은 호의의 흔한 형태였으며, 가족의 규범이나 학창 시절과 군 복무 중 맺은 결속, 혹은 다른 가까운 유대 관계를 깨뜨리는 것보다 차라리 법을 위반하는 것이 리스크가 더 적었다. 국가가 소위 "흑색" 혹은 "회색" 이중경제[1]에 대한 강경 대응에 나선 이후에도, 그리고 법을 우회하는 행위에 따르는 위험이 증가한 이후에도, 이러한 네트워크는 여전히 남아 있었다. 법적으로는 어떠한 형태의 사기업도, 영리 목적의 활동도 전혀 허용되지 않았다. 친족 및 우정에 기반한 유대는 소련이라는 정치체가 강제한 경제 운영 방식에 대한 일종의 민족적 혹은 단지 사회적 저항의 실질적인 형태로 기능했다. 일단 스탈린주의적 공포정치가 완화되자,—아래로부터의 실질적인 민주적 통제가 없는 상태에서 — 많은 지역과 공화국들은 사실상 공산당과 국가기구 내에 중심을 둔 지방 혹은 민족 기반의 "마피아"에 의해 지배되었다. 그들의 영향력은 사회 전반에 퍼져 있었다.[7]

당과 국가 관료제 내에 만연했고, 지식인 계층과 일반 대중 사이에서도 인정받았던 일종의 "관제 민족주의" 외에도, 소수의 인권 운동가들 및 심지어 혁명적 분리주의자들에 의해 표현된 반체제운동가 혹은 "비정통 민족주의unorthodox nationalism"가 1960년대에 처음으로 등장했고, 그와 함께 각 공화국 내 소수자들의 반反민족주의 흐름도 나타났다. 소련 당국이 "애국주의"라고 규정한 이 "관제 민족주의"는 1950~1960년대의 좀더 자유방임적 분위기 속에서 허용 가능한 표현 형태가 되었으나, 중앙 당국은 민족적 쇼비니즘이나 정치적 분리주의의 성장을 우려하여, 지방 민족주의의 과도한 표현을 억제하고자 노력했다. 1969년부터 1974년 사이에 임명된

---

1   "흑색"…이중경제: 흑색 경제는 암시장, 불법 거래 등 법의 테두리 밖에서 이루어지는 경제활동을 의미하며, 회색 경제는 세금이나 규제를 회피하거나, 정부의 감시망 밖에 있는 경제활동 등 공식 경제 시스템 밖에 존재하는 경우를 말한다.

지방 공화국의 새로운 지도자들은 러시아어 교육의 필요성을 강조했고, 셰바르드나제가 "민족적 편협성과 고립주의"라 부른 것에 재갈을 물려야 한다고 다시금 역설했다. 차르 체제 말기 및 소련 초기와 마찬가지로, 언어와 문화적 권리를 둘러싸고 소련 전체의 필요와 개별 민족 공화국의 희망이 충돌하는 전쟁이 벌어졌다. 브레즈네프 시대에는 국가와 사회가 민족적 권리에 대한 정의를 놓고 갈등을 빚었으며, 반체제운동가들은 공개적으로 저항하면서 체포와 추방의 위험을 감수하면서도 자기들의 불만을 표출했다. 일찍이 1956년 3월, 트빌리시에서는 스탈린 동상이 철거된 것에 항의하여 학생들이 거리로 나섰는데, 군대가 총격으로 이에 맞섰다. 이 시위는 원래 흐루쇼프가 비밀연설에서 독재자의 범죄를 비난하며 스탈린을 격하시킨 데 대해 모욕감을 느낀 그루지야 민족주의자들의 항의로 시작되었다. 그러나 시위대에 대한 군의 발포로 수십 명이 사망하자, 그루지야인들은 소련 체제에 반대하는 입장으로 급격히 돌아섰다. 탄압을 통해, 새로운 형태의 민족주의적 반체제운동이 성장했다.[8] 약 10년 후인 1965년 4월 24일, 수천 명의 아르메니아인들이 아르메니아 제노사이드 50주년을 기념하기 위해 비공식적으로 시위를 벌였다. 당시 아르메니아공산당 제1서기였던 야코브 자로비안Iakov Zarobian은 무력 사용을 거부하고, 시위대를 진정시키려 했으며, 결국 아르메니아 민족 감정에 양보 조치를 취했다. 예레반의 치체르나카베르드 언덕에는 1915년의 학살과 강제 이주 희생자들을 기리는 기념비가 세워졌고, 매년 4월 24일이 되면 사람들은 자발적으로 영원한 불꽃 앞에 줄을 서서 꽃을 바쳤다. 그러나 아르메니아 민족 감정에 대한 우호적인 태도로 인해 현지에서 상당한 인기를 끌었던 자로비안은 시위 사태 후 1년도 되지 않아 자리에서 해임되었다.

1970년대 중반, 소련의 연방 구조를 폐지하고 러시아어를 소련의 국어로 선포하자는 논의가 진행되었으나, 그중 어떤 제안도 실질적인 진전을 보지 못했다. 지방 공화국들은 일정한 한계 내에서 중앙정부에 맞서며, 민족 정서에 대한 소폭의 양보를 끌어낼 수 있었다. 1978년 4월, 트빌리시에서 수백 명의 학생들과 시민들이 거리로 나서, 그루지야어를 공화국의 국어로 명시한 그루지야 헌법 조항을 변경하려는 정부 계획에 항의했다. 이 사건은 자로비안이 당한 것과 같은 불이익 없이, 성공적으로 중앙 당국에 도전한 적어도 하나의 사례였다. 세바르드나제는 장관협의회 청사 앞에 모인 약 5,000명의 군중 앞에서 연설하며, 그루지야어를 국어로 유지할 것을 자신이 권고했다고 밝혔다.[9] 그루지야어는 그대로 그 지위를 유지했을 뿐만 아니라, 모스크바는 아르메니아 및 아제르바이잔 헌법에서도 유사한 조항을 변경하려던 시도를 신중하게 포기했다. 러시아에 대한 공개적인 반감을 표현한 당 지도자들 중 누구도 처벌받지 않았는데, 이것은 소련에서 시민사회가 다시 등장하고 있음을 보여 주는 초기 징후였으며, 훗날 아래로부터의 '페레스트로이카'(재건축)의 예고편이었다.

그러나 용납될 수 없었던 것은 "비정통 민족주의"였다. 여기에는 아르메니아 민족통일당Armenian National Unity Party과 같은 소수의 혁명적 분리주의자들뿐만 아니라, 소련 내에서 민족 권리와 다른 인권이 무시되고 있다는 사실에 대해 국제 여론을 일깨우고자 했던 헬싱키 감시위원회Helsinki Watch Committees[2])와 같은 온건한 지식인 집단도 포함되었다.[10] 예를 들어, 그루지야의 반체제 인사들은 처음에는 그루지야의 역사적, 종교적 유적 보존이라는 온건해 보이는 활동에 관심을 보였으나, 일부 대담한 인사들은 곧 1944년에 튀르키예 국경 인근 고향에서 중앙아시아로 강제이주된 무슬림 그루지야인들인 메스헤티아인들의 귀환 문제를 공론화하기 시작했다. 러시아 민족주의자들 또한 종교 및 역사 유적 보호 운동이나 자연 보호구역 설립 운동 등을 통해 유사한 방향의 의견을 표현했다. 우크라이나 반체제 인사들은 우크라이나어와 문학의 억압에 항의했고, 이것이 레닌의 민족 정책을 위배한 것이라고 때때로 도발적으로 지적하기도 했다. 1967년의 6일 전쟁에서 이스라엘이 아랍 국가들을 상대로 승리한 이후에, 유대인 운동가들은 유대교 전통에 대한 제약에 항의하면서, 소련에서 이스라엘로의 이민을 청원했다. 이민을 신청한 뒤 직업과 장래 전망을 박탈당하고, 그 이후 청원이 거부되거나 장기간 지연된 유대인들은 '리퓨즈니크refuseniks'라 불리게 되었다. 그들의 대의大義는 미국과 유럽에서 강력한 지지를 받아, 소련 지도부를 난처하게 만들고 분노하게 했다. 민족주의 운동가들을 길들이기 어려운 것으로 판명되자, 정치경찰의 수장 유리 안드로포프Iurii Andropov는 민족주의 활동을 중지시켰다. 1980년대 초 무렵까지, 반체제 인사들은 지하로 숨어들거나 해외로 망명했다.

공식적으로는 자신의 민족에 대한 충성심이 소련에 대한 애국심으로 대체되어야 한다고 강조되었으나, 소련이 종말을 맞이할 때까지도 소련주의Sovietism가 러시아와 밀접하게 연관되어 있었기 때문에, 수억 명의 소

---

2 헬싱키 감시위원회(Helsinki Watch Committees): 1975년에 헬싱키에서 개최된 유럽안보협력회의에서 동서 진영의 35개국 대표들은 최종 의정서에 서명했다. 여기 담긴 인권 조항을 감시하기 위해 1970년대 후반에 우크라이나, 리투아니아, 그루지야, 아르메니아 등지에서 헬싱키 감시위원회가 설립되었다.

련 시민들은 자신들의 민족적 정체성과 초민족적超民族的 충성심 사이에서 갈등을 겪을 수밖에 없었다. 대부분의 에스토니아인과 마찬가지로, 전쟁 이후에 소련에 강제로 통합된 일부 소련 사람들은 소련과 러시아를 솔직히 거부했고, 자신의 민족 공동체 안에서 최대한 독립적으로 살아갔다. 러시아 및 소련의 다른 공화국으로 이주하거나 그곳에 거주하던 수십만 명의 아르메니아인과 같은 사람들은 러시아—소련 문화에 동화되었고, 비록 여권에는 아르메니아인으로 기재되었을지언정, 언어와 문화, 태도에 있어 실질적으로는 "러시아인"이었다. 한두 세대가 지나면서, 그들은 통혼했고, 여권에 적힌 민족 정체성은 사라질 수 있었다. 이 두 극단 사이에는 양쪽 정체성 사이에서 왔다 갔다 하거나, 혼종적 정체성을 만들어서 상황에 따라 소련인이 되기도 하고, 자기 민족이 되는 이들도 있었다. 민족성은 소련 말에 아주 강력한 표지가 되어, 많은 경우에 도구적으로 사용되기도 했다. 예를 들어, 민족 공화국 내에서 정치적으로나 사회적으로 출세하거나, (유대인, 독일인, 아르메니아인, 고려인 등) 소련에서 이민을 떠나는 경우가 그러했다.

정책과 경험: 민족들의 우호 관계

현지에서 바라볼 때, 모스크바에서 정해진 정책들은 지역에 따라 상이한 색채를 띠었다고 할 수 있고, 사람들의 경험 속에서는 모순된 방식으로 드러났다. 소련에서의 삶은 엄격한 관료주의적 규범과 그 규범의 전복, 마르크스-레닌주의 이데올로기의 경직된 잔재, 민족성의 과장된 표출, 표준화된 화폐, 시간, 지리적인 방위, 소비생산품, 그리고 물자 부족으로 규정되었다. 여전히 민족적으로 다양하지만 동질적인 소련 사람들이 만들어 가던 소련 문화는 점차 통합되어 가고 있었으며, 그 발전에는 많은 요인이 기여했다. 열한 개의 시간대를 아우르는 광대한 영토에서도, 소련인들은 모스크바 표준시Moscow Time에 맞춘 시계에 따라 공식적인 시간을 정했고, 태양의 통과 경로와는 이상하게 뒤죽박죽된 시간이지만 크렘린의 시계에 맞추어 비행기와 기차를 탔다. 그 동일한 소련인들은 레닌그라드로 가든 블라디보스토크로 가든 어디로 여행하든, '벨로치카'(작은 다람쥐)나 '미쉬카 코솔라피'(안짱다리 곰 미샤)와 같은 채색 종이로 포장된 통일된 이름의 초콜릿을 주문할 수 있었다. 만약 그들이 식당에서 식사를 즐길 기회를 가진다면, 편안하게 익숙한 메뉴 음식들(치킨 키이우, 치킨 '타바카', '스톨리치니' 샐러드)이 그들을 반기곤 했다. 그루지야 음식은 소련의 보편적인 메뉴가 되었다.[11] 그다지 유쾌하지 못한 공통점도 소련인들의 경험을 통합시켰다. 온갖 에티켓과 규범을 따라야 하는 줄서기, 물자(상품과 식료품) 부족, "자발적인" 무급 근로일(소위 레닌의 토요일), 다양한 방법으로 자기 계발을 하라는 권고, 정부가 좋아하는 붉은색과 검은색으로 적힌 대형 선전 광고판 등이 그러했다. 소련 어린이들은 여름에는 의식처럼 캠핑을 떠났고, 청소년들은 연례적으로 감자 수확에 동원되었다. 캠프에 대한 기억은 향수 어린 공통의 기억을 만들어 주기도 했으나, 때때로 씁쓸한 색채를 띠기도 했다. 소련 전역에서 사람들은 큰 휴일—혁명기념일, 국제노동절, 국제 여성의 날—과 작고도 색다른 휴일—소련 국경수비대의 날, 소련 전차

병의 날 – 을 기념했는데, 이때는 값싼 금속 '배지znachki'를 착용하고 교환했다. 전국 각지의 공장 노동자들은 구하기 힘든 특별 선물 상자를 받고, 노동자 전용 온천과 휴양 시설에서 휴식을 취할 수 있는 혜택을 누렸다.

이러한 매일매일의 평범한 일들로 소련인이라는 수평적인 의식이 공유되고 강화되는 바로 그 순간에도, 다른 방향으로 작용하는 힘들도 존재했다. 예를 들어, '민족들의 우호'라는 수사적 표현의 중심을 차지하고 민족적인 다양성을 끊임없이 상기시킨 일은 소련의 정체성을 만드는 매우 중요한 일과 충돌했다. 애드리엔 에드거Adrienne Edgar가 지적하고 있듯이, 공식 문서에서 자신의 민족을 "소련인"이라고 표기할 수 있는 체크박스는 존재하지 않았다. 자신을 "소련인"이라고 느낀 사람들조차도 그 대신에 하위의 민족 범주로 자신의 신분을 드러내야 했다. 에드거가 지적하기로, 혼혈 가정의 자녀들은 16세가 되었을 때 자신의 여권에 오직 하나의 민족을 선택하여 기입해야 했는데, 이것은 매우 난처한 일이었다. "소련인"이라는 민족 옵션은 존재하지 않았다. 지역과 인구를 배정해야 했던 소련 관리들에 의해 종종 만들어졌을 정도로 민족 범주 자체가 늦게 도입된 중앙아시아에서조차도, 이러한 민족 귀속 행위는 사람들의 삶에 중요한 의미를 지니고 있었다. 에드거는 혼혈 자녀들이 부모의 민족 출신 집단의 '우열'에 대한 관념을 종종 내면화했으며, 부모 양 집단의 민족 소속을 명확히 구분해야 하는 상황에서 중간적 지위는 고통스런 일일 수 있었다고 말하고 있다.[12] 소련의 민족 정책은 이처럼 예상치 못하고 원치 않는 다양한 후속 효과를 많이 낳았다. 이 정책은 단순하고 감정적인 차원에서 소련에 대한 헌신적 태도를 가지는 것을 저해했으며, 자치권을 요구하는 민족운동의 활성화 속도를 빠르게 했고, 혼혈인들에게는 안정된 정체성 확립 기회를 박탈했고, 어떤 집단에는 유리했지만 다른 집단의 지위를 훼손했다. 어떤 민족과 동일시하는 일은 소련인이 가진 경험의 항구적인 특징이 되었는데, 이것은 중앙정부가 기울인 동화 노력을 방해했다.

민족으로 귀속ascription되고 표기inscription됨으로써 긍정적이거나 부정적이거나 고정관념이 강화되고 개인이 특정한 역할이나 관점에 갇히게 될 수 있었다고 하더라도, 다양성을 기념함으로써 제국에 대한 소속감 혹은 심지어 제국의 지배권에 대한 자부심이 주입될 수도 있었다. 모스크바의 '베덴하'Vystavka Dostizhenii Narodnogo Khoziaistva or Exhibition of the Achievements of the National Economy(국민경제달성박람회)와 같은 공원은 조각이 있는 분수와 각 공화국의 자원 및 산물을 소개하는 개별 전시관을 통하여, 소련의 우호적인 민족들을 과시하듯이 보여 주었다. 키르기스스탄으로부터 우크라이나에 이르는 영화 제작자들은 자국어로 영화를 제작하여, "고도로 중앙집권적이고 러시아가 지배하는 정치 및 문화 체제와 모순되지 않는 민족적 소속의 장면"을 창작해 냈다. 예를 들어, 1960년대에 소련의 우크라이나 영화 제작자들은 "소련의 핵심 개념 —'다민족성mnogonatsional'nost'— 이 통합, 동화, 근대화로부터 차등, 독자성, 전통으로 강조점을 옮겨간다."고 재해석하였다.[13] 동시에, 러시아인과 비러시아인 감독들 대부분은 모스크바 국립영화학교GIK에서 전형적 소련식 스타일로 영화제작 방법을 훈련받았다. 소련 전역의 신혼부부들은 자기 지역에 있는 제2차 세계대전 기념비 앞에서 결혼사진을 찍었다. 카자흐스탄의 신랑 신부는 이슬람식 무덤 앞에서 또 다른 컷을 남기는 식으로, 여러 전통을 발명하여 결합했다. 소수

민족 구성원들은 대국大國의 일원으로서 발트해, 크림반도를 여행하고 거기서 휴가를 보낼 수 있다거나, 캅카스나 알타이산맥을 오를 수 있다는 데 대해 분명한 자부심을 가졌다. 소련 제조업자들은 혁명 전의 전통을 이어받아, 다양한 민족 유형을 형상화한 도자기 인형 세트나 수집용 소품들을 제작했다. 윌러드 선덜랜드의 제정러시아 시대의 원형prototypes에 대한 분석을 따르자면, 전 세트를 수집하는 행위는 구매자들로 하여금 제국에 대한 일종의 소유의식과 참여의식을 불어넣었을 가능성이 있고, 이로써 그들은 소련의 많은 소형 아파트에 비치되어 있던 거대한 표준형 유리 진열장 속에 전 세트를 진열해 놓게 되었다.

다른 한편으로, 민족들의 우호적인 모습을 관람하고, 수집하며, 전시하고, 수행하는 공동의 경험은 제국을 구성하는 진정한 차등과 분절현상을 드러냈는데, 이에 따라 우리는 다시 국민의 동질화라는 문제로 되돌아가게 된다. 아프가니스탄 침공에 대한 항의로 미국과 다른 서방 국가들이 보이콧 한 가운데 개최된 1980년 모스크바 올림픽의 기이한 폐막식에서, 다양한 소련 민족들의 의상을 입은 참가자들이 경기장에 입장하여 소련의 유명한 전시戰時 가요인 〈카츄샤Katiusha〉[3]를 합창했다. 소련 영화 애호가들에게 이 피날레는 1930년대의 영화인 〈서커스Circus〉의 마지막 장면을 연상시켰을 것이다. 이 영화에서 여러 민족 출신의 인물들은 사악한 나치를 물리친 후 승리의 노래로서 소련의 장엄한 가요인 〈넓도다 나의 조국Broad Is My Native Land〉을 함께 부른다. '조국의 노래Song of the Motherland'로

---

3 〈카츄샤(Katiusha)〉: 1938년에 작곡된 노래로서, 전쟁터에 나가 있는 연인이 무사하기를 기원하는 내용을 담고 있다.

모스크바의 베덴하(VDNKh)에 있는 민족우호 분수. 1951~1954.

도 알려진 이 노래는 영화 스타 류보프 오를로바Liubov Orlova의 열창으로 대중적인 인기를 얻었으며, "소련의 비공식 국가國歌가 되었다."[14] 이 노래는 소련 민족들이 신부나 어머니처럼 조국을 보호하는 하나의 가족이라고 선언했다.

이처럼 상충하는 밀고 당기기를 감안한다면, 소련의 경험을 하나의 틀속으로 끼워 맞추는 것은 어렵다는 점이 입증된다. 그것은 정치학의 명료한 분류 체계에 쉽게 포섭되지 않으며, 끊임없이 변화하는 혼종 형태였다. 사람들은 제국적 태도를 보존하고 확장시키는 환경 속에서 삶을 영위하기도 했고, 반체제적 민족주의를 고양시키는 조건에서 존재하기도 했으며, '소련'이라는 항목 아래 민족들의 통합을 이루기도 했고, 때로는 권위주의적 중심 권력이 드리운 압도적인 장막 아래에서 민족적 정체성과 소속감이 무의미해지기도 했다. 이러한 모든 가능성은 소련의 모순된 정책과 관행 안에 내재해 있었다.

기 이 한 제 국

민족으로서 러시아인 중 많은 사람들은 소련 제국 내부에서 자기 민족의 특수성을 되돌아보면서, 소련 전체를 자신들의 유산으로 간주했다. 이것은 러시아를 소련 전체와 개념적으로 융합한 징후로서, 러시아공화국은 다른 모든 공화국과는 달리, 공화국 수준의 자체 기관을 가지고 있지 않았고, 소련 전체 기관이 그 역할을 대행했다. 이츠하크 브루드니Yitzhak Brudny의 표현을 빌리자면, "일반적으로 러시아인들, 그리고 특히 러시아 민족주의자들은 소련을 제국이라기보다는 본질적으로 러시아인들의 국민국가로 간주했다. 그들이 보기에, 소련의 문제는 러시아적 요소가 충분하지 않다는 데 있었다."[15] 국가 전체가 자신들의 것이라 여기는 감각은, 설령 그 일부가 낯설게 느껴진다 하더라도, 거의 200년 전 니콜라이 카람진이 「리가에서 보낸 편지Letter from Riga」에서 남긴 발언을 연상시킨다. 여기 나오는 매우 교양 있고 세련된 어떤 귀족은 제국의 발트 지역을 여행하고 남긴 자신의 『감상적 여행기Sentimental'noe puteshestvie』에서, "나는 아직 러시아 바깥을 여행해 본 적이 없었으나, 이미 오래도록 외국 땅에 머문 셈이었다."[16]라고 적었다. 러시아인들은 다른 민족이 누리지 못하는 특권을 가지고 있었음에도 불구하고, 비러시아 민족들에 비해 자신들이 열등하

1950년대 소련 크림반도 얄타의 '피오네르단(團)'. '피오네르단'은 1922년에 러시아 공산당이 설립한 청년 조직이었다. 모스크바 국립 중앙 러시아 현대사 박물관 소장품.

고 착취당하는 위치에 놓여 있다고 불평하기도 했다. 예를 들어, 남캅카스 지역 주민들은 일부 영역에서(그리고 식료품에서) 모스크바보다 더 많은 자유를 누렸다. 그루지야는 1인당 의사 수와 자동차 보유 수에서 모든 공화국 중 가장 높은 수치를 기록했다. 아르메니아는 소련 내에서 유일하게 근대추상미술 전용 박물관을 개관했는데, 여기 전시된 작품들은 소련의 여타 지역에서는 금지되었다. 러시아인들은 발트 3국으로 여행가거나, 심지어 이주했는데, 이 지역은 생활수준이 더 높고, 유럽적(적어도 스칸디나비아풍)인 세련됨을 지녔다고 여겨졌기 때문이다. 소련은 많은 사람들이 보기에, 주변부 민족들이 본국 민족보다 더 잘 살고, 더 많은 이점을 가지고 있던 기이한 제국이었다.

소련 말기 수십 년 동안에는, 러시아인들의 국민국가 형성을 지지하는 민족주의자들이 다시금 부상했는데, 그들은 오직 러시아 민족만을 옹호했다. 이러한 러시아 민족 중심의 민족주의는 결국 옐친 시기(1991~1999)의 시민적 민족주의와 대립했다. 옐친 정부는 포괄적이고 민족적 차등이 없는 러시아를 지향했으며, 민족적·문화적으로 특수하고 협소한 의미를 지닌 "루스카야russkaia"를 대신하여, 러시아에 거주하는 모든 인민과 민족을 지칭하는 "로씨이스카야rossiiskaia"라는 용어를 사용했다.[17] 1953년 스탈린 사망으로 그의 강압적 통치가 막을 내리자, 러시아 민족주의는 점차 영향력 있는 지식인들의 지지를 얻었다. 1950년대 초중반에는 처음으로 잡지 《노비 미르Novyi Mir》(신세계)를 중심으로 활동하던 수필가들과 농촌문학 작가들은 황폐한 러시아 농촌을 묘사하면서, 스탈린주의의 유산을 암묵적으로 비판하며, 위협받는 농민 전통과 가치에 대한 향수를 드러냈다. 예를 들어, 알렉산드르 솔제니친Alexander Solzhenitsyn의 단편 「마트료나의 집」에서 주인공으로 등장하는 소박하고 너그럽고 고난을 견디는 농민 여성 마트료나는 피해자이자 영웅인데, 러시아를 환기시키는 상징적인 존재로 묘사되었다. 환경보호 및 국가의 건축 유산, 특히 정교회와 관련된 유적의 보존을 위한 조직들이 결성되기 시작했다. 이와 같은 시험적인 공공 영역의 개방은 니키타 흐루쇼프의 탈스탈린화 캠페인과 밀접하게 연관되어 있었으며, 본질적으로는 민족주의와는 별로 관계가 없었다. 그러나 흐루쇼프 및 브레즈네프 체제가 시인과 단편 작가들의 이러한 온건한 비판을 용인하는 바로 그 순간에도, 좀 더 명확하게 정치 성향을 보인 작가들은 '사미즈다트samizdat'(비합법적인 자가 출판)라는 지하 출판 방식으로 내몰렸다. 마르크스주의 이데올로기가 동원력을 상실함에 따라, 레오니드 브레즈네프 정권은 국가의 병폐에 대한 해법으로 정신적 쇄신을 주장하는 러시아 민족주의자들이 일정한 표현의 범위 내에서 자기들의 의견을 개진하도록 허용했다. 당은 그들이 러시아 작가동맹을 통제하도록 용인해 주었고, 유명한 두꺼운 잡지thick journals에서 글을 출판하는 것도 허락해 주었다. 러시아 민족주의자들은 자유주의적 성향부터 반동적 성향까지 폭넓게 분포했다. 좀 더 보수적인 진영은 보다 국가주의적인 비전을 고수하며, 소련 정치의 자유화에 반대했다. 그러나 민족주의자들은 어느 정도 국가의 지원을 받았음에도 불구하고, 지식인의 담론 차원을 넘어선 정치 문화를 만들어 내지 못했다. 또한 그들은 고르바초프 시대에 시민사회가 다시 등장했을 때, 대중 정치 무대에서 성공을 거두지 못했다. 보수적 민족주의자들과 급진적 민족주의자들의 연합 세력은 새롭게 창설된 러시아연방RSFSR 인민대의원대회(1990년) 선거에서 패배했다. 민족주의는 권력을 가진 러시아 중심부보다는 주변부 지역에서 계속해서 더 큰 무게감을 가지고 있었다.

소련 통치의 마지막 수십 년 동안, 개별 공화국 내의 여러 민족들은 전례 없는 수준의 지방자치를 경험했다. 모스크바는 강제적 명령과 민족 관용의 결합을 통해 민족문제를 해결했다고 확신했다. 많은 사람들이 스스로를 소련인이라고 인식하는 감정이 광범위하게 퍼져 있었음에도 불구하고, 민족 간의 긴장은 여전히 지속되었다. 일부 민족들은 소련화Sovietization에 매우 저항했다. 리투아니아인들은 가톨릭교회에 계속 충성을 바치고 있었으며, 빌뉴스에서는 성골함 앞 거리에서 무릎 꿇고 기도하는 사람들의 모습이 목격되었다. 어떤 젊은 에스토니아 농구 선수는 어떤 외국인과 기꺼이 경기는 했으나, 그가 러시아어를 분명히 이해함에도 불구하고 러시아어로는 그에게 말을 하지 않으려고 했다.[18] 다양한 민족 출신의 신병들, 특히 중앙아시아와 남캅카스 지역 출신 병사들은 선임 병사들, 주로 러시아인이나 다른 슬라브계 병사들로부터 '데도브시나dedovshchina('할아버지들의 지배')[4]라고 알려진 가혹행위를 당했다. 그럼에도 불구하고, 소련은 대규모 민족 간의 충돌을 경험하지는 않았다. 제정러시아 시대와 같은 포그롬이 전혀 발생하지 않았으며, 민족 간의 전쟁은 국가가 사회에 대한 통제력을 상실한 소련 최후의 시기에 이르러서야 비로소 발발했다. 이러한 안정된 상태는 경찰과 군대의 존재에 일부 기인했지만, 보다 본질적으로는 소련이 각 민족을 보호해 주고 그들에게 문화적 권리를 부여해 주었다는 사실로 설명될 수 있다. 비록 단기간이고 빈약하기는 했지만, 소련은 사회주의적 연대감과 초강대국에 대한 자부심에 기반한 정서적 공동체 안으로 민족들을 효과적으로 통합시켰다. 거미줄 같은 이러한 망은 소련이 해체된 이후에 분해되었으나, 나이 든 세대는 향수와 애석한 마음을 가지고 "우리 모두가 함께 살았던" 시절을 기억했다.

세 계 속 에 서 의 소 련

몇몇 짧은 시기만 예외로 한다면, 수 세기에 걸쳐 러시아 및 그 이후의

---

4 데도브시나(dedovshchina): 러시아군대 내부에서 특히 고참 군인들이 저지르는 구타와 가혹행위를 일컫는 말이다. 고참 군인에 대한 은어인 "ded"(할아버지)와 앞에서 설명된 "-shchina"의 합성어이다.

소련의 대외정책은 자국이 국제사회, 특히 인접 경쟁국들에 비해 상대적으로 약하고 불안전하며, 그로 인해 공격에 취약하다는 지도자들의 판단에 의해 주도되었다. 이러한 취약성의 아주 근본적인 원인은 방대한 국토크기와 지리적 위치, 명확히 규정되지 않은 국경선, 낮은 인구밀도, 그리고 비교적 낙후된 사회 및 통신 기반 시설 등에 있었다(오늘날도 상황은 동일하다). 러시아가 위치한 지정학적인 환경은 러시아의 안보, 영토 보전, 그리고 편안한 삶에 위협을 가하고 있었으며, 현재에도 위협을 가하고 있다. 러시아가 느끼는 취약하며 불안정하다는 감정은 실질적 위험뿐만 아니라, 국내의 주변부(예를 들어, 오늘날은 체첸), 가까운 외국(예를 들어, 이슬람의 확산, 나토의 확대에 의해 생겨난 위험, 조지아와 우크라이나의 서방으로의 이탈), 그리고 주요 열강으로부터 나온다고 느끼는 위협 등과 관련 있었다(그리고 현재도 마찬가지이다). 러시아 제국과 소련 제국에 면면히 흐르던 오랜 역사 유산, 제국의 구조와 이데올로기, 제국 체제에 따른 비용과 제약은 역동성의 결여, 개혁에 대한 저항, 그리고 결과적으로 상대적인 경제적 후진성이라는 고질적 문제와 긴밀히 연결되어 있었으며, 현재도 연결되어 있다.

외교관들과 정치 평론가들은 러시아와 소련을 때로는 여타 국가들과 마찬가지로 '국익'에 따라 행동하는 국가로, 때로는 "제3의 로마" 혹은 프롤레타리아 전위대와 같은 특정한 정체성에서 비롯된 이념적 동기로 움직이는 국가로 상반되게 간주해 왔다. "국익"은 종종 하나의 객관적이고 불가피하며 항구적인 피할 수 없는 "삶의 현실"로 환기되어 왔으며, 재앙을 피하기 위해서 그것은 국가의 대외정책에서 필수적인 요소로 간주되고 있다. 19세기의 영국 수상 파머스턴Lord Palmerston 경은 이러한 유명한 시각을 아주 간결하게 표현해 주었다. "영국에게는 영원한 친구도, 영원한 적도 없다. 오직 영원한 국익만이 있을 따름이다."[19] 이와 같은 관점에서 보면, 소련은 다른 나라를 경계하고 언제든지 위험을 예상하며 언제든지 가능한 한 자국의 힘을 증대시키려는 합리적인 행위자rational actor라고 할 수 있다. 러시아를 누가 통치하는지는 중요하지 않다. 니콜라이 1세이든, 이오시프 스탈린이든, 블라디미르 푸틴이든 상관없이, 러시아는 러시아, 즉 강대국으로 행동하며, 비록 세계적이지는 않더라도 최소한 자신의 지역 내에서는, 패권을 추구하는 국가이다. 이러한 "현실주의"적 관점에서, 러시아는 여타 모든 강대국과 마찬가지로, 절대적 권력보다는 상대적 권력에 관심을 가지고, 세력을 극대화하는 국가이다.[20]

국익을 객관적이고 항구적인 실체로 간주하는 관점과는 대조적으로, 구성주의 입장에 선 국제관계 이론가들은 국익이란 실상 세계가 작동하는 방식에 대한 주관적 이해, 즉 특정 시각에서 본 자국의 "이익"에 대한 관점이며, 국가의 "이익"을 보존하고 보호하며 증진시키기 위해 해야 하는 것에 대한 인지적·정서적 계산의 산물이라고 주장했다.[21] 현실주의의 다양한 형태와는 달리, 구성주의는 "국가의 자아, 혹은 정체성은 … 아마도 역사적·문화적·정치적·사회적 맥락에 의존한다고 추정하고 있다."[22] 유명한 구성주의자 알렉산더 웬트Alexander Wendt는 지적하기를, "정체성은 이익의 기반이다. 행위자들은 사회적 맥락과 무관하게 자신이 지니고 다니는 이익의 '포트폴리오'를 가지고 있는 것이 아니라, 상황을 정의해가는 과정 속에서 자신의 이익을 정의 내린다."[23] 구성주의자들에게 있어서, 권력은 물질적인 동시에 담론적 성격을 지닌다. 즉, 권력이란 다양한 행위자들 사이에서 공유되는 상호주관적 의미들을 창출하는 능력과도 관련되어 있다. 이념은 이익을 구성하며, 실상 "이익은 어떤 의미에서 보면 이념이다."[24] 어떤 행위가 정당성을 획득하고 나아가 실천적 동력을 얻는 것은 오직 특정한 담론 맥락 속에서만 가능하다. 구성주의자들은 갈등과 협력이 역사적 경험 속에 깊이 새겨진 위협에 대한 인식과 밀접하게 연관되어 있다고 본다. 러시아 및 소련 지도자들이 자신들이 누구이며 무엇이 자국의 이익인지 판단할 수 있었던 것은 그들이 경험한 역사와 그 역사를 해석하는 방식에 기반한 것이었다. 정권 유형도 중요하다. 그것은 지도자들의 일부 선택을 제약하고, 다른 선택을 촉진한다. 비록 지정학적인 조건이나 무정부 상태의 국제 질서와 같은 요소들이 상대적으로 변치 않는다고 하더라도, 정권 유형이 다르게 되면 자아 인식이나 야망도 달라진다. 제국은 국민국가와는 다르게, 또 독재국가는 민주국가와는 다르게 행동한다. 마찬가지로, 정책에 영향을 미치고 자기들의 이익을 표현했던 수많은 인물들과 집단을 고려해 보면, 상대적으로 조심스러운 태도를 보였던 스탈린 체제와 공격적이고 군국주의적이었던 히틀러 체제는 달랐다.

러시아의 지도자들은 종종 현실주의적 관점 혹은 '현실 정치Realpolitik' —국가 사이에 벌어지는 물리적 힘 그대로의 작용— 라고 알려진 바에 따라 사고해 왔는데, "국익"에 대한 그들의 인식은 그들 자신의 자아상(정체성), 역사에 대한 인식, 그리고 과거와 미래의 서사narrative와 관련 있었다. 이 점은 오늘날도 마찬가지이다. 단순한 '현실 정치'(이데올로기 그 자체)보다도, (정치 담론이라는 광의의 의미에서) 이데올로기는 정책 결정에 있어서 중요한 동기를 부여하는 역할을 해 왔으며, 때로는 왜곡시키는 역할을 하기도 했다. 제국적 역사를 가진 다민족국가로서, 러시아는 자국 내부와 자국이 속한 지역 모두에서 취약하고 파편화된 "민족적" 정체성을 가지고 있었는데, 이것은 "국익"의 산출을 위해서 중대한 영향을 미쳐 왔다.

　스탈린의 후계자들이 마주한 세계에서, 소련은 자기에게 적대적인 민주주의적 자본주의 국가들보다 상당히 약하고 빈곤한 상태에 놓여있었다. 서방 열강은 자본주의와 자유민주주의를 대체하려는 소련의 야망에 위협을 느끼고, 반공反共 연합으로 뭉쳤다. 이 양 진영은 전 지구적으로 대치하며, 지구의 모든 생명을 끝장낼 수 있는 핵무기를 적극적이고도 공세적으로 만들었다. 미국은 핵무기 개발의 선도국으로서, 일본 제국과의 전쟁을 종식시키기 위해 1945년에 원자폭탄을 실전에 두 차례 사용한 바 있었다. 통상적으로 미국은 더 많은 부富와 기술 및 과학적 솜씨를 바탕으로, 새로운 무기체계의 개발을 주도했다. 그러나 소련이 자체적으로 원자폭탄 및 수소폭탄과 그 무기를 운반할 수 있는 장거리 미사일 체계를 보유하게 되자, 힘의 균형이 이루어진 듯 보였다. 소련은 1957년에 최초의 인공위성인 스푸트니크를 발사했고, 1961년에는 인류 최초로 유리 가가린Iurii Gagarin을 우주에 보냄으로써, 전 세계를 경악시켰다. 그러나 이와 같은 경이로운 성취들과 선전으로도, 서방으로 기울어진 실질적인 경제적·군사적 불균형은 숨길 수 없었다. 소련의 대외정책은 상대적인 약자의 입장에서 수행되었다. 그러므로 흐루쇼프의 과장된 수사—"우리는 당신들을 매장할 것이다!"—나, (분단된 베를린을 둘러싼 위기를 촉발했고, 쿠바에 미사일을 배치하려고 했던) 가끔씩의 무모한 모험주의와는 대조적으로, 소련은 대부분의 경우에 비교적 신중한 외교정책을 채택했고, 서방과 관계를 개선하려는 기회를 찾고자 했다.

이미 스탈린이 사망한 후 몇 년 동안, 소련은 해군력 증강 계획을 축소했고(그 대신 로켓 개발에 집중했음), 군사기지를 핀란드에 반환했으며, 한국전쟁에서는 휴전에 합의했고, 오스트리아 점령 종식을 위한 조약에도 서명했다. 이러한 흐루쇼프의 "평화공존" 노선에 대해, 크렘린 내의 강경파는 물론, 중국의 마오쩌둥과 중국공산당은 반대했다. 소련의 대외정책은 1961년의 베를린장벽 건설, 1962년의 쿠바 핵미사일 배치 등 위협적인 행동과 군축 협상(1963년의 핵실험 금지 조약) 사이를 오갔다. 케네디John F. Kennedy 미국 대통령은 세계를 핵전쟁 직전까지 몰고 갔던 쿠바 미사일 배치를 철회하도록 소련을 압박했다. 흐루쇼프는 소련 엘리트 내에서 지도력에 치명적인 타격을 입었고, 1964년 10월에 소련 지도자 자리에서 해임되었다. 이러한 "두 번째 10월혁명"으로, 좀 더 보수적이고 침착한 성격을 가진 그의 동료 레오니드 브레즈네프가 권력의 자리에 올랐다.

브레즈네프는 소련 권력의 최정점에 있었던 18년 동안(1964년 10월부터 1982년 11월까지), 세 차례 주요한 외교 위기에 대처해야 했다. 체코슬로바키아(1968), 베트남(1965~1975), 그리고 아프가니스탄(1979~1989)이 바로 그것이다. 체코슬로바키아공산당이 자유주의 성향의 알렉산데르 두브체크Alexander Dubček의 지도하에 급진적인 개혁 노선을 추구하자, 소련은 12년 전에 헝가리인들이 그렇게 하기로 위협했던 것처럼, 위성국 중의 하나가 서방으로 이탈함으로써 자국 국경지대에 대한 지배력을 약화시킬 것을 우려했다. "프라하의 봄Prague Spring"은 자유 토론을 허용하고, 검열을 종식시키며, 반대 의견에 대한 관용 조치를 실시했다. 1968년 8월, 소련군은 프라하에 진입하여, 결국 두브체크를 해임하고, 모스크바를 추종하는 강경파 당 보스를 권좌에 앉혔다. 소위 '브레즈네프 독트린Brezhnev Doctrine'은 소련의 안보를 보장하기 위해 어떠한 이웃 공산주의 국가에도 개입할 권리를 갖는다고 주장했다.

그러나 동시에, 소련은 미국 및 서유럽과의 관계 개선을 도모하고자 긴장 완화를 목표로 하는 '라즈랴드카razriadka[5]' 정책을 추진했는데, 이것은 서방에서는 '데탕트détente'라 불렸다. 베트남에서 장기전을 벌이면서 탈출 전략을 절실히 모색하던 리처드 닉슨Richerd Nixon(재임 1969~1974) 및 제럴드 포드Gerald Ford(재임 1974~1977) 행정부는 냉전이라는 얼음을 해동하자는 제안을 받아들였다. 닉슨과 브레즈네프는 1972년에 중요한 군축 조약인 1차 솔트(전략무기제한협정)를 체결했으며, 3년 후에 소련은 헬싱키협정Helsinki Accords에 동의하였고, 그것은 전후 유럽의 국경을 보장하고 인권 보호를 위한 절차를 마련하며 유럽안보협력회의CSCE의 창설을 규정했다. 데탕트는 소련의 아프가니스탄 개입으로 인해 급작스럽게 종식되었다.

소련 지도부 내에는 (마르크스-레닌주의라는) 이데올로기적 틀과 (마찬가지로 이데올로기적인!) 현실주의적 국제 인식 사이에 긴장이 존재했는데, 이것은 1979년에 아프가니스탄 개입에 대한 고뇌에 찬 결정에서 극명하게 드러났다. 소련은 아마눌라 칸Amanullah Khan의 개혁 시도에 후원을 보냈고, 연이은 왕정 체제들도 지지하는 등, 이른 시기부터 아프가니스탄과 대체로 무난한 관계를 맺어왔다. 아프간 왕실과의 교류에서 매우 편안함을 느

---

5   '라즈랴드카(razriadka)': "(긴장을) 완화하다"를 뜻하는 '라즈랴디치(razriadit')'의 명사형이다.

겼던 소련은 다소 놀랍게도 1978년 4월 좌파 정당 아프가니스탄인민민주당PDPA, People's Democratic Party of Afghanistan이 정권을 장악하자 불안감을 표출했다. 소련은 당 지도자 누르 모하마드 타라키Nur Mohammad Taraki가 반복적으로 군사적 지원을 요청했으나 거절했다. 소련은 개입 비용이 부담스럽기도 했고, 아프간 정부가 적대 세력에 넘어가는 것도 두려워했다. 미국은 중앙정보국을 통해 이슬람계 반군을 비밀리에 지원하여 좌파 정권을 전복시키고, 동시에 소련의 군사개입을 유도하려고 했다. 지미 카터Jimmy Carter 대통령의 국가안보보좌관 즈비그뉴 브레진스키Zbigniew Brzezinski는 소련이 아프가니스탄이라는 소련판 베트남으로 끌려 들어갈 수 있다고 보고했다.[25] 타라키를 암살하고 권력을 장악한 보다 급진적인 하피줄라 아민Hafizullah Amin이 소련과 거리를 두는 듯한 행보를 보이자, 소련은 군대를 파견하고 아민을 제거한 후 온건파인 바브락 카르말Babrak Karmal을 그의 후임 자리에 앉혔다. 노쇠한 소련 지도부는 전략적 이유와 이념적 신념이라는 두 측면에서 아프간 정권을 지지하고, 혁명이 통제 불능 상태에 빠지지 않도록 만들 필요성을 느꼈다. 그들의 목표는 세계에 대한 인식, "사회주의자들"로서의 정체성, 그리고 미국이라는 "타자"에 대한 두려움 속에 뿌리를 두고 있었다.[26] 소련의 개입은 파국으로 판명되었다. 미국, 파키스탄, 중국의 지원을 받은 이슬람 반군들은 10년 뒤에 결국 소련군을 아프가니스탄에서 철수하도록 만들었다. 마지막 공산주의 정권 지도자 무함마드 나지불라Muhammad Najibullah는 1992년에 권좌에서 축출되었고, 4년 후 탈레반이 수도 카불을 점령했을 때 거세당한 채 트럭 뒤에 끌려다니다가 공개 교수형에 처해졌다.

정체停滯

1980년대 초 무렵이 되면, 브레즈네프 체제는 서서히 기능 정지 상태에 접어들고 있었다. 곧 "정체의 시대zastoi"라고 명명될 브레즈네프 치하의 장기 통치는─정치적 측면에서─심각한 보수성, 개혁에 대한 완강한 거부, 지도부 내의 놀라운 안정성, 그리고 자신감에 찬 활발한 군사 및 외교정책으로 특징지어졌다. "행정─명령 체제"의 뿌리 깊은 보수성은 스탈린주의의 핵심 유산이었다. 세베린 비알러Seweryn Bialer의 표현을 빌리자면, "미국이 군산복합체를 보유하고 있다면, 소련은 그 자체가 군산복합체다."[27] 1950년대부터 1970년대까지의 소련공산당 지도자들은 이 안정적이며 고도로 중앙집중화된 정치체제를 수호하고 이를 통해 국가를 운영한다는 데 공감대를 가지고 있었다. 이 체제는 사회 전반을 지휘하고 동원하고자 했다. 소련의 민간 및 군 지도자들은 기본적인 가치관을 공유하면서, 경쟁국들에 반대하여 특정한 제도적 이해관계를 옹호할 때조차도 세계를 유사한 방식으로 바라보았다. 스탈린 사후의 시기에는 비록 분위기가 바뀌고 상황이 변화되었을지라도, 놀랍도록 일관성이 유지되었다. 조지 브레슬라우어George Breslauer가 지적한 바에 따르면, "흐루쇼프의 전략이 엘리트의 절박함, 두려움, 그리고 활력 회복에 대한 열망을 바탕으로 육성하고 발전했던 반면에, 브레즈네프의 전략은 안정, 점진적이고 신중한 진보에 대한 엘리트의 열망을 바탕으로 육성하고 발전했다. 그것은 문제가 관리될 수 있고, 자신들에게 길을 보여 줄 '수령'[최고 지도자] 없이도 긴장을 억제할 수 있다는 점증하는 자신감에 기반을 두고 있었다."[28]

그러나 보다 심층적인 사회적·경제적 차원에서는, 소련 사회 내부에서 거대한 변화가 발생되어, 정치제도와 경제 기제機制를 약화시키고 있었다. 이로써 사람들은 노동에 점점 더 만족하지 못하는 상황으로 내몰렸다. 소련의 지도자들은, 스탈린주의의 특징이었던 공포 통치 방식으로의 회귀도, 유고슬라비아공산당이 시도했던 일종의 시장사회주의적 접근도, 혹은 진정한 의미의 정치적 민주주의도 자신들의 이해관계에 부합하지 않는다고 확신했다. 어느 정도의 개혁은 용납할 수 있었으나, 그것 역시 1930년대 이래 존재해 온 체제의 범위 안에서만 가능했다. 체제는 개선하고 땜질 정도는 할 수 있었으나, 근본적 변화는 있을 수 없었다. 소련의 어떤 조크는 소련의 마지막 세 지도자 사이의 차이를 다음과 같이 요약해 주었다. 스탈린, 흐루쇼프, 브레즈네프가 함께 열차에 탑승해 있었는데, 열차가 갑자기 멈춰 버렸다. 아무리 해도 열차는 움직이려고 하지 않았다. 스탈린이 소리치기를, "기관사를 처형하라!" 그래도 열차는 여전히 움직이지 않았다. 이번에는 흐루쇼프가 "동료 기관사에게 모퉁이만 돌면 공산주의가 도래한다고 말하라!"라고 외쳤다. 열차는 여전히 서 있었다. 그러자 브레즈네프가 "블라인드를 내리고, 열차가 움직이고 있는 척하자."라고 제안했다.

이러한 합의는 지배 엘리트 외부의 도전으로부터 정치체제를 방어하고 유지하는 데는 효과적이었으나, 소련 사회 내부와 외부 세계에서 진행되고 있던 광범위한 변화들로 인하여 소련 지도부의 정책은 점점 더 무의미해지고 있었다. 소련은 1960년대 초반에 이르러 처음으로 도시 중심 사회가 되었다. 50년 전만 해도 도시인구는 2,630만 명에 불과했으나, 1974

년에는 그 수가 여섯 배에 달하는 1억 5,310만 명으로 증가했다. 50년 전에는 인구 100만 명이 넘는 도시가 단 두 곳뿐이었으나, 1974년에는 그러한 도시가 13곳에 달했다. 게다가, 소련의 도시는 사람들이 살기 바라는 곳이었다. 수백만의 사람들이 더 나은 생활 수준을 향유하고자 농촌을 떠나 도시로 몰려들었고, 대도시에서 거주할 수 있는 공식 허가증인 '프로피스카'propiska를 필사적으로 얻고자 했다. 일부 개선되기는 했으나, 주거의 어려움은 여전히 남아 있었다. 브레즈네프 초기에 소련 가구의 40퍼센트는 다른 가족과 아파트나 욕실을 공유했다.[6] 1975년 무렵이 되면, 70퍼센트 이상의 노동자 및 직원 가정이 독립된 아파트에 거주했다. 1인당 평균 주거 공간은 1964년의 10.1제곱미터에서 1973년에는 11.8제곱미터로 증가했다. 스탈린 사후, 생활 수준은 꾸준히 상승했다. 서방에서 오래전부터 그랬듯이, 소비주의는 소련 사회에서도 일상적인 현상이 되었다. 1965년에는 텔레비전을 보유한 인구가 전체의 24퍼센트에 불과했으나, 1974년에는 71퍼센트에 이르렀다. 냉장고 보유율은 같은 기간 동안 11퍼센트에서 56퍼센트로 상승했으며, 세탁기 보유 가구 수는 3배 이상 증가했다.[29]

소련은 비교적 평등한 사회였다. 상위 10퍼센트의 평균 소득과 하위 10퍼센트의 평균 소득 간의 비율을 비교하면, 1968년 당시 미국에서는 상위 10퍼센트의 평균 소득이 하위 10퍼센트보다 6.7배나 높았으며, 이 격차는 이후 반세기 동안 더욱 확대되었다. 동유럽에서는 그 비율이 3배 수준이었다. 소련에서는 1956년에 4.4배, 1964년에 3.7배, 그리고 1970년에는

---

6   브레즈네프…공유했다.: 소련 시대에는 주택 사정이 좋지 못하여, 많은 국민들이 코무날카(kommunalka)라고 불리는 공동주택에서 생활했다.

이 마트료시카 인형들(matryoshki)은 소련 및 소련 이후의 지도자들을 형상화한 것이다. 이것은 19세기로부터 이어져 온 러시아의 민속 공예 전통을 재해석함으로써, 관광객들을 대상으로 한 수지맞는 소득원이 되었다. 오른쪽에서 차례로 니콜라이 2세, 레닌, 스탈린, 흐루쇼프, 브레즈네프, 고르바초프, 옐친, 그리고 푸틴을 나타낸다. 왼쪽의 또 다른 푸틴은 다른 세트에서 가져와서 덧보탠 것이다. 촬영: 모스크바, 2000년.

3.2배였다. 1965년부터 1973년 사이에, 소득 증가율이 가장 높았던 집단은 농민과 농장 노동자들이었다. 만일 수입과 복지의 근원으로서 임금뿐만 아니라 자본 소유 여부를 포함한다면, 자본의 소유가 훨씬 더 중요했던 미국에서의 부의 불평등은 훨씬 더 심각했다. 1983년 미시간대학교에서 수행된 연구에 따르면, 미국 전체 가구의 상위 10퍼센트(750만 가구)가 국가 자산의 84퍼센트를 소유하고 있었으며, 상위 1퍼센트(84만 가구)는 미국 전체 부의 절반을 소유하고 있었다. 반면에, 90퍼센트의 미국인은 순자산이 별로 없거나, 아예 없는 상태였다.

그러나 브레즈네프 집권기 동안 불만은 점차 커 갔다. 특히 경제성장이

둔화되기 시작한 브레즈네프 후기에는, 소련 체제에 대한 염증과 불만이 사회 상층부로부터 서서히, 그러나 꾸준히 확산되었다. 스탈린 시대와 그 이후에 공산당이 암묵적으로 맺은 사회계약 중의 하나는 궁극적으로 소련 체제가 "일을 제대로 하고", 인민의 삶이 점점 나아질 것이라는 약속이었다. 이 약속은 기대감을 불러일으켰으나, 그러한 기대는 빠른 기간 내에 충족될 수 없었으며, 적어도 전 인구를 대상으로는 불가능했다. 특권(특별 상점, 호텔, 물자와 정보에 대한 접근)을 누리는 소수와 그렇지 못한 다수 사이에는 상당한 차등이 남아 있었다. 돈보다도 누구를 아는지, 당신이 어떤 지위에 있는지가 훨씬 더 중요했다. 더 좋고 질 높은 물건에 대한 바람은 커지고 있었지만 소비재가 부족했기 때문에, 암시장과 회색시장이 광범위하게 발달했다. 사람들은 체제를 우회하여, 속이고, 뇌물을 주며, 물자를 빼돌려 친지나 지인에게 배분하는 방식으로 체제를 이기는 법을 익혀갔다. 속이지 않고는 생존이 어려웠다. "너의 봉급만으로 살아가야 되기를!"이라는 외침은 저주가 되었다. 사람들은 "소련 생활의 6대 불가사의"에 관하여 농담을 나누었다.

실업자가 전혀 없지만, 아무도 일하지 않는다.

아무도 일하지 않지만, 모두가 돈을 가지고 있다.

모두가 돈을 가지고 있지만, 살 것이 아무것도 없다.

살 것이 아무것도 없지만, 냉장고는 가득 차 있다.

냉장고가 가득 차 있지만, 모두가 불평한다.

모두가 불평하지만, 투표 결과는 만장일치이다.

소련 노동계급의 가장 위대한 승리는 완전한 고용 안정성을 누렸다는 것이다. 일단 직업을 얻고 나면 해고되는 것은 거의 불가능에 가까웠다. 저임금과 고용 안정성은 낮은 노동생산성으로 이어졌다. 사람들은 "그들은 우리에게 임금을 주는 척하고, 우리는 일하는 척한다."라고 농담했다.

보람 있는 일이나 자신의 능력에 맞는 직업을 찾는 것은 매우 어려웠지만, 사람들은 자기 계발을 원했고, 노동계급 및 농민층 신세에서 벗어나고자 했다. 대다수의 소련 시민에게 있어서, 노동은 가치를 부여하는 대상이 아니었다. 직업에 대한 깊은 불만의 징후들이 많이 있었다. 소련 노동자의 30퍼센트가 매년 직장을 옮기고 있었다. 사적인 삶의 영역, 즉 가족과 친구들이 점차 사람들에게 아주 중요해졌다. 브레즈네프 집권기에는 사람들이 자기 계급을 벗어나기가 훨씬 더 어려워졌다. 사회 전체가 동결된 듯 보였다. 부모들은 자녀들에게 특권을 물려주려고 애썼다. 아동 학대, 이혼, 알코올중독과 함께 범죄율이 상승했고, 근본주의 종교가 확산되고, 사망률이 높아졌다. 건강 상태와 식생활은 악화되었다. 소련은 1인당 알코올 소비량에 있어 세계 선두를 차지했다. 전체 식비 예산 중 43퍼센트가 알코올 구매에 할당되었다.

기본적으로, 스탈린주의와 그 이후의 관료적 경제 체제를 통해, 소련에서는 교육받고, 신분 이동이 가능하며, 기대감을 가진 사회가 생겨났다. 볼셰비키의 제국적 문명화 사명은 열매를 맺었다. 그러나 개인이 자신의 야망을 실현하거나, 자신의 견해와 이해관계를 솔직히 표현할 수 있는 가능성은 비민주적인 정치 질서와 화석화된 마르크스—레닌주의 이념에 의해 차단되었다. 모셰 르윈Moshe Lewin이 1980년대 후반에 쓴 바에 따르자면, "한 가지는 분명하다. 소련 사회는 그 복잡성에 부합되는 국가를 필요로 한다. 그리고 때로는 노골적으로, 때로는 암암리에, 현대의 도시사회는 강력한 '체제 창조자'가 되었으며, 정치제도와 경제모델 둘 다에게 적응하라고 압력을 넣고 있다. 일부는 가시적이고 일부는 점진적이고 교묘하며 감지하기 어려운 수많은 경로를 통해, 소련의 도시사회는 개인, 집단, 제도, 국가에 영향을 미치고 있다. 시민사회는 말하고, 수군대며, 요구하고, 삐치고, 다채로운 방식으로 자기 이해관계를 표출하고 있으며, 이로써 분위기, 이데올로기, 여론을 형성해 나가고 있다."[30]

소련 시기에, 시민사회가 서서히 등장했으나, 방향성을 전혀 가지고 있지 않았다. 체제에 의해 창출된 사회와 경직된 국가 구조 사이에는 뿌리 깊고, 지루한 갈등 관계가 지속되었다. 동시에, 서구 자본주의사회는 소련 사회에 비해 보다 매력적인 방식으로 발전하는 것처럼 보였다. 심지어 소련 경제가 미국보다 높은 성장률을 기록하던 시기에도, 두 초강대국 사이에 부의 격차가 워낙 커서, 소련은 차이를 좁히는 데 어려움을 겪었다. 국제적 맥락에서는 과학기술, 경제성장, 그리고 군사력 면에서 더 발달된 서구(그리고 일본)와 경쟁하기 위해서 소련 체제가 개혁에 나서도록 강한 압력이 가해졌다. 게다가, 전체 인구의 절반에 달하던 비非러시아계 사람들은 오랫동안 공산당 엘리트의 후견 아래 살아왔으나, 소련 통치 수십 년을 거치며 자체적인 문화적·정치적 의제議題를 지닌 응집력 있는 자각적 민족들이 되었다.

1982년 11월 10일, 브레즈네프가 사망했다. 며칠 내에 전직 국가보안위원회 의장 유리 안드로포프가 당 지도자가 되었다. 진정으로 소련 체제의 전형적인 산물이었던 그는 자국이 심각한 문제들에 직면해 있음을 알았다. 그는 곧 점진적 개혁주의자로서의 면모를 드러내며, 개혁 성향 인사들을 요직에 등용했다. 그가 발탁한 인물들 가운데에는 그의 고향 스타브로폴주 출신의 젊은 당 지도자 미하일 고르바초프Mikhail Gorbachev가 포함되어 있었다. 안드로포프는 짧은 재임 기간에, 부패 척결과 노동 규율 강화에 힘썼다. 그러나 그는 만성적인 신장 질환과 1983년 9월의 대한항공 여객기 격추 사건[7]이라는 비극적 사건으로 인해, 대미 관계 개선이라는 구상을 실현하지 못했다. 안드로포프는 재임 15개월 만인 1984년 2월 9일, 69세에 신부전증으로 사망했다. 그 뒤를 이은 인물은 브레즈네프의 충복 콘스탄틴 체르넨코Konstantin Chernenko(재임 1984년 2월~1985년 3월)였는데, 그의 집권 기간은 안드로포프의 경우보다도 더 짧았다. 체르넨코는 스탈린주의 체제하에서 관료적 경로를 통해 성장한 구세대 지도자들 가운데 마지막 인물이었다. 그의 짧은 집권기는 안드로포프의 온건한 개혁과 고르바초프의 보다 급진적인 변혁 사이에 위치한 일시적 과도기에 불과했다.

1984년은 미래의 위협을 상징하는 은유적 표현으로서, 전쟁이 만연한 전체주의 세계에 대한 조지 오웰George Orwell의 고전적인 경고를 담은 책 제목[8]이기도 했다. 소련은 그해에 높은 수준의 안정과 연속성을 기록했는

---

7   대한항공 여객기 격추 사건: 미국 뉴욕에서 출발하여 앵커리지를 거쳐 김포국제공항으로 오던 대한항공 보잉 747 여객기가 1983년 9월 1일 사할린 상공에서 소련 전투기에 의해 격추되어 승객과 승무원 269명 전원이 사망했다. 사고 원인을 두고 아직도 논란이 마무리되지 않았다.

8   조지 오웰(George Orwell)의…제목: 영국 소설가 조지 오웰은 1949년에 『1984년』이라는 소설에서 극도로 통제된 전체주의적 사회를 묘사했다.

데, 이것은 폭풍 전야의 고요라고 할 만한 현상이었다. 브레즈네프 장기 집권기에 형성된 지배 엘리트 집단은 본질적으로 그대로 권좌에 남아 있었다. 초강대국 간의 관계는 여전히 긴장 상태에 놓여 있었고, 군비 통제에 관한 본격적인 협상은 1년 이상 중단된 상태였다. 소련 및 그 대부분의 동맹국은 1984년의 로스앤젤레스 하계 올림픽 참가를 거부하고 모스크바에서 '우정의 경기Friendship Games'를 별도로 개최했는데, 이것은 소련 진영과 대서양 동맹 간의 깊은 분열을 상징적으로 보여 주는 사건이었다. 미국은 당시 로널드 레이건 대통령의 재선 캠페인에 관심을 집중하고 있었고, 소련 내부에서는 구조적 경제 문제, 군사 방위 유지, 아프가니스탄 전쟁의 지속, 그리고 야심 찬 교육개혁 등이 논의의 초점이었다. 이미 서방의 관심은 1984년 12월 말에 영국을 방문한 고르바초프로 향하고 있었다. 보수당 소속인 마거릿 대처 총리는 고르바초프와 만난 후, "나는 고르바초프 씨가 마음에 듭니다. 우리는 함께 일할 수 있습니다."라고 발표했다. 체르넨코는 1985년 3월 10일에 사망했고, 그로부터 24시간도 안 되어 정치국은 당시 54세였던 고르바초프를 중앙위원회에 서기장으로 추천했다.

고르바초프와 페레스트로이카라는 테스트

1985년 3월, 젊은 개혁가인 미하일 고르바초프가 공산당 서기장으로 권력을 잡았을 때, 불과 10년도 채 되지 않아 소련이 정치체제이자 단일한 주권국가로서 소멸할 것이라고 예측한 사람은 거의 없었다. 그러나 당권을 장악한 첫해 동안, 고르바초프는 일당독재 체제를 자유화하고, 궁극적으로는 민주화하려는 급진 계획을 서서히 설계했다. 그는 또한 시장에 대한 의존도를 높이며, 소련의 제국 구조를 분권화하여 궁극적으로 공화국들에게 일정한 자치권을 부여하려 했다. 그리고 그는 냉전을 종식시키고, 결국에는 동중부 유럽 국가들에 대한 소련의 패권적 질서를 궁극적으로 포기하고자 했다.

처음에 고르바초프는 공산당이라는 강력한 도구와 소련 지식인층의 지지를 바탕으로 개혁을 추진하고자 희망했으나, 당은 대체로 완고한 보수적 입장에서 변화에 저항했다. 동시에 일부 지식인층은 고르바초프의 개혁 속도와 한계를 대담하게 비판하며, 훨씬 더 급진적이고 신속한 변화를 요구하는 의미심장한 목소리를 냈다. 고르바초프는 교황과 마르틴 루터의 역할을 동시에 수행하려 한 셈이었는데, 그 결과로 어떠한 개혁도 멈춰 세우려는 보수적 공산주의자들과 자본주의적 시장경제 및 서구식 자유민주주의 체제로의 급진적 전환을 요구하는 좌파 비판자들 사이에서 곤경에 처하게 되었다. 고르바초프 자신은 보다 민주적인 사회주의에 충실했으나, 그의 개혁은 결과적으로 건설적이라기보다는 파괴적인 성격이 강했다. 그는 무엇인가를 건설하는 일보다 해체하는 일에 훨씬 더 유능한 인물로 드러났다. 마르크스와 레닌이 공산주의 사회를 건설하고자 했을 때와 마찬가지로, 미래의 정치체제와 사회적 기반에 대한 청사진은 전혀 없었다. 과거와 마찬가지로, 소련의 많은 정책과 계획은 명확한 설계에 기반한 것이 아니라, 당시의 절박한 요구에 대한 즉흥적 대응에 불과했다. 레닌이 국가라는 배가 바다에서 항해 중일 때 권위주의적인 소련을 건설했다면,

고르바초프의 '페레스트로이카'(재건축)는 거센 풍랑이 배를 산산조각 내는 와중에 민주주의라는 배를 설계하고 내부를 꾸미려 했던 것과 같았다.

처음에는 새로운 사상을 가진 새로운 세대가 권력을 잡았다는 점에서 소련에서 낙관론이 팽배했다. 고르바초프는 추후에 자신이 외무장관으로 임명하게 될 그루지야공산당 지도자 에두아르트 셰바르드나제와 나눈 대화를 다음과 같이 회고했다. "우리는 더 이상 과거처럼 살아갈 수 없다고 말했습니다. … 우리는 모든 것을 비교해 보았는데, 그러자 그가 모든 것이 속속들이 썩어 있었다고 말했습니다."[31] 확신에 찬 사회주의자 고르바초프는 무엇보다도 사회주의란 민주주의, 더 큰 자유, 그리고 인민을 위한 그리고 인민에 의한 권력 행사를 의미한다고 믿었다. 그의 말에 따르자면, "우리의 과업은 재산 관계의 현대화를 통해 사회주의적 접근 방식과 사적 이익을 결합하는 것입니다. 그렇게 되면 우리는 국가 소유, 주식회사 소유 등 혼합경제를 갖게 될 것입니다. 대체로 보아, 협동조합적 소유, 인민에 의한 소유, 그리고 어떤 형식으로든 일정 정도의 사적 소유 또한 있게 될 것입니다."[32]

어떤 전임자보다도 신속하게 권력을 장악한 고르바초프는 만일 확고한 보수주의자들과 젊은 개혁가들 모두를 아우르는 폭넓은 지지세를 결집시킬 수 있었다면, 소련 관료제의 최고위층뿐만 아니라 소련 체제 자체를 재구성할 수 있는 위치에 있었다. 그는 강인함과 인간적인 매력, 그리고 정중함을 겸비한 인상적인 인물로서, 보다 개방적이고 실용적인 새로운 통치 스타일을 도입했으며, 이념을 상황에 맞게 적용하고자 했다. 그는 외교정책에서 "신사고new thinking"를 도입했는데, 이것은 페레스트로이카를 위한 일시적 후퇴로서 서방으로부터 상응하는 조치를 끌어내기 위한 의미심장한 양보의 필요성에서 비롯되었다. 로널드 레이건의 이른바 "스타워즈" 프로그램에 위협을 느낀 고르바초프와 셰바르드나제는 핵무기 경쟁의 억제와 우주공간에서의 신무기 개발 제한의 필요성을 거듭 역설했다. 그러나 소련 정부가 국내 토론의 "글라스노스트"(개방)와 국가기구의 효율적 운영을 장려하던 바로 그 시점에, 체르노빌에서 발생한 대규모 원자력 사고는 국가 기밀주의의 낡은 관행과 뿌리 깊은 비효율성, 그리고 무질서한 모습을 무참히 폭로했다.

민족문제는 국가를 계속해서 분열시키며, 새로운 정치체제로의 평화로운 이행을 위협했다. 고르바초프가 소련 내부의 제국적 구조를 개혁하는 데 실패한 이야기는 아르메니아, 그루지야, 그리고 발트 3국에서의 민족주의적 저항운동과 함께 시작되었다고 말할 수 있다. 에스토니아, 라트비아, 리투아니아는 본래 스탈린에 의해 소련에 강제 합병된 지역으로, 이들 공화국 대부분의 주민은 소련의 제국적 지배를 결코 수용하지 않았다. 발트 공화국 사람들은 고르바초프의 새로운 정책과 함께, 독립적인 국민전선 조직들을 결성했으며, 스탈린이 이들 공화국을 침공할 수 있도록 길을 터준 1939년의 독소獨蘇불가침조약을 규탄하고, 자치권 확대로부터 완전한 독립을 요구하는 입장으로 발 빠르게 움직였다. 고르바초프가 통과하지 못한 가장 눈에 띄는 "페레스트로이카 테스트"는 카라바흐 산악 지역을 놓고 벌어진 아르메니아인과 아제르바이잔인 간의 충돌이었다. 이 지역은 소련 시기 아제르바이잔공화국 내의 '자치주'oblast'로 편제되었으나, 상당수의 아르메니아인이 거주하고 있었다. 카라바흐 문제는 고르바초프

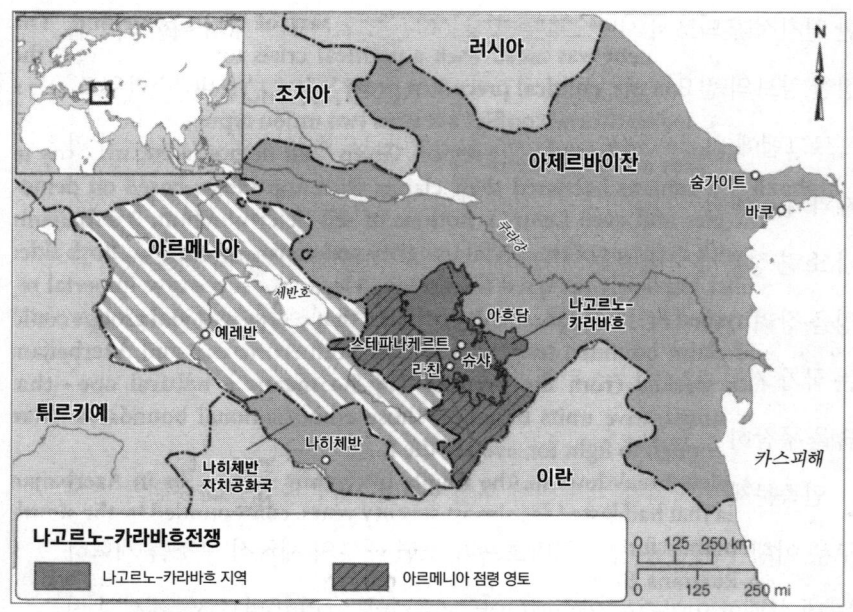

지도 11.1. 나고르노-카라바흐전쟁

가 직면한 민족문제의 축소판이자, 특히나 해결이 불가능할 정도로 복잡하고 폭력적인 양상을 띤 대표적 사례가 되었다. 아르메니아인들은 이 지역을 인접 아르메니아공화국에 통합시킬 것을 요구했던 반면에, 아제르바이잔인들은 자국의 영토 분할에 반대했다. 이와 거의 같은 시기에, 압하스인들과 남오세티아인들도 자신들의 자치 지역 내에서 그루지야의 지배에 저항하고 있었다.[33] 예상치 못하게도 1988년 2월 13일, 카라바흐의 아르메니아인들은 갑자기 아르메니아로의 편입을 요구하며 연이은 시위를 시작했다. 5일 후에, 고르바초프는 이들을 달래기 위하여 중앙위원회 특별회의를 소집하여 국가의 민족 정책을 논의하겠다고 제안했다. 바로 그다음 날, 예레반에서는 수천 명이 카라바흐의 아르메니아 귀속을 지지하는 행진을 벌였고, 크렘린은 전례 없는 민족-정치적 위기에 직면했다. 역사적인 움직임으로서, 평소에는 단순히 당 정책을 전달하는 역할만 했던 현지의 카라바흐입법평의회는 110대 17이라는 압도적 찬성으로 카라바흐를 아르메니아에 이양할 것을 소련 최고 소비에트에 탄원했다.[34]

모스크바 당국이 개입을 주저하고 혼란스러운 태도를 보이자, 민족주의 운동은 더욱 확산되었고, 2월 마지막 주에는 수십만 명에 달하는 인파가 예레반에서 연일 시위를 벌였다. 아르메니아인들의 주장에 대한 반응으로 아제르바이잔인들 또한 거리로 나섰다. 2월 28일과 29일에, 아제르바이잔의 공업 도시인 숨가이트Sumgait에서는 폭도들이 거리 곳곳을 돌아다니며 아르메니아인들을 찾아다녔다. 그들은 버스를 정차시켜 탑승자들을 검문하고, 병원과 아파트에 침입하기까지 했다. 군이 출동하여 사태를 진압하기 전까지 31명이 목숨을 잃었고 수백 명이 구타당했다. 아제르바이잔의 지식인들과 관료들은 폭동을 비난하면서도, 카라바흐가 역사적으로 자국 영토의 일부라고 주장했다. 고르바초프 정부는 소련 헌법에서 마땅한 해법을 찾을 수 없는 정치적 위기에 직면했다. 소련에 속한 두 공화국 사이에 영토를 놓고 벌어진 폭력적 충돌은 전례가 없는 사태였다. 두 민족 모두 해당 지역에 대한 역사적 권리를 내세웠다. 카라바흐 내의 인구 구성에서는 아르메니아인이 다수를 차지하고 있었기에, 아르메니아 측은 민주주의 원칙뿐 아니라 레닌주의적 민족자결 이념에 입각하여 정당성을 주장했다. 아제르바이잔 측은 영토 보전과 헌법 질서를 근거로 반박했다. 이 분쟁의 양 진영은 모두, 제국 정권들의 연속적 지배와 소련의 민족 정책에 의해 고착화된 개념을 유산처럼 암묵적으로 수용하고 있었다. 즉, 민족 집단은 일정한 경계 내의 영토를 요구해야 하며, 또 요구할 수 있다는 것이다. 아르메니아와 아제르바이잔 분쟁의 양 당사자들은 특정 민족의 경계를 기준으로 설정된 정치-행정단위가, 투쟁할 만한 가치가 있으며, 심지어 목숨을 걸 만한 대상이라는— 결코 자연스럽지 않은—전제를 가지고 있었다.

아제르바이잔과 아르메니아에서 거의 70년간 유지되어 온 민족 간의 허약한 공존 상태가 완전히 붕괴되고, 동시에 발트 지역에서도 자치권 확대를 요구하는 목소리가 터져 나오자, 고르바초프는 비러시아계 국민들에게 자신의 개혁 프로그램인 '페레스트로이카'의 미래가 위태로운 상태에 처했다고 경고했다. 그는 "우리는 한 가족입니다. 우리는 하나의 공동의 집을 가지고 있습니다."[35]라고 호소했다. 그러나 발트 공화국들에서만이 아니라, 아르메니아와 아제르바이잔 양 지역에서도, 분노와 공포는 단지 호소나 유예 조치로는 가라앉힐 수 없었다. 비러시아 민족들에 대한 우유부단하고 일관성 없는 정책으로, 고르바초프는 초기에 얻었던 공감과 지지를 점차 잃어 갔다.

앞서 살펴본 바와 같이, 17세기 이래 러시아의 고도로 차등화된 제국 내에서 하나의 통합된 상위의 조국에 대한 충성심을 고양하려는 시도가 때때로 수면 위로 떠오르곤 했으나, 통합을 증진하려는 이러한 노력은 계층화와 분절화라는 구조적인 유산을 극복하는 데 완전한 성공을 결코 거두지 못했다. 19세기 말에 제국의 애국자들이 열망했던 "전체성wholeness"이든지, 1935년에《프라우다Pravda》가 제창한 조국 소련에 대한 "한없는 사랑으로 불타는 감정"이든지, 혹은 "가족"과 "공동의 집"을 돌봐달라는 고르바초프의 마지막 간청이든지 간에, 각각의 시도는 서로 상충하는 대안적 정체성의 흐름이든지, 억압적인 중앙 권력의 전매특허 같은 감정 조작이든지, 단지 통합의 비전이 연약함에 의해서이든지, 표류하다가 좌초하고 말았다.

소련 발트 지역에서는 민족 투쟁이 대체로 헌법적 절차 안에서 이루어졌으며 대중 폭력으로부터 비교적 자유로웠던 것과는 달리, 카라바흐를 둘러싼 아르메니아–아제르바이잔 간의 갈등은 훨씬 더 격렬하고, 정치권력에 의해 조정되기 어려웠으며, 급작스럽고 예측 불가능한 방식으로 쉽게 격화되었다. 동시에 고르바초프와 그의 동료들은 소련이 직면한 가장 근본적인 딜레마와 마주하게 되었다. 그것은 곧, 마지막 다민족 제국을 유지하면서, 세계에서 영토가 가장 큰 국가를 어떻게 민주화하고 현대화하느냐의 문제였다.

1989년 말 무렵이면, 남캅카스 및 발트 지역의 공화국들에서는 민족주의 운동이 공식 권력 구조를 거의 대체했다. 아제르바이잔에서 대규모 집회 참가자들은 소련으로부터 분리할 것을 요구했고, 1990년 1월에는 극단주의 조직과 정착 못한 이주민들이 집회에서 이탈하여 바쿠에 있는 아르메니아인들을 학살하기 시작했다. 1년 반 가까이 군사개입을 피하려 했던 고르바초프는 결국 아제르바이잔에 비상사태를 선포하고, 먼저 카라바흐에, 그다음에는 바쿠에 군대를 투입했다. 소련군이 바쿠에 진입했을 때는 이미 대부분의 학살이 중단되고, 아르메니아인들은 도시에서 철수한 상태였다. 소련군은 신뢰를 상실한 아제르바이잔공산당의 권위를 회복시키기 위해 적극적인 작전을 전개했고, 그리하여 수백 명의 아제르바이잔인이 사망하고 수십 명이 체포되었다. 아제르바이잔인들에게 있어 "검은 1월Black January"로 불리게 된 이 "침공"은 그들이 소련에 비호감으로 돌아서는 전환점이 되었다.

공산당 권력은 급속히 약화되었고, 중앙아시아와 러시아를 제외한 소련의 모든 공화국들에서는 새롭게 허용된 선거를 통해 민족주의자들이 주도권을 장악했다. 러시아공화국에서는 공산당 소속으로 모스크바 시장을 역임한 보리스 옐친Boris Yeltsin이 이끄는 대중운동이 일어나서 민주주의의 확대를 요구하면서, 고르바초프가 러시아인들로부터 가지고 있던 지지 기반을 위협했다. 1989년 4월, 그루지야의 수도 트빌리시에서는 시위대가 군의 공격을 받아 19명이 사망했다. 리투아니아 최고 소비에트는 독소불가침조약의 무효를 선언했고(1989년 8월 22일), 그다음 날에는, 조약 체결 50주년을 맞이하여 대규모 시위가 일어났다. 이에 대해 소련공산당 중앙위원회는 발트 공화국들의 분리주의 경향을 비난했으나, 발트 지역 지도자들에 대한 보복 조치는 취해지지 않았다. 키예프에서는 '루흐Rukh'라 불리는 우크라이나 민족운동 단체가 창립되었고, 아제르바이잔 인민전선은 공화국 전체에 총파업을 선언했다. 1989년 말에는 리투아니아공산당이 전全연방 공산당으로부터의 독립을 선언했다. 고르바초프는 민족문제 해결을 위한 무력 사용에 주저했으며, 레닌의 민족 정책으로 돌아갈 것을 촉구했다. 그것은 스탈린주의에서처럼 껍데기만 남은 연방제가 아니라, 진정한 연방제라는 의미였다. 그는 스탈린 치하에서 강제이주 당한 민족들의 권리를 회복해 주어야 한다고 말했다. 그 대상에는 소련계 독일인, 크림 타타르인, 메스헤티아계 튀르키예인, 칼미크인, 발카르인, 카라차이인, 체첸인, 인구시인, 그리스인, 고려인, 쿠르드인 등이 포함되었다. 그러나 고르바초프는 이 시점이 소련 내의 행정적 경계선을 재조정할 때는 아니라고 말했다.

고르바초프는 소련의 외부 제국과 내부 제국 모두에서 일어난 저항에 직면했으며, 수 세기에 걸친 제국 통치의 매우 장기적 결과 중 하나에 대처해야 했다. 그것은 역사적인 민족 영토에 대한 고려 없이 사람들이 이동하여 혼합한 데서 생긴 문제였다. 예를 들어, 수 세기 동안 캅카스 지역과 중앙아시아는 러시아 제국 및 소련 제국의 일부였으며, 수백만 명의 이주민들이 이 지역으로 이동하여 정착했다. 이들 중 일부는 자발적으로, 또 다른 일부는 비자발적으로 왔다. 대규모의 인구 이동으로 중앙아시아의 인구 구성에는 변화가 생겨서, 많은 지역에서 슬라브계 주민들이 다수를 차지하게 되었고, 소련 전역에서 온 다양한 민족들이 거기에 혼합되었다. 19세기와 20세기의 대부분 동안, 캅카스 지역, 특히 도시 지역은 혼합된 인구의 거주지였다. 무슬림들은 그루지야인 및 아르메니아인 기독교도들과 인접한 마을이나 동네에서 거주했다. 그루지야의 수도 트빌리시는 1917년 혁명 이전의 여러 시점에서 아르메니아계 주민이 가장 많은 도시였다. 인구가 혼합되고 이동한다는 이와 같은 제국적 유산은 소련 말기에는 방향이 바뀌었으며, 소련이 해체됨에 따라 그런 흐름의 속도는 더 빨라졌다. 소련의 마지막 수십 년과 그 이후의 시기에, 소련의 많은 공화국들에서는 인구의 '비혼합unmixing'과 민족—영토적 동질화 흐름이 대세가 되었다. 예를 들어, 독립 이후 발트 3국은 적지 않은 수를 차지하고 있던 러시아계 주민들에게 비우호적인 태도를 보였다. 언어 요건을 엄격하게 하여 러시아인들은 시민권을 취득하기 어려웠고, 그중 많은 수가 소련 영토인 에스토니아 또는 라트비아에서 태어나고 장기간 거주했으면서도 러시아로 "돌아가야"만 했다. 그럼에도 불구하고 인구는 여전히 소련 각 공화국 전역에 혼재된 상태로 남아 있었다. 수천 명의 아르메니아인들이 아제르바이잔의 수도인 바쿠 및 다른 도시들에 거주하고 있었으며, 수천만 명의 러시아인 및 우크라이나인이 러시아 소비에트사회주의연방공화국 외부의 소련 지역 여기저기 분산하여 살고 있었다. 하나의 거대한 국가가 해체되면서, 이들 디아스포라 민족은 표면상의 모국 외부에 남겨졌다.

고르바초프의 '페레스트로이카'(재건축)와 '글라스노스트'(개방) 정책은 소련 내에 새로운 정치 환경, 즉 새로운 규칙을 가진 새로운 정치 무대를 창출했다. 이제 용기만 있다면, 대중을 향한 호소, 언론 기고, 공개 항의 및 거리 시위 등 공개 정치 활동이 가능해졌다. 이러한 새로운 정치의 장에서 가장 빠르게 적응한 이들 중에는 옐친처럼 스스로 민주주의자라고 공언하는 사람들과 비러시아계 공화국들의 열렬한 민족주의자들이 있었다. 소련이 내부적으로 비러시아계 공화국들에 대한 통제력을 상실해 가던 그 시기에, 국경 넘어 동유럽 사회주의권 내부에서는 독립운동이 활기를 띠기 시작했다. 폴란드에서는 1989년 4월에, 공산당 지도부가 비합법 상태의 자유노조 '연대Solidarity Union'와 "원탁 회담"을 시작했으며, 이것은 곧 자유경쟁 선거와 공산주의 정부의 붕괴로 이어졌다. 동유럽 각국의 사회주의 정권들은 연이어 무너졌고, 고르바초프가 이에 아무런 반대 의사를 표하지 않음으로써, 이들 국가는 소련의 영향권에서 이탈했다. 동유럽에서 공산당 일당독재 체제가 종식되고 냉전 시기에 생겨난 유럽의 진영

구분이 갑작스럽게 끝남으로써, 소련 내부의 비러시아 민족들도 완전한 독립을 향한 추진력에 탄력을 받게 되었다.

고르바초프의 관대한 외교정책은 서방 세계로부터 찬사를 받았으나, 소련 내부에서는 제2차 세계대전의 승리가 허무하게 사라져가는 듯한 인상을 주었다. 1988~1989년에 고르바초프는 아프가니스탄에서 소련군을 철수시켰는데, 이 군대는 1979년부터 인기가 없던 공산정권을 지원하기 위하여 파병되어 있던 상태였다. 그는 30년 이상 동안 적대적인 관계에 있었던 중국과의 외교 관계를 1989년에 회복했다. 1989년 무렵이 되면, 고르바초프의 정책은 공산당의 정치권력 독점을 약화시키는 한편, 침체된 소련 경제를 회복시키는 데에는 실패했고, 나아가 소련의 통합 자체를 위협했다. 경제 붕괴 및 비러시아계 공화국들에서 성장하고 있는 민족주의와 맞닥뜨린 고르바초프는 이들 공화국이 소련에서 분리되는 것을 저지하기 위하여 무력과 설득을 병행했다. 1990년 초에 리투아니아가 독립을 선언했을 때, 그는 경제적 압박을 가함으로써 이탈을 막고자 했다. 곧이어 공화국들은 하나둘씩 유사한 독립선언을 했다. 1990년 6월 12일, 러시아공화국은 국민의 직접 선거로 대통령으로 선출된 보리스 옐친의 지도 아래, 소련 내에서 민주적인 주권국가임을 선언했다. 옐친은 고르바초프의 정적으로서, 자신만만하고 천박한 인물이었다. 고르바초프는 소련 중심부 권력이 시들어 가는 모습을 지켜보았다.

국가 붕괴 위기에 직면한 고르바초프는 1990년 11월에, 공화국들의 자치권을 확대하는 내용을 담은 새로운 연방 조약을 제안했다. 이 조약에 따르면, 소련은 연방법이 최고 권위를 가지며, 단일 통화, 연방 예산 및 세

제稅制를 유지하는 연방이 될 예정이었다. 각 공화국들은 연방 탈퇴의 규정을 정하는 일, 그리고 신규로 연방에 가입하는 일에 책임을 지게 되었다. 연방 권력은 안보, 전쟁과 평화, 대외정책 수행에서 통제권을 가질 예정이었다. 이 제안에 호응한 공화국은 거의 없었다. 1991년 1월, 고르바초프는 리투아니아의 독립 움직임을 저지하기 위해 탱크를 보냈고, 이로써 유혈 충돌이 발생했다. 이 무렵, 고르바초프가 위로부터 시작한 혁명은 이미 그의 통제를 벗어난 것처럼 보였으며, 이전에 그를 지지했던 사람들은 사회 혼란과 정치적 보수주의에 의하여 민주주의가 곧 희생될 수도 있다고 우려하게 되었다. 1991년 3월 17일, 소련 국민들은 다음과 같은 결의안을 놓고 투표하도록 요청받았다. "당신은 모든 민족 개개인의 권리와 자유가 완전히 보장되는 평등한 주권 공화국들로 구성된 혁신된 연방국가로서 소련을 유지할 필요가 있다고 생각합니까?" 약 1억 5,000만 명이 투표에 참여했고, 그중 76.4퍼센트가 연방 유지에 찬성했다. 라트비아, 에스토니아, 리투아니아, 아르메니아, 그루지야, 몰도바 등 여섯 개 공화국은 국민투표 참여를 거부했다. 연방조약 초안 작성과 국민투표 양상을 보면, 소련은 독립 지향적인 공화국들(발트 3국, 몰도바, 그루지야, 아르메니아)과 연방 유지를 지지하는 무슬림 및 슬라브계 집단 등 두 부분으로 나누어졌다. 연방 유지에 찬성한 3월의 국민투표 결과는 '피로스의 승리'Pyrrhic victory[9]로 판명

---

9 '피로스의 승리(Pyrrhic victory)': 피로스는 플루타르코스의 『영웅전 전집』에 소개되어 있는 고대 그리스의 영웅이다. 그는 이탈리아반도 남부에서 로마군을 격파했으나, 자신의 군대가 입은 피해가 엄청났다. 그래서 "로마군과 한 번만 더 이렇게 싸웠다가는 우리는 완전히 망할 거요."라는 말을 남기고, 이탈리아반도에서 물러났다. 너무 큰 희생을 치르고 얻은 승리를 '피로스의 승리'라고 한다.

났다.

"민족문제"는 그 자체로 소련의 해체를 초래한 것은 아니었으나, 중앙 권력의 약화에 기여했다. 고르바초프가 위로부터 단행한 급진적이며 성급한 개혁은 공산당과 국가권력의 기반을 약화시켰다.[36] 점점 더 과감해진 언론은 체제에 반대하는 사람들과 모든 진영의 민족주의자들에게 발언 기회를 제공했기 때문에, 고르바초프가 추진한 '글라스노스트'(개방) 정책은 그의 정권 자체를 위태롭게 했다. 실질적인 민주주의 개혁 또는 경제개혁보다 언론의 자유의 속도가 빨랐다. 사회주의 이념에 대한 신념은 이미 교육받은 사람들 사이에서 오래전에 붕괴된 상태였고, 정부에 대한 새로운 비판이 지닌 파괴적인 힘은 당 기구가 지니고 있던 마지막 권위와 영향력마저도 무너뜨렸다. '글라스노스트' 정책을 통해 정당성을 부여받은 대중의 불만에 맞서려는 당 엘리트, 즉 '노멘클라투라'의 의지는 점차 약해져 갔다. 1991년에 이르러서는, 군대와 경찰조차도 일상적인 임무를 수행한다고 믿을 수 없는 상황이 도래했다.

비러시아 지역 및 공화국들에서는, 자치권의 확대 또는 완전한 독립을 요구하는 민족주의자들이 점차적으로 러시아—소련 제국 및 제국주의의 이미지를 사용했으며, 자신들의 운동을 억압적인 제국주의의 멍에에 대한 반反식민주의적 저항으로 묘사했다. 이전에는 소련을 제국이라고 부르는 것은 소련에 "악의 제국"이라는 꼬리표를 붙인 로널드 레이건 대통령과 같은 서방 보수주의자들의 전유물이었으나, 이제는 소련을 제국으로 묘사하는 것은 민족주의자들과 급진 개혁가들 사이에서도 널리 통용되는 바가 되었다.

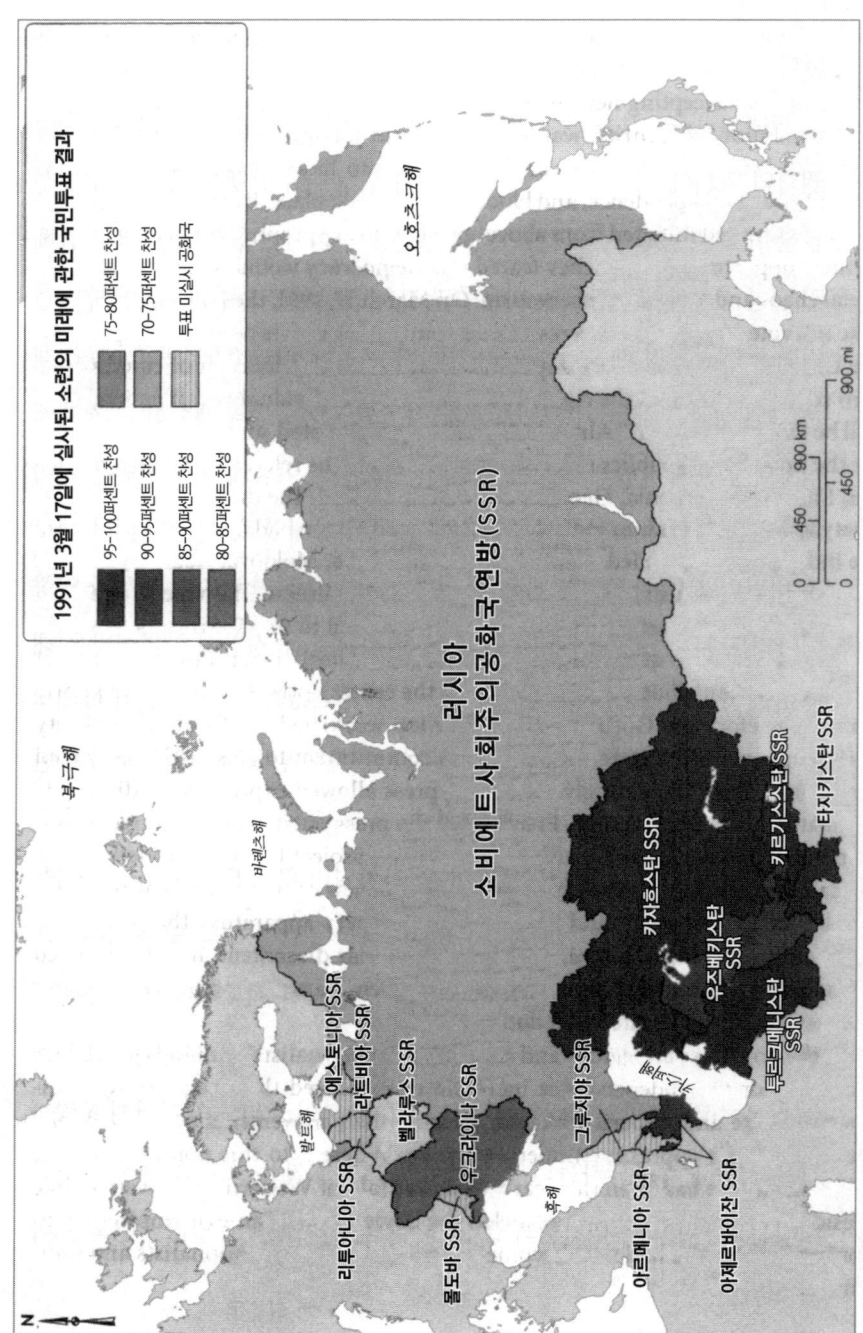

지도 11.2 1991년 3월 17일에 실시된 소련의 미래에 관한 국민투표 결과

고르바초프는 중앙정부에 대한 복종을 강제하기 위해 경찰과 군대를 사용하는 데 주저했는데(아제르바이잔과 몇몇 다른 경우는 눈에 띄는 예외였다), 이것은 좀 더 급진적인 개혁파들이 사회 전반에 영향력을 행사하도록 만들었다. 발트 3국과 그루지야에서처럼 소련군이 군중에 대해 무력을 행사했을 때, 억압 조치는 체제에 대한 반감을 고조시킬 따름이었다. 공화국들에게 양보를 거듭하던 고르바초프는 사실상 소련을 15개 공화국으로 이루어진 연합으로 재편하는 새로운 '연방 조약' 초안을 놓고 협의했다. 이 조약에 따르자면, 중앙의 권한은 더 약화되고, 각 공화국의 권한이 강화될 예정이었다. 그러나 이 조약이 체결되기 직전인 1991년 8월에, 보수 성향의 공산당 간부들이 고르바초프에 대한 쿠데타를 감행했다. 이때 모스크바에서는 놀랍게도 시민들이 동원되었고, 많은 사람들이 쿠데타에 반대하기 위해 거리로 나섰다. 쿠데타 주동자들은 군대를 동원하여 시위를 진압하고자 했고, 탱크가 시내 중심부로 진입했다. 군인들이 운동에 공감하여 시민들의 대의에 합류하기 전에, 소수의 시민들이 탱크에 깔려 사망하여 '순교자'가 되었다. 러시아소비에트사회주의연방공화국RSFSR 대통령 보리스 옐친은 반쿠데타 시위의 지도자로 부상하여, 기회를 놓치지 않고 자신의 목소리를 내고 자신의 이미지를 만들었다. 오늘날 상징이 된 사진에서 그는 소련 최고 소비에트가 입주해 있는 "벨리 돔" 앞의 탱크 위에 서서 군중에게 연설하는 장면을 보여 주었다. 모스크바의 권력 공백 상태를 틈타 더 많은 공화국이 주권국이자 독립국가로서의 지위를 선언했다. 고르바초프는 결국 모스크바로 돌아왔지만, 그의 권력은 이미 사라졌고, 연방 조약은 사문死文이 되었으며, 보리스 옐친은 나라에서 가장 강력한 정

보리스 옐친이 모스크바의 '벨리 돔' 앞에서 반고르바초프 쿠데타 세력에 항의하는 모습, 1991년 8월 19일.

치인이 되어 있었다.

모스크바에서 발생한 우익 쿠데타는 소련 정치의 권력균형을 급격히 바꾸어 놓았으며, 정치적 연방의 지속을 거의 불가능하게 만들었다. 미국 은 고르바초프에게 발트 3국의 독립을 허용하라고 압박했고, 소련 지도자 가 이 요구를 수용하기도 전에 이 세 나라의 독립을 승인했다. 조지 허버 트 워커 부시George Herbert Walker Bush 대통령 행정부는, 공화국들이 독립을 향해 나아가는 과정에서 민족주의적 폭력을 방지하기 위해 "소련 구조의 점진적 약화 및 점진적인 변화와 개혁"을 조심스럽게 지지했다. 당시 미국 대통령의 고위 보좌관은 나중에, 미국의 국익은 소련의 "안정적인 쇠퇴" 에 있었다고 회고했다.[37] 핵무기를 통제할 수 있는 중앙 권력을 유지하는 것은 필수적이었으나, 가능하다면 그 중앙 권력은 '페레스트로이카' 이전보다 훨씬 약화된 형태이기를 바랐다. 미국의 압력을 받은 고르바초프와 엘친은 미국의 경제적 지원에 대한 대가로, 소련이 쿠바 및 아프가니스탄의 동맹 정권에 대한 지원을 중단하고, 팔레스타인 및 기타 민족해방운동에 대한 지원 역시 철회하기로 합의했다. 소련은 마지막 수년간 사실상 동중부 유럽에 대한 제국적 지배를 포기했으며, 전 세계적 차원의 책무도 자제했다. 쇠퇴를 막기 위한 절박한 몸부림 속에서, 소련은 제2차 세계대전에서 엄청난 희생을 치르고 획득했던 영토적·정치적 성과를 양도했다. 역사가 세르히 플로히는 이러한 일련의 서방에 대한 양보를 가리켜 "소련 외교 자산의 폭탄 세일fire sale of Soviet foreign policy assets"이라고 불렀다.[38]

소련이 소멸되기 불과 수개월 전인 1991년 가을, 러시아 및 소련의 정치 엘리트들 사이에서는 치열한 권력투쟁이 벌어지고 있었다. 다시 한번 러시아는 "이중권력dual power"을 경험했다. 한편에는 엘친의 러시아가, 다른 한편에는 고르바초프의 소련 잔존 권력이 있었다. 8월 말, 우크라이나 의회가 독립을 선언했을 때, 러시아인들은 이 슬라브 자매 공화국이 연방을 탈퇴하는 것을 쉽게 받아들이지 못했고, 새로운 국경을 정하기 위한 협상을 해야 한다고 곧 위협했다. 엘친과 그의 급진파 측근들은 노쇠한 소련의 자산과 권력, 그리고 권한을 러시아가 인수하기를 원했다. 그들이 구상하는 바에 따르자면, 연방은 이제 러시아공화국 지도자들 수중에 들어 있는 모스크바가 주도하는 느슨한 연합confederation으로 전환될 예정이었다. 우크라이나, 카자흐스탄과 다른 공화국들은 러시아의 권력 장악 시도에 반대했다. 영토가 큰 공화국들은 단지 공동 경제 시장 형태의 연합만을 선호했다. 고르바초프는 보다 강력한 중앙정부와 새로운 연방을 제시했으나, 소용없는 일이 되었다. 10월 18일, (발트 3국과 우크라이나를 제외한 채) 러시아와 대부분의 다른 공화국들은 독립국가들의 경제 공동체를 창설했다. 바로 그날, 옐친은 "단일한 제국적 구조의 잔재를 가능한 한 빨리 제거하기 위하여"[39] 대부분의 전연방 차원의 장관 부서에 대한 자금 지원을 중단시켰다.

소련이 덜 제국적이고, 덜 중앙집권적이며, 자율적인 공화국들로 구성된 느슨한 집합으로 이행하던 바로 그 시점에, 20세기 말의 용법에서 '제국적'이라는 용어는 억압적인 단일국가 체제의 통합적 제도들을 가리키는 의미로 정착하게 되었다. 이것은 러시아의 초기 제국에서 실시된 바와 같은 차등을 통한 지배에서 명확히 드러났던 이질적인 구조 및 조직과는 정반대되는 뜻이었다. '제국'이라는 단어는 전혀 새로운, 그리고 전적으로 부정적인 함의를 갖게 되었다. 그것은 그 초기의 의미를 거의 전도顚倒했거나, 혹은 원래의 다층적인 의미들 중 하나의 측면(제국의 중심에 있는 절대적이고 무제한적인 권력)만을 선택하면서, 이제 전제적 중앙집권주의 안에 있는 온갖 나쁜 것을 뜻하게 되었다.

1991년의 마지막 넉 달 동안, 고르바초프와 옐친 사이에 권력투쟁은 계속되었다. 옐친은 러시아에서 급진적인 경제개혁 ─가격 자유화, 보조금 철폐, 국유재산의 민영화─ 을 단행할 것이라고 발표했다. 그는 소련으로부터 러시아공화국으로 권력을 일방적으로 이전함으로써, 고르바초프가 지니고 있던 마지막 영향력마저 탈취했다. 동시에, "충격요법shock therapy"으로 알려지게 될 러시아의 시장 개혁은 새로운 경제 공동체의 구성원으로 예정되어 있던 소련의 다른 공화국들과의 진지한 조율과 협력이라는 개념을 근본적으로 훼손했다. 고르바초프는 소련공화국들 간의 정치적 통합을 어느 정도나마 유지하고자 필사적으로 노력했다. 어떤 형태로든 고르바초프를 대통령으로 하는 연방이 존속될 것인지, 아니면 15개 공화국이 각자의 길을 갈 것인지, 두 갈래 길이 있었다. 11월 14일, 그는 대통령직 사임을 위협하며, 최후의 저항을 했다. 그는 대통령(짐작컨대 그 자신)을 연방 전체의 국민투표를 통해 선출하는 민주적 연합국가의 형태를 가진 주권국가연방Union of Sovereign States을 지지하도록 (다시 우크라이나가 불참한 가운데) 다른 공화국 지도자들을 압박했다.

2주도 안 되어 그 합의는 무산되었고, 1991년 12월 1일에 우크라이나인들은 국민투표를 통해 압도적으로 독립에 찬성했다. 불과 아홉 달 전만 하더라도, 우크라이나 유권자의 70퍼센트는 개혁된 소련의 존속을 지지한 바 있었다. 그러나 8월의 쿠데타는 여론을 급격히 변화시켰고, 12월에는 90퍼센트 넘는 사람들이 독립에 찬성표를 던졌다. 그로부터 일주일 후, 옐친은 고르바초프를 배제한 채 우크라이나 및 벨라루스의 지도자들과 회동하여, 헌법적 근거 없이 소련 해체를 선언했다. 그들은 우크라이나가 어떤 형태의 연방 체제도 단호히 거부함에 따라, 이 같은 조치를 단행했다. 중앙아시아 및 다른 공화국들이 이 결정에 반발할 것을 우려한 옐친과 그의 동료들은 즉시 카자흐스탄 대통령 누르술탄 나자르바예프Nursultan Nazarbaev와 협의했고, 소련 탈퇴를 주저하는 그를 설득한 뒤, 중앙아시아 지도자들로부터 새로운 독립국가연합CIS, Commonwealth of Independent States 가입에 대한 동의를 얻어 냈다. 12월 25일, 고르바초프는 자신이 구하고자 희망했던 국가의 대통령직에서 사임했다.

아홉 달 만에, 구소련은 극적인 변화를 겪었다. 그것은 좀 더 분산적이며 평등한 다민족국가로 자체를 재구성하고자 몸부림치며 필사적으로 시도하던 단일국가로부터, 좀 더 느슨하고 더 민주적인 소련공화국연방으로, 그다음에는 훨씬 더 느슨한 독립국가연합으로, 그리고 최종적으로는 15개의 완전히 독립된 주권 공화국으로 이어졌다. 제국은—적어도 당분간—역사 속으로 사라졌다. 러시아는 해체된 소련으로부터 많은 자산과 특권을 승계 받았다. 러시아는 엄청난 양의 자원을 상속받았는데, 비러시아공화국들과 그것을 더 이상 나눠 가질 필요가 없게 되었다. "식민지"를 상실했다는 것은 많은 면에서 과거의 제국 중심부에 유리했다. 중심부의 많은 시민들은 비러시아계 공화국들에 의하여 "착취"당하고 있다고 분개하고 있었다. 그러나 새로 생겨난 러시아 시민들은 상실, 축소, 감소를 경험함으로써 이제 새로운 분노를 키워가게 되었다. 소련이 붕괴하자, 바라던 바대로 "민주주의로의 이행"을 지지했던 사람들조차 회한의 감정을 토로했다. 그들은 어린 시절부터 익숙했으며, 교과서의 많은 부분을 채웠으며, "민족들의 우호"를 나타낸 다양한 공원과 실내 공간으로 장식되어 있었으며, 많은 소련 노동자들이 복지 혜택의 일환으로서 즐겼던 해변과 산악 휴양지를 제공했던 지역들에 대한 정서적 유대에서 비롯된 상실감을 이야기했다. 상실감에 대한 논의는 종종 발트해, 흑해, 특히 크림반도의 해변으로 갔던 여행을 떠올리는 향수 어린 기억으로 바뀌었다. 수 세기에 걸친 제국 프로젝트는 적어도 수도에 거주하던 많은 러시아인과 다른 사람들에게 제국의 광활한 영토와 그 다양한 민족들이 자신들의 세습 유산의 일부라는 소유의식을 심어 주는 데 성공했다.

지도 11.3. 소련의 해체

세르히 플로히는 소련의 해체에 대해 토론하면서, 다음과 같이 서술하고 있다. "고르바초프가 1989년에 소련 정치에서 선거 민주주의의 요소를 도입하자, 새로 선출된 러시아 정치인들은 제국의 짐을 계속 짊어질 의향이 있는지를 묻는 권한을 갑작스레 부여받게 되었으며, 비非러시아공화국의 정치인들은 자기들이 제국의 지배하에 남기를 원하는지에 관한 질문과 마주했다. 결국, 양 집단 모두 부정적인 답을 내놓았다."1991년의 마지막 넉 달 동안, 우크라이나와 러시아의 정치 엘리트들은 연방을 유지할 수 있는 어떠한 방식에도 합의할 수 없었다. "소련의 관棺 뚜껑에 마지막 못을 박은 것은 정치 엘리트들이 하나의 국가 구조 안에서 삶의 방식을 찾으려는 의지가 없었다는 사실이다."⁴⁰

소련 체제가 궁극적으로 붕괴되고 소련이 해체된 것(이 두 가지는 다르지만, 관련된 현상이다)은 본질적으로 공산당 최고위층의 여러 경솔한 결정과 행동에 그 원인이 있었다. 소련의 기저에 자리 잡은 민족 구조로 인하여, 각 공화국 지도자들은 권한과 가능성을 부여받았다. 그런 상황은 통합적이지만 좀 더 민주적이고 분권화된 국가를 건설하려는 고르바초프의 노력의 토대를 무너뜨렸고, 15개(혹은 그 이상)의 독립 공화국으로의 이행을 용이하게 만들었다. 소련의 붕괴를 초래한 핵심 요인이 소련 내부의 제도적 구조와 정치 지도자들의 선택에 있었다고 주장하고 있는 플로히는 일반적으로 통용되는 몇 가지 견해—소련의 몰락이 주로 미국의 공작이거나, 소련 국민 스스로의 대중적 열망 때문이었다는 인식—에 도전장을 던지고 있다. 실제로 당시 미국 행정부는 내전을 방지하고 핵 확산을 막기 위한 좋은 대안으로서 소련의 존속을 원했다. 대부분의 러시아인, 슬라브계 인구, 그리고 이슬람 전통을 지닌 공화국의 주민들은 독립을 향한 희망에 의해 움직였던 것이 아니었다. 각 공화국 내에서도, 어떤 이들은 개혁된 소련의 존속을 지지했으며, 또 다른 이들은 독립을 원했다. 발트 3국과 남캅카스 공화국들은 몰도바와 함께 소련 전체 인구의 약 11퍼센트에 불과했지만, 이들 지역이야말로 주권과 독립에 대한 열망이 가장 강렬했던 공화국들이었다. 소련의 존립이 아주 위태로워지기 시작했던 1991년 3월만큼이나 늦은 시점에 실시된 국민투표에서도, 약 75퍼센트의 투표 참가자들이 소련의 존속에 찬성표를 던진 바 있었다.

소련의 악惡에 대해 어떻게 평가하든지 간에, 소련은 마지막 수십 년 동안에 초기의 제국적 형태로부터 현저히 다른 체제로 변화하고 있었다. 내부적으로는 민족 공화국들 내에서, 그리고 외부적으로는 "철의 장막" 외부에서 제국이라는 부정적인 꼬리표가 유행하게 된 바로 그 시기에, 쇠퇴 중인 소련은 이미 제국과 국민국가의 면모 및 관행을 모두 가진 유사연방적 단일국가가 되어 있었다. 소련은 여전히 명목상으로 공동 주권과 지방자치를 전제로 한 연방국가로 조직되어 있었지만, 흐루쇼프와 브레즈네프 시대에 이르러 크렘린은 이러한 권리를 약화시키고 중앙집권적 통제를 유지하려고 엄청난 노력 — 이것이 항상 성공을 거두지는 못했다 — 을 기울였다. 수 세기 동안 러시아 제국의 지배를 특징지었던 차등적 권리 체제, 법적 신분의 구분, 그리고 집단성과 차등을 통한 통치 방식은, 모든 집단과 지역을 명목상이나마 동등하게 취급하면서, 모두를 중앙의 강력한 통제하에 평등하게 종속시키려고 노력으로 대체되었다. 소련의 공식 언어에 따르자면, 소련의 다양한 민족들은 점차 서로에게 '접근sblizhenie'하고, 궁극적으로는 '융합sliianie'에 이를 수 있었다. 그러나 민족주의라는 강력한 이념의 도전을 두 세기 동안 받아온 후기의 소련 제국은 정치적 동질성은 강화했으나, 국민에 의한, 국민을 위한 동질적인 주권 국민국가로의 진화는 이루지 못했다. 전반적으로는 동질화를 향한 추세가 있었지만, 지역적 차별은 여전히 존재했다. 중앙아시아는 면화 단일 재배 체제로 인해 지속적인 경제적 종속 상태에 놓여 있었던 반면에, 발트 지역의 공화국들은 제조업 기반 덕분에 보다 유리한 위치를 차지했다.⁴¹ 공산당 보스들은 장기 재임을 통해 일정 정도의 자율성을 획득하기도 했으나, 모스크바가 바라는 바로부터 지나치게 멀리 이탈하는 경우에는 해임되거나 처벌받을 수 있었다. 비록 여러 측면에서 주변부가 중심부보다 더 나은 생활 수준을 누리고 있었음에도 불구하고, 소련이 "식민지"를 착취하고 있다는 "인식"은 각 공화국의 민족운동에 기름을 붓는 격이 되었으며, 이것은 중앙 권력의 약화와 맞물려 소련 시대를 종말에 이르게 하는 데 기여했다.

소련은 소위 "제국의 딜레마the dilemma of empire"라는 문제를 겪었다. 문명화 사명으로 실제로 사람들이 문명화되면, 무슨 일이 일어나는가? 70년의 공산당 통치 이후, 과거 인구의 4분의 3 이상이 농민이었던 국가에서, 이제는 4분의 3 이상이 도시에서 생활하게 되었고, 농업 중심의 경제는 산업 중심으로 급변했다. 과거에는 대체로 문맹이었던 사람들이 문해력을 갖추고, 더 나아가 주변 세계에 대한 인식 능력까지 얻게 되었다. 소련 제국은 개발주의 프로그램에서 성공을 거둠으로써, 평범한 러시아인들과 비러시아인들에게 더 이상 당黨의 가부장적 보호 없이도 스스로 미래를 열어갈 수 있다는 신념을 심어 주었다. 공산주의자들이 일당독재의 정당성의 근거로 삼았던 근대성으로 가는 길은 더 이상 마르크스주의 및 러시아와는 무관하게 되었다. 서구의 주요 열강들이 미래가 자유민주주의와 신자유주의적 자본주의에 속한다고 승리 선언을 했을 때, 구소련의 공화국들은 낯선 길 위로 올라섰다. 그들은 국가 "사회주의"가 실패한 곳에서, 선거, 시민의 권리, 그리고 시장이 성공을 거둘 것이라고 확신했다.

민족 형태와 민족주의는 무질서한 해체이든지, 외세의 침략이든지, 혹은 상위 지배자인 제국의 억압이든지, 다가오는 위험에 대응하여 자신을 방어하려는 형태라고 이해될 수 있다. 특정 민족 사람들은 제국 강국들의 요구사항으로부터 독립된 스스로의 자리를 세계 속에서 확보하고자 추구했다. 20세기 말에 이르러, 제국은 사라질 운명에 처해 있으며 모든 민족이 자신의 국민국가를 가지게 될 것이라는 민족주의자들의 목적론적 역사관은 국제정치의 상식이 되었다. 제국과 국민국가는 서로를 배제하며, 필연적으로 서로 대립한다고 생각되었다. 그러나 러시아와 소련의 역사를 보면, 제국과 국민국가, 그리고 다양한 다민족국가들은 실제적인 담론과 정책에서 자주 다른 형태의 국가 및 통치 방식의 특징을 결합했음을 알 수 있다. 소련은 평등한 다민족국가를 건설하려는 시도로 출발했으나, 곧 '민족들의 제국'으로 전락했다. 이미 스탈린의 혹독한 권위주의 통치기로부터 그 이후 소련의 마지막 수십 년 동안, 민족적·사회적 차등 정책이 계속되었으나, 그런 것들과 병행하여 국가는 동질화 노력을 기울이고, '소비에트 인민Sovetskii narod'을 창조하고자 했으며, 1953년 이후에는 주변부에 대한 중심부의 통제를 완화했다. 스탈린에 의해 만들어진(forged, 이 안에는 '조작되었다'는 뜻과 '주조되었다'는 뜻 둘 다가 포함됨) 연방에서는, (예를 들어, 민족성 같은) 일부의 구분은 유지되었고, (법적 범주로서의 계급과 같은) 다른 일부의 구분은 폐지되었고, 동질화와 통일된 행정 체계를 통하여 유사연방적 단일국가가 성립되었다. 스탈린의 사망 후에 체계적인 공포정치는 폐지되었지만, 유사연방국가인 소련은 제국 정책과 민족 형성 정책 둘 다를 지속했다. 소련 체제는 소련 민족들의 접근과 융합을 두서없이 강조했다. 이것은 눈에 띄는 소련의 국민 만들기 프로젝트였으나, 많은 비러시아인에게는 식민주의적 발상으로 간주되기 쉬웠다. 그러나 소련 체제 내에 뿌리박힌 구조로 인하여, 크렘린이 그토록 희망하던 민족 간의 융합은 좌절되었다. 주권은 소련 통치 마지막 순간까지 제국적인 모스크바에 남아 있었다. 소련 시기에 굳어진 민족들 간의 치열한 경쟁으로 인하여, 이미 손상된 중앙 권력은 더욱 약화되었고, 유라시아에 대하여 러시아가 가지고 있던 영향력의 마지막 흔적은 자취를 감추었다… 적어도 당분간은 말이다.

제12장

제국의 종식인가, 아닌가?

1991-2016

20세기에 러시아, 그리고 그 후의 소련은 두 차례의 탈제국화de-imperialization라는 혼돈과도 같은 격변을 경험했다. 1917~1918년, 그리고 다시 1989~1991년에, 제국이었던 국가는 인위적으로 제국의 해체 과정 속으로 내몰리고, 갑작스럽게 그것을 대체하는 국가 형태로 변형되었다. 세계와 러시아의 존재 방식이 근본적으로 다시 생각될 수 있었던 이 짧은 순간에, 지식인들, 운동가들, 그리고 정치인들은 정치체를 개혁하는 방안에 대해 매우 다양한 사상을 제시했다. 그것은 다민족국가일 수도 있고, 아마도 국가연합일 수도 있었고, 혹은 국제주의 이념(사회주의나 민주주의)을 가진 새로운 형태의 연방 형태일 수도 있었다. 마침내 다음 단계의 국가 형태를 궁극적으로 결정지은 사람들은 이전의 제국 중심지였던 상트페테르부르크나 모스크바에서 권력을 장악한 이들이거나, 이전 제국의 영향에서 벗어나서 독자 노선을 고수하는 데 성공한 이들이었다. 볼셰비키는 1918년에 단일하고 비연방적인 영토 단위 국가를 수립하는 입장을 포기하고, 실용주의적으로 민족—영토적 연방제를 수용하여, 궁극적으로 소비에트사회주의공화국연방USSR을 성립시켰다. 소련 말기에, 고르바초프는 민족주의 운동과 민주화 운동의 거센 파도 속에서 국가를 재건하고자 몸부림쳤으나 성공하지 못했다. 그는 1991년에 실패로 끝난 신연방 조약에서, 크렘린의 통제권을 축소하고, 15개 연방공화국에 권한을 위임하고자 했다. 이 협상이 성공했더라면, 유사연방제가 아니라, 진정한 연방제로의 전환이 승인되었을 것이다. 고르바초프의 이러한 노력과 소련인 대다수가 소련의 유지에 찬성하는 의사를 표명했음에도 불구하고, 세 공화국 지도자들 — 러시아의 옐친, 벨라루스의 스타니슬라프 슈슈케비치Stanislav Shushkevich, 우크라이나의 레오니드 크라프축Leonid Kravchuk — 의 공모에 의해 소련은 해체되었다.

소련을 대체하게 된 독립국가연합은 출범 초기부터 사실상 유명무실한 상태였다. 그러나 소련의 계승국을 자임한 신생 러시아공화국은 레닌주의적 민족 정책에 의해 물려받은 체제를 그대로 유지했다. 현재 러시아는 민족 차원의 85개 지역 단위, 혹은 공식적으로는 "주체sujekty"로 구성된 연방국가이다.[1] 그중 27개는 명목민족 집단titular national group에 "소속된" 것으로 규정되었다.[1]

소련은 사라졌으나, 역사는 지울 수 없었다. 과거의 통치 형태와 관행은 붕괴된 제국으로부터 출현한 15개의 독립공화국에 지속적으로 영향을 미쳤다. 각 공화국은 과거 소비에트공화국의 틀 안에서 안정된 국민국가

---

1   소련 해체 이후 러시아연방은 89개의 연방주체로 구성되었으나, 푸틴 집권 직후인 2000년에 일부 연방 주체가 통합되었고, 7개의 연방관구가 설치되었다. 2010년에는 남부 연방관구에서 북캅카스 연방관구 가 분리되어 총 8개의 연방관구 체제가 되었다. 러시아—우크라이나 전쟁의 양상에 따라 또 다른 연방 관구가 추가될 가능성도 배제할 수 없다.

를 구축하고자 하는 국민화nationalizing 프로젝트를 개시했다. 러시아연방은 내부적으로는 과거보다 제국적 성격을 적게 띠게 되었으며, 동등한 시민들로 구성된 다민족국가의 형태를 좀 더 강하게 가지게 되었으나, 구분과 차등 및 제국 통치의 관행은 결코 완전히 제거되지 않았다. 소련 국기가 크렘린 상공에서 내려진 이후의 4반세기 동안, 러시아인들은 민주주의와 연방제의 다양한 형태를 실험했고, 러시아인이라는 정체성의 의미를 둘러싸고, 그리고 이 거대한 국가가 "가까운 외국"이라 불리는 구소련의 다른 공화국들에서 어떤 역할을 맡을 것인지의 문제를 놓고 분투했다. 러시아는 다시금 이웃 국가들에 대해서 제국으로 행동할 것인가?—즉, 그 국가들의 대내외 문제를 통제하려고 할 것인가? 혹은 역내 패권국이 되고자 시도할 것인가?—즉, 우호적 관계, 경제적 우위, 외교정책에서 어느 정도의 조정으로 만족할 것인가?

1990년대의 러시아는 이른바 "옐친 시대"로 불릴 수 있으며, 2000년대에는 "푸틴의 시대"가 그 뒤를 이었다. 만약 옐친과 그의 지지자들에게 어떠한 정치적 결속이 존재했다면, 그것은 고르바초프 및 공산주의자들을 권력으로부터 제거하고, 소련의 계획경제 및 정치체제의 잔재를 가능한 한 신속하게 해체하는 것이었다. 시장 개혁의 도입과 국가 주도 산업의 붕괴와 더불어, 러시아는 곧 심각한 경기침체에 빠져들었다. 수백만 명이 순식간에 빈곤에 빠진 반면에, 에너지가 넘치지만 종종 부도덕하거나 범죄적 성향을 지닌 기업가 및 정부 측 측근들에게 소련의 자산을 헐값에 넘긴 사유화의 광풍 속에서 '올리가르히oligarchs'[2]로 알려지게 된 소수의 기업가들은 곧 막대한 부를 축적했다. 옐친을 지지하던 의회인 최고 소비에트는 그에게 등을 돌렸으며, 헌법을 둘러싼 지루한 대립 끝에, 옐친은 군으로부터 지지를 확보하여 1993년 10월에, 유혈 충돌을 통해 입법부를 제압했다. 탱크는 다시 한번 모스크바 시내로 진입했으며, 놀랍게도 대통령은 그 자신이 불과 2년 전에 그 앞에서 영웅적인 항거를 했던 바로 그 벨리 돔에 입주한 의회에 발포하라는 명령을 내렸다. 새 정권은 새로운 민주주의 제도와 형태가 얼마나 허약한가를 극명히 드러내며 통치력을 확고히 했다.

옐친이 강행하여 통과시킨 새로운 헌법에 따라, 강력한 대통령제가 수립되었고, 이제 두마라고 불리게 된 입법부는 상대적으로 약해졌다. 지배 엘리트 내부의 분열은 일시적으로 옐친 진영에 유리한 방향으로 조정되었다. 그러나 대통령 자신은 점점 더 대중적 지지를 잃게 되었으며, 권력을 유지하기 위해서는 올리가르히, 안보 기관, 친정부 언론, 그리고 자신이 지방 권한을 이양해 준 지역 주지사들에게 의존하게 되었다. 1996년에 치러진 재선을 위한 선거에서 옐친은 공산당 후보에 역전승을 거두었으나, 정치분석가들은 이 결과가 옐친에 대한 지지라기보다는 구질서와 공산주의자들에 대한 반대의 표현이라고 해석했다. 러시아는 (1993년 이후에) 문서상으로는 강력한 대통령제를 갖추었으나, 사실 허약한 국가였다. 대통령직에 있는 인물인 보리스 옐친 자신이 병약하고, 종종 술 취한 상태에 있었으며, 정신이 산만하고, 변덕스러웠다. 옐친은 만성적인 심장질환과 알코올중독에 시달리고 있었으므로, 자신의 정치 프로그램을 계승하고, 그와 동시에 자신과 가족을 부패 혐의로부터 보호할 수 있는 유능한 후계자

---

2 올리가르히: 과두제(oligarchy)에서 생겨난 용어로서, 소련 해체 이후 진행된 시장경제로의 급격한 전환 속에서 석유, 가스, 금속, 금융 등을 통해 부를 축적한 사람들을 일컫는다.

불타고 있는 벨리 돔, 1993년 10월. 보리스 옐친 러시아 대통령은 자신의 정치개혁에 저항하는 의회를 향해 발포하도록 자신의 군대에 명령했다.

를 찾아야 했다.

　소련에 비하여 국제 무대에서 훨씬 덜 강력하고 적은 영향력을 가진 국가가 된 옐친 시대의 러시아는 세계 유일의 초강대국인 미국이 주도하는 국제적 의제에 마지못해 동참하게 되었다. 냉전기의 두 초강대국 간의 양극적 대결 구도를 대신하여 등장한 '신세계질서'는 일극체제unipolarity로 규정되었다. 그러나 모스크바는 자신들이 "냉전에서 패배했다"라거나, 미국의 세계 패권을 수용해야 하는 패배한 강국이라는 서방의 견해를 수용하지 않았다. 그렇지만 크렘린은 러시아의 미래를 위해 세계 자본주의 체제에의 통합, 그리고 최소한 정치체의 민주화 시도와 같은 노력이 필요하다는 점은 수용할 준비가 되어 있었다. 국제적 위상이 약화되었음을 인정한 러시아는 14개의 구소련공화국들의 독립을 인정했고, 영토적 주장이나 국경 변경에 대한 구상을 철회했다. 러시아의 지도자들은 역사의 종착점이 마르크스주의자들이 염원하던 공산주의가 아닐 것이라는 점에는 동의했으나, 역사의 목적인目的因[3]이 서구 자유주의자들과 러시아 내 자유주의자들이 선포하던 자본주의적 민주주의일 것이라는 데에는 확신을 갖지 못했다. 러시아는 경제 게임의 규칙들을 수용했으나, 국제 무대에서 동등한 참여자, 나아가 파트너로서 존중받을 것을 요구했다.

러시아는 1998년 8월에 심각한 경제 위기를 겪었다. 은행들이 채무불이행 상태에 빠졌고, 통화가치는 폭락했으며, 수백만 명의 사람들이 저축한 돈을 잃었다. 절박한 상황 속에서 옐친은 고르바초프의 측근 예브게니 프리마코프Evgenii Primakov를 총리로 임명했다. 국제 문제 전문가 프리마코프는 외교 분야에서 러시아의 위상을 회복하고자 했으며, 미국이 도전받지 않는 패권국으로 군림하고 있는 "신세계질서"에 도전장을 내밀었다. 그는 미국 방문길에 오르던 중, 대서양을 횡단하던 비행기 안에서 미국과 나토 동맹국들이 유엔의 승인 없이 러시아의 동맹국으로 간주되던 세르비아에 대한 폭격을 개시했다는 소식을 접하고는, 극적으로 비행기를 회항하도록 지시했다. 프리마코프는 점점 더 대중의 지지를 얻었으며, 경제를 안정시켰고, 올리가르히의 고삐를 조이고 부패를 조사하겠다는 의지를 분명히 밝혔다. 이 조치는 옐친이 감당하기에는 지나친 것이었으므로, 그는 프리마코프를 해임하고 보다 유순한 인물을 찾아 나섰다.[2]

---

3   목적인(目的因): 아리스토텔레스는 질료인(質料因), 형상인(形相因), 동력인(動力因), 목적인(目的因)이라는 네 가지로 존재의 원인을 설명했다.

옐친 집권기의 러시아연방에서는 중앙 권력이 약했고, 연방공화국 및 각 지역에서는 대부분 소련 후기의 잔존 세력인 지방 토호들이 권력을 행사했다. 정치학자 리처드 사크와Richard Sakwa는 이러한 비민주적이고 비대칭적인 지역 자치 체제를 "분절적 지역주의segmented regionalism"라고 명명했는데, 이것은 모스크바와 각 지방 당국 간에 체결된 양자 협정들이 뒤범벅된 구조였다.[3] 이러한 협정은 러시아 제국 시기로부터 이어져 내려오던 차등적 통치 관행을 연상시키는 것이었는데, 이것은 나중에 스탈린 시기의 중앙집권적 관료 체계에 의해 수정된 바 있었다. 옐친은 국가를 유지하고 모스크바의 신정부를 보존하기 위하여 중앙정부의 많은 권한을 지방에 헐값으로 팔아넘겼다. 이로써 차등은 제도화되었고, 타타르스탄이나 야쿠티야와 같은 일부 공화국은 자기들의 막대한 천연자원(각각 석유와 다이아몬드)에 대한 폭넓은 통제권을 부여받았다. 마피아와 유사한 지방 관료들은 옐친에게 충성하는 한, 지역 자원을 채굴하는 것을 허락받았다. 북캅카스의 체첸공화국은 1991년 11월에 독립을 선언했고, 일정 기간 사실상 독립국가처럼 기능하는 것이 허용되었다. 옐친 자신은 고르바초프의 권위를 약화시키기 위한 정치 전략의 일환으로, 1990년 8월에 지역 지도자들에게 "삼킬 수 있는 만큼의 주권을 가지도록" 권유한 바 있었다. 그러나 옐친 시대의 러시아는 중심부와 주변부가 어느 정도 협력하고 상호 권한과 책임을 인정하는 진정한 의미의 연방제라기보다는, 특권과 배제를 둘러싸고 전개된 사악한 제로섬 게임이 지배하는 정치 투쟁의 무대였다. 모스크바와 각 지역 및 공화국 지도자들 간에는 42건의 권력 분점 협정이 체결되었는데, 이로써 지역 간 불균등한 권리와 특권이 부여되었다. 사크와

가 서술한 바에 따르자면, "옐친의 집권 말기 무렵에 러시아는 다민족국가multinational state에 그치지 않고, 다多국가적 국가multi-state state가 되어 가고 있었으며, 수많은 초기국가 형태의 지역들이 모스크바를 상대로 주권을 주장했다."[4]

또 다른 기묘한 반전으로서, 과거의 제국이 막 독립한 공화국 주변부에 대한 요구를 포기하면서 식민지 영토를 최종적으로 정리하던 바로 그때, 러시아 내에서는 차등의 통치라는 제국적 유형이 재도입되기 시작했다. 러시아는 소련 말의 유사연방제에 의하여 점차로 지워지고 있던 특수성과 구분의 원칙으로 되돌아가고 있었다. 법이 실제로 시행되거나 혹은 전혀 시행되지 않거나, 시민들은 법 앞에서 평등하지 않았다. 기본적으로, 시민들은 지역 권력자들에게 의존하게 되었으며, 구소련의 재산과 부를 착복한 공직자들이나 그 주변 인물들의 자의적인 권위에 예속되었다. "권력의 수직 구조"는 소멸되었고, 연방의 많은 구성원들은 연방이 해체될 수 있다는 위협을 피부로 느꼈다. 분령 시대 혹은 동란의 시대나 1917~1920년처럼 혁명적 해체 시기 이래로, 방대한 유라시아 영토가 그토록 파편화되고, 연결 관계가 그토록 느슨해진 적이 없었다. 중앙 권력의 취약성에 대해 깊은 우려를 품고 있었던 이들 가운데 한 사람이 바로 옐친이 상트페테르부르크에서 모스크바로 불러들인 국가보안위원회 장교 출신인 젊은 블라디미르 푸틴이었다. 옐친은 그를 먼저 총리에 임명했고, 새천년이 도래하기 직전에 대통령직을 그에게 승계할 계획을 마련했다.

블라디미르 푸틴과 국가 재건

러시아는 대공大公과 보야레, 차르와 귀족들, 독재자 및 공산당 '노멘클라투라', 그리고 20세기 말과 21세기 초에는 강권통치자strongmen, 올리가르히, 그리고 그들의 동맹 세력에 의해 통치되어 왔다. 러시아의 전제정치는 지배 엘리트 내부의 파벌 간의 권력투쟁과 상호성 개념에 의해 항상 완화된 바 있었다. 다시 말해, 사람들은 거래를 통하여 미미하기는 하지만 어떤 대가를 얻을 수 있었다. 보야레, 유력 가문, 황제의 자제들, 근위대의 지지를 받는 야심 찬 제위 요구자들과 청구자들, 강력한 정부 부처, 정교회, 혹은 사악한 종교적 조언자들 등 모든 사람은 국가정책을 결정하거나, 혼란에 빠뜨리거나, 전환시키는 복잡한 궁정정치에서 각자가 맡은 역할을 수행했다. 이들 유동적인 집단은 "친족", '아타만시나atamanshichina(전사 집단)'⁴⁾, 네트워크, 혹은 파벌 등 다양한 이름으로 불리었으며, 최고 권력자의 신임을 얻기 위해 경쟁했다. 가족과 친구, 학교 동문, 혹은 직장 동료 등은 보스가 신뢰하고 의지할 수 있는 충복 집단을 구성할 수 있었으나, 언제든지 배신할 수 있다는 우려로 인해 신뢰감에는 한계가 있었다. 스탈린은 한때 가까운 동지였던 니콜라이 부하린이 자신의 정적 레프 카메네프Lev Kamenev와 몰래 동굴에서 회동한 일을 결코 용서하지 않았으며, 옐친은 1987년에 자신을 모스크바 시장직에서 해임한 고르바초프에 대해 오랫동안 앙심을 품고 있었다.

---

4 '아타만시나'(atamanshichina): "아타만"은 카자크인들의 대장을 일컫는 용어이다. 각 부대나 마을에서 선출된 사람도 아타만이라고 불렀다. 여기서 '아타만시나'는 아타만 직책을 가리킨다.

사회 사다리의 정상부에 미치지 못한 이들 또한 권력자들로부터 무언가를 기대할 수 있으리라는 믿음을 가지고 있었다. 소련 시기에는 국가와 국민 간의 일종의 사회계약이 존재했으며, 그에 따라 국민은 충성하고 순응하는 대가로, 안정된 직장과 최소한의 복지 및 물질적 보상을 제공받았다. 국가는 항상 이러한 약속을 이행할 수 있었던 것이 아니며, 특히 브레즈네프 말기와 고르바초프 시기에는 더더욱 그러했다. 소련 국민은 과거에도 고난과 궁핍의 시기를 견뎌낸 전력이 있었다. 1930년대에는 노동자들이 최소한의 주거 환경이나 보급 체계도 갖추어지지 않은 채 급속히 성장하던 산업도시인 마그니토고르스크[5]로 몰려들었으며, 암울한 제2차 세계대전 시기에는 식량 배급을 위한 체계적 노력이 기울여졌음에도 불구하고 굶주림이 광범위하게 퍼져 있었다. 그러나 이러한 과거의 체제 위기 상황에서도, 비록 약속이 지켜지지 못했을지언정 사회주의적 계약의 약속 자체는 여전히 살아 있었다.[5] 그러나 1992년에 급작스럽게 경제적 "충격요법"이 도입되면서, 사회적 안전망은 갈가리 찢겨 나갔다. 연금은 지급되지 않거나 무의미할 정도로 소액이었고, 주택과 수준 높은 의료는 민영화되었으며, 일자리는 더 이상 안정적이지도, 보장되지도 않았다. 보수 성향의 소설가 알렉산드르 솔제니친은 탄식하기를, "옐친과 그의 측근

---

5   마그니토고르스크: 러시아 첼랴빈스크주에 있는 도시로서 1929년 야금콤비나트가 설립되어 대규모 채굴이 진행되었다. 미국의 포스트수정주의 역사가 코트킨(Stephen Kotkin)은 푸코의 관점을 통하여 마그니토고르스크의 산업화 과정을 분석했고, 이로써 전체주의적 해석과 수정주의적 해석을 넘어 스탈린주의를 재해석하고자 했다. Stephen Kotkin, *Magnetic Mountain: Stalinism as a Civilization* (Berkeley: University of California Press, 1995). 다음 자료도 참고하시오. 송준서, 「전후 스탈린 시기 사회주의적 경쟁의 퇴조와 '대협약'의 성립, 1944-1953」, 『슬라브학보』 제24권 1호(2009) : 213~242.

들, 부패한 관료들과 금융 거물들은 … 하나의 거대한 두려움으로 결속되어 있다. 즉, 국민이 그들이 훔친 모든 것을 되찾고, 그들의 범죄를 조사하며, 그들을 감옥으로 보내리라는 두려움 말이다."[6] 옐친은 블라디미르 푸틴을 후계자로 지명하기로 결정함으로써, 그 자신과 가족이 보호받기를 바랐던 기대를 충족시켰다. 푸틴이 대통령으로서 취한 첫 번째 공식 조치는 옐친과 그의 가족에게 모든 형사처벌로부터의 면책특권을 부여하는 것이었다.

그러나 모든 사람에게 호의가 베풀어질 수는 없었다. 2000년 대선에서 넉넉한 다수표로 대통령에 당선된 블라디미르 푸틴은 기존의 상태가 용납될 수 없다는 점을 즉시 명확히 했다. 그는 "우리나라는 부유하지만, 국민은 가난하다. 이것은 더 이상 용인될 수 없는 상황이다."라고 선언했다.[7] 국가는 재건되어야 했으나, 국가사회주의의 붕괴 이후 이루어진 부의 재분배는 비록 불공정하고 인기가 없었다고 하더라도, 취소되지는 않을 것이다. 1991년 이후에 제2의 사회혁명은 없을 것이다. 석유 및 가스 가격이 급등함으로써, 푸틴은 임금과 연금을 인상할 수 있었다. 옐친 통치기에 막대한 부를 축적한 올리가르히는 부당하게 획득한 자산을 보존하는 대신에, 정치 개입은 용납될 수 없다는 경고를 받았다. 만약 올리가르히가 정부에 충성하고 올바르게 처신한다면, "신新러시아인"이라는 새로운 부르주아지와 국가는 공존할 수 있다고 푸틴은 분명히 밝혔다. 그러나 1990년대처럼 자유분방하고 혼돈과도 같은 자유방임주의 대신에, 경제는 국가 및 국가의 이해관계와 보다 긴밀하게 결합될 예정이었다.

푸틴은 소련의 해체를 유감스럽게 생각했으며, 이것을 "20세기의 중대한 지정학적 재앙"[8]이라고 불렀다. 그는 자신의 상실감을 이해할 수 있는 감정 공동체인 소련 시민들에게 호소하면서, "소련의 소멸을 안타깝게 여기지 않는 자는 가슴이 없는 것이고, 그것의 복원을 원하는 자는 두뇌가 없는 것이다."[9]라고 말했다. 옐친이 소련의 상징 전체를 거부했던 것과는 달리, 푸틴은 나이 든 세대에게 성스러운 의미를 지닌 이미지들과 상징들에 대해 타협적인 태도를 취했다. 레닌의 기념물들은 남아 있게 되었고, 그의 미라 역시 붉은 광장의 영묘에 그대로 안치되었다. 붉은 깃발은 군대의 엠블럼으로 복원되었으며, 과거의 소련 국가國歌는 원작사자가 쓴 새로운 가사를 가지고 부활했다. 새로운 대통령은 신체제가 도입한 변화들과 구체제의 전통을 결합했다.

연방제에서는 통상적으로 주권이 공유되지만, 러시아연방 내의 각 지역과 공화국들이 주권을 가지고 있다는 주장은 이제 불법으로 선언되었다. 푸틴은 자본주의경제로의 이행 과정에서 이익을 취했던 올리가르히를 약화시키면서 크렘린 중심으로 권력을 집중시켰던 것처럼, 자신의 법적 권한과 정치적 완력을 동원하여 지역 토호들의 권력 장악을 끝냈다. 그는 15세기의 "땅 모으기"를 기념하는 교과서 풍의 언어로, "우리는 국가를 모아야 하며, 이 일을 반드시 해낼 것이다."라고 선언했다. 푸틴은 각 지역과 공화국의 법률이 최상위법인 러시아연방 헌법에 부합해야 한다는 입장을 견지했다. 그는 보다 강력한 중앙집권국가를 지지하면서, 권력이 다시 중앙으로부터 지역으로 분산되는 것을 방지하기 위해 "법의 독재diktatura zakona"를 주창했다. 달리 말해, 푸틴은 옐친 시대의 신제국주의적 양자협정 체계와 특별 거래에 제동을 걸고, 다시금 엄격한 중앙집권적 통치의 방향으로 선회했다. 자신의 개인적 영웅인 표트르 대제가 과거 러시아를 8개의 거대한 지방으로 재편한 선례를 본받아, 표트르의 도시 출신인 푸틴은 국가를 7개의 넓은 연방관구로 나누고, 대통령이 임명한 전권대표가 이끌도록 했다. 그는 2005년에 각 지역의 주지사에 대한 직접선거제를 폐지하고, 임명제로 바꾸었다. 종전까지는 지역 정부의 수장들이 러시아 중앙의 상원 격인 연방회의를 구성했으나, 푸틴은 임명된 주지사들이 지명하는 인사들로 채워지도록 하여 이 기구를 점차 약화시켰다. 러시아는 곧 소련 시기의 유형과 다르지 않은 유사연방제로 회귀하고 있었다. 주지사들은 중앙정부의 관리로 전락했고, 대부분의 공화국과 지역들에서도 상황은 마찬가지였다. 권한이 축소된 일부 지방 지도자들은 불만을 표출했다. 인구셰티야의 루슬란 아우셰프Ruslan Aushev는 "대통령이 국민에 의해 선출된 지역 수장을 해임하거나, 지역 입법부를 해산할 수 있다면, 이것이 과연 어떤 연방국인가?"라고 푸념했다. 추바시야의 니콜라이 표도로프Nikolai Fedorov는 이 생각에 공감을 표하면서, "우리 모두는 법치국가를 목표로 삼고, 그런 나라를 세우고자 했다. 그러나 지금―적어도 지배적인 분위기―은 황제의 뜻, 곧 대통령의 뜻이 법이 되는 현실이 드러나고 있다."[10]라고 말했다. 비록 푸틴의 후임자 드미트리 메드베데프Dmitrii Medvedev가 2012년에 주지사 직선제를 복원시켰으나, 크렘린의 영향력과 권력은 여전히 절대적이어서 대부분의 주지사는 대통령 당인 통합러시아당[6]에서 배출되었다.

---

6 통합러시아당 : 2001년 말에 '단합당'과 '조국―전러시아당' 그리고 군소의회세력 간의 합당으로 생겨났다.

그러나 푸틴의 정책은 인기를 끌었다. 러시아 대중에게 그는 강인하고, 단호하며, 유능한 인물로 비쳤고, 나라가 붕괴하는 것을 막기 위한 적임자로 여겨졌다. 푸틴은 올리가르히 및 지역 토호들과의 대결에서 손쉽게 승리했으며, 러시아는 점차 덜 민주적이고, 더 권위주의적인 체제로 변해갔다. 시위는 강제로 해산되었고, 반체제 인사들은 체포되었으며, 저명한 언론인들은 암살당했다. 서방 국가들과 러시아 내의 야권은 이러한 사태의 배후로 푸틴과 그의 측근들을 지목했다. 대통령의 측근들은 엄청난 부를 축적해 나갔다. 권력은 중앙으로 흘러들었고, 또 중앙으로부터 흘러나왔다. 푸틴이 끌어내릴 수 없을 만큼 부유하거나, 강력한 사람은 아무도 없었다. 러시아의 최고 부호 미하일 호도르콥스키Mikhail Khodorkovskii가 올리가르히의 정치 개입 금지라는 푸틴의 뜻을 거역하자, 그는 체포되어 자산이 몰수되었으며, 10년이 넘도록 시베리아의 수용소에 감금되었다. 푸틴의 강압적인 방식은 많은 러시아인들에게 수용 가능했을 뿐만 아니라, 국가의 생존을 위해 필수적인 것으로 여겨졌다. 푸틴의 가까운 조언자 올렉 모로조프Oleg Morozov가 알기 쉬운 러시아어로 설명한 바에 따르자면, "러시아는 원칙적으로 강력한 중앙 권력이 없으면 존재할 수 없는 국가이다. 이러한 강력한 중앙 권력을 약화시키려는 시도는, 일부 순진한 사람들이 기대하듯이, 결코 민주주의를 강화하는 방향으로 나아가지 않는다. 그것은 국가 내의 원심력적인 경향을 강화시키고, 국가의 안정성과 영토 통합에 위협을 가한다." 러시아연방 대통령 행정실의 제1부실장인 뱌체슬라프 볼로딘Viacheslav Volodin이 이 점을 더욱 노골적으로 표현한 바에 따르자면, "푸틴이 있다면, 러시아가 있다. 푸틴이 없다면 러시아도 없다."[11]

비非러시아계 지역 및 공화국들 대부분은 기꺼이 새로운 러시아 체제 안에서 협력하고, 모스크바를 구슬려서 어떠한 특권이나 자치권을 얻어 낼지 협상하고자 했다. 볼가강 유역의 타타르스탄공화국은 1990년대 초에 주권을 선언하고 석유를 포함한 풍부한 천연자원을 통제했으나, 푸틴 집권 이후 이 지역의 자치권 중 상당 부분은 축소되었다. 타타르스탄의 주권 운동은 본래 정치권력을 추구했으나, 결국에는 주로 타타르인들의 문화적 자긍심을 높이고, 공화국 수도인 카잔을 활력 있는 국제도시로 탈바꿈시키는 성과를 거두었다.[12] 타타르스탄 헌법은 자기 공화국과 연방 중심 간의 복잡한 관계를 다음과 같이 설계했다. "타타르스탄공화국은 러시아연방 헌법, 타타르스탄공화국 헌법, 러시아연방과 타타르스탄공화국 간에 체결된 「러시아연방과 타타르스탄공화국 간 국가 기관의 관할 주체들의 한계 및 상호 권한 위임에 관하여」라는 조약에 의하여 러시아연방과 연계된 민주적 헌법 국가이며, 동시에 러시아연방에 속한 하나의 주체이다. 타타르스탄공화국의 주권은 러시아연방의 권한을 넘어서는 국가권력 (입법, 행정, 사법), 그리고 러시아연방과 타타르스탄공화국이 권한을 공동으로 가지는 분야에서 러시아연방의 권한을 완전히 소유하는 데 있으며, 타타르스탄공화국의 양도할 수 없는 질적인 지위가 될 것이다."[13] 보다 단순하게 말하자면, 타타르스탄은 텍사스주와 같은 정도로만 주권을 가지고 있다.

어떤 지역이나 공화국이 크렘린의 중앙집권적 계획에 순응하기를 거부할 때, 모스크바의 제국적 충동은 특히 노골적으로 드러났다. 가장 완강하게 저항한 공화국은 체첸이었는데, 이 공화국은 분리주의의 대가가 어떠한지 나머지 지역에 보여 준 부정적인 본보기가 되었다. 소련 붕괴 당시 체첸의 지도자 조하르 두다예프Zokhar Dudaev는 공화국의 독립을 선언했고, 체첸인들은 1994년부터 1996년까지 러시아군과 전투를 벌여 교착상태에 이르렀다. 이 전쟁은 러시아 본토에서 극히 인기가 없었으며, 1996년 8월에는 하사브유르트에서 체첸을 사실상 독립시키는 조약이 체결되었다. 반군 지도자였던 아슬란 마스하도프Aslan Maskhadov가 대통령으로 선출되었으나, 그는 체첸 사회를 허물어뜨리는 무법 상태와 테러리즘을 통제하지 못했다. 옐친이 푸틴을 총리 ─ 그리고 잠정적인 후계자 ─ 로 임명한 직후에, 체첸 무장 세력이 인접한 다게스탄공화국으로 침투하자 제2차 체첸전쟁이 발발했다. 푸틴은 분리주의가 북캅카스 지역 전체로 확산되고, 궁극적으로는 볼가 유역까지 감염시킬 것을 우려했다. 모스크바 및 다른 도시들에서 폭탄 테러가 발생했고, 이에 대한 공포가 커지며 체첸인들에 대한 적개심도 증대되었다. 1999년 9월, 러시아는 체첸에 대한 전면 침공을 단행했고, 푸틴이 대통령으로 선출되기 직전인 2000년 2월 무렵에 러시아군은 체첸의 수도인 그로즈니를 점령했다.

푸틴에게 있어서, 체첸 반란은 곧 "소련 붕괴의 연장"이었다. … "만약 우리가 이 사태를 즉시 중단시키지 않는다면, 현재의 형태를 가진 러시아라는 국가는 더 이상 존재하지 않게 될 것이다."[14] 그는 "도적들을 똥통에 담그자banditov v sortire zamochim"라고 거칠게 말했다. 비실비실하던 옐친과 대조적으로, 유도 챔피언 출신의 푸틴은 러시아가 테러리스트들에 맞서 싸우기에 적합한 강철 같은 마초형 남자로 여겨졌다.[15] 그의 인기는 치솟았다. 체첸전쟁에서는 양측에서 수천 명이 목숨을 잃고, 수만 명이 불

러시아군에 의해 폐허가 된 체첸 수도 그로즈니의 전쟁 직후 모습.

구가 되었다. 푸틴은 잘 알려진 제국의 통치 방식 중 한 가지를 채택하여, 부친이 암살당한 뒤 권력을 승계 받은 거친 성격의 폭력배 람잔 카디로프Ramzan Kadyrov에게 권한을 위임했다. 간접 지배 형태는 카디로프가 충성스러운 자신의 군대와 함께 아무런 제약 없이 통치할 수 있었음을 의미했다. 모스크바가 공화국을 통치하도록 임명한 체첸 지도자들은 어떠한 반대파나 저항 세력도 무자비하게 분쇄했다. 중앙정부는 '총독'의 이러한 행태를 조심스럽게 지켜보았으나, 개입하지는 않았다. 2015년 2월 말, 자유주의 정치인으로서 푸틴 및 카디로프 양측을 모두 비판해 온 보리스 넴초프Boris Nemtsov가 크렘린궁 바로 밖의 거리에서 암살되었다. 러시아 당국은 체첸인들이 러시아의 승인 없이 이 사건을 저질렀다고 주장했다. 수만 명의 병력을 지닌 푸틴의 체첸 총독인 카디로프는 자기 주인의 통제를 벗어나서 행동하는 듯한 인상을 주었다. 푸틴의 비판자들은 넴초프와 같은 고위급 정적이 체첸 측의 주도로 살해되었다고 치부하는 것은 지나치게 편의적인 설명이라고 반박했다. 어떤 경우든지, 권력의 대리인이 주인에게서 벗어나서 꿈틀거리면서 통제력의 한계를 공개적으로 보여 주고 있다는 생각을 푸틴 정권이 기꺼이 확산시키고자 했다는 점은 주목할 만하다.

푸틴의 러시아연방은 권위주의 국가이지만, 우리가 전통적으로 이해해 온 제국의 개념에는 부합하지 않는다. 체첸에서 볼 수 있듯이, 연방 내 민족 단위와 비민족 단위 간의 형식적 구분에서 소련 제국주의 관행의 유산은 여전히 남아 있다. 그러나 전체적으로 보아 고르바초프와 옐친의 자유화 개혁 또한 흔적을 남겼다. 민족 간의 차이는 존재하지만, 여권에서 민족 표기는 사라졌다. 러시아 시민은 법 앞에서 평등하다. 질서가 회복되면서, 시민들은 제도적으로 위계화된 구분보다는 수평적 동등성을 제공하는 법적 구조의 혜택을 누리고 있다. 돈이 명문화된 특권보다 더 중요한 역할을 하지만, 일부 올리가르히가 깨닫게 되었듯이, 정부의 궁극적인 의지 앞에서 돈은 결코 보장책이 되지 않는다. 중앙 권력은 여전히 강력하며, 연방 구성 단위에 권한을 위임하면서도 완전한 주권을 가지고 있다. 그러나 제국에 대한 정의定意에서 납득할 만한 정도로 범위를 확대하지 않고, 단지 중앙집권적 권력만으로 새로운 러시아를 제국으로 부르는 것은 적절하지 않다. 푸틴의 러시아는 연성 권위주의적 성격을 띠고 있지만, 자본주의와 민주주의로의 불안정한 이행 과정 속에서, 중앙 국가가 시민과 경제 전반에 행사하던 도도한 권력은 약화되었다. 시장 사회는 견고하게 자리 잡았으며, 중산층 전문직 종사자와 기업가들은 국가가 설정한 한계 내에서 활동하고 있다. 시민사회와 엘리트 집단 간의 파벌 투쟁으로 인하여, 완전한 독재 체제로의 전환은 저지되고 있다. 러시아 및 소련의 "신제국사" 분야에서 아주 중요한 목소리로 평가받는 학술지 『압 임페리오Ab Imperio』의 창립 편집자 중 두 사람인 일리야 게라시모프Ilya Gerasimov와 마리나 모길네르Marina Mogilner는 심지어 다음과 같이 주장하고 있다:

> 소련의 붕괴 이후 처음으로, 우리는 러시아에서 국민 중심의nation-centered 사회적 상상력이 승리를 거두고 있는 모습을 목격하고 있다. 여기에 건강한 국가 담론의 모든 속성(반동성애 선전, 스포츠 숭배, 반페미니즘, 외국인 혐오, 혹은 "조상의 영토"라는 수사적 표현)이 뒤따르고 있는 것은 놀랍지 않다. 러시아는 역사상 처음으로 고전적인 국민국가로 전환하고 있다.[16]

공산주의의 종식 이후 일관된 이데올로기를 상실한 러시아인들과 기타 포스트 소비에트 주민들은 다양한 이데올로기와 신앙 속에서 영감을 발견했다. 공산주의의 몰락과 함께 종교는 실질적인 옵션이 되었다. 많은 사람들의 보기에 러시아정교회는 과거에 소련 정부와의 은밀한 협력관계로 인하여 변질되었음에도 불구하고, 특히 정부 지도자들과 국가 관료들 사이에서 새로이 되살아난 인기를 누렸다. 소련 붕괴 이후에 다른 기독교 분파도 신자들의 수를 늘렸다. 정교회의 분파로서 정통적인 러시아적 경로와 연관된 "구교파Old Belief"에서 세례 받는 붐이 일어났다. 물질적 원조, 정신적인 지지, 구원의 약속을 가지고, 구舊소련 지역으로 복음주의 선교사들이 물밀듯 들어왔다. 무슬림 거주 지역에서도, 급속히 조직된 '와크프Waqf'

자선 신탁을 통해 유사한 형태의 종교와 원조가 제공되었다.[17] 북캅카스 지역에서는 급진 이슬람이 세력을 확장했고, 한때는 체첸 독립운동과 동맹을 맺기도 했다. 그러나 아제르바이잔, 우즈베키스탄 등 무슬림 공화국에서는 과거 공산주의자 출신의 민족주의 지도자들이 정권에 비판적인 무슬림들의 의사 표현을 억압했다.

세속적 맥락에서, 고르바초프 이후의 공산주의자들과 국가 관료들, 그리고 다양한 우파 지식인들은 소련 후기와 포스트 소비에트 초기 수십 년 동안 러시아를 두 대륙의 문화를 잇는 독자적 유라시아 국가로 상정하는 사상을 옹호했다. 그들은 이전 세대 유라시아주의[7] 사상가들의 저작, 특히 이단적 학자이자 아주 유명한 혈통을 지닌 레프 구밀료프Lev Gumilev의 사상에서 영감을 얻었다. 그는 20세기 러시아의 매우 위대한 시인들로 평가받는 니콜라이 구밀료프와 안나 아흐마토바의 아들로서, 작가이자 민족지학자로서 성공적인 경력을 쌓았으나, 동시에 소련 정권 아래에서 반복적으로 수감되고 강제수용소로 보내지는 부침을 겪었다. 구밀료프는 조국의 운명을 먼 이국에서 성찰하고자 분투했던 20세기 초 망명자들이 창시한 "유라시아주의" 학파의 가르침을 계승했다. 이들은 1920년대부터 볼셰비키가 제시한 국가 및 민족에 대한 구상에 대한 대안을 제안했다. 이들 유라시아주의 지식인은 주로 러시아 서부 변방 출신으로서, 러시아내전에 대한 트라우마를 경험했으며, 우크라이나와 러시아가 적대적 민족

---

7 유라시아주의: 러시아혁명 이후인 1920년대에서 1930년대에 걸쳐 러시아 망명자들 사이에서 등장한 사상적 흐름이다. 그들은 러시아를 유럽이나 아시아가 아니라 유라시아라고 규정하고, 이런 입장에서 러시아의 독자적인 역사적 발전을 주장했다. 언어학자 야콥슨, 역사학자 베르낫스키 등으로 대표된다.

이라는 개념을 혐오하면서 비러시아 민족에 대한 차르 체제의 식민지 정책을 거부했다. 유라시아주의자들은 방대한 제국의 영토를 통합적으로 유지하고자 한 점에서는 볼셰비키와 유사했으나, 제국주의의 부정적 관행은 배격하고자 했다. 그들이 내놓은 해결책은 러시아 지역 유라시아 내에 있는 다양한 민족들을 "교향악과 같은 인격symphonic personality"으로 상상하는 것이었다. 이것은 분리할 수 없는 공간인 유라시아와 단일국가 안에서 통합된 수십 개의 민족으로 구성된 다민족국가를 뜻했다. 유라시아주의자들은 유라시아의 지리 자체가 그 안에 거주하는 민족들에게 공통된 문화를 부여한다는 신비한 개념으로 나아갔다.

유라시아주의자들은 러시아가 국민국가나 제국이 아니라, 다민족 초超국가a multinational supra-nation의 일부라고 믿었다. 유라시아주의 역사가 조지 베르낫스키의 표현을 빌리자면, "러시아는 단 하나뿐이며, 그것은 '유라시아적' 러시아, 즉 유라시아이다."[18] 구밀료프는 자신의 사상을 이러한 지적 전통과 연결하며, 제국으로서의 제정러시아는 피지배 민족들과의 관계에서 비교적 온건했다고 주장했다. 그가 생각한 이념적인 두 적敵은 소련 체제와 유대인으로서, 이 둘은 그의 관점에서 밀접하게 결합되었다. 소련 지도자들은 옛 러시아를 파괴했고, 유대인 혁명가들은 러시아 민족을 억압했다. 또한 그는 자유주의자들과 체제 비판적인 지식인들을 경멸하는 한편, 냉전 시기의 소련이 서방과 대립했던 점과 스탈린이 주도한 소련 내 유대인에 대한 "반코스모폴리타니즘anti-cosmopolitan" 캠페인에 박수갈채를 보냈다.

이 기이한 사상적 혼합물은 포스트 소비에트 시기의 지식계와 정부 관료 집단 내부에서 깊은 반향을 불러일으켰다. 구밀료프는 생애 말년과 사후에 아주 큰 명성을 얻게 되었는데, 왜냐하면 러시아 민족주의자들과 포스트 소비에트 지배 엘리트들이 그의 사상을 수용했기 때문이다. 그의 사상은 소련 후기와 포스트 소비에트 시대에 성장한 러시아 민족주의자 집단 사이에서 열렬한 호응을 얻었다. 소련 체제가 비러시아 민족에게는 특권을 부여하고, 러시아계 민족에게는 불이익을 주었다고 분노한 그들은 "혼종화hybridization"와 민족 간의 통합에 반대하고, 소련 권력을 존중하지 않고, 반유대주의적 생각을 가진 구밀료프의 태도를 높이 평가했다. 고르바초프 시기의 급진적 개혁 과정에서 구밀료프는 '페레스트로이카'의 개혁과 서구에 대한 개방에 반대한 "제국 구원자들" 편에 섰다. 그는 당시의 소련 서기장 고르바초프의 개혁 정책에 반대한 다른 보수주의자들과 마찬가지로 소련의 해체를 두려워했다. 그의 유라시아주의 사상은 심지어 외무부를 포함한 소련 관료기구 내에서도 열렬한 환영을 받았다. 1992년 그가 사망한 후, 그는 민주화와 서구화 비판자로서 인기를 얻게 되었고, 그의 사상은 혼란스러웠던 옐친 시대를 거쳐 21세기 푸틴 체제로까지 전해졌다. 반동적 공산당 지도자 겐나디 주가노프Gennadii Zhuganov는 그가 내세운 기치를 이어받았고, 블라디미르 푸틴은—"다양성 속의 통일unity in diversity"과 같이—유라시아주의자들의 언어와 동일한 표현을 사용했다. 2011년, 카자흐스탄 대통령 누르술탄 나자르바예프는 구소련공화국들의 유라시아연합Eurasian Union 창설을 제안했고, 푸틴은 여기에 아주 열렬한 지지 의사를 표명했다.

포스트 소비에트 국가들에서 일어난 민주주의의 후퇴

구소련 국가들과 서구 세계 모두에서, 소련의 붕괴는 민주주의와 자유시장을 중심으로 하는 신자유주의적 자본주의가 부상하고 있다는 일시적인 희열감을 불러일으켰다. 제국과 전제정, 독재와 국가 주도 경제는 "역사의 쓰레기 더미"에 내던져진 것처럼 보였다. 서방 국가들은 자신들과 자유시장 질서가 공산주의의 어두운 세력에 승리했다고 흡족해하면서, 민주주의가 조만간 동구권 전역에 만개할 것이라 확신했다. 그러나 실제로는 발트해 연안 국가들과 같은 일부 포스트 소비에트 국가들이 민주주의 정부를 수립하고 이를 공고화하는 데 성공했을 뿐, 대다수 국가는 그러하지 못했다. 대략 2007년을 기점으로 세계는 일부 정치학자들이 "민주주의의 후퇴democratic recession"라 부르는 현상을 경험하기 시작했다. 1985년부터 2007년까지는 권위주의 및 공산주의 독재 체제의 붕괴가 특징적이었다면, 2007년 이후로는 민주주의의 실패 혹은 쇠퇴가 뚜렷해졌다. 아르메니아와 키르기스스탄은 초기에는 민주주의로 향하는 길에서 유망한 출발을 보였으나, 전쟁과 내전으로 인해 덜 민주적인 지도자들이 권력을 장악하게 되었다. 조지아와 아제르바이잔에서는 소련 붕괴 직후 민족주의적 반공주의자들이 일시적으로 정권을 잡았으나, 양국 모두 유혈 내전에 빠지며 민족주의 세력이 전복되었고, 그 결과—조지아에서는 에두아르드 셰바르드나제, 그리고 아제르바이잔에서는 헤이다르 알리예프와 같은—구 공산당 보스들이 다시 국가수반으로 복귀했다. 이들은 더 이상 모스크바의 총독satrap이 아니라, 국가 지도자였다. 국제적으로 명성이 높은 자유주의 개혁가 셰바르드나제는 조지아를 안정시키고 자율적 성향의 민병대를 통제했으나, 대체로 타협과 양보를 통하여 통치함으로써, 부패와 맞서 싸우기보다는 오히려 부패를 조장했다.[19] 결국 2003년 11월에 젊고 역동적이며 추진력을 갖춘 미헤일 사카슈빌리Mikheil Saakashvili가 이끈 "장미혁명"[8]이라는 반부패 운동에 의해, '백색 여우'라는 별명을 지닌 셰바르드나제의 정권은 전복되었다. 아제르바이잔의 알리예프는 훨씬 더 억압적으로 통치했으며, 2003년에는 자신의 아들 일함 알리예프Ilham Aliev에게 권력을 세습했다. 독일 사회학자 막스 베버의 용어를 빌리자면, 일함으로의 권력 이동은 주로 통치자의 재량에 기반하여 지배 행위가 이루어지는 정치 형태인 "술탄주의"[20]라고 할 수 있다. 타지키스탄은 수만 명의 사망자를 낳은 유혈 내전을 겪은 뒤, 구 공산당 엘리트들이 권력을 되찾았다. 카자흐스탄, 투르크메니스탄, 그리고 우즈베키스탄에서는 공산당 제1서기들이 이제 민족주의자의 외양을 두른 채, 그대로 권력을 유지했다.

우크라이나는 반러시아 성향이 강한 서부 지방과 러시아 친화적인 동부 지역이 선호하는 대통령들 사이에서 정권이 교차하는 정치적 진자운동을 반복했다. 1990년대와 그 이후 10여 년 동안 정부는 부패와 무능으로 얼룩졌으나, 2004~2005년의 오렌지혁명Orange Revolution[9]과 2013－2014년의 대규모 시위에서 수많은 우크라이나 국민이 거리로 나와 그들의 취약

---

8 "장미혁명": 2003년 11월에 에두아르드 셰바르드나제를 퇴진시킨 조지아의 무혈 혁명이다. 그 후에 미헤일 사카슈빌리가 대통령에 당선되었다.

9 오렌지혁명(Orange Revolution): 2004년 말에 우크라이나에서 빅토르 유셴코 지지자들의 강력한 요구에 따라, 재선거를 통하여 친러 성향의 야누코비치를 누르고 유셴코가 당선된 일을 말한다.

한 민주주의를 수호하고자 했다. 벨라루스는 옛 소련을 아주 강하게 연상시키는 공화국이었다. 1990년대 중반에, 전직 농업 관료 알렉산드르 루카셴코Aliaksandr Lukashenka가 부패 척결을 내세우며 대통령에 선출되었으나, 곧 자신의 권위주의 정권을 수립했다. 마지막으로, 유럽에서 가장 빈곤한 국가라는 불명예를 지닌 소국인 몰도바는 상대적으로 강력한 공산당과 그 좌우측에 있는 반대 세력 사이에 분열되었다. 슬라브계 분리 지역인 트란스니스트리아의 이탈과 거의 파산 상태에 가까운 경제 상황으로 인해 고통을 겪게 된 몰도바는 민족적·정치적 갈등에 시달리면서, 생존을 위해 나라를 떠나는 이민자 물결과도 분투했다. 대부분의 구소련공화국이 강력한 대통령제를 채택한 것과는 달리, 몰도바에서는 의회가 최고 권력을 가지고 있었다.

러시아는 민주주의로의 이행에 실패한 이후로 급속히 권위주의 체제로 전락하여, 한 사람의 대통령이 다음 대통령에게 능숙한 솜씨로 권력을 이양했다. 권력자들은 언론을 장악하고, 야권 후보들이 방송에 출연할 수 있는 기회를 확실히 차단했다. 사크와가 우리에게 환기시킨 바대로, "포스트 공산주의 러시아에서 치러진 그 어떤 선거도 자유롭고 공정했다고 평가될 수 없다."[21] 옐친이 스스로 선택한 인물인 블라디미르 푸틴에게 권좌를 넘기는 후계 작업을 기획했던 것처럼, 푸틴은 2008년에 헌법 개정을 통하여 세 번째 임기를 맞이하지 않고, 충실한 부하 드미트리 메드베데프를 대통령으로 지명하고 자신은 총리직으로 물러나는 방식을 택했다. 변화가 예상되었으나, 실제로는 아무런 변화도 없었다. 2012년이 되어, 푸틴은 메드베데프와 자리를 맞바꾸며, 기획된 승계 과정을 통하여 대통령직에 복귀했다. 경쟁적 선거와 국민의 선택을 본질로 하는 민주주의는 엘리트들이 자행하는 선거 과정 조작으로 대체되고, 전복되었다.

(발트 3국, 우크라이나, 몰도바를 예외로 하면) 러시아와 대부분의 다른 구소련 공화국들에서 포스트 소비에트 시기의 통치자들은 과거 소련 체제에서와 다르지 않은 방식으로 독점 권력을 재수립하였다. 이에 따라 언론은 점차로 국가의 영향력 아래 놓이게 되었고, 대안으로 나선 엘리트들은 활동에 제약을 받거나 처벌되었다. 언론인 마샤 게센Masha Gessen의 보도에 따르면, "[푸틴의] 취임 석 달 만에 나라에서 최고 부자 두 사람[보리스 베레좁스키Boris Berezovskii와 블라디미르 구신스키Vladimir Gusinskii]은 자기들의 영향력을 빼앗기고, [체포 위협과 정부에 대한 전반적인 공포심으로] 사실상 나라 밖으로 추방되었다. 푸틴 집권 1년이 채 되기 전에, 세 군데의 연방급 텔레비전 방송사는 전부 국가 통제하에 들어갔다."[22] 러시아 정치학자 블라디미르 겔만Vladimir Gel'man에 따르면, 포스트 소비에트 정치인들은 "자신의 권력을 극대화하고 경쟁자들을 (제거 정도는 아닐지라도) 억제하기 위해 의도적이고도 일관되게 정치제도에 '독을 주입'했다."[23] 현직에 있는 사람에게 유리한 선거법이 통과되었고, 선거는 조작되었다. 권력자들은 자신에게 유리한 방향으로 게임의 규칙을 설계했다. 선거 조작과 국가의 언론 장악, 그렇지만 광범위한 공포정치가 수반되지 않은 연성 권위주의soft authoritarianism 체제가 러시아와 다수의 구소련공화국에서 규범으로 자리 잡았다.

정치는 승리, 패배, 협상, 타협의 과정이 아니라, 어떤 대가를 치르더라도 승리하고 권력을 유지하며 결코 그것을 내어 주지 않는 것이 되었다. 레닌과 스탈린은 타협이 아니라 전쟁이라는 이러한 정치 형태를 잘 이해했을 것이다. 러시아의 권위주의 체제는 세계의 다른 많은 비민주적, 반$\pm$민주적, 독재적 정권들과 비교할 때, 상대적으로 덜 억압적인 편이다. 언론은 통제되고 있으나, 일정 수준의 자율성은 허용된다. 국가가 가장 중시하는 것은 텔레비전에 대한 통제인데, 왜냐하면 대부분의 러시아 시민이 이 매체를 통하여 국내외 정세에 대해 알게 되기 때문이다. 시위와 집회는 허용되지만, 제한받는다. 선거는 진정으로 경쟁적인 성격을 띠지는 않지만, 실시되기는 한다. 야당은 존재를 허용받으나 구성원들이 가끔 구금되기도 하며, 언론인들은 부패 사건을 조사하지만 물리적으로 제거당하는 일도 이따금 발생한다.

그러나 푸틴은 집권기의 사회질서와 번영 덕분에 유능하고 대중적인 지도자로서 꾸준히 높은 지지율을 누려 왔다. 그는 러시아 국민에게 시민적 자긍심을 되돌려주었고, 러시아가 국제사회에서 무시할 수 없는 존재로 인식되도록 자아상을 회복시켰다. 다른 모든 수단이 실패할 경우, 그는 민족주의 카드를 꺼내 들고, 정교회와 밀착하며, 소위 '가까운 외국'이라고 불리는 구소련공화국들에서 군사적인 완력을 과시할 준비가 되어 있었다. 겔만은 푸틴과 그 측근들의 목표가 영화 '대부'에 나오는 허구적 인물인 비토 코를레오네Vito Corleone 및 그의 친족이 가진 목표와 거의 다르지 않다고 주장한다. 즉, "자신들의 권력과 부를 극대화하는 것"[24]이다. 양자 모두 후견제patronage와 정실주의cronyism를 권력 기반으로 삼고 있다. 푸틴 개인의 인기와 두마에 대한 그의 통제력은 야권의 어떠한 시도도 좌절시키기에 충분했다. 과거의 공산당은 푸틴이 국가와 경제를 재건하는 과정에서 정치적으로 무기력한 존재로 전락했으며, 자유주의자들은 1990년대의 민주화 시기의 혼란과 사회적 비용에 대한 책임을 지면서 신뢰를 잃었다.

러시아 민주주의의 무덤을 처음으로 파기 시작한 사람은 푸틴이 아니라 옐친이었다. 옐친은 민주주의라는 이름으로 무덤을 파들어 갔다. 서방 열강과 정치학자들은 공산주의의 복귀를 두려워한 나머지, 옐친이 의회를 해산시키고, 자신의 헌법을 밀어붙이며, 1996년의 대통령 선거를 사실상 도둑질하는 과정을 못 본 척했다. 겔만은 러시아가 1991년에 민주주의 국가로 이행할 좋은 기회를 맞이했다고 주장한다. 그러나 권력을 둘러싼 정치 행위자들이 각축을 벌일 때 제도적·정치적 억제 수단이 취약했기 때문에, 그들은 세계의 다른 지역의 정치 엘리트들보다 권력을 더욱 극대화할 수 있었다.[25] 고르바초프와는 달리, 옐친은 1993년 10월에 의회 건물을 포위하며, 결연히 저항했던 (한때는 충성스러웠던) 야당 세력을 상대로 군사력을 동원하는 데 주저하지 않았다.

푸틴 체제는 "관리된 민주주의managed democracy", "주권 민주주의sovereign democracy", "외양만의 민주주의façade democracy", "선거 권위주의electoral authoritarianism", "경쟁적 권위주의competitive authoritarianism" 등 다양한 명칭으로 불려 왔으며, 그 목록은 끝이 없다. 푸틴주의는 민주주의적 열망을 반영하는 헌정적 외형, 실질적으로는 권위주의적 통치 행태, 그리고 국가자본주의 및 국내외 시장에 대한 신자유주의적 의존 정책이 혼합된 체제를 일컫는다. 푸틴은 군과 경찰력을 동원하여 체첸만이 아니라, 러시아 도시의 거리로 나선 시위대를 제압했다. 그는 엘리트층 내의 잠재적 반대자들을 성공적으로 회유하거나, 구금하거나, 국외로 추방시키기도 했다. 사회의 다수는 소극적인 태도를 보이거나, 오히려 그의 조치에 동조했다. 겔만이 쓴 바에 따르자면, "소련 해체 이후 지난 20여 년 간의 체제 변화 속에서, 러시아의 정치 행위자들은 결정적 분기점마다 권위주의적 방향과 민주주의적 방향 중 선택의 기로에 섰고, 거의 매번 전자를 택해 왔다."[26] 이러한 선택의 양상에서, 옐친과 푸틴은 고르바초프와 아주 극명하게 대조되었다. 고르바초프는 자유주의와 민주주의의 확대를 향해 조심스레 발걸음을 내디뎠고, 물리력의 사용에는 신중한 태도를 보였다. 그럼에도 불구하고 고르바초프는 일반 러시아인들 사이에서 옐친이나 푸틴보다 훨씬 덜 존경받는다. 그는 소련을 해체하고 러시아를 쇠약하고 빈곤하게 만든 인물로 인식되고 있다. 대중의 인식 속에서, 고르바초프, 그리고 더 일반적으로 민주주의는 1980~1990년대의 혼돈 및 붕괴와 동일시되고 있다.

정치학자 아담 쉐보르스키Adam Przeworski는 권위주의 체제가 "거짓말, 공포, 경제적 번영"이라는 세 가지 기둥 위에 세워진다고 주장한다.[27] 그중 세 번째 기둥인 경제적 번영은 푸틴이 첫 번째 임기와 두 번째 임기 동안 높은 인기를 누리는 데 크게 기여했다. 그러나 세계경제 위기가 메드베데프 대통령 임기 첫해에 발생하면서, 정권은 일시적으로 흔들렸다. 점진적으로 회복되었으나, 2011년 총선에서 자유주의 및 민주주의 야권이 놀라울 정도로 선전했다. 푸틴이 자기중심적인 권력 주고받기를 통하여 세 번째 대통령 임기를 시작했을 때, 대중 시위가 벌어졌고 광범위한 불만이 표출되었다. 정권은 일부 사람들이 가지고 있던 민족주의, 종교적 정서, 반서방 감정을 자극하여 대응했다. 여성만으로 구성된 정치적 퍼포먼스 예술 집단인 '푸시 라이엇Pussy Riot'의 펑크 시위자들이 체포되었고, "동성애

2000년부터 현재까지의 러시아 대통령이자, 실권자인 블라디미르 푸틴(2016년 사진).

선전"을 금지하는 법률이 제정되었다. 게센은 푸틴의 퀴어베이팅 작전이 결코 그의 정치에서 주변적인 것이 아니며, 오히려 그것을 통해 그는 1991년 이래 러시아 지도자들이 끊임없이 추구해 온 새로운 포스트 소비에트 이데올로기로 "후진"할 수 있었다고 주장한다. 푸틴의 반동성애 캠페인은 그를 서구의 타락한 가치에 맞서는, "전통적 가치 문명"이라는 모호하게 정의된 것의 수호자로 자리매김하게 해 주었다.[28] 2014년의 크림반도 병합과 동부 우크라이나 전쟁 이후, 배타적 민족주의는 러시아 언론에서 단골 메뉴가 되었다. 우크라이나 전쟁에 대한 거짓 정보와 함께, 서방에 대한 공포심은 정권을 지탱하는 데 점점 더 중요한 요소가 되었다. 우크라이나에 대한 개입은 "전통적 가치 문명"을 외부의 공격으로부터 보호해야 한다는 논리를 포함한 반서방적인 수사적 표현으로 정당화되었다. 게센에

펑크 밴드인 '푸시 라이엇' 단원들이 재판받는 광경. 이들은 "종교적 증오에 의한 훌리건 행위"로 유죄판결 받았다.

따르면, 2013년 12월에 러시아 의회의 대외관계위원장은 우크라이나 사태와 관련된 결의문에서, "만약 우크라이나가 서방으로 향한다면, 그것은 유럽연합이 공식적으로 지지하는 동성애 문화의 영향권을 확대시키는 것이다."[29]라고 발언했다. 게센의 이러한 관찰 내용은 동성애 억압정책이 러시아 정치에서 주변적 사안이 아니라 중심적 이슈로 옮겨갈 정도로 중요한 것임을 보여 주고 있다. 또한 그것은 푸틴이 연기하는 "과장된 남성성hypermasculinity"[30] — 호랑이를 사냥하고, 상반신을 드러낸 채 말을 타며, 수중 고고학 유적에서 암포라를 건져 올리는 등의 행위 — 을 의미 있는 정치적 맥락 안에 위치시키는 데 도움을 주고 있다.

권력을 쥔 자들은 체제를 민주주의적 방향으로 개혁할 이유를 전혀 가지고 있지 않았다. 그렇게 되면 그들은 권력과 부를 잃게 되기 때문이다.

민주주의파인 야권은 크렘린에 실질적인 위협이 되지 못했다. 국가는 그럭저럭 상황을 모면하고, 정권은 가까스로 버티며, 러시아와 러시아인들은 서서히 진행되는 정치의 석화石化 현상 속에서 고통받고 있다. 공산주의 이론가 안토니오 그람시Antonio Gramsci의 말을 바꾸어 표현하자면, 러시아 역사에서 자주 그러했듯이, 국가는 강력하나 사회는 젤리와 같다.[10]

포스트 초강국 러시아와 나토 확대

현실주의 이론가들의 견해에 따르면, 국제정치는 힘이 승자와 패자를 결정하는 냉혹한 게임이다. 조지 허버트 워커 부시(재임 1989~1993)와 빌 클린턴Bill Clinton(재임 1993~2001) 행정부에게, 러시아는 유럽과 중동에서 입지를 강화하려는 미국의 구상에 실질적인 저항을 할 수 없을 정도로 지나치게 약했다. 동서독 통일을 둘러싼 협상 과정에서, 고르바초프는 바르샤바조약기구 국가들로부터 소련군을 철수하는 데 동의했고, 그 대가로 동독의 군사화는 이루어지지 않을 것이라는 확약을 받았다. 또 1990년 2월 9일, 미국 국무장관 제임스 베이커James Baker는 소련 대통령에게 "나토의 관할권은 동쪽으로 단 1인치도 확대되지 않을 것이다."[31]라고 약속했다. 독

---

10 안토니오 그람시의 말: 본문 내용은 그람시의 『옥중수고—정치편』에 나온다. 그람시의 글을 그대로 인용하면 다음과 같다. "러시아에서는 국가가 모든 것이었고 시민사회는 아직 원시적이고 무정형한 것이었지만, 서구에서는 국가와 시민사회 사이에 적절한 관계가 형성되어 있었고 국가가 동요할 때에는 당장에 시민사회의 견고한 구조가 모습을 드러내었다." 안토니오 그람시, 『그람시의 옥중수고—정치편』 1, 이상훈 역(거름, 1997), 259쪽.

일 외무장관 한스-디트리히 겐셔 Hans-Dietrich Genscher 또한 그의 소련 측 상대인 에두아르드 셰바르드나제에게 "한 가지는 확실하다. 나토는 동진하지 않을 것이다."라고 말했다. 그러나 미국과 나토는 동유럽 국가들의 요청에 응하는 방식으로, 1999년 3월에 폴란드, 헝가리, 체코를 동맹에 가입시켰고, 5년 후에는 발트 3국(에스토니아, 라트비아, 리투아니아)과 불가리아, 루마니아, 슬로바키아, 슬로베니아를 받아들였으며, 다시 4년 뒤에는 알바니아와 크로아티아도 가입시켰다. 2016년 5월에, 나토는 슬라브계 정교 국가이자 러시아 관광객들이 즐겨 찾는 소국인 몬테네그로(인구 약 70만 명)를 정식으로 회원국으로 초청했다. 특히 조지아와 우크라이나를 비롯한 다른 구소련공화국들에도 언젠가 나토에 가입할 수 있을 것이라는 약속이 주어졌다.

나토의 확대는 그 회원국들에 의해 자국의 안보를 강화하는 조치로 간주되었으나, 실제로는 오히려 안보 딜레마 security dilemma를 야기함으로써 해당국을 더 큰 위기에 노출시켰을 수도 있다. 안보 딜레마란, 어떤 국가가 자국의 안보를 강화하려는 조치를 취함으로써 오히려 타국에 의해 위협적이고 공격적인 행위로 간주되는 상황을 뜻한다.[32] 러시아인들은 나토가 자기편의 안보를 강화하는 과정을 공격적 조치로 보았으며, 그에 대한 대응으로 자국의 안보를 강화했다. 서방은 나토의 동진을 평화롭고 비위협적인 행보로 보았으나, 크렘린은 서방이 오직 자기 이익만을 정당하다는 듯 생각하고 행동하면서, 러시아가 그와 같은 적대적인 군사동맹이 자국 국경 인근으로 다가오는 상황을 자국 안보에 중대한 위협으로 인식할 수 있다는 점은 전혀 고려하지 않는다고 느꼈다. 현실주의 외교정책 이론가이자 전직 미국 대사 조지 케넌은 나토의 동진에 대해 회고하면서《뉴욕타임스》칼럼니스트에게 다음과 같이 말했다. "나는 그것이 비극적인 실수라고 생각한다. 무엇이 되었든지 이것을 정당화할 아무런 이유는 전혀 없었다. 그 누구도 누구를 위협하고 있지 않았다. … 우리는 이런저런 국가들을 방어하겠다고 서명했지만, 그렇게 할 만한 자원도, 그렇게 하겠다는 진지한 의지도 가지고 있지 않았다."[33]

대다수의 러시아 엘리트만이 아니라 보통의 러시아인들은 자기 나라가 여전히 강대국이라고 확신하고 있었다. 그러한 확신을 더 이상 갖지 못하는 소수조차도 그 지위를 상실한 데 대해 비통한 감정을 가지고 있었다. 그러나 우리는 "푸틴의 러시아가 얼마나 강력한가?"라는 합리적인 질문을 제기할 수 있다. 푸틴이 처음 대통령직에 올랐을 때, 러시아의 경제 규모는 네덜란드보다 약간 큰 정도에 불과했다. 2008년 기준으로 유럽연합EU의 경제 규모는 러시아보다 열두 배 컸으며, 미국은 열세 배에 달했다. 중국의 경제 규모 또한 러시아의 두 배였다. 미국의 국방비 지출은 세계에서 그다음으로 국방비를 많이 지출하는 9~10개 국가를 합한 것보다 많았으며, 나토의 국방비 지출(그중 75퍼센트는 미국 부담)은 러시아의 10배 이상이었다.[34] 러시아는 국방비 지출 측면에서 중국뿐 아니라, 일부 통계에 따르면 사우디아라비아에도 뒤처졌다. 이와 같은 상대적인 약세에도 불구하고, 푸틴은 러시아가 핵무장 국가로서 반드시 중요하게 대우받아야 하며, 회피되거나 고립되거나 무시되거나 굴욕을 당해서는 안 된다고 세계에 거듭 상기시켰다. 그는 중요한 외교정책 결정을 놓고 서방 세계가 러시아와 협의하지 않은 데 대해 좌절감을 느꼈으며, 미국이 일방적으로

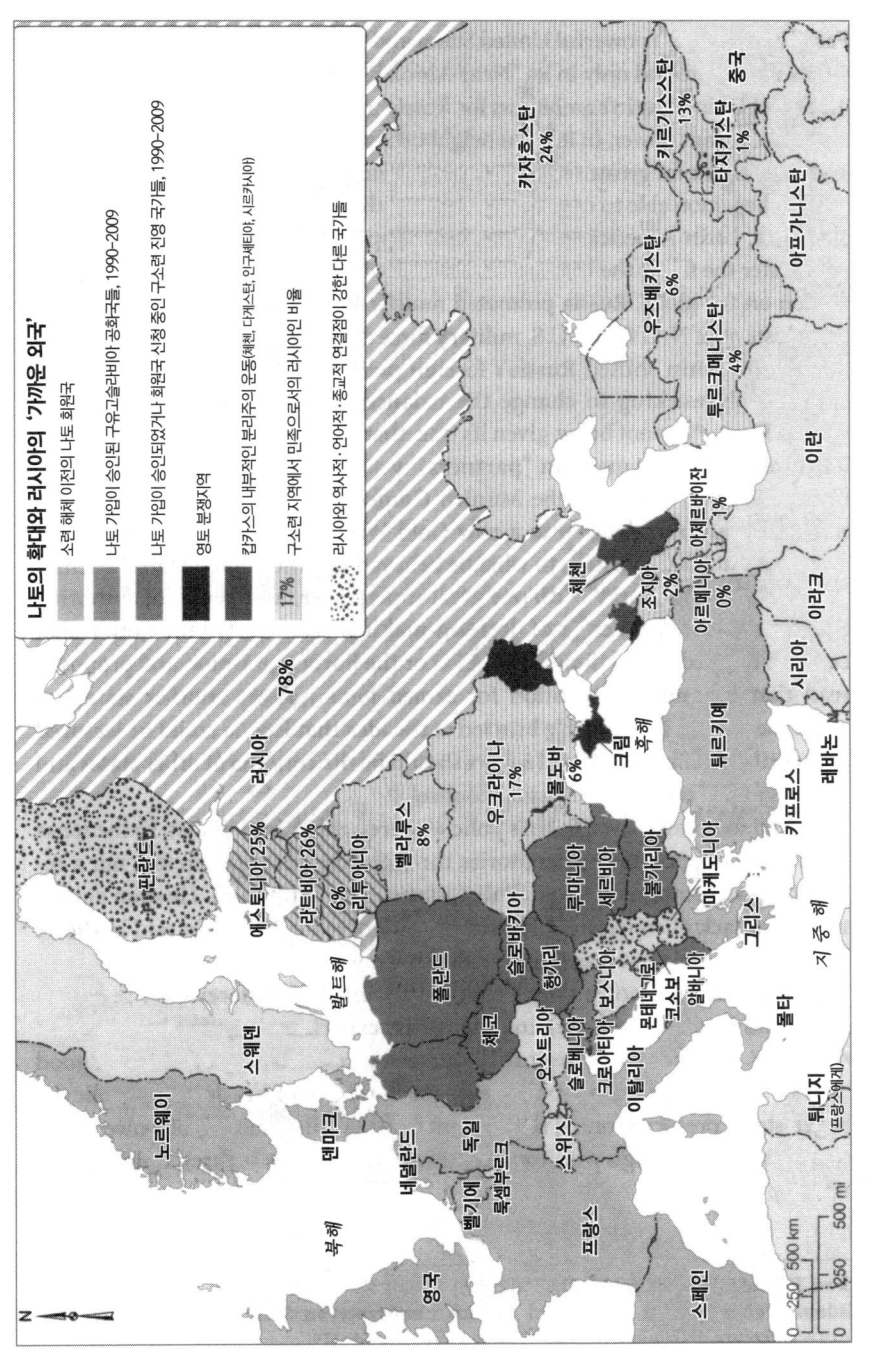

나토의 확대와 러시아의 '가까운 외국'

소련 해체 이전의 나토 회원국

나토 가입이 승인된 구유고슬라비아 공화국들, 1990~2009

나토 가입이 승인되었거나 회원국 신청 중인 구소련 진영 국가들, 1990~2009

영토 분쟁지역

탕카스의 내부적인 분리주의 운동(체첸, 다게스탄, 인구셰티야, 시르카시아)

구소련 지역에서 언어적·민족으로서의 러시아인 비율

17%

러시아와 역사적·언어적·종교적 연결점이 강한 다른 국가들

에스토니아: 25%

라트비아: 26%

6%
리투아니아

벨라루스
8%

우크라이나
17%

몰도바
6%

크림
흑해

러시아
78%

체첸

조지아
2%

아르메니아·아제르바이잔
1%

아르메니아
0%

카자흐스탄
24%

우즈베키스탄
6%

키르기스스탄
13%

타지키스탄
1%

투르크메니스탄
4%

중국

아프가니스탄

이란

이라크

시리아

터키

키프로스

레바논

지 중 해

그리스

마케도니아

불가리아

세르비아

루마니아

알바니아

몬테네그로

코소보

보스니아

크로아티아

슬로베니아

오스트리아

헝가리

슬로바키아

체코

폴란드

핀란드

스웨덴

노르웨이

발트 해

덴마크

네덜란드

독일

벨기에

룩셈부르크

스위스

이탈리아

프랑스

영국

북 해

몰타

튀니지
(프랑스령)

스페인

0   250   500 km
0   250   500 mi

N

지도 12.1. 나토의 확대와 러시아의 '가까운 외국'

탄도탄요격미사일ABM 조약을 탈퇴한 것에 분노했다. 2008년 초, 유럽과 미국이 구유고슬라비아의 자치 지역이었던 코소보의 독립을 인정한 일은 러시아를 더욱 자극했다. 푸틴은 첫 번째 대통령 당선 직후부터 나라를 안정시키고, 러시아의 강대국 지위를 회복하는 것을 목표로 삼았다. 고유가와 천연가스 가격 상승으로 인해 경제 형편은 호전되었으나, 푸틴이 쥔 카드는 여전히 약했다. 그의 첫 두 차례의 대통령 임기 동안, 서방 군사동맹인 나토는 동쪽으로 계속 확대하여, 구소련 진영에 속한 대부분의 국가와 구소련에 속한 발트 3국을 포함하게 되었다.

훨씬 더 강력한 미국과 나토를 마주한 러시아는 과거 소련이 지배했던 지역, 이른바 "가까운 외국Near Abroad"에서만 자국의 영향력을 행사할 수 있었다. 푸틴은 러시아가 최소한 자국 주변 지역에서는 지역 패권국, 곧 지배적 권력을 갖춘 존재가 되기를 열망했으나, 이러한 야망은 유럽, 중동, 라틴아메리카, 동아시아 등 각 지역에서 자신의 영향력을 위협하는 세력을 억제하고자 했던 미국의 광범위한 글로벌 패권 전략과 충돌했다. 러시아는 소련 붕괴 이후에 단일한 초강대국으로 부상한 미국이 주도하는 일극 체제unipolar world에 반대하며, 다극 체제multipolarity를 제시하고, 국제 문제의 중재자로서 나토나 미국의 군사력이 아닌 유엔의 역할을 강조했다.

2007년 이후, 푸틴은 현상 유지를 지지하는 입장에서 벗어나, 세계의 권력균형을 변화시키려는 적극적인 방향으로 러시아의 대외정책을 전환했다.[35] 러시아가 정당한 대우를 받지 못하고 있으며, 유럽 및 미국의 "파트너들"로부터 충분히 존중되지 못하고 있다는 인식은 2007년 2월 10일에 개최된 뮌헨 안보회의에서 푸틴 대통령이 행한 연설에서 분명히 나타났다. 그 이후 이 연설은 신냉전의 서막을 알리는 선언으로 간주되었는데, 푸틴은 이 자리에서 미국이 "하나의 권위 중심, 하나의 힘의 중심, 하나의 결정 중심"이라는 단일한 초강대국으로서 "일극 세계"를 구축하려 한다는 인식에 기초하여, 자신은 그러한 시도에 대하여 반대한다는 입장을 솔직하게 천명했다. 그는 나토나 유럽연합의 승인을 받았다는 이유만으로 무력이 정당화될 수 있다는 관념을 거부했고, 타국에 대한 무력 사용의 유일한 정당화 근거는 유엔을 통한 승인이라고 주장했다. 또한 러시아가 민주주의에 대해 외부로부터 훈계를 듣거나, 자기 나라의 내정이 외국의 관심사가 되어야 한다는 생각에 발끈했으며, 국제사회가 좀 더 존중하는 마음으로 러시아의 권고에 귀 기울여야 한다고 주장했다.[36]

푸틴이 자신의 견해를 제시했을 때, 그의 정책은 정복이나 강압을 통하여 영토를 확장하려는 의미에서의 제국주의적 성격을 띠지도 않았으며, 소련식 제국주의로 회귀한다는 뜻도 아니었다. 그것은 오히려 현실주의적, 국가주의적, 그리고 민족주의적 성격을 지니고 있었다. 그는 심지어 레닌이 러시아에 무관심했으며 현실 감각이 부족했다고 비판했다. "레닌은 자신이 러시아에 신경 쓰지 않는다고 말했다. 그에게 중요한 것은 세계 사회주의 체제를 실현하는 것이었다. 러시아 국민은 이런 일을 예상하지 못했다. 그들은 기만당한 것이다. … 오늘날 러시아는 제정 시대의 경험이나 소련 시기의 과오를 반복할 의도가 없다. … 우리는 우리 자신에게 진실하고, 다른 이들을 존중하며, 훌륭한 파트너가 되어야 한다."[37] 그의 대외정책은 그의 국내 정책의 필연적인 결말과도 같았다. 즉, 보다 강력한 국가, 현재의 세력 분포 구조의 유지, (비록 미래에 대한 투자는 매우 미약했지만) 경제적 번영, 안정, 그리고 연속성이 바로 그것이었다.

푸틴이 주장한 다극 체제는 얄타 체제처럼 강대국 간의 영향권을 인정하는 세계관으로의 회귀였는데, 미국과 나토는 이것을 거부했다. 러시아는—에너지 외교, 무역 제한, 때때로 군사력 과시 등—제한된 수단을 활용하여, 이전의 '가까운 외국'으로 불리던 지역에서 지배적인 영향력을 행사하고자 했다. 다시 말해, 러시아는 해당 지역에서 지역 패권국으로 인정받기를 원했다. 그러나 러시아의 많은 이웃 국가의 시각에서 볼 때, 이러한 야망은 소련 블록의 특징이었던 내부 정책뿐 아니라 외교정책에 대한 통제까지도 되살리려는 제국주의적인 것으로 비추어졌다.

'가까운 외국'의 레드 라인: 조지아와 우크라이나

러시아 엘리트들의 정치적 상상 속에서, 캅카스 전선은 가장 폭발성을 지니고 있고 취약한 변경 지역으로 인식되며, 이 지역은 구소련공화국들과의 관계뿐 아니라 국제사회 전반과 새로운 관계가 설정되고, 또 테스트된 무대였다. 소련 붕괴 이후 오늘날까지 남캅카스 및 보다 넓은 범주의 '가까운 외국'에 대한 러시아의 정책은 여러 단계의 뚜렷한 변화를 거쳤다.[38] 초기 1년간(1991~1992) 옐친 정부는 구소련 국가들에 대해 "방기 정책policy of neglect"이라고 부를 수 있는 노선을 취했으며, 주로 급조된 독립국가연합을 통해 이들과 관계를 유지하고자 했다. 당시 러시아의 정책 엘리트는 새로운 세계에서 안정된 정체성과 국가 이익을 찾으려고 허둥지둥 댈 때 의견이 분열되어 있었고, '가까운 외국'에 대한 정책은 혼란스러웠고 상호 모순되는 경향을 보였다. 그러나 이미 소련 말기와 러시아연방 초기 몇 년 동안, 러시아는 압하지야, 오세티야, 그리고 카라바흐 분쟁에 깊숙이 개입하고 있었다. 조지아 내 비非조지아계 주민들은 신생 조지아공화국의 급진적인 민족주의 통치보다는 러시아의 지배를 선호했다. 초대 대통령 즈비아드 감사후르디아Zviad Gamsakhurdia 치하의 조지아는 남오세티야와 압하지야의 자치권을 철폐하고 "조지아인을 위한 조지아"라는 단일 국가를 건설하고자 시도했는데, 이것은 민족 간 충돌 및 내전을 야기했고, 결국 그의 정치적 몰락과 사망, 나아가 압하지야와 남오세티야의 사실상 분리로 귀결되었다. 러시아는 비조지아계 주민들을 지지했으며, 궁극적으로 교전 당사자 간의 휴전협정을 중재했다.

1993년 1월부터 1996년 6월까지 러시아 정책 결정자들은 '가까운 외국'을 "러시아의 핵심 이익 영향권"으로 아주 명확히 천명했으며, 독립국가연합의 국경선을 곧 러시아의 안보 경계로 간주하며 방어할 권리가 있다고 인식했다. 1994년 말에서 1995년 초에 이르러, 옐친 대통령과 그의 외무장관 안드레이 코지레프Andrei Kozyrev는 구소련 국가들의 재통합을 지지한다고 공개적으로 공표했는데, 이것은 처음에는 경제적 차원에서 시작되었으나, 그 이후에는 군사적, 더 나아가 정치적 통합 가능성까지도 내포하게 되었다. 이른바 "옐친 독트린"이라 명명될 수 있는 이러한 노선은 (남부의 띠 지역에서 러시아를 위한 우월한 역할과 함께) 기존 국가들의 독립성과 주권을 인정하면서, 안보 영역에서의 지배적 입지를 공공연히 주장하고, 동시에 러시아계 및 다른 소수민족 브호에 대한 특수한 역할을 자임한 것으로 해석될 수 있다. 1996년 6월경부터 푸틴 대통령이 부상하는 시기까지 러시아는 스스로를 "강대국Velikaia derzhava"으로 규정하고, 자국의 '데르자브노스트derzhavnost'(강대국 지위)'를 홍보했다. 그러나 이러한 수사적 위력 과시가 실질적인 영향력을 발휘하기 시작한 것은 대략 2008년 무렵 이후였다. 보다 현실적으로 러시아는 구소련의 후계 구조로 간주되었던 독립국가연합을 중심으로 한 재통합 프로그램을 포기하고, 구소련 개별 국가들과의 양자 관계를 추진했다. 동시에 러시아는 세계화된 자본주의경제로의 통합을 적극 추진했으며, 자국의 석유 가격을 세계 시장 수준으로 인상하고, 주요 경제 강국으로서 인정받기 위해 노력했다.

모스크바는 이른바 '색깔 혁명들' — 세르비아(2000), 조지아(2003), 우크라이나(2004), 키르기스스탄(2005) — 에 대하여 심각한 우려를 표했다. 이들 혁명은 부패한 지도자들을 축출하고 보다 민주적인 체제를 약속한 대중 운동이었으나, 크렘린의 시각에서 이것은 외부 세력에 의해 조종되며 러시아를 겨냥한 것으로 비추어졌다. 안타깝게도 장미혁명, 튤립혁명[11], 오렌지혁명 등으로 잠시 기쁨을 주었던 국가들에게 있어서, 지도층의 변화는 단순한 엘리트 교체에 불과했고, 대부분의 경우에는 부패와 온건한 권위주의 체제로의 회귀로 이어졌다.

푸틴은 제1기 및 제2기 대통령 재임 기간 대부분에 걸쳐, 남캅카스 지역 분쟁은 물론이고 '가까운 외국' 전역에 걸쳐 "안정 담당자stabilizer"이자

---

11 튤립혁명: 2005년에 키르기스스탄 의회 선거어서 집권여당이 압승을 거두었으나, 부정선거에 대한 대대적인 저항운동이 일어났고, 결국 장기집권 중이던 아스카르 아카예프 대통령이 축출된 사건이다.

중재자로서의 역할을 자임했다.[39] 21세기 첫 10년 동안 모스크바는 우크라이나 동부, 크림반도, 카자흐스탄 북부 등 러시아계 또는 러시아어 사용 인구가 비교적 밀집된 지역에서의 분리독립 움직임을 지지하는 것을 자제했으며, 라트비아와 에스토니아 정부로부터 차별을 받고 있음에도 러시아로의 이주를 원치 않는 발트 3국 내 러시아계 주민들에 대한 개입 역시 단념했다. 푸틴은 국내 "제국주의자들"이 압하지야 및 남오세티야의 즉각적 병합이나 나고르노-카라바흐의 독립 승인을 요구하는 데 대해 직접 응답하기보다는, 러시아의 영향력을 점진적으로 확대하는 전략을 선택했다. 이것은 시민권 부여 확대, 논란이 되는 선거에 대한 중재, 불안정한 휴전 상태의 유지 등으로 이루어졌다. 푸틴 정부는 비록 구소련 지역 가운데 조지아에 가장 개입주의적인 태도를 보여 왔으나, 조지아의 미헤일 사카슈빌리 대통령이 이슬람계 조지아 지역인 아자라Ajara를 조지아 영토로 재통합하는 데 대해서는 방해하지 않았다.

압하지야와 남오세티야에서의 애매모호한 현상 유지 상태는 러시아에게는 만족스러운 것이었으나, 러시아가 압하지야와 남오세티야를 자국의 영향권으로 점차 통합해 가는 가운데, 해당 지역 주민들에게 러시아 여권과 복지 혜택 및 기타 특권을 부여함에 따라 조지아인들에게는 현상 유지가 점점 더 용인할 수 없게끔 되었다. 사카슈빌리 대통령은 조지아인들이 역사적 유산이라고 간주하는 이 지역들을 반드시 되찾겠다는 의지를 분명히 했다. 그는 콘돌리자 라이스Condoleezza Rice 미국 국무장관으로부터 러시아의 도발에 대응하지 말라는 경고를 받았음에도 불구하고, 미국 내에서 막강한 영향력을 지닌 인물들인 딕 체니Richard Cheney 부통령과 공화당 대

러 시 아

카스피해

소치

칸

카

스

산

맥

북오세티야

체첸

압하지야

스바네티

수후미

남오세티야

주그디디

츠힌발리

러시아의
해상봉쇄

세나키

포티

고리

트빌리시

흑해

바투미

아자라

조 지 아

아제르바이잔

쿠라강

0   50   100 km

0   50   100 mi

튀르키예

아르메니아

나고르노-
카라바흐

2008년의 러시아-조지아전쟁

러시아가 이의를 제기한 조지아 자치 지역

러시아의 공격 방향

동서 간선도로

조지아군의 퇴각로

송유관

지도 12.2. 2008년의 러시아-조지아전쟁

통령 후보 존 매케인John McCain의 영향을 받아 미국이 조지아를 도울 것이라는 기대를 품었을 수도 있다. 마치 1870년에 나폴레옹 3세가 비스마르크의 계략에 속아 어리석게도 프로이센과의 전쟁을 시작한 것처럼, 사카슈빌리 역시 조지아-오세티야 국경 지역에서 점증하는 폭력 사태에 대응하여 대규모 군사 공격을 감행함으로써 산발적인 충돌을 국제 규모의 주요 전쟁으로 비화시켰다.[40]

조지아-러시아 간 분쟁의 역사에서 처음으로 한 측 — 조지아인들—이 민간인을 상대로 중화기를 사용했다. 이것은 그들이 자국민, 즉 "조지아" 국민의 일원으로 간주하던 이들을 향한 무력 사용이었다. 미국이 훈련시킨 조지아군은 신속히 남오세티야의 상당 부분을 장악했고, 수도인 츠힌발리Tskhinvali를 점령하기 직전까지 진격했다. 참관자들의 보고에 따르면, 전차가 민간인들이 피신해 있던 건물 지하실을 향해 포격을 가했다. 조지아 측의 목표는 신속한 점령을 통해 오세티야인들의 탈출을 유도하고, 러시아로 하여금 반격을 단념하게 만드는 데 있었던 것으로 보인다. 실제로 수만 명의 오세티야인들이 북쪽의 러시아로 피난했으며, 남겨진 이들은 침공해 들어온 조지아군의 적대 행위와 마주했다. 그러나 러시아는 격렬한 반격으로 대응하여 수도를 다시 장악했고, 남오세티야 외곽 지역에 대한 폭격으로 판을 키웠다. 뒤이어 오세티야인들이 조지아인들에 대해 잔혹 행위를 벌였으나, 러시아는 이것을 거의 제지하지 않았다. 고리시에서 민간 건물에 대한 명백히 불필요한 폭격이 있었고, 포티 등지에서 무기, 선박 및 재산에 대한 광범위하고 의도적인 파괴가 있었음에도 불구하고, 러시아는 어느 정도 자제하는 태도를 취했다. 바쿠-트빌리시-제이한BTC 송유관은 피해를 입지 않았다. 사카슈빌리 대통령의 강제 제거를 주장하는 일부의 요구에도 불구하고, 모스크바는 그 정도까지 나가지는 않기로 결정했다.

일주일간의 전쟁으로, 러시아와 서방 간의 관계는 악화되었다. 그러나 더욱 중대하게도, 러시아의 승리는 '가까운 외국들'에게 보내는 일종의 경고였다. 그것은 비록 해당 국가들의 정부와 국민이 원하더라도, 러시아가 나토의 추가 확대를 용납하지 않을 것이라는 의미였다(이 메시지는 특히 우크라이나를 겨냥한 것이었다). 러시아는 평판과 같은 불확실한 이익보다는, 전략적 실익에 더 많은 관심을 가지고 있었다. 소련 해체 이후 처음으로 러시아는 미국의 의도를 무력으로 저지하는 데 성공했다. 유럽이 부시 행정부 내의 매파들만큼 러시아에 대해 강한 노선을 취하고자 하지 않았고, 미국이 중동 및 아프가니스탄에서의 전쟁과 버락 오바마Barack Obama의 당선으로 막을 내린 대통령 선거에 몰두하고 있었던 상황에서, 러시아는 독자적인 외교정책을 과시할 수 있는 드문 기회를 성공적으로 활용했다.

정치학자 찰스 킹Charles King은 남오세티야와 같은 비국가적 실체들이 비록 국가로서의 공식적 지위는 불확실하나 일정 수준의 자치권을 보장받으며 존속하는 상황이 모든 관련 당사자에게 유용함이 입증되고 있다고 주장한다. 그는 남오세티야뿐만 아니라 압하지야, 나고르노-카라바흐, 그리고 우크라이나와 몰도바 사이의 "동결된 갈등 지대"에서 가닥처럼 불편하게 존재하는 또 다른 미승인 실체인 트란스니스트리아 등지에서 나타나는 이른바 "교착상태의 유용성utility of deadlock"을 지적한다.[41] 이러한 분절된 국가들은 과거 제국들의 경계선 위에서 수립되었으며, 서로 경쟁하는 열강의 야망 사이에서 갈라진 채, 여전히 민족자결이라는 언어가 힘을 발휘하는 세계 속에서 존재한다. 이들의 불안정한 지위와 안정된 불확정성stable indeterminacy은 해결 불가능한 문제들에 있어서 오히려 미해결 상태 자체가 최선의 해결책이 될 수 있는 신생 질서의 징후라고 간주될 수 있다. 러시아는 '가까운 외국들'을 병합하기보다는, 일종의 패권적 관계를 정착시키는 데 만족해 왔다.

캅카스 지역의 정세가 러시아에 유리하도록 모호한 상태에서 안착하자, 서방 및 가까운 외국과의 대립의 무대는 우크라이나로 이동했고, 이곳에서 러시아는 전혀 다른 방식의 접근을 실험하며 보다 단호한 결과를 도모하고자 했다. 우크라이나 위기는 유럽과 러시아 간의 영향력 주도권 경쟁에서 비롯되었다. 유럽연합은 2009년에, 구소련권 6개국[12]을 서방에 보다 밀착시키기 위한 "동방 파트너십Eastern Partnership"을 제안했다. 거의 같은 시기에 러시아는 구소련공화국들로 구성된 관세동맹을 출범시켰고, 이것은 훗날 유라시아경제연합Eurasian Economic Union으로 발전했다. 양측이 노리는 최대의 전략적 대상은 인구 약 5천만 명을 보유한 우크라이나였다. 이와 동시에, 푸틴은 고르바초프 시절의 구상과 유사한 "리스본에서 블라디보스토크에 이르는 대大유럽"이라는 구상을 지속적으로 옹호했으며, 우크라이나가 유럽연합과 유라시아연합 양자에 모두 연계될 수 있는 방식에 대해 유럽 측의 관심을 유도하고자 했다. 그러나 유럽은 우크라이나와의 협상 과정에서 러시아를 실질적으로 배제했다. 협상은 점차 우크라이나의 영혼을 둘러싼 승자독식 경쟁이 되었다. 푸틴은 "그들은 우리 자신의 일에나 신경 쓰라고 말하며, 우리 얼굴 앞에서 문을 쾅 닫아 버렸다."라고 불만을 토로했다.[42]

빅토르 야누코비치Victor Yanukovych 대통령이 이끄는 우크라이나 정부는 양측 사이에서 유리한 조건을 모색하며, 외교적 줄타기를 이어 갔다. 그의 정치적 반대파는 우크라이나가 식민지와 같은 러시아 의존을 벗어나 유럽과 단호히 연대할 때에만 비로소 자국의 미래를 보장할 수 있다고 믿었다. 처음에 야누코비치는 유럽연합과의 자유무역을 약속하는 "연합 협정"에 긍정적인 태도를 보였으나, 이 협정은 유럽연합의 기준에 부합하는 법적 개혁과 서방 안보 정책에 대한 지지를 요구했다. 푸틴은 막대한 대출과 러

---

12 구소련권 6개국: 아르메니아, 아제르바이잔, 벨라루스, 조지아, 몰도바, 그리고 우크라이나이다.

시아산 에너지의 공급가 인하를 약속하면서, 판을 키웠다. 2013년 11월 21일, 야누코비치는 유럽연합과의 협정 서명을 보류하기로 하는 것 말고는, 아무 결정도 하지 않기로 결정했다. 그리고 한 달 뒤, 그는 푸틴이 제시한 경제 지원안을 수용했다. 그의 이 결정은 궁극적으로 그의 대통령직이나, 우크라이나의 취약한 국민통합에 치명적이었음을 드러내게 되었다.

2013년 11월, 키이우 중심부에 있는 광장인 마이단Maidan[13]에서 시위가 시작되었다. 그것은 처음에는 야누코비치 정권의 부패와 탐욕에 대한 경제적 불만이 주된 동기였으나, 곧이어 군중은 야누코비치의 사임과 유럽 지향성에 대한 단호한 결단을 요구하기 시작했다. 야누코비치 및 우크라이나 동부 출신인 그의 동맹 세력에 반대하던 강력한 우크라이나 올리가르히는 시위를 재정적으로 지원했고, 미국은 "유로마이단Euromaidan"이라 불리게 된 이 운동의 민주적 열망에 대한 지지 의사를 분명히 밝혔다. 정부는 잔인하지만 어정쩡한 방식으로 마이단의 군중을 해산시키고자 했으나, 이것은 오히려 더욱 강한 반발을 불러일으켰다. 수도에서는 레닌 동상이 철거되었으며, 마이단은 더 급진적 민족주의의 색채를 띠게 되었고, 준군사 조직들이 광장을 장악했다. 키이우 중심부에서 사태가 폭력으로 변질되자, 야누코비치는 물러서서 야권과의 협상을 개시하며 퇴진을 준비했다. 2014년 2월 20일, 저격수들이 군중을 향해 발포하여, 시위대와 경찰 중 사망자가 발생했다. 그다음 날, 야누코비치는 항복했고, 프랑스, 독일, 폴란드의 외무장관들이 우크라이나 정부 및 야권 지도자들과 함께, 몇 달

---

13 마이단: 페르시아어 '메이단'에서 유래된 단어로서, 그 자체로 광장을 의미한다.

이내에 평화롭게 정권 이양을 이루는 데 합의한 협정에 공동 서명했다. 그러나 급진화된 마이단은 이 협정을 거부했다. 경찰이 키이우 시내에서 철수하자, 야누코비치는 신변의 위협을 느끼고 러시아로 도피했다. 친서방 성향의 임시정부가 신속히 수립되었고, 미국과 유럽은 이를 즉각 승인했다. 모스크바는 2014년 2월의 사건을 쿠데타로 규정했다. 우크라이나 전역에서 약 100개의 레닌 동상이 철거되었다. 대러시아 국수주의에 맞서 반제국주의와 반민족주의를 표방했던 레닌은 많은 우크라이나인들이 보기에 이제 러시아 식민주의의 상징으로 여겨지고 있었다. 그러나 많은 다른 지역, 특히 크림반도와 우크라이나 동부 지역에 거주하던 다수의 주민에게, 레닌 동상의 철거는 우크라이나에서 파시즘 세력이 권력을 장악했다는 신호로 인식되었다.

키이우에서 정권이 교체되자마자, 푸틴은 즉시 최측근 안보 참모들과 비밀리에 회합을 갖고 대응 방안을 모의했으며, 그 결과로 러시아계 주민이 다수를 이루는 크림반도의 병합 계획을 수립했다. "작은 녹색 인간들little green men"—계급장 없는 군인들—이 거리 곳곳에 출현했고, 주요 공항이 점거되었다. 2014년 3월 16일에, 신속하게 주민 투표가 실시되었고, 크림의 유효 투표권자의 83퍼센트가 러시아와의 "재통합"을 지지한 것으로 보도되었다. 푸틴은 대국민 연설에서 민족, 종교, 제국이라는 강력한 정서적 모티브를 제시했다. 그는 흐루쇼프 치하에서 크림반도가 우크라이나공화국으로 이관된 사건을 '역사적 불의historical injustice'라고 지칭하며, 이런 조작을 통해 크림반도의 선량한 러시아인들이 진짜 조국으로부터 단절되었다고 주장했다. 푸틴은 "국민의 마음과 정신 속에서 크림은 항상 러시아의 불가분不可分의 일부였으며 지금도 그렇다."라고 선언했다. "크림 주민들은 [주민 투표에서] 분명하고도 설득력 있게 그들의 의지를 표명했다. 그들은 러시아와 함께하고자 한다." 그는 "민족"의 정당하고 자연스럽고 유기적인 통합이라는 논리를 내세우며, "수백만 명의 사람들이 어떤 나라에서 잠들었다가 [소련의 붕괴 이후에] 깨어나 보니 다른 나라에 있었으며, 하룻밤 사이에 구소련공화국들 안에서 소수민족으로 전락했다. 러시아 민족은 세계에서 국경에 의해 분단된 매우 큰 민족이 되었다." 그는 러시아의 역사적 주장에 깊이를 더하고자, 천 년 전 고대 루스 시대를 가리켰다. "크림에 있는 모든 것은 우리의 공동의 역사와 자부심에 대해 말해 준다. 또한 이곳은 블라디미르 대공이 세례를 받은 고대 케르소네소스Khersones[14)가 위치한 곳이기도 하다." 많은 민족주의적 역사서술이 원시적 기원으로부터 현재에 이르기까지 민족의 유기적 연속성을 강조하는 경향을 보이듯이, 푸틴의 설명도 중간의 수 세기를 생략함으로써, 러시아의 크림에 대한 단절 없는 그림을 제시했다.

주목할 만하게도, 그리고 종교적 연대를 명분으로 한 확장을 암시하며, 푸틴은 더 위대한 러시아 민족의 비전 안으로 나머지 정교회 슬라브 세계를 어느 정도 위협적으로 끌어들이기도 했다. "[블라디미르 대공의] 정교 수용이라는 영적인 위업은 러시아, 우크라이나, 벨라루스 민족을 하나로 묶는 문화, 문명, 인간적 가치의 공통 기반을 결정지었다. 크림을 러시아 제국으로 편입시킨 용감한 러시아군인들의 무덤도 크림에 있다."[43] 푸틴

---

14 케르소네소스: 크림반도의 세바스토폴 부근에 있는 고대 그리스 도시 유적으로서 코르순이라고도 한다.

이 현재 러시아 국경 밖에 거주하는 정교 슬라브 형제들을 언어로써 포용한 것은 18세기 이래로 러시아 제국의 군주들이 보여 온 대외 팽창주의의 야망, 즉 자기 민족이라고 주장하는 민족을 "보호"하고자 했던 야망과 유사하다. 푸틴은 제국 내의 다양성에 고개를 끄덕이며, "크림은 여러 민족의 문화와 전통이 독특하게 혼합된 곳"임을 인정했다. 그렇다고 하더라도 나머지 러시아와 마찬가지로, 이것은 "그들 자신의 정체성, 전통, 언어, 그리고 신앙을 유지한 채" 민족의 행복한 혼합체가 되도록 해 준다. 그는 스탈린 하에서 대규모 강제 이주를 언급하며 인정하기를, "사실, 크림 타타르인들이 부당한 대우를 받았던 시기가 있었다." 그러나 그것 역시 러시아 전체가 함께 겪은 비극의 일부라고 그는 설명했다. 18세기에 러시아가 크림반도를 군사적으로 정복하고 타타르인들을 복속시킨 일, 19세기에 오스만제국으로 무슬림들을 대규모 이주시킨 일, 그리고 크림이 우크라이나에 60년 동안 별 탈 없이 속해 있었던 일 등은 푸틴의 역사 강의에서 빠져 있었다.

다양한 비유를 활용하고, 영광스러운 제국의 선례를 환기하며, 민족과 신앙에 대한 강력한 감정적 애착을 불러일으킨 이 연설과 이 연설이 정당화한 병합 조치는 러시아 내에서 큰 인기를 얻었다. 푸틴의 지지율은 치솟았다. 이러한 조치를 통해 러시아는 흑해 함대의 본거지인 세바스토폴에 대한 통제권을 확보했지만, 국제법과 자국의 조약 의무를 위반함으로써 경제 제재를 초래했고, 냉전 종식 이후 가장 심각한 국제적 고립 상태에 빠지게 되었다. 당시 모스크바 입장에서는 지정학적 필연성으로 보였으며, 대다수 러시아인에게는 민족주의적 정당화로 받아들여졌던 이 조치

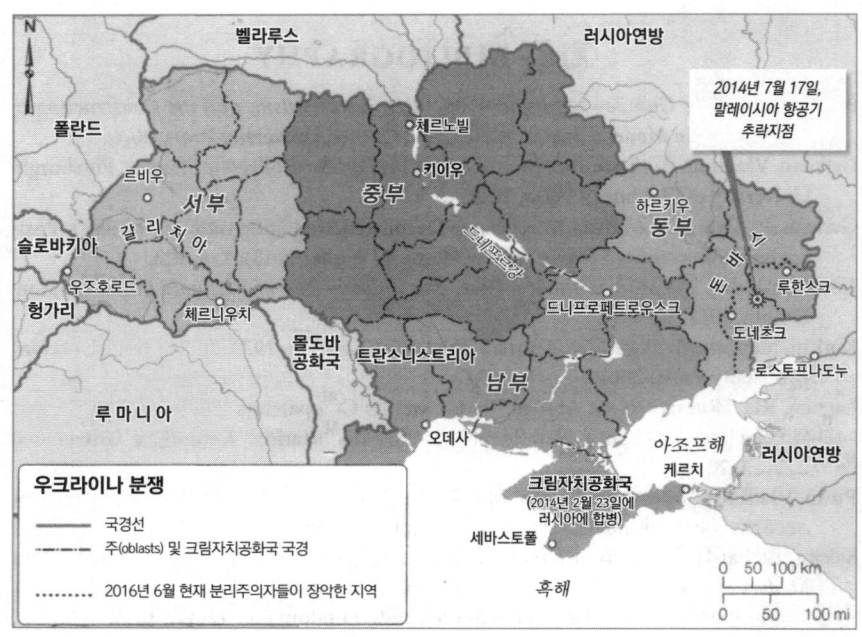

지도 12.3. 우크라이나 분쟁

는, 사실상 예측 불가능한 미래에 대한 공황 상태에서 이루어진 것이었다. 위기의 순간에 나타난 기회주의적 판단과 우크라이나에서의 패배를 크림 반도에서의 국가적 성취로 전환하려는 바람은 푸틴이 제2의 냉전을 감수 하도록 만든 여러 동기 중의 하나였다. 푸틴은 우크라이나가 중립적이거 나 적어도 나토와 전략적으로 비동맹 상태로 남기를 원했으나, 크림반도 의 강제 병합은 우크라이나를 유럽의 품으로 더 깊이 내몰았으며, 서부와 중부 우크라이나의 많은 지역에서 더 동질적이고 민족주의적인 반러시아 감정을 불러일으켰으며, 동부에서는 친러시아 세력이 무기를 잡도록 고 무함으로써 러시아를 슬라브 이웃과 (선포되지 않았으나) 사실상의 전쟁 상태로 몰아넣었다.

궁지에 몰리고 굴욕을 겪은 국민국가로서의 러시아는 강국強國으로의 지위를 지향하며 타국들로부터 보다 큰 존중을 원했고, 그다음에는 그런 존중을 요구하는 존재로서 행동했다. 그러나 이웃 국가들과 서방 세계의 많은 국가가 보기에, 러시아는 제국적 국가였으며, 자기 나라를 하나의 '민족'으로 상정하는 그 자체의 개념 속에 이미 제국적 행위와 야망이 담겨 있었다. 동부 우크라이나의 도네츠크와 루한스크 지역에서 친러시아 반군은 자치를 선포하고, 그다음에는 독립을 선포하면서, 자기들 영토를 되찾으려는 키이우의 시도에 저항했다. 이로써 그 지역에서는 냉전이 아니라, 열전熱戰이 발발했다.

우크라이나에 드리운 위기는 유럽 내 냉전 이후의 현상 유지를 종식시켰다. 러시아는 단극 체제에 대한 대안으로 다극 체제를 지속적으로 제안해 왔으나, 우크라이나에서, 특히 크림반도에서의 행동은 구소련 권역에 대한 지배를 꾀하려는 모스크바의 야망에 대항하여 서방 세계를 단결하도록 만들었다. 푸틴은 자국이 제안한 유라시아연합이 유럽연합에 대한 효과적 균형추가 되기를 희망했으나, 동부 우크라이나에서 키이우 정부에 반대하는 반군을 지지함으로써, 본래 유라시아연합에 참여할 가능성이 있던 다른 구소련 국가들로 하여금 러시아에 대한 두려움을 가지도록 만들었다. 우크라이나 반군에 대한 지지는 푸틴이 구소련 권역에서 지역 패권국으로 자리매김하려 했던 시도를 약화시키는 결과를 낳았고, 동시에 미국의 영향력과 유럽의 입지를 러시아 서부 국경 지대에서 더욱 강화했다. 서방에 대한 푸틴의 강경 노선은 중국과 일부 중동 국가들 사이에서 러시아의 위상을 높이는 데는 기여했으나, 훨씬 더 중대한 가치를 지닌 서방 주요 경제권과의 관계에서는 심각한 대가를 치르게 되었다. 여전히 서방에 대한 상대적 열세 속에서도, 푸틴의 러시아는 시리아내전에서 다마스쿠스 정권을 지지함으로써 자기의 완력을 대담하게 과시했고, 국제 무대에서 주요 행위자임을 필사적으로 주장했다.[15] 더 이상 제국은 아니었으나, 인근 국가들로부터 제국적 야심을 지닌 존재로 간주되고 있는 러시아는 푸틴 집권 16년 차에 이르러, 모스크바에서 가까이 있거나 멀리 있는 크고 작은 강국들로부터 고립되고 불구가 된 패권국의 모습을 가지게 되었다.

---

15 푸틴의…주장했다.: 러시아는 2015년 시리아내전에 개입하면서 지중해에 인접한 호메이밈 공군기지를 사용했다. 또 시리아에서 두 번째로 큰 항구인 타르투스에 해군기지를 두었고 시리아 곳곳에 소규모 군사기지를 운용했다. 그러나 2024년 12월에 반군세력이 다마스쿠스를 점령하자 친러적인 아사드 정권이 붕괴되었다.

결론

좋지 못한 이미지가 이어지고 있다. 러시아는 다시 한번 침략적이고, 팽창주의적인 국가로 인식되고 있다. 러시아의 억제되지 않은 야망을 제지할 수 있는 것은 오직 무력뿐이라는 말이 반복되고 있다. 서방 세계의 많은 사람들이 보기에, 러시아는 제국이었으며, 지금도 제국이며, 언제나 제국일 것이다. 그 나라는 내부적으로는 전제적이고 비민주적이며, 외부에 대해서는 제국주의적인 위협을 가하고 있다. 러시아는 본성상 폭압적이고, 제국주의적인 성격을 운명적으로 가지고 있다고 생각되고 있다. 이 나라의 내재적 성향은 문명인들의 인도주의적 염원이 틀렸음을 입증하며, 이웃을 지배하며, 자국민을 억압하는 것이다. 러시아는 때때로 이반 뇌제, 표트르 대제, 혹은 스탈린이라는 이미지 안에서 포괄되었던 것처럼, 지금은 블라디미르 푸틴에 의해 의인화되고 있다. 국가 지도자의 특징에 주목하는 것 — 그리고 그에 따라 선택적으로 가려낸 몇몇 지도자의 사례에 주목하는 것 — 은 더 심오한 분석을 간단하게 대체하는 오래된 관점이었다. 독일 총리 앙겔라 메르켈Angela Merkel은 푸틴이 "다른 세계에" 살고 있다는 우려를 표했다. 미국 국무장관 존 케리John Kerry 역시 푸틴이 "자신만의 현실을 창조하고 있다."고 혼잣말하면서, 메르켈의 말에 공감을 표했다. 힐러리 로댐 클린턴Hillary Rodham Clinton은 2008년에 처음으로 대통령에 출마했을 때, 푸틴이 국가보안위원회 출신이었다는 사실에 실망감을 드러내며, 그에게는 "영혼이 없다."고 단언했다. 푸틴은 비꼬듯이 대통령 후보라면 "최소한 머리는 있어야 하지 않겠는가.'"라고 응수했다. 선과 악에 대한 지나치게 마니교적인 이미지와 마찬가지로, 러시아에 대한 이러한 고정관념은 복잡하고 다양한 원인이 있는 상황을 지나치게 단순화한 설명인 동시에, 한쪽 편의 자기 정당화를 위한 악마화의 산물이기도 하다. 러시아는 타자들이 자신들의 행위와 의도에 대한 내적인 성찰을 회피하기 위해서, 그리고 아주 복잡한 경쟁 관계에 원인을 가지고 있는 문제에 대해 "적"에게 책임을 돌리기 위해서 언제나 편리한 구실이 되어 왔다.

이 책 전반에 걸쳐 병행적으로 전개되어 온 두 가지 분석적 맥락—곧, 제국의 작동 방식과 포섭 및 상호성의 형태—은 러시아를 둘러싼 이러한 지속적이고 해로운 고정관념에 대응하고, 그 역사 깊은 곳으로 파고들어, 보다 명확한 이해를 도출하는 데 도움을 준다. 앞선 장들에서는 이 주제들이 러시아의 연속적인 역사적 국면들에 어떻게 적용되는지를 추적함과 동시에, 그것이 적용되지 않는 지점들을 명확히 구분했다. 이 역사적 탐색 속에서, 우리는 러시아인들 스스르의 눈에도 러시아가 파편화되고 붕괴될 잠재적인 취약성을 종종 가지면서, 다양한 형태의 통치 실험이 시도되었음을 보여 주고자 했다. 러시아에서 국가 혹은 제국과 비슷한 무언가가 있기 이전에, 키예프와 다른 도시에는 전사 공公들이 있어서 서로 간에, 그리고 외부의 적들과 권력과 부를 확보하기 위해 싸우기도 했고, 물물교환하기도 했다. 기독교 개종으로 문화적·종교적·행정적으로 통일성을 갖추기 이전까지, 소위 키예프 루스는 강력한 중심축이나 관료제가 없이 수많은 권력 중심을 가지고 있었다. 사람들 사이에서는 언어와 관습을 공유한다는 희미한 의식이 어느 정도 있었으나, 그들은 동시에 형제간의 전쟁으로 분열되었다. 약탈과 교역은 경제적 기반이 되었으며, 그것은 때가 되어 찬란한 문학적·건축적 유산의 토대가 되었다. 루스는 위대한 비잔틴제국의 궤도 안에서 발전했으며, 많은 것을 그 제국의 경험에서 얻었으나, 비잔틴제국의 통치 아래에 들어가지도 않았고 그것을 모방하지도 않았다. 루스는 제국이 아니라, 공公의 영토였다. 느슨하게 결합되어 있던 키예프 루스와 분령 시기의 루스에서, 사람들은 루스의 공들이 땅을 다스리고 있으며, 자기들이 여러 가지 점에서 루스라고 이해된다고 알고 있었다. 이 취약한 결속 관계는 해체되었고, 간헐적으로 모습을 보여 주던 최소한의 국가 형태마저 잃어버렸다. 모스크바국이 등장하여 신화 속의 키예프를 러시아 역사의 창건 국가로 재창조할 때까지, 심지어 키예프에 대한 기억조차 희미해졌다. 연속성은 문화 속에서 유지되었으며, 여러 민족과 정치체들 사이의 차등이라는 항구적인 현실은 미래의 제국이 작동할 무대를 제공했다.

13세기에, 몽골인들은 제국 형태를 러시아 땅에 들여왔으며, 러시아 땅을 자기들의 방대한 조공국 네트워크에 편입시켰다. 그들은 간접 통치라는 기본적인 제국 통치 기법을 수립했다. 러시아의 공公들은 칸에게 충성하고 조공을 바치는 한, 각자의 영토를 통치할 수 있도록 허용받았다. 공들은 일반적으로 몽골의 상위 군주들과 협력했고, 그들에게서 자국민에 대한 과세 권한을 인가받았다. 몽골제국이 점차 약화되고 분열되면서, 그들 가운데 매우 충실한 조공국 중의 하나였던 모스크바국이 루스 지역에서 주도권을 확보하고 몽골의 종주권을 꾸준히 축출해 나갔다. 16세기에, 이반 4세 혹은 이반 뇌제의 치세 무렵이 되면, 모스크바국은 전제정 국가이자 제국으로서 강력한 국가가 되어, 사회적 그리고 영토적 차등과 구분을 통하여 통치했다. 그리고 모스크바국은 카잔의 타타르칸국을 정복함으로써, 처음으로 명백히 비러시아적인 민족과 영토를 병합했다. 모스크바는 러시아 땅의 주권 권력이 되었고, 차르는 비잔티움 황제와 칸의 속성을 동시에 가지게 되었다. 보편적 신앙을 자처하던 동방정교회는 이제 러시아 민족과 모스크바국의 고유한 종교로 특수화되었고, 러시아는 새로운 이스라엘로, 또 러시아인들은 선민選民으로 여겨지게 되었다. 그들의 차르는 구원의 섭리 안에서 특별한 역할을 신으로부터 위임받은 존재로 간주되었다.

출생과 죽음이라는 예측불허의 변화를 맞이하여, 모스크바국은 '동란의 시대'라는 혼돈기에 접어들어, 국가를 이끌 정통성 있는 통치자를 찾기 위해 필사적으로 애써야 했다. 사회의 최상층부터 최하층에 이르기까지 다양한 계층의 사람들이 외세의 침략에 맞서 자발적으로 동원되었으며, 이 과정에서 러시아는 단순히 차르의 영역이 아니라, 인민의 목소리가 포함된 공동체로 재인식되기 시작했다. 비록 근대적 의미에서의 민족적 각성이었다고 보기는 어렵지만, 1613년에 로마노프가문의 최초의 차르가 선출된 사건은 그러한 인민의 집단 동원이 낳은 결과였으며, 러시아 땅에서 공유되던 "정치적 민족성political ethnicity"에 대한 인식, 그리고 사회의 광범위한 계층이 정치 질서 속에 포섭되어야 한다는 일종의 권리의식을 반영한 것이었다.

　18세기에서 19세기 초에 이르는 시기에 러시아는 전통적 제국의 이상형에 가장 근접했다. 표트르 대제와 예카테리나 대제의 제국은 그 장엄함과 영토 확장, 그리고 유럽 근대성의 수용에 대해 자신감과 자부심을 뽐내면서, 행정 및 관료 제도와 그 이행을 조화롭게 정비하는 동시에, 제도화된 차등 정책을 통해 통치했다. 지나친 활력을 가졌던 표트르의 강압적 통치 방식은 그의 후계자들에 의하여 상호적 사랑과 섬세함이라는 환상을 통하여 어느 정도 완화되었다. 통치자들과 귀족 엘리트들이 상상한 바에 따르자면, 안나, 엘리자베타, 그리고 예카테리나의 통치 시기 동안 그런 방식으로 영토가 통합되었다. 일부 역사가들에게는 이 시기의 러시아가 조숙한 민족적 자각이나 심지어 민족주의의 징후를 보인 것처럼 보일 수도 있으나, 우리는 그러한 현상이 대체로 다음 두 가지에 제한되었다고 본다. 한편으로, 국가에 대한 귀족의 애국심과 군주에 대한 충성심이며, 다른 한편으로, 보다 대중적인 차원에서 정교회 러시아인들의 땅, 종교, 관습, 언어에 대한 소속감이 바로 그것이다. 국가적 애국심 및 민족적 친밀감과 나란히, 정교회 이외의 종교, 구교 신앙, 지방, 사회 신분, 시베리아와 같은 지역, 그리고 그 자신의 비러시아 민족, 신앙, 경험 등 무수히 많은 다른 충성심의 근원이 있었다. 그리고 서구화된 귀족은 자기들을 귀족으로 인정받게 해 주는 모든 것 — 유럽식 교육, 의복, 풍습, 예절 — 이 턱수염 기른 러시아 '농민들muzhiki' 및 머릿수건을 쓴 그들의 아내들과 자신들을 구분 짓게 만들었다고 할지라도, 자기들이 누구이며, 자기들을 러시아인으로 만든 것이 무엇인지에 관한 정체성 문제에서 점점 더 큰 당혹감을 가지게 되었다.

제국이라는 개념은 단지 국가형태나 통치 방식만을 의미하는 것이 아니다. 그것은 또한, 통일되고 단일한 국민 정체성의 자각 및 보다 민주적인 통치 형태의 형성을 어렵게 만들었던 일련의 제도, 관행, 담론의 집합을 의미한다. 제국은 시민들 간의 수평적 동등성을 지향하지 않았으며, 오히려 사회적 차별을 통치의 기제로 삼았다. 여기서 일부 사람들은 정확히 스스로가 우월하다고 상상하고 있었기 때문에, 다른 사람들을 지배할 권리를 갖는다고 여겼다. 수백만 명의 농노가 명목상 해방되었을 때조차, 귀족 지주의 특권과 농민의 의무는 약간 수정되기는 했지만, 농노들을 "자유롭게" 만든 복잡한 형태의 법적, 재정적 조치를 통하여 재생산되었다. 제국이 종식될 때까지, 서로 다른 사회 신분과 민족에 대한 별도의 법체계 및 유불리를 가진 위계는 존속되었다. 19세기에 이르러 러시아가 광활한 영토를 통합하고 중앙아시아로의 팽창을 본격화했을 때, 지역과 집단 간의 차등화된 통치 관행은 여전히 존재하면서, 중앙집권적인 통제 및 행정의 통일성을 수립하려는 시도와 상호 충돌했다.

1917년에 일어난 두 혁명은 하나의 제국을 종식시킨 동시에, 또 다른 제국의 토대를 마련했다. 소련은 초기 5년의 기간 내에, 이념에 기반한 사회주의적 계급 중심의 다민족국가를 건설하려는 시도에서 점차 정치적 중심에 주권적 권력이 집중된 유사연방적 국가로 이동했다. 소비에트연방은 초국가a supra-state로서, 레닌 시대에는 세계적 차원의 사회주의 건설이라는 프로젝트에 다른 국가들이 동참할 것을 기대했으며, 이것은 "자본주의를 타도한 국가라면 어떤 국가든지 가입할 수 있는 혁명의 대기실"[2]이었다. 볼셰비키 체제 내로 비러시아계 민족들을 끌어들이기 위해 초기에 제공되었던 양보 조치들은 1930년대에 축소되었다. 이때 스탈린은 권력을 더욱 중앙집중화했을 뿐만 아니라, 대러시아인들의 역사적 경험에 기반하여 인위적으로 만든 소련의 정체성을 홍보했다. 이러한 러시아적 요소가 강하게 투영된 소비에트 애국심은 초민족적 정서 공동체의 시금석이 되었으며, 민족주의와 함께 소련인들이 제2차 세계대전의 고난을 견뎌내도록 해 주었다. 제2차 세계대전에서 파시즘에 대해 승리한 이후, 민족주의적이고 러시아 중심의 소비에트 정체성은 각기 독자적이고 상이한 소련 내의 민족들의 민족 정체성과 충돌했다. 명확한 해결책이 도출되지 못한 채, 소련 말기 40여 년 동안, 중심부와 주변부, 곧 모스크바와 비러시아계 민족들 간에는 자율성과 복종의 정도를 둘러싸고 싸움이 벌어졌다.

궁극적으로, 제국적 정체성과 민족적 정체성이 뒤섞인 독특한 결합체의 취약성은 고르바초프가 단행한 급진 개혁의 테스트를 통과하지 못했다. 고르바초프는 사회주의가 더 나은 미래를 약속할 수 있는 힘을 상실했다는 사실을 예견하지 못했다. 후기의 소련은 스탈린 시기보다 다소 느슨한 제국의 형태를 띠고 있었으며, 공화국들은 충분한 자신감을 가지고 있었으므로 고르바초프가 공산당과 소비에트 국가의 권위를 약화시키자, 독자적인 길로 떠나갈 준비가 되어 있었다.

소련과 마찬가지로, 옐친과 푸틴의 러시아는 제국이라는 꼬리표를 달기를 주저했다. 러시아를 제국으로 고찰하는 우리의 논의의 맥락 속에서, 제국이라는 용어의 함의valence와 그 의미 자체가 세계적인 탈식민화의 시대를 거치며 변화했다는 점을 재확인할 필요가 있다. 제국은 이제 그 전성기 시절의 영광스러운 이미지(비록 그것이 강제적 현실이었다고 하더라도)와는 전혀 어울리지 않는바, 악하고, 억압적이며 파괴적인 것들을 연상시킨다. 오늘날 통상적이고 대중적인 용법 속에서 '제국'이라는 용어는 고도로 규범적인 의미를 띠며, 전제적이고 자의적인 중앙집권 혹은 일인 통치와 동일한 것으로 간주된다. 이것은 제국 통치에서 흔히 나타나는 특징이기는 하나, 제국 고유의 독자적인 속성은 결코 아니다.

제국에 대한 원래의 정의에서는 네 가지 구성 요소가 인정되었으나, 우리는 여기서 이것을 두 가지 일반 원칙으로 축약할 수 있다. 첫째로, 제국은 무제한의 주권을 의미하며, 이것은 종종 한 개인에게 집중되는데, 그 개인은 특권을 가진 중심부의 이익을 위하여 불리한 입장에 처한 주변부를 지배한다. 둘째, 제국은 불평등하고 위계적으로 구성되며, 차등을 유지한다. 이러한 정의에 따른 각 요소는 러시아의 제국적 궤적 속에서 시기마다 다르게 부각되었으며, 어느 특정 시점에 모든 것이 적용되지는 않는다.

소련과 소련 이후의 정권이 점차 권위주의적으로 변모하고 단일한 지배 체제를 수립했을 때, 구성 집단과 민족들의 고유성은 점차 약화되었고, 통치자의 절대적 주권과 중심부의 제국적 역할은 유지되었으며, 스탈린 시기에 그것은 더욱 강화되었다. 나아가, 우리의 두 번째 원칙(제국의 본질적 속성으로서 다양성과 구분)과 모순되는 고압적 중앙집권주의는 첫 번째 필요조건(중심부의 무제한적인 권력과 나머지 지역의 무력화)을 충족시킨다. "제국"이라는 용어가 유용하면서도 동시에 파악하기 어렵게 만들어 주는 것은 바로 그 용어의 정의에 담긴 중복성multiplicity이다. 우리의 의도는, 이처럼 혼란스러울 정도로 열려 있는 그 개념을 다양한 맥락에서 적용해 봄으로써, 평소에는 주목받지 못했을지도 모를 일정한 패턴 혹은 예외, 경향과 전환점을 포착하는 데 그 유용성을 시험해 보는 데 있었다.

예를 들어, 우리는 '제국'이라는 개념이 적절한 명칭이 되지 못하는 제한된 사례들을 지적한 바 있다. 키예프 루스는 제국이 아니라, 국가 체계를 갖추지 못한 하나의 '영역realm'에 불과했다. 키예프 루스는 비록 제국은 아니었으나, 그 후에 제국 형성의 기반이 된 인간 집단과 범주의 집단성과 구분이라는 일부 개념들을 미리 보여 주었다. 시간 순서 스펙트럼의 다른 극단에 위치한 소련 후기 및 푸틴 체제는 강력한 중앙 통제, 국가 통합을 위한 노력, 그리고 구성적인 다양성의 축소를 특징으로 하며, 전통적 제국 모델보다는 유사연방주의적 형태에 더욱 부합한다. 그러나 이들이 국민 국가를 위해 추진한 온갖 노력에도 불구하고, 정치적 중심의 절대적 주권을 고수하는 방식은 여전히 제국적 색채를 띠고 있었다. 사람들을 집단적 용어로 규정하거나, 권리를 차등적으로 할당하는 관행은 결코 사라지지 않았다. 의도적인 통합 정책, 행정 구조의 동질화, 대중 교육, 그리고 당의 이념에 대한 전면적인 강조에도 불구하고, 특정 집단들은 그 집단적 소속으로 인해 이득을 보거나, 매우 심각한 피해를 겪어야 했다. 스탈린 시대에는 크림 타타르인, 체첸인, 볼가 유역 독일인과 같은 전체 민족 집단이 강제이주 되었으며, 다른 집단, 특히 제2차 세계대전 이후에 유대인들은 중상모략 캠페인의 대상이 되었고, 대학 진학이나 특정 직업 영역으로의 진입이 차단되었다. 소련이 붕괴하자, 그 구성단위였던 민족 공화국들은 독립국가로 갈라설 준비가 되어 있었다. 옐친 집권기에는 다양한 지역 및 민족 집단과 차등적인 협정들이 체결되었다. 푸틴은 행정의 동질화를 추진했고, 연방 단위가 잠시 누렸던 위임 권한을 거칠게 다루면서, 시민들이 공유하는 '러시아적인rossiiskaia' 정체성을 홍보했다. 그러나 그는 또한 제국적 방식으로 체첸과의 전쟁을 수행하며, 잔인한 무력을 사용하여 체첸을 연방으로 재통합하였고, 그 공화국에 사악한 폭력배를 자신의 총독으로 내세웠다.

차르 시대에 교육받은 엘리트들과 관리들이 러시아를 제국의 주변부를 계몽시키는 문명화 세력으로 이해했던 것처럼, 소련 시대에도 러시아인들은 공식 담론 속에서 다른 소련 민족들의 "맏형"으로 제시되었으며, 그들만의 특별한 방식으로 다른 민족들을 사회주의로 끌어올릴 수 있다고 생각되었다. 소련은 두 가지 매우 독특하지만 상호 연관된 문명화 사명을 내세웠다. 첫째는 소련 국가와 사회 내부에서 주로 농업 중심의 농민 사회였던 국가를 프롤레타리아 중심의 산업 강국으로 탈바꿈시키는 것이었고, 둘째는 전 세계적으로 자본주의, 민족주의, 그리고 부르주아 민주주의를 넘어 국제사회주의로 나아가는 길을 선도하는 것이었다. 이러한 제국 경험의 유산은 아직 살아 있다. 포스트 소비에트 시대의 러시아는 자신을 유라시아(심지어 전 세계)에서 독특하고 예외적인 정치 발전의 사례라고 계속 생각하면서, 나머지 세계에 기여할 수 있는 그 자체의 무언가를 보유하고 있다고 인식하고 있다. 러시아인들은 많은 수사적 표현 속에서, 자기들이 서양과 구별되며, 동양보다 우월하다고 공언하고 있다. 이런 식으로, 러시아인들의 예외주의적 생각은 미국이 "대체 불가능한 국가"라는 미국인들의 관념과 유사하다.

　　러시아의 제국적 위세와 예외주의적 주장들은 오랫동안 서양과의 복잡다단한 관계 속에 얽혀 있었다. 러시아의 모습은 종종 세계와 자국민에게조차, 외부의 시선, 즉 외부인이 설정한 용어로 제시 되어왔다. 러시아의 지식인들조차도 서양의 가치관과 비교의 틀 속에 깊이 함몰되어 있었으며, 그에 따라 서양을 항상 우위에 두고 러시아는 항상 결핍된 모습으로 보았다. 러시아는 많은 역사적 기로에서 서양보다 약했을 뿐만 아니라, 그리고 경제적으로 다른 지배적인 국가들에 의존해 왔을 뿐만 아니라, 러시아의 많은 지식인들은 러시아의 역사를 이상화된 서양과 관련된 틀 안에서 읽고 서술해 왔다. 러시아 학자 뱌체슬라프 모로조프Viatcheslav Morozov가 쓴 바에 따르자면, "현대적인 러시아의 정체성은 위대한 강국으로서의 (포스트) 제국적 자아상에 결정적으로 의존하고 있다. 여기서 위대함이란 여전히 소련의 과거를 언급함으로써 정의된다. … 러시아의 담론 공간은 수세기에 걸친 근대화 따라잡기catch-up modernization를 통해 철저히 유럽화되었으며, 그 사회 구조의 진화 방식으로 인하여 러시아 안에는 러시아적 정체성을 명료히 표현할 수 있는 사회집단이 전혀 존재하지 않는다."[3] 러시아가 아주 자신감 넘치는 태도로 자화자찬했을 때—의기양양한 군사 강국으로서, 영혼 없는 서양보다 영적으로 풍요로운 나라로서, 타락한 자본주의 세계보다 이념적으로 우월한 나라로서 — 조차도, 언제나 "의심할 수 없는 규범적 권위"[4]를 가진 추정상의(그리고 순전히 상상에 불과한) 문명화된 서양을 기준으로 삼고 있었다. 러시아는 늘 타자에 의해 대변되고 있으며, 국제 체제 내에서 종속적이고 열등한 위치에서 벗어나지 못할 뿐만 아니라, 자본주의, 민주주의, 서구의 가치들을 정상적이고 우월한 것으로 설정한 서양 중심의 세계사 서술에 대항할 수 있는 믿을 만한 대안적 담론조차 만들어 내지 못하고 있는 것처럼 보인다.

모로조프는 주장하기를, 러시아는 한편으로는 제국이지만, 다른 한편으로는 그 자체가 서양의 일부로 식민화되어 있지만, 그로부터 분리되어 있으며, 완전히 동화되거나 정체성을 일치시킬 수 없는 위치에 있다. 그는 이러한 러시아를 "서발턴 제국subaltern empire"이라고 부르고 있다. 반면에, 마샬 포Marshall Poe는 러시아 제국이 "놀라운 성공"을 거두었다고 지적한다. 전 세계적으로 제국들이 연이어 유럽의 제국주의, 그 후에는 서양 제국주의에 굴복했지만, 러시아는 그렇게 하지 않았다. … 다른 제국들이 유럽인들에 의하여 이런저런 정도로 제국화되어 경제적 파트너(미국)나 종속국(아프리카와 아시아)으로 유럽에 합류한 반면에, 러시아는 경제적·기술적·군사적으로 상당한 수준의 독자적 성공을 거두었으며, 적어도 상당 부분 자력으로 그러한 성과를 달성했다.[5] 모로조프는 포의 이러한 평가를 다음과 같이 다른 시각에서 재해석한다. "러시아는 15세기에 주권국가로 부상한 이래로, 자기 자신 외에는 누구에게도 식민화된 적이 결코 없으며," 동시에 "방대하고 강력한 제국을 창조했다."[6]

이 책에서 우리는 제국이라는 개념이 무엇을 의미할 수 있으며, 이러한 개념이 국가의 행위와 인식을 어떻게 설명할 수 있는지를 이해하고자 했다. 이상형으로서 제국은, 공국principality, 국민국가nation-state, 연방국가federation, 비국가적 실체non-state entity, 다민족 국민국가multinational nation-state와 같은 다른 경쟁적인 국가형태와는 본질적으로 구별되는 국가 구성의 한 종류이다. 또한 이상적 형태를 가진 제국은 특정 국가들의 특징을 이루는 통치 방식이기도 하다. 그것은 우월한 집단과 열등한 집단 사이의 제도화된 차등을 통한 지배라는 특징을 가지고 있으며, 여기서 우월성의 속성 자체는 일부에게 다른 이들에 대한 지배 권리를 부여한다. 전제정, 독재, 주권 찬탈 및 본국으로의 중앙집중화, 그리고 특정 (민족적 혹은 사회적) 엘리트 집단에 의한 열등한 피지배 집단에 대한 지배 등은 제국과 친화성을 지닌 통치 관행들이다.

그러므로 제국은 민주주의, 자유 시민의 평등한 권리, 참된 국민주권, 그리고 국민국가의 특징(혹은 적어도 열망)으로 간주되는 시민적 혹은 민족적 동질성과는 정반대이다. 그러나 우리가 이 책에서 논증한 바와 같이, 이상형이 아무리 개념적으로 유용하다고 하더라도, 현실 세계는 깔끔한 이상형에 근접하기가 매우 힘들다. 우리가 추적한 역사에서, 특히 1789년 이후의 시기에 제국들은 국민국가의 효율성과 성공적으로 경쟁하기 위하여, 혹은 단지 보다 효율적인 행정 운영을 위하여, 단일한 세트의 행정 및 언어 관행과 규범으로 제도와 국민을 동질화하려고 때때로 시도했다. 나아가 제국은 상호성의 약속과 포섭의 실행을 통하여 최소한 일부 피지배 집단의 지지를 획득하고자, 중대한 양보를 하기도 했다. 쌍두독수리나 붉은 별[1]이 발산하는 절대적이고 순전한 제국 권력의 아우라aura는 이와 같은 제스처를 그림자 속에서 눈에 띄지 않게 하거나, 사소한 것으로 보이게

---

1   붉은 별: 1977년의 소련헌법 제169조에는 "…문장 상부에는 오각별이 있다."고 했으며, 제170조에는 소련의 국기가 "붉은색 장방형 천에 깃대 쪽 상부의 금색 낫과 망치, 그리고 그 위쪽의 금색 테를 두른 붉은 오각별로 이루어진다."라고 규정되어 있다.

만들 수 있다. 정치적 참여와 포섭은 제국의 수만큼이나 다양한 형태를 취하는데, 선거 민주주의와 입법의회는 물론 효과적인 형태이기는 하지만, 그러한 많은 형태 중의 하나일 따름이다.

　루스와 모스크바국, 제정러시아의 백성들, 그리고 소련의 인민들 모두는, 비록 곰곰이 생각해 보기는 했을지라도, 자신들의 정치적 전망을 형성하고, 지배자에게 반대하거나, 국가에 무언가를 요구할 수 있는 데에는 엄연하고도 즉각적인 한계가 존재함을 인식하고 있었을 것이다. 그럼에도 불구하고, 각 시대마다 우리는 이러한 모든 일들에 인민들이 실제로 동원된 사례들을 확인할 수 있다. 키예프의 도시민들은 공公들 사이에 권력 다툼이 벌어질 때, 모여서 지지나 반대의 목소리를 냈고, 적어도 연대기의 기록에 따르면 그들의 뜻이 관철되기도 했다. 모스크바국 시대부터 1905년에 겨울 궁전을 향해 행진한 '피의 일요일'에 이르기까지, 차르의 신민들은 겸허한 청원의 형식을 통해 자신들의 요구사항을 제출했다. 그러나 그들은 놀라울 만큼 수동적인 공격 성향의 방식, 그리고 종종 효과적인 방식으로, 통치자들에게 가엾은 백성을 보호하고 자비를 베풀어야 한다는 신이 부여한 의무를 상기시켰다. 1905년의 사건이 우리에게 환기시키고 있듯이 결코 언제나 그런 것은 아니었지만, 청원은 종종 성과를 내기도 했다. 위기 시에, 러시아 신민들은 보다 극단적인 행동을 했다. 그들은 1613년에 폴란드 및 스웨덴 침략자들을 물리치고 새로운 차르를 선출했으며, 1741년, 1762년, 1801년에는 상호성의 규범을 저버린 비열한 황제들을 폐위시켰다. 또 그들은 1917년과 1991년에는 한 시대를 마감하는 대중 봉기를 거듭 일으켰으며, 대조국전쟁에서는 국가를 위하여 싸우기도 했다.

우리는 이러한 비민주적 형태에서 허용된 인민들의 권한의 정도를 과장해서는 안 된다. 많은 상황에서, 보통 사람들은 더 강력한 자들로부터, 혹은 서로에 대한 학대에서 정부로부터 아무런 보호도 받지 못한 채 참아내야 했다. 이런 일은 국가권력이 미치지 못하는 곳에서도 일어났고, 국가가 전적이거나 암묵적으로 승인한 가운데서도 발생했다. 그리고 적지 않은 경우에, 그러한 착취와 참혹한 폭력을 가한 주체는 다름 아닌 국가권력 그 자체였다. 그럼에도 불구하고, 우리가 보다 미묘한 정치적 상호작용의 형태들과, 일반적으로 (순종적이거나 짓눌려 있는 것처럼) 무기력하게 보였던 인민이 실은 일정한 권리를 지녔다고 느꼈던 흔적들을 주의 깊게 살핀다면, 비민주적 정권이 실제로 어떻게 작동하며, 또 어떻게 장기간 존속할 수 있었는지에 대한 우리의 이해는 한층 풍요로워질 것이다.

(궁정 쿠데타에 가담한) 엘리트들과 (청원자로 나선) 농민들은 상호성과 저항으로 인하여 정치적 참여의 장으로 끌려들어 갔다. 이에 따라 궁정의 심장부에서부터 가장 외진 주변부에 이르기까지, 러시아인들과 비러시아인들이 연루되었다. 그리고 이러한 러시아 제국의 피지배자들이 자율적으로 행한 정치적 행위들에 더하여, 제국 정권과 그 뒤를 이은 소비에트 정권이 신민 혹은 시민에게 적극적으로 참여를 요청한 다수의 공식적인 방식들도 존재했다. 지방의 조세 징수 및 치안 유지, 젬스키 소보르, 입법회의, 지방의회 및 법정, '젬스트보', 두마, 소비에트, 메이데이 행진, 당 대회, 경쟁 후보 없는 선거, 그리고 통치자에 대한 충성을 표현하는 수많은 의례들이 바로 그것이다. 제국은 본질적으로 반反민주적이지만, 동시에 우리는 제국이 자국민을 제국의 프로젝트에 참여시키고, 제국 통치라는 고된 과업

에 협력하게 하며, 적극적인 충성은 아니더라도 지배를 암묵적으로 받아들이도록 하기 위해 반드시 다른 방식의 참여 경로를 찾아야만 한다는 강력한 근거를 발견할 수 있다.

제국은 존속을 희망하는 한, 부득이하게 자기의 인구 집단에게 양보를 해야 하며, 그로 인해 때로는 일반적으로 알려진 정도보다 다소 덜 전제적으로 행동하기도 한다. 이러한 양보는 결코 "민주적"이라거나 "국민국가적"이라고 할 수는 없지만, 때때로 시민권 개념에 기초한 국민국가의 정책에 근접할 수는 있다. 반대로, 국민국가는 국내외 정책 양면에서 제국적 방식으로 종종 행동하기도 한다. 다른 구성 인구를 지배적 민족으로 강제로 동화시키거나, 소수민족과 같은 일부 민족을 구분하여 차등적으로 대우하고 종종 그들에게 불이익을 주거나, 특정 집단을 추방하거나 학살하는 행위 등은, 국민국가들 역시 수행해 온 관행이다. 이런 일들은 제국들이 제국적 실행 목록의 일부라고 쉽게 이해할 수 있는 것들이었다.

러시아와 그 계승국인 소련은 그 역사의 많은 시기에 제국이었다. 이들은 때때로 국민화nationalizing의 기획에 착수하기도 했으나, 이러한 기획은 일관된 국민 공동체를 창출하는 데 양가적 입장을 취함으로써 결실을 맺지 못했으며, 제국의 구조, 담론, 유산, 그리고 정책에 의해 끊임없이 방해받았다. 러시아 내부에서도 옐친과 푸틴은 통일된 국민 공동체를 구축하고자 시도했다. 오늘날 러시아는 역사상 가장 통일성 있는 다민족국가에 근접해 있음에도 불구하고, 여전히 민족적·사회적 구분, 모스크바로의 권력 집중, 러시아 정체성에 대한 담론적 혼란, 민주주의와 실질적 국민주권의 침식 등이 국민국가로의 이행을 방해하고 있다. 수사적 표현과 상상력이 향하는 방향과 실제의 정책 및 일상생활이 향하는 방향은 달랐다. 모스크바에서 일하는 타지키스탄인 정원사들과 우즈베키스탄인 과일 상인들은 자신들이 일해 주는 대상인 수도首都 사람들과 동등하지 않다는 사실을 매우 잘 알고 있다. 그들은 한때 모스크바인들과 같은 나라의 국민들이자 동일한 러시아와 소련 제국의 피지배자들이었으나, 이제는 외국인 노동자로서, 새로운 포스트 제국 구조에서 이제 다시 식민지가 된 과거의 식민지 주민들이다. 포스트 소비에트 시대의 러시아는 외형적으로는 더 이상 제국이라기보다는 법 앞에 평등한 다양한 민족으로 구성된 다민족국가의 모습을 띠고 있음에도 불구하고, 체첸과의 관계에서 볼 수 있듯이 국내적으로, 또한 우크라이나 및 캅카스 지역에서처럼 대외적으로 여전히 제국의 완력을 계속해서 과시하고 있다. 크림반도의 합병과 오늘날 우크라이나 문제에 대한 개입은 이러한 제국의 잔존 효과 중 가장 명백한 사례들일 뿐이다. 조지아의 전 대통령 미헤일 사카슈빌리가 우크라이나 오데사주의 주지사로 임명되고, 러시아 전 총리의 딸 마리야 가이다르Maria Gaidar가 그곳의 부지사가 된 사건은, 제국이 생성하고 그 붕괴와 함께 활성화된 인간 이동과 상호작용의 격정적인 소용돌이를 압축적으로 보여 주는 장면이라고 할 수 있다.

　지난 10여 년 동안, 소련 및 포스트 소비에트 공간을 제국 이론 및 포스트 식민주의 이론의 관점에서 분석하는 학술 연구가 다수 등장했다. 우리는 러시아가 '가까운 외국' 지역에서 펼치는 많은 정책들을 제국이라기보다는 패권hegemony 프로그램으로 생각하고 있는데, 이런 프로그램은 종속국의 내정 및 외교정책 전반을 완전히 통제하지는 않되 지배력을 행사하는 방식이다. 그러나 러시아의 이웃 국가들과 세계의 많은 사람들에게, 러시아는 유라시아에서의 야망을 포기할 수 없는 듯 보인다. 크림반도 합병과 우크라이나에서 계속되고 있는 위기는 이러한 인상을 더욱 강화했다. 전제정과 제국의 이미지 및 관행은 러시아가 자신의 미래의 모습을 탐색하는 과정에서 선택 가능한 다른 대안들을 계속해서 압도하고 있다.

러시아-우크라이나 전쟁에 부쳐

우리는 책 전체에 걸쳐서, 민족과 제국이 결코 완전히 분리되거나 서로에게 모순되지 않다는 점을 강조했다. 근대 국민국가들은 내부적 우열 구분이라는 제국적 특징들을 유지했을 뿐만 아니라, 그 대외정책은 다른 국가들에 대한 팽창과 지배로 이어졌다. 주 적수인 미국과 마찬가지로, 푸틴의 러시아는 21세기 초반에 다양한 방법으로 이러한 대내외 정책의 특징을 보여 주었다. 러시아는 1991년 이후에 자기들이 상실한 것의 많은 부분에 대해 지역적 패권을 수립하고자 희망하고 있고, 미국은 세계의 많은 부분에 대한 단극적인 전 지구적 패권을 유지하려는 야망을 가지고 있다. 이처럼 냉전 이후에 이 두 국가 사이에 벌어진 갈등은 유럽에서 대규모 전쟁이 벌어질 수 있는 무대를 만들었다. 많은 다른 전쟁처럼, 이 전쟁도 비이성적이며, 막을 수 있는 것이었다. 모스크바가 2014년에 크림반도를 합병한 것은 주권국가의 국경을 침범한 것이었으며, 국제법만이 아니라, "국제 규범에 기반한 질서"라고 널리 알려진 제2차 세계대전 이후의 규칙을 위반한 행위였다. 크림 합병은 이웃 국가인 우크라이나를 희생으로 하여더 공세적인 제국 확장 프로그램을 실행한다는 징조였다. 러시아는 크림에서 조금 더 나아가 도네츠크와 루한스크라는 우크라이나 동부 주州들에서 반란을 부추기고, 그다음에는 2022년 2월에 키이우를 공격하고 우크라이나를 침공했다.

러시아는 21세기 초 무렵, 옐친 하의 경제 해체 상태에서 회복했고, 많은 구소련공화국들, 특히 중앙아시아와 남캅카스에서 지배적인 역할을 맡을 것을 다시 주장하였다. 푸틴 정부는 석유와 가스 가격 인상으로 득을 보았으며, 대통령의 권력이 커짐에 따라, 푸틴은 자신이 남부에서 러시아의 안보 이익이라고 믿은 바를 더욱 강압적으로 요구하였다. 2008년에 러시아는 남南오세티야라는 작은 공화국에 대한 지배권을 유지하고자 조지아와 단기간 전쟁을 벌였다. 왜냐하면 조지아 정부가 그곳에서 러시아인들을 축출하려고 했기 때문이다. 아제르바이잔이 나고르노-카라바흐 지역에서 아르메니아 군대에 대해 공격을 개시하여 15만 명의 아르메니아인들을 추방할 때까지, 러시아는 아르메니아와 아제르바이잔 사이에서 중재자 역할을 맡았다. 그러나 러시아는 우크라이나에서의 전쟁 부담 때문에 이 양국 갈등에서 뒤로 물러나게 되었다. 이로써 2기를 맞이한 도널드 트럼프 미국 대통령이 이곳의 외교 무대에 등장하여 두 분쟁국을 화해시키는 공을 주장할 수 있었다(트럼프는 2025년 기자회견에서 양국을 "아베르-바이잔과 알바니아"라고 잘못 부른 적이 있었다). 2021~2022년에 푸틴은 벨라루스에서 친민주주의 시위대가 알렉산드르 루카셴코의 지위를 뒤흔들었을 때 독재자를 지지하였다. 그리고 러시아인들은 우크라이나 침공 한 달 전인 2022년 1월에 카자흐스탄에 개입하여, 카심-조마르트 토카예프 대통령 정부를 지원하여 봉기를 진압하였다. 푸틴은 강압보다는 가치나 문화의 공유를 통해 인접국이 러시아의 이해에 부합하도록 설득하는 "소프트 파워soft power"를 거의 활용하지 못했기 때문에, 군사력을 통한 물리적 개입이라는 "하드 파워hard power"를 사용하여 해당 지역에서 러시아의 패권을 유지하고자 했다.

2016년에 우리가 이 책의 초판을 출간했을 때, 우리는 러시아가 제국을 재건하려고 열망하기보다는 "가까운 외국"이라고 부르는 곳에서 패권 프로그램을 추구하고 있다고 결론 내렸다. 러시아는 "종속국의 내정 및 외교 정책 전반을 완전히 통제하지는 않되 지배력"을 추구하였다. 그러나 우리는 크림 합병과 우크라이나에서 계속되는 위기를 감안하여 "전제정과 제국의 이미지 및 관행은 러시아가 자신의 미래의 모습을 탐색하는 과정에서 선택 가능한 다른 대안들을 계속해서 압도하고 있다."고 지적한 바 있다. 2022년의 우크라이나 침공과 그 후 지속되고 있는 전쟁은, 푸틴 정책의 제국적 성격을 중대하게 고려하는 해석을 뒷받침한다.

푸틴은 우크라이나를 신속하게 완전히 패배시킨다는 애초의 목표를 달성할 수 없게 되자, 우크라이나의 저항으로 인하여 러시아와 인접한 주들에서 획득한 땅을 유지하기 위해 그 이후의 수년 동안 길고도 값비싼 소모전을 벌일 수밖에 없었다. 진을 빼는 전쟁 수행을 위해 충분한 병력을 확보하지 못하고 고군분투하던 푸틴은, 여전히 공식적으로는 '전쟁'이 아니라 '특별 군사 작전'으로 규정된 이 분쟁에서 사면을 미끼로 죄수들을 군대에 끌어들였다. 비러시아인들이 균형에 맞지 않게 많이 징집되었고, 러시아는 북한 군인들을 받아들여 자국을 위해 싸우도록 했다. 유럽과 미국은 나토 동맹을 통하여 자기들의 동맹인 볼로디미르 젤렌스키 민주 정부를 어느 정도 도왔다. 그래서 거의 해결하기 불가능하며, 값비싼 유혈 교착 상태가 현재까지 계속되고 있다.

침공을 합리화하는 러시아의 설명은 현실주의적 전략 목표에서부터 원대한 역사적 주장에 이르기까지 다양했다. 현실주의적 전략 목표란 서방이 우크라이나에서 자신의 패권을 수립하는 것, 즉 모스크바가 러시아의 경제와 안보에 핵심적이라고 생각하는 국가를 유럽연합 혹은 팽창 중인 나토와 연관시키려는 서방의 움직임을 저지한다는 것을 의미했다. 그리고 원대한 역사적 주장이란 러시아 및 벨라루스와 함께 우크라이나를 형제 슬라브 민족으로 규정하고, 이 슬라브 민족들이 자기들의 대러시아인 형제들과 조화롭게 포용하여 연합할 운명을 가지고 있다고 생각하는 것을 의미했다. 러시아 제국주의는 "대러시아, 백러시아, 그리고 소러시아" 혹은 러시아인, 벨라루스인, 그리고 우크라이나인이 통합된 17세기의 상태를 재현하는 일종의 "땅 모으기"라고 설정되었다. 푸틴은 이것을, 타락한 자유주의적 서방에 대한 문명적 대안으로서 원대한 러시아 세계Russkii mir에서 실시하는 민족적 회복 프로젝트라고 내세우고 있다. 우크라이나인들은 이에 정면으로 맞서서, 자기 나라와 자기들의 민주주의 체제를 방어하는 데 온몸을 던졌으며, 우리가 이 책에서 추적하고 있는 민족 형성 과정의 성과를 입증하고 있다. 이 민족은 역사적으로 민족들의 시대의 산물로서 상상을 통해 존재해야 했으나, 우크라이나의 시민—군인들은 상상된 공동체가 지속력을 가지고 있음을 보여주고 있다. 러시아는 이 전쟁에서 수십만 명의 군인들을 잃었을 뿐만 아니라 전쟁에 반대하는 사람들을 망명길로 내몰고 있다. 반면에, 우크라이나는 역사상 어느 때보다도 더 통합된 국민국가가 되고 있다.

　러시아는 세계화된 자본주의경제의 일부가 되기를 원하면서도, 자신의 행동으로 자본주의 체제에 통합되지 못하고 스스로 고립되었다. 그 대신에, 러시아는 미국의 국제적 지배와 그 자유주의적 가치에 반대하는 헝가리와 슬로바키아와 같은 반⟮半⟯민주주의 국가들뿐만이 아니라, 북한과 중국처럼 권위주의 국가들과의 연대에서 자국의 미래를 찾아왔다. 소련과는 뚜렷하게 대조적으로, 푸틴 시대의 러시아는 국제주의, 해외 혁명운동 지원, 그리고 반⟮反⟯식민주의로부터 등을 돌렸다. 그 대신에 러시아는 민족주의적 보수주의, 권위주의 통치, 그리고 이념적으로 진보 좌파가 아니라 민족주의적, 포퓰리즘적 우파와 연결된 제국주의를 채택하였다. 현재의 러시아는 제국적 양식과 국민국가적 양식을 동시에 따르며, 상호 대립적인 것으로 보이는 국가 형성의 두 모델, 혹은 '이상형'이 어떻게 군사적 팽창주의와 호전적 쇼비니즘이라는 방식 안에서 결합될 수 있는지를 잘 보여주고 있다. 우리가 적은 바대로, 드론과 비행기가 이웃 국가의 영공을 침범하는 행위는 러시아의 제국적 야망이 재등장한다는 우려를 다시 불러일으키고 있다.

　역사를 통틀어, 러시아 지도자들은 세계에서 가장 광대한 영토를 가진 자기 나라가 주변국들과 경쟁국들이 가하는 위협에 노출된 취약한 국가라고 생각해 왔다. 17세기에는 그 대상이 스웨덴, 폴란드, 그리고 오스만제국이었다. 18세기에는 프로이센, 오스트리아, 그리고 오스만제국이, 그리고 19세기와 20세기에는 영국, 독일, 그리고 미국이 그 대상이었다. 그들의 불안감은 열강이 되거나 열강으로 남아 있으려는 야망과 결합되어, 러시아 자체의 역량을 넘어서서 영향력과 범위를 증대시키려는 과도한 세력 확장으로 이어졌다. 과거의 유사한 국면들을 상기시키는 현재의 중대한 아이러니는, 바로 이러한 야망과 과도한 팽창이 오히려 불안정성과 고립의 확대, 그리고 취약성의 심화를 초래해 왔다는 점에 있다. 러시아는 새롭게 대두되고 있는 초강대국인 중국의 호의와 지원에 의존하게 되었는데, 이러한 불균형 관계에서 더 큰 힘과 권위를 가진 쪽은 모스크바가 아니라 베이징이다. 포스트 소비에트러시아는 역사상 그 어느 때보다도 다민족적 국민국가에 가까운 모습을 보이고 있음에도 불구하고, 제국으로서의 뿌리 깊은 역사는 유령처럼 러시아를 따라다니고 있다.

서론

Anderson, Benedict. *Imagined Communities: Reflections on the Origin and Spread of Nationalism.* London and New York: Verso, 1983.

Burbank, Jane, and Frederick Cooper. *Empires in World History: Power and the Politics of Difference.* Princeton, NJ: Princeton University Press, 2010.

Burbank, Jane, Mark von Hagen, and Anatolyi Remnev, eds. *Russian Empire: Space, People, Power 1700-1930.* Bloomington: Indiana University Press, 2007.

Etkind, Alexander. *Internal Colonization: Russia's Imperial Experience.* Cambridge and Malden, MA: Polity, 2011.

Gerasimov, Il'ya, Marina Mogil'ner, and Aleksandr Semonov, eds. *Imperiia i natsiia v zerkale istoricheskoi pamiati.* Moscow: Novoe Izdatel'stvo, 2011.

Hosking, Geoffrey A. *Russia: People and Empire, 1552-1917.* Cambridge, MA: Harvard University Press, 1997.

Kappeler, Andreas. *The Russian Empire: A Multi-Ethnic History.* Translated by Alfred Clayton. New York: Routledge, 2001.

Lieven, D. C. B. *Empire: The Russian Empire and Its Rivals.* New Haven, CT: Yale University Press, 2001.

Miller, Alexei, and Alfred J. Rieber, eds. *Imperial Rule.* Budapest: Central European University Press, 2004.

Pagden, Anthony. *Lords of All the World: Ideologies of Empire in Spain, Britain, and France, c. 1500-c 1800.* New Haven, CT: Yale University Press, 1995.

제1장 제국 이전: 초기 루스의 다양한 땅과 민족들에 대한 여러 시각

Franklin, Simon, and Jonathan Shepard. *The Emergence of Rus: 750-1200*. London; New York: Longman, 1996.

Halperin, Charles J. *Russia and the Golden Horde: The Mongol Impact on Medieval Russian History*. Bloomington: Indiana University Press, 1987.

Kaiser, Daniel H. *The Growth of the Law in Medieval Russia*. Princeton, NJ: Princeton University Press, 1980.

Kollmann, Nancy Shields. "The Principalities of Rus' in the Fourteenth Century." In *The New Cambridge Medieval History, Vol. 6, c. 1300-c. 1415*. Edited by Michael Jones. Cambridge: Cambridge University Press, 2000, pp. 764–94.

Martin, Janet. *Medieval Russia, 950-1584*. Cambridge: Cambridge University Press, 2007.

Ostrowski, Donald G. *Muscovy and the Mongols: Cross-Cultural Influences on the Steppe Frontier, 1304-1589*. Cambridge: Cambridge University Press, 2002.

_____. "Systems of Succession in Rus' and Steppe Societies." *Ruthenica* 11 (2012): 29–58.

Plokhy, Serhii. *The Origins of the Slavic Nations: Premodern Identities in Russia, Ukraine, and Belarus*. Cambridge: Cambridge University Press, 2006.

Raffensperger, Christian. *Reimagining Europe: Kievan Rus' in the Medieval World*. Cambridge, MA: Harvard University Press, 2012.

Sneath, David. *The Headless State: Aristocratic Orders, Kinship Society, and Misrepresentations of Nomadic Inner Asia*. New York: Columbia University Press, 2007.

제2장 제국의 출발: 모스크바국

Boeck, Brian J. *Imperial Boundaries: Cossack Communities and Empire-Building in the Age of Peter the Great*. Cambridge; New York: Cambridge University Press, 2009.

Gruber, Isaiah. *Orthodox Russia in Crisis: Church and Nation in the Time of Troubles*. DeKalb: Northern Illinois University Press, 2012.

Khodarkovsky, Michael. *Russia's Steppe Frontier: The Making of a Colonial Empire, 1500-1800*. Bloomington: Indiana University Press, 2002.

Kivelson, Valerie A. *Cartographies of Tsardom: The Land and Its Meanings in Seventeenth-*

Century Russia. Ithaca, NY: Cornell University Press, 2006.

Kollmann, Nancy Shields. *Crime and Punishment in Early Modern Russia.* Cambridge; New York: Cambridge University Press, 2012.

Kivelson, Valerie A. *Kinship and Politics: The Making of the Muscovite Political System, 1345-1547.* Stanford, CA: Stanford University Press, 1987.

Monahan, Erika. *The Merchants of Siberia: Trade in Early Modern Eurasia.* Ithaca, NY: Cornell University Press, 2016,

Plokhy, Serhii. *The Origins of the Slavic Nations: Premodern Identities in Russia, Ukraine, and Belarus.* Cambridge and New York: Cambridge University Press, 2006.

Romaniello, Matthew P. *The Elusive Empire: Kazan and the Creation of Russia, 1552-1671.* Madison: University of Wisconsin Press, 2012.

Rowland, Daniel. "The Problem of Advice in Muscovite Tales About the Time of Troubles," *Russian Review* 6, no. 1 (1979): 259–83.

제3장 제국으로부터 국민국가까지 가는 쉬운 길을 방해하기: 이론적인 간주곡

Anderson, Benedict R. O'G. *Imagined Communities: Reflections on the Origin and Spread of Nationalism.* London and New York: Verso, 1983.

Balibar, Étienne, and Immanuel Maurice Wallerstein. *Race, Nation, Class: Ambiguous Identities.* London and New York: Verso, 1991.

Bell, David Avrom. *The Cult of the Nation in France: Inventing Nationalism, 1680-1800.* Cambridge, MA: Harvard University Press, 2003.

Burbank, Jane, and Frederick Cooper. *Empires in World History: Power and the Politics of Difference.* Princeton, NJ: Princeton University Press, 2010.

Eley, Geoff, and Ronald Grigor Suny, eds. *Becoming National: A Reader.* New York: Oxford University Press, 1996.

Gellner, Ernest. *Nations and Nationalism.* Ithaca, NY: Cornell University Press, 1983.

Lieberman, Victor. *Why Was Nationalism European? Political Ethnicity in Southeast Asia and Europe, c. 1400-1850.* Cambridge, MA: Harvard University Press, forthcoming.

Marx, Anthony W. *Faith in Nation: Exclusionary Origins of Nationalism.* Oxford and New York: Oxford University Press, 2003.

Smith, Anthony D. *The Ethnic Origins of Nations.* Oxford and New York: Basil Blackwell, 1987.

Suny, Ronald Grigor. *The Revenge of the Past: Nationalism, Revolution, and the Collapse of the Soviet Union.* Stanford, CA: Stanford University Press, 1993.

제4장 반응 규칙과 그 한계: 18세기의 힘과 정서

Anderson, Perry. *Lineages of the Absolutist State.* London: Verso, 2013.

Anisimov, E. V. *The Reforms of Peter the Great: Progress Through Coercion in Russia.* Translated by John T. Alexander. Armonk, NY: M. E. Sharpe, 1993.

Bushkovitch, Paul. *Peter the Great: The Struggle for Power, 1671-1725.* Cambridge and New York: Cambridge University Press, 2001.

Hughes, Lindsey. *Russia in the Age of Peter the Great.* New Haven, CT: Yale University Press, 1998.

Henshall, Nicholas. *The Myth of Absolutism: Change and Continuity in Early Modern European Monarchy.* London and New York: Longman, 1992.

Kamenskii, Aleksandr. *The Russian Empire in the Eighteenth Century: Searching for a Place in the World.* Trans. and ed. by David Griffiths. Armonk, NY: M. E. Sharpe, 1997.

LeDonne, John P. *Absolutism and the Ruling Class: The Formation of the Russian Political Order, 1700-1825.* New York: Oxford University Press, 1991.

Madariaga, Isabel de. *Russia in the Age of Catherine the Great.* New Haven, CT: Yale University Press, 1981.

Marker, Gary. *Imperial Saint: The Cult of St. Catherine and the Dawn of Female Rule in Russia.* DeKalb: Northern Illinois University Press, 2007.

Wortman, Richard. *Scenarios of Power: Myth and Ceremony in Russian Monarchy, Vol. I, From Peter the Great to the Death of Nicholas I.* Princeton, NJ: Princeton University Press, 1995.

제5장 18세기의 러시아 정체성: 수많은 가능성

Avrutin, Eugene M. *Jews and the Imperial State: Identification Politics in Tsarist Russia.* Ithaca, NY: Cornell University Press, 2010.

Geraci, Robert P., and Michael Khodarkovsky, eds. *Of Religion and Empire: Missions, Conversion, and Tolerance in Tsarist Russia.* Ithaca, NY: Cornell University Press, 2001.

Madariaga, Isabel de. *Russia in the Age of Catherine the Great.* New Haven, CT: Yale University Press, 1981.

Martin, Alexander M. "The Invention of 'Russianness' in the Late Eighteenth—Early Nineteenth Century." *Ab Imperio* (2003), no. 3: 119—34.

Mogil'ner, Marina. *Homo Imperii: A History of Physical Anthropology in Russia.* Lincoln: University of Nebraska Press, 2011.

Rogger, Hans. *National Consciousness in Eighteenth-Century Russia.* Cambridge, MA: Harvard University Press, 1960.

Slezkine, Yuri. "Naturalists Versus Nations: Eighteenth Century Russian Scholars Confront Ethnic Diversity." In *Russia's Orient: Imperial Borderlands and Peoples, 1700-1917,* edited by Daniel R. Brower and Edward J. Lazzerini, 27—57. Bloomington: Indiana University Press, 1997.

Smith, Alison Karen. *For the Common Good and Their Own Well-Being: Social Estates in Imperial Russia.* Oxford: Oxford University Press, 2014.

Sunderland, Willard. *Taming the Wild Field: Colonization and Empire on the Russian Steppe.* Ithaca, NY: Cornell University Press, 2004.

Werth, Paul W. *At the Margins of Orthodoxy: Mission, Governance, and Confessional Politics in Russia's Volga-Kama Region, 1827-1905.* Ithaca, NY: Cornell University Press, 2002.

Whittaker, Cynthia Hyla. *Russian Monarchy: Eighteenth-Century Rulers and Writers in Political Dialogue.* DeKalb: Northern Illinois University Press, 2003.

제6장 "민족의 순간" 속의 제국 러시아, 1801-1855

Bassin, Mark. *Imperial Visions: Nationalist Imagination and Geographical Expansion in the Russian Far East, 1840-1865.* Cambridge and New York: Cambridge University Press,

1999.

Grant, Bruce. *The Captive and the Gift: Cultural Histories of Sovereignty in Russia and the Caucasus*. Ithaca, NY: Cornell University Press, 2009.

Hillis, Faith. *Children of Rus: Right-Bank Ukraine and the Invention of a Russian Nation*. Ithaca, NY: Cornell University Press, 2013.

Lieven, D. C. B. *Russia Against Napoleon: The True Story of the Campaigns of War and Peace*. New York: Penguin, 2009.

Maiorova, O. E. *From the Shadow of Empire: Defining the Russian Nation Through Cultural Mythology, 1855-1870*. Madison: University of Wisconsin Press, 2010.

Norris, Stephen M. *A War of Images: Russian Popular Prints, Wartime Culture, and National Identity, 1812-1945*. DeKalb: Northern Illinois University Press, 2006.

Raeff, Marc. *The Decembrist Movement*. 2nd ed. Englewood Cliffs, NJ: Prentice-Hall, 1966.

Randolph, John. *The House in the Garden: The Bakunin Family and the Romance of Russian Idealism*. Ithaca, NY: Cornell University Press, 2007.

Riasanovsky, Nicholas V. *Nicholas I and Official Nationality in Russia, 1825-1855*. Berkeley: University of California Press, 1959.

Slocum, John W. "Who, and When Were the Inorodtsy? The Evolution of the Category of 'Aliens' in Imperial Russia." *Russian Review* 57, no. 2 (1998): 173-90.

Suny, Ronald Grigor. *Looking Toward Ararat: Armenia in Modern History*. Bloomington: Indiana University Press, 1993.

제7장 전쟁, 개혁, 반란, 그리고 반동

Burbank, Jane. *Russian Peasants Go to Court: Legal Culture in the Countryside, 1905-1917*. Bloomington: Indiana University Press, 2004.

Emmons, Terence, and Wayne S. Vucinich, eds. *The Zemstvo in Russia: An Experiment in Local Self-government*. Cambridge: Cambridge University Press, 1982.

Engel, Barbara Alpen, ed. and trans. *Five Sisters: Women Against the Tsar. The Memoirs of Five Young Anarchist Women of the 1870's*. Boston: Allen and Unwin, 1975.

Field, Daniel. *The End of Serfdom: Nobility and Bureaucracy in Russia, 1855-1861*.

Cambridge, MA: Harvard University Press, 1976.

Figes, Orlando. *The Crimean War, A History.* New York: Henry Holt, 2010.

Hillis, Faith. *Children of Rus: Right-Bank Ukraine and the Invention of a Russian Nation.* Ithaca, NY: Cornell University Press, 2013.

Khalid, Adeeb. *The Politics of Muslim Reform: Jadidism in Central Asia.* Berkeley: University of California Press, 1998.

Kotsonis, Yanni. *Making Peasants Backward: Managing Populations in Russian Agricultural Cooperative, 1861-1914.* London: Palgrave Macmillan, 1999.

Maiorova, Olga. *From the Shadow of Empire: Defining the Russian Nation Through Cultural Mythology, 1855-1870.* Madison: University of Wisconsin Press, 2010.

Riga, Liliana. *The Bolsheviks and the Russian Empire.* Cambridge: Cambridge University Press, 2012.

Starr, S. Frederick. *Decentralization and Self-Government in Russia, 1830-1870.* Princeton, NJ: Princeton University Press, 1972.

Thaden, Edward C., ed. *Russification in the Baltic Provinces and Finland, 1855-1914.* Princeton, NJ: Princeton University Press, 1981.

Weeks, Theodore R. *Nation and State in Late Imperial Russia: Nationalism and Russification on the Western Frontier, 1863-1914.* DeKalb: Northern Illinois University Press, 1996.

Werth, Paul W. *At the Margins of Orthodoxy: Mission, Governance, and Confessional Politics in Russia's Volga-Kama Region, 1827-1905.* Ithaca, NY: Cornell University Press, 2002.

Wortman, Richard. *Scenarios of Power: Myth and Ceremony in Russian Monarchy, Volume II, From Alexander II to the Abdication of Nicholas II.* Princeton, NJ: Princeton University Press, 2000.

Kritika: Explorations in Russian and Eurasian History, n.s., 7, no. 2 (2006): 73−194.

제8장 제국의 불안감: 1905-1914

Ascher, Abraham. *The Revolution of 1905: Russia in Disarray.* Stanford, CA: Stanford University Press, 1988.

Kivelson, Valerie A., and Joan Neuberger, eds. *Picturing Russia: Explorations in Visual Culture.* New Haven, CT: Yale University Press, 2008.

Pravilova, Ekaterina. *A Public Empire: Property and the Quest for the Common Good in Imperial Russia.* Princeton, NJ: Princeton University Press, 2014.

Schenk, Frithjof Benjamin. "Travel, Railroads, and Identity Formation in the Russian Empire." In *Shatterzone of Empires: Coexistence and Violence in the German, Habsburg, Russian, and Ottoman Borderlands,* edited by Omer Bartov and Eric D. Weitz. Bloomington: Indiana University Press, 2013.

Siegelbaum, Lewis H., and Leslie Moch. *Broad Is My Native Land: Repertoires and Regimes of Migration in Russia's Twentieth Century.* Ithaca, NY: Cornell University Press, 2014.

Sunderland, Willard. *Taming the Wild Field: Colonization and Empire on the Russian Steppe.* Ithaca, NY: Cornell University Press, 2006.

Treadgold, Donald W. *The Great Siberian Migration: Government and Peasant in Resettlement from Emancipation to the First World War.* Princeton, NJ: Princeton University Press, 1957.

Wcislo, Francis W. *Tales of Imperial Russia: The Life and Times of Sergei Witte, 1849-1915.* Oxford: Oxford University Press, 2011.

제9장 제국들의 충돌과 붕괴: 1914-1921

Gatrell, Peter. *A Whole Empire Walking: Refugees in Russia During World War I.* Bloomington: Indiana University Press, 1999.

Hirsch, Francine. *Empire of Nations: Ethnographic Knowledge and the Making of the Soviet Union.* Ithaca, NY: Cornell University Press, 2005.

Hosking, Geoffrey A. *Russia and the Russians, A History.* Cambridge, MA: Harvard University Press, 2001.

Jahn, Hubertus. *Patriotic Culture in Russia During World War I.* Ithaca, NY: Cornell University Press, 1996.

Lewin, Moshe. *Lenin's Last Struggle.* Ann Arbor: University of Michigan Press, 2005.

Lohr, Eric. *Nationalizing the Russian Empire: The Campaign Against Enemy Aliens During World War I.* Cambridge, MA: Harvard University Press, 2003.

Lohr, Eric, et al., eds. *The Empire and Nationalism at War.* Bloomington, IN: Slavica, 2014.

Martin, Terry D. *The Affirmative Action Empire: Nations and Nationalism in the Soviet*

Union, 1923-1939. Ithaca, NY: Cornell University Press, 2001.

Norris, Stephen M., and Willard Sunderland, eds. *Russia's People of Empire: Life Stories from Eurasia, 1500 to the Present.* Bloomington: Indiana University Press, 2012.

Pipes, Richard. *The Formation of the Soviet Union: Communism and Nationalism, 1917-1923.* Cambridge, MA: Harvard University Press, 1954.

Sanborn, Joshua A. *Imperial Apocalypse: The Great War and the Destruction of the Russian Empire.* Oxford: Oxford University Press, 2014.

Sunderland, Willard. *The Baron's Cloak: A History of the Russian Empire in War and Revolution.* Ithaca, NY: Cornell University Press, 2014.

von Hagen, Mark. *War in a European Borderland: Occupations and Occupation Plans in Galicia and Ukraine, 1914-1918.* Seattle: University of Washington Press, 2007.

제10장 소련 스타일의 민족 만들기: 1921-1953

Brandenberger, David. *National Bolshevism: Stalinist Mass Culture and the Formation of Modern Russian National Identity, 1931-1956,* Cambridge, MA: Harvard University Press, 2002.

Brown, Kate. *A Biography of No Place: From Ethnic Borderland to Soviet Heartland.* Cambridge, MA: Harvard University Press, 2004.

Davies, Sarah. *Popular Opinion in Stalin's Russia: Terror, Propaganda, and Dissent, 1934-1941.* Cambridge: Cambridge University Press, 1997.

Dunham, Vera. *In Stalin's Time: Middleclass Values in Soviet Fiction.* Durham, NC: Duke University Press, 1990.

Hellbeck, Jochen, *Revolution on My Mind: Writing a Diary Under Stalin.* Cambridge, MA: Harvard University Press, 2006.

Inkeles, Alex, and Raymond Augustine Bauer. *The Soviet Citizen: Daily Life in a Totalitarian Society.* Cambridge, MA: Harvard University Press, 1959.

Kotkin, Stephen. *Magnetic Mountain: Stalinism as Civilization.* Berkeley and Los Angeles: University of California Press, 1995.

Lewin, Moshe. *The Making of the Soviet System: Essays in the Social History of Interwar Russia.* New York: Pantheon Books, 1985.

Martin, Terry. *The Affirmative Action Empire: Nations and Nationalism in the Soviet Union, 1923-1939*. Ithaca, NY: Cornell University Press, 2001.

Northrop, Douglas. *Veiled Empire: Gender and Power in Stalinist Central Asia*. Ithaca, NY: Cornell University Press, 2004.

Petrone, Karen. *Life Has Become More Joyous, Comrades: Celebrations in the Time of Stalin*. Bloomington: Indiana University Press, 2000.

Slezkine, Yuri. *The Jewish Century*. Princeton, NJ: Princeton University Press, 2004.

Timasheff, Nicholas S. *The Great Retreat: The Growth and Decline of Communism in Russia*. E. P. Dutton & Co., 1946.

Trotsky, Leon. *The Revolution Betrayed: What Is the Soviet Union and Where Is It Going?* Garden City, NY: Doubleday, Doran and Co., 1937.

Tumarkin, Nina. *The Living and the Dead: The Rise and Fall of the Cult of World War II in Russia*. New York: Basic Books, 1994.

von Geldern, *Bolshevik Festivals, 1917-1920*. Berkeley: University of California Press, 1993.

Weinberg, Robert. *Stalin's Forgotten Zion: Birobidzhan and the Making of a Jewish Homeland: An Illustrated History, 1928-1996*. Berkeley: University of California Press, 1998.

Weiner, Amir. *Making Sense of War: The Second World War and the Fate of the Bolshevik Revolution*. Princeton, NJ: Princeton University Press, 2002.

Yekelchyk, Serhy. *Stalin's Citizens: Everyday Politics in the Wake of Total War*. Oxford: Oxford University Press, 2014.

ㅡㅡㅡㅡㅡ, *Stalin's Empire of Memory: Russian-Ukrainian Relations in the Soviet Historical Imagination*. Toronto: University of Toronto Press, 2004.

제11장 제국의 난국: 개혁, 반발, 혁명

Alexeyeva, Liudmila. *Soviet Dissent: Contemporary Movements for National, Religious, and Human Rights*. Middletown, CT: Wesleyan University Press, 1985.

Bahry, Donna. *Outside Moscow: Power, Politics, and Budgetary Policy in the Soviet Republics*. New York: Columbia University Press, 1987.

Bialer, Seweryn. *The Soviet Paradox: External Expansion, Internal Decline*. London: I. B. Tauris, 1986.

Brudny, Yitzhak M. *Reinventing Russia: Russian Nationalism and the Soviet State, 1953-1991.* Cambridge, MA: Harvard University Press, 2000.

Breslauer, George W. *Khrushchev and Brezhnev as Leaders: Building Authority in Soviet Politics.* Boston: Allen & Unwin, 1982.

De Waal, Thomas. *Black Garden: Armenia and Azerbaijan Through Peace and War.* New York: New York University Press, 2003, 2013.

Gorbachev, Mikhail. *Memoirs.* New York: Doubleday, 1996.

Kerblay, Basile H. *Modern Soviet Society.* New York: Pantheon, 1983.

Lewin, Moshe. *The Gorbachev Phenomenon: A Historical Interpretation.* Berkeley: University of California Press, 1988.

Plokhy, Serhii. *The Last Empire: The Final Days of the Soviet Union.* New York: Basic Books, 2014.

Smith, Jeremy. *Red Nations: The Nationalities Experience in and After the USSR.* Cambridge: Cambridge University Press, 2013.

Yevtushenko, Yevgeny. *A Precocious Autobiography.* New York: E. P. Dutton, 1963.

Yurchak, Alexei. *Everything Was Forever, Until It Was No More: The Last Soviet Generation.* Princeton, NJ: Princeton University Press, 2006.

제12장 제국의 종식인가, 아닌가? 1991-2016

Bassin, Mark. *The Gumiley Mystique: Biopolitics, Eurasianism, and the Construction of Community in Modern Russia.* Ithaca, NY: Cornell University Press, 2016.

Gelman, Vladimir. *Authoritarian Russia: Analyzing Post-Soviet Regime Changes.* Pittsburgh: University of Pittsburgh Press, 2015.

Gerasimov, Ilya, and Marina Mogiliner. "Deconstructing Integration: Ukraine's Post-colonial Subjectivity," *Slavic Review* 74, no. 4 (Winter 2015): 715-722.

Gessen, Masha. *The Man Without a Face: The Unlikely Rise of Vladimir Putin.* London: Granta, 2012.

Kotkin, Stephen. *Armageddon Averted: The Soviet Collapse, 1970-2000.* Oxford: Oxford University Press, 2001.

Laenen, Ria. "Russia's 'Near Abroad' Policy and Its Compatriots (1991-2001): A Former

Empire in Search of a New Identity." PhD dissertation, Katholieke Universiteit Leuven, 2008.

Putin, Vladimir. "Speech at the 43rd Munich Conference on Security Policy," http://www. securityconference.de/konferenzen/rede.php?sprache=en&id=179.

Sakwa, Richard. *The Crisis of Russian Democracy: The Dual State, Factionalism and the Medvedev Succession.* Cambridge: Cambridge University Press, 2011.

———. *Frontline Ukraine: Crisis in the Borderlands.* London: I. B. Tauris, 2015.

———. *Putin, Russia's Choice.* 2nd ed. London and New York: Routledge, 2008.

Steinberg, Mark D., and Catherine Wanner, eds. *Religion, Morality, and Community in Post-Soviet Societies.* Bloomington: Indiana University Press, 2008.

Walker, Edward W. *Dissolution: Sovereignty and the Breakup of the Soviet Union.* Lanham, MD: Rowman and Littlefield, 2003.

Wanner, Catherine. *Communities of the Converted: Ukrainians and Global Evangelism.* Ithaca, NY: Cornell University Press, 2007.

Wood, Elizabeth A. "Hypermasculinity as a Scenario of Power: Vladimir Putin's Iconic Rule, 1999–2008," *International Feminist Journal of Politics* (Summer 2016): 1–22.

서론

1   Simon Sebag Montefiore, "Putin's Imperial Adventure in Syria," *New York Times*, October 9, 2015.

2   Anthony Pagden, *Lords of All the World: Ideologies of Empire in Spain, Britain, and France, c. 1500-c. 1800* (New Haven and London: Yale University Press, 1995), pp. 12, 15, 16, 27-28. 제국에 대해 생각할 수 있는 또 다른 기본적인 연구로는 다음 자료가 있다. Jane Burbank and Frederick Cooper, *Empires in World History: Power and the Politics of Difference* (Princeton, NJ: Princeton University Press, 2010).

3   Victor B. Lieberman, *Why Was Nationalism European? Political Ethnicity in Southeast Asia and Europe, c. 1400-1850* (Cambridge, MA: Harvard University Press, forthcoming).

4   Benedict Anderson, *Imagined Communities: Reflections on the Origin and Spread of Nationalism* (London: Verso, 1983), p. 19.

5   칭기즈칸 가문은 몽골-타타르 제국의 지배자들이었으며, 오늘날 일반적으로 칭기즈칸(Chingis Khan)으로 음역되고 있는 칭기즈칸의 후손들이다. 러시아의 맥락에서는 이 스텝 지대의 정복자들은 몽골인이 아니라 보통 타타르인이라고 불리고 있다.

6   우리는 앞의 표현을 마리아 리프만(Maria Lipman) 등에게서 가져왔다. "Russia on the Move," Carnegie Endowment for International Peace Policy Outlook (June 2012), http://carnegieendowment.org/files/russia_on_ the_move.pdf; 그리고 두 번째 표현은 로버트 웰러(Robert P. Weller)에게서 가져왔다. Robert P. Weller, "Responsive Authoritarianism and Blind-Eye Governance in China," in *Socialism Vanquished, Socialism Challenged*, ed. N. Bandelj and D. J. Solinger (Oxford: Oxford University Press, 2012), pp. 83-98. 어떤 사람들은 이 표현이 후쿠야마(Francis Fukayama)에게서

비롯되었다고 보기도 한다. 다음 자료도 참고하시오. Mary E. Gallagher and Jonathan K. Hanson, "Power Tool or Dull Blade? Resilient Autocracy and the Selectorate Theory," in *Why Communism Did Not Collapse: Understanding Authoritarian Resilience in Asia and Europe*, ed. Martin Dimitrov (Cambridge: Cambridge University Press, 2013), pp. 185–204.

7   Ian Campbell, *Knowledge and the Ends of Empire: Kazak Intermediaries and Russian Rule on the Steppe, 1800-1917* (Ithaca, NY: Cornell University Press, forthcoming).

8   Andreas Kappeler, *Rußland als Vielvolkerreich. Entstehung, Geschichte, Zerfall* (Munich: Verlag C. H. Beck, 1992). 이 책의 영어 번역본은 다음과 같다. *The Russian Empire: A Multi-Ethnic History*, trans. Alfred Clayton (New York: Routledge, 2001); Geoffrey Hosking, Russia: People and Empire, 1552–1917 (Cambridge, MA: Harvard University Press, 1997); Jane Burbank and Frederick Cooper, *Empires in World History: Power and the Politics of Difference* (Princeton, NJ: Princeton University Press, 2011).

9   Alexander Etkind, *Internal Colonization: Russia's Imperial Experience* (Cambridge and Malden, MA: Polity, 2011).

10   Burbank and Cooper, *Empires*, p. 8.

11   제국과 국민국가의 공통적 구성에 대한 유익한 토론을 위해서는 다음 자료를 참고하시오. Krishan Kumar, "Nation–States as Empires, Empires as Nation–States: Two Principles, One Practice?," *Theory and Society* 39, no. 2 (March 2010): 119–43.

제1장

1   베버는 다음과 같이 썼다. "국가란 일정한 영토 내에서 합법적인 물리력의 사용에 대한 독점권을 (성공적으로) 주장하는 인간 공동체이다. 여기서 '영토'는 국가의 특징 중 하나라는 점에 주목해야 한다. 특히 오늘날 물리력의 사용권은 국가가 허용하는 범위 내에서만 다른 기관이나 개인에게 부여된다. 국가는 폭력을 사용할 '권리'의 유일한 근원으로 간주된다. 따라서 우리에게 '정치'란 권력을 분배하거나 권력 분배에 영향을 미치려는 노력, 즉 국가들 사이 또는 하나의 국가 내의 집단들 사이의 권력을 공유하거나 그것에 영향을 미치려는 노력을 의미한다. 이것은 본질적으로 일상적인 용례와도 일치한다." Max Weber, "Politics as a Vocation," in *From Max Weber: Essays in Sociology*, trans., ed., and with intro. by H. H. Gerth and C. Wright Mills and new preface by Bryan S. Turner (New York: Routledge, 1948; 1991), p. 78.

2 *The Russian Primary Chronicle, Laurentian Text,* translated and edited by Samuel Hazzard Cross and Olgerd P. Sherbowitz-Wetzor (Cambridge, MA: Mediaeval Academy of America, 1973), p. 59; Donald Ostrowski, ed., Povest' vremenykh let, http://hudce7.harvard.edu/~ostrowski/pvl/index .html, (최종 참고일자: 2016.02.14)

3 *Russian Primary Chronicle,* p. 59.

4 Ibid., p. 51.

5 Ibid., p. 53.

6 이와 관련된 토론을 위해서는 다음을 참고하시오. Yulia Mikhailova, "Power and Property Relations in Rus and Latin Europe: A Comparative Analysis" (Ph.D. dissertation, University of New Mexico, Albuquerque, 2013), pp. 73, 79–80; and P. S. Stefanovich, *Boiare, otroki, druzhiny: Voenno-politicheskaia elita Rusi v X-XI vv.* (Moscow: Indrik, 2012).

7 *The Russian Primary Chronicle, 1; Donald Ostrowski,* ed., Povest' vremenykh let, p. 1: http://hudce7.harvard.edu/~ostrowski/pvl/index.html, (최종 참고 일자: 2016.02.14.)

8 Constantine Porphyrogenitus, *De administrando imperio,* ed. Gyula Moravcsik, trans. R. J. H. Jenkins, rev. ed. (Washington, DC: Dumbarton Oaks, 2012), pp. 62–63.

9 Jonathan Shepard, "Rus," in *Christianization and the Rise of Christian Monarchy: Scandinavia, Central Europe and Rus' c. 900-1200,* edited by Nora Berend (Cambridge: Cambridge University Press, 2006), pp. 394–95. 크리스티안 라펜스페르거(Christian Raffensperger)는 관행에 따라 일반적으로 "공(公, prince)"으로 번역되는 크냐지(kniaz')라는 단어가 실제로는 "왕(王, king)"으로 번역되는 것이 보다 정확하다고 주장한다. 그는 2013년 11월 21일부터 24일까지 보스턴에서 개최된 슬라브, 동유럽 및 유라시아 연구학회(Association for Slavic, East European, and Eurasian Studies)에서 「루스의 잃어버린 왕국: 크냐지의 전통적인 번역에 대한 도전」이라는 제목의 발표에서 이와 같은 견해를 제시했다.

10 *Russian Primary Chronicle,* p. 146. 도널드 오스트롭스키(Donald Ostrowski)는 키예프의 사료에서는 통치 권력의 정당성을 주장할 때 그 지배 가문의 시조로 여겨지는 인물에 대해 언급되어 있지 않다고 지적하고 있다. 류리크(Riurik) 지배 가문이라는 개념은

훨씬 후대에 창안되어 소급 적용된 구성물이라는 것이다. Donald Ostrowski, "Systems of Succession in Rus' and Steppe Societies," *Ruthenica* 11 (2012), 58.

11 Stefanovich, *Boiare, otroki, druzhiny, esp.* pp. 480−503.

12 Charles Halperin, "The Concept of the Russkaia Zemlia and Medieval National Consciousness from the Tenth to the Fifteenth Centuries," *Nationalities Papers* 8 (1980): 75−86.

13 Simon Franklin and Jonathan Shepard, *The Emergence of Rus: 750-1200* (London and New York: Longman, 1996), p. 228.

14 Ibid., p. 352; and I. V. Dubov, "Spornye voprosy etnicheskoi istorii Severo−Vostochnoi Rusi IX−XIII vekov," *Voprosy istorii* (1990), no. 5: 15−27.

15 Simon Franklin, *Writing, Society, and Culture in Early Rus, c. 950-1300* (Cambridge and New York: Cambridge University Press, 2002), pp. 47−82.

16 이 점은 안드레아스 카펠러가 설득력 있게 논증한 바 있다. Andreas Kappeler, *Russland als Vielvolkerreich: Entstehung, Geschichte, Zerfall* (Munich: C. H. Beck'sche Verlagsbuchhandlung, 1992) 이 책은 현재 영어로 번역되어 있다. *The Russian Empire: A Multinational History* (Harlow, England: Pearson Education Limited, 2001).

17 Nicholas V. Riasanovsky, "Historical Consciousness and National Identity: Some Considerations on the History of Russian Nationalism" (New Orleans: The Graduate School of Tulane University, 1991), pp. 2−3; Omeljan Pritsak, "The Origin of Rus'," *Russian Review* 36, no. 3 (July 1977): 249−73.

18 *Ipat'evskaia letopis'* (g. 1111), pp. 262−63.

19 Yulia Mikhailova, "Angels for Pagans: The Discourse of Angels in the Hypatian Codex as a Conceptualization of the Cooperation Between Christian Slavs and Pagan Turks in Southern Rus'," 2015년 11월에 필라델피아에서 개최된 '미국 유라시아 및 동유럽연구학회'에서 발표된 논문이다. 미하일로바는, 기독교도들에게는 개별적인 수호천사가 배정된 반면에, 이교도들은 자연의 힘들과 유사하게 집단적으로 천사들을 배정받는다고 지적한다. 다음 자료도 참고하시오. Donald Ostrowski, "Pagan Past and Christian Identity in the Primary Chronicle," in *Historical Narratives and Christian Identity on a European Periphery: Early History Writing in Northern, East-Central, and Eastern Europe* (c. 1070−1200), ed. Ildar H. Garipzanov (Turnhout, Belgium: Brepols, 2011), pp. 229−53.

20 Charles Halperin, *Russia and the Golden Horde: The Mongol Impact on Medieval Russian*

History (Bloomington: Indiana University Press, 1987), p. 13.

21 Christian Raffensperger, *Reimagining Europe: Rus' in the Medieval World* (Cambridge, MA: Harvard University Press, 2012). 그 이후의 왕실 결혼에 대해서는 다음 자료를 참고하시오. Russell E. Martin, *A Bride for the Tsar: Bride Shows and Marriage Politics in Early Modern Russia* (DeKalb: Northern Illinois University Press, 2012).

22 Vernadsky, *Kievan Russia*, p. 19.

23 Georges Duby, *The Early Growth of the European Economy: Warriors and Peasants from the Seventh to the Twelfth Century* (Ithaca, NY: Cornell University Press, 1974), p. 57.

24 Victor Lieberman, *Strange Parallels: Southeast Asia in Global Context, c. 800-1830, Volume 1: Integration on the Mainland* (Cambridge: Cambridge University Press, 2003), p. 33. Stanley Jeyaraja Tambiah, "The Galactic Polity in Southeast Asia," in *Culture, Thought, and Social Action* (Cambridge, MA: Harvard University Press, 1973), pp. 3–31; O. W. Wolters, *History, Culture, and Region in Southeast Asian Perspectives, rev.* ed., Studies on Southeast Asia 26 (Ithaca, NY: Southeast Asia Publications, Southeast Asia Program, Cornell University, 1999), 27, http://hdl.handle.net/2027/heb.02480.

25 Ostrowski, "Systems of Succession in Rus' and Steppe Societies," pp. 30, 58. ; David Sneath, *The Headless State: Aristocratic Orders, Kinship Society, and Misrepresentations of Nomadic Inner Asia* (New York: Columbia University Press, 2007), p. 1. 스니스의 개념은 제안적이지만 논란의 여지가 있는 것으로 입증되었으며, 세르게이 아바신(Sergei Abashin), 데빈 드위스(Devin DeWeese), 아드리아나 에드거(Adrienne Edgar), 피터 골든(Peter Golden), 발레리 키벨슨(Valerie Kivelson) 등 여러 학자들에 의해 비판적으로 검토되었다. 예를 들어, 다음에 게재된 토론을 참고하시오. *Ab Imperio* 4 (2009).

26 Ostrowski, "Systems of Succession in Rus' and Steppe Societies," p. 30.

27 Ibid., p. 58.

28 A. A. Gorskii, "Territorial'no-politicheskie izmeniniia na Rusi v XIV–XV vv.–ob edinenie ili peredel?" in *The Book of Royal Degrees and the Genesis of Russian Historical Consciousness*, ed. Gail Lenhoff and Ann Kleimola (Bloomington, IN: Slavica, 2011), pp. 201–15.

29 '약탈적 친족 관계'라는 개념은 다음에서 나왔다. Eleanor Searle, *Predatory Kinship and the Creation of Norman Power, 840-1066* (Berkeley: University of California Press, 1988).

30 갈리치아—볼리니아에 관한 토론 및 리투아니아에 관한 부분에 대해서는 다음 자료들에 의거했다. Nancy Shields Kollmann, "The Principalities of Rus' in the Fourteenth Century," in *The New Cambridge Medieval History*, vol. 6, c. 1300—c. 1415, ed. Michael Jones (Cambridge: Cambridge University Press, 2000), pp. 764—94; S. C. Rowell, *Lithuania Ascending: A Pagan Empire in East-Central Europe, 1295-1345* (Cambridge: Cambridge University Press, 1994).

31 Ostrowski, "Systems of Succession in Rus' and Steppe Societies," p. 30.

32 "Letter of Vladimir Monomakh to Oleg, Son of Svyatoslav," Appendix II, in The *Russian Primary Chronicle, Laurentian Text*, pp. 216—18.

33 Giovanni di Plano Carpini, *The Story of the Mongols Whom We Call the Tartars: Friar Giovanni di Plano Carpini's Account of His Embassy to the Court of the Mongol Khan*, trans. Erik Hildinger (Boston: Branden, 1996), pp. 44—45.

34 Dmytryshyn, *Medieval Russia: A Source Book, 850-1700* (Gulf Breeze, FL: Academic International Press, 2000), p. 148; *Polnoe sobranie russkikh* letopisei, Vol. 10, (Moscow: Nauka, 1965), pp. 108—19.

35 Halperin, *Russia and the Golden Horde*, pp. 83—85; Donald Ostrowski, *Muscovy and the Mongols: Cross-Cultural Influences on the Steppe Frontier, 1304-1589* (Cambridge: Cambridge University Press, 2002), 108—32.

제2장

1 이반의 어린 시절에 대해서는 다음을 참고하시오. Mikhail Krom, "The "Widowed Kingdom'," *Russian Studies in History* 53, no. 1 (2014), 13—27; and his *"Vdovstvulushchee tsarstvo": Politicheskii krizis v Rossii 30-40-kh godov XVI veka* (Moscow: Novoe Literaturnoe Obozrenie, 2010), pp. 120—28, 407—10.

2 Nancy Shields Kollmann, *By Honor Bound: State and Society in Early Modern Russia* (Ithaca, NY: Cornell University Press, 1999), pp. 169—202.

3 Nancy Shields Kollmann, *Crime and Punishment in Early Modern Russia* (Cambridge and New York: Cambridge University Press, 2012), pp. 314—21.

4 벡불라토비치에 관한 최근의 연구로는 다음의 것이 있다. Donald Ostrowski, "Simeon Bekbulatovich's Remarkable Career as Tatar Khan, Grand Prince of Rus', and

Monastic Elder," *Russian History* 39, no. 3 (2012): 269–99. 이에 대해 알렉산드르 필류시킨(Aleksandr Filiushkin), 찰스 할퍼린(Charles J. Halperin), 그리고 재닛 마틴 (Janet Martin)의 토론이 있다, pp. 301–338. 오스트롭스키의 답변도 있다. pp. 339–45.

5   "Nakaz Vladimirtsev vybrannomu imi iz svoei sredy dvorianinu..." (June 28, 1648), *Sankt- Peterburgskii Institut istorii RAN (SPbII)* [St. Petersburg Institute of History], sobranie A. M. Artem'eva, no. 2.

6   Paul Bushkovitch, "Succession, Election, Autocracy, and 'Absolutism' in Early Modern Russia," 2012년 10월 25일에 미시간대학교 러시아 역사 워크숍에서 발표된 미출간 논문, 5쪽.

7   Ibid., p. 7; Nancy Kollmann, *Kinship and Politics: The Making of the Muscovite Political System, 1345-1547* (Stanford, CA: Stanford University Press, 1987); Robert Crummey, *Aristocrats and Servitors: The Boyar Elite in Russia, 1613-1689* (Princeton, NJ: Princeton University Press, 1983).

8   Nikolaos Chrissidis, *An Academy at the Courts of the Tsars: Greek Scholars and Jesuit Education in Early Modern Russia* (DeKalb: Northern Illinois University Press, 2016).

9   Paul Bushkovitch, "Princes Cherkasskii or Circassian Murzas: The Kabardians in the Russian Boyar Elite 1560–1700," *Cahiers du monde russe* 45, no. 1–2 (2004): 9–30; 인용은 11쪽 이하.

10 Janet Martin, "Multiethnicity in Muscovy: A Consideration of the Christian and Muslim Tatars in the 1550s–1580s," *Journal of Early Modern History* 5, no. 1 (2001): 1–23. Charles Halperin, "A Chingissid Saint of Russian Orthodox Church: The Life of Peter, Tsarevich of the Horde," *Canadian-American Slavic Studies* (1975): 324–35.

11 Michael Khodarkovsky, *Russia's Steppe Frontier: The Making of a Colonial Empire, 1500-1800* (Bloomington: Indiana University Press, 2004), p. 203.

12 Yuri Slezkine, "Naturalists Versus Nations: Eighteenth–Century Russian Scholars Confront Ethnic Diversity," in *Russia's Orient: Imperial Borderlands and Peoples, 1700-1917*, edited by Daniel R. Brower and Edward J. Lazzerini (Bloomington and Indianapolis: Indiana University Press, 1997), p. 32.

13 Anthony D. Smith, "Ethnic Election and National Destiny: Some Religious Origins of Nationalist Ideals," *Nations and Nationalism* 5, no. 3 (July 1999): 331–55. 동일 저자의 다음 자료도 참고하시오. *Myths and Memories of the Nation* (Oxford and New

York: Oxford University Press, 1999). 모스크바국의 맥락에서 신이스라엘 개념에 대해서는 다음 자료를 참고하시오. Daniel Rowland, "Third Rome or the New Israel?" *Russian Review* 55 (1996): 591–614.

14 Isaiah Gruber, *Orthodox Russia in Crisis: Church and Nation in the Time of Troubles* (DeKalb: Northern Illinois University Press, 2012); Isolde Thyrêt, "'Blessed Is the Tsaritsa's Womb': The Myth of Miraculous Birth and Royal Motherhood in Muscovite Russia," *Russian Review* 53, no. 4 (1994): 479–96.

15 S. F. Platonov, *The Time of Troubles: A Historical Study of the Internal Crises and Social Struggle in the Sixteenth- and Seventeenth-Century Muscovy*, trans. John T. Alexander (Lawrence: University of Kansas Press, 1970).

16 사회학자 랜달 콜린스(Randall Collins)는 다음과 같이 서술하고 있다. "국가의 권력–위신은 … 외부의 장(場), 특히 전쟁 동원을 통한 체험 속에서 가장 압도적인 사회적 경험으로 나타난다. … 국가 통치자의 정당성은 상당 부분, 자국에 영향을 미치는 지정학적 조건들에 대한 국민의 인식에서 비롯된다." (*Macrohistory: Essays in the Sociology of the Long Run* [Stanford, CA: Stanford University Press, 1999), pp. 8, 89.) 그러나 앞선 장에서 살펴본 바와 같이, 외국인들과의 접촉을 인식 가능한 상호작용으로 받아들이기 위해서는 그에 앞서 일정한 동일시의 기저(基底)가 선행되어야 한다.

17 Daniel Rowland, "The Problem of Advice in Muscovite Tales About the Time of Troubles," *Russian Review* 6, no. 1 (1979): 259–83.

18 Claudio Sergio Nun-Ingerflom, "How Old Magic Does the Trick for Modern Politics," in *Witchcraft Casebook: Magic in Russia, Poland, and Ukraine, 15th-21st Centuries*, ed. Valerie Kivelson, Russian History/Histoire russe 40, no. 3–4 (2013): 428–50. 곧 출간될 그의 다음 단행본을 참고하시오. *Le Tsar c'est moi, ou L'Imposture permanente: une autre histoire politique de la russie, XVe-XXIe siècles*.

19 발레리 키벨슨은 모스크바 국가의 정치 참여 양상과, 정치 공동체의 일원으로서 평민들이 부여받은 권리의 성격을 이해하기 위한 수정된 틀로서 "참정권을 가진 신민성(enfranchised subjecthood)"이라는 개념을 제안하고 있다. "Muscovite Citizenship': Rights without Freedom," *Journal of Modern History* 74:3 (2002): 465–89.

20 M. M Krom, *Mezh Rus'iu i Litvoi: zapadnorusskie zemli v sisteme russko-litovskikh otnoshenii kontsa XV-pervoi treti XVI v*. Issledovaniia po Russkoi Istorii 4 (Moscow: Arkheograficheskii Tsentr', 1995), pp. 199–232. 여러 장(章)에 대한 영어 번역을 위해서는 다음을 참고하시오. M. M. Krom, "Excerpts from Between Rus' and Lithuania:

The West Russian Lands in the System of Russo—Lithuanian Relations at the End of the Fifteenth and in the First Third of the Sixteenth Centuries," *Russian Studies in History* 40, no. 4 (2002): 9–93.

21 Gail Lenhoff, "Politics and Form in the Stepennaia Kniga," in *The Book of Royal Degrees and the Genesis of Russian Historical Consciousness*, ed. Gail Lenhoff and Ann Kleimola (Bloomington, IN: Slavica, 2011), p. 162.

22 Paul Bushkovitch, "The Formation of a National Consciousness in Early Modern Russia," *Harvard Ukrainian Studies* 10, nos. 3/4, *Concepts of Nationhood in Early Modern Eastern Europe* (1986), p. 363.

23 카잔 정복에 대한 더 많은 정보를 위해서는 다음을 참고하시오. Jaroslaw Pelenski, *Russia and Kazan: Conquest and Imperial Ideology (1438-1560s)* (The Hague: Mouton, 1974).

24 Brian J. Boeck, *Imperial Boundaries: Cossack Communities and Empire-Building in the Age of Peter the Great* (Cambridge and New York: Cambridge University Press, 2009), p. 41.

25 Daniel Rowland, "Two Cultures, One Throne Room: Secular Courtiers and Orthodox Culture in the Golden Hall of the Moscow Kremlin," in *Orthodox Russia: Studies in Belief and Practice*, ed. Valerie A. Kivelson and Robert H. Green (University Park, PA: Penn State University Press, 2003), pp. 33–57.

26 Michael Khodarkovsky, "From Frontier to Empire: The Concept of the Frontier in Russia, Sixteenth—Eighteenth Centuries," *Russian History* 19, nos. 1–4 (1992): 115–28; *Where Two Worlds Met: The Russian State and the Kalmyk Nomads, 1600-1771* (Ithaca, NY: Cornell University Press, 1992).

27 에리카 모나한(Erika Monahan)은 시베리아 내지(內地)와 이를 경유한 교역에서 모피가 유일하거나 반드시 가장 중요한 교역품은 아니었음을 입증하고 있다. 그럼에도 불구하고, 모피는 분명 중대한 비중을 차지한 품목이었다. *The Merchants of Siberia: Trade in Early Modern Eurasia* (Ithaca, NY: Cornell University Press, 2016).

28 Etkind, *Internal Colonization*, p. 89.

29 G. F. Miller, *Istoriia Sibiri*, vol. 1 (Moscow and Leningrad: Nauka, 1937), 383–84 (no. 33); 381–82 (no. 31); 390–92 (no. 39).

30 Petr Beketev in *Zapiski russkikh puteshestvennikov XVI-XVII vv.*, comp. and ed. N. 1. Prokof ev and L. I. Alekhina (Moscow: Sovetskaia Rossiia, 1988), pp. 361, 364–65.

31 Basil Dmytryshyn, E. A. P. Crownhart-Vaughn, and Thomas Vaughan, eds., *Russia's Conquest of Siberia: A Documentary Record, 1558-1700*, Vol. 1 (Portland: Oregon Historical Society Press, 1990), pp. 136–48.

32 *Yermak's Campaign in Siberia: A Selection of Documents Translated from the Russian Chronicles by Tatiana Minorsky and David Wileman*, ed. Terence Armstrong (London: Hakluyt Society, 1975), p. 62.

33 Ibid., p. 70.

34 Ibid., p. 248.

35 Valerie Kivelson, *Cartographies of Tsardom: The Land and Its Meanings in Seventeenth-Century Russia* (Ithaca, NY: Cornell University Press, 2006), pp. 149–70.

36 Quoted in Willard Sunderland, *Taming the Wild Field: Colonization and Empire on the Russian Steppe* (Ithaca, NY: Cornell University Press, 2004), p. 22.

37 Brian Boeck, *Imperial Boundaries*, pp. 22, 27, 29.

38 Ibid., p. 30.

39 Norman Davies, *Europe: A History* (Oxford, 1996), p. 655; quoted in Brian Boeck, "Containment vs. Colonization: Muscovite Approaches to Settling the Steppe," in *Peopling the Periphery: Slavic Settlement in Eurasia from Muscovite to Soviet Times*, ed. Nicholas Breyfogle, Abby Schrader, and Willard Sunderland (London: Routledge, 2007), pp. 41–60; quote on p. 44.

40 Serhii Plokhy, *The Origins of the Slavic Nations: Premodern Identities in Russia, Ukraine, and Belarus* (New York: Cambridge University Press, 2006), pp. 250–51.

41 『개관(Synopsis)』에서 나온 문구. 인용은 다음 자료. Plokhy, *Origins of the Slavic Nations*, p. 260.

42 James Cracraft, "Empire Versus Nation: Russian Political Theory Under Peter I," *Harvard Ukrainian Studies* 10, nos. 3/4 (December 1986): 524–40. 다음 자료에서 재출간되었다. Cracraft, ed., *Major Problems in the History of Imperial Russia* (Lexington and Toronto: D. C. Heath, 1994), pp. 224–34. 이후의 인용은 앞의 출간물에 따른 것이다.

43 국새(國璽)는 다음 자료에 수록되어 있다. *Zapiski russkikh puteshestvennikov XVI-XVII vv.*, p. 351. 마싸(Massa)는 차르의 칭호 가운데 노가이인, 세베리아, 리보니아, 그리고 사모예드인에 대한 주권이 포함되어 있음을 기록했다. Isaac Massa, *A Short History of the Beginnings and Origins of These Present Wars in Moscow Under the Reign of Various*

Sovereigns Down to the Year 1610, trans. and ed. by G. Edward Orchard (Toronto: University of Toronto Press, 1982), p. 23. 드미트리신(Dmytryshyn)은 다소 상이한 판본을 제시하고 있다. Basil Dmytryshyn, E. A. P. Crownhart-Vaughan, and Thomas Vaughn, eds., *Russia's Conquest of Siberia, 1558-1700: To Siberia and Russian America: Three Centuries of Russian Eastward Expansion*, Vol. 1, A Documentary Record (Portland: Oregon Historical Press, 1985), p. 400.

44 Richard S. Wortman, *Scenarios of Power: Myth and Monarchy from to Peter the Great to the Abdication of Nicholas II*. 한 권으로 새롭게 요약된 페이퍼백 편집본. (Princeton and Oxford: Princeton University Press, 2006), p. 14.

제3장

1 Mark Beissinger, "The Persisting Ambiguity of Empire," *Post-Soviet Affairs* 11, no. 2 (1995): 149-84.

2 Jane Burbank and Frederick Cooper, *Empires in World History: Power and the Politics of Difference* (Princeton, NJ: Princeton University Press, 2010), p. 10.

3 Charles King, "The Benefits of Ethnic War: Understanding Eurasia's Unrecognized States," *World Politics* 53, no. 4 (July 2001): 524-52.

4 John Le Donne, "Ruling Families in the Russian Political Order, 1689-1825," *Cahiers du monde russe* et soviétique 28, nos. 3-4 (July-December 1987): 307.

5 이곳에서, 그리고 본 논의 전반에 걸쳐 우리는 이 분야의 많은 학자들의 연구 성과를 토대로 논의를 전개한다. 제국적 경험에 대한 러시아의 사례를 비교사적 관점에서 고찰한 주요 저작으로는 다음과 같은 연구들이 있다. Alexei Miller and Alfred J. Rieber, *Imperial Rule* (Budapest: Central European University, 2005); Jane Burbank, Mark von Hagen, and Anatolyi Remnev, eds., *Russian Empire: Space, People, Power, 1700-1930* (Bloomington: Indiana University Press, 2007); and Jane Burbank and Frederick Cooper, *Empires in World History: Power and the Politics of Difference* (Princeton, NJ: Princeton University Press, 2010).

6 Michael Hechter, *Internal Colonialism: The Celtic Fringe in British National Development, 1536-1966* (Berkeley: University of California Press, 1975), pp. 60-64.

7 18세기 프랑스에서 '네이션' 개념을 둘러싼 이러한 논쟁에 대한 탁월한 설명을 위

해서는 다음을 참고하시오. David Bell, *The Cult of the Nation in France: Inventing Nationalism, 1680-1800* (Cambridge, MA: Harvard University Press, 2003).

8   국민주권이라는 수사(修辭)적 표현은 이미 1688년 영국의 명예혁명 당시에도 언급된 바 있었다. 다음 자료를 참고하시오. Stephen Pincus, "Nationalism, Universal Monarchy, and the Glorious Revolution," in *State/ Culture: State-Formation after the Cultural Turn*, ed. George Steinmetz (Ithaca, NY, and London: Cornell University Press, 1999), pp. 182–210.

9   William H. Sewell, Jr., "The French Revolution and the Emergence of the Nation Form," in *Revolutionary Currents: Transatlantic Ideology and Nation Building, 1688-1821*, ed. Michael Morrison and Melinda Zook (Lanham, MD: Rowman and Littlefield, 2004), pp. 91–125; and Lynn Hunt, *Politics, Culture, and Class in the French Revolution* (Berkeley and Los Angeles: University of California Press, 1984), pp. 123–25.

10   G. de Bertier de Sauvigny, "Liberalism, Nationalism, Socialism: The Birth of Three Words," *The Review of Politics* 32, no. 2 (April 1970): 160.

11   J. K. Bluntschli, Allgemeine Staatslehre (6th ed., 1866); cited in Michael Hughes, *Nationalism and Society: Germany 1800-1945* (London and New York: Edward Arnold, 1988), p. 17.

12   Ernest Gellner, *Nations and Nationalism*, p. 48; "잠자는 숲속의 미녀"와 "프랑켄슈타인의 신부"에 대해서는 다음을 참고하시오. Ronald Grigor Suny, *The Revenge of the Past: Nationalism, Revolution, and the Collapse of the Soviet Union* (Stanford, CA: Stanford University Press, 1993), pp. 3–4. 또한 다음 자료도 참고하시오. Etienne Balibar, "The Nation Form: History and Ideology," from *Etienne Balibar and Immanuel Wallerstein, Race, Nation, Class: Ambiguous Identities* (London: Verso, 1991), pp. 86–106; Benedict Anderson, *Imagined Communities: Reflections on the Origin and Spread of Nationalism* (London: Verso, 1983).

13   Anthony W. Marx, *Faith in Nation: Exclusionary Origins of Nationalism* (Oxford and New York: Oxford University Press, 2003).

14   Mrinalini Sinha, "Suffragism and Internationalism: The Enfranchisement of British and Indian Women Under an Imperial State," *The Indian Economic and Social History Review* 36, no. 4 (1999): 461–84.

15   다음에서 인용. Andreas Kappeler, *Rußland als Vielvölkerreich. Entstehung, Geschichte,*

Zerfall (Munich: Verlag C. H. Beck, 1992), p. 121; Richard Wortman, *Scenarios of Power: Myth and Ceremony in Russian Monarchy, Vol. I, From Peter the Great to the Death of Nicholas* (Princeton: Princeton University Press, 1995), pp. 136–37.

16 Wortman, *Scenarios of Power*, I, p. 170.

제4장

1 Liah Greenfeld, *Nationalism: Five Roads to Modernity* (Cambridge, MA: Harvard University Press, 1992), p.189.

2 Michael Florinsky, *Russia: A History and Interpretation* (New York: Macmillan, 1954), p. 432. 18세기 러시아에서 젠더와 통치에 대한 좀 더 분별 있는 분석으로는 무엇보다도 다음 연구들을 참고하시오. Benda Meehan-Waters, "Catherine the Great and the Problem of Female Rule," *Russian Review* 34 (1975): 293–307; Isabel de Madariaga, *Catherine the Great: A Short History*, 2nd ed. (New Haven: Yale University Press, 2002), pp. 203–18; Simon Dixon, *Catherine the Great* (Profiles in Power) (New York: Routledge, 2001).

3 이러한 소문들은 군주모독죄(lèse majesté) 사건들, 즉 차르에 반대하는 언사를 내뱉은 자들에 대한 재판과정에서 탐지되고 기록되었다. 다음을 참고하시오. N. Ia. Novombergskii, Slovo i delo gosudarevy, 2 vols. (Moscow: Iazyki slavianskoi kul'tury, 2004).

4 Paul Buskhovitch, "Succession, Election, Autocracy, and 'Absolutism' in Early Modern Russia," 2012년 10월 25일, 미시간대학교 러시아 역사 워크숍에서 발표된 미출간 논문.

5 Nicholas Henshall, *The Myth of Absolutism: Change and Continuity in Early Modern European Monarchy* (London: Longman, 1992).

6 Richard Wortman, *Scenarios of Power: Myth and Ceremony in Russian Monarchy, Vol. I, From Peter the Great to the Death of Nicholas I* (Princeton: Princeton University Press, 1995), p. 44.

7 표트르에 대한 문헌은 엄청나다. 그중 두 권을 들자면 다음과 같다. Paul Bushkovitch, *Peter the Great: The Struggle for Power, 1671-1725* (Cambridge: Cambridge University Press, 2001); Lindsey Hughes, *Russia in the Age of Peter the Great* (New Haven, CT:

Yale University Press, 1998).

8   P. P. Shafirov, *A Discourse Concerning the Just Causes of the War Between Sweden and Russia: 1700- 1721* (Dobbs Ferry, NY: Oceana, 1973); Partel Piirimäe, "Russia, the Turks and Europe: Legitimations of War and the Formation of European Identity in the Early Modern Period," *Journal of Early Modern History* 11, no. 1 (2007): 63−86.

9   Wortman, *Scenarios of Power, 1*, pp. 61, 64.

10   Alexander M. Martin, "The Invention of 'Russianness' in the Late 18th−Early 19th Century," *Ab Imperio* 3 (2003): 127.

11   Ernest Zitser, *The Transfigured Kingdom: Sacred Parody and Charismatic Authority at the Court of Peter the Great* (Ithaca, NY: Cornell University Press, 2004), p. 147.

12   Ibid., p. 163.

13   Ibid., p. 166.

14   Patricia Simons, *The Sex of Men in Premodern Europe: A Cultural History* (Cambridge: Cambridge University Press, 2011); Lyndal Roper, "Blood and Codpieces: Masculinity in the Early Modern German Town," in her *Oedipus and the Devil: Witchcraft, Sexuality and Religion in Early Modern Europe* (New York: Routledge, 1994), pp. 107−25.

15   Zitser, *The Transfigured Kingdom*.

16   Greenfeld, *Nationalism*, esp. pp. 227−28.

17   Gary Marker, *Imperial Saint: The Cult of St. Catherine and the Dawn of Female Rule in Russia* (DeKalb: Northern Illinois University Press, 2007), pp. 145−225.

18   Ernest A. Zitser, "The Petrine Revolution in Time: Plural Temporality and Practical Anachronism in the Vita of Prince B. I. Kurakin," 미출간 논문이다. 읽고 인용할 수 있도록 허락해 준 데 대해 저자에게 감사드린다.

19   Ekaterina Pravilova, *A Public Empire: Property and the Quest for a Common Good in Imperial Russia* (Princeton, NJ: Princeton University Press, 2014).

20   John P. LeDonne, *Absolutism and the Ruling Class: The Formation of the Russian Political Order, 1700-1825* (Oxford: Oxford University Press, 1991); Perry Anderson, *Lineages of the Absolutist State* (Verso, 2013), pp. 328−60; David Ransel, *The Politics of Catherinian Russia: The Panin Party* (New Haven, CT: Yale University Press, 1975).

21   Marc Raeff, *Plans for Political Reform in Imperial Russia, 1730-1905* (Englewood Cliffs, NJ: Prentice−Hall, 1966), p. 51.

22   Brenda Meehan−Waters, *Autocracy and Aristocracy: The Russian Service Elite of 1730*

(New Brunswick, NJ: Rutgers University Press, 1980), pp. 139−40.

23   Iakov B. Kniazhin, "Misfortune from a Coach," in Harold B. Segel, *The Literature of Eighteenth-Century Russia: A History and Anthology* (New York: Dutton, 1967), vol. 2, pp. 374−93; pp. 381−82에서 인용.

24   Martin, "The Invention of 'Russianness'," p. 121에서 인용.

25   Christof Herman von Manstein, *Memoirs of Russia: Historical, Political, Military from the Year 1727 to 1744...*(London 1770), pp. 279−81.

26   *The Memoirs of Catherine the Great*, ed. Dominique Maroger; trans. from the French by Moura Budberg (New York: Collier Books, 1961), pp. 271−74.

27   Gary Marker and Rachel May, eds. and trans., Days of a Russian Noblewoman: The Memories of Anna Labzina, 1758−1821 (DeKalb: Northern Illinois University Press, 2001), pp. 71−72.

28   널리 알려졌으나 출처가 모호한 이 격언들에 대한 번역과 자료 추적 작업에 있어서, 그 탐색 작업의 성과를 아낌없이 공유해 주신 쇼사나 켈러(Shoshana Keller) 교수와 그녀의 학부생 연구원에게 깊은 감사를 표한다. Louis Philippe de Ségur, Memoires ou souvenirs et anecdotes, Vol. 3 (Paris: Alexis Eymery, Libraire−Éditeur, 1826), pp. 42−43; https://books.google.com/books?id=A9lfA AAACAAJ&lpg=PP15&o ts=pAPQJWS6fB&dq=de%20segur%20memoires%20souvenirs%20 anecdotes%20 tome%20iii&pg=PA42#v=onepage&q=de%20segur%20memoires%20souvenirs%20 anecdotes%20tome%20iii&f=false. 켈러는 두 번째 인용문이 예카테리나 여제가 남긴 잡기에서 유래한 것으로 보고 있으며, 보다 장문의 형태는 19세기 작가 샤를 드 라리비에르(Charles de Larivière)가 집필한 여제의 전기에서 확인되는데, 그는 Collections of the Russian Imperial Historical Society 의 제7권을 인용하고 있다.

29   Geoffrey Hosking, Russia, People and Empire, 1552−1917 (Cambridge, MA: Harvard University Press, 1997), p. 96.

30   Matthew P. Romaniello, The Elusive Empire: Kazan and the Creation of Russia, 1562−1671 (Madison: University of Wisconsin Press, 2012).

31   Olga Greco, "From Triumphal Gates to Triumphant Rotting: Refractions of Rome in the Russian Political Imagination," PhD diss., University of Michigan, 2015.

32   Mark Raeff, "Review of Hans Rogger, National Consciousness in Eighteenth Century Russia, Jahr−bücher für Geschichte Osteuropas 8 (1960), p. 447.

33   Marker and May, Days of a Russian Noblewoman, pp. 14, 39, 93. 메리 캐번디(Mary

W. Cavender)는 트베리(Tver) 주의 귀족들 사이에서도 사람들을 예속 상태에 두기 위한 감상적 미화의 유사한 형태를 발견했다. Mary W. Cavender, Nests of the Gentry: Family, Estate, and Local Loyalties in Provincial Russia (Newark, DE: University of Delaware Press, 2007).

34　Steven L. Hoch, "The Serf Economy, The Peasant Family, and the Social Order," in Imperial Russia: New Histories for the Empire, ed. Jane Burbank and David Ransel (Bloomington: Indiana University Press, 1998), pp. 199–209. 다음도 참고하시오. Hoch, Serfdom and Social Control in Russia: Petrovskoe, a Village in Tambov (Chicago: University of Chicago Press, 1986).

35　Thomas Newlin, "Rural Ruses: Illusion and Anxiety on the Russian Estate," *Slavic Review* 57, no. 2 (1998): 295–319; Priscilla Roosevelt, "Tatiana's Garden: Noble Sensibilities and Estate Park Design in the Romantic Era," *Slavic Review* 49 (1990): 335–49.

제5장

1　Michael Cherniavsky, "Russia," in *National Consciousness, History, and Political Culture in Early-Modern Europe*, ed. Orest Ranum (Baltimore and London: The Johns Hopkins University Press, 1975), p. 141.

2　Ibid., p. 140.

3　James Cracraft, "Empire Versus Nation: Russian Political Theory Under Peter I," in *Major Problems in the History of Imperial Russia, ed. James Cracraft* (Lexington, MA, 1994), p. 225.

4　Cracraft, "Empire Versus Nation," p. 540.

5　Ibid., p. 529.

6　Hans Rogger, *National Consciousness in Eighteenth-Century Russia* (Cambridge, MA: Harvard University Press, 1960); Cynthia Hyla Whittaker, "The Idea of Autocracy Among Eighteenth–Century Russian Historians," in *Imperial Russia: New Histories for the Empire*, ed. Jane Burbank and David Ransel (Bloomington and Indianapolis: Indiana University Press, 1998), pp. 32–59.

7　Meehan–Waters, *Autocracy and Aristocracy*.

8 Wortman, *Scenarios of Power*, Vol. 1, p. 136. 러시아인들이 민족 정체성을 형성하고 모색하는 장(場)으로서의 패션에 관해서는, 다음을 참고하시오. Christine Ruane, *The Emperor's New Clothes: A History of the Russian Fashion Industry, 1700-1917* (New Haven, CT: Yale University Press, 2009).

9 Alexander M. Martin, "The Invention of 'Russianness' in the Late Eighteenth—Early Nineteenth Century", *Ab Imperio* (2003), no. 3: 119–34, 인용은 126쪽.

10 Ibid, pp. 390, 393.

11 Marc Raeff, *The Origins of the Russian Intelligentsia: The Eighteenth-Century Intelligentsia* (New York: Harcourt, Brace & World, 1966) 래프는 이 저서에서, 봉사로부터의 해방이 귀족들로 하여금 무위(無爲)의 상태에 빠지게 했으며, 이것은 다음 세기에 이르러 그들로 하여금 개혁, 나아가 혁명에까지 공감하게 되는 계기를 마련했다고 주장한다. 그가 지적하고 있듯이, "인텔리겐치아의 일원들은 18세기 봉직자들의 도덕적·지적 신조를 데카브리스트들의 열정과 행동에 대한 감정적 헌신과 결합시켰다"(170~171쪽).

12 Yuri Slezkine, "Naturalists Versus Nations: Eighteenth Century Russian Scholars Confront Ethnic Diversity," in *Russia's Orient: Imperial Borderlands and Peoples, 1700-1917*, ed. Daniel R. Brower and Edward J. Lazzerini (Bloomington, IN: Indiana University Press, 1997), pp. 27–57; quote on p. 30. 칼 린네(Carl Linnaeus, 1707~1778)는 근대적 식물 및 동물 분류 체계를 확립한 스웨덴의 식물학자이자 동물학자였다.

13 Willard Sunderland, "Imperial Space: Territorial Thought ad Practice in the Eighteenth Century," in *Russian Empire: Space, People, Power, 1700-1930*, ed. Jane Burbank, Mark von Hagen, and Anatolyi Remnev (Bloomington, IN: Indiana University Press, 2007), p. 42.

14 Mark Bassin, "Russia Between Europe and Asia: The Ideological Construction of Geographical Space," *Slavic Review* 50 (1991): 1–17; Valerie Kivelson, "Cartographic Emergence of Europe," in *Oxford Handbook of Early Modern History*, ed. Hamish Scott (Oxford: Oxford University Press, 2015), pp. 37–69, esp. pp. 59–60. 타티셰프(Tatishchev)의 구분은 러시아의 더 많은 영토를 유럽에 포함시키는 결과를 낳았으며, 이것은 이념적 성취로 간주되었다.

15 식민지, 식민화, 그리고 식민주의라는 개념들의 다양한 의미를 논하는 핵심 저작은 다음의 저서이다. Jürgen Osterhammel, *Colonialism: A Theoretical Overview*, trans.

Shelley L. Frisch (Princeton, NJ: Markus Wiener, 1997).

16 Sunderland, "Imperial Space," pp. 54–55.

17 Slezkine, "Naturalists Versus Nations." p. 48.

18 Ibid., p. 50.

19 Marc Raeff, "In the Imperial Manner," in *Catherine the Great: A Profile*, ed. Marc Raeff (New York: Hill & Wang, 1972), pp. 197–246; S. Frederick Starr, "Tsarist Government: The Imperial Dimension," in *Soviet Nationality Policies and Practices*, ed. Jeremy Azrael (New York: Praeger, 1978), pp. 3–38.

20 폴 부시코비치는 다음 책에서 우크라이나와 발트 지역을 비교함으로써 표트르의 유연성에 대한 주장을 전개한다. Serhii Plokhy, ed., *Poltava 1709: The Battle and the Myth, Harvard Papers in Ukrainian Studies* (Cambridge, MA: Harvard University Press; Ukrainian Research Institute, 2012); 같은 책에서 타이로바—라—콥레나(T. G. Tairova–la–kovleva)는 중앙집중화 내러티브를 고수한다. 피드백 순환 과정에 대해서는 다음을 참고하시오. N. N. Petrukhintsev, "Konsolidatsiia dvorianskogo sosloviia i problemy formirovaniia oformliaiushchei ego terminologii," in *Praviashchie elity i dvorianstvo Rossii vo vremia i posle petrovskikh reform*, ed. N. N. Petrukhintsev and L. Erren (Moscow: Rosspen, 2013), pp. 256–283; esp. pp. 265–66. 우리는 이 주제에 대해 값진 지도를 해 준 데 대해 어니스트 지처에게 또다시 감사드린다.

21 Marc Raeff, *Imperial Russia 1682-1825: The Coming of Age of Modern Russia* (New York: Knopf, 1971), p. 44; Cracraft, "Empire Versus Nation," pp. 228, 230; John LeDonne, "Building an Infrastructure of Empire in Russia's Eastern Theater, 1650s–1840s," *Cahiers du Monde russe* 47, no. 2 (2006): 607–8.

22 R. P. Bartlett, "Catherine II's Draft Charter to the State Peasantry," *Canadian-American Slavic Studies* 23, no. 1 (1989): 42.

23 Alison K. Smith, *For the Common Good and Their Own Well-Being: Social Estates in Imperial Russia* (Oxford: Oxford University Press, 2014), pp. 14–71, 72.

24 Boeck, *Imperial Boundaries*, pp. 54, 126–27, 117, 123, 182–83, 201.

25 Andreas Schönle, "Garden of the Empire: Catherine's Appropriation of the Crimea," *Slavic Review* 60, no. 1 (2001): 1–23.

26 Kelly O'Neill, *Southern Empire: The Logic and Limits of Russian Rule in Crimea* (필사본 형태). 이 연구를 인용하도록 허락해 준 데 대해 감사드린다.

27 Eugene Avrutin, Jews and the Imperial State: Identification Politics in Tsarist Russia

(Ithaca, NY: Cornell University Press, 2010); Richard Pipes, "Catherine II and the Jews: Origins of the Pale of Settlement," *Soviet Jewish Affairs* 5, no. 2 (1975): 3-20.

28 Michael Khodarkovsky, *Where Two Worlds Met: The Russian State and the Kalmyk Nomads, 1600-1771* (Ithaca, NY: Cornell University Press, 1992).

29 Barbara Skinner, *The Western Front of the Eastern Church: Uniate and Orthodox Conflict in Eighteenth-century Poland, Ukraine, Belarus, and Russia* (DeKalb: Northern Illinois University Press, 2009); Georg Michels, "Rescuing the Orthodox: The Church Policies of Archbishop Afanasii of Kholmogory, 1682−1702," in *Of Religion and Empire: Missions, Conversion, and Tolerance in Tsarist Russia*, ed. Robert P. Geraci and Michael Khodarkovsky (Ithaca, NY: Cornell University Press, 2001), pp. 19−37.

30 Michael Khodarkovsky, "Not By Word Alone': Missionary Policies and Religious Conversion in Early Modern Russia," *Comparative Studies of Society and History* 38, no. 2 (1996): 287−89; Paul W. Werth, At the Margins of Orthodoxy: Mission, Governance, and *Confessional Politics in Russia's Volga-Kama Region, 1827-1905* (Ithaca, NY: Cornell University Press, 2002).

31 Willard Sunderland. *Taming the Wild Field: Colonization and Empire on the Russian Steppe* (Ithaca, NY: Cornell University Press, 2004), p. 61.

32 Robert D. Crews, *For Prophet and Tsar: Islam and Empire in Russia and Central Asia* (Cambridge, MA: Harvard University Press, 2006), p. 33.

33 우리는 이러한 통찰력을 보여 준 데 대해 윌러드 선덜랜드에게 감사드린다.

34 Ibid., p. 60; Elena I. Campbell, "The Autocracy and the Muslim Clergy in the Russian Empire (1850s−1917)," *Russian Studies in History* 44, no. 2 (Fall 2005): 8−29; esp. 8−9.

35 Alexander Morrison, "Review of Robert Crews, For Prophet and Tsar," *The Slavonic and East European Review* 86, no. 3 (July 2008): 553−57. 인용은 555쪽.

36 Crews, *For Prophet and Tsar*, p. 20. 이슬람과 러시아 제국에 관한 다른 견해를 위해 서는, 다음을 참고하시오. Elena Campbell, *The Muslim Question in Imperial Russia* (Bloomington: Indiana University Press, 2014).

37 Morrison, "Review of Robert Crews, For Prophet and Tsar," p. 555. 모리슨은 알렌 프 랭크(Allen J. Frank)의 연구를 인용하고 있다.

38 Michael Khodarkovsky, "Not by Word Alone", pp. 267−93.

39 Marina Mogilner, *Homo Imperii: A History of Physical Anthropology in Russia* (Lincoln,

NE, and London: University of Nebraska Press, 2011). 그리고 같은 필자의 다음 논문도 참고하시오. "Russian Physical Anthropology in Search for 'Imperial Race': Liberalism and Modern Scientific Imagination in the Imperial Situation," *Ab Imperio* 8, no. 1 (2007): 191−223.

40   Etkind, *Internal Colonization*, p. 252.

41   Marc Raeff, *The Well-Ordered Police State: Social and Institutional Change Through Law in the Germanies and Russia, 1600-1800* (New Haven, CT: Yale University Press, 1983).

42   Brian J. Boeck, "When Peter I Was Forced to Settle for Less: Coerced Labor and Resistance in a Failed Russian Colony (1695−1711)." *Journal of Modern History*, 53: 3 (2008), pp. 485−514.

43   또한 풀러(William C. Fuller, Jr.)는 폴란드 역시 이와 같은 고위험 정치 게임에 가담했음을 지적한다. 즉, "러시아가 튀르키예와 전쟁을 벌인다면, 폴란드인들은 이 기회를 이용하여 상트페테르부르크의 달갑지 않은 포옹에서 빠져나가려 했다." William C. Fuller, Jr., *Strategy and Power in Russia, 1600-1914* (New York: Free Press, 1992), p. 146.

44   Ibid., p. 435.

45   Isabel de Madariaga, *Russia in the Age of Catherine the Great* (New Haven and London: Yale University Press, 1981), p. 421.

46   인용은 같은 자료. p. 447.

47   Norman Davies, God's Playground: A History of Poland (Oxford: Clarendon Press, 2005), p. 408.

48   Madariaga, Russia in the Age of Catherine the Great, p. 451.

49   Martin, "The Invention of 'Russianness'," p. 131.

50   Victor Taki, "Limits of Protection: Russia and the Orthodox Coreligionists in the Ottoman Empire," *The Carl Beck Papers in Russian and East European History* (2015). 예카테리나의 해군은 또한 그리스가 오스만제국의 지배로부터 해방되도록 전투를 벌였으며, 현지 지휘관들은 그리스인들을 위하여 대공국을 수립할 계획을 세웠고, 주목할 만하게도 그들이 원한다면 "공화국"을 세우는 것도 고려했다. 이것은 제국 통치하에서 다양한 정치 형태가 정상으로 간주되었음을 잘 보여 주는 또 하나의 사례이다. 다음을 참고하시오. Irina Smilianskaia, *Mikhail Velizev, and Elena Smilianskaia, Rossiia v Sredizemnomor'e: arkhipelagskaia ekspeditsiia Ekateriny Velikoi* (Moscow: Indrik, 2011), pp. 38−54, 483−98; Elena Smilianskaia, "Catherine's Liberation of the Greeks: High−Minded Discourse and Everyday Realities" in *Word and Image in Russian History: Essays in Honor of Gary Marker*, edited by Maria di Salvo, Daniel H. Kaiser, and Valerie A. Kivelson (Brighton, MA: Academic Studies Press, 2015), 7−89.

제6장

1 Hugh Ragsdale, "Was Paul Bonaparte's Fool? The Evidence of the Danish and Swedish Archives," *Canadian-American Slavic Studies* 7, no. 1 (Spring 1973): 52−67.

2 Paul Brykczynski, "Prince Adam Czartoryski as a Liminal Figure in the Development of Modern Nationalism in Eastern Europe at the Turn of the Eighteenth and Nineteenth Centuries," *Nationalities Papers* 38, no. 5 (September 2010): 647−69.

3 Marc Raeff, *Michael Speransky, Statesman of Imperial Russia, 1772-1839* (The Hague: M. Nijhoff, 1957), p. 44.

4 David Christian, "The Political Ideals of Michael Speransky," *Slavonic and East European Review* 54, no. 2 (April 1976): 199.

5 David Saunders, *Russia in the Age of Reaction and Reform, 1801-1881* (New York: Longman, 1992), p. 25.

6 D. G. Kirby, ed. and intro., *Finland and Russia 1808-1920: From Autonomy to Independence*, A Selection of Documents (London and Basingstoke: Macmillan, 1975), p. 12.

7 Ibid., p. 25.

8 Saunders, *Russia in the Age of Reaction and Reform*, p. 61.

9 세르게이 트루베츠코이 공(Prince Sergei Petrovich Trubetskoi)의 발언인데, 인용은 다음 자료. Marc Raeff, *The Decembrist Movement*, 2nd ed. (Englewood Cliffs, NJ: Prentice−Hall, 1966), p. 46.

10 Saunders, *Russia in the Age of Reaction and Reform*, p. 66.

11 인용은 다음 자료. William C. Fuller, Jr., *Strategy and Power in Russia, 1600-1914* (New York: Free Press, 1992), p. 183.

12 Dominic Lieven, *Russia Against Napoleon: The True Story of the Campaigns of War and Peace* (London: Penguin Books, 2009), p. 7.

13   Wortman, *Scenarios of Power*, Vol. 1, p. 217.

14   Ibid., p. 218.

15   Ibid., p. 221.

16   Ibid., p. 222.

17   Stephen M. Norris, *A War of Images: Russian Popular Prints, Wartime Culture, and National Identity, 1812-1945* (DeKalb: Northern Illinois University Press, 2006), p. 22.

18   Ibid., pp. 20–35.

19   Norris, *War of Images*, p. 27. 대중 문헌 및 '루복'에서 러시아성(Russianness)을 규정하는 특징으로서, 정교회에 대한 충성과 차르에 대한 충성을 융합시킨 주장에 대해서는 다음 자료도 참고하시오. Jeffrey Brooks, *When Russia Learned to Read: Literacy and Popular Literature, 1861-1917* (Princeton, NJ: Princeton University Press, 1985), p. 214.

20   Lieven, *Russia Against Napoleon*, p. 221.

21   인용은 다음 자료. Lieven, *Russia Against Napoleon*.

22   Lieven, *Russia Against Napoleon*, p. 216.

23   Ibid., pp. 124, 216.

24   1812년 대중적인 러시아 민족주의에 대한 신화에 대한 비판을 위해서는 다음을 참고하시오. Fuller, *Strategy and Power in Russia*, pp. 207–18; and Lieven, *Russia Against Napoleon*, p. 11.

25   Marc Szeftel, "The Form of Government of the Russian Empire Prior to the Constitutional Reforms of 1905–06," in *Essays in Russian and Soviet History in Honor of Geroid Tanquary Robinson*, ed. John Shelton Curtiss (New York: Columbia University Press, 1962), pp. 105–19.

26   Szeftel, "The Form of Government of the Russian Empire Prior to the Constitutional Reforms of 1905–06", p. 230.

27   알렉산드르 1세가 파벨 치차코프(Pavel Chichagov) 제독에게 보낸 편지. 인용은 다음. Lieven, *Russia Against Napoleon*, p. 182.

28   Fuller, Strategy and Power in Russia, p. 177.

29   Richard Pipes, *Karamzin's Memoir on Ancient and Modern Russia: A Translation and Analysis* (Cambridge MA: Harvard University Press, 1959; Ann Arbor: University of Michigan Press, 2005).

30   Ibid., p. 197; Andrzej Walicki, *The Slavophile Controversy: History of a Conservative Utopia in Nineteenth-Century Russian Thought*, trans. Hilda Andrews-Rusiecka (Oxford:

Oxford University Press, 1975), p. 40.

31 http://www.labex.ru/page/g14_istr_lek_16.html

32 Raeff, *The Decembrist Movement*, p. 135.

33 Ibid.

34 Ibid., p. 55.

35 Ibid., pp. 164-65.

36 데카브리스트들의 증언에서 발췌한 이런저런 인용문은 다음을 참고하시오. Raeff, *The Decembrist Movement*, pp. 45, 51, 54, 55.

37 Nicholas Riasanovsky, *Nicholas I and Official Nationality, 1825-1855* (Berkeley and Los Angeles: University of California Press, 1959), pp. 2, 19.

38 인용은 다음 자료. Riasanovsky, *Nicholas I and Official Nationality*, p. 77.

39 미하일 포고딘(Mikhail Pogodin)의 말이다. 인용은 다음 자료. Ibid., pp. 118-19.

40 John Randolph, *The House in the Garden: The Bakunin Family and the Romance of Russian Idealism* (Ithaca, NY: Cornell University Press, 2007). 또한 다음도 참고. George Mosse, *Nationalism and Sexuality: Middle-Class Morality and Sexual Norms in Modern Europe* (Madison: University of Wisconsin Press, 1985), 여기저기 인용.

41 다음에서 인용. Marina Frolova-Walker, *Russian Music and Nationalism from Glinka to Stalin* (New Haven, CT, and London: Yale University Press, 2007), p. 75.

42 Benedict Anderson, *Imagined Communities: Reflections on the Origin and Spread of Nationalism* (London: Verso, 1983, 2006), pp. 86-87, 110.

43 Ibid., pp. 109-10.

44 Wortman, *Scenarios of Power*, I, p. 402.

45 Ibid., p. 301.

46 Alan P. Pollard, "The Russian Intelligentsia: The Mind of Russia," *California Slavic Studies* 3 (1964): 15.

47 P. Chaadaev, *Philosophical Letters and Apology of a Madman, trans. and introduced by Mary-Barbara Zeldin* (Knoxville: University of Tennessee Press, 1969), p. 174.

48 1998년 9월 26일에 플로리다의 보카 라톤에서 개최된 미국슬라브연구진흥협회 (AAASS) 연례대회에서 발표된 오스틴 저실드(Austin Jersild)의 다음 미출간 논문을 참고하시오. "Khomiakov and Empire: Faith and Custom in the Border-lands."

49 Walicki, *The Slavophile Controversy*.

50 Andrzej Walicki, *A History of Russian Thought from the Enlightenment to Marxism,* *trans. Hilda Andrews-Rusiecka* (Stanford, CA: Stanford University Press, 1979), p. 92.

51 Paul Bushkovitch, "What Is Russia? Russian National Identity and the State, 1500–1917," in *Culture, Nation, and Identity: The Ukrainian-Russian Encounter, 1600-1945*, edited by Andreas Kappeler, et al. (Toronto: Canadian Institute of Ukrainian Studies Press, 2003), pp. 144–161.

52 A. Zionchkovskii, *Kirilo-Mefodievskoe obshchestvo (1846-1847)* (Moscow: Izdatel'stvo Moskovskogo universiteta, 1959); Faith Hillis, *Children of Rus': Right-Bank Ukraine and the Invention of a Russian Nation* (Ithaca, NY: Cornell University Press, 2013).

53 John W. Randolph, "The Singing Coachman or, The Road and Russia's Ethnographic Invention in Early Modern Times," *Journal of Early Modern History* 11, nos. 1–2 (2007): 33–62; Nathaniel Knight, "Science, Empire, and Nationality: Ethnography in the Russian Geographical Society, 1845–1855," in *Imperial Russia: New Histories for the Empire*, ed. Jane Burbank and David L. Ransel, pp. 108–42; Cathy A. Frierson, *Peasant Icons: Representations of Rural People in Late Nineteenth-Century Russia* (New York: Oxford University Press, 1993).

54 Anne Lounsbery, "No! This Is Not the Provinces!' Provincialism, Russianness, and Authenticity in Gogol's Day," *Russian Review* 64, no. 2 (2005): 259–80; quotes on 265, 266.

55 Brooks, *When Russia Learned to Read*, p. 215.

56 Ibid., p. 214.

57 Raeff, *Michael Speransky*, pp. 252–79; and his *Siberia and the Reforms of 1822* (Seattle: University of Washington Press, 1956).

58 John W. Slocum, "Who, and When Were the Inorodtsy? The Evolution of the Category of 'Aliens' in Imperial Russia," *Russian Review* 57 (1998): 173–90. 인용은 174쪽.

59 Ibid., p.174.

60 다음도 참고하시오. Yuri Slezkine, *Arctic Mirrors: Russia and the Small Peoples of the North* (Ithaca, NY: Cornell University Press, 1994).

61 Mark Soderstrom, "Sibiriaki na sluzhbe imperii: Sluzhba i samoznanie (sluchai P. A. Slovtsova i I. T. Kalashnikova," in *Sibirskii tekst v national'nom suzhetnom prostranstve*, ed. K. V. Anisimov (Krasnojarsk: Siberian Federal University, 2010), pp. 27–45.

62 Mark Bassin, "Inventing Siberia: Visions of the Russian East in the Early Nineteenth

Century," *American Historical Review* 96, no. 3 (1991): 763–94; and his *Imperial Visions: Nationalist Imagination and Geographical Expansion in the Russian Far East, 1840-1865* (Cambridge: Cambridge University Press, 1999).

63 Lounsbery, "No! This Is Not the Provinces!" p. 265.

64 Ann Laura Stoler, "On Degrees of Imperial Sovereignty," *Public Culture* 18, no. 1 (2006): 128.

65 Ronald Grigor Suny, *Looking Toward Ararat: Armenia in Modern History* (Bloomington: Indiana University Press, 1993).

66 러시아 제국 내에서 가장 오래된 무슬림 공동체인 볼가 유역 타타르인들에 관해서는 다음을 참고하시오. Michael Kemper, "Imperial Russia as Dar al-Islam? Nineteenth-Century Debates on Ijtihad and Taqlid Among the Volga Tatars," *Islamic Law and Society: A Global Perspective*, guest ed. Sabrina Joseph, special issue of *Encounters: An International Journal for the Study of Culture and Society 6* (Fall 2015): 95–124.

67 Crews, *For Prophet and Tsar*, p. 2.

68 인용은 다음 자료. Gary Hamburg, "War of Worlds: Commentary on the Two Texts in Their Historical Context," in *Russian-Muslim Confrontation in the Caucasus: Alternative Visions of the Conflict between Imam Shamil and the Russians, 1830-1859*, ed. Gary Hamburg and Thomas Sanders, *Soas/Routledge Studies on the Middle East* (Abingdon, Oxon, and New York: Routledge, 2004), p. 157.

69 인용은 동일. Ibid.

70 Vladimir O. Bobrovnikov, *Musul'mane Severnogo Kavkaza: obychai, pravo, nasilie. Ocherki po istorii i etnografii prava Nagornogo Dagestana* (Moscow: Vostochnaia literatura RAN, 2002).

71 Alexander Knysh, "al-Kabk' (The Caucasus): The Period 1800 to the Present Day," in *The Encyclopedia of Islam, 2d edition* (Supplement), fasc. 7–8 (2003), pp. 486–501.

72 Nicholas B. Breyfogle, *Heretics and Colonizers: Forging Russia's Empire in the South Caucasus* (Ithaca, NY: Cornell University Press, 2005).

73 Michael Khodarkovsky, *Bitter Choices: Loyalty and Betrayal in the Russian Conquest of the North Caucasus* (Ithaca, NY: Cornell University Press, 2011).

74 Eugene M. Avrutin, *Jews and the Imperial State: Identification Politics in Tsarist Russia* (Ithaca, NY: Cornell University Press, 2010).

75 Brykczynski, "Prince Adam Czartoryski as a Liminal Figure," pp. 647 – 69.

76 Edward L. Keenan, *Joseph Dobrovsky and the Origins of the Igor Tale* (Cambridge, MA: Huri and Dores, 2003).

77 다음에서 인용. Olga Maiorova, *From the Shadow of Empire: Defining the Russian Nation Through Cultural Mythology, 1855-1870* (Madison: University of Wisconsin Press, 2010), p. 4.

78 예를 들어, 다음을 참고하시오. Susan Layton, *Russian Literature and Empire: Conquest of the Caucasus from Pushkin to Tolstoy* (Cambridge: Cambridge University Press, 1994); and Austin Jersild, *Orientalism and Empire: North Caucasus Mountain Peoples and the Georgian Frontier, 1845-1917* (Montreal: McGill–Queen's University Press, 2002).

79 인용은 다음 자료. Layton, *Russian Literature and Empire*, p. 108.

80 Bruce Grant, *The Captive and the Gift: Cultural Histories of Sovereignty in Russia and the Caucasus* (Ithaca, NY: Cornell University Press, 2009).

81 Alexander Pushkin, "A Prisoner in the Caucasus," in *Eugene Onegin and Four Tales from Russia's Southern Frontier: A Prisoner in the Caucasus; The Fountain of Bahchisaray; Gypsies; Poltava* (Ware, Hertforshire: Wordsworth Editions, 2005), p. 137. "선량한 포로(good prisoner)"라는 개념은 다음에서 나온다. Bruce Grant, "The Good Russian Prisoner: Naturalizing Violence in the Caucasus," *Cultural Anthropology* 20, no. 1 (2005): 42–43. 샤밀은 선의의 표시로 자신의 아들 자말 알딘(Jamal al-din)을 러시아 측에 "선물로 주었다." 자말은 차르에 의해 직접 양육되어 나중에 폴란드 근위대 장교가 되었다.

82 T. J. Binyon, Pushkin, *A Biography* (London: HarperCollins, 2002), p. 148. 다음도 참고하시오. Layton, Russian Literature and Empire, p. 53.

83 인용과 토론은 다음을 참고하시오. Harsha Ram, "Prisoners of the Caucasus: Literary Myths and Media Representations of the Chechen Conflict," *Berkeley Program in Soviet and Post-Soviet Working Papers* (Berkeley, CA, 1999), p. 4.

84 Alexander Etkind, *Internal Colonization: Russia's Imperial Experience* (Cambridge, UK, and Malden, MA: Polity Press, 2011), pp. 143–44.

85 Ibid., p. 169.

86 Ibid., p. 253.

87 S. Shevyrev, "Vzglad russkogo na sovremennoe obrazovanie Evropy," *Moskvitianin*, no. 1, p. 219; 인용은 다음 자료. *Nicholas Riasanovsky, Nicholas I and Official*

Nationality in Russia, 1825-1855 (Berkeley and Los Angeles: University of California Press, 1967), p. 134.

제7장

1   David M. Goldfrank, *The Origins of the Crimean War* (London and New York: Longman, 1994), p. 271.

2   Orlando Figes, *The Crimean War, A History* (New York: Henry Holt, 2010), p. 147.

3   Lev Tolstoy, *The Sebastopol Sketches*, trans. D. M. McDuff (London, 1986), pp. 56–57.

4   인용은 다음 자료. Daniel Field, "The Year of Jubilee," in *Russia's Great Reforms, 1855-1881*, ed. *Ben Eklof, John Bushnell, and Larissa Zakharova* (Bloomington: Indiana University Press, 1994), p. 42.

5   David Saunders, *Russia in the Age of Reaction and Reform 1801-1881* (London and New York: Routledge, 2014), p. 217.

6   인용은 다음 자료. Larissa Zakharova, "Autocracy and the Reforms of 1861–1874 in Russia: Choosing Paths of Development," in *Russia's Great Reforms*, ed. Eklof, Bushnell, and Zakharova, p. 22.

7   Daniel Field, *The End of Serfdom: Nobility and Bureaucracy in Russia, 1855-1861* (Cambridge, MA: Harvard University Press, 1976), pp. 359–60.

8   George Vernadsky et al., eds. *A Source Book for Russian History from Early Times to 1917*, 3 vols. (New Haven, CT: Yale University Press, 1972), Vol. 3, p. 589.

9   Steven Hoch, "The Great Reformers and the World They Did Not Know: Drafting the Emancipation Legislation in Russia, 1856–61," in *Everyday Life in Russian History: Quotidian Studies in Honor of Daniel Kaiser*, eds. Gary Marker, Joan Neuberger, Marshall Poe, and Susan Rupp (Bloomington, IN: Slavica, 2010), pp. 247–77.

10   Daniel Field, "The Year of Jubilee," in *Russia's Great Reforms*, ed. Ben Eklof, John Bushnell, and Larissa Zakharova, p. 53.

11   농민 집산주의(peasant collectivism)와 "후진성(backwardness)"에 대한 이념적 관념이 진보와 개혁에 대한 구상 형성에 끼친 영향에 관해서는, 무엇보다도 다음 저서를 참고 하시오. Yanni Kotsonis, *Making Peasants Backward: Managing Populations in Russian Agricultural Cooperative, 1861-1914* (London: Palgrave Macmillan, 1999).

12   Robert J. Abbott, "Police Reform in the Russian Province of Iaroslavl, 1856–1876," *Slavic Review* 32 (1973): 293.

13   M. D. Dolbilov, "The Emancipation Reform of 1861 in Russia and the Nationalism of the Imperial Bureaucracy," in *The Construction and Deconstruction of National Histories in Slavic Eurasia*, ed. T. Tayashi (Sapporo: Hokkaido University Press, 2003), p. 209.

14   Robert F. Baumann, "Universal Service Reform and Russia's Imperial Dilemma," *War and Society* 4, no. 2 (1986): 131–49; and his "Subject Nationalities in the Military Service of Imperial Russia," *Slavic Review* 46, nos. 3/4 (Autumn–Winter 1987): 489–502; and David Schimmelpenninck and Bruce Menning, eds., *Reforming the Tsar's Army: Military Innovation in Imperial Russia From Peter the Great to the Revolution* (Washington, DC: Woodrow Wilson Center; Cambridge: Cambridge University Press, 2004).

15   Christine Johanson, *Women's Struggle for Higher Education in Russia, 1855-1900* (Kingston, Ontario: McGill–Queen's University Press, 1987).

16   S. Frederick Starr, *Decentralization and Self-Government in Russia, 1830-1870* (Princeton, NJ: Princeton University Press, 1972).

17   우리는 다음 저서에서 제시된 모델이 유용하다고 생각한다. Albert O. Hirschmann, *Exit, Voice, and Loyalty: Responses to Decline in Firms, Organizations, and States* (Cambridge, MA: Harvard University Press, 1970).

18   인용은 다음 자료. Dolbilov, "The Emancipation Reform of 1861," p. 228.

19   Jane Burbank, *Russian Peasants Go to Court: Legal Culture in the Countryside, 1905-1917* (Bloomington: Indiana University Press, 2004).

20   인용은 다음 자료. Kermit E. McKenzie, "The Zemstvo and the Administration," in *The Zemstvo in Russia: An Experiment in Local Self-government*, ed. Terence Emmons and Wayne S. Vucinich (Cambridge: Cambridge University Press, 1982) p. 34.

21   Aleksei Volvenko, "The Zemstvo Reform, the Cossacks, and Administrative Policy on the Don, 1864–1882," in *Russian Empire*, ed. Jane Burbank, Mark von Hagen, and A. V. Remnev (Bloomington: Indiana University Press, 2007), pp. 348–65.

22   시민권에 대해서는 다음을 참고하시오. Eric Lohr, "The Ideal Citizen and Real Subject in Late Imperial Russia," *Kritika: Explorations in Russian and Eurasian History*, n.s., 7, no. 2 (2006): 73–194.

23 인용은 다음 자료. Olga Maiorova, *From the Shadow of Empire: Defining the Russian Nation Through Cultural Mythology, 1855-1870* (Madison: University of Wisconsin Press, 2010), pp. 170-71.

24 Ibid., pp. 170-71.

25 Ibid., pp. 182, 190.

26 "Manifesto of the Emperor of Russia Announcing War with Turkey," St. Petersburg, April 24, 1877; in *The Map of Europe by Treaty, Showing the Various Political and Territorial Changes Which Have Taken Place Since the General Peace of 1814, IV, 1875-1891*, ed. and comp. Sir Edward Hertslet (London: Her Majesty's Stationery Office, 1891), pp. 2588-89.

27 인용은 다음 자료. Manoug J. Somakian, *Empires in Conflict: Armenia and the Great Powers 1895-1920* (London and New York: I. B. Tauris, 1995), p. 7. 다음 자료도 참고하시오. Brad Dennis, "The Debate on the Early 'Armenian Question' 1877-1896: Strengths, Weaknesses, Lacunae and Ways Forward," *Middle East Critique* 20, no. 3 (Fall 2011): 271-89.

28 오스만제국과 아르메니아인에 대한 영국의 정책에 대한 개관을 위해서는 다음 자료를 참고하시오. Arman J. Kirakossian, *British Diplomacy and the Armenian Question from the 1830s to 1914* (Princeton, NJ: Gomidas Institute, 2003).

29 러시아화의 다양한 형태에 대해서는 다음을 참고하시오. Edward C. Thaden, ed., *Russification in the Baltic Provinces and Finland, 1855-1914* (Princeton, NJ: Princeton University Press, 1981), pp. 7-9, passim.

30 Theodore R. Weeks, *Nation and State in Late Imperial Russia: Nationalism and Russification on the Western Frontier, 1863-1914* (DeKalb: Northern Illinois University Press, 1996), pp. 70-79; Darius Staliunas, "Between Russification and Divide and Rule: Russian Nationality Policy in the Western Borderlands in mid-19th Century," *Jahrbücher für Geschichte Osteuropas*, n.s., 55, no. 3 (2007): 357-73. 돌빌로프 (Dolbilov)는 이른바 "러시아화(Russification)" 정책이 실제 현지의 정황보다는 오히려 "러시아적"이라고 간주되어 보호받아야 할 특정한 특질에 따라 극적으로 달라졌다고 주장한다. 이리하여 그는 문제를 다시금 진정한 '러시아성(Russianness)'의 정의라는 문화적 난제로 되돌려 놓는다. (Mikhail Dolbilov, "Russification and the Bureaucratic Mind in the Russian Empire's Northwestern Region in the 1860s," *Kritika* 5, no. 2 [2004]: 245-71).

31 '시민성'에 대해서는 다음 에세이들을 참고하시오. Dov Yaroshevski and Austin Lee Jersild in Daniel R. Brower and Edward J. Lazzerini, eds., *Russia's Orient: Imperial Borderlands and Peoples, 1700-1917* (Bloomington: Indiana University Press, 1997), pp. 58–79, 101–114; Paul Werth, *At the Margins of Orthodoxy: Mission, Governance, and Confessional Politics in Russia's Volga-Kama Region, 1827-1905* (Ithaca, NY: Cornell University Press, 2001).

32 Anderson, *Imagined Communities*, p. 57.

33 Werth, *At the Margins of Orthodoxy*, p. 230. 베르트(Werth)는 일민스키 체제가 어떠한 방식으로든 공식화된 제도이거나 공인된 정책이었다는 일반적인 통념을 바로 잡는다. 다음 논문도 참고하시오. Isabelle Kreindler, "A Neglected Source of Lenin's Nationality Policy," *Slavic Review* 36, no. 1 (March 1977): 86–100.

34 Mariam Chkhartishvili, "Georgian Nationalism and the Idea of Georgian Nation," *Codrul Cosmonilui* 19, no. 2 (2013): 189–206.

35 존 슬로컴이 지적하듯이, "언어의 합리화를 목표로 하는 국가정책이 공교육제도의 시행과 동시에 추진될 경우, 국가는 기존 사회 내부에 뿌리내린 관련자들(이 경우에는 정교회 이외의 종교적 위계)과 마주하게 되며, 이들이 대안적 세계관을 수호하려는 기존의 관심을 유지할 때, 그 과정에서 민족성(nationality)의 정치가 유발된다." (John Slocum, "The Boundaries of National Identity: Religion, Language, and Nationality Policies in Late Imperial Russia," PhD diss., University of Chicago, 1993, p. 10.)

36 Ibid., pp. 4–5.

37 인용과 번역은 다음 자료. Maiorova, *From the Shadow of Empire*, p. 174.

38 Kirby, *Finland and Russia*, p. 55.

39 인용, 번역, 분석은 다음을 참고하시오. Maiorova, *From the Shadow of Empire*, pp. 130–43.

40 Dolbilov, "The Emancipation Reform of 1861," p. 231.

41 Ekaterina Pravilova, "From the Zloty to the Ruble: The Kingdom of Poland in the Monetary Politics of the Russian Empire," translated by Willard Sunderland, in *Russian Empire*, ed. Burbank, von Hagen, and Remnev, p. 316.

42 Faith Hillis, *Children of Rus': Right-Bank Ukraine and the Invention of a Russian Nation* (Ithaca, NY: Cornell University Press, 2013), p. 66.

43 Hillis, *Children of Rus'*, p. 13.

44 Kelly O'Neill, "Rethinking Elite Integration: The Crimean Murzas and the Evolution of Russian Nobility," *Cahiers du monde russe* 51, no. 2 (2010): 397–417; and her "Constructing Imperial Identity in the Borderland: Architecture, Islam, and the Renovation of the Crimean Landscape," *Ab Imperio* 2 (2006): 163–92.

45 Mara Kozelsky, *Christianizing Crimea: Shaping Sacred Space in the Russian Empire and Beyond* (DeKalb: Northern Illinois University Press, 2009).

46 Brian Glyn Williams, "Hijra and Forced Migration from Nineteenth–Century Russia to the Ottoman Empire: A Critical Analysis of the Great Crimean Tatar Emigration of 1860–1861," *Cahiers du monde russe* 41, no. 1 (2000): 79–108; quotes on pp. 92, 99.

47 포고딘의 저술은 흩어져 있으나, 다음 자료에서 일부가 발췌되어 있다. N. Barsukov, *Zhizn' i trudy M. P. Pogodina*, 22 vols. (St. Petersburg, 1888–1910); M. P. Pogodin, *Bor'ba ne na zhivot, a na smert, s novymi istoricheskimi eresiami* (Moscow, 1874); idem., *Sobranie statei, pisem i rechei po povodu slavianskogo voprosa* (Moscow, 1978). Riasanovsky, *Nicholas I and Official Nationality, passim.*, 앞의 책에서는 포고딘이 길게 토론되고 있다.

48 Alexander Morrison, "Introduction: Killing the Cotton Canard and Getting Rid of the Great Game: Rewriting the Russian Conquest of Central Asia, 1814–1895," *Central Asian Survey* 33, no. 2 (April 2014): 131–42.

49 Adeeb Khalid, *The Politics of Muslim Reform: Jadidism in Central Asia* (Berkeley–Los Angeles: University of California Press, 1999).

50 Vahan D. Barooshian, *V. V. Vereshchagin, Artist at War* (Gainesville: University Press of Florida, 1993), p. 22.

51 Ibid., p. 34.

52 이와 관련된 토론은 다음 자료를 참고하시오. Willard Sunderland, "The Ministry of Asiatic Russia: The Colonial Office That Never Was but Might Have Been," *Slavic Review* 69, no. 1 (2010): 120–50.

53 Sven Beckert, *Empire of Cotton: A Global History* (New York: Knopf, 2014), p. 347.

54 Beatrice Penati, "The Cotton Boom and the Land Tax in Russian Turkestan (1880s–1915)," *Kritika: Explorations in Russian and Eurasian History* 14, no. 4 (2013): 774.

55 Ibid., pp. 741–74.

56 Louise McReynolds, *Murder Most Russian: True Crime and Punishment in Late Imperial Russia* (Ithaca, NY: Cornell University Press, 2012), p. 8.

57 Yanina Arnold, "Writing Justice: Fiction and Literary Lawyers in Late Imperial Russia, 1864–1900," PhD diss., Ann Arbor, MI, 2014. 해리어트 무라프(Harriet Murav)는 크로넨베르크 사건을 러시아성(Russianness)이 무엇인지에 대해 생각할 수 있는 장으로서 논의하고 있다. Harriet Murav, *Russia's Legal Fictions* (Ann Arbor: University of Michigan Press, 1998), pp. 125–56.

58 베라 자술리치 관련 자료는 다음을 참고하시오. *Five Sisters: Women Against the Tsar. Memoirs of Five Young Anarchist Women of the 1870's, ed. and trans. Barbara Alpern Engel* (Boston: Allen and Unwin, 1975), p. 69.

59 Semen Kanatchikov, *A Radical Worker in Tsarist Russia: The Autobiography of Semen Ivanovich Kanatchikov, trans. and ed. Reginald Zelnik* (Stanford, CA: Stanford University Press, 1986), p. 4.

60 Richard S. Wortman, *Scenarios of Power: Myth and Ceremony in Russian Monarchy, Volume II, From Alexander II to the Abdication of Nicholas II* (Princeton, NJ: Princeton University Press, 2000), p. 238.

61 Victoria Khiterer, "The October 1905 Pogroms and the Russian Authorities," *Nationalities Papers* 43, no. 5 (2015): 1–2.

62 인용은 다음 자료. Ibid., p. 10; and in *Antony Polonsky, The Jews in Poland and Russia, II: 1881 to 1914* (Oxford: The Littman Library of Jewish Civilization, 2010), p. 56.

63 Charters Wynn, Workers, *Strikes, and Pogroms: The Donbass-Dnepr Bend in Late Imperial Russia, 1870-1905* (Princeton: Princeton University Press, 1992).

64 Vivek Chibber, *Postcolonial Theory and the Specter of Capital* (London and New York: Verso, 2013), p. 118.

65 Riga, *The Bolsheviks and the Russian Empire*, pp. 269–70.

66 "새로운 계급 정체성은 점차적으로 민족성을 중심으로 형성되어 가고 있었다. 사회경제적 위치는 보다 직접적인 민족적 연관성, 공동체, 그리고 주거 지역을 매개로 경험되었다는 점에서 그러했다." [Ibid., p. 27]

67 Liliana Riga, *The Bolsheviks and the Russian Empire* (Cambridge: Cambridge University Press, 2012); Ronald Grigor Suny, *The Baku Commune, 1917-1918: Class and Nationality in the Russian Revolution* (Princeton, NJ: Princeton University Press, 1972), passim.

68 Riga, *The Bolsheviks and the Russian Empire*, p. 263.

제8장

1   Alexander J. Motyl, "From Imperial Decay to Imperial Collapse: The Fall of the Soviet Empire in Comparative Perspective," in *Nationalism and Empire: The Habsburg Empire and the Soviet Union, ed. Richard L.. Rudolph and David F. Good* (New York: St. Martin's Press, 1992), pp. 36-37, 40.

2   혁명 체제의 놀라운 장기지속성에 대해서는 다음을 참고하시오. Steven Levitsky and Lucan Way, "The Durability of Revolutionary Regimes," *Journal of Democracy* 24, no. 3 (July 2013): 5-17.

3   마르크스와 엥겔스에 대해서는 다음을 참고하시오. Neil A. Martin, "Marxism, Nationalism and Russia," *Journal of the History of Ideas* 29, no. 2 (1968): 239-42; Anthony Brewer, *Marxist Theories of Imperialism: A Critical Survey* (London: Routledge, 2002); and Kevin Anderson, *Marx at the Margins: On Nationalism, Ethnicity and Non-Western Societies* (Chicago: University of Chicago Press, 2010).

4   Karen Barkey, *Empire of Difference: The Ottomans in Comparative Perspective* (Cambridge: Cambridge University Press, 2008), p. 21, fn. 39. 또한 다음 자료를 보시오. Ronald Grigor Suny, "They Can Live in the Desert But Nowhere Else": *A History of the Armenian Genocide* (Princeton, NJ: Princeton University Press, 2015).

5   Lewis H. Siegelbaum and Leslie Moch, Broad Is My Native Land: Repertoires and Regimes in Migration in Russia's Twentieth Century (Ithaca, NY: Cornell University Press, 2014), p. 3.

6   Erez Manela, *The Wilsonian Moment: Self-Determination and the International Origins of Anti- Colonial Nationalism* (Oxford: Oxford University Press, 2007).

7   Ernest Gellner, *Nations and Nationalism* (Ithaca, NY: Cornell University Press, 1983), p. 57.

8   Eugen Weber, *Peasants into Frenchmen: The Modernization of Rural France, 1870-1914* (Stanford, CA: Stanford University Press, 1976).

9   Ian Lustick, *State-Building Failure in British Ireland and French Algeria* (Berkeley: Institute of International Studies, University of California at Berkeley, 1985). 현재 스코틀랜드와 웨일스 두 곳 모두에서 독립운동이 다시금 거세게 일어나는 것을 감안하면, 잉글랜드의 성공 이야기는 광채를 잃어가는 것으로 보인다.

10   Jane Burbank, "An Imperial Rights Regime: Law and Citizenship in the Russian

Empire," *Kritika* 7, no. 3 (Summer 2006): 400.

11   Ibid., p. 403. 다음도 참고하시오. Ekaterina Pravilova, *A Public Empire: Property and the Quest for the Common Good in Imperial Russia* (Princeton, NJ: Princeton University Press, 2014).

12   Ronald Grigor Suny, "Russian Rule and Caucasian Society in the First Half of the Nineteenth Century: The Georgian Nobility and the Armenian Bourgeoisie," *Nationalities Papers* 7, no. 1 (Spring 1979): 53–78; 같은 저자의 다음 논문도 참고 하시오. "The Peasants Have Always Fed Us: The Georgian Nobility and the Peasant Emancipation, 1856–1871," *Russian Review* 38, no. 1 (January 1979): 27–51.

13   N. G. Ustrialov, *Istoricheskoe obozrenie tsarstvovanila gosudaria Nikolaia I* (St. Petersburg: Tipografiia Ekspeditsii zagotovleniia gosudarstvennykh bumag, 1847), p. 167; cited in Willard Sunderland, *Taming the Wild Field: Colonization and Empire on the Russian Steppe* (Ithaca, NY: Cornell University Press, 2004), pp. 126–27.

14   Burbank, "An Imperial Rights Regime," pp. 419, 422–23.

15   파벨 멜니코프(Pavel Melnikov)의 발언이다. 인용은 다음 자료. Frithjof Benjamin Schenk, "Mastering Imperial Space? The Ambivalent Impact of Railway–Building in Tsarist Russia," in *Comparing Empires: Encounters and Transfers in the Long Nineteenth Century*, ed. Jörn Leonhard and Ulrike von Hirschhausen (Göttingen: Vandenhoeck & Ruprecht, 2011), p. 61.

16   Frithjof Benjamin Schenk, "Travel, Railroads, and Identity Formation in the Russian Empire," in *Shatterzone of Empires: Coexistence and Violence in the German, Habsburg, Russian, and Ottoman Borderlands, ed. Omer Bartov and Eric D. Weitz* (Bloomington and Indianapolis: Indiana University Press, 2013), p. 140.

17   Ibid., p. 65. 다음도 참고하시오. Frank W. Wcislo, *Tales of Imperial Russia: The Life and Times of Sergei Witte, 1849-1915* (Oxford: Oxford University Press, 2011).

18   인용은 다음 자료. Marsha Seifert, "Chingis–Khan with the Telegraph': Communications in the Russian and Ottoman Empires," in *Comparing Empires*, ed. Jorn Leonhard and Ulrike von Hirschhausen, p. 78.

19   Schenk, "Travel, Railroads, and Identity Formation," pp. 142–43.

20   Ibid., pp. 142–45.

21   Schenk, "Mastering Imperial Space?," pp. 67–68; see also Donald W. Treadgold, *The Great Siberian Migration: Government and Peasant in Resettlement from Emancipation to*

the First World War (Princeton, NJ: Princeton University Press, 1957); and Barbara A. Anderson, *Internal Migration During Modernization in Late Nineteenth-Century Russia* (Princeton, NJ: Princeton University Press, 1980).

22 Sunderland, *Taming the Wild Field*, p. 3.

23 Schenk, "Travel, Railroads, and Identity Formation," pp. 141–42.

24 Michael Aronson, "Geographical and Socioeconomic Factors in the 1881 Anti–Jewish Pogroms in Russia," *Russian Review* 39, no. 1 (January 1980): 31.

25 Barbara Jelavich, *A Century of Russian Foreign Policy, 1814-1914* (Philadelphia: J. B. Lippincott, 1964), p. 243.

26 Stephen M. Norris, *A War of Images: Russian Popular Prints, Wartime Culture, and National Identity, 1812-1945* (DeKalb: Northern Illinois University Press, 2006), pp. 107–34.

27 Ibid., 107.

28 Eric Lohr, "The Ideal Citizen and Real Subject in Late Imperial Russia," *Kritika: Explorations in Russian and Eurasian History*, n.s., 7, no. 2 (Spring 2006): 173–94. 인용은 194쪽.

29 Abraham Ascher, *The Revolution of 1905: Russia in Disarray* (Stanford, CA: Stanford University Press, 1988), pp. 91–92.

30 Ibid., pp. 206–7.

31 Trotsky, *Stalin*, pp. 65–66.

32 Willard Sunderland, "Shop Signs, Monuments, Souvenirs: Views of the Empire in Everyday Life," in *Picturing Russia: Explorations in Visual Culture, ed. Valerie Kivelson and Joan Neuberger* (New Haven, CT: Yale University Press, 2008), pp. 104–8.

33 Faith Hillis, *Children of Rus: Right-Bank Ukraine and the Invention of a Russian Nation* (Ithaca, NY, and London: Cornell University Press), p. 190.

34 Robert Edelman, *Gentry Politics on the Eve of the Russian Revolution: The Nationalist Party* (New Brunswick, NJ: Rutgers University Press, 1980); Ronald Grigor Suny, *The Making of the Georgian Nation* (Bloomington, IN, and Stanford, CA: Indiana University Press in association with the Hoover Institution Press, 1988; second edition: Bloomington: Indiana University Press, 1994), P. 142.

35 Francis C. Wcislo, "Witte, Memory, and the 1905 Revolution: A Reinterpretation of the Witte Memoirs," *Revolutionary Russia* 8, no. 2 (December 1995): 175.

36   Ibid., p. 176.

37   Joshua Sanborn, "Family, Fraternity, and Nation-building in Russia, 1905-1925," in *A State of Nations: Empire and Nation-Making in the Age of Lenin and Stalin, ed. Ronald Grigor Suny and Terry Martin* (New York: Oxford University Press, 2001), p. 94.

38   인용은 다음 자료. Josh Sanborn, "The Mobilization of 1914 and the Question of the Russian Nation: A Reexamination," *Slavic Review*, LIX, 2 (Summer 2000), p. 284.

39   민족주의의 발달 단계는 미로슬라프 흐로흐(Miroslav Hroch)의 다음 저서에서 철저히 연구되었다. Miroslav Hroch, *Social Preconditions for National Revival in Europe: A Comparative Analysis of the Social Composition of Patriotic Groups Among the Smaller European Nations* (Cambridge: Cambridge University Press, 1985).

40   Slocum, "The Boundaries of National Identity," p. 214.

41   Ibid., p. 216.

42   Ibid., p. 256.

43   이것은 본래 로널드 그리고르 수니의 주장이다. Ronald Grigor Suny, *The Revenge of the Past: Nationalism, Revolution, and the Collapse of the Soviet Union* (Stanford: Stanford University Press, 1993).

제9장

1   인용은 다음 자료. Sanborn, "Family, Fraternity, and Nation-building in Russia," p. 96.

2   Ibid., p. 97.

3   Ibid., p. 101.

4   인용은 다음 자료. Ibid., p.102.

5   Hubertus F. Jahn, *Patriotic Culture in Russia During World War I* (Ithaca, NY: Cornell University Press, 1996), pp. 171-73.

6   Sanborn, "The Mibilization of 1914 and the Question of the Russian Nation: A Re-examination," *Slavic Review* 59, no. 2 (Summer 2000): 267-89; and his *Drafting the Russian Nation: Military Conscription, Total War, and Mass Politics, 1905-1925* (DeKalb, II.: Northen Illinois University Press, 2011), pp. 201-08. 다음도 참고할 것. Scott Seregny, "Zemstvos, Peasants and Citizenship: The Russian Adult Education

Movement and World War I," ibid, pp. 290–315.

7 S. A. Smith, "Citizenship and the Russian Nation During World War I: A Comment," ibid., pp. 317–29.

8 Ibid., p. 329. 러시아 민족이 형성되고 있다는 명시적 논지를 제시하지 않으면서도, 전쟁이 제국에 미친 민족화(nationalizing)의 효과에 관해서는 다음 자료도 참고하시오. Eric Lohr, *Nationalizing the Russian Empire: The Campaign Against Enemy Aliens During World War I* (Cambridge, MA: Harvard University Press, 2003).

9 Geoffrey Hosking, Russia and the Russians, A History (Cambridge, MA: Harvard University Press, 2001), p. 505.

10 Martha Brill Olcutt, *The Kazakhs*, 2nd ed. (Stanford, CA: Hoover Institution Press, 1995), p. 124. 봉기에 대한 최고의 설명은 다음 자료이다. Marco Buttino, *La Rivoluzione Capovolta* (Naples, 2003), updated and translated by N. Okhotina into *Russian: Revoliutsiia naoborot: Srednaia Aziia mezhdu padeniem tsarskoi imperii i obrazovaniem SSSR* (Moscow: Zvenia, 2007).

11 Sanborn, "Family, Fraternity, and Nation–building in Russia," p. 106.

12 이 부분의 내용 중 많은 것은 다음 연구에서 가져왔으며, 저자들이 이 책에서 발견한 것들을 반영하고 있다. "Introduction: Bringing Empire Back," in *The Empire and Nationalism at War*, ed. Eric Lohr et al., Russia's Great War and Revolution 2 (Bloomington, IN: Slavica, 2014), pp. 1–7.

13 Mark von Hagen, *War in a European Borderland: Occupations and Occupation Plans in Galicia* (Seattle: University of Washington Press, 2007), p. 19.

14 Joshua A. Sanborn, *Imperial Apocalypse: The Great War and the Destruction of the Russian Empire* (Oxford: Oxford University Press, 2014), p. 130.

15 Rogers Brubaker, *Nationalism Reframed: Nationhood and the National Question in the New Europe* (Cambridge: Cambridge University Press, 1996), pp. 84–103.

16 Sanborn, *Imperial Apocalypse*, p. 41.

17 Peter Gatrell, *A Whole Empire Walking: Refugees in Russia During World War I (Bloomington and Indianapolis: Indiana University Press, 1999); and Eric Lohr, Nationalizing the Russian Empire: The Campaign Against Enemy Aliens During World War I* (Cambridge, MA: Harvard University Press, 2003).

18 "피의 땅"이라는 논리를 위해서는 다음 연구를 참고하시오. Timothy Snyder, *Bloodlands: Europe Between Hitler and Stalin* (New York: Basic Books, 2010). 대안적

인 관점을 위해서는 다음 책에 있는 논문을 참고하시오. Omer Bartov and Eric Weitz, eds., *Shatterzone of Empires: Coexistence and Violence in the German, Habsburg, Russian, and Ottoman Borderlands* (Bloomington: Indiana University Press, 2013). "피의 땅"은 1930년대와 1940년대에 동유럽에서 발생한 대규모 폭력과 학살의 원인을 비교적 직선적으로 히틀러와 스탈린이라는 개인 및 그들의 성격에 귀속시키는 논지를 펼친다. 반면에 "제국의 균열 지대" 주장은 제국 간의 경쟁과 민족주의 운동 및 국가들의 형성 과정을 보다 맥락적이고 심지어 환경적인 접근을 통해 조망하며, 그 시간적 범위를 거의 200년에 걸쳐 확장하고, 지리적 틀 또한 오스만제국이라는 중대한 사례를 포함하는 방향으로 확대하고 있다.

19 Karuna Mantena, *Alibis of Empire: Henry Maine and the Ends of Liberal Imperialism* (Princeton, NJ: Princeton University Press, 2010); and Adam Tooze, *The Deluge: The Great War and the Remaking of Global Order* (London: Allen Lane, 2014), pp. 15–16, 386.

20 Alexander M. Semyonov, "Russian Liberalism in Imperial Context," in *Liberal Imperialism, ed. Matthew Fitzpatrick* (London: Palgrave Macmillan, 2012), pp. 67–89.

21 인용은 다음 자료. Sanborn, *Imperial Apocalypse*, pp. 185–87.

22 러시아혁명기의 민족주의와 사회주의에 대한 비교 고찰을 위해서는 수니(Suny)의 다음 저술을 참고하시오. Suny, *The Revenge of the Past, particularly* pp. 20–83.

23 Baku, no. 204, September 13, 1917. 인용은 다음 자료. Ronald Grigor Suny, *The Baku Commune, 1917-1918: Class and Nationality in the Russian Revolution* (Princeton, NJ: Princeton University Press, 1972), p. 115.

24 *Sedmaia (Aprel'skaia) Vserossiiskaia konferentsiia RSDRP (bol'shevikov), Protokoly* (Moscow: Gosizdatpolit, 1958), pp. 216–19.

25 Rosa Luxemburg, "The Right of Nations to Self–Determination," in *The National Question-Selected Writings by Rosa Luxemburg*, ed. and intro. Horace B. Davis (New York and London: Monthly Review Press, 1976), p. 135.

26 1917년 4월에 집필된 다음 소책자에 나오는 내용이다. *Zadachi proletariata v nashei revoliutsii* (Proekt platformy proletarskoi partii). 이것은 1917년 9월에 처음 출간되었고, 다음 전집에 포함되어 있다. V. I. Lenin, *Polnoe sobranie sochineniia* [henceforth, PSS] (Moscow: Izdatel'stvo politicheskoi literatury, 1958–1965), Vol. 31, pp. 167–68.

27 여기 및 이후에 등장하는 대괄호 안의 날짜는, 1918년에 볼셰비키 정권이 채택한 그레고리력에 따른 것이며, 그 이전까지 러시아에서는 율리우스력을 사용했으므로, 본문 중 대괄호가 없는 날짜는 율리우스력 기준에 따른 것이다. 20세기 당시 율리우스력은

그레고리력보다 13일 늦었다.

28 https://www.marxists.org/history/ussr/government/foreign-relations/1917/ December/3.htm.

29 Richard Pipes, *The Formation of the Soviet Union: Communism and Nationalism, 1917-1923* (Cambridge, MA: Harvard University Press, 1954), p. 111.

30 Ibid., p. 11.

31 V. I. Lenin, *PSS*, Vol. 35, p. 116.

32 V. I. Lenin, *PSS*, Vol. 40, p. 20; V. I. Lenin, *Collected Works* (Moscow, 1960-1970); Vol. 30, p. 271.

33 *Vosmoi s'ezd RKP (b). Mart 1919 goda. Protokoly* (Moscow: Gosudarstvennoe izdatel' stvo politicheskoi literatury, 1959), pp. 46-48, 52-56.

34 Willard Sunderland, *The Baron's Cloak: A History of the Russian Empire in War and Revolution* (Ithaca, NY: Cornell University Press, 2014). 러시아 제국의 구조가 제국 국민을 구성하는 방식을 보여 주는 사례로는 다른 수많은 인물들이 제시될 수 있다. 이와 관련된 간단한 전기(傳記)는 다음 자료를 참고하시오. Stephen M. Norris and Willard Sunderland, eds., *Russia's People of Empire: Life Stories from Eurasia, 1500 to the Present* (Bloomington: Indiana University Press, 2012).

35 Richard G. Hovannisian, "Armenia and the Caucasus in the Genesis of the Soviet-Turkish Entente," *International Journal of Middle East Studies* 4 (1973): p. 147.

36 *Pervyi s'ezd narodov Vostoka* (Petrograd: Kommunisticheskii internatsional, 1920); *Congress of the Peoples of the East: Baku, September 1920: Stenographic Report*, transl. and annotated by Brian Pearce (London: New Park, 1977).

37 *Congress of the Peoples of the East*, pp. 23-27.

38 M. N. Roy's Memoirs (Bombay: Allied Publishers, 1964), p. 395.

39 1920년대의 소련 민족정책에 대한 철저한 토론에 관해서는 다음을 참고하시오. Terry Martin, *Affirmative Action Empire, and Francine Hirsch, Empire of Nations: Ethnographic Knowledge and the Making of the Soviet Union* (Ithaca: Cornell University Press, 2005).

40 다음을 참고하시오. Moshe Lewin, *Lenin's Last Struggle* (New York: Random House, 1968; Ann Arbor: University of Michigan Press, 2005).

제10장

1   Terry Martin, "The Origins of Soviet Ethnic Cleansing," *Journal of Modern History* 70, no. 4 (December 1998): 827.

2   Stephen Kotkin, *Magnetic Mountain: Stalinism as Civilization* (Berkeley and Los Angeles: University of California Press, 1995), pp. 84–85; John Scott, *Behind the Urals: An American Worker in Russia's City of Steel* (1942; Bloomington: Indiana University Press, 1989), p. 215.

3   이러한 주장은 로저스 브루베이커(Rogers Brubaker)에 의해 설득력 있게 제시되었다. Rogers Brubaker, *Nationalism Reframed: Nationhood and the National Question in the New Europe* (Cambridge: Cambridge University Press, 1996).

4   술탄-갈리예프(Sultan-Galiev)에 대해서는 다음을 참고하시오. Alexandre Bennigsen and Chantal Quelquejay, *Les mouvements nationaux chez les musulmans de Russie: Le sultangaliévisme» au Tatarstan* (Paris et La Haye, Mouton & Co, 1960); their *Sultan Galiev, le père de la révolution tiers-mondiste: "Les inconnus de l'histoire"* (Paris: Fayard, 1986); Alexandre Bennigsen and S. Enders Wimbush, *Muslim National Communism in the Soviet Union* (Chicago: University of Chicago Press, 1979); and Maxime Rodinson, *Marxism and the Muslim World*, trans. Jean Matthews (London: Zed Press, 1979).

5   Zvi Gitelman, *Jewish Nationality and Soviet Politics: The Jewish Sections of the CPSU, 1917-1930* (Princeton, NJ: Princeton University Press, 1972); Jeffrey Veidlinger, *The Moscow State Yiddish Theater: Jewish Culture on the Soviet Stage*, new ed. (Bloomington: Indiana University Press, 2006).

6   Robert Weinberg, *Stalin's Forgotten Zion: Birobidzhan and the Making of a Jewish Homeland: An Illustrated History, 1928-1996* (Berkeley: University of California Press, 1998), pp. 67–68.

7   경제적 · 민족적 '행정구획화'(raionirovanie)에 대한 탁월한 토론은 다음 자료를 참고 하시오. Martin, *Affirmative Action Empire*, pp. 33–55. 다음도 참고하시오. Hirsch, "Toward an Empire of Nations," pp. 205–13.

8   Ronald Grigor Suny, *The Making of the Georgian Nation* (Bloomington: Indiana University Press, 1988, 1994), p. 230.

9   Nicholas Timasheff, *The Great Retreat: The Growth and Decline of Communism in*

Russia (New York: E. P. Dutton & Co., 1946; Leon Trotsky, *The Revolution Betrayed: What Is the Soviet Union and Where Is It Going?* (Garden City, NY: Doubleday, Doran and Co., 1937).

10 스탈린이 구상한 소련의 비전을 구축하는 데 역사와 영웅들을 활용한 방식에 대해서는 다음 자료를 참고하시오. Ronald Grigor Suny and Terry Martin, eds., *A State of Nations: Empire and Nation-Making in the Age of Lenin and Stalin* (New York: Oxford University Press, 2001); David Brandenberger, *National Bolshevism: Stalinist Mass Culture and the Formation of Modern Russian National Identity, 1931-1956* (Cambridge, MA: Harvard University Press, 2002); and Serhy Yekelchyk, *Stalin's Empire of Memory: Russian-Ukrainian Relations in the Soviet Historical Imagination* (Toronto: University of Toronto Press, 2004).

11 무슬림 공화국에서 베일 벗기 캠페인에 관한 광범위한 문헌을 위해서는 다음을 참고하시오. Gregory J. Massell, *The Surrogate Proletariat: Moslem Women and Revolutionary Strategies in Soviet Central Asia, 1919-1929* (Princeton, NJ: Princeton University Press, 1974); Douglas Northrop, *Veiled Empire: Gender and Power in Stalinist Central Asia* (Ithaca, NY: Cornell University Press, 2004); Marianne Kamp, *The New Woman in Uzbekistan: Islam, Modernity, and Unveiling Under Communism* (Seattle: University of Washington Press, 2008); and Adrienne Lynn Edgar, "Emancipation of the Unveiled: Turkmen Women Under Soviet Rule, 1924–29," *Russian Review* 62, no. 1 (January 2003): 132–49.

12 예를 들어, 그루지야 공화국의 경우에, 1970년 당시 공산당 당원 중 76.1퍼센트가 그루지야인이었으나, 같은 해 그루지야인은 공화국 전체 인구의 66.8퍼센트에 불과했다. 아르메니아인은 전체 인구의 9.7퍼센트를 차지했으나 당원 구성에서는 8.0퍼센트에 그쳤으며, 러시아인은 인구의 8.5퍼센트를 구성했으나 당원 비율은 5.5퍼센트에 불과했다. [*Kommunisticheskaia partiia Gruzii v tsifrakh (1921-1970 gg.) Sbornik statisticheskikh materialov* (Tbilisi, 1971), p. 265; J. A. Newth, "The 1970 Soviet Census," *Soviet Studies* 24, no. 2 (October 1972): 215.] 동시에, 고등교육을 받는 학생 가운데 민족으로서의 그루지야인의 비율은 82.6퍼센트에 달했으며, 러시아인은 6.8퍼센트, 아르메니아인은 3.6퍼센트에 불과했다. [Richard B. Dobson, "Georgia and the Georgians," in *Handbook of Major Soviet Nationalities*, ed. Zev Katz (New York: Free Press, 1975), p. 177.]

13 Tom Nairn, "Beyond Big Brother," *The New Statesman & Society* 3, no. 105 (June 15,

1990): 31.

14 Terry Martin, *The Affirmative Action Empire: Nations and Nationalism in the Soviet Union, 1923-1939* (Ithaca, NY: Cornell University Press, 2001).

15 Mike Davis, *Late Victorian Holocausts: El Niño Famines and the Making of the Third World* (London: Verso, 2001); Sven Beckert, Empire of Cotton: A Global History (New York: Random House, 2014).

16 Kate Brown, *A Biography of No Place: From Ethnic Borderland to Soviet Heartland* (Cambridge, MA: Harvard University Press, 2004).

17 Ronald Grigor Suny, *The Revenge of the Past: Nationalism, Revolution, and the Collapse of the Soviet Union* (Stanford, CA: Stanford University Press, 1993).

18 Moshe Lewin, *The Making of the Soviet System: Essays in the Social History of Interwar Russia* (New York: Pantheon Books, 1985).

19 Niccolò Pianciola, "Famine in the Steppe: The Collectivization of Agriculture and the Kazakh Herdsmen, 1928–1934," *Cahiers du monde russe* 45, nos. 1–2 (January–June 2004): 137–92; Isabelle Ohayon, *La sédentarisation des Kazakhs dans l'URSS de Staline. Collectivisation et changement social (1928-1945)* (Paris: Maisonneuve & Larose–Institut Français d'Études sur l'Asie Centrale, 2006).

20 자신의 저서 논평에 대한 테리 마틴(Terry Martin)의 답변을 참고하시오. *The Affirmative Action Empire, in Reviews in History* [http://www.history.ac.uk/reviews/review/278].

21 N. N. Ablazhev, "Repatriatsiia i deportatsiia Armian vo vtoroi polovine 1940–kh godov," *Vestnik NGU* 10, no. 1 (2011): 116–21; Arpenik Aleksanian, *Sibirskii dnevnik, 1949-1954* (Erevan: Gitutyun, 2007). 스탈린 치하에서 자신의 어머니가 추방된 회고 이야기를 들려준 데 대해 하루튠 마루투안(Harutyun Marutyan)에게 감사드린다. 소련 이주의 전체 이야기를 위해서는 다음 자료를 참고하시오. Siegelbaum and Moch, *Broad Is My Native Land*.

22 Siegelbaum and Moch, *Broad Is My Native Land*, p. 3.

23 Martin, "The Origins of Soviet Ethnic Cleansing," pp. 813–61.

24 Ibid., pp. 850–52.

25 James von Geldern, *Bolshevik Festivals, 1917-1920* (Berkeley and Los Angeles: University of California Press, 1993); Karen Petrone, *Life Has Become More Joyous, Comrades: Celebrations in the Time of Stalin* (Bloomington: Indiana University Press,

2000).

26 Karl Marx, "A Contribution to the Critique of Hegel's Philosophy of Right," first published in *Deutsch-Französische Jahrbücher* (Paris), February 7 and 10, 1844. https://www.marxists.org/archive/marx/works/1843/critique-hpr/intro.htm. 한국어 번역은 다음 자료에서 가져왔다. 카를 마르크스, 『헤겔 법철학 비판』 강유원 역(이론과실천, 2011), 8쪽.

27 Philip Herzog, "'National in Form and Socialist in Content' or Rather 'Socialist in Form and National in Content'? The 'Amateur Art System' and the Cultivation of 'Folk Art' in Soviet Estonia," *Narodna Umjetnost [Croatian Journal of Ethnology and Folklore Research]* 47, no. 1 (2010): 122.

28 '하버드 소련 사회체제 연구 프로젝트'(The Harvard Project on the Soviet Social System)는 스탈린 시대의 민족정책이 초래한 영향에 대한 대중 및 지식인층의 태도를 살펴볼 수 있는 탁월하고도 접근이 용이한 창을 제공한다. [http://hcl.harvard.edu/collections/hpsss/index.html].

29 Raymond A. Bauer, *Alex Inkeles and Clyde Kluckhohn, How the Soviet System Works: Cultural, Psychological and Social Themes* (Cambridge, MA: Harvard University Press, 1956; New York: Vintage Books, 1961), pp. 238–39.

30 Alex Inkeles and Raymond A. Bauer, *The Soviet Citizen: Daily Life in a Totalitarian Society* (Cambridge, MA: Harvard University Press, 1961), pp. 239–40, 347, 353.

31 Ibid., p. 353.

32 Bauer, Inkeles, and Kluckhohn, *How the Soviet System Works*, p. 243.

33 Ibid., p. 236.

34 Ibid., p. 243.

35 David Brandenberger, *National Bolshevism: Stalinist Mass Culture and the Formation of Modern Russian National Identity, 1931-1956* (Cambridge, MA: Harvard University Press, 2002), p. 2.

36 Ibid., p. 4.

37 Ibid., p. 9.

38 Sarah Davies, *Popular Opinion in Stalin's Russia: Terror, Propaganda, and Dissent, 1934-1941* (Cambridge: Cambridge University Press, 1997), pp. 88–89.

39 David Shearer, "Elements Near and Alien: Passportization, Policing, and Identity in the Stalinist State, 1932–1953," *Journal of Modern History* 76, no. 4 (December

2004): 835-81.

40 Martin, *Affirmative Action Empire*, pp. 432, 436-42.

41 소련에서 진행된 우호 테마에 대한 포괄적인 토론을 위해서는 다음을 참고하시오. Thomas Hooker, "A Comrade in Need is a Friend Indeed': Friendship and Communism in Soviet Russia, 1921-1980," Phd dissertation in history, Harvard University, 2016.

42 Brandenberger, *National Bolshevism*, p. 284, n. 43.

43 "우리는 수보로프의 손자요, 차파예프의 자식으로서, 열정적으로 싸우고 대담하게 총검을 찌른다." (Kukryniksy, 1941: 다음 자료에서 서술. Brandenberger, *National Bolshevism*, p. 117).

44 Ilya Ehrenburg, *Liudi, gody, zhizn'*, p. 322; Brandenberger, *National Bolshevism*, p. 150.

45 Timothy Snyder, "Integration and Disintegration: Europe, Ukraine, and the World," *Slavic Review* 74, no. 4 (Winter 2015): 695-707.

46 Amir Weiner, *Making Sense of War: The Second World War and the Fate of the Bolshevik Revolution* (Princeton, NJ: Princeton University Press, 2001), pp. 114-22, 여기저기서 인용하였다.

47 Yuri Slezkine, *The Jewish Century* (Princeton, NJ: Princeton University Press, 2004), pp. 217, 237.

48 Ibid., p. 297.

49 Vera Dunham, *In Stalin's Time: Middleclass Values in Soviet Fiction* (Durham, NC: Duke University Press, 1990).

50 Slezkine, *The Jewish Century*, pp. 330-31, 359.

51 Geraint Hughes, *My Enemies' Enemy: Proxy Warfare in International Politics* (Eastbourne: Sussex Academic Press, 2012), p. 43. 다음도 참고하시오. Peter Grose, *Operation Rollback: America's Secret War Behind the Iron Curtain* (Boston: Houghton Mifflin, 2000); Jeffrey Burds, "The Early Cold War in West Ukraine, 1944-1948," *The Carl Beck Papers, no. 1505* (Pittsburgh: Center for Russian and East European Studies, University of Pittsburgh, 2001).

52 Brandenberger, *National Bolshevism*, p. 187. 브란덴버거는 '비러시아'라는 단어를 추가했다.

53 Nina Tumarkin, *The Living and the Dead: The Rise and Fall of the Cult of World War*

II in Russia (New York: Basic Books, 1995); Amir Weiner, *Making Sense of War: The Second World War and the Fate of the Bolshevik Revolution* (Princeton, NJ: Princeton University Press, 2002).

54 Reginald E. Zelnik, *Perils of Pankratova: Some Stories from the Annals of Soviet Historiography* (Seattle: University of Washington Press, 2005).

55 Serhy Yekelchyk, *Stalin's Empire of Memory: Russian-Ukrainian Relations in the Soviet Historical Imagination* (Toronto: University of Toronto Press, 2004), p. 107.

56 Ibid., pp. 130, 131.

57 인용은 다음 자료. Ibid., pp. 130−31.

58 필자인 로널드 수니가 러시아어로부터 영어로 번역한 가사는 다음과 같다. "Unbreakable union of free republics, forged together through the centuries by Great Rus! Hail the united, mighty Soviet Union created by the will of the peoples. Hail our free Fatherland, Friendship of the Peoples is our reliable stronghold! The Soviet banner, the people's banner, let it wave from victory to victory!"

59 Timothy K. Blauvelt, "Abkhazia: Patronage and Power in the Stalin Era," *Nationalities Papers* 35, no. 2 (May 2007): 203−32.

60 Oleg V. Khlevniuk, "Kremlin−Tbilisi. Purges, Control and Georgian Nationalism in the First Half of the 1950s," in *Georgia After Stalin: Nationalism and Soviet Power*, ed. Timothy K. Blauvelt and Jeremy Smith (London: Routledge, 2016), pp. 14−15.

61 Jochen Hellbeck, *Revolution on My Mind: Writing a Diary Under Stalin* (Cambridge, MA, and London: Harvard University Press, 2006), p. 12.

62 Ibid., p. 13.

63 Ibid.

64 Alexander Etkind, "Soviet Subjectivity: Torture for the Sake of Salvation?" *Kritika* 6, no. 1 (Winter 2005): 177.

65 소비에트 주체성의 다양성에 대해서는, 다음을 참고하시오. Nina Lugovskaia, *The Diary of a Soviet Schoolgirl, 1932-1937* (Moscow: Glas, 2003). 1인칭 내러티브는 다음 자료를 참고하시오. Veronique Garros, Natasha Korenevskaya, and Thomas Lahusen, eds., *Intimacy and Terror: Soviet Diaries from the 1930s* (New York: New Press, 1995); Sheila Fitzpatrick and Yuri Slezkine, eds., *In the Shadow of Revolution: Life Stories of Russian Women from 1917 to the Second World War* (Princeton, NJ: Princeton University Press, 2000).

66 Serhy Yekelchyk, *Stalin's Citizens: Everyday Politics in the Wake of Total War* (New York: Oxford University Press, 2014). 이사야 그루버(Isaiah Gruber)는 17세기 초의 '동란의 시대'를 다룬 자신의 연구에서, 공식 담론의 급격한 전환과 반복적 반전이 초래한 대가에 대해 유사한 주장을 전개한다. *Orthodox Russia in Crisis: Church and Nation in the Time of Troubles* (DeKalb: Northern Illinois University Press, 2012).

제11장

1 Yevgeny Yevtushenko, *A Precocious Autobiography* (New York: E. P. Dutton, 1963). 스탈린의 사망에 대한 다양한 반응을 잘 보여 주는 설명을 위해서는 다음 자료를 참고하시오. Solomon Volkov, Conversations with Joseph Brodsky: A Poet's Journey Through the Twentieth Century, trans. Marian Schwartz (New York: Free Press, 1998), p. 30.

2 http://digitalarchive.wilsoncenter.org/document/115995.pdf?v=3c22b71b65bcbbe9f dfadead9419c995.

3 Jeremy Smith, *Red Nations: The Nationalities Experience in and After the USSR* (Cambridge: Cambridge University Press, 2013), pp. 208–15.

4 John H. Miller, "Cadres Policy in Nationality Areas—Recruitment of CPSU First and Second Secretaries in Non-Russian Republics of the USSR," *Soviet Studies* 39, no. 1 (January 1977): 35.

5 Gerald Mars and Yochanan Altman, "The Cultural Bases of Soviet Georgia's Second Economy," *Soviet Studies*, 25, no. 4 (October 1983): 549.

6 Erik R. Scott, "Edible Ethnicity: How Georgian Cuisine Conquered the Soviet Table," *Kritika: Explorations in Russian and Eurasian History* 13, no. 4 (Fall 2012): 831–58; *Familiar Strangers: The Georgian Diaspora and the Evolution of Soviet Empire* (New York: Oxford University Press, 2016).

7 스탈린 사후 시기의 부패한 관행들은 이미 그 이전 시기에 조짐이 나타났었다. 부패가 소련 체제에 침투하게 된 방법에 대한 철저한 연구를 위해서는 다음 자료를 참고하시오. James Heinzen, *The Art of the Bribe Under Stalin: Corruption Under Stalin, 1943-1953* (New Haven: Yale University Press, 2016).

8 1956년 그루지야 사건 및 그 여파에 관하여 기록관 자료에 기반하여 연구한 논문들에 대해서는 다음을 참고하시오. Blauvelt and Smith, eds., *Georgia After Stalin*.

9 헌법에 새로이 삽입될 조항은 다음과 같이 규정될 예정이었다. "그루지야 공화국은 국가 및 공공 기관, 문화 및 기타 제반 기관에서 그루지야어의 사용을 보장하며, 동시에 평등의 원칙에 입각하여 이러한 모든 기관에서 러시아어 및 주민들이 사용하는 기타 언어들의 자유로운 사용을 보장한다." *Zaria vostoka*, April 15, 1978; in CDSP, 30, no. 17 (May 24, 1978): 12.

10 남캅카스 지역의 헬싱키 감시위원회(Helsinki Watch Committees)에 대한 포괄적 논의는 야로슬라브 빌린스키(Yaroslav Bilinsky)와 토누 파르밍(Tonu Parming)의 다음 자료에서 찾아볼 수 있다. Yaroslav Bilinsky and Tonu Parming, *Helsinki Watch Committees in the Soviet Union: Implications for the Soviet Nationality Question* (Final Report to the National Council for Soviet and East European Research, 1980). 다음 자료도 참고하시오. Ludmila Alexeyeva, *Soviet Dissent: Contemporary Movements for National, Religious, and Human Rights* (Middletown, CT: Wesleyan University Press, 1985).

11 Scott, "Edible Ethnicity: How Georgian Cuisine Conquered the Soviet Table."

12 Adrienne Edgar, "Children of Mixed Marriage in Soviet Central Asia: Dilemmas of Identity and Belonging". 미출간 원고를 인용할 수 있도록 허락해 주신 데 대해 감사의 뜻을 표한다. 또한 소련의 민족적 범주를 고정적이며 단일하고 본질적인 것으로 수용하는 데 주의해야 한다는 점에 대해서는 다음 자료도 참고하시오. Dmitry Gorenburg, "Rethinking Interethnic Marriage in the Soviet Union," *Post-Soviet Affairs* 22, no. 2 (2006):145–65.

13 Joshua First, *Ukrainian Cinema: Belonging and Identity During the Soviet Thaw* (London and New York: I. B. Tauris, 2015), p. 1.

14 Petrone, *Life Has Become More Joyous, Comrades*, pp. 54–55.

15 Yitzhak M. Brudny, *Reinventing Russia: Russian Nationalism and the Soviet State, 1953-1991* (Cambridge, MA: Harvard University Press, 2000), p. 7.

16 N. M. Karamzin, "Pis'ma russkogo puteshestvennika (Pis'mo iz Rigi, 31 maia)," in his *Izbrannye sochineniia v dvukh tomakh*, Vol. 1 (Moscow and Leningrad: Khudozhestvennaia literatura, 1964), p. 88. 이 인용에 대해 우리는 윌러드 선덜랜드에게 감사드린다.

17 Brudny, *Reinventing Russia*, pp. 7–8.

18 이것은 1966년에, 미소(美蘇) 문화 교류 프로그램의 일환으로 연구년을 보내던 중, 로널드 수니(Ron Suny)가 발트 3국을 여행하며 겪은 경험들이었다.

19 헨리 존 템플(Henry John Temple), 제3대 파머스턴 경(Viscount Palmerston,

1784~1865)이 실제로 남긴 발언은 다음과 같다. "우리에게는 영원한 동맹국도, 항구적인 적국도 없다. 우리의 이익만이 영원하고 항구적이며, 바로 그 이익을 추구하는 것이 우리의 의무이다." [Remarks defending his foreign policy in the House of Commons, March 1, 1848; *Hansard's Parliamentary Debates*, 3rd Series, Vol. 97, col. 122].

20 John J. Mearsheimer, *The Tragedy of Great Power Politics* (New York: Norton, 2001), p. 37.

21 구성주의적 접근법에 대한 긍정적인 평가를 위해서는 다음 자료를 참고하시오. Ted Hopf, "The Promise of Constructivism in International Relations Theory," *International Security* 23, no. 1 (Summer 1998): 171–200. 고전적인 문헌은 다음 연구이다. Alexander Wendt, Social Theory of International Politics (Cambridge: Cambridge University Press, 1999).

22 Hopf, "The Promise of Constructivism," p. 176.

23 Alexander Wendt, "Anarchy Is What States Make of It: The Social Construction of Power Politics," *International Organization* 46, no. 2 (Spring 1992): 398.

24 Wendt, *Social Theory of International Politics*, p. 114.

25 David. N. Gibbs, "Afghanistan: The Soviet Invasion in Retrospect," *International Politics* 37 (June 2000): 233–46.

26 소련의 아프가니스탄 개입에 대한 기록관 자료는 다음의 '냉전 국제역사 프로젝트(the Cold War International History Project)'에서 온라인으로 입수 가능하다. online at http://wwics.si.edu/index.cfm.

27 Seweryn Bialer, *The Soviet Paradox: External Expansion, Internal Decline* (London: I. B. Tauris, 1986).

28 George Breslauer, *Khrushchev and Brezhnev as Leaders: Building Authority in Soviet Politics* (London, Boston, and Sydney: Allen & Unwin, 1982), p. 12.

29 소련 사회의 사회적 · 경제적 · 인구학적 변동에 관한 상세한 논의를 위해서는 다음을 참고하시오. Basile Kerblay, *Modern Soviet Society* (New York: Pantheon, 1983).

30 Moshe Lewin, *The Gorbachev Phenomenon: A Historical Interpretation* (Berkeley, Los Angeles: University of California Press, 1988), p. 146. 이러한 불만이 취할 수 있었던 다양한 형태에 대한 통찰력 있는 연구로는 다음의 것이 있다. Alexei Yurchak, *Everything Was Forever, Until It Was No More: The Last Soviet Generation* (Princeton, NJ: Princeton University Press, 2006).

31 Mikhail Gorbachev, *Memoirs* (New York: Doubleday, 1996).

32 United States—Soviet Relations, 1991; Joint Hearings Before the Subcommittees on Arms Control, International Security, and Science, and on Europe and the Middle Committee on Foreign Affairs, House of Representatives, and the Joint Economic Committee, One Hundred Second Congress, first session, May 16, June 4, June 18, June 25, July 9, July 31, and October 2, 1991, Vol. 4, p. 304.

33 아제르바이잔인과 그루지야인 사이의 충돌에 대해서는 다음을 참고하시오. Elizabeth Fuller, "The Azeris in Georgia and the Ingilos: Ethnic Minorities in the Limelight," *Central Asian Survey* 3, no. 2 (1984): 75–85.

34 카라바흐를 둘러싼 지속적인 위기에 대한 균형 잡히고 완전한 토론은 다음을 참고하시오. Thomas De Waal, *Black Garden: Armenia and Azerbaijan Through Peace and War* (New York: New York University Press, 2003, 2013).

35 *New York Times*, November 28, 1988.

36 Suny, *Revenge of the Past*.

37 2012년 6월 15일, 플로히(Plokhy)가 니콜라스 번스(Nicholas Burns) 대사와 가진 인터뷰. Serhii Plokhy, *The Last Empire: The Final Days of the Soviet Union* (New York: Basic Books, 2014), p. 64.

38 Ibid., p. 205.

39 인용은 다음. Ibid., p. 226.

40 Ibid., pp. xviii, xx.

41 Donna Bahry, *Outside Moscow: Power, Politics, and Budgetary Policy in the Soviet Republics* (New York: Columbia University Press, 1987).

제12장

1   소련 해체에 관한 문헌은 방대하다. 국가 붕괴에 초점을 맞춘 최고의 연구물 가운데 하나는 다음의 단행본이다. Edward Walker, *Dissolution: Sovereignty and the Breakup of the Soviet Union* (Lanham, MD: Rowman and Littlefield, 2003). 다음도 참고하시오. Ronald Grigor Suny, *The Revenge of the Past; and Stephen Kotkin, Armageddon Averted: The Soviet Collapse, 1970-2000* (New York: Oxford University Press, 2001).

2   채택되지 않은 선택—푸틴 대신에 프리마코프—에 대해서는 다음을 참고하시오.

Jonathan Steele, "Yevgeny Primakov Obituary: Outstanding Russian Foreign Secretary Who Served Under Gorbachev and Yeltsin," *The Guardian*, June 28, 2015.

3   Richard Sakwa, *Russian Politics and Society*, 4th ed. (London and New York: Routledge, 2008), pp. 255–285. 다음도 참고하시오. Richard Sakwa, Putin, Russia's Choice, 2nd ed. (London and New York: Routledge, 2008).

4   Sakwa, *Putin: Russia's Choice*, p. 192.

5   John Scott, *An American Worker in Russia's City of Steel* (Boston: Houghton Mifflin, 1942); Kotkin, *Magnetic Mountain*.

6   인용은 다음 자료. Sakwa, *Putin: Russia's Choice*, p. 28.

7   Ibid., p. 37.

8   2005년 4월 25일에 러시아연방 연방의회에서 행한 연두 연설. http://archive.kremlin. ru/eng/speeches/2005/04/25/2031_type70029type82912_87086.shtml.

9   2005년 5월 5일에 독일 텔레비전 채널인 ARD와 ZDF와의 인터뷰. http://archive. kremlin.ru/ eng/speeches/2005/05/05/2355_type82912type82916_87597.shtml.

10   인용은 다음 자료. Sakwa, *Putin: Russia's Choice*, p. 211.

11   Mikhail Rostovskii, "Testimony of Retired Kremlin Official Oleg Morozov," *Moskovskii Komsomolets*, July 9, 2015; translated in Johnson's Russia List 2015=#137, July 20, 2015.

12   Ross Oermann, "Kazan's New Spirit: Lasting Social Effects of Tatarstan's Sovereignty Movement," 2011년 7월 7일에 워싱턴 DC의 우드로우 윌슨 국제센터의 케넌센터 에서 행해진 강연. 블레어 루블(Blair Ruble)의 보도, https://www.wilsoncenter.org/ publication/kazans-new -spirit-lasting-social-effects-tatarstans-sovereignty- movement.

13   "The Constitution of the Republic of Tatarstan," www.kazanfed.ru/en/docum/ konstit/2.

14   Ibid., pp. 228–29. 체첸과 러시아 정책에 대해서는 다음을 참고하시오. Hanna Smith, *Russian Greatpowerness: Foreign Policy, the Two Chechen Wars and International Organisations* (Helsinki: University of Helsinki, 2014).

15   Elizabeth Wood, "Hypermasculinity as a Scenario of Power: Vladimir Putin's Iconic Rule, 1999–2008," *International Feminist Journal of Politics* (2016) [http://dx.doi. org/10.1080/14616742 .2015.1125649].

16   Ilya Gerasimov and Marina Mogiliner, "Deconstructing Integration: Ukraine's

Postcolonial Subjectivity," *Slavic Review* 74, no. 4 (Winter 2015): 722.

17 Catherine Wanner, Communities of the Converted: Ukrainians and Global Evangelism (Ithaca, NY: Cornell University Press, 2007); and Mark Steinberg and Catherine Wanner, eds., *Religion, Morality, and Community in Post-Soviet Societies* (Bloomington, IN: Indiana University Press, 2008).

18 Igor Torbakov, "Becoming Eurasian: The Intellectual Odyssey of Georgii Vladimirovich Vernadsky," in *Between Europe and Asia: The Origins, Theories, and Legacies of Russian Eurasianism*, ed. Marc Bassin, Sergey Glebov, and Marlene Laruelle (Pittsburgh: University of Pittsburgh Press, 2015), pp. 113–36. 다음도 참고하시오. Mark Bassin, *The Gumilev Mystique: Biopolitics, Eurasianism, and the Construction of Community in Modern Russia* (Ithaca, NY: Cornell University Press, 2016).

19 Eli Feiman, "Why Parties of Power? Elite Strategies and Institutional Choice in Post-Soviet Eurasia," PhD dissertation in political science, University of Michigan, 2015; Christoph H. Stefes, *Understanding Post-Soviet Transitions: Corruption, Collusion, and Clientelism* (New York: Palgrave Macmillan, 2006).

20 Max Weber, *Economy and Society: An Outline of Interpretive Sociology* (Berkeley: University of California Press, 1978), p. 232.

21 Richard Sakwa, *The Crisis of Russian Democracy: The Dual State, Factionalism and the Medvedev Succession* (Cambridge: Cambridge University Press, 2011), p. 3.

22 Masha Gessen, *The Man Without a Face: The Unlikely Rise of Vladimir Putin* (London: Granta, 2012), p. 174.

23 Vladimir Gel'man, *Authoritarian Russia: Analyzing Post-Soviet Regime Changes* (Pittsburgh: University of Pittsburgh Press, 2015), p. 25.

24 Ibid., p. 75. 다음도 참고하시오. Karen Dawisha, *Putin's Kleptocracy: Who Owns Russia?* (New York: Simon & Schuster, 2014).

25 Gel'man, *Authoritarian Russia*, p. 10.

26 Ibid., p. 13.

27 Adam Przeworski, *Democracy and the Market: Political and Economic Reforms in Eastern Europe and Latin America* (Cambridge: Cambridge University Press, 1991), pp. 58–59.

28 http://wallenberg.umich.edu/medal-recipients/2015-masha-gessen.

29 Ibid.

30   우리는 이 용어를 우드(Wood)에게게서 가져왔다. Wood, "Hypermasculinity as a Scenario of Power."

31   Richard Sakwa, *Frontline Ukraine: Crisis in the Borderlands* (London: I. B. Tauris, 2015), pp. 44–45. 다음도 참고하시오. Mark Kramer, "The Myth of a No-NATO Enlargement Pledge to Russia," *Washington Quarterly* 32, no. 2 (April 2009): 39–48.

32   Alexander Wendt, "Anarchy Is What States Make of It: The Social Construction of Power Politics," *International Organization* 46, no. 2 (1992): 397.

33   *New York Times*, May 2, 1998.

34   Nafatali Ben David, "Just Five of Twenty-Eight NATO Members Meet Defense Spending Goal, Report Says," *Wall Street Journal*, June 22, 2015, www.wsj.com/articles/nato-calls-for-rise-in-defence-spending-by-alliance-members-1434978193.

35   Sakwa, *Frontline Ukraine*, pp. 30–31.

36   Vladimir Putin, "Speech at the 43rd Munich Conference on Security Policy," http://www.securityconference.de/konferenzen/rede.php?sprache=en&id=179.

37   Jonathan Steele, "Putin's Legacy Is a Russia That Doesn't Have to Curry Favour with the West," *The Guardian*, September 18, 2007.

38   다음을 참고하시오. Ria Laenen's dissertation, "Russia's 'Near Abroad' Policy and Its Compatriots (1991–2001): A Former Empire in Search of a New Identity," Katholieke Universiteit Leuven, 2008.

39   Andrei P. Tsygankov, "If Not by Tanks, Then by Banks? The Role of Soft Power in Putin's Foreign Policy," *Europe-Asia Studies* 58, no. 7 (November 2006): 1079–99; esp. 1080. 츠간코프(Tsygankov)는 푸틴이 "서구화론자(Westernizer)"나 "제국주의자(imperialist)"라기보다는, 제한된 목표를 달성하기 위해 "소프트 파워(soft power)"를 활용하려는 의지를 가진 "안정담당자(stabilizer)"라고 주장한다.

40   어느 쪽이 전쟁을 시작했는지, 러시아가 조지아를 공격하도록 도발했는지에 대해서는 많은 논란이 있다. 매우 좋은 초기 설명 중 하나는 다음 자료이다. C. J. Chivers and Ellen Barry, "Accounts Undercut Claims by Georgia on Russia War," *New York Times*, November 7, 2008.

41   Charles King, "The Uses of Deadlock: Intractability in Eurasia," in *Grasping the Nettle: Analyzing Cases of Intractable Conflict*, ed. Chester A. Crocker, Fen Osler Hampson, and Pamela Aall (Washington, DC: U.S. Institute of Peace Press, 2005).

42 Sakwa, *Frontline Ukraine*, p. 78.

43 http://en.kremlin.ru/events/president/news/20603.

결론

1 Sakwa, *Frontline Ukraine*, p. 33.

2 Perry Anderson, "Incommensurate Russia," *New Left Review*, 2d ser., 94 (July—August 2015): 37—38.

3 Viatcheslav Morozov, *Russia's Postcolonial Identity: A Subaltern Empire in a Eurocentric World* (London and New York: Palgrave Macmillan, 2015), pp. 9, 11.

4 Ibid., p.11.

5 Marshall T. Poe, *The Russian Moment in World History* (Princeton, NJ: Princeton University Press, 2006), pp. xiii—xiv.

6 Morozov, *Russia's Postcolonial Identity*, pp. 12—13.

다른 책의 경우도 마찬가지이지만 특히 이 책을 잘 이해하기 위해서는 먼저 두 명의 저자에 대해 알아볼 필요가 있다. 서문에서 밝히고 있다시피 이 책은 두 저자가 26년에 걸쳐 대화하며 토론한 결과물로서 책의 각 문장을 누가 썼는지조차 잊어버릴 정도로 두 저자가 전력을 다한 공동 저술이다. 여기서는 두 저자 중 연장자인 로널드 수니에 대해 먼저 알아보고, 이어서 발레리 키벨슨에 대해 설명해 보기로 한다. 그다음에 이 책의 내용과 특징에 대해 서술하고자 한다.

수니의 생애와 역사학

수니는 수십 년 동안 미국의 러시아 분야 역사학과 정치학을 대표하는 대학자이다. 그는 1991년에 소련이 해체되기 불과 반 년 전에 미국 공화당 상원의원들이 개최한 연찬회에 당시 소련 상황에 대한 전문가로서 리처드 파이프스(1923~2018) 및 제임스 빌링턴(1929~2018)과 함께 초청될 정도로 유명한 학자였다. 그는 명성에 걸맞게 『바쿠 코뮌, 1917~1918: 러시아혁명기의 계급과 민족』(1972), 『남캅카스, 민족주의와 사회변화: 아르메니아, 아제르바이잔, 조지아의 역사 에세이』(1983), 『러시아혁명과 볼셰비키의 승리: 해석과 수정해석』(1990), 『과거의 복수: 민족주의, 혁명, 그리고 소련의 붕괴』(1993), 『조지아 민족의 형성』(1993), 『아라랏산 바라보기: 아르메니아 근대사』(1993), 『소비에트 실험: 러시아, 소련, 그리고 승계국들』(1998), 『민족국가: 레닌, 스탈린 시기의 제국과 민족 형성』(2001), 『제노사이드 문제: 오스만제국 말기의 아르메니아인들과 튀르크인들』(2011), 『소련사의 구조: 논문과 사료』(2013), 『"그들은 사막 외에 다른 곳에서는 살 수 없다.": 아르메니아 제노사이드의 역사』(2015) 등 수많은 연구서를 집필했다.

이번에 번역된 『러시아 제국 연구』(2016)가 출간된 이후에도, 그는 『펼쳐진 붉은 깃발: 역사, 역사가들, 그리고 러시아혁명』(2017), 『스탈린: 혁명으로의 통로』(2020), 『상처입은 붉은 깃발: 스탈린주의와 소련 실험의 운명』(2020) 등을 펴낸 바 있다. 그 외에 그는 수많은 책들을 공동 저술하거나 편집했는데, 그중 2006년에 편집해서 나온 『캠브리지 러시아사』 제3권이 유명하다. 이 책들 대부분은 높은 평가를 받았는데, 특히 『소비에트 실험: 러시아, 소련, 그리고 승계국들』(1998)은 미국에서 소련사 교과서로 가장 많이 팔린 바 있고, 『"그들은 사막 외에 다른 곳에서는 살 수 없다.": 아르메니아 제노사이드의 역사』(2015)도 훌륭한 연구서로 인정받았다. 뿐만 아니라, 수니는 요즘에도 러시아 및 과거 소련 지역 전문가로서 언론에 자주 등장하고 있다. 그러나 우리나라에서는 그의 『조지아 민족의 형성』(1993) 중 일부가 『조지아의 역사』(허승철 편역, 2016)에서 발췌 번역되었을 뿐, 비록 공저이기는 하지만 그의 저술이 우리말로 완역된 것은 이 책이 최초이다. 이 많은 저서에서 드러난 수니의 학문은 그의 인생 여정과 깊이 관련되어 있다. 그의 연구 중 단 하나의 키워드를 뽑으라면 "민족"이라고 할 수 있는데, 이 사실을 확인하기 위해 우리는 그의 생애를 살펴보아야 한다.

수니는 1940년 미국 필라델피아에서 아르메니아계 미국인 부모에게서 태어났다. 그의 조부인 그리코르 미르자이안 수니Grikor Mirzaian Suni(1876~1939)는 미국으로 이민 왔다. 수니 가족은 아르메니아어 성을 영어로 옮기는 과정에서 Suni 혹은 Sunny라고 표기하기도 하는데, 이 책의 저자는 Suny라고 표기한다. 그리코르 수니는 상트페테르부르크 음악학교에서 수학한 유명한 작곡가로서 지금도 아르메니아에서 널리 알려져 있다. 그는 아르메니아 민요를 수집하는 등 음악 분야에서 활발하게 활약했을 뿐만 아니라, 정치에도 큰 관심을 가지고 있었다. 그래서 그는 한때 아르메니아의 민족주의와 사회주의를 결합한 다쉬나크추툰Dashnaktsutyun 당에서 활동하기도 했는데, 볼셰비키 정권이 들어서고 과거의 정치 활동에 대한 우려로 콘스탄티노폴리스로 거처를 옮겼다가 거기서 케말리스트 운동(아타튀르크주의 운동)이 강화되자 1923년에 미국의 필라델피아로 이민을 떠났다. 그는 미국에 와서도 사회주의적 신념을 간직하고 있었으므로 필라델피아의 아르메니아공산당인 하라즈디마칸Harajdimakan에서 활동했다. 하지만 그는 스탈린의 숙청을 비판한 관계로 아르메니아인 공산주의자 그룹에서 축출되었고, 스탈린 비판이 있기까지 그가 작곡한 음악은 아르메니아에서 연주되지 못할 정도였다. 그는 1939년에 사망했으므로, 1940년생인 로널드 수니는 조부를 직접 만나 보지 못했다.

청소년기에 아버지를 따라 미국으로 이민 온 수니의 부친은 트럭 운전을 하다가 나중에 드라이클리닝 사업을 벌였으며, 부친인 그리코르 수니의 음악 재능을 이어받아 합창단 지휘자로 활동했다. 그는 비록 공산주의자는 아니었으나, 소련에 대해 우호적인 좌파적 성향을 가지고 있었고, 자신의 소년 시절인 러시아혁명 당시의 경험과 소련의 실상에 대해 아들에게 종종 얘기해 주었다. 이런 영향을 받은 로널드 수니는 1950~1951년인 초등학교 6학년 때 소련이 2차 세계대전에서 파시즘을 물리쳤고 전쟁 이후에 샌프란시스코 규모의 도시들을 다수 건설하고 경제를 재건했다는 발표를 하여, 냉전 초기이던 미국 학교에서 친구들 사이에서 "수니 동무"라고 불렸다. 수니의 모계도 아르메니아 출신이었는데, 부계와는 달리 오스만제국에서 박해받던 사람들이었다. 수니의 외조부는 튀르키예 중부에 위치한 요즈가트에서 출생하여 재단사로 일하다가 1909년의 아르메니아 학살사건 이후에 미국의 필라델피아에 정착하여 양복점을 운영했다. 튀르키예에 남아 있던 외가 쪽 친척들은 1915년과 1916년에 발생된 제노사이드에서 모두 학살당했다. 모계 쪽은 정치보다는 종교에 관심을 가졌고, 이에 따라 수니는 어린 시절에 아르메니아 교회에 다녔다. 부계의 친소련적인 정치 성향, 그리고 모계가 당한 아르메니아인의 비극적 경험은 로널드 수니의 학문 생활에 큰 영향을 미쳤다.

수니는 18세에 터프츠대학교에 입학했다가, 곧 퀘이커교도들이 설립한 스워드모어대학교로 편입하여 역사학을 전공하고, 부전공으로 정치학과 영어학을 이수했다. 이때 수니는 러시아사와 소련사에 대해 공부하면서 러시아어 과목도 1년 수강했다. 1962년에 대학을 졸업한 수니는 뉴욕에 있는 컬럼비아대학교에 입학하여 소련과 러시아 연구를 본격적으로 시작했다. 당시 컬럼비아대학교에는 기라성 같은 러시아 및 소련 전공 학자들이 있었는데, 수니는 특히 정치학자 즈비그뉴 브레진스키(1928~2017)로부터 큰 감명을 받았다. 수니는 비록 반소련적인 입장을 가진 브레진스키와 정치적 입장을 달리했지만, 그의 학문적 진지함을 매우 높이 평가했다. 또한 수니는 그곳에서 소련 태생의 탁월한 학자인 마크 래프(1923~2008)에게서 제정러시아사를 배웠고, 미국의 대표적인 수정주의 학자로서 소련사 전공인 레오폴드 헤임슨Leopold Haimson(1927~2010)에게서 논문 지도를 받았다. 헤임슨은 매우 뛰어난 학자였지만 직설적인 성격을 가지고 있었다. 그래서 한번은 헤임슨은 수니의 논문 초고를 보고는 "자네는 영어 쓰기를 배워야겠네."라고 지적하기도 했다. 이에 대해 수니는 헤임슨을 싫어하기는커녕 오히려 그에게 감사하는 마음을 가지고 논문을 계속 지도받았으며, 그를 자기 논문의 아버지라고까지 생각했다.

칸카스 전문가로 성장한 수니가 원래 가정에서 아르메니아어를 사용했을 것으로 짐작하기 쉽지만, 사실 그렇지 않았다. 수니의 부모는 그가 미국인으로 살아가기를 원했기 때문에 아르메니아어를 많이 가르치지는 않았고, 자녀들의 이름도 로널드와 린다(수니의 여동생)라고 붙여주었다. 수니가 아르메니아어 공부를 시작한 것은 컬럼비아 대학원 시절 초반이었다. 매우 행운이게도, 그는 니나 가르소이안Nina Garsoïan(1923~2022)이라는 탁월한 아르메니아 학자를 만날 수 있었고, 그녀로부터 알파벳부터 시작하여 2년 동안 아르메니아어를 배울 수 있었다. 뿐만 아니라, 니나 가르소이안은 아르메니아 볼셰비크 스테판 샤우미안Stepan Shaumian(1878~1918)과 남캅카스의 볼셰비키 운동에 관한 수니의 석사학위 논문을 위해서도 많은 비판적인 조언을 아끼지 않았다. 나아가 수니는 마크 래프로부터 매우 수준 높은 러시아어를 배울 수 있었다.

수니가 박사학위 논문을 위해 선택한 주제는 러시아혁명기에 바쿠에서 전개된 코뮌 운동이었다. 이 학위 논문 작성을 위해서 수니는 여러 차례 소련을 방문했다. 그가 처음으로 소련을 방문한 것은 1964년 가을이었다. 공산주의자였던 그의 삼촌이 아르메니아에서 드라이클리닝 공장을 설립할 계획을 가지고 일행 몇 명과 함께 소련에 갈 때 수니도 동행했다. 그들은 이스탄불에서 소련 배를 타고 흑해를 거쳐 얄타로 갔고, 거기서 수후미를 거쳐 트빌리시와 예레반으로 갈 수 있었다. 소련에 대한 수니의 첫 인상은 그곳 사람들의 경제 형편은 좋지 못했지만 사람들의 성품이 매우 따뜻했다는 것이었다. 수니는 예레반에서 비행기로 바쿠로 가서 친척을 만났는데, 이 무렵이면 이미 바쿠에 대해 논문을 쓸 생각을 가지고 있었다. 수니는 친척들을 만나기 위해 타슈켄트, 레닌그라드 등을 방문했고, 미국에서 이미 알고 지내던 바한 므크르치안이라는 소련인의 안내로 모스크바의 붉은 광장을 둘러보았다. 수니는 바한과의 대화를 통해 소련 이해를 위해서 민족문제의 중요성을 깨닫게 되었고, 로버트 콘퀘스트(1917~2015)처럼 소련이 "민족들의 학살자"가 아니라 오히려 민족들을 단련시키는 "민족들의 도가니"라는 새로운 패러다임을 구상할 수 있었다.

귀국한 수니는 곧장 미국–소련 프로그램에 신청하여 선정된 후, 1965~1966년에 소련에서 바쿠에서 발행된 신문 등의 자료를 살펴보거나 기록관에서 연구하면서 학위 논문을 준비했다. 당시 교환 프로그램에 참여한 미국 학생들 중 일부는 소련에 비판적이었던 것과는 달리, 수니는 모스크바대학교 기숙사에 거주하면서 현지인들을 좋아했고 소련 친구들을 사귀었다. 한 번은 지하철에서 아킴보 자세를 하고 있던 수니를 향해 어떤 노파가 "젊은이, 이런 자세를 하는 것은 교양 없는 짓입니다. 이곳은 시골이 아니라, 도시입니다."라는 지적을 받았는데, 수니는 이런 충고를 소련 사회에서 집단성이 살아 있는 증거라고 생각하며 긍정적으로 평가했다. 수니는 소련에 1년 더 머물고자 했으나, 미국 정부의 허락을 받지 못하여 귀국한 후 박사 학위논문을 계속 집필하여 1968년에 마무리할 수 있었다. 그러나 이 무렵은 전 세계적으로 68혁명이 진행 중이었고, 컬럼비아대학교도 큰 소용돌이 가운데 있었다. 수니는 박사학위 수여 전에 컬럼비아 학부생들에게 현대 문명 등의 강의를 시작했고, 베트남전쟁에 반대하는 학생들이 시위를 하며 학교 건물이 불타고 최루탄이 터지는 가운데 박사학위 논문을 발표할 수 있었다.

박사학위를 취득한 수니에게 여러 대학에서 교수 제의가 들어왔다. 그중 수니는 오하이오주에 있는 오벌린대학교를 선택하여 13년 동안 재직했다. 이 대학에서도 반전운동이 활발하게 전개되고 있었는데, 청년 교수였던 수니는 학생들과 가까이 지내면서 학생들이 과격한 행동을 자제시키고자 노력했다. 이 대학 재직 중이던 1971~1972년에 수니는 미국과 소련의 학술교류 프로그램에 참여하여 예레반과 트빌리시에서 연구했다. 이 무렵에 그는 조지아 민족의 형성을 주제로 집필 중이었다. 그리고 수니는 1975~1976년에도 소련을 방문하여 연구활동을 했다.

오벌린대학교에 있을 때 수니는 자신의 학생으로 있던 아르메나와 사귀어 결혼했다. 그녀는 수니와 같은 필라델피아 출신의 아르메니아계 사람이었고, 또 수니 가족처럼 음악에 재능이 있어서 피아노 교사가 되었다. 이런 여러 가지 공통점 때문에 수니는 그녀에게 호감을 느꼈고, 결혼에 성공하여 행복한 가정을 꾸렸다. 이 둘 사이에는 1978년에 아들이 태어났는데, 조부와 같은 이름인 그리코르라고 불렸으나, 불행하게도 두 살 때인 1980년에 갑자기 사망하고 말았다. 아들의 사망은 수니에게 엄청난 충격을 안겨주었고, 한동안 그를 무기력증에 빠지도록 만들었다. 이때 그를 일으켜 세워 준 사람은 아르메니아어와 역사를 가르쳐 주었던 니나 가르소이안이었다. 그녀는 수니에게 컬럼비아대학교에 와서 아르메니아에 관한 강의를 해 달라고 요청했고, 이로써 나중에 수니가 아르메니아 역사와 관련하여 펴낸 여러 권의 저서의 토대가 마련되었다. 이 무렵, 수니는 미시간대학교의 교수청빙 제안을 받아 1981년에 그곳으로 이직했다. 아들의 사망으로 힘든 시간을 보내고 있던 수니 부부에게 첫째 딸인 세반이 태어나서 부부의 아픔을 위로해 주었다.

미시간대학교는 오벌린대학교보다 규모가 컸던 만큼, 수니는 이곳에서 많은 유능한 학자들과 교류하며 학문적으로 급성장할 수 있었다. 그중 특히 독일사 전공자 제프 엘리와의 학문적 협력이 중요했다. 수니는 그와 함께 『민족적이 된다는 것Becoming national』이라는 제목의 책을 1996년에 옥스퍼드대학교에서 출판해 냈는데, 민족의 유래와 구성 및 정체성 등 여기 번역된 『러시아 제국 연구』의 이론적 토대가 제시되었다. 이 무렵, 수니는 에릭 홉스봄(1917~2012)이 1983년에 펴낸 『만들어진 전통』에서 큰 영향을 받았는데, 민족주의 역시 근대의 산물이라는 이 책의 주장에서 커다란 영감을 받았다. 이로써 수니는 미시간대학교에 재직하던 40대 초반에 민족주의에 대한 구성주의적 관점을 발전시킬 수 있었다. 1980년대 후반 이전까지만 하더라도 소련에 대해서는 이데올로기적인 접근이 우세했고, 소련을 구성하는 민족들에 대한 본격적인 연구가 이루어지고 있지 않았다. 오히려 앞서 언급된 바처럼, 민족들의 감옥인 소련이 민족들을 억압하고 있다고 보는 시각이 일반적으로 수용되고 있었다. 그러나 수니는 이제 민족이란 자신을 상상하는 하나의 방법이며, 문화는 사회·경제적 요인으로 환원될 수 없는 일종의 독립 변수라는 생각을 가지게 되었다. 수니가 보기에, 민족은 원초적이거나 유기적인 것이 아니라, 근대의 인간 활동 속에서 만들어진 산물이었다. 수니는 이런 생각을 정리하여 스탠퍼드대학교에서 강의했고, 이 강의록을 1993년에 『과거의 복수: 민족주의, 혁명, 그리고 소련의 붕괴』라는 책으로 출판했다. 수니는 이 책에서 소련 제국 안에서 민족이 만들어졌다는 명제를 완성했는데, 이런 주장은 2025년 9월에 우리나라에 와서 특강을 한 바 있는 유리 슬료즈킨 등 여러 학자에게 큰 영향을 미쳤다.

물론 수니가 민족에 대한 구성주의를 발전시킬 수 있었던 데는 그가 조지아와 아르메니아에서 가졌던 개인적인 경험도 크게 작용했다. 그는 조지아에 머물면서 소련 정권에 의해 억압당하고 있다고 느끼던 조지아인들과 아르메니아인들을 다수 만났다. 그의 이런 시각은 1993년의 『아라랏산 바라보기: 아르메니아 근대사』, 그리고 같은 해에 나온 『조지아 민족의 형성』에서 구체적으로 반영되었다. 이와 관련하여, 수니는 『러시아 제국 연구』에도 나오는 에른스트 겔너(1925~1995)의 "잠자는 숲속의 미녀" 개념, 즉 민족들은 항상 존재해 왔는데 근대에 들어서 자유의 입맞춤을 통해 깨어난 개념이라든가, 레지널드 젤닉(1936~2004)의 "프랑켄슈타인의 신부" 이론, 즉 민족이라는 것은 여러 조각들이 결합되어 근대에 만들어진 구성물이라는 관점을 진지하게 사유할 수 있었다.

　민족에 대한 수니의 구성주의 이론은 소련의 해체에서 민족주의가 큰 역할을 하리라는 점을 예견한 셈이 되었다. 1990년 전후에 캅카스와 발트 3국에서는 민족들 간의 충돌이 빈번히 일어났고, 고르바초프는 이런 갈등을 제대로 해결하지 못함으로써 중앙정부의 권위를 추락시키고 있었다. 이 무렵에 수니는 소련 전문가로서 소련의 붕괴 가능성에 대해 언론으로부터 자주 질문을 받았다. 수니는 국가보안위원회KGB, 군대, 당의 체제 장악력을 높이 평가하여 소련이 붕괴될 수 없다는 알렉산더 모틸(1953~)의 주장에 동의했다. 그러나 수니의 이러한 예측은 빗나갔다. 이런 예측 실패의 배경에는 소련의 붕괴를 바라지 않았던 그의 개인적인 희망이 있었다. 그는 소련이 비록 문제가 있긴 하지만, 유럽연합처럼 좀 더 느슨한 연방으로 계속 남아 있기를 바랐다. 『러시아 제국 연구』에서도 나오지만, 수니가 주장하기로 소련이 붕괴된 가장 중요한 원인은 당시 소련 지도부가 스스로를 해체했다는 데 있었다고 볼 수 있는데, 수니는 이 당시에 이 점을 미처 예상하지 못하고 있었다.

　수니를 포함한 대부분의 소련 전문가들의 예상과는 달리, 소련은 1991년 12월에 매우 빠른 속도로 해체되었고 고르바초프 소련 대통령은 사임했다. 소련에서는 불과 9개월 전인 1991년 3월에 소련의 존속 여부를 두고 실시된 국민투표에서 투표자의 약 76퍼센트가 소련의 유지에 찬성했기 때문에, 결과적으로 불과 1년 앞도 내다보지 못한 소련 전문가들은 매우 난처한 입장에 처했고 이 점에서는 수니도 예외가 아니었다. 그러나 수니는 단행본으로도 나온 바 있는 『과거의 복수』 강연 덕분에 시카고대학교로 적을 옮길 수 있었다. 이제 수니는 역사학과가 아니라 정치학과에 소속되어 2005년 65세에 은퇴할 때까지 연구와 교수 활동을 계속했다. 역사학자로서의 정체성을 가지고 있던 수니에게 정치학자로서의 활동은 한편으로 부자연스러운 것이었을 수도 있었으나, 그것이 오히려 그의 학문 세계를 더 풍요롭게 만든 계기가 되기도 했다. 시카고에서 수니는 정치학자 존 미어샤이머John Joseph Mearsheimer(1947~)와 역사학자 실라 피츠패트릭Sheila Mary Fitzpatrick(1941~) 등 탁월한 학자들과 긴밀히 협력하며 10년 동안 러시아 연구 워크숍을 운영했다. 시카고 시기에 수니는 『소비에트 실험: 러시아, 소련, 그리고 승계국들』(1998)을 펴냈는데, 이 책은 미국만이 아니라 세계적으로도 호평을 받았다. 또한 이 시기에 수니는 시카고대학교에서 제국의 성격, 그리고 제국과 민족의 관계에 대해 더욱 깊이 연구했고, 그 결과를 제자인 테리 마틴과 함께 『민족들의 국가: 레닌과 스탈린 시대의 제국과 국가형성A state of nations: empire and nation-making in the age of Lenin and Stalin』이라는 제목으로 옥스퍼드대출판부에서 2001년에 발표했다. 이 번역서의 주제인 제국 문제는 이미 미시간대학교 재직 시에 발레리 키벨슨과 지속적으로 논의해 오고 있었는데, 시카고대학교에서의 사유와 연구를 덧보태어 『러시아 제국 연구』가 2016년에 출간될 수 있었다.

2005년에 시카고대학교에서 은퇴한 후 수니는 미시간대학교로 되돌아가서, 찰스 틸리 사회정치사 석좌교수직을 맡았다. 또한 러시아, 동유럽 및 유라시아 연구센터CREES에 참여하여 학술행사를 주도하면서 러시아를 포함하여 동유럽과 중앙아시아 연구를 수행했다. 그리고 이 무렵에 수니는『캠브리지 러시아사The Cambridge History of Russia』라는 대작의 편집을 주도했다. 그는 그중 20세기 러시아사를 다룬 제3권의 편집을 맡았는데, 거기에서는 민족으로서의 러시아인들만이 아니라 차르 체제와 소련 및 포스트 소비에트의 비러시아민족들도 다루어졌다. 미시간으로 되돌아간 수니는 러시아−소련사 연구만이 아니라 제노사이드 문제도 깊이 있게 연구하기 시작했다. 그 결과물은 아르메니아 대학살 100주년을 기념하여 출판된『"그들은 사막 외에 다른 곳에서는 살 수 없다.": 아르메니아 제노사이드의 역사』(2015)로 발표되었다. "그들은 사막 외에 다른 곳에서는 살 수 없다."라는 책 제목에 제시된 문구는 청년 튀르키예 당의 지도자인 탈라트 파샤Talat Pasya(1874~1921)의 발언으로 알려져 있는데, 아르메니아인들이 튀르키예 땅에서는 살 수 없다는 냉혹한 태도를 상징적으로 보여 주는 말이었다. 수니는 이 책으로 부키니치Vucinich 저술상(슬라브, 동유럽, 유라시아연구학회 주관)을 수상했다. 수니는 튀르키예 정부가 무고한 아르메니아인들에게 끔찍한 범죄를 저질렀다는 점에는 반대하지 않지만, 제노사이드 사건을 튀르키예인들과 쿠르드인들, 그리고 청년 튀르키예 정부가 아르메니아인들을 바라본 관점도 책 속에 담고자 했다.

앞서 언급된 바와 같이, 수니는 이 책이 출간되어 나온 2016년 이후에도 20세기 러시아사를 주제로 하여,『펼쳐진 붉은 깃발: 역사, 역사가들, 그리고 러시아혁명』(2017),『스탈린: 혁명으로의 통로』(2020),『상처입은 붉

은 깃발: 스탈린주의와 소련 실험의 운명』(2020) 등 탁월한 학술서를 펴낸 바 있으며, 현재에도 왕성한 학술 활동을 이어 가고 있다.

키벨슨의 생애와 역사학

공동 저자인 발레리 키벨슨은 1957년생으로서 1975년에 하버드대학교에 입학하여 1980년 6월에 우수한 성적magna cum laude으로 졸업했다. 그녀는 1981년에 샌프란시스코주립대학원에 입학하여 러시아어문학 석사학위를 1982년 9월에, 그리고 러시아역사학 석사학위를 1983년 9월에 각각 취득했다. 또 그녀의 역사학 박사학위 논문은 1988년 10월에 스탠포드대학교에서 수여되었는데, 논문 제목은 "공동체와 국가: 17세기 모스크바국의 정치문화와 블라디미르-수즈달 지역의 지방 젠트리"였다. 그녀는 박사학위 취득 직후 캘리포니아에 있는 성메리대학교에서 잠깐 강사 생활을 하다가 1989년 9월부터 미시간대학교 역사학과 교수직을 맡은 이후 지금까지 미시간대학교 역사학과에서 재직해 왔고, 현재는 토머스 텐틀러 석좌교수로 있다.

키벨슨의 연구 업적도 수니 못지않게 대단하다. 단독 저서만 하더라도, 박사학위를 다듬어 출판한『지방에서의 전제정: 17세기 러시아의 정치문화와 젠트리』(1997) 이외에도,『차르국의 지도 제작: 17세기 러시아의 땅과 그 의미』(2006),『절박한 마법: 17세기 러시아 마술의 도덕경제』(2013) 등이 있으며, 공동저서로는『정교회 러시아: 신앙과 실천 연구』(2003),『러시아 그리기: 시각문화 탐구』(2009),『모스크바국의 새로운 문화사: 다니엘 로우랜드 기념 논문집』(2009),『러시아사의 언어와 이미지: 개리 마커 기념 논문집』(2015),『모스크바국 새로 보기: 정치·제도·문화』(2017),『러시아와 우크라이나의 마법과 마술: 사료와 논평』(2020) 등이 있다. 이 중에서『차르국의 지도 제작: 17세기 러시아의 땅과 그 의미』는 2012년에 모스크바에서 러시아어로 번역되어 출간된 바 있다. 키벨슨이 발표한 논문은 거의 50편에 이를 정도로 매우 많은데, 그녀가 다룬 주제는 주로 모스크바국 시대의 마법, 종교, 이반 뇌제, 지도 제작, 정치문화사, 제국비교사, 성과 젠더, 가족 관계 등이다. 이런 연구성과를 인정받아, 그녀는 2014년 미시간 인문학상 등 수많은 학술상을 수상했고, 2019년에는 영국학술원 준회원이 되는 영예를 안았다.

키벨슨의 전 생애에 걸친 연구는 몇 가지 특징을 가지고 있다. 그중 무엇보다도 그녀는 자신의 초기 관심을 점차로 확대시키며 풍성하게 만드는 데 탁월한 재능을 발휘했다. 그녀의 스탠포드대학교 박사학위 논문은 수즈달 지역의 모스크바국 하급 귀족을 소재로 하여 전제정 체제에서의 국가와 사회의 관계를 다루었다. 키벨슨은 이 주제를 발전시켜 모스크바국의 정치문화를 다루었다. 이와 관련하여 특히 눈에 띄는 그녀의 논문은 2002년에 권위 있는『근대사 저널 The Journal of Modern History』에 발표한 "모스크바국의 '시민권': 자유 없는 권리"였다. 그녀는 이 논문에서 영국의 고전적 '시민권' 개념에 비추어 모스크바국 사람들이 국가에 대해 가졌던 태도를 살펴보고자 했다. 논문 저자는 공동체에 대한 소속감, 국가와의 상호관계에 대한 기대감 등에서 양국의 공통점이 있음을 주목했다. 그러나 모스크바국 사람들은 사실상 예속상태에 있었으므로 시민이 아니라, "신민"에 불과했다. 이 논문은 "법치" 개념이 생소했던 모스크바국 시기에 신민의 지위에 대하여 정교하게 분석하고자 했다. 이 탁월한 논문으로 인하여, 키벨슨은 2002년에 『근대사 저널The Journal of Modern History』이 선정한 체스터 펜 히그비 논문상 최종 후보에까지 올랐다.

키벨슨이 모스크바국의 정치문화 중 독보적인 연구 분야로 발전시킨 주제는 바로 마술과 주술 연구라고 할 수 있다. 그녀가 이 주제와 관련된 논문을 처음 발표한 것은 1991년의 「마법 프리즘을 통하여: 17세기 러시아의 젠더와 사회 변화」였다. 이 논문에서 그녀는 모스크바국에서 마술 혐의를 받은 대부분의 사람이 남성이며, 그 이유가 농노 가정에 묶여 있던 여성보다 남성이 더 큰 이동성을 가졌다는 데 있다는 주장을 펼쳤다. 이후에도 그녀는 「경계의 순찰」(1995), 「남성 마술사와 젠더화된 범주들」(2003), 「근대 초 러시아정교회에서 섹슈얼리티와 젠더」(2006), 「산문적 마술과 기호학적 전체주의」(2011) 등의 논문을 통하여 러시아의 다양한 마술 담론을 다루었다. 그녀가 자신의 마술 연구를 집대성한 저서는 2013년에 출간한 『절박한 마술: 17세기 러시아 마술의 도덕경제』였다. 여기서 그녀는 모스크바국의 신정적 정치체제를 위협하는 마술과 주술 혐의자들이 어떤 처벌을 받았으며, 마술사 고발 과정에서 노출된 긴장감으로 인하여 전제체제와 신분제가 개인과 공동체에 얼마나 큰 압박을 가했는지 서술했다. 키벨슨은 모스크바국의 마술과 주술을 우크라니아와 폴란드의 경우와 비교 연구하여 『러시아와 우크라이나의 마술: 사료집, 1000~1900Witchcraft in Russia and Ukraine: A Sourcebook, 1000~1900』(2020)을 출간하기도 했다.

또한 키벨슨은 지도 제작이라는 특이한 주제를 전제정치와 연결시키는 독창적인 분야를 개척하기도 했다. 이와 관련된 첫 번째 논문은 1999년에 발표된 「지도 제작, 전제정, 그리고 국가의 무력함」이었다. 이 논문에서 키벨슨은 근대 초 국가의 중앙집권화에 관한 기존의 학설을 전복했다. 모스크바국은 지방의 자치를 억압하거나 중앙집권화된 지도 제작을 강제함으로써 전제체제를 강화한 것이 아니었고, 오히려 토지 분쟁을 해결하기 위한 지방 법정들의 끈질긴 노력을 통하여 국가가 사실상 '무력하며,' 적어도 비효율적이라는 점을 드러냈다. 이런 맥락에서 키벨슨은 국가가 스스로 제정한 법률과 백성에 대한 의무에 얽매여 점점 더 복잡한 행정적 속박 속으로 빠져들었다고 주장했다. 키벨슨은 이 주제를 확대하여 시베리아의 지도제작자 세멘 레메조프의 작업을 대상으로 「토볼스크의 천사들」(2006), 「우주의 모든 부분들 사이에서」(2008)라는 제목의 논문을 발표했다. 지도 제작에 대한 그녀의 연구는 2006년에 『차르국의 지도 제작: 17세기 러시아의 땅과 그 의미』로 집대성되었다. 그녀의 지도 제작법 연구는 「유럽의 지도 제작의 등장」(2015)이라는 논문을 통하여 근대 초 유럽의 지도 제작으로 확대되었다. 또한 그녀의 지도 제작 연구는 시각문화에 대한 연구로 발전했다. 그녀의 시각자료 연구는 「표현적 제스처들: 『리체보이 연대기』의 영향과 위계질서」(2018), 「우리 시대를 위한 삽화들: 『삽화로 된 역사연대기』 속의 흑사병」(2023) 등에서 발표되었다. 또한 그녀는 세르게이 코즐로프 등과 함께 『러시아 제국 그리기 Picturing Russian Empire』(2024)라는 책을 편집했는데, 여기에서 「근대 초 러시아(1560년대~1690년대)에서 몽골인들과 타타르인들의 인종적 형상화와 이미지」라는 자신의 논문을 게재했다.

키벨슨은 이와 같은 자신의 연구 성과를 제국을 주제로 한 이 번역서에서 적극 활용했다. 마이클 플라이어 등은 그녀의 탁월한 학문적 업적을 기념하여 2023년에『모스크바국과 세계: 제국과 그 한계』라는 제목의 논문집을 헌정했다. 그렇지만 그녀의 학문은 현재진행형이다. 앞으로도 그녀는 기존의 연구를 더욱 심화·확대시킬 것으로 기대된다.

『러시아 제국 연구』의 주요 특징

이제『러시아 제국 연구』의 특징을 살펴볼 차례이다. 저자들이 서론에서 밝힌 바처럼, 본서는 제국이라는 렌즈를 통하여 러시아의 역사를 살펴보려는 시도이다. 그런 만큼 우리는 먼저 제국에 대하여 저자들이 내린 정의에 주의를 기울여야 한다. 저자들은 제국의 특징으로서, 첫째, 통치자의 최고 권력, 둘째, 광대한 영토, 셋째, 다양한 영토와 민족들의 존재라는 안토니 파그덴의 주장에 공감한다. 나아가 저자들은 여기에다가 넷째, 서로 구별되거나 독립적으로 구성된 영토와 민족에 대한 지배, 그리고 다섯째 중심부(또는 본국)와 주변부(또는 식민지) 간의 권력의 불균등한 분배라는 두 가지 특징을 추가했다. 이런 제국들의 사례로서 저자들은 주로 오스만 제국, 독일 제국 등을 들면서, 이들 국가들을 러시아 제국과 비교했다.

제국과 대비되는 국가 형태로는 국민국가가 있다. 이 둘 사이에 가장 중요한 차이는 구성원들의 동질성과 동등한 대우의 여부에 있다. 국민국가는 법 아래에서 평등한 시민단을 창출하고, 가능한 한 모든 차등과 위계질서를 제거함으로써 통치하는 방식을 가지고 있다. 국민국가는 영어로

nation-state인데, 그만큼 동질성을 가진 구성원들이 어떤 민족을 중심으로 성립되기 때문이다. 그러므로 우리나라에서 nation-state는 민족국가라고 번역되기도 한다.

이 개념을 설명할 때 저자들은 이상형이라는 막스 베버의 방법론을 사용했다. 이상형은 문자 그대로 현실에서는 존재할 수 없는 개념적인 모형일 따름으로서, 저자들도 이상형으로서의 제국과 국민국가는 현실 세계에 존재하지 않는다고 보았다. 경우에 따라, 제국이 국민국가의 특징을 지닐 때도 있고, 그 반대의 경우도 가능하다. 뿐만 아니라 국민국가 모습을 지닌 벨기에 내에서도 왈롱족이 다수인 지역에서는 플랑드르 급진주의자들이 벨기에를 오히려 미니 제국으로 생각할 수도 있었다. 그렇지만 특히 20세기 들어 제국의 쇠퇴는 필연적인 것으로 보였다. 더구나 2차 세계대전 이후 식민지 해방 운동이 확산되면서 제국은 식민지 민족의 권리를 유린하는 정치 형태로 인식되었다. 심지어 1983년에는 레이건 미국 대통령이 소련을 "악의 제국"으로 지칭하면서, 제국이라는 단어 자체가 불명예를 얻었다. 제국에 대한 이러한 이해는 결국 제국 통치자가 식민지에 대해 지속적으로 적대적인 태도를 보였고, 제국에 속한 민족들을 억압하고 착취했다는 널리 알려진 해석과 일맥상통한다.

저자들은 제국에 대한 이러한 개념에 동의하지 않는다. 그들은 제국의 구조에 대해서는 중심부와 주변부로 설명하면서도, 그 사이에 정서적 유대와 상호성이 있다고 보았다. 어떤 제국도 피지배자를 일방적으로 순수한 강제력만으로 오랫동안 지배할 수는 없었고, 쌍방향적인 관계를 맺으며 피지배자들의 동의를 얻어야 했는데, 저자들은 이것을 "상호성reciprocity"이라고 불렀다.

　이러한 제국 개념을 저자들은 러시아 역사에 정교하게 적용시켰다. 저자들에게 키예프 루스는 제국도 아니었고, 조직된 국가도 아니었으며, 지배 가문의 연대라는 개념과 키예프 대공이 지니는 상징적인 연장자 지위에 의해 느슨하게 연결된 영역realm이었을 따름이었다. 저자들은 키예프 루스가 "수장 없는 국가"였다는 다른 학자들의 주장을 변용하여, 키예프 루스의 대공이 "국가 없는 수장"이라는 흥미로운 제안을 내놓았다. 저자들에 따르면, 몽골제국 시기의 키예프 루스 공국들은 비잔티움이나 리투아니아에서와 마찬가지로 몽골제국으로부터 제국적 영감을 받았다. 러시아 역사에서 제국이 등장한 것은 모스크바국 시기였다. 저자들은 특히 이반 3세와 이반 4세 시기의 제국적 특징에 주목했다. 모스크바국 시기에 성립된 제국은 일방적인 강압 정치가 아니라, 상호성이 드러난 정치형태였다. 저자들은 그 사례 중 하나로서 젬스키 소보르에서 확인된 '복스 포풀리'를 들고 있다. 또 일부 학자들의 관점에서, 18세기의 러시아사는 초기의 표트르 대제의 군사적 영광에 이어 일련의 소년들과 여성 군주들에 의하여 경박함과 정실주의, 그리고 부패라는 수렁으로 빠져든 것으로 이해되고 있다. 그러나 저자들은 이러한 시각을 편견이라고 부르면서, 18세기에도 협의와 상호성이라는 러시아의 전통적인 정치 문화가 존중되었다고 설명했다.

　이 책은 제국과 함께 민족 개념을 중요한 범주로 다루고 있다. 유럽에서는 "민족nation"이라는 개념이 성립된 것은 18세기였는데, 이 점이 러시아 역사에서 적용될 수 있는지에 대해 저자들은 관심을 기울였다. 저자들은 러시아 민족이 내부적으로 귀족과 인민(나로드)으로 분리되어 있었으며, 외부적으로는 제국 영토가 확장됨에 따라 다양한 민족적 스펙트럼을 가지게 되었음을 지적했다. 이에 따라 19세기의 러시아 제국은 한편으로는 내부적으로 카람진 등의 지식인들에 의해 제시된 민족 개념을 정립해야 했으며, 다른 한편으로는 주변부 민족들을 동화시켜야 한다는 중요한 과제를 안고 있었다. 그러나 저자들의 견해로는, 러시아 제국은 민족정책에서 성공을 거두지 못했고, 20세기 초에 계급 언어의 우세로 인하여 혁명이 성공을 거두었다.

민족 개념에 대해서 저자들에게 두 사상가들이 큰 영향을 미친 것으로 보인다. 그중 한 사람은 베네딕트 앤더슨(1936~2015)이고, 다른 한 사람은 에릭 홉스봄(1917~2012)이다. 앤더슨은 자신의 명저인 『상상된 공동체—민족주의의 기원과 보급에 대한 고찰』(1983)에서 민족에 대한 기존의 관념에 도전장을 던졌다. 보통 민족은 실재하는 실체로 간주하는 것으로서, 이것은 객관적으로 존재하며, 비교적 동질적이며, 어떻게든 공통의 문화, 관습, 가치 등을 공유하고, 공동의 정체성을 느끼는 사람들로 구성된 집단으로 보는 시각이 일반적이었다. 민족주의자들은 대개 이러한 관점을 취한다. 그러나 베네딕트 앤더슨은 "민족"이란 근대 이후 정치적 필요에 의해 만들어진 "상상의 공동체"라고 주장한다. 앤더슨이 주장하기로는, 민족 형성 과정에서 가장 주목받은 것은 인쇄자본주의였다. 이를 통하여 사람들은 새로운 방식으로 그들 자신에 대해 생각하고, 자기들을 다른 사람들과 연결할 수 있었다. 달리 말해, 인쇄술을 통하여 라틴어가 아니라 지방어로 책, 신문, 소설이 대량으로 유통되었고, 이로써 언어권 독자층이 생겨나고 민족 공동체를 출현시켰다는 것이다.

　인도네시아를 비롯한 아시아학 전문가인 앤더슨과는 대조적으로, 주로 서양 역사에 관심을 가졌던 홉스봄도 앤더슨과 유사한 주장을 했다. 공교롭게도 홉스봄이 편집한 『만들어진 전통』도 『상상된 공동체—민족주의의 기원과 보급에 대한 고찰』과 같은 연도인 1983년에 출간되었다. 여기서 홉스봄을 비롯한 저자들은 19세기 말에서 20세기 초에 새로운 국경일, 의례, 영웅이나 상징물들이 대량으로 만들어지는 등 "전통의 창조"가 유럽에서 집중적으로 일어났다는 사실에 주목했다. 이들은 그런 발명된 전통들이 실제 역사와 동떨어져 있으며, 정치적 의도에 의해 조작되고 통제되었다고 생각했다. 또한 이 책은 집단적 기념 행위가 국민 정체성을 형성하기 위한 "전략"이었으며, 신화와 의례가 사람들로 하여금 만들어진 "공식 기억"을 믿도록 하는 데 의도적으로 사용되었다는 사실도 밝혀냈다. 그러므로 홉스봄 등은 역사적 과정에서 볼 때 민족주의의 중요성이 낮아지고 있음을 주장한다. 이들은 지구화 시대에 민족주의가 공고해지는 것이 인류의 미래에 긍정적인 전망을 줄 수 있는지에 대해서 동의할 수 없었다.

　『러시아 제국 연구』의 저자들은 민족이 "만들어진 전통"에 의해 "상상된 공동체"라는 생각에 동의하는 듯 보인다. 두 저자 중 특히 마르크스주의자였던 수니는 역사적 동인으로서 계급을 중시했기 때문에, 민족주의가 사회문제나 불만의 근본적인 원인을 가리는 일종의 환상이라고 생각했었다. 그러나 홉스봄과 앤더슨 등의 저서에 대한 독서는 수니의 연구에 일종의 전환점 역할을 했다. 그는 이런 경향을 민족에 대한 구성주의적 관점constructivist view of nations이라고 말했다.

러시아어에서 인류 공동체는 그 발전 단계와 성격으로 보아 "씨족rod"
—"부족plemia"—"준민족narodnost"(문화적인 정체성을 가졌으나 국가를 이루지 못
한 민족 집단) —"나로드narod"(문화적·정신적 공동체) —"나찌야natsiia"(사회경제
적, 문화정치적, 정신적, 시민적 공동체)로 구분할 수 있다. 저자들은 러시아의
민족 형성을 구성주의적 관점에서 바라보았다. 저자들에 따르자면, 러시
아 역사에서 "네이션nation"이 성립된 시기는 19세기였다. 그 이전의 러시
아인 공동체를 구성한 사람들은 "피플즈peoples"였다. 『러시아 제국 연구』에
서 "피플즈"는 민족으로 번역되기도 하지만, 이것은 우리나라의 학계에서
"네이션"이라는 학술어의 정확한 의미를 규정하지 못하고 있기 때문이다.
19세기에 러시아에서 "네이션"은 지식인들, 특히 카람진이나 세르게이 솔
로비요프, 클류쳅스키 등과 같은 역사가들의 사유를 통하여 만들어진 개
념이었다. 여기서 저자들은 에드워드 사이드Edward Said(1935~2003)의 오리
엔탈리즘 개념을 사용했다. 사이드가 정의한 오리엔탈리즘은 제국주의
체계에서 "동양을 지배하고 재구성하며 억압하기 위한 서양의 방식"이다.
서양은 오리엔탈리즘을 통해 타자인 동양이라는 대상을 형성한 후 그들의
본질적인 열등한 속성을 정의했다. 그리고 서양은 동양과의 대비를 통하
여 "진보적이고 우월한" 속성과 주체성을 획득했다. 저자들은 이 주장을
러시아의 19세기 역사에 적용하여 말하기를, "19세기 초의 수십 년 동안
학자들은 러시아판 오리엔탈리즘의 기초를 놓았고, 아시아적 '타자'에 대
한 인식을 통해 러시아인들은 스스로의 정체성을 개념화했다. 서구에 비
해서는 종종 열등한 것으로 간주되었던 러시아 '문명'은, 적어도 캅카스 산

악 민족들이나 중앙아시아 유목민들의 '야만성'보다는 우월한 것이었다."
(제6장)

나아가 저자들은 러시아의 "네이션" 형성 과정이 유럽의 경우와 여러 가지 면에서 차이를 가지고 있음을 밝혔다. 그것은 기본적으로 러시아의 지리적 특성, 즉 동과 서 사이에 위치한 지리와 밀접한 관련을 가지고 있었다. 러시아의 지식인들은 러시아가 유럽과 아시아 중 어디에 위치하는 지를 두고 치열한 논쟁을 벌였다. 이런 인식은 20세기 전반의 유라시아주의의 배경이 되었고, 레프 구밀료프에 의하여 오늘날에 이르기까지 계승되고 있었다. 또한 19세기의 러시아 "네이션"은 슬라브주의를 통하여 확대되고 있었다. 저자들은 1867년에 개최된 "슬라브 대회"를 설명하면서 "형제 민족들"을 거론하고 있다. "대러시아인들", 특히 보수 성향의 러시아 지식인들은 슬라브 민족들 전체를 아우르는 민족을 구상했는데, 이 목표를 달성하기 위한 방법은 러시아화Russification 정책이었다. 저자들은 러시아화에는 세 가지 의미가 포함되어 있다고 보았는데, 그 중 문화적 의미에서 "러시아인을 만들려는" 노력을 강조했다. 물론 이 과정에는 극복하기 어려운 장애물이 있었는데, 저자들은 그것이 종교와 언어라고 설명했다.

러시아화를 둘러싼 민족들의 긴장은 혁명운동과 결합되었다. 이와 관련하여 저자들은 러시아혁명에 대해 매우 역동적인 설명을 제시하고 있다. 저자들에 따르자면, 제정 말기에 체제 위기를 극복하기 위해 러시아 지도자들은 여러 가지 시도를 했다. 일부 개혁가들은 '시민적 국민' 형성 프로그램을 실시하고자 했고, 다른 일부 지도자들은 신분 원칙을 유지하는 가운데 부분적인 개혁을 실시하고자 했다. 그러나 대러시아인 중심의 민족 원칙을 강화하자는 입장과 일정 수준의 자치와 독자적인 영토를 보장받아야 한다고 주장하던 비러시아계 민족주의자들의 주장이 충돌했다. 다른 한편으로 저자들은 제정 말기 러시아의 산업화로 인한 계급의식의 등장을 강조했다. 공장 작업장, 노동자 기숙사, 혹은 하층민 거주지에 모인 사람들은 민족적 유대감을 가지기도 했지만, 다른 선배 노동자들이나 사회주의 선동가들을 통하여 계급의식을 강화했다. 물론 저자들도 지역에 따라 민족 정체성과 계급 정체성의 관계가 다양하다는 점을 인정했으나, 결국 계급 정체성이 훨씬 더 견고한 것으로 드러났다고 설명했다. 그 결과는 러시아혁명과 내전에서 볼셰비키의 승리로 드러났다는 것이다. 저자들은 이런 설명을 하는 도중에 안토니아 그람시(1891~1937)가 사용한 서발턴subaltern이라는 개념을 사용했다. 서발턴 계급들은 사회의 하층계급들로서 자기들의 계급 언어를 사용함으로써, "'데모크라티야demokratija', 즉 정치 형태로서의 '민주주의'가 아닌, 하층계급 — 농민, 노동자, 사병 — 간의 연대라는 개념"(9장)을 강화하는 결과를 가져왔다는 것이다.

저자들의 이러한 시각은 소련 시기에 대한 해석에도 반영되었다. 우선 저자들은 소련 시기가 제국에 대한 자기들의 개념에 부합된다고 보면서 "소련 제국"이라는 용어를 사용한다. 그렇지만 여기서 "제국"의 뜻은 레이건 대통령이 "악의 제국"이라고 소련을 지칭했을 때의 의미와 다르다. 저자들은 제국을 일방적으로 피지배민들을 억압하는 체제로 보지 않고 상호성을 그것의 주요 특징으로 보고 있는데, 소련에 대해서도 마찬가지라고 판단했다.

저자들은 소련 시기의 민족 정책이 이중성을 가지고 있다고 생각한다.

한편으로 중심부 즉 소련 수도와 공산주의자 엘리트 계층은 '소비에트 인간' 창출이라는 '문명화 사명'을 가지고 있었고, 소련인으로서의 정체성을 확립하고자 했다. 그러나 저자들은 소련이 민족들의 감옥이자 파괴자로서 소련 프로젝트가 러시아화나 소비에트화에 있다는 패러다임을 거부한다. 저자들은 비록 전반적으로 리처드 파이프스Richard Pipes의 역사관에 매우 비판적이기는 하지만, 그가 "소비에트러시아는 … 민족 원칙을 연방 구조의 기반 위에 놓은 최초의 근대 국가가 되었다."라고 한 말에는 공감을 표했다. 그렇지만 저자들은 볼셰비키 정권 역시 민족정책에서 성공을 거두지 못했다고 평가했다. 비러시아 민족들에게 민족자결권 및 완전한 문화적, 정치적 권리를 부여하고자 했던 레닌이나, 러시아인 중심의 민족 볼셰비즘을 추구했던 스탈린이나 민족문제에 대한 궁극적인 해결책은 될 수 없었다. 소련은 민족들이 가까워지고sblizhenie, "소비에트 인민"으로 "융합sliianie"하려는 정책을 지향했으나, 저자들은 "제국적 성격과 민족주의적 프로젝트 사이의 중대한 모순과 긴장이 소련 권력 70년 전체를 관통하고 있음을 알 수 있다."라고 주장했다(10장). 소련이 러시아인 이외의 민족들에게 허용한 선은 분명히 있었다. 소련에서 민족들의 우호는 가능했지만, 주변부의 주권이나 분리독립은 용납될 수 없었다. 결국 "민족주의라는 강력한 이념의 도전을 두 세기 동안 받아온 후기의 소련 제국은 정치적 동질성은 강화했으나, 국민에 의한, 국민을 위한 동질적인 주권 국민국가로의 진화는 이루지 못했다."(11장) 저자들은 비록 계급 언어가 작동하여 소련이 성립되었지만 그 체제 하에서 개별 민족들의 정체성은 소멸되지 않았으며, 고르바초프 통치기에 소련의 권위가 약화되자 민족문제가 소련 해체의 중요한 동인으로 작동되었다고 보았다.

저자들은 『러시아 제국 연구』 제12장에서 소련의 해체가 제국의 종식을 의미하는지의 여부에 관한 질문을 던졌다. 저자들의 분석에 따르자면, "러시아연방은 내부적으로는 과거보다 제국적 성격을 적게 띠게 되었으며, 동등한 시민들로 구성된 다민족국가의 형태를 좀 더 강하게 가지게 되었으나, 구분과 차등 및 제국 통치의 관행은 결코 완전히 제거되지 않았다."(12장) 특히 러시아의 제국적 성격은 "가까운 외국"이라고 불린 구소련 국가들을 대상으로 명확했다. 러시아에서 유라시아주의가 관심을 끌었던 것이나, 유럽연합에 비견되는 유라시아경제연합을 출범시킨 것도 러시아가 제국을 지향한다고 볼 수 있다는 근거로 작용할 수 있다. 저자들은 이것을 제국이라고 부르지는 않고, "종속국의 내정 및 외교정책 전반을 완전히 통제하지는 않되 지배력을 행사하는 방식"인 패권이라고 일컬었다.(결론)

『러시아 제국 연구』의 12장 마지막 부분은 러시아가 조지아 및 우크라이나에 대해 취한 정책을 서술하고 있다. 옐친 시기에 러시아는 구소련 국가들에 대해 "방기 정책"을 펼쳤으나, 21세기 들어 푸틴 집권기에는 이 지역들에 적극 개입하는 방향으로 정책을 선회했다. 저자들은 구소련 국가들 중 특히 조지아와 우크라이나가 "레드 라인"을 넘었다고 설명했다. 그 결과, 2008년에 러시아는 조지아와 전쟁을 벌였고, 2014년에는 우크라이나의 크림반도를 합병했다. 저자들은 러시아가 미국이 국제 질서를 주도하는 일극 체제가 아니라, 유엔을 통한 다극 체제를 선호한다는 점을 여러 맥락에서 강조했다. 2016년에 출간된 『러시아 제국 연구』는 러시아의 크림반도 합병에 뒤이어 우크라이나의 도네츠크와 루한스크 지역이 독립을 선포한 설명에서 마무리되고 있지만, "레드 라인"에 대한 설명을 통하여 2022년 2월에 발발한 러시아-우크라이나 전쟁을 예견하고 있기도 하다. 이로써 저자들은 "가까운 외국"에 대한 현재의 러시아의 정책이 과거로부터 이어져 온 제국적 이미지를 확인시켜주고 있다는 결론에 도달했다.

『러시아 제국 연구』와 신제국사

이처럼 『러시아 제국 연구』는 20세기 후반에 인문학과 사회과학 방법론에서 발생된 커다란 변화를 깊이 반영했다. 그 출발은 국가주의적 수사에 대한 비판을 주요 내용으로 한 푸코 등의 포스트 구조주의였다. 또한 이 이론은 프란츠 파농Frantz Fanon(1925~1961)과 에드워드 사이드(1935~2003)의 사상을 기반으로 하고, 호미 바바Homi K. Bhabha(1949~)와 가야트리 스피박Gayatri Chakravorty Spivak(1942~) 등 인도계 인문학자들의 지적 성과를 통하여 포스트 식민주의로 연결되었다. 이런 흐름을 바탕으로 하여 1990년대 말에 영미권에서 소위 "신제국사new imperial history"를 표방하는 연구들이 발표되기 시작했는데, 『러시아 제국 연구』는 신제국사 연구와 궤를 같이 하고 있다고 볼 수 있다.

러시아사 분야에서 신제국사가 본격적으로 거론된 것은 2000년 『압 임페리오Ab Imperio: Studies of New Imperial History and Nationalism in the Post-Soviet Space』라는 학술지의 창간 이후부터이다. "압 임페리오"란 라틴어로 "제국으로부터"라는 뜻으로서 제국과 민족으로부터 일정한 거리를 둔다는 의미를 암시했다. 이 학술지 창간을 주도한 학자들은 일리야 게라시모프와 마리나 모길네르 등이었는데, 비교적 젊은 세대의 러시아인들이지만 미국 등지에서 학문을 익혔기 때문에 서구의 이론에 밝은 사람들이었다. 2025년 10월 현재 『압 임페리오』 편집위원회는 21명으로 구성되어 있는데, 그중에는 수니 이외에도 제인 버뱅크, 유리 슬료즈킨 등 『러시아 제국 연구』에서 종종 거론되는 학자들도 포함되어 있다.

그렇다면 신제국사란 무엇인가? 이 용어 자체는 영어권에서 처음 사용되기 시작했으나, 여기서는 신제국사를 표방하고 있는 『압 임페리오』의 입장을 중심으로 신제국사의 특징에 대해 알아보고자 한다. 분기별로 발행되는 『압 임페리오』에서는 매호의 서론에서 학술지의 성격에 대해 설명해 왔다. 특히 학술지를 주도하는 인물인 게라시모프와 모길네르가 2007년에 "'신제국사란 무엇이며, 어디에서 왔으며, 어디로 가는가?Novaia imperskaia istoriia postsovietskogo prostranstva"라는 제목으로 진행한 인터뷰, 그리고 이 학자들이 중심이 되어 출간된 몇 권의 단행본들이 신제국사의 성격에 대한 정보를 제공한다. 또 우리나라에서 2015년에 『러시아연구』 제25권 제2호에 「소련해체 이후 러시아의 '신제국사' 연구동향: 학술지 『압 임페리오』를 중심으로」(기계형 저)라는 제목으로 게재된 논문이 신제국사를 이해하는 데 많은 도움을 주고 있다.

『압 임페리오』를 창간한 학자들은 기존 러시아의 주요 역사 학술지인 『역사의 문제들Voprosy istorii』과 『조국사Otechestvennaia istoriia』가 한계에 도달했다고 판단했다. 이들에 따르면, 이런 학술지들은 제도적, 지적 차원에서 심각한 경직 상태에 있기 때문에, 역사학을 위한 새로운 돌파구가 필요했다. 신제국사를 지지하는 학자들은 특히 제국과 관련하여 기존의 연구가 가진 방법론적 한계를 지적한다. 구제국사는 정치, 경제, 군사 등에 초점을 두고, 제국을 하나의 실체로 고정하는 패러다임을 가지고 있었다. 그러므로 구제국사는 민족사와 분리되어 있고, 민족사는 고립되어 설명됨으로써 역사에 담긴 역동성을 보여 주지 못했다. 특히 소련학Sovietology 분야에서는 학문적인 한계가 더욱 명확히 드러났다. 소련이 해체됨에 따라 학문 명칭 자체가 사라졌으며, 러시아연방에서 살아가는 러시아인들과 비러시아인들은 누구인지 규정되어야 했다. 러시아 역사학계는 마르크스주의적 설명 체계를 부분적으로 부정하고 절충주의적 입장을 취하고자 했으나, 신제국사 주창자들의 눈에는 이런 시도가 러시아 역사학의 위기를 극복하는 대안이 될 수 없었다. 소련 해체 이후, 제국과 민족에 관한 새로운 시도가 전혀 없지는 않았다. 예를 들어,『러시아 제국 연구』에서도 소개되어 있는 카펠러의『러시아 제국: 다민족 역사』가 그 사례였다. 그러나 이 책에서 다민족국가라는 개념이 사용되었으나, 분리된 여러 민족의 역사를 단순히 기계적으로 병렬하는 데 그쳤다고 신제국사 주창자들은 지적했다.

　신제국사 주창자들은 새로운 개념과 새로운 방법론을 통하여 구제국사를 포함한 기존 역사학의 한계를 극복하고자 했다. 우선, 그들은 제국 개념을 새롭게 정립했다. 그들은 제국을 연구할 때 고정적인 구조가 아니라, 제국이 처한 상황에 초점을 맞추고자 한다. 달리 말해, 그들은 제국적 상황the imperial situation을 핵심 개념으로 삼는다. 거기서는 서로 다른 사회적 위계와 가치 체계가 존재하며 사회 전체에 적용될 수 있는 단일하고 보편적인 '척도'가 없었다. 제국에서는 신분, 종교, 언어, 계급, 경제적 지위, 교육, 직업 영역 등이 독립적이고 종종 동등한 의미를 지닌 요소들로 받아들여지며, 이런 요소들이 다양하게 조합될 수 있다는 것이다. 신제국사는 특정 지역이나 특정 정치체의 역사에만 해당되지 않고, 기본적으로 이질적이며 다민족이고 다문화적인 사회의 역사적 현실을 기술하는 방법이다. 이와 달리, 근대 국민국가 혹은 민족국가의 이상형은 사회의 모든 구석에서 사회적 범주가 보편적이며 동등하다고 가정된다.

신제국사 연구자들은 제국만이 아니라, 민족 개념에도 각별한 주의를 기울이고 있다. 따라서 『압 임페리오』는 민족 및 민족운동의 역사를 연구하는 러시아와 다른 나라 연구자들의 학문적 성과를 집약하고자 노력했다. 신제국사는 제국을 구성하는 민족에 대해서도 구제국사와 다른 입장을 가지고 있다. 특히 러시아사의 경우에 민족문제가 복잡했다는 사실 때문에 전통적인 유럽 역사학의 모델에 따른 민족사 서술이 불가능했다. 신제국사의 관점에서는, "타타르인", "우크라이나인"만이 아니라, "러시아인"도 고정된 실체로 보기 어려웠다. 그러나 신제국사 연구자들은 이와 반대되는 구성주의에도 전적으로 동의하지는 않았다. 그들이 보기에, 구성주의자로 분류되는 일부 연구자들도 "제국 이론"을 전제한 채 제국의 발전 주기를 산출하고 있었다. 그러므로 그들은 경험적으로 명백한 민족·문화적 차이를 민족주의 엘리트들의 활동으로 돌리며, 그들이 이러저러한 민족을 '발명'했다고 주장하는 견해를 순진한 구성주의라고 지칭하며 비판했다. 이에 반해, 신제국사는 구체적인 현상과 과정 속에서 특정한 민족 집단이 수행한 역할을 재구성하고자 했다. 신제국사는 이상형으로서의 민족에는 동의하지 않으면서, 구성주의적 접근에는 단지 부분적으로 공감하고 있는 것으로 보인다.

또한 신제국사는 제국에 대한 새로운 이해를 위해 새로운 학문 방법론을 적극 활용하고자 한다. 그에 따르자면, 역사 연구는 역사적 교훈을 도출하는 데 목적을 두고 있는 것이 아니라, 역사 과정의 다차원성에 주목해야 한다. 이런 목표를 달성하기 위해, 신제국사는 특히 20세기 후반에 인문학과 사회과학 분야에서 제기된 여러 주제들에 개방적이며, 역사학 이외의 담론도 적극 수용하고자 한다. 신제국사는 그중에서도 구제국사에서 관심을 별로 두지 않던 문화, 젠더, 인종과 같은 주제들을 부각시켰다. 이와 관련하여 신제국사는 생태주의, 페미니즘, 식민주의, 포스트식민주의 등 글로벌 연구에 깊은 관심을 가지고 있다. 또한『압 임페리오』는 발행 초기부터 근대 역사학의 주요 설명적 메타 서사들('근대화', '경계와 국경', '역사적 기억', '자기 서술의 언어', '집단성의 인류학', '지식의 사회학')로 되돌아가서, 이러한 메타 서사들이 러시아 제국과 소련의 공간을 역사적으로 서술하는 현대적 과제에 과연 어느 정도까지 적용 가능한지를 검토하였다. 뿐만 아니라, 신제국사는 시간적으로는 키예프 루스부터 오늘날의 푸틴에 이르기까지, 그리고 공간적으로는 러시아만이 아니라 서유럽, 중앙아시아, 미국 등으로까지 범위를 확장한다. 그 결과, 신제국사 주창자들은 새로운 지식을 생산함으로써, 기존의 구제국사가 빠진 학문적 위기를 극복하고자 한다.

신제국사 주창자들은 2000년『압 임페리오』창간 이후에 현재까지 분기별로 학술지를 펴내고 있을 뿐만 아니라, 자기들의 연구 성과를 단행본으로 출간해 오고 있다. 그 첫 번째는 2004년에 나온『포스트 소비에트 공간의 신제국사』라는 논문집이었다. 이 책에는 5개 장에 26편의 논문이 게재되었는데, 그중에는「제국의 변증법: 러시아와 소련」이라는 제목의 수니의 논문도 포함되었다. 이외에도 신제국사 주창자들은 2008년에 출간된『제국의 인간: 러시아의 신체 인류학의 역사』(모길네르 저), 2009년에 출간된『제국이 토로하다: 러시아 제국의 합리화와 자기기술自己記述의 언어들』(게라시모프 등 편), 2017년에 출간된『유라시아 북부의 신제국사』(게라시모프 편) 1권과 2권, 같은 해에 출간된『제국으로부터 유라시아까지: 1920년대−30년대의 정치학, 학문 그리고 이데올로기』(글레보프 저), 2021년에 출간된『제국과 국민국가 시대의 인종의 문화사(1760~1920』(모길네르 편), 2024년과 2025년에 각각 출간된『유라시아 북부의 신제국사, 600~1700, 러시아사로부터 글로벌 역사까지』(게라시모프 편), 그리고 같은 책 2권인『유라시아 북부의 신제국사, 1700~1918, 러시아사로부터 글로벌 역사까지』(게라시모프 편) 등 자기들의 관점을 담은 연구서를 꾸준히 발표하고 있다.

창간된 지 이제 4반세기를 넘긴『압 임페리오』는 2024년 플랫폼에서, 신제국사의 연구 패러다임을 스스로 구축했다고 하면서, "포스트 제국주의적"이며, "포스트 민족주의적"인 역사서술의 작동 모델을 발전시키며 검증하고 있다고 자평하였다. 그러나 이 "두꺼운"tolstyi 학제적 학술지는 러시아−우크라이나 전쟁, 이스라엘−가자 분쟁, 그리고 제2기를 맞이한 트럼프 미국 대통령의 대외정책 등으로 인한 국제 정세의 변화에서 생겨난 새로운 도전에 직면하고 있다. 일부 비판적 학자들은 "제국"과 "식민지"가 일방적인 지배와 억압 관계에 있다고 보는 이전의 시각으로 되돌아가고 있다. 이런 상황에서 『압 임페리오』가 "제국적 전환"imperiual turn을 계속 이어 가면서, 새로운 학문적 성과를 낼 수 있을지 세계의 많은 학자들은 커다란 관심을 가지고 있다.

* * *

　『러시아 제국 연구』는 위에서 살펴본 신제국사와 많은 공통점을 가지고 있다. 그렇기 때문에 이 책이 출간되자마자 2017년판『압 임페리오』4호에 서평이 게재된 것은 당연한 일이었다. 서평자인 올가 차피나Olga Tsapina는 세부적인 면에서 이 책의 몇몇 한계를 지적하고 있기는 하지만, 이 책이 "무미건조하고, 복합적인 상투적 견해에 대하여 효과적이고 매우 만족스런 해결책"이라고 하면서 환영의 뜻을 밝혔다. 또한 2017년에 프랑스의 『러시아학보Cahiers du Monde russe』의 제58권 4호에 실린 서평에서 필자인 에티엔 페이라Étienne Peyrat는 이 책을 "학술지『압 임페리오』를 중심으로 형성된 학파가 주창하는 이른바 러시아식 '새로운 제국사'Nouvelle histoire impériale라 부를 만한 사조를 장기간에 걸쳐 처음으로 본격적으로 제시한 저술"이라고까지 평가했다.

　무엇보다도 『러시아 제국 연구』는 이질적이고 차등을 가진 제국과 동질적이고 동등한 국민국가를 대비시키고 있다는 점에서 신제국사와 제국에 대한 정의를 상당 부분 공유하고 있다. 또한 『러시아 제국 연구』는 역사학만이 아니라, 인류학, 사회학 등 다양한 인문사회학 분야의 연구 성과를 사용하고 있다는 점에서 신제국사와 학문방법론 면에서 같은 입장을 가지고 있다. 그리고 앞서 언급한 바처럼, 『러시아 제국 연구』의 두 저자 중 연장자인 수니는 신제국사 학술지라고도 불릴 수 있는 『압 임페리오』 편집에 직접 참여하고 있으며, 그곳에서 발간된 연구물에 논문도 게재한 바 있다. 또한 이 『러시아 제국 연구』는 해석적 에세이로서 신제국사가 추구하는 새로운 지식의 흥미를 독자들에게 불러일으키는 데 성공했다고 평가할 수 있다. 물론 『러시아 제국 연구』는 스스로 신제국사를 명시적으로 표방하고 있지는 않으며, 『압 임페리오』도 단 한 번만 언급하고 있다. 우리는 그 이유가 구성주의에 대한 미묘한 입장 차이에 있다고 추정한다. 그렇다고 하더라도 『러시아 제국 연구』는 제국사 논의에서 중요하고도 신선한 자극을 제공했다는 점에서 신제국사 연구의 주요 성과라고 평가해도 무리가 아닐 것이다.

로널드 수니 Ronald G. Suny

1940년 미국 필라델피아에서 태어났다. 미국의 러시아 분야 역사학과 정치학을 대표하는 대학자이다. 컬럼비아대에서 러시아 혁명기 바쿠에서 전개된 코뮌 운동을 주제로 박사학위를 받았다. 오벌린대, 미시간대, 시카고대 교수를 지냈고, 현재 미시간대 및 시카고대 명예교수, 상트페테르부르크 국립연구대 고등경제학교 선임연구원으로 있다. 대표작으로 『바쿠 코뮌, 1917~1918』, 『조지아 민족의 형성』, 『아라랏산 바라보기: 아르메니아 근대사』, 『과거의 복수: 민족주의, 혁명, 그리고 소련의 붕괴』, 『소비에트 실험: 러시아, 소련, 그리고 승계국들』, 『그들은 사막 외에 다른 곳에서는 살 수 없다: 아르메니아 제노사이드의 역사』, 『펼쳐진 붉은 깃발: 역사, 역사가 그리고 러시아혁명(2017), 『스탈린: 혁명으로의 통로』, 『상처 입은 붉은 깃발: 스탈린주의와 소련 실험의 운명』 등이 있다. 대작 『캠브리지 러시아사』 제3권 편집을 주도했다.

발레리 키벨슨 Valerie A. Kivelson

1957년에 태어났다. 하버드대를 졸업하고, 스탠포드대에서 박사학위를 받았다. 1989년 9월부터 미시간대 역사학과 교수직을 맡아 지금까지 재직해왔고, 현재 석좌교수로 있다. 대표작으로 『지방에서의 전제정: 17세기 러시아의 정치 문화와 젠트리』, 『절박한 마법: 17세기 러시아 마술의 도덕경제』, 『차르국의 지도 제작: 17세기 러시아의 땅과 그 의미』 등이 있다. 공저로 『정교회 러시아: 신앙과 실천 연구』, 『러시아 그리기: 시각문화 탐구』, 『모스크바국 새로 보기: 정치·제도·문화』, 『러시아와 우크라이나의 마법과 마술』 등이 있다. 영국학술원 준회원이다.

조호연 趙虎衍

서울대 서양사학과를 졸업하고 동대학원에서 석사학위를, 러시아국립사범대에서 역사학 박사학위를 받았다. 현재 경남대 역사학과 교수 및 박물관장으로 재직 중이다. 저역서로 『시민권의 탄생과 변화: 고대 그리스에서 현대까지』, 『러시아의 역사 1, 2권』, 『현대 세계의 인간 운명』, 『유럽 근현대 지성사』 등이 있고, 주요 논문으로는 「역사에서의 편향성 문제」, 「포크롭스키 역사학의 흥망과 부침」, 「북한 역사학과 소련 역사학의 관련성_1945년부터 1963년까지」 등이 있다.